아들러 상담 및 심리치료

통합적 안녕에 대한 접근

Thomas J. Sweeney 저

강영신 · 강만철 · 김광운 · 박주영 · 선영운 · 오익수 · 유리향 · 이혜지 공역

Adlerian Counseling and Psychotherapy A Practitioner's Wellness Approach 6th ed.

학지사

Adlerian Counseling and Psychotherapy:
A Practitioner's Wellness Approach, Sixth Edition
by Thomas J. Sweeney

역자 서문

토머스 스위니 박사의 책이 『아들러 상담이론과 실제』라는 제목으로 2005년에 처음 번역 출간된 지 벌써 20년이 되었습니다. 그동안 국내에서도 아들러 상담에 관한 다양한 책들이 번역되고 집필되어 출간되었습니다. 그러나 유용하면서도 효과적인 아들러 상담 관련 저서들 가운데서도, 아들러 상담의 전반을 한눈에 살펴보고 깊이 이해할 수 있게 해 주는 종합서가 있다면 단연 토머스 스위니 박사의 이 책을 꼽을 수 있을 것입니다. 아들러 상담이라는 넓고 복잡한 세계에서 길을 잃은 듯한 기분이 들 때마다 늘 떠올리게 되는 책이기도 합니다. 이 책은 자연적 결과와 논리적 결과, 격려와 같은 아들러의 핵심 기법은 물론, 가족, 진로, 집단 등 다양한 상담 영역에서 아들러 상담 원리와 기법을 어떻게 적용할 수 있는지 쉽고도 깊이 있게 설명합니다. 특히, 다른 아들러 상담 관련 서적에서 흔히 다루지 않는 DSM 진단 적용이나 신경과학적 관점에서의 안녕 모델 분석까지 담겨 있어, 이 책을 아들러 상담의 핸드북이자 종합편이라 부르기에 손색이 없다고 생각합니다.

6판에 대한 이번 번역 작업은 한국에서의 초기 아들러 상담자들과 신진 아들러 상담자들의 고민과 학구열이 함께 담긴 뜻깊은 과정이었다고 생각합니다. 총 8명의 역자 중 4명은 20년 전 번역 작업에도 참여했던 분들이며, 나머지 4명은 새롭게 참여한 신진 아들러 상담자들로 구성되었습니다. 30여 년 전 아들러상담연구회라는 이름으로 한국에 아들러 상담을 처음 본격적으로 보급하셨던 강만철 교수님, 김광운 교수님, 오익수 교수님께서 이번에도 감사히 함께해 주셨습니다(무엇보다 오익수 교수님은 이번 역서의 발간을 가장 먼저 제안해 주셨습니다!). 또한 최근 아들러 상담을 열정과 헌신으로 확산시키고 계신 박주영 교수님, 선영운 교수님, 유리향 박사님, 이혜지 박사님께서도 기꺼이 새로운 번역진으로 참여해 주셨습니다. 모든 역자들은 그동안 수많은 아들러 관련 상담 서적들을 번역하고 집필해 온 대표적인 아들러 학자들이라 할 수 있습니다.

역자들은 이번 번역 작업이야말로 나름의 사회적 관심을 실천한 과정이었다고 자부합니다. 용어를 통일하기 위해 함께 머리를 맞대고 깊이 고민하며, 각자의 번역을 읽고 살펴보고 피드백을 나누는 동안 서로에게 따뜻한 격려자이자 든든한 협력자가 되어 주었습니다. 이 책을 읽으시는 독자 여러분께도 그 격려의 마음이 고스란히 전해져, 아들러 상담이 강조하는 사회적 관심을 일상에서, 그리고 상담 현장에서 실천해 나가시는 데 작은 보탬이 되기를 바랍니다. 더불어 이 책을 통해 얻으신 도움이 있다면 기꺼이 저희에게도 나누어 주시길 바라며, 그것이야말로 역자들에게 큰 보람과 의미가 될 것입니다.

아들러 상담을 떠올릴 때마다, '인간은 타인의 손에 의해 세상에 오고, 타인의 손에 의해 세상을 떠난다'는 아프리카 우분투 사상과, '인간이 아는 가장 큰 처벌은 공동체로부터의 배제이다'라는 아들러의 말이 함께 떠오릅니다. 이는 태어날 때부터 타인과의 연결, 유대, 소속이 우리의 생존과 안녕에 필수적임을 일깨워 줍니다. 타인의 안녕을 자신의 안녕과 분리시키지 않는 것, 바로 그것이 아들러가 말한 정신건강의 척도입니다. 특히, 외로움과 고립이 현대 사회의 중요한 문제로 떠오르는 요즘, 좋은 아들러 상담 이론서는 내담자와의 작업을 고민하는 우리 모두에게 나침반이자 등대가 되어 줄 것입니다. 이제 우리에게 필요한 것은 바로 아들러 상담의 출발점이기도 했던 움직임을 실제로 시작하는 일입니다!

마지막으로, 아들러 상담 관련 서적 출간을 언제나 기꺼이 허락해 주시는 학지사 김진환 사장님께 깊은 감사를 드립니다. 아들러 상담의 확산은 좋은 책의 출간 없이는 어렵다고 생각합니다. 또한 꼼꼼한 편집과 교정을 맡아 주신 이세희 선생님께도 감사의 말씀을 전합니다. 무엇보다, 열등감에 씌워진 오명을 벗기고, 낙담에 빠진 분들을 격려로 치료하고자 애쓰시는 모든 아들러 상담자 여러분께 무한한 감사와 지지를 보냅니다.

역자 대표 올림

추천사

『아들러 상담 및 심리치료』(제6판)이 이제 출간되었다. 이 6번째 개정판은 안녕의 개념과 실제에 대해 새롭게 강조하고 있다. 상담자를 염두에 두고 집필된 이 책은 알프레트 아들러(Alfred Adler)와 루돌프 드라이커스(Rudolf Dreikurs)의 연구를 바탕으로 한 개인심리학의 이론과 실제에 대해 명료한 개요를 제공한다.

제6판은 이전 판의 명료성, 초점, 실용성을 유지하면서 아동·청소년, 그리고 모든 연령대의 성인을 대상으로 개인, 집단, 커플과 함께하는 다양한 환경에서 아들러 접근법의 유용성을 보여 주는 연구, 방법, 기술을 통합하였다. 부모교육, 진로상담, 생활양식 사정 및 상담, 임상 진단 및 심리치료는 물론 다양한 문화적·인종적 배경과 성 정체성을 가진 내담자와 함께 일할 때 적용할 수 있는 방법도 논의하고 있다. 신경과학 개념과 방법들이 전 생애에 걸쳐 어떻게 효과적으로 적용되는지 사례를 통해 설명된다. 또한 독자들은 생활양식 사정 및 가족 상담 회의에 관한 임상 사례뿐만 아니라 각 장에 포함된 활동 및 복습 질문을 보완해 주는 표와 그림도 함께 확인할 수 있다.

토머스 스위니(Thomas J. Sweeney) 박사는 오하이오 대학교의 명예교수이자 국제 Chi Sigma Iota 상담 학술 및 전문 명예 소사이어티의 명예 전무이사이다.

『아들러 상담 및 심리치료』 제6판은 학문적으로 탁월하며, 깊이 있는 분석을 통해 사고를 자극하는 뛰어난 책입니다. 탄탄한 이론과 실습을 제공하는 이 책은 아들러 이론 및 심리치료 문헌 중 첫 손에 꼽힐 만큼 훌륭한 자료입니다. 명료하고 매력적인 스타일로 쓰여진 이 책을 통해 학생들 및 숙련된 상담자 모두가 풍부하고 설득력 있는 내용을 접할 수 있게 되었습니다. 최신 자료로서 이 저서는 아들러 사상의 최신 경향을 반영함과 동시에, 상담 및 심리치료 분야의 고전으로서 변함없는 가치를 지니고 있습니다.

—Arthur J. Clark, EdD(세인트 로렌스 대학교 명예교수)

이『아들러 상담 및 심리치료』는 수십 년 동안 아들러 심리학 및 상담의 새로운 바이블이 되어 왔으며, 이번 개정판이 출판된 것을 보게 되어 매우 기쁩니다. 아들러 모델에서 안녕에 대한 관심은 상담 전문 분야에서 최고의 가치를 반영하며, 이 접근법은 상담 전문직이 추구해야 하는 가장 포괄적인 방향을 제시합니다. 안녕의 바퀴 및 통합적 자기 안녕 모델을 강조하고, 신경과학의 관점을 시의적절하게 통합하고, 문화적 책무에 관심을 기울인 이번 개정판은 개인, 집단, 커플 및 가족 상담에서 아들러의 작업이 어떻게 가치가 있는지를 잘 보여 줌과 더불어, 정신병리에서 안녕으로 나아가는 길을 분명하고 자세하게 제시하고 있습니다. 이는 단순히 아들러 상담자만을 위한 책이 아니라, 다양한 상담 이론과 모델에서 최선의 실천을 고민하는 모든 상담자에게 도움이 될 수 있습니다.

–James Robert Bitter, EdD, NCC(이스트 테네시 주립대학교 상담 및 인적 서비스 학과 교수)

시간이 흐를수록 더 나아지는 것들이 있다는 말은『아들러 상담 및 심리치료』의 제6판에도 잘 들어맞습니다. 이 책에서 스위니 박사는 실용적이고 개인과 사회의 건강에 초점을 맞춘 사용자 친화적인 스타일로 아들러 상담의 주요 요점을 업데이트하고 확장하고 있습니다. 사례는 특히 도움이 되며, 신경과학적 방법도 포함되어 있어 독특하고 가치가 있습니다. 스위니 박사는 현재 미국에서 아들러에 관한 가장 저명한 권위자이며, 그의 책은 아들러 이론과 실제에 대한 훌륭한 설명을 제공하고 있습니다.

–Samuel T. Gladding, PhD(웨이크 포레스트 대학교 상담학 교수)

6판 서문

이 책은 주로 상담자에게 도움이 되도록 염두에 두고 집필되었다. 대부분의 상담자와 마찬가지로 나도 성격 이론과 학습 이론 및 해당 개념들에 대해 충실히 배웠다. 알프레트 아들러의 개인심리학을 가르치고 시연하는 루돌프 드라이커스 박사의 강의를 직접 듣고 볼 수 있는 특권을 누리고 나서야 모든 조력 분야의 전문가들이 아들러와 드라이커스의 통찰력과 방법으로부터 유익을 얻을 수 있다는 확신을 갖게 되었다. 실제로, 모든 환경에서 다양한 연령대의 사람들과 함께 일하는 상담자들이 이 접근법을 매우 성공적으로 사용하고 있다. 하지만 가정, 기업, 학령기 아동 및 청소년을 둔 부모, 교사, 준전문가, 일반인들 또한 성공적으로 이 접근법을 적용하고 있다.

이전 판들에 대한 비평들은 아들러가 개인심리학(Individual Psychology)이라고 부른 이론과 실제에 대해 유용하고 간결한 개요를 담고 있다는 평가였다. 이번 제6판에서는 이러한 장점을 유지하면서 자료를 추가, 수정 및 업데이트하기 위해 모든 노력을 기울였다. 아들러와 드라이커스의 사고방식에서 벗어나지 않으려는 의도로, 개인심리학을 확장하는 연구, 방법, 기법을 통합하여 그들의 관점을 따르고자 하였다. 내 목표는 각 주제에 대한 철저한 검토보다는 실용적인 적용 사례와 개요를 함께 제공하는 것이다. 그러나 각 주제에 대한 보다 심도 있는 논의를 위한 참고문헌을 이 책에서 찾아볼 수 있으며, 특히 이 책의 이전 판이 출판된 이후에 발간된 문헌들도 포함되어 있어 주목할 만하다.

출판사는 내 자료를 '정당화'하기 위해 더 이상 많은 인용을 제시할 필요가 없다고 거듭 강조하였다. 이에 따라, 예를 들어 부모 교육, 협동 교육 대 경쟁 교육, 우리 모델에 포함된 모든 요인에 대한 안녕(wellness) 연구, 격려, 자기효능감 및 자기존중감 등을 뒷받침하는 인용을 과감하게 삭제한 경우가 있었다. 그렇긴 해도, 나는 항상 아들러와 드라이커스, 그리고 아들러주의자가 되는 법을 내게 가르쳐 준 모든 이들에게 적절한 인용과 공로를 되돌려 주기 위해 최선을 다하고 있다.

아들러의 사상은 오늘날 널리 사용되는 많은 심리학 및 상담 접근법들의 선구자였다. 그의 이론과 방법은 종종 별다른 출처 표시 없이 자유롭게 차용되었다. 안타깝게도 그의 사고의 일부만 차용하는 과정에서 일부는 그가 상담 실제의 기반으로 삼았던 근본적인 철학과 가치에 대한 본질적인 요소를 놓치기도 했다. 이러한 요소들이 빠진 방법과 기법은 다른 접근법에서 지지하는 많은 방법과 기법들과 별로 다를 바 없다. 비록 상담 실제에 있어서는 정말로 유용하고 도움이 될 수 있지만, 그러한 방법과 기법으로 우리가 돕고자 하는 변화는 과연 어떤 변화인가에 대해서는 의문이 제기된다.

아들러의 대답은 더 높은 사회적 관심, 즉 삶에 대처할 수 있는 개인적인 자신감과 능력을 특징으로 하는 발달 상태와 비슷한 것이었다. 이를 통해 타인의 공동선을 위한 헌신이 이루어진다. 이전 판들에서는 여러 분야의 연구들을 바탕으로 아들러의 사상을 확장하여 생애 과제와 이를 성공적으로 달성하는 사람들의 자질을 포괄적으로 개념화한 기본적인 안녕 모델을 제시했다. 그 특성들은 오래 살고 잘 사는 사람들의 특징이었다. 아들러는 이러한 자질을 갖춘 사람을 사회적 관심이 높은 사람으로 간주했을 것이다.

아들러 이론을 기반으로 한 이 독창적인 안녕 모델인 **안녕의 바퀴**(the Wheel of Wellness)는 이번 6판에서도 계속해서 소개되고 설명되고 있다. 이 모델은 내담자의 강점을 강화하기 위해 구체성, 명확성, 행동 관련 특성을 좋아하는 상담자들 사이에서 인기가 높은 것으로 알려져 왔다. 또한 이 모델은 시각적으로도 내담자에게 친숙하다. 그러나 경험적 기반 모델을 필요로 하는 연구자와 상담자는 아들러의 **통합적 자기 안녕** 모델(Indivisible Self Wellness model: ISWEL)과 사정 도구를 선호한다. 모든 구체적인 요인은 그대로 유지되지만 원래 가설과는 통계적으로 다른 관계를 보이고 있다. 이와 관련해서는 제2장에서 설명될 것이다.

또한 이번 판은 우리 사회, 나아가 세계의 다원적 본질에 주목하고 있다. 주제의 성격에 비하면 그 노력은 미미하지만, 독자들은 이번 판에서 문화와 젠더 관련 주제가 다시 다루어지고 있음을 알게 될 것이다. 이 나라에서 진정한 사회 민주주의와 평등의 선구자로서 아들러와 드라이커스의 작업은 인간의 차이에 대한 더 큰 존중과 감사의 필요성에 부합하는 가치와 시각을 담고 있다. 현재 '접근성, 형평성, 포용성'과 같은 용어로 표현되는 이러한 것들은 모든 사람이 자유 사회의 풍부한 자원과 기회를 누리는 데 필수적인 요소이다.

더불어 나는 이 저서의 최신판이 한국어와 중국어로 출간된 것도 매우 기쁘고 격려가 되는 일이라고 생각한다. 해외 지인 중 일부는 개인을 존중하는 동시에 가족, 공동체, 사람들 간의 협력을 존중하는 세계관이 부상하고 있기 때문은 아닌가 하고 말해 주었다.

아들러가 주로 상담자이자 강의자였다면, 루돌프 드라이커스는 글을 통해 자신의 경험을 공유하기도 했다. 그는 개인심리학과 그 활용에 관한 실용적이고 쉽게 읽을 수 있는 논문과 책을 썼다. 또한 그는 가족 및 교사 자문과 상담 회기를 진행하는 모습을 여러 차례 녹음하고 촬영하기도 하였다. 1972년 그가 사망하기 전부터 그의 학생들과 동료들이 그가 시작한 연구를 이어 갈 것이라는 많은 증거가 눈에 보이기 시작했다. 그의 저서, 『결혼의 도전(The Challenge of Marriage)』(1946)과 『사회적 평등: 오늘날의 도전(Social Equality: The Challenge of Today)』(1971)은 우리 사회의 사회적 변화에 대한 예언자적 발언이었다. 더 중요한 것은 모든 사람에게 최선의 이익이 되는 변화를 위해 무엇이 필요한지를 다루었다는 점이다. 본 책은 그의 사명을 이어 가는 데 기여하기 위한 것이다.

첫 번째 장은 알프레트 아들러라는 인물과 운동, 심리학에 대한 간략한 소개이다. 그의 이론에 익숙하지 않은 사람들에게는 이후 장에서 논의될 방법들의 기초가 되는 가정을 이해하는 데 도움이 될 것이다. 드물지 않게, 이 이론을 처음 접하는 사람들은 다른 상담 접근법을 통해 이미 알고 있는 내용이 많다는 사실에 놀라곤 한다. 한편 각 장에서는 이 접근법이 어떻게 독창적으로 활용될 수 있는지도 보여 줄 것이다.

제2장의 대부분은 안녕 분야의 최고 전문가인 제인 마이어스(Jane E. Myers) 박사의 연구와 저술에 기초하고 있다. 마이어스 박사의 전문성 중 하나는 안녕 연구와 저술에서 출발하여 신경과학에 기반을 둔 것이다. 그녀는 뉴로피드백 전문가로서 국가 공인 자격증을 취득했다. 그녀가 이 일을 하는 동안 우리는 뇌에 대해 배운 것을 안녕에 대한 실제에 연결시키는 작업을 계속했다. 뉴로피드백과 상담에 관한 그녀의 논문 중 하나는 모든 분야의 상담자들 사이에서 크게 퍼졌다. 그녀의 '피험자'이자 공동 기술자(co-technician)로서, 나는 이 확장되고 있는 신경 실습 분야의 이점을 개인적으로나 전문적으로 직접 배울 수 있었다. 뇌 기능에 대한 몇 가지 기본 사항 외에도 아들러 심리학에 기반한 사례를 통해 안녕 증진에 도움이 되는 실천 방법과 도구에 대한 몇 가지 예시를 소개해 보았다. 신경과학 주제와 그 함의에 대한 연구는 초보자에게는 흥미롭기도 하고 때로는 벅차기도 하다. 이러한 주제를 연구하고 그 응용을 추구하는 노력은 충분히 가치가 있다. 이 장에서는 개인적으로 그리고 마이어스 박사가 실제 적용 과정에서 사용한 몇 가지 도구를 참조하고 있지만 이러한 도구 및 소프트웨어의 출판사 및 제작자와는 재정적 또는 기타 어떠한 관계도 없음을 알려 드린다.

제2장에서는 안녕과 아들러 이론에 기반한 **통합적 자기 안녕 모델**(ISWEL)의 활용에 대해서도 설명하고 예시를 제공한다. 긍정심리학이 긍정적인 정서적 건강과 관련된 속성에 대한 연구 분야로 떠오르고 있는 가운데, 이 장에서는 아들러 이론 기반 안녕 모델이 지닌 요소들의 폭과 깊이를 연구와 실제 적용 모두의 측면에서 반영하고 있다.

건강한 사람의 구성 요소를 측정하는 5FWEL/FFWEL(Five Factor Wellness Evaluation of Lifestyle, 5요인 안녕 생활양식 평가)을 간략하게 소개한다. 30년 이상의 개발, 테스트 및 경험을 통해 연구자와 상담자 모두 이 도구의 유용성을 보고하고 있다. 5FWEL과 관련된 추가 자료에 대한 링크가 포함되어 있다. 성격에 영향을 미치는 생애 과제와 세력(force)들이 상담 및 교육목표 설정에 적합한 발달적이고 다차원적인 ISWEL 모델에 통합되어 있다. 그 결과로, 우리는 이 모델이 아들러의 작업을 사회적 관심이라는 광범위한 개념을 넘어서서 주목받게 하며, 상담자와 연구자 모두에게 유용하다고 믿는다. 이러한 취지에 따라 실제 활용 사례를 추가로 공유하였다.

제3장에서는 자연적 결과 및 논리적 결과의 차원과 용도에 대해 설명한다. "삶은 최고의 스승"이라는 말을 자주 듣는다. 실제로 자연적 결과는 우리가 삶에서 배우는 많은 것들을 결정짓는 역할을 한다. 그러나 사람들이 서로 조화롭게 사는 방법을 가르치는 데는 자연적 결과만 있는 것은 아니다. 아들러주의자들은 '사회적 삶의 냉철한 논리'를 따르는 방법으로서 결과에 특히 주의를 기울인다. 이 접근법에서는 '규칙은 모두를 위한 것'이라는 개념을 가르친다. 모든 존재는 자연의 법칙을 무시할 때 부정적인 결과를 경험한다. 사회적 관습과 사회의 법도 나름대로의 힘을 가지고 있다. 사회적 규칙을 이해하고 지혜롭게 사용한다면 모든 연령대의 사람들을 돕는 강력하고 긍정적인 방법이 될 수 있다. 이러한 방법은 '잘못된 행동'을 바로잡는 데 효과적으로 사용될 수 있기 때문에 어떤 사람들은 이러한 방법을 거의 유일한 방법으로 채택하기도 한다. 그러나 각 장을 통해 밝혀지겠지만, 전체 접근 방식에서 분리되어 사용되는 방법은 기껏해야 제한적인 결과에 그치게 되고, 최악의 경우에는 부정적인 결과를 초래할 수 있다. 격려가 가장 먼저 선택되어야 할 방법이다.

제4장에서는 아들러의 관점에서 본 도움의 필수 요소인 격려에 대해 다룬다. 용기를 북돋우는 것은 아들러 상담의 핵심 개념이다. 이는 모든 교육과 상담의 기본 목표이다. 격려의 정의와 방법은 실습과 자기평가 활동으로 보완된다. 또한 변화에 대한 준비 상태를 평가해야 할 필요성도 다룬다. 변화 준비도 평가와 자기존중감 향상을 위한 개입을 사용하는 방법에 대한 예시를 제공한다.

제5장에서는 생활양식 사정에 대한 개요와 이 기법의 사용에 대해 소개한다. 대가의 시연을 신비롭게 여기는 사람들도 있지만, 개인심리학을 진지하게 공부하는 학생이라면 마술이 개입되지 않는다는 것을 알게 될 것이다. 연구, 연습, 경험을 통해 일반 관찰자가 간과하거나 그 의미를 놓치는 것을 듣고, 느끼고, 볼 수 있는 직관적인 능력을 개발할 수 있다. 제5장에서는 예를 들어 초기 회상과 현재 행동의 단순성과 상호 관련성을 발견하는 데 도움이 되는 지침을 제공한다. 모든 연령대의 사람들에게 적용 가능한 생활양식 사정은 적절하게 사용하면 빠르게 관계를 형성하고 내담자의 저항을 극복하는 데 훌륭한 도구가 될 수 있다. 이 장에서 다루는 내용을 넘어 더 깊이 이해하는 데 도움이 되는 훌륭한 참고문헌들이 제시되어 있다.

제6장에서는 아들러 상담 및 심리치료 과정을 설명한다. 각 단계는 설명과 함께 예시를 통해 제시된다. 1차와 2차 변화는 아들러 상담자에게 특별한 의미를 지닌 용어이다. 우리가 하는 일의 대부분은 1차 변화, 즉 타인의 관계와 생활환경을 개선하기 위해 행동과 태도를 조정, 적응, 수정하도록 돕는 것(인지-행동적 측면)과 관련이 있다. 그러나 2차 변화는 달성하기가 훨씬 더 어렵고 훨씬

더 큰 의미를 지닌다. 생활양식 변화는 은유적으로 삶의 방향(인생의 방향과 목표)을 바꾸고 그 목표에 도달하기 위한 수단을 바꾸는 것과 같다. 제6장에서 설명하겠지만, 2차 변화는 일반적으로 조력에 필수적이지 않지만, 2차 변화가 달성되었을 때 성공 여부를 판단할 수 있는 방법이 있다.

젊은 사람들과 함께 작업하면서 얻은 사례 외에도, 노인을 돕기 위한 도구로 초기 회상을 사용하는 방법을 소개한다. 노년층이 서비스를 제대로 받지 못하고 소외되는 경향이 있다는 증거는 충분하다. '인생 회고(life reviews)'는 노인들 사이에서 흔히 관찰되는 현상이며, 그들과의 연결 수단이기 때문에, 나는 보다 긍정적이고 오래 지속되는 효과를 위해 아들러의 방법 사용을 옹호한다. 앨런 아이비(Allen Ivey)의 발달적 상담과 치료(Developmental Counseling and Therapy: DCT) 평가를 상담에 활용한 내 경험에 따르면, 초기 회상 사용과 함께 사용될 때 감정의 해방을 촉진하는 데 매우 강력한 효과를 보였다. 따라서 나는 평가 전략에 대한 개요를 제시하고 생활양식 사례 발표와 상담 회기에서 발췌한 내용을 통해 그 사용법을 설명하였다. 이 방법을 수업과 워크숍을 통해, 그리고 개업 상담자들과 공유해 왔다. 특히, 실습 활동과 슈퍼비전하의 실습에 미디어 시연(Sweeney & Myers, 2004)을 포함시킨 후부터 그 유용성에 대한 반응이 매우 만족스러웠다. 회기의 일부를 발췌한 사례는 제6장 마지막에 제시되어 있다.

나는 일찍이 사람을 분류하고 범주화하는 것이 아들러식 사고에 어긋난다는 것을 배웠다. 솔직히, 나는 그 점이 마음에 들었다. 누군가에게 꼬리표를 붙이면 그 사람은 그에 따라 행동하게 된다. 확실히 아이들에게도 그런 일이 일어나는 것을 보았다. 아이에게 '말썽꾸러기'라는 별명을 붙이면 그 아이는 정말로 그렇게 행동하게 될 것이다. 또한, 이것은 개인을 비인간화하는 것 같기도 하다. 그러나 우리가 '현실 세계'라고 부르는 곳에서는 표준화된 돌봄을 정당화하고, 환급을 받을 수 있기 위해서라도 제도 안에서 통용되는 일부 명칭과 용어를 사용해야 한다.

나는 운 좋게도 나와 같은 생각을 가진 아들러 실천가를 만났는데, 그 사람은 아들러적인 결과를 얻기 위해 시스템을 상담 실제에 맞게 조정한 사람이었다. 제7장에서는 내 친구인 토드 루이스(Todd Lewis) 박사가 풍부한 지식과 경험을 활용하여 『정신질환의 진단 및 통계 편람(Diagnostic and Statistical Manual of Mental Disorders: DSM)』(American Psychiatric Association, 2013)과 아들러 철학 및 심리학을 결합해 내담자가 동기 수정을 통해 도움을 받을 수 있도록 돕는 방법을 소개하고 있다. 상담자들이 인간의 상태를 측정하는 데에 보편적인 척도를 사용해야 함에도 불구하고, 인간 발달의 개인적인 특성은 강조된다. 측정의 긍정적인 활용 사례를 제시하면서도, 내담자의 고유한 특성과 장점을 이해하는 것에 대한 중요성을 놓치지 않고 설명하고 있다.

내 친구인 마크 사비카스(Mark Savickas) 박사가 제시한 아들러식 진로상담은 그 자체로 하나의 혁신이다. 나는 몇 년 동안 수업과 워크숍에서 그의 방법을 사용해 왔다. 이는 모든 사람이 해결해야 하는 실제적인 삶의 과제에 개인심리학이 얼마나 잘 적응할 수 있는지를 보여 주는 훌륭한 예시이다. 나는 오랫동안 진로상담을 단발성 결정을 위한 데이터와 정보 수집으로 생각하는 일부 사람들과 달리, '개인적' 상담이라고 생각해 왔다. 마크의 방법론적 우아함(제8장에서 알 수 있듯이)은 상담 실제로도 잘 드러난다. 사비카스가 설명한 **진로 양식 상담**(career-style counseling)은 아들러 상담가의 방법과 실제에 있어 중요한 추가 요소로 계속 자리잡고 있다. 현재 그는 또한 교육 목적으로 사용할 수 있는 시연 회기, 저자 인터뷰 및 해설을 제공하고 있다(Savickas, 2009). 이 장을 공부하고 실제 회기에서의 방법을 관찰함으로써, 나는 어떤 상담자라도 진로상담 접근에 진로 양식(career-style) 방법을 통합할 수 있다고 믿는다.

아들러 이론가들은 실용주의자인 경향이 있다. 그들이 가르치고 상담하는 데 사용하는 많은 내용은 부모, 교사, 상담자, 그리고 물론 아이들의 경험에서 비롯된다. 제9장에서는 청소년의 사회적 관심 계발을 통해 더 높은 수준의 안녕으로 나아가도록 안내하는 방법에 관한 내용을 담고 있다. 자기존중감과 내적 통제감을 키우는 것이 목표 중 하나이다. 바람직한 교수–학습 방법으로서 협동(cooperation)이 제시된다. 사례와 활동은 파괴적인 행동의 목표, 이를 식별하는 방법, 격려 과정을 보완하는 교정 조치를 설명한다. 청소년과 함께 생활하거나 청소년과 함께 일하는 모든 사람이 반드시 읽어야 할 내용이다. 이 장에는 경험적 법칙(rules of thumb), 구체적인 기법, 유용한 방법이 요약되어 있다.

제10장에서는 상담 실무에서 가장 도전적이면서, 결과적으로 가장 만족도가 높은 분야 중 하나인 커플 상담에 대해 다룬다. 커플은 동성일 수도 있고, 법적 파트너가 아닐 수도 있다. 현재 삶에서 가장 만족스럽거나 가장 낙담스러운 일이 될 수도 있는 과제에 대한 준비 상태를 평가하는 것은 조력자와 커플 모두에게 어려운 과제이다. 아들러 실제의 철학적 · 심리적 기초가 모두 제시된다. 또한 커플의 분리, 해체 과정에 대한 사회학적 관점이 상담 과정의 성공 평가에 대한 유용성과 관련하여 설명된다. 상담의 목표를 달성하는 데 유용할 수 있는 특정 기법과 방법을 포함한 단계별 사례 예시가 제시된다.

가족 상담과 자문은 대부분의 상담자가 우선순위를 두는 분야이다. 이것은 아들러의 가장 널리 알려진 전문 분야 중 하나이다. 제11장에서는 아들러 관점을 제시하면서 체계 이론 및 실제가 아들러 상담과 유사한 점과 보완적인 측면이 언급된다. 아들러 이론가들은 상담을 다른 조력 방법들과 구별하지 않는 경우가 많다. 제11장에서는 상담과 자문을 구분하여 설명한다. 아들러 상담의 기본 가정과 전략이 설명되며, 학부모 및 교사 회의에 적용되는 상담 과정의 단계가 구체적으로 제시된다. 아들러 상담자들은 가족의 모든 자녀와 함께 작업하는 것을 실천하기 때문에 이 장에서는 자녀 간 회의의 예시가 사용된다. 또한 아들러 상담자들이 집단 시연을 다루는 방법에 대해서도 제안하고 있다. 대부분의 가족에게 도움이 되는 일반적인 권장 사항들은 개인심리학의 원칙이 가족에게 어떻게 실질적으로 적용될 수 있는지를 보여 준다. 모든 권장 사항이 항상 의도한 결과를 가져오는 것은 아니므로 몇 가지 흔히 발생하는 실행상의 오류에 대해서도 논의한다. 〈부록〉에는 전체 가족 상담 회기와 함께 어린 자녀를 둔 전형적인 가족 회의가 제시되어 있다.

집단 방법은 아들러 상담 실제의 기본이다. 아들러와 드라이커스는 상담을 어두운 사무실에서 강당, 교실, 그리고 커뮤니티 홀로 가져온 최초의 인물 중 하나로 알려져 있다. 함께 사는 것은 집단 내에서 사는 것을 의미한다. 나는 모든 상담자가 집단 기술을 보유하는 것이 필요하다고 믿는다. 따라서 토론, 자문, 그리고 상담 집단은 아들러식 상담자가 선택할 수 있는 논리적인 방법이다. 제12장에서는 이러한 방법이 아동 및 성인 모두를 대상으로 어떻게 활용될 수 있는지를 다룬다. 이 장은 영성과 관련된 집단에서 사용할 수 있는 활동으로 마무리된다. 나는 지난 몇 년 동안 아들러 상담 기법을 사용하면서 실존적 문제를 명확히 겪고 있지 않은 사람들에게도 삶의 목적과 의미에 대한 탐색 자체가 큰 흥미를 불러일으킨다는 점에서 매우 유익하다고 느꼈다.

아들러 심리학적 방법은 주로 시연, 사례, 그리고 실습을 통해 가르쳐졌다. 일부 아들러 이론가들 사이에서는 이러한 아들러의 유산이 단편적이고 잠재적으로 비효율적인 방식으로 전승되고 있다는 인식이 확산되고 있다. 따라서 제13장에서는 슈퍼비전 경험을 포함하여 아들러 심리학 방법을 배우고 실습할 수 있는 방법을 개괄적으로 설명하고 있다. 나는 다른 사람들도 이 중요한 필요를 충족하기 위해 노력할 것이라고 확신한다. 내 친구이자 강사인 밥 파워스(Bob Powers)가 말했듯이, 우리는 아들러 심리학을 '단순히 이론 목록에만 있는 심리학이 아닌 사용의 심리학'으로 만들기 위해 노력하고 있다.

이 책에서 설명하는 아이디어와 방법을 사용하고 이득을 얻는 데 있어 반드시 '아들러주의자'가 될 필요는 없다. 그러나 나는 이 접근법의 전체성 속에서 자신과 타인을 위한 가장 큰 선을 이룰 수 있다고 그 어느 때보다 더 믿는다. 드라이커스가 지지한 철학과 가치에 충실하면서 아들러 심리학의 혁신을 제안하는 것이 내게는 필수적이다. 아들러는 자신이 창조한 것에 얽매이지 않는다고 말했다. 창의적으로 응용하고 추가함으로써 아들러의 작업을 발전시킬 수 있다. 그러나 아들러 상담자가 된다는 것은 개인과 사회 전체의 이익을 위한 최적의 사회적 관심과 안녕이라는 바람직한 결과를 강조하는 아들러의 사상을 수용하는 것이다. 이 책이 공유하는 내용을 읽고, 성찰하고, 활용함으로써 더 많은 상담자가 이러한 높은 목표를 달성할 수 있기를 바란다.

2018년 11월

토머스 스위니(Thomas J. Sweeney)

차례

제2부 삶으로부터 우리가 배우는 것

제3부 1차 변화 대 2차 변화 상담 및 심리치료

제4부 개인심리학의 적용
일, 우정, 사랑, 그리고 영성

제11장 가족 상담 및 자문 • 323

제12장 평등주의에 기반한 집단작업 • 357

제13장 아들러 상담자가 된다는 것의 의미: 유산을 이어 가기 • 387

제1부

아들러의 개인심리학
통합적 자기와 안녕

제1장

알프레트 아들러
생애, 움직임, 개인심리학

제1장에서는 알프레트 아들러의 생애, 움직임, 개인심리학을 소개한다. 이 내용은 후속 장에서 논의되는 방법들의 근본 가정을 이해하는 기초가 된다. 후속 장은 인간 발달, 가족 구도, 형제자매간 경쟁, 주요 생애 과제, 정서의 기능, 전체주의, 사회적 관심을 다룬다. 이 책을 처음 접하는 사람들은 다른 접근법을 통해 이미 알고 있는 내용이 상당히 많다는 것에 놀라곤 한다. 반면, 각 장에서는 이 접근법의 고유한 적용 사례들을 보여 줄 것이다.

1937년에 사망한 창시자의 철학, 심리학, 방법론을 발전시킨 다른 아들러 학자들을 언급하지 않고서는 아들러 심리학에 대한 개요를 완성할 수 없다. 루돌프 드라이커스의 부모교육, 학급 관리, 생활양식 사정, 초기 회상, 사회적 평등, 사회적 정의에 관한 연구들은 전 세계 여러 언어로 번역되었다. 하지만 그의 가장 중요한 저작은 아마도 『사회적 평등: 오늘날의 도전(Social Equality: The Challenge of Today)』일 것이다. 그는 인간 발달 심리학을 넘어 우리 사회와 다른 사회의 사회적 격변을 조장하는 불평등을 예견하고 해결책을 제시했다. 결과적으로 아들러와 드라이커스가 제2차 세계 대전 이전에 전체주의 정권의 부상을 직접 목격한 경험 덕분에, 다문화, 성별 및 성 정체성 문제도 개인심리학을 통해 쉽게 다루어질 수 있게 되었다.

알프레트 아들러의 개인심리학은 20세기 초 비엔나에서 시작되었다. 아들러는 1898년 안과 의사로 개인 진료를 시작했지만, 이후 일반 진료로 전환했고, 그다음에는 신경학, 나중에는 정신의학으로 전향했다. 이러한 직업적 관심의 발전은 어린 시절 죽음의 위기를 여러 번 겪은 사람이 인생의 의미를 내면적으로 탐색하는 과정을 반영하는 것일 수 있다.

1904년 아들러는 첫 번째 심리학 논문인 「교육자로서의 의사(The Physician as Educator)」를 발표하였다. 이 논문의 주요 주제는 모든 교육자에게 명확하게 적용할 수 있는 내용이었다. 아들러는, 특히 병약하거나 과보호를 받은 아이들을 지도하는 데 있어서 '아동이 자신의 강점을 확신하는 것'의 중요성을 강조했다(Ansbacher & Ansbacher, 1967). 그는 아동에게 가장 큰 행운은 인생에 맞설 수 있는 개인적인 용기를 갖는 거라고 믿었다. 그는 교육자들에게 아이들이 교육하는 사람들에 대한 두려움 없이 자신의 행동에 따른 자연적 결과(natural consequences)를 경험하게 함으로써 규율 발달을 도와주라고 가르쳤다. 아들러는 남은 생애 동안 아동 양육 방식에 깊은 관심을 가졌으며, 그가 중요하다고 여겼던 아이들을 지도하는 원칙에 대해 부모와 교사를 교육하는 데 관심을 기울였다.

모삭과 드라이커스(1973)는 수년에 걸쳐 아들러와 여러 철학자 및 심리학자들 간의 유사점과 차이점을 추적했다. 일부 사람들에게 아들러는 그저 프로이트의 제자였으나, 결국 반대자가 되어 정신분석의 변형을 추구한 인물로 보일 수 있다. 그러나 아들러는 프로이트와 만나기 이전에 이미 자신의 이론적 개요를 출판물로 발표하였다. 아들러가 프로이트와 함께하게 된 이유가 완전히 분명하지는 않다. 1902년 아들러가 프로이트 이론에 대한 변론 두 편을 쓴 후, 프로이트는 수요일 저녁 토론 모임에 아들러를 초대했다. 현재는 서로의 이론에 있어 상호 영향을 주었다는 증거가 있으므로 아들러가 프로이트의 동료였다고 말하는 것이 더 정확해 보인다.

역사에서 가시성이라는 관점에서 볼 때, 프로이트가 더 큰 명성을 얻고 있는 것이 분명하다. 하지만 프로차스카와 노크로스(Prochaska & Norcross, 2010)는 다음과 같이 지적했다.

> 아들러는 심리치료에 있어 시대를 앞서간 인물이었다. 프로이트 이론에 대한 그의 사회적 재구성은 정신역동적 치료의 발전보다 앞서 있었다. 그의 작업과제는 행동 치료 및 기타 지시적 치료의 발전을 예고했다. 심상(imagery)과 '마치 ~처럼(as if)'을 포함한 그의 특정 기법들은 인지치료를 예견했다; 그의 지역사회 봉사와 심리교육 프로그램은 현대 지역사회 정신건강을 예고했다. 아들러의 많은 아이디어는 종종 인식되지 않은 채 현대 심리학에 조용히 영향을 미쳐 왔다(p. 89).

어떤 면에서 이러한 익명성은 아들러의 추종자들에게 호기심을 불러일으켰다. 아들러와 프로이트 사이의 차이점은 매우 커서 결국 그들은 적대자가 되었다. 글래딩(Gladding, 2004)은 정신분석 이론과 아들러 이론을 비교한 장에서 다음과 같은 관찰을 언급했다.

> 프로이트 이론과 아들러 이론은 비슷한 시기와 환경에서 발전했음에도 불구하고 여러 면에서 차이가 있다. 정신분석학은 생물학적 기반을 두고 있으며, 인과성, 심리성적 발달, 마음의 역동성, 본능을 강조한다. 반

면, 아들러 이론은 사회적 기반을 두고 있으며, 대인관계적이고 주관적이다. 이 이론은 미래, 전체주의, 평등주의, 선택을 강조한다.

[프로이트] 접근법은 대부분 상담자가 다루는 내담자 집단에는 적용되지 않는다. 반면, 아들러 접근법은 학교나 기관 환경에서 널리 사용된다. 그 인기의 원인은 이 접근법의 희망적인 성격과 다양한 환경에서의 유용성에 있다(pp. 204–205).

분명히 아들러는 인간을 가치 있고, 사회적 동기가 있으며, 창의적이고 독립적인 행동을 할 수 있는 존재로 보았다. 그의 이론은 사회 민주주의의 철학과 가치에 매우 확고하게 기반하고 있으며, 최근에야 교육과 심리학에 영향을 미치기 시작했다. 그러나 오늘날에도 상대적으로 적은 사람들이 알프레트 아들러의 개인심리학에 대해 알고 있다.

엘렌버거(Ellenberger, 1970)는 이러한 상황에 대해 간결하게 다음과 같이 말했다.

아들러의 사상이 끼친 영향을 가늠하려는 시도는 언제나 역설적인 상황을 만들어 낸다. 개인심리학의 영향은 의심할 여지가 없다……. [하지만] 알프레트 아들러보다 여러 방면에서 이렇게 많은 것이 차용되면서도 인정받지 못한 또 다른 저자를 찾기란 쉽지 않을 것이다(p. 645).

아들러 심리학의 이론과 방법에서의 차용은 매우 광범위하여, 자녀 양육 실제, 교육, 심리학을 공부한 사람 중에서 아들러의 아이디어를 모르는 사람은 거의 없다고 할 수 있다. 반면, 이 아이디어들의 저자가 누구인지 질문을 받았을 때 그의 이름을 기억하는 사람은 거의 없다. 예를 들어, 많은 사람이 에릭 번(Eric Berne)의 교류분석 이론(1964)과 프로이트의 이드, 자아, 초자아 개념 간의 표면적인 유사점을 보지만, 번의 사회적 상호작용 분석(social-interaction analysis)이 사회적 존재와 심리적 성장에 대한 아들러의 가르침에 근거하고 있다는 것을 아는 사람은 거의 없다. 빅터 프랭클(Victor Frankl)과 롤로 메이(Rollo May)와 같은 주요 심리학 이론 및 실제의 다른 주요 공헌자들은 아들러의 제자였으며, 때로는 그들은 일부 아이디어 출처로 아들러를 인정하기도 한다. 마찬가지로 에리히 프롬(Erich Fromm), 카렌 호나이(Karen Horney), 설리번(Sullivan)은 자신들의 체계에 아들러 심리학을 통합했으며, 엘렌버거(1970, p. 860)는 호나이의 심리학이 "아들러의 가르침과 프로이트의 용어를 결합"하고 있다고 평가했다.

최근에 우리는 긍정심리학이 아들러와 드라이커스의 선구적인 작업을 놓치거나 간과하고 있다는 것에 주목한다. 이 성장하는 심리학 분야의 주요 저자이자 옹호자인 셀리그먼(Seligman)과 동료들은 다음과 같이 말한다.

> 긍정심리학: 긍정적인 정서, 긍정적인 성격, 그리고 긍정적인 제도를 연구하는 학문(Seligman & Csikszentmihalyi, 2000). 긍정심리학자들은 정신장애의 과학을 발전시키기 위해 효과적으로 사용된 방법을 바탕으로 정신건강과 안녕(well-being)을 연구해 왔다. 다른 많은 사람 중에서도 로저스(Rogers, 1951), 매슬로(Maslow, 1954, 1962), 자호다(Jahoda, 1958), 에릭슨(Erikson, 1963, 1982), 바이언트(Vaillant, 1977), 데시와 라이언(Deci & Ryan, 1985), 리프와 싱어(Ryff & Singer, 1996) 등 여러 선구적인 연구를 기반으로…… (Seligman, Steen, Park, & Peterson, 2005, p. 410).

"다른 많은 사람 중에서도……" 아들러와 드라이커스는 개인, 커플, 가족의 자산을 강조하고, 그들의 강점을 기반으로 정신장애가 있는 사람들조차도 가능한 한 완전하고 행복하게 공동체 안에서 살아가도록 격려한 최초의 이론가 중 한 명으로 마땅히 인정받아야 한다. 왓츠와 에르구너-테키날프(Watts & Erguner-Tekinalp, 2017)는 "아들러 심리학이 최초의 긍정심리학이었으며, 현대의 긍정심리학 운동은 신(新)아들러(neo-Adlerian) 심리학의 관점이라고 할 수 있다."라고 언급했다(Carlson et al., 2006; Erguner-Tekinalp, 2016; Watts, 2012, 2015, p. 329).

아들러와 드라이커스는 강의, 상담 시연, 집단 자문을 통해 부모, 교사, 그들과 함께 일하는 사람들에게 격려하는 방법, 존중과 이성을 통해 문제를 해결하는 방법, 행복을 성공의 척도로 사용하는 방법을 가르치기 위해 최초로 지역사회로 진출하였다(Sonstegard & Bitter, 2004).

저자가 존경하는 아들러 학자들의 연구와 지도를 바탕으로, 저자와 한 동료는 여러 학문 분야의 연구를 통해 아들러 이론을 통합적 구조로 사용한 최초의 안녕(wellness) 모델을 발표했다(Sweeney & Witmer, 1991; Witmer & Sweeney, 1992). 제2장에서 살펴보게 되겠지만, 그 이후 20년 동안의 실증적 연구를 기반으로 새로운 아들러 모델로 발전했고, 이 모델에는 12개 이상의 언어로 번역된 새로운 사정 도구들이 포함되어 있다. 긍정심리학이 정서적 건강을 다루지만, 아들러 모델은 정서적 안녕(well-being)을 포함한 모든 차원의 안녕(wellness)을 통합하고 있다.

아들러는 그의 아이디어가 다른 사람들의 연구에 광범위하게 통합되는 것을 기뻐했을 것이다. 실제로 가족과 친구들의 회상에 따르면 그는 이러한 변화를 예견하였다. 그는 다음과 같이 말했다.

> "언젠가는 내 이름을 더 이상 기억하지 못할 때가 올 수도 있고, 심지어 우리 학파가 존재했었다는 사실조차 잊어버릴 수도 있습니다. 하지만 우리 분야에서 일하는 모든 사람이 마치 우리와 함께 공부했던 것처럼 행동할 것이기 때문에, 이것은 중요하지 않습니다"(Manaster, Painter, Deutsch, & Overholt, 1977, p. 33).

생애

아들러는 충만한 개인적 힘과 신체적 강함을 지닌 동시에 온화하고 겸손한 태도를 가진 본질적으로 단순한 사람으로 묘사되었다. 그의 개인적인 지향점은 인류의 상황이 더 나아지는 것이었다(Ansbacher, 1969). 아들러는 유대인 가정의 여섯 자녀 중 둘째였다. 형 지크문트(Sigmund)는 두 살 위, 헤르민(Hermine)은 한 살 아래, 이르마(Irma)는 네 살 아래, 막스(Max)와 리하르트(Richard)는 각각 일곱 살과 열네 살 아래였다. 손위 형제와 손아래 형제 두 명은 사망한 상태였다. 형제자매 간 경쟁 개념 때문에 아들러가 형을 경쟁자로 인식한 것은 아들러 학파에는 놀라운 일이 아니다. 그의 초기 학교 경험은 그다지 성공적이지 않았다. 수학 성적이 매우 부진하여 아버지의 권유로 중등학교에서 견습생으로 생활하였다. 대신 아들러는 수학에 필요한 기술을 익힐 때까지 스스로 공부하였다.

아들러는 1870년 2월 7일에 태어났다. 아버지는 중산층 상인이었고, 어머니는 가정주부였다. 어렸을 때 구루병에 걸렸고, 다섯 살 때 폐렴을 앓았으며, 차량에 치이는 교통사고를 겪는 등 건강이 좋지 않았다.

점차 성장하면서 건강이 좋아졌고, 아버지의 권유로 의학에 관심을 기울이게 되었으며, 1895년 비엔나 대학교에서 학위를 받았다. 아들러는 의학에 대한 자신의 관심을 죽음을 극복하려는 노력이라고 설명했다.

> 개인은 인생의 사건에 반응하는 방법을 스스로 평가하고 선택한다.

초기 연구인 「기관 열등감과 신체적 보상에 관한 연구: 임상 의학에의 기여(Study of Organ Inferiority and its Physical Compensation: A Contribution to Clinical Medicine)」(1907)에는 사람들이 비슷한 삶의 사건에 다르게 반응하는 이유에 대한 아들러의 관심이 반영되었다. 후속 강의, 저서, 논문에는 개인이 삶의 사건에 어떻게 반응할지 스스로 평가하고 선택하는 과정이 더욱 명확하게 설명되어 있다. 그를 잘 알던 사람들의 회고록에 따르면, 그는 분명히 인생을 즐기는 쪽을 선택했다. 좋은 시간을 그냥 지나치는 성격이 아니었던 그는 이야기 나누는 것을 즐겼으며, 피아노 주위에서 노래를 부르는 데도 적극적이었다(Manaster, Painter, Deutsch, & Overholt, 1977).

제1차 세계 대전 동안 군의관으로 복무한 후, 아들러는 비엔나의 여러 학교에 아동 지도 클리닉을 설립했다. 이 클리닉을 통해 교사, 사회복지사, 의사 등은 아동의 행동을 이해하고 돕는 방법을 배웠다. 그 당시 유럽 전역으로 퍼져 나간 클리닉과 아들러의 독특한 공개 강연 및 시연 방식을 통해 그는 비교적 소수지만 중요한 추종자를 확보했다.

1935년 나치가 유럽을 탄압하기 시작하자, 아들러는 사회적 평등을 주장하는 급진적이며 정치적으로 받아들여지지 않는 사상 때문에 미국으로 도피해야 했다. 그는 미국에서 많은 강의와 강연을 했지만, 1937년 스코틀랜드 순회 중에 사망하면서 큰 공백을 남겼다. 아들러의 추종자들은 미국에서 프로이트의 정신분석을 받아들인 사람들로부터 큰 저항을 겪었다. 또한, 당시 미국은 개인심리학의 기반이 되는 평등주의 원칙을 진정으로 받아들이고 실천하기에는 아직 멀었다는 것이 역사적으로 밝혀졌다.

움직임

이러한 시대적 배경을 고려하면 아들러와 추종자들의 끈기와 회복력을 더욱더 존경할 수밖에 없다. 아들러의 가장 주목할 만한 제자이자 동료인 루돌프 드라이커스 박사는 특별히 언급할 만하다(1953). 많은 책을 쓴 저자이자 시카고 알프레트 아들러 연구소의 설립자인 드라이커스는 개인적인 에너지와 재능으로 아들러의 사상을 수천 명의 부모, 커플, 상담자들에게 실질적으로 유용하도록 전파했다. 함께 살아가는 방법을 타인에게 가르치는 일에 대한 그의 절박감은 1972년 사망할 때까지 글을 쓰고, 강연하며, 상담하는 활동을 통해 분명하게 드러났다. 강의, 상담 시연, 비공식적인 대화를 통해 드라이커스를 직접 회상하고 있는 저자는 그가 자신이 가르친 대로 살았다는 사실을 보증할 수 있다.

루돌프 드라이커스의 삶과 업적을 다룬 책인 『불완전할 용기(The Courage to Be Imperfect)』(1978)에서 테너와 퓨(Terner & Pew)는 친구들과 제자들이 기억하는 여러 일화를 통해 독자들이 그를 더 잘 알 수 있도록 도움을 주었다. 드라이커스의 다음 인용문은 독자들이 그를 이해하는 데 도움이 될 수 있다.

> 나는 환자가 나를 비판하는 것을 개의치 않는다. 내가 실수했다는 사실을 인정해도 괜찮다. 나는 매우 자주 실수한다.

> 우리는 실수하는 것을 두려워해서는 안 된다. …… 우리가 인간이라는 점이 더 중요하다. 오늘날 심리치료에서 인간적으로 대하는 것이 관행이 아니기 때문에 이런 점을 강조해야 한다는 것이 불행한 일이다. 일부 정신과 의사들은 그 날의 마지막 환자와 너무 가까워지는 것을 두려워하여 엘리베이터를 함께 타지 않는다.

그들은 환자가 내려갈 때까지 기다려야 한다. "치료 관계에 방해가 되니 너무 가까이 다가가지 마라." 이것은 내가 말하는 것과 정반대이다. 나도 다른 사람들과 같은 인간으로서 인정받고 제 역할을 하고 싶다(p. 243).

아들러는 우리 사회가 진정한 평등을 이루기까지 두 세대가 남아 있다고 확신했고, 드라이커스의 결혼에 관한 책(1946)에서는 제2차 세계 대전 이후 미국에서 일어났던 사회 혁명을 예견했다. 마찬가지로 드라이커스의 저서인 『사회적 평등: 오늘날의 도전(Social Equality: The Challenge of Today)』(1971)은 그가 저술했을 당시와 마찬가지로 오늘날에도 여전히 유의미하다. 의학 및 정신의학 분야의 많은 동료가 드라이커스를 조롱하고 거부했지만, 그는 『민주적인 부모가 된다는 것(Children: The Challenge)』(Dreikurs & Soltz, 1964), 『논리적 결과(Logical Consequences)』(Dreikurs & Grey, 1968), 『아들러와 함께하는 행복한 교실 만들기(Maintaining Sanity in the Classroom)』(Dreikurs, Grunwald, & Pepper, 1971)와 같은 저서들이 일반인과 전문가 모두에게 베스트셀러가 되는 것을 지켜볼 만큼 장수하였다. 그의 연구는 제자들과 딸 에바 드라이커스 퍼거슨(Eva Dreikurs Ferguson) 그리고 미국과 해외의 동료들에 의해 계속 이어졌다.

시카고와 브리티시컬럼비아주 밴쿠버에 있는 아들러 대학교(구 시카고 알프레트 아들러 연구소) 외에도 미네소타주 리치필드에 있는 아들러 대학원과 캐나다 온타리오주 토론토에 있는 아들러 전문학교가 있다. 모두 아들러 연구에 중점을 둔 공인된 대학원 학위를 제공한다.

북미 아들러 심리학회(The North American Society of Adlerian Psychology: NASAP)는 인디애나주 포트웨인에 본부를 두고 있다. 북미 아들러 심리학회는 정기적으로 뉴스레터와 학술지를 발행하며, 관심 있는 사람들을 위해 새로운 발전, 기법, 연구를 소개하는 워크숍과 학회를 후원한다. 또한, 20개 이상의 지부 조직으로 구성된 풀뿌리 네트워크를 통해 미국 전역에서 지역 교육도 제공하고 있다. 아들러 개인심리학은, 특히 자녀 양육과 교실 내 행동 관리 분야에서 영향력을 미치고 있으며, 점점 더 결혼 및 가족 상담, 노사 관계, 교정 상담, 인간관계 집단 등 다양한 분야로 확대하고 있다. 또한, 아들러 놀이 치료(APT), 체계적 부모교육(STEP), 적극적 부모교육(Active Parenting) 등 여러 프로그램이 미국 물질 남용 및 정신건강 서비스국(Substance Abuse and Mental Health Services Administration: SAMHSA)의 근거 기반 프로그램 및 실제의 국가 등록부에 포함되었다.

기본 개념

아들러 심리학 이론을 지나치게 단순화할 위험을 감수하면서, 다음 절들은 후속 장에서 아들러 심리학 이론의 적용을 논의하기 위한 기초가 될 것이다. 각 장에서 특정 기법이나 방법에 적용되는 개념들을 더 자세히 설명할 것이다. 따라서 이 장의 주요 목적은 독자가 특정 개념의 중요성을 이해하도록 돕는 것이므로, 이를 상세히 다루거나 특정 방법이나 기법에의 적용을 보여 주지는 않는다.

사회적-목적적-분석적

아들러의 성격 이론에는 여러 가지 가정, 명제, 신념이 포함될 수 있다. 그러나 그의 체계의 본질은 부분적으로 사회적-목적적-분석적(Socio-Teleo-Analytic)이라고 정의할 수 있다. 아들러는 인간을 본질적으로 타인에게 끌리는 **사회적 존재**(social beings)로 보았다. 발달적으로 인간은 태어날 때 모든 생명체 중 가장 의존적인 존재 중 하나이다. 살아남기 위해서는 누군가가 그들을 양육하고 돌봐야만 한다.

인간은 초기 의존적인 경험에서부터 일생에 걸쳐 다른 사람과의 상호작용을 통해 가장 잘 이해될 수 있다. 아동이 자기, 타인, 세상을 발견하기 시작할 때, 그들이 세상에 대해 갖는 첫인상은 타인과의 접촉을 통해 형성된다. 나중에 살펴보겠지만, 이러한 초기 인상은 그들이 세상을 이해하고, 예측하며, 관리하는 데 도움을 주는 삶의 규칙으로 발전하게 된다.

사회적(Socio) 아들러는 인간이 더 큰 사회 전체의 부분이 되고자 하는 기본적인 성향이 있으며, 소속감을 느끼기 위해 노력하고, 인류의 향상을 위해 더 큰 선을 위해 기꺼이 봉사하려는 의지가 있다고 믿었다(Adler, 1938; 1958). 그는 이를 독일어로 Gemeinschaftsgefühl이라고 하였다. 이 단어의 가장 가까운 영어 해석은 **사회적 관심**(social interest)이다. 이러한 성향의 표현은 각 개인이 자신을 위한 자리를 만들고 소속감을 느끼기 위해 노력하는 모습에서 관찰할 수 있다.

부모, 중요한 다른 성인, 형제자매는 개인이 집단 내에서 자신의 자리를 만드는 방법에 대한 자신만의 개념(notion)을 형성할 기회를 제공한다. 아동의 인지 과정과 삶의 경험이 상당히 제한적이기 때문에, 이러한 개념이나 규칙 중 상당수는 외부에서 그들의 행동을 관찰하는 사람이 볼 때 그 가치가 제한적이거나 상당히 불만족스러울 수 있다. 비록 이러한 과정과 경험이 객관적이고 의식적인 방식으로 검토되지 않은 채로 남아 있더라도, 이러한 규칙은 지각되며 개인이 선택할 때 도움이 된다.

따라서 개인이 삶을 살아가는 특정한 방식을 이해하려면 개인에 대한 주관적 또는 현상학적인 관점이 필요하다. 아들러는 우리를 인생으로 이끄는 기본적인 개념을 삶의 양식(style of life) 혹은 현재 더 일반적으로 사용하는 **생활양식**(lifestyle)이라고 불렀다. 아들러는 생활양식을 "각 개인

안에서 그의 사고, 감정, 행동, 이른바 의식적이고 무의식적인 모든 표현으로 어우러진 통일성이다. 이러한 [자기 일관적인] 통일성을 우리는 개인의 삶의 양식이라고 부른다."라고 정의하였다 (Ansbacher & Ansbacher, 1967, p. 175).

생활양식은 유전이나 환경에 의해 결정되는 것이 아니지만, 둘 다 중요한 선행 요인이 된다. 개인은 자신의 성별, 첫째라는 위치, 혹은 아버지의 부재에 대해 어떻게 생각하고, 평가하며, 느낄지를 스스로 결정한다. 이상적으로 옳거나 그른 생활양식은 존재하지 않는다. 오히려 각 생활양식은 저마다 고유하다.

아들러가 **개인심리학**(Individual Psychology)이라는 용어를 만들었을 때, 인간을 전체적으로(즉, 부분적으로 나누지 않고) 바라보는 것의 필요성을 강조하고자 했지만, 동시에 각 개인의 고유성에 관한 신념도 강조하고자 했다. 개인심리학을 피상적으로 연구하면, 실제로는 순응이 그 목적 중 하나라고 결론을 내릴 수 있다. 하지만 아들러는 이러한 결론은 정확하지 않을 뿐만 아니라 심지어 가능성조차 없다고 말했을 것이다. 지문이나 음성 인식이 고유한 것과 마찬가지로 아들러는 모든 개인이 삶을 살아가는 고유한 방식을 만들어 간다고 보았다. 이러한 믿음은 오늘날 모든 과학적 증거를 통해 확인되면서 더욱 쉽게 받아들여지고 있다.

분명히 실행의 기초가 되는 일반적이거나 **규범적** 행동 규칙을 드러내지 않는 성격심리학은 별로 유용하지 않을 것이다(Ansbacher & Ansbacher, 1956). 다음 장에서 살펴보겠지만, 아들러 심리학의 원리는 실제로 많은 유용한 지침을 제공한다. 그러나 관념적 요인의 의미도 마찬가지로 중요하다. 아들러는 다음과 같이 말했다.

> 나는 어떤 엄격한 규칙이나 편견에 얽매이지 않고 모든 것이 다를 수 있다는 원칙에 따르는 것을 선호합니다. …… 일반적인 규칙(개인심리학에서 정한 규칙, 내가 만든 규칙 포함)은 단지 시야를 예비적으로 비춰 주는 하나의 도구일 뿐이며, 그 시야 속에서 우리는 한 개인을 발견할 수도, 혹은 놓칠 수도 있습니다 (Ansbacher, 1969, pp. xx).

아들러 학파는 때때로 부드러운 결정론자로 묘사된다. 반면, 자유는 절대적인 것은 아니지만 결정론도 절대적인 것은 아니다. 인간 행동에 대한 예측은 발생 가능성의 관점에서 기술되어야 한다. 아들러 학파가 선행 조건이라고 부르는 것과 특정 행동 사이의 완벽한 상관관계는 여러 가지 이유로 찾기 어렵다. 가장 중요한 이유는 각 개인이 표준화된 연구 조건을 초월할 수 있는 창의적인 능력이 있다는 신념이다.

따라서 아들러는 개인은 타인과 교류하는 사회적 맥락에서 가장 잘 이해될 수 있다고 믿었다

(1938). 하지만 그는 개인의 고유성을 강조하였다(1954). 우리는 고유한 소속감, 타인과의 관계, 우리 자신이 되는 방식(즉, 우리의 생활양식)을 만든다. 그리고 우리가 타인과 구별되는 사람으로 이해되는 것은 우리가 사회 안에서 자신만의 자리를 만드는 움직임과 과정을 이해함으로써 가능하다(1958).

목적적(Teleco) 목적적은 인간의 목표 지향적 본성을 나타낸다. 이것은 아들러(1954, p. 29)가 믿었던 것처럼 인간 행동을 이해하는 데 있어 핵심적인 구성 요소이다. "우리는 어떤 목표의 지각 없이는 생각하거나, 느끼거나, 의지하거나, 행동할 수 없다." 관찰자에게는 이러한 측면이 모호할지라도 행동에는 목적이 있다. 개인은 자신에게 목적과 효용을 제공하기 때문에 어떤 행동을 하거나 하지 않기로 선택한다. 우리는 결과, 사건 또는 그에 따른 영향을 예상함으로써 현재에 영향을 미친다.

행동에는 목적이 있다.

아들러는 인간이 본능에 의해 움직이거나, 유전, 경험 또는 환경에 의해 형성된다고 보지 않았다. 대신, 그는 인간이 자신에게 중요하다고 지각한 목표를 향해 나아간다고 생각했다.

> 개인심리학이라는 학문은 삶의 신비한 창조적 힘, 즉 발전하고, 노력하며, 성취하려는 욕구로 표현되는 힘, 심지어 한 방향에서의 실패를 다른 방향에서의 성공으로 보상하려는 힘을 이해하려는 노력에서 발전해 왔다. 이는 목표를 추구하는 힘, 즉 목적적이다(Ansbacher, 1969, p. 1).

열등감의 중요성에 대해 많은 글이 쓰여졌다. 안스바흐(Ansbacher, 1969)는 인간 발달에 있어 목표 추구와 열등감 중 어느 것이 우선하는지에 대해 아들러가 명확한 답을 내놓지 않았다고 지적했다. 안스바흐는 목표 추구가 우선해야 한다고 믿었지만, 이러한 입장을 결정적으로 뒷받침할 수는 없었다. 그러나 아들러는 인간의 노력이 목적적이라는 믿음을 가지고 있었다. 그는 개인의 행동은 그 사람이 가치를 두고 그것을 성취하기 위해 나아가는 것과 관련하여 가장 잘 이해될 수 있다고 보았다.

아들러 이론의 목적적 측면은 그의 낙관적이며 격려하려는 입장을 잘 보여 준다. 행동의 목표는 이해되고 예측될 수 있다. 개인은 자신의 목표에 대한 가치를 변화시키거나, 혹은 그들이 목표 달성을 위해 사용하는 행동을 바꿀 수 있다. 개인은 절대적으로 자신의 통제를 벗어난 상황의 희생자가 아니다. 더 중요한 것은 자신의 목표를 인식하고 나면 변화할 기회가 생긴다는 것이다. 유전, 출신 가정, 성별, 문화, 인종, 사회적 지위에 의해 제한되기보다는 사회적 관심을 증진하고, 생애 과제를 해결하며, 내적으로 더 큰 행복과 기쁨을 경험할 수 있는 선택을 할 수 있다.

분석적(Analytic) 개인심리학의 분석적(Analytic) 지향은 대부분의 행동이 무의식적이거나 이해되지 않은 것에 기반을 두고 있다는 관찰에서 비롯되었다(Mosak & Dreikurs, 1973). 개인은 자주 자기 행동이나 동기를 이해하지 못한다고 말한다. 그러나 더 자세히 살펴보면, 개인은 종종 자신이 기꺼이 인정하는 것보다 더 많은 것을 이해하고 있다는 것을 알 수 있다. 상담과 같은 조력 관계 안에서는 이전에 알지 못했던 일부 목적을 포함하여 행동의 목적에 대한 직접적인 직면을 더 쉽게 받아들인다.

개인이 일상생활에서 비교적 잘 기능하는 한, 이러한 개념은 조사되지 않은 채로 남아 있다. 하지만 그들의 개념이 도전받거나 소속감을 유지하는 데 있어 비효율적인 것으로 판명되는, 흔히 '정서적' 위기로 불리는 상황이 발생한다. 이러한 시점에서 상담이나 심리치료가 가장 필요하게 된다. 개인은 나이, 문화적 환경 및 유사한 요인을 포함한 다양한 상황에 적응하기 위해 자신의 행동을 변화시키는 법을 배울 수 있다. 상담은 도움이 된다. 그러나 생활양식은 심리치료, 개인적으로 강력한 삶의 경험, 또는 뇌 손상, 약물 등과 같은 원인 없이는 변화되지 않는 것으로 여겨진다.

초기 인간 발달

아들러 심리학을 더 깊이 연구하기 위해 출생 이후 성격 발달 과정을 살펴보는 것은 도움이 될 수 있다. 태어날 때 전적으로 의존적인 아기는 엄밀한 의미에서 결코 무력한 존재는 아니다. 아들러의 관점에서 유아는 부모가 자녀를 훈련하는 것보다 훨씬 더 잘 어른들을 훈련하기 시작한다.

> 사랑과 부모의 관심은 성격 발달의 중요한 구성 요소이다.

유아가 보통 출생 순간부터 관심과 보살핌을 받는다고 가정할 때, 유아는 주변 사람들을 움직이게 만드는 존재가 된다. 유아는 가장 기본적인 방식으로 삶, 자기, 타인에 대해 배우기 시작한다. 생후 처음 몇 시간과 며칠 동안에는 유아의 신체 기능들이 이러한 상호작용을 유도하는 데 큰 역할을 한다. 수유, 배설, 다른 편안함이 일상화되면서 아기의 관심은 그들의 삶에 개입하는 소리, 촉감, 모호한 시각으로 향할 수 있다. 이를 다루기 위해 울거나, 미소 짓거나, 혹은 여러 가지 반응을 보일 수 있다. 유아는 주변 사람들과 경험하는 자연적·사회적 결과를 해석하면서 학습한다. 아들러 학파는 종종 완벽하게 건강한 아기가 울지 않고, 목소리를 사용하지 않는 사례를 인용한다. 이는 청각장애인 부모에게서 태어난 아기들에 관한 것인데, 이 아기들은 울어도 유용한 목적을 달성할 수 없다는 사실을 일찍부터 배우게 되어, 몸을 꿈틀거리거나 눈물을 흘리거나 얼굴이 빨개지기만 한다.

유전과 더불어 **가족 분위기**는 개인 발달의 주요 요소이다. 가족 분위기가 친근하고, 지지적이며, 격려하는지 혹은 권위적이고, 가혹하며, 억압하는지는 매우 중요하다. 반면, 많은 부모는 과도하게 걱정하거나 과보호하여 아기의 방에서 나는 작은 소리에도 불필요한 수면 부족과 에너지를 소모한다. 다음 절에서 살펴보겠지만, 아들러는 사랑과 부모의 관심이 성격 발달의 중요한 요소라고 확신했다. 하지만 안타깝게도 지나친 응석받이와 과잉보호는 합리적인 수준을 넘어서는 부정적인 결과를 초래할 수 있다. 아이는 자신이 무능력하며, 타인이 자신을 돌봐야만 하거나, 부모가 없으면 끔찍한 일이 발생할 것이라고 지각할 수 있다. 어린 시절에 올바른 훈련을 하지 않으면, 이러한 개념이나 그 변형이 그들의 생활양식의 일부가 될 수 있다.

대부분 경우, 아이들은 자신이 도달할 수 있을 것으로 보이는 발달 측면을 숙달하면서 강점과 약점에 대한 인식을 발달시키기 시작한다. 또한, 그들은 자신이 주변 사건에서 차지하는 위치에 대해 관찰하기 시작한다. 심리 운동능력이 발달함에 따라, 자신에 대한 타인의 행동도 변화하며, 이에 맞춰 어떻게 행동할지를 결정해야 한다. 만약 아이들이 소속감을 확신하고 자신의 능력을 적절한 것으로 가능하면, 주변 사람들로부터 이전보다 더 적은 관심과 도움 그리고 격려를 요구하게 된다. **가족과 문화적 가치**가 이 과정에 깊은 영향을 미칠 수 있다. 아이들은 기여하고, 나누며, 즐기는 것과는 반대로 얻고, 감추며, 요구하는 것에 대한 강조를 경험하면서 무엇이 중요한지에 대한 감각을 발달시킨다. 마찬가지로 그들이 관찰하는 **성인 모델**은 적절한 남성과 여성의 행동, 이성과의 관계 맺기, 결정을 내리거나 갈등을 해결하는 방법을 배우는 데 도움이 될 것이다.

아이들이 정확한 파악을 하든 그렇지 않든, 그들은 자신이 파악한 바에 따라 행동할 것이다. 아들러 심리학자는 아이들이 대체로 훌륭한 관찰자라고 믿지만, 그들은 종종 경험을 평가하거나 해석하는 데 서툴다. 그 결과로 인한 열등감은 아이들이 처음 경험하는 의존적이며, 작고, 사회적으로 열등한 위치 때문에 흔히 나타나는 것으로 여겨진다. 열등감은 본질적으로 좋거나 나쁜 것이 아니다. 한 예로, 개인은 이러한 감정을 보상하기 위해 숙달과 능력을 향해 나아가려는 경우가 많다. 사회적 상호작용을 통해 이들은 사회적 관심을 더 기르고, 완전하게 기능하는 또는 자기실현을 이루는 사람으로 타인이 묘사하는 인물이 될 수 있다. 따라서 초기 가족 내 경험에 대한 아이들의 반응은 그들이 생애 과제에 접근하는 방식에 영향을 미친다.

가족 구도

아들러는 **가족 구도**(family constellation), 즉 가족 집단의 사회심리적 구성을 상당히 중요하게 여겼다. 아들러가 관찰한 것은 기본적으로 서로 다른 가족에서 비슷한 위치를 차지한 개인들이 유사한 특성, 태도, 행동을 보이는 경향이 있다는 것이다. 그 결과, 맏이, 둘째 등과 같은 가족 내 위치는 개인의 가족적 위치를 나타내는 일반적인 기준이 되었다. 그러나 나이 차이뿐만 아니라 성별, 형제자매 수, 성역할에 부여된 문화적 가치, 혼합 가정, 한부모 가정 등 다양한 요소로 인해 가족 내에서 개인의 심리적 위치와 성향을 이해할 필요가 있다. 출생 순위나 서열적 위치(첫째, 둘째, 셋째)만으로는 개인이 지각한 위치를 진정으로 이해하는 데 충분하지 않다. 그럼에도 불구하고, 가족 구도에 대한 참조는 대부분 서열적 위치에 대한 설명이 마치 동일한 것처럼 포함되는 경우가 많다.

아이들은 자신과 나이가 가장 가까운 형제자매와 자신을 비교함으로써, 그 당시의 세계인 가족 내에서 자신의 위치에 대한 인상을 얻는다. 아들러는 **가장 나이가 가깝고 자신과 가장 다른 형제자매가 개인의 성격에 가장 큰 영향을 미친다고** 가르쳤다. 가족 구도와 관련하여 출생 순위나 서열적 위치에 대한 언급이 많지만, 아들러 심리학자는 개인의 **심리적** 출생 순위를 연구해야 한다는 것을 잘 알고 있다. 한 가족 내의 남자아이와 여자아이는 마치 두 명의 외동처럼 대우받을 수 있다. 마찬가지로, 10년 차이가 나는 두 아이는 각각 외동처럼 양육될 수 있다. 오늘날 문화적 차이와 혼합 가정, 한부모 가정의 증가를 고려할 때, 아들러 심리학자는 서열적 위치에 근거하여 가정을 세우는 것이 오해의 소지가 있다는 것을 잘 알고 있다(Rohrer, Egloff, & Schmukle, 2015). 그럼에도 불구하고, 개인의 평생 발달과 안녕에 있어 형제자매의 중요성은 아무리 강조해도 지나치지 않다(White & Hughes, 2018).

생활양식 사정을 통해 개인의 발달에 가장 큰 영향을 준 것은 형제자매가 아닌 다른 아이라는 사실을 발견할 수도 있다. 즉, 그 아이는 개인의 생애 과제와 관련된 성격 특성을 비교하는 데 기인한 것이다. 그러나 내담자에게 떠오르는 사람이 없는 경우, 상담자는 당시 또래의 다른 사람들과 자신을 비교하도록 요청할 수 있다.

또한 비율상 적은 수이지만, 발달에 영향을 미친 초기 요인을 이해하려 할 때 성 정체성에 대해 신중하게 고려해야 할 사람들이 있다. 그들은 생물학적 성보다 반대 성에 더 가깝다고 느끼는 경향을 보이고, 이러한 경향은 초기 회상에서 드러날 수 있으며, 이는 현재 생애 과제에 대처하는 데 중요한 의미가 될 수 있다(Chaney & Brubaker, 출판 예정).

한 사람의 생애 첫 6~8년에 대한 지각과 회상을 통해 그 사람의 심리적 성향과 움직임이 드러나게 되는데, 아들러는 이 시기에 생활양식이 형성되는 것을 관찰했다. 그 결과, **가족 내 형제자매 간**

에 여섯 살 이상 차이가 나는 경우, 일반적으로 같은 가족 구도에 속하지 않는다. 따라서 부모는 두 개 이상의 자녀 구도를 갖게 될 수도 있다[예: 첫 번째 가족 구도(12세 맏이, 11세 중간, 10세 막내)와 두 번째 가족 구도(2세 외동)]. 혼합 가정이나 가까운 곳에 사는 친척들(예: 사촌들)은 추가적인 변수로 작용하며, 이는 경험 많은 상담자가 생활양식 면접을 할 때 고려해야 할 것이다. 생활양식 사정의 목적은 사람들을 '범주화'하는 것이 아니라, 오히려 그 반대로 각 개인의 고유성과 그들이 타인 속에서 자신의 자리를 만들어 가는 고유한 움직임 방식을 발견하는 것이다.

앞에서 언급한 주의 사항과 함께, 출생 순위에 대한 설명은 식별할 가치가 있다. 아들러 심리학자들은 전형적으로 다섯 가지 출생 순위, 즉 맏이, 둘째, 중간, 막내, 외동을 언급한다. 각 순위에는 특정한 공통적 특성이 연관되어 있지만, 이러한 특성은 개인에 대한 구체적인 자료가 공통적 특성의 타당성을 반박할 때 빠르게 제외될 수 있는 명목상의 인상일 뿐이다. 앞에서 언급했듯이 이러한 특성은 어떤 아이디어를 버려야 할지 가늠하는 참고 자료로서 실질적으로 개인의 고유성을 밝혀내는 데 유용하다(예: 다른 많은 맏이와 어떻게 다른지 또는 나중에 태어난 막내가 이러한 특성을 어떻게 나타내는지).

맏이 맏이는 하루 동안의 통치자로 비유될 수 있다. 그들은 가족에서 첫째로 태어나 의심할 여지 없는 가족의 통치자이며, 기쁨의 원천이자 행복하게 관심의 중심에 서게 된다. 그러던 어느 날, 집에 낯선 이가 나타난다. 몇 달 또는 몇 년 차이의 나이 간격, 부모의 태도, 성별 차이 등 다양한 변수에 따라 자신의 가족 내 위치에 대한 도전을 평가한다. 대부분의 경우 맏이는 부모가 행동 변화에 크게 반응하지 않고 그들의 위치가 가족 내에서 안정적이라고 인식하도록 격려받을 때, 새로운 동생을 자연스럽게 받아들이는 법을 배운다.

일반적으로 맏이는 어른들과 잘 소통하고, 어른들의 기대와 가치를 쉽게 받아들이며, 집안에서 특히 어린 형제자매를 돌보는 일을 돕고, 사회적 책임감을 갖춘다. 또한, 사회적으로 수용할 수 있는 방식으로 생애 과제에 대처하는 능력을 발달시킨다. 맏이는 어른을 기쁘게 하려는 경향이 강하며, 종종 완벽함을 추구하는 허구적인 목표를 세우기도 하는데, 이것이 시간이 흘러도 조절되지 않는다면 심각한 결과를 초래할 수 있다.

둘째 둘째는 이미 앞서 있는 누군가가 존재하는 상황에서 태어난다. 첫째와 나이 차이가 6년 이내인 경우, 또 나이와 성적 지향 등 다양한 변수에 따라 둘째는 보통 첫째와 반대되는 방식으로 자신의 위치를 찾으려고 한다. 그들은 책임감이 덜 강하고, 더 독립적이며, 더 많은 서비스를 요구하고, 첫째가 추구하지 않거나 숙달하지 못한 것에 더 관심을 가질 수 있다.

둘째는 종종 일등이 되기 위해 노력한다. 형제자매 경쟁은 특히 아이들 간 비교를 부추기는 가정에서는 매우 치열할 수 있다. 이를 달리기 경주에 비유해 설명할 수 있다. 첫째는 뒤에서 들리는 발소리를 듣고 계속 앞서 나가려 하며, 둘째는 앞서가는 첫째를 보고 더 노력하면 따라잡을 수 있을 거라고 느낀다. 어떤 사람들은 낙담하여 지레 경주를 포기하기도 한다. 반면, 어떤 사람들은 사회적으로 생산적인 인물로 존경받지만, 예를 들어 그들이 생산적이어야만 가치 있는 사람으로 인정받는다는 잘못된 생각에 동기 부여되었기 때문에 어떤 경우에는 자신의 노력에서 얻는 만족감이 미미할 수 있다.

중간 중간 아이는 자신의 존재에 동생이라는 또 다른 조건이 추가된다. 세 명으로 구성된 가정에서 중간 아이는 종종 자신의 위치가 끼어 있다고 느낀다. 그들은 자신이 특별히 불리한 위치에 있다고 지각한다. 첫째가 누리는 몇 안 되는 이점조차 없으며, 이제 막내로서의 자리마저 빼앗긴다. 이러한 처지를 확실히 깨닫게 하는 것은 첫째가 종종 막내를 돌보는 것을 도우면서 자신에게 우군을 확보하기 때문이다. 첫째는 종종 다른 아이들에게 '보스'로 보일 수 있다.

중간 아이는 여전히 첫째와 반대되는 방향으로 나아갈 가능성이 크다. 그들은 더 독립적이고, 반항적이며, 판단력이 강하고, 예민해질 수 있으며, 부모로부터 자신의 위치를 노골적으로 확인받으려는 경향을 보인다. 가정 내에서 각자의 위치에 해당하는 것이 그러하듯이, 중간 아이는 결국 자신에게 이익이 되는 보상 행동을 통해 이러한 초기 지각을 극복할 수 있다. 각 아이는 자신의 위치가 가장 힘든 자리라고 지각하는 경우가 많으며, 중간 아이는 이러한 실망감을 더 크게 표현할 수 있다.

그러나 중간 아이에게도 자산이 있다. 특히, 대가족에서는 다른 사람들의 실수에서 배울 기회가 있으며, 협상과 의사소통 기술을 습득하고, 일반적으로 삶의 정치적 측면을 잘 처리할 수 있다. 또한, 그들은 가족의 다른 구성원과 다르게 사물을 바라보는 경향을 통해 사회적 상황에서 색다른 해결책을 발견할 수 있다.

막내 막내는 관심의 중심이라고 지각되는 위치를 즐긴다. 부모뿐만 아니라 형제자매도 그들을 즐겁게 해 주고 돌봐 준다. 막내 아이가 때때로 말썽을 부릴 수도 있지만, 그들에게는 보호자가 있어서 돌보아 준다. 사실 막내 아이가 조금 더 자라면서 중간 아이와 장난을 치고, 동맹자인 첫째와 부모가 막내를 구하러 달려오는 것을 보는 것조차 즐거워할 수 있다. 그들은 종종 귀엽고 매력적이며, 나이가 들어도 여전히 가족의 막내로 여겨진다.

그들은 이러한 매력과 조종하는 방식을 이용해 삶의 즐거움을 누릴 수도 있다. 반면, 부모 모두가 성취를 중시하는 가족 가치를 가진 경우, 막내가 자신의 위치를 확보하는 방법이 가장 열심히 달리고, 가장 큰 성취를 이루는 것이라고 지각하였다면 그렇게 할 수도 있다. 그들은 훌륭한 연예인이 될 수 있으며, 많은 사람이 싫어하는 공개 연설과 같은 상황에서도 편안함을 느낄 수 있다.

외동 외동은 한 가지 중요한 예외를 제외하면 첫째와 비슷한 인식을 가질 수 있다. 그들은 왕좌에서 절대 밀려나지 않으며, 가까운 경쟁자의 압박감을 덜 느낀다. 외동은 또래보다 성숙해 보일 수 있으며, 어른들과 편안하게 지내고, 책임감이 강하며, 협력적이고, 인지적 기술을 발달시킨다. 그들이 지각할 수 있는 가장 큰 결핍은 또래 집단과의 관계 형성에서 나타날 가능성이 크다. 다른 아이들과 달리, 외동은 또래와의 친밀한 상호작용이 거의 없거나 아예 없을 수 있다. 또래 집단과 관련된 새로운 생활에 대처하기 시작하면서 이러한 아동의 초기 학교생활은 더 어려울 수 있다.

다섯 가지 주요 생애 과제

아들러는 모든 사람이 일, 우정, 사랑이라는 최소한 세 가지 주요 생애 과제에 직면한다고 믿었다(Dreikurs, 1953). 지난 몇십 년간의 연구는 이러한 과제들이 건강과 안녕에 있어 중요한 중심 과제임을 뒷받침한다. 모삭(Mosak)과 드라이커스(1967)는 아들러가 암시한 네 번째와 다섯 번째 과제를 추가하여 제시했다. 네 번째 과제는 우주, 신 또는 더 높은 힘과 관련된 자신의 영적 자기(self)를 다루는 것이고, 다섯 번째 과제는 나(I)라는 주체와 나 자신(me)이라는 객체로서 자신을 다루는 개인의 성공에 관한 것이다.

일(Work) 개인은 삶, 자기, 타인에 대한 고유한 규칙이나 지침을 바탕으로 어린 시절에서 청소년기 이전, 청소년기, 성인기로 나아가며, 더 책임감 있고, 협력적이며, 삶의 상황에 대처하는 사람이 될 것이라는 사회적 기대와 함께 성장해 간다. 일 과제에서 실패는 사회에서 가장 낙담한 사람들에게 근본적인 문제로 작용한다. 수익성 있는 직업을 요구하지 않더라도, 고용 상태를 지속하기 어려워하는 사람들은 대부분 자신의 가치와 능력에 대한 자신감이 부족한 경우가 많다.

학교 상황에서 실패나 중도 탈락은 강등과 실직(즉, 자신감과 가치감의 상실)에 해당한다. 드라이커스(1968)는 실패한 아이들은 나쁘거나 게으른 것이 아니라 낙담한 것이라고 여겼다. 생애 과제를 직면하고 완수하기 위해서는 불완전할 용기, 즉 실수하고 가끔은 실패하더라도 다시 시도할 용기가 필요하다. 너무 많은 아이에게 학교는 그들 자신이 충분하지 않다는 개인적인 사정을 확인하는 곳이 된다. 이후 이들 중 다수는 지속하여 실업 상태에 있거나, 복지 수급자 또는 시설에 수용될 것이다. 아들러 심리학자는 노년기에 사람이 변화하기 어려운 것처럼 보일 수 있지만, 사람에게는 언제나 변화할 수 있는 능력이 있다고 믿는다. 실제로 노년층은 젊은 시절에는 할 수 없었던 직업, 자원봉사, 창업 등을 통해 새로운 기술과 활동을 배우고 일 과제를 해결할 수 있다.

우정(Friendship) 드라이커스(1953)는 낙담이 한 가지 생애 과제에만 국한되지 않는다고 말했다. 예를 들어, 대부분의 개인은 수익성 있는 직업이나 타인을 위한 봉사를 통해 일상적인 일 요구에 대처할 수 있다. 의심, 불안, 두려움은 때때로만 드러날 수 있다. 우정과 친밀한 사랑 관계는 더 많은 협력, 주고받기, 존중을 요구한다. 만약 어떤 개인이 이 두 가지 생애 과제 중 하나 또는 둘 모두에서 지속적인 어려움을 겪는다면, 그 사람은 다른 영역에서도 낙담을 겪고 있을 가능성이 크다.

예를 들어, 드라이커스(1946)는 **개인이 지속적으로 불평, 비난, 변명, 두려움을 말하고 무능력을 언급할 때마다, 그들이 낙담을 드러내고 있다는** 사실을 발견하였다. 조력자에게 이것은 성인이나 아이가 의식적이든 무의식적이든 태도나 행동을 변화시키기 위해 협력하지 않으려 한다는 신호가 될 수 있다. 그들은 타인과 삶이 자신에게 맞게 변화되기를 원할 것이다. 그러나 제6장에서 언급하겠지만, 모든 생애 과제의 어려움이 심리사회적 원인에서 비롯된 것은 아니다. 진단되지 않은 의학적 원인과 심리사회적 원인을 구분하는 것은, 일상적인 삶의 고통에서 해방될 희망을 잃은 사람들에게 격려의 원천이 될 수 있다. 또한, 지속적이고 신뢰할 수 있는 친밀한 비(非)성적(non-sexual) 우정은 수명을 늘려 주고 삶의 질을 높여 준다. 제9장~제12장에서 설명하는 대로 이러한 관계를 형성하는 방법을 배우는 것은 효과적인 교육 및 상담의 목표 중 하나이다.

사랑(Love) 생애 과제 중에서 사랑의 관계는 자신과 상대방에 대한 가장 큰 용기와 신뢰를 요구한다. 존중, 감사, 배려와 같은 기본적인 가치는 관계를 유지하고 발전시키기 위해 표현되거나 행동으로 보여야 한다. 의사 결정 및 갈등해결 능력도 필수적이다. 사랑 관계에서는 자신의 약점, 우려 사항, 특이성을 다른 어떤 삶의 상황보다 더 면밀하게 살펴야 한다. 예를 들어, 아들러 심리학자는 개인이 서로에게 끌리는 바로 그 특성이 결혼 생활에서는 마찰의 원인이 될 수 있는 사실을 관찰했다.

유럽 문화에서 흔히 볼 수 있는 **남성 중심적 사고**는 아들러가 논의한 남성성 추구(masculine protest) 개념과 관련이 있으며, "진정한 남자는 가정을 부양해야 한다", "여성은 아이를 돌보고 남편을 섬긴다"라는 고정관념을 부추긴다. 생활양식 분석을 통해 충분히 예측할 수 있음에도 불구하고, 파트너의 문제는 일반적으로 관계가 심각하게 악화할 때까지 표면으로 드러나지 않는다.

이처럼 상호 보완적이지만 마찰을 일으킬 수 있는 특성들이 사회적 상황에 의해 정형화되는 것은 아니다. 예를 들어, 한 남편은 아내의 의견을 매우 존중했기 때문에 중요한 가족 문제를 거의 아내에게 의존해 결정했으며, 자신의 결정이 신뢰할 만하지 않다고 생각했다. 반면, 아내는 그의 성실함과 목표 지향적인 삶의 태도를 존경하였다. 세 자녀를 낳고 몇 년의 결혼 생활 끝에 아내는 남편으로부터 고립감을 느꼈다. 남편은 가족의 의사 결정에 전혀 참여하지 않았고, 실제로 일이 너무 바빠서 그녀를 거의 중요하게 생각하지 않는다고 느꼈다.

처음에 남편은 아내가 직면하는 것에 위협을 느꼈고, 상황이 왜 이렇게 되었는지 혼란스러웠다. 아내는 남편이 일을 줄이고 가족 결정에 더 많이 참여하기를 원했다. 상담을 통해 부부는 함께 작업하기 위한 새로운 합의를 함으로써 갈등을 이해하고 예상하게 되었다. 아들러가 언급한 것처럼(1938; 1958), 개인이 자기 삶에서 움직임을 이해하면, 자기와 삶, 타인에 대한 새로운 존중으로 태도와 행동을 바꿀 결심을 할 수 있다. 이 사례에서 부부는 남편의 의사결정 능력에 대한 낮은 평가를 포함하여, 오래된 기대를 차단하는 행동 방식을 구축해 온 것이다.

영성(Spirituality) 최근 몇십 년 동안 영성은 상담 전문가들 사이에서 주요 고려 대상이 되었다. 개인의 실존적 문제를 다루고자 하는 필요와 바람은 인간 조건의 일부라는 알아차림이 증가하고 있다. 제2장에서 언급하듯이 영성이 장수와 삶의 질 모두에 핵심적인 요소라는 입장은 연구를 통해 확증되고 있다. 최근까지 영성은 주로 성직자의 책임으로만 여겨져 왔다.

삶의 목적과 의미에 관한 질문은 보편적이다(Mosak & Dreikurs, 2000; Cashwell & Young, 2011). 실제로 우리 사회의 다문화적 차원이 점점 확장됨에 따라 영성을 경험하고 실천하는 방식에 대한 감수성과 존중이 더욱 커지고 있다. 예를 들어 서구의 유대-기독교 전통과 신념 체계와 비교할 때, 특히 아메리카 원주민, 아시아계 미국인, 아프리카계 미국인의 영성에 대해 더 큰 존중을 나타내고 있다. 제12장에서 소개된 연습 활동은 영성의 보편성을 설명하기 위해 집단 환경에서 공유할 수 있는 영성 탐구 기회를 제공한다.

자기(Self) 다섯 번째 과제는 자기를 다루는 개인의 성공에 관한 것이다. 대중 서적에는 자기계발서, 팟캐스트, 세미나가 넘쳐난다. 자기존중감과 자기효능감과 같은 개념은 일반적인 주제이다. 이러한 개념과 기타 자기중심적 개념에 대한 많은 흥미로운 연구들은 장수와 삶의 질이 자기 주도성에 대한 개인의 기본적인 태도 및 확신과 관련이 있다고 제안한다. 예를 들어, 개인이 내적 통제감을 더 많이 가질수록 긍정적인 건강 지표도 더 많이 나타난다는 연구 결과는 이를 뒷받침한다. 제4장에 이 주제에 대한 추가적인 논의가 포함되어 있다.

각 주요 생애 과제는 아들러 심리학의 전체론적 사례개념화와 상담 실제에 대한 함의의 일부로서 제2장에서 자세히 다루어진다. 주요 생애 과제를 기반으로 한 안녕 모델의 특성을 측정하기 위해 설계된 연구 및 임상 사정 도구(5FWEL/FFWEL)에 대해서도 설명한다.

정서와 감정의 기능

개인들은 흔히 상담자에게 너무 화가 나거나, 슬프거나, 지루하거나 등 여러 감정 때문에 자신도 어쩔 수 없이 특정 방식으로 행동해야만 한다고 다양한 방식으로 말한다. 물론 아들러는 이러한 책임 회피를 받아들이지 않았다. 변명은 여러 가지 형태로 나타날 수 있지만, 정서는 개인이 상담자에게 가져오는 문제의 핵심으로 자주 지목된다.

나중에 참조할 수 있도록 감정을 포함한 인상을 기록한다.

아들러는 정서를 행동 수행에 필요한 도구라고 지각하였다. 정서는 보통 독립적인 실체로 간주하지 않는다. 사랑, 기쁨, 분노, 슬픔, 죄책감, 두려움과 같은 감정은 갑자기 나타나는 것이 아니다. 보통 누구나 지각하고, 가치를 부여하고, 느낀 후에 행동으로 이어진다. 심장에 자체 '뇌'가 있다는 과학적 증거가 있다는 것은, 이제 이러한 관찰의 예외이다. 싸움이나 도피 유형의 반응은 일반적인 삶의 사건과 같은 방식으로 처리되지 않는다. 제2장에서 설명한 것과 같은 외상 경험을 재처리하는 과정은 갑작스럽고 순간적인 위협의 결과인 경우가 많다. 물론 이들 중 일부는 초기 회상에 내재되어 있어 특별한 주의가 필요하다. 그러나 다음에 이어질 내용은 우리의 일상적인 사건 처리 과정에서 가장 일반적인 방식이다.

삶, 자기, 타인에 대한 대부분 가치관은 무의식적인 사고 과정에 이미 저장된 청사진이기 때문에 즉각적인 사랑, 두려움, 분노에 기인하는 것의 대부분은 생활양식 자료 은행에서 추적할 수 있다. 개인이 성장하고 경험을 쌓아 가면서, 그들은 감정을 포함한 인상을 '기록'하여 나중에 참고할 수 있도록 저장한다. 최근 과학자들은 인간이 생화학적 반응을 신체 여러 부위에 '저장'한다는 사실을 발견했다. 따라서 생리적 반응은 사건에 대한 정서적 기억의 일부인 것으로 보인다.

많은 내담자는 현재의 결정과 행동에 대한 책임을 자신에게 돌리는 정서적 개념을 불신하고 싶어 할 것이다. 다음 장에서 살펴보겠지만 아들러 심리학자는 정서에 매우 관심이 많은데, 개인의 잘못된 관념과 의도에 대한 이정표로서 정서에 더 많은 관심을 보인다(Mosak & Maniacci, 1999). 개인이 행동하는데 사용하는 에너지를 구축하는 것은 자기에게 보내는 메시지이다. 개인의 사적 논리는 말하지 않은 목표로 향하는 움직임을 정당화한다.

과거의 감정은 개인이 타인에 대한 인상을 처리하는 데 도움이 되며, 때로는 자동적으로 상당히 부정확하게 반응한다. 지식이나 경험이 없는 경우, 개인은 자신의 기대 체계에 맞출 수 있을 때까지 아무것도 느끼지 못한다. 생각하는 방식대로 존재하는 나(as I think, I am)라는 표현은 정서와 그에 따르는 행동을 이해하는 기초가 된다.

아들러 상담자를 지켜보는 사람은 상담자가 상담 회기 중 분노, 불평, 비난, 눈물, 애정과 같은 감정에 대해 무감각하다고 생각할 수 있다. 그러나 만약 정서가 상담 목표로부터 내담자를 산만하게 하거나 조종하려는 도구로 사용된다면, 실제로 상담자가 이러한 정서에 대해 감흥을 느끼지 못하는 것처럼 보일 수 있다. 드라이커스는 자신의 생애 과제를 해결할 책임을 부정하는 방어 기제인 신경증을 인간의 독창성에 대한 찬사라고 표현했다. 그는 이러한 창의성에 의해 방해받지 말라고 경고할 것이다. 아들러 상담자는 눈에 잘 띄지 않는 감정과 태도에 주목할 것이다(예: 고립, 소외감, 자신감 부족, 불안감).

전체론적 관점

아들러 심리학에서 사람의 불가분성은 기본적인 신념이다. 의학, 정신건강, 재활에 대한 전체론적 접근법이 대두되고 있는 시점에서, 상담자는 이 접근법의 유용성을 분명히 알게 될 것이다. 광범위한 사람과 상황을 다룰 때 하나의 과학이나 학문이 모든 사람의 질병을 적절하게 설명하고 진단하며 치료법을 처방할 가능성은 없다. 따라서 저자는 인간 행동에 대한 새로운 지식을 끊임없이 탐구하고, 이를 이 접근법에 통합하려고 한다.

가장 기본적인 형태는 신체적 안녕과 심리적 안녕 간 상호작용을 인식하는 것이다. 이제 일부 과학자들은 정신과 신체의 구분이 부정확할 뿐만 아니라 과학적으로도 타당하지 않다고 관찰하고 있다. 전통적으로 뇌 화학과 뇌의 기능이 관련된 것으로 여겨졌던 것이, 이제 다른 신체 부분에서도 존재하는 것으로 밝혀졌다. 바이오피드백 연구와 스트레스 관리에의 적용은 사람이 생각하는 것이 다른 원인으로 인한 생리적 증상과 유사한 증상을 일으킬 수 있다는 아들러의 가정을 입증하는 데 도움이 되었다. 실제로 사회적 고립과 낮은 사회적 관심과 관련된 조건들이 뇌 가소성(plasticity)과 크기에 부정적인 영향을 미친다는 증거가 있다. 감염, 질병, 기타 신체적 상해도 잠재적으로 기분을 변화시킬 수 있다. 특히, 스트레스로 인한 피로는 마음과 몸의 상호작용으로 인한 증상이다.

아들러가 이러한 관점을 처음 주장한 것은 아니었다. 위트머(Witmer, 1985)는 다음과 같이 언급했다.

> 마음과 몸의 통합을 포괄하는 건강과 안녕의 개념은 수천 년 전 중동 종교, 고대 그리스, 극동 철학으로 거슬러 올라간다. 그리스 의학 전통은, 그리스도의 유대인 치유 전통과 마찬가지로, 전체 인간을 치료하는 것이었다. 마음과 몸은 분리되지 않고 상호 연관되어 있으며 상호 의존적이었다(p. 43).

또한, 아들러 상담자는 한 개인의 행동 일부만 보더라도, 그 사람의 삶의 전체적인 방향성과 삶의 계획을 이해하는 데 도움이 될 수 있다는 사실을 알고 있다. 그러나 그러한 행동은 전체의 근사치일 뿐이므로, 적절한 관점을 유지해야 한다. 예를 들어, 개인의 신뢰할 수 없는 성격 때문에 우정을 유지하는 데 어려움을 겪는 경우, 결혼이나 사랑 관계에서 문제를 일으킬 수 있다는 것을 예상할 수 있다. 사랑은 더 큰 친밀감과 평등주의적 성격을 가지기 때문에 우정보다 더 큰 스트레스를 받을 수 있다. 그러나 결혼을 선택하지 않는다고 해서 반드시 사랑하는 관계에서 필요한 개인적인 헌신, 공감, 용기의 부족을 의미하는 것은 아니다.

따라서 **전체주의**는 인간 행동을 역동적이고, 자기 주도적이며, 타인과의 관계에서 의미를 갖기 위한 고유한 목표 지향적인 계획을 가지고 삶을 살아가는 상호 연관된 마음과 몸으로 이해하는 관점이다. 예를 들어, 내담자가 타인과의 관계에서 생각하고 느끼는 방식을 변화시키도록 돕는 것은 신체적 건강을 개선하고, 일에 대한 만족도를 높이며, 삶의 다른 측면에 대한 기쁨과 흥미를 증가시키는 결과를 가져올 수 있다.

철학과 가치 체계

아들러 상담자는 때때로 상담의 실제에서 조작한다는 비판을 받기도 한다. 드라이커스는 누구든지 다른 사람에게 영향을 미칠 때 어느 정도 조작적이라는 의미에서 이것이 사실이라고 믿었다. 그러나 드라이커스(1971)는 아들러 심리학의 철학과 가치 지향성을 비판적으로 분석하는 데 도움이 컸다. 아들러 심리학의 실제에 대한 전제는 높은 사회적 관심을 가진 개인은 자신과 타인을 동등하게 생각하고 이에 맞게 행동할 것이라는 믿음에 기초한다. 드라이커스는 사람들이 자신을 다른 모든 사람과 동등하게 여긴다면 사회의 주요 문제들이 거의 사라질 것이라고 믿었다. 그는 인류가 사회적으로 존재한 약 8,000년 동안 사람들은 권위주의 체제라는 잘못된 전제 아래서 기능하려고 노력해 왔으며, 계속해서 문제 해결에 실패하고 있다는 것을 관찰했다.

1940년대 초 드라이커스(1946)는 여성, 흑인, 아동, 기타 소수자들이 실현되지 않은 미국의 꿈인 평등을 점차 요구할 것이라고 예측했다. 결혼에 관한 그의 책을 읽는 사람이라면 누구나 그 책이 1940년대가 아닌 오늘날에 쓰여졌다고 믿을 것이다. 아들러 역시 세계 대전 이전에 이와 관련하여 시대를 훨씬 앞서갔다. 자신이 권력을 쥐고 있다고 지각하는 사람들은 쉽게 그것을 포기하지 않는다. 그러나 지난 수십 년 동안의 사회적 혼란은 소수 집단을 포함한 많은 사람이 이제 더 이상 전통적인 '상위층'의 무시와 불평등을 참지 않으려 한다는 증거이다. 높은 곳에서 내려오는 권위에 의문을 제기한다. 소수의 권력은 의심받고 있다.

그러나 드라이커스는 인류가 보다 만족스러운 합의를 이루도록 교육하지 않으면 약자가 단순히 강자를 이기기 위해 노력할 뿐이고, 결국 어느 시점에 그 주기가 반복될 것이라고 염려하였다. 따라서 드라이커스는 아들러의 본보기를 따라, 특히 소외 계층과 약자의 삶의 질에 영향을 미치는 사회 제도의 변화를 적극적으로 추진했다. 그가 오늘날 살아 있었다면, 그는 다문화적이고 다양한 사회에서 여전히 평등을 강력히 옹호했을 것이다.

많은 개인이 우월성, 권력, 부, 지위를 목표로 노력하는 것과 같은 방식으로, 집단도 유사하게 다른 사람을 통제하려고 한다. 우리 사회에서 경쟁과 우월함의 외형적 표시가 강조되는 것은 통제와 영향력에 대한 집착을 보여 주는 증거이다. 이러한 상황에서 협력은 일시적인 타협으로 끝나는 경우가 매우 많다.

드라이커스(1971)가 현 사회에서 찾아볼 수 있는 가치 대신에 제안한 민주적인 철학과 가치는 다음과 같다.

현재	제안
야망	열정
자기 의로움	친근함
	이해
의무	소속감
	참여
동조	자기 존중
	자기 향상
완벽함	용기
비협력적 자립	상호 지원
개인주의	협력

아들러 상담자는 자신에게 유용하지 않다고 생각되는 일을 다른 사람에게 강요할 수 없다고 믿는다. 따라서 많이 노력했음에도 불구하고 어떤 개인은 불쾌함이나 불편함이 있더라도 행동이나 태도를 바꾸지 않을 것이다. 이는 모든 행동이 목적성을 가진다는 개념(즉, 모든 행동은 개인이 자신의 목표를 추구하는 데 있어 어떤 용도를 제공한다)에 근거한다. 개인은 고유한 삶의 지각에 따라 변화

를 위험하거나 적어도 어려운 것으로 간주할 수 있다.

반면, 아들러는 개인을 타인에게로 움직이게 하는 행동(즉, 높은 사회적 관심)과 개인을 타인에 대해 반대하거나 멀어지게 하는 방향으로 움직이게 하는 행동을 구분했다(Adler, 1964; Ansbacher & Ansbacher, 1967). 후자의 행동은 사회적으로 쓸모없고 자기 패배적 행동으로 규정되었다. 아들러의 가치 체계에서는 모든 행동이 개인의 관점에서 '유용'하다고 할 수 있지만, 일부 태도는 개인의 자기존중감을 떨어뜨리며 결과적으로 사회적 관심도 감소시킨다는 점에 주목한다.

아들러는 개인이 기본적인 생애 과제를 회피하거나 충족하지 못하게 하는 태도와 행동을 삶의 쓸모없는 측면으로 간주했다. 아들러 심리학은 목록(Inventory)이 아닌 사용(use)의 심리학[1]이기 때문에, 아들러 학파는 이러한 행동을 증상에 따라 범주화하는 것을 일반적으로 하지 않는다(하지만 아들러 상담자 역시 보험회사 결제에 기반한 상담 및 심리치료 실제에서 정신 및 정서장애의 통계적 진단 범주를 사용해야 한다; Maniacci, 2002; Maniacci & Sackett-Maniacci, 2002).

개인이 사회적 관심의 방향으로 상대적으로 움직이는 것을 개념화하는 한 가지 방법이 [그림 1-1]에 있다. 주로 수직적으로 움직이는 사람들은 자신의 노력이 어떻게 성과를 내고 있는지에 가장 관심이 많다. 그들은 끊임없이 자신의 노력을 다른 사람 또는 자신이 달성하고자 하는 완벽이라는 허구적 개념과 비교하고 평가한다. 이 방향으로 적극적으로 움직이는 사람들은 종종 그들의 분

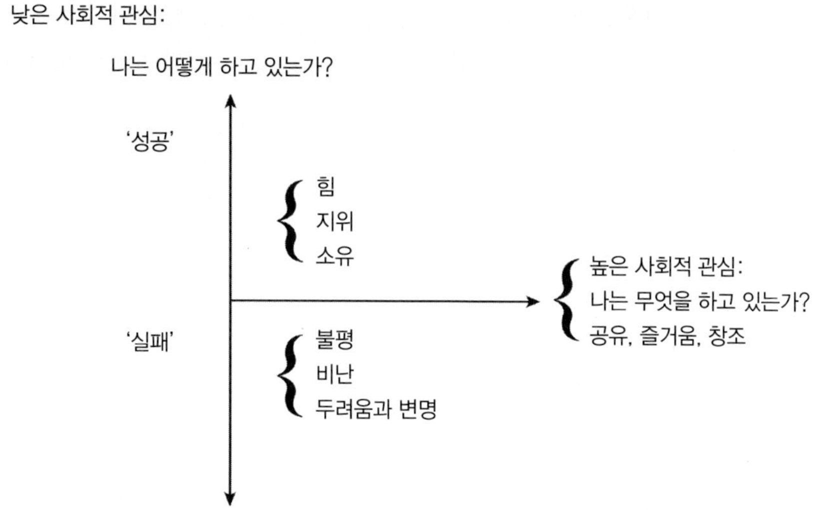

[그림 1-1] 사회적 관심 연속선: 수직선(낮음) 대 수평선(높음) 비교

1) 역자 주: inventory라는 말은 원래 재고 목록, 창고에 쌓아 둔 항목들을 의미하는 말로서, 여기에서는 책 속의 지식으로만 쌓아 두지 않고, 인간 이해와 실천적 개입에 쓰이는 살아 있는 심리학이라는 의미이다.

야에서 생산적이고 '성공적인' 사람들로 여겨진다. 그들의 노력에 대한 슬픈 논평은 가진 것을 잃을 수 있다는 끊임없는 불안감 때문에 성과나 결과에 대한 만족감을 거의 얻지 못한다는 것이다. "이보다 더 잘할 수 있는가?"라는 감정은 그 사람의 능력이나 적절성이 입증된 후에도 오랫동안 지속될 수 있다.

낮은 사회적 관심

수평 면은 인생의 활동에 대한 즐거움과 참여를 향한 움직임을 나타낸다. 사람들은 자신과 타인이 얻는 만족도를 기준으로 자신의 활동을 평가한다. 이러한 움직임의 표현이 높은 사회적 관심을 가진 사람들은 경쟁을 즐기지 않거나, 낮은 사회적 관심을 가진 사람들은 자기 일에서 만족을 얻지 않는다는 의미로 해석되어서는 안 된다. 실제로 대부분 사람은 두 가지 방향의 움직임 사이 어디엔가 위치한다.

예를 들어, 경쟁적인 게임이나 스포츠에서 이런 차이를 발견할 수 있다. 높은 사회적 관심을 가진 사람들은 이기기 위해 매우 열심히 경기하겠지만 승패와 상관없이 게임 자체를 즐길 것이다. 반면, 사회적 관심이 낮은 개인은 게임에서 패배하면 패배감을 느끼며, 승자로 다시 자리매김할 때까지 자신에 대한 혐오감마저 느낄 수 있다. 제9장에서 설명하겠지만, 아들러 심리학자는 특히 학교 상황에서 행동수정 기법을 적용할 때 이러한 차이를 의식하고 있다. 성취나 사회적 행동을 강화하기 위한 보상을 무차별적으로 하게 되면, 개인이 수평적(내재적 동기)이 아닌 수직적(외재적 동기)으로 움직이도록 강화될 수 있다.

타당성

아들러 심리학의 이론과 실제는 다른 여러 체계나 상담 접근법에 사용되고 통합됨으로써 부분적으로 타당성이 입증되었다. 전통적인 정신분석학을 제외하면 거의 모든 주요 성격 상담 및 심리치료 접근법은 아들러 심리학의 원칙과 기법을 체계에 통합해 왔다. 이는 자산인 동시에 가장 큰 부채이기도 하다. 아들러의 연구가 다른 사람들의 작업에 영향을 미쳤음에도 불구하고 그 잠재력은 아직 완전히 실현되지 않았다.

이전 판에서 저자는 학령기 아동, 부모, 교사를 대상으로 아들러 심리학의 이론과 방법이 교실 분위기와 학업성취도에 효과가 있음을 입증한 연구 결과를 인용하였다. 이제는 이란(Soheili, Alizadeh,

Murphy, Bajestani, & Dreikurs Ferguson, 2015)과 같은 다양한 국가에서 교사와 학생(7~12세)을 대상으로 그 효과에 대한 증거를 점점 더 많이 확보하고 있다. 이러한 연구 중 일부에서 흥미로운 점은 아이들에게 영향을 미치는 성인과 작업하는 것이 더 유용하다는 것이다. 아이들과 작업하는 것이 효과적이고 바람직하긴 하지만, 교사와 부모와 함께 노력하면 상담자와 심리학자 개입의 장기적인 가치가 배가된다(Lindquist & Watkins, 2014).

다른 아들러 학자들(Watts, 1998)처럼 저자가 아들러 이론과 관련된 문헌을 검토하면서, 아들러 심리학의 기법과 방법을 사용하는 비(非)아들러 학자들의 연구가 종종 더 인정받고 인용됨에도 불구하고 그 과정에서 아들러나 드라이커스에 대한 언급은 전혀 없다는 것을 발견했다. 이는 새로운 현상이 아니다. 예를 들어, 와츠와 에르구너-테크날프(Watts & Erguner-Teknalp, 2017)는 아들러가 오늘날 긍정심리학의 선구자라고 할 수 있는 강력한 논거를 제시했다. 또한, 클라크(Clark, 2002, 2013)가 초기 회상에 대해 수행한 문헌 고찰에서는, 이 주제를 아들러 심리학과는 다른 관점에서 접근한 연구들 가운데서도 아들러 이론의 개념을 뒷받침하는 것으로 간주될 수 있는 사례들이 다수 소개되어 있다. 사랑의 관점에 따라, 동일한 현상도 서로 다른 용어로 설명되곤 한다. 예를 들어, 어떤 이들이 '보상'이라고 부르는 것이 아들러 심리학의 정의 기준에 부합한다면 '격려'라고 부를 수 있다는 것을 의미한다.

아들러 심리학 이론과 방법을 양적 연구로 입증하는 데 관심이 있는 사람들이라면, 다른 이론들처럼 이것이 아직 진행 중인 작업임을 알 수 있을 것이다. 그러나 『개인심리학 저널(Journal of Individual Psychology)』의 편집자들은 더 많은 경험적 연구에 관한 관심이 증가하고 있다고 생각한다(Curlette & Kern, 2016).

> 요약하자면, 우리가 오랫동안 가지고 있었던 목표 중 하나는 개인심리학에서 경험적 연구에 대한 강조를 강화하는 것이었고, 이는 지금도 계속되고 있다. 이번 호에 실린 논문들은 기본적으로 다음 차례에 게재될 논문들로 선정되었다. 따라서 이번 호에 실린 모든 논문이 경험적 연구를 지지하는 공통된 주제를 가지게 된 것은 우연히 발생한 일일 수도 있으며, 부분적으로는 개인심리학 분야에서 더 많은 경험적 연구를 옹호하고 수행하려는 움직임에 의해 영향을 받았을 수도 있다. 아마도 두 가지 가능성이 복합적으로 작용했을 것이다(p. 3).

앞서 언급했듯이 아들러 심리학이 무엇을 어떻게 하는지 잘 연구되었고, 다양한 연령대와 유형의 개인, 커플, 집단에 효과적이라고 밝혀졌다. 그러나 아들러와 드라이커스를 그 근원으로 인식하는 경향은 부족하다. 또한, 저자의 경험에 따르면 아들러 학파의 방법이 '효과적'이라는 경향이 관찰되며, 그것이 바로 상담자들이 주로 추구하는 바이다. 도움을 받은 사람들이 당신의 노력에 대해 열정과 감사, 안도감을 표현할 때, 당신도 '신봉자'가 된다.

저자는 시카고 아들러 연구소에서 밥 파워스(Bob Powers)와 함께했던 아들러 심리학 이론에 대한 첫 경험을 생생히 기억한다. 당시 저자는 내 학교에서 고급 상담 이론을 가르치고 있었고, 드라이커스나 아들러의 이론이나 방법을 신뢰하지는 않았다. 그래서 저자는 다른 이론가들에 관한 질문을 던졌고, 아들러 학파가 그들로부터 배울 점이 무엇인지 물었다. 몇 번의 질문 후, 밥은 친절하면서도 단호하게, 만약 내가 비교 심리학 수업을 듣고 싶다면 시카고 대학교에 그런 과정이 있다고 제안했다. 저자는 그와 드라이커스, 다른 아들러 학자들이 개인 및 가족과 함께 작업하는 것을 조용히 침묵하며, 경청하고, 관찰했다. 저자는 그들의 책을 읽었고, 드라이커스 및 파워스와 비공식적으로 토론하였으며, 집에 돌아와서는 우리 가족을 관찰했다. 저자는 과학적 방법을 배웠고 연구를 즐겼지만, 데이터가 아니라 학생들, 내담자들, 부모들, 교사들, 관리자들이 "이 사람은 내 삶을 더 좋게 만들 수 있는 무언가를 가지고 있다!"라고 말했을 때 설득되었다. 그것이 과거에도 그랬고 지금도 나에게는 그 방법의 타당성을 확인해 주는 근거였다. 물론 나는 아들러 이론에 기초한 개념과 방법들을 뒷받침하기 위한 더 많고 더 나은 연구들이 이루어지기를 전적으로 지지한다.

다문화적 고려 사항

아들러와 드라이커스의 저서는 여러 다른 언어로 번역되어 다른 문화권에 적절하게 적용되어 왔다. 실제로 이 책의 가장 최신판은 한국어와 중국어로 번역되었다. 아프리카계 미국인, 히스패닉, 원주민 인구의 수와 연령이 증가함에 따라 전통적인 상담 전략의 적절성에 대한 도전이 계속될 것이며, 그래야만 한다(Lee, 2006). 아들러 학자는 이러한 유형의 조사를 환영한다.

아르시니에가(Arciniega)와 뉴론(Newlon)(1995)은 11가지 인종 및 민족적 고려 사항을 사용하여 주요 이론을 검토하였다. 이들은 이론을 다음과 같이 평정하였다: (+) 긍정적으로; (−) 부정적으로; (P) 부분적으로; (0) 다루지 않음. 아들러 심리학 이론에 대한 11가지 고려 사항과 평정은 다음과 같다.

1. 언어(예: 내담자의 모국어에 능통함), (0)
2. 가족 및 사회적 관계(예: 친족 관계, 가치관, 소수 집단의 가족 집단에 대한 강한 소속감과 정체성에 대한 존중), (+)
3. 시간 초점(예: 시간 엄수보다 종종 사건이나 상황이 더 중요하게 여김), (P)

4. 자연과 사람의 관계[예: (정복이 아닌) 수용과 자연과의 조화(통제 없이 공존하는)], (P)
5. 전체론적 관점(예: 환경과 자신을 전체로 보는 관점에서 작동하는지), (+)
6. 인간 활동과 협력(예: 협력, 연결성, 집단에 대한 충성심을 포함하면서도 반드시 스스로 더 나아지지 않아도 되며, 있는 그대로 자신에 대한 존중을 느끼는 것), (+)
7. 정체성(예: 자기 정체성이 문화적 정체성과 분리될 수 없는지), (P)
8. 정신건강(예: 정상과 비정상에 대한 문화적으로 상이한 관점을 민감하게 인식하는지), (+)
9. 영성 및 종교(예: 영성과 종교를 집단과 개인의 필수적인 부분으로 다루는지), (+)
10. 책임(예: 집단적 책임의 개념이 우선시되며, 가족이 제일 먼저, 그다음 집단이나 공동체, 그리고 마지막으로 자기 자신에게), (+)
11. 억압과 인종차별(예: 다른 집단에서도 억압이 존재하지만, 이러한 소수 집단의 신체적 특징은 그들이 억압과 차별을 더 쉽게 경험하도록 만드는 요소가 되며, 아들러 학파만이 이러한 차이를 다루고 있는지), (+)

그러므로 아들러 이론은 11가지 고려 사항 중 7개에서 긍정적 평가를 받았으며, 나머지 3개는 부분적으로 다루었고, 언어 한 항목만 '다루지 않았다'라고 평정되었다. 다음으로 문화적 적절성이 높다고 간주된 이론은 아이비(Ivey)의 발달 이론으로, 5개 항목에서 긍정적, 6개 항목에서 부분적으로 응답한 것으로 평정되었다. 평가된 다른 이론들로는 정신분석 이론, 융 심리학, 실존주의 치료, 인간중심 치료, 게슈탈트 치료, 교류분석 이론, 합리적 정서행동치료, 인지행동치료, 현실치료, 생태체계 이론 등이 포함되었다. 아르시니에가와 뉴론은 아들러 심리학 이론을 다음과 같이 언급했다.

> 모든 이론 중에서 이 이론은 사회적 정의를 촉진하기 위한 몇 가지 특성으로 인해 커다란 가능성이 있다. 이 이론은 가족 및 사회문화적 맥락에서 개인에 초점을 맞추고, 사회적 관심을 발달시키고 타인에게 기여하는 데 관여하며, 소속감을 강조하여 소수 집단의 가치 체계를 뒷받침한다. 또한, 가족과 문화의 역할을 강조하는 점은 이러한 소수 집단의 가치관에 잘 부합한다. 사람은 평등하고, 사회적이며, 목표 지향적이고, 전체적이라는 아들러의 가정은 다양한 인종과 민족 집단의 문화적 가치와 일치한다(p. 577).

문화적 관점에서, 이들은 사람들을 사회적 관심으로 이끄는 가치들이 개인과 공동체 모두를 촉진한다는 아들러의 주장을 재확인한다. 아들러 이론에서 말하는 사회적 관심을 좁게 해석하는 관점과는 달리, 상담자가 개입하고자 하는 동기는 개인의 가치를 존중하는 것이지 순응을 주입하기 위한 것이 아니다.

> 아들러 심리학 이론은 개인의 고유한 주관적 해석과 지각을 중요시하며, 내담자의 가치와 관점을 존중하고 수용한다. 아들러 심리학의 목표는 내담자가 자기를 어떻게 변화시켜야 할지 결정하는 것이 아니다. 오히려 내담자와 그들의 가족 네트워크와 협력하여 문제를 해결한다. 이 이론은 실용적이고 유연한 접근법을 제공하며, 개인의 문제를 사회문화적 맥락에서 탐구하기 위해 다양한 행동 지향적 인지 기법을 사용한다(Arciniega & Newlon, 1995, p. 578).

앞서 제시된 평가들은 특히 주목할 만한데, 그 이유는 아들러 학파를 지향하지 않는 사람들이 제시한 것이기 때문이다. 이러한 평가가 있다는 것은 위안이 되지만, 이 이론을 실제에 적용하는 것은 여전히 상담자의 책임이다. 그러나 상담자가 아들러 이론의 철학, 가치, 실제와 일치된 태도를 지닐 때, 문화적으로 다양한 집단에 대한 개입이 적절한 가능성을 높일 수 있다.

성별 및 성적 지향 고려 사항

아들러는 여성 인권을 강력히 옹호하였다. 이러한 입장은 분명 20세기 대부분 동안 권력을 가진 사람들로부터 그의 사상이 그다지 열렬한 환영을 받지 못한 이유 중 하나였을 것이다. 1927년 그의 처음 발표된 논문인 「여성이 열등하다는 주장에 대하여(The Alleged Inferiority of Women)」(1954)에서 이를 다루었다.

> 소년들은 남성적인 직업을 준비시키는 학문에서 더 큰 재능을 보이는 경향이 있지만, 이는 단지 겉으로 보이는 재능일 뿐이다. 우리가 더 면밀하게 조사해 보면, 여성들의 능력이 더 부족하다는 이야기는 우화에 불과하다는 것을 알게 된다(p. 109).

드라이커스(1953)는 아들러의 '남성성 추구(masculine protest)' 개념을 남성과 여성이 열등감에서 벗어나기 위해 추구하는 허구적인 목표로 설명했다. 그는 유럽에서 이 현상이 더 두드러졌지만, 여성의 평등이 미국 사회에서도 여전히 실현되지 않았다고 언급했다. 남성성 추구는 남성이 더 많은 특권, 권력, 전반적인 이점을 가지고 있다는 관찰에 근거한 것이다. '진정한 남성'의 이미지는 매체 속 영웅들에 의해 더욱 강화되었다. 평등해지기 위해 여성들은 남성과 동등한 대우를 요구하며 투쟁했다.

결과적으로 약한 소년이나 남성은 경멸받았고, 오직 투쟁을 통해서만 평등을 얻을 수 있었다. 소녀와 여성은 남성과 같은 대우를 받기 위해 투쟁해야 했고, 그 결과로 권한과 존중을 경험하게 되었다. 최종적으로 드라이커스는 사회적 평등이 결여된 시스템은 최소한 불안정할 수밖에 없으며, 최악의 경우 불공정하고 억압적이며 개인과 집단을 존중하지 않는다고 믿었다.

성역할의 차이가 그 자체로 반드시 불평등을 의미하지는 않는다. 그러나 불평등은 개인이 속한 하위 문화에 내재되어 있을 수 있다. 이는 특정 내담자의 문제를 다룰 때 필요한 상기 사항이다. 아들러 상담자는 사회적 평등에 기반한 가치 체계를 믿고 그에 따라 행동할 것이지만, 상담 과정에서 내담자에게 "(문제로 보이는 그것을) 바꾸고 싶나요?"라고 질문하는 순간이 반드시 온다. 변화에 대한 책임은 내담자에게 있다. 실제로 내담자의 협력 없이는 상담이 진전될 수 없다. 만약 내담자가 다른 사람이 생각하기에 전형적인 문화적 가족 역할에 대해 근본적으로 행복하다면, 그 또한 괜찮다. 우리는 여전히 다른 생애 과제나 안녕(wellness) 사정과 방법을 통해 그들을 도울 수 있을 것이다.

반면, 드라이커스는 성별 간 갈등에 대해 매우 직설적으로 평가하였다. 역할 기대, 책임 분담 및 관련 문제는 상담에서 주요 초점이 되어서는 안 된다고 보았다. 오히려 각 개인을 사회적 평등으로서 근본적으로 존중하는 가치에 기반한 해결책을 찾는 것이 필수적이다. 누가 요리를 하고, 아이를 돌보며, 급여를 받고, 가족을 위한 사회적 주도권을 취하는지는 덜 중요한 문제이며, 모든 활동이 모두의 이익을 위해 기여하는 것으로 가치가 매겨져야 한다는 점이 핵심이다. 드라이커스는 성별이나 그 외의 임의적인 기준이 아니라 능력에 기반해 역할을 분담하는 커플이나 가족에게 박수를 보냈을 것이다. 제10장과 제11장에서는 아들러 심리학 관점에서 커플 및 가족 상담을 다루게 된다.

성별 및 차별과 관련된 또 다른 중요한 문제는 다양한 성 정체성과 성적 지향을 가진 사람들의 파트너십과 인생의 선택이다. 이러한 질문들은 수업과 워크숍에서 제기되며, 가끔 초기 아들러의 저서에서 동성애를 신경증의 한 형태로 언급하는 경우가 있었다. 적어도 두 가지에 주목할 필요가 있다. 첫째, 신경증(더 이상 실제에서 사용되지 않는 용어)은 생애 과제를 회피하기 위해 스스로 장애를 가장하는 사람들에게서 나타나는 특징이다. 따라서 성별이나 성적 지향과 상관없이 삶을 정면으로 마주함으로써(혹은 그렇지 않음으로써) 사회적 관심이 성장하기도 하고, 그렇지 않기도 한다. 그러므로 성적 지향 자체가 사회적 관심의 결핍이나 신경증을 의미하는 것은 아니다. 성 정체성과 성적 지향 사이의 구분도 이러한 관점에서 고려할 수 있다. 둘째, 아들러와 마찬가지로 저자는 대다수의 개인이 다른 사람들이 무엇을 생각하든 상관없이 자신에게 유용한 것이 무엇인지 스스로 판단한다고 믿는다. 더 중요한 것은 어떤 개인이 생애 과제를 책임감 있게, 협력적으로, 행복하게 수행하느냐이다.

상담자에게 이러한 차이에 대한 민감성은 필수적이다. 레즈비언, 게이, 양성애자, 트랜스젠더, 퀴어-플러스(LGBTQ+) 집단과 관련된 이슈에 대해 체이니와 브루베이커(Chaney & Brubaker, 2018)는 다음과 같이 조언한다.

> "이 용어와 정의 …… 목록은 혼란스럽고 압도적일 수 있지만, 유능한 상담자는 성적 지향과 성 정체성이 복잡한 개념이라는 것을 인식해야 한다. …… 가장 중요한 것은 내담자가 자기 자신을 어떻게 정체화하느냐이며, 사회적으로 책임 있는 상담자는 내담자에게 어떤 대명사와 용어를 선호하는지, 성(gender)을 어떻게 경험하는지를 물어야 한다"(p. 90).

이 시점에서 아들러와 관련된 한 가지 이야기가 특히 중요하다. 이 이야기는 1930년대 중반에 한 여성 가족 사례 관리자에게서 나왔는데, 슈퍼바이저는 그녀에게 그리니치 빌리지(Greenwich Village)[2]에서 나이 많은 남성과 함께 '죄악 속에서' 살아가는 21세 남성에 대해 아들러 박사께 자문해 보라고 요청했다. 그녀는 그 젊은 남자를 매우 사교적이고 지적인 사람으로 묘사했다. 다음은 그녀와 아들러 박사와의 대화를 재현한 것이다.

> 갑자기 안쪽 방의 문이 열리고, (어쩐지 그의 둥글고 통통한 외모와 잘 어울리는) 깊은 악센트가 있는 목소리가 나에게 들어와 앉으라고 권유했다. 작은 방 안에는 담배 연기와 매연이 마치 벽처럼 가득 차 있었다. 그는 어수선한 책상 위에 놓여 있는 '존(John)'에 관한 내 보고서를 잠시 흘깃 쳐다보더니 안경 너머로 나를 바라보았다.
>
> "존이라는 사람이 동성애자라고 했나요?"
>
> "네, 그렇습니다." 내가 대답했다.
>
> "그리고 그는 행복한가요, 당신 생각에?"
>
> "네, 그렇습니다." 내가 대답했다.
>
> "그럼" 그는 회전의자에 몸을 기대고, 조끼에 엄지를 넣으며 말하였다. "그냥 내버려두는 것은 어때요? 네?" 이것은 아마도 그가 나에게 해 줄 수 있었던 가장 심오한 지혜였을 것이다(Manaster et al., 1977, p. 82).

2) 역자 주: 미국 뉴욕시 맨해튼 남부에 위치한 지역 이름으로, 예술가, 작가, 배우들이 많이 거주했던 문화와 예술의 중심지임. 특히, 1969년 LGBTQ+ 인권 운동의 중요한 사건인 Stonewall 항쟁이 일어난 곳이기도 함.

아들러와 그 너머

아들러와 드라이커스의 원칙에 충실하면서도 그들의 시대에 얽매이지 않는 것만큼 큰 도전은 아마 없을 것이다. 두 사람은 여러 면에서 선구적이었고, 그들의 시대를 앞서 나갔다. 그들이 오늘날에도 우리와 함께 있었다면, 여전히 미래를 내다보는 통찰력을 가지고 있을 것이라고 충분히 믿을 만한 이유가 있다. 아들러의 딸 알렉산드리아(Alexandria)는 다음과 같이 말했다. "저는 아버지가 약물이 정신병에 미치는 영향을 알았다면 좋았을 것입니다. 저는 아버지가 그것을 받아들였을 것이라 확신합니다. 그는 항상 어떤 진보에도 열려 있었습니다"(Manaster et al., 1977, p. 57). 이 책의 가장 최신판 이후로 바이오피드백(biofeedback) 방법, 특히 **뉴로피드백**(neurofeedback)의 비약적인 발전을 통해 약물 치료의 대안이 될 흥미로운 새로운 방법이 등장했다(Myers & Young, 2012; Soutar & Longo, 2011). 신경학을 전공한 아들러도 이 방법이 상담 전문가들에게 큰 도움이 된다고 생각했을 것이다. 바이오피드백의 정교한 형태인 뇌파 훈련은 두부 손상, 스트레스 및 기타 신경계에 대한 공격으로 인한 뇌파 조절 장애를 비침습적 방법으로 교정할 수 있도록 하는 것이다. 제2장에서 자세히 설명하겠지만, 1차 또는 2차 변화 방법을 통해 효과적인 상담이 뇌, 뇌파 건강 및 활동에 유익한 영향을 미칠 것이라고 기대할 이유가 있다. 이러한 진화하는 과학 분야에서 수집된 데이터는 이후 장에서 공유될 방법과 기법의 효과를 입증하는 데 공헌할 것이다.

경제가 많은 정책 결정의 주요 동력이 되는 사회에서 전체론적 안녕(wellness) 접근법에 관한 관심은 더욱 중요해질 것이다. 이제 그 어느 때보다 정신건강 서비스 제공자가 사회의 필요에 공헌할 수 있는 기회가 있다. 이를 위해서는 아들러와 드라이커스의 기여를 더 확장하여 사회 내 삶의 질을 결정하는 기관과 집단의 업무에까지 반영해야 한다. 그들의 유산은 알프레트 아들러의 철학, 가치, 심리학을 통해 인류가 더 나은 삶을 살 수 있다고 믿는 사람들에게 도전이 될 것이다.

요약

알프레트 아들러의 개인심리학은 오늘날 교육, 상담, 심리치료에 대한 다른 많은 접근법의 선구자이다. 다른 접근법들이 본질적으로 아들러 심리학의 원리와 기법을 통합하거나 독립적으로 발견하고 있음에도, 아들러 학파의 기관, 연구 모임, 상담자들은 여전히 무기력하고 제 기능을 잃어가는 여러 제도적 시스템에 유효한 해답을 제시하고 있다. 이 접근법의 핵심 개념은 다음과 같다.

1. 인간은 본질적으로 자기 결정적이고 목적적이며 창의적(개인 기술적)인 존재로, 삶에서 자신의 자리를 찾아가는 과정에서 사회적 존재로 행동한다.
2. 개인은 현상학적(주관적) 관점에서 전체적으로 기능하는 방식으로 가장 잘 이해된다.
3. 생활양식(자기, 삶, 타인에 대한 개인의 고유한 신념 체계)은 개인이 기본적인 생애 과제(일, 우정, 사랑, 자기, 영성)에 접근하는 데 사용하는 지도 또는 개요이다. 6세에서 8세 사이에 형성되며, 정상적인 상황에서는 기본적으로 검토되지 않고 변화되지 않는다.
4. 기본적인 생애 과제를 성공적으로 해결하지 못하는 것은 낙담의 신호이다. 낙담은 어린 시절에 더 쉽게 극복될 수 있으나, 개인이 새로운 관점과 격려를 선택한다면 언제든지 극복할 수 있다.
5. 사회적 관심은 인간에게 책임감 있고 협동적이며 창조적인 인류 구성원이 되고자 하는 성향을 설명하는 아들러의 개념이다. 사회적 관심이 높은 사람들은 자기, 타인, 그리고 삶을 즐기고 사랑한다. 그러나 사회적 관심은 길러져야 하며, 그렇지 않으면 개인의 잘못된 자기 지각으로 인해 낙담하고 자기 패배적인 행동을 할 수 있다.
6. 아들러 심리학자는 사람들 간의 평등을 핵심으로 하는 사회 민주주의에 기반한 가치 체계를 지지하는 경향이 있다. 그들의 도움 방식은 기본적으로 교육적이고 예방적 성격을 띠지만, 치료 및 위기 개입 작업에서도 실행된다.
7. 점점 더 다원적이고 다문화적인 사회에서 전문가들에 따르면 아들러 심리학 이론은 상담 개입의 기반으로서 '큰 잠재력'을 가지고 있다. 마찬가지로 사회 민주주의와 사회적 평등에 근본적으로 기반한 아들러 이론은 모든 사람의 사회적 평등을 위한 가장 큰 옹호자 역할을 해 왔다.

이와 관련된 개념들에 대한 추가 설명은 개인심리학에서 개인과 집단을 대상으로 한 방법과 기법에 대한 논의가 이어지는 후속 장에서 더 자세히 다룰 것이다.

학습 문제

지시 사항: 다음 질문에 답하시오.

1. 목표 지향적 행동

① 목표 지향적 행동의 개념을 설명하시오(즉, 행동에는 목적이 있다).

② 동의하는가? 그렇지 않다면, 그 이유는 무엇인가?

2. '사회적-목적적-분석적'이라는 설명은 이 접근법에서 무엇을 의미하는가?

① 정서의 기능은 무엇인가?

② 정서는 어디에서 비롯되는가?

③ 정서가 사회적으로 유용하거나 방해가 되는 방식은 무엇인가?

3. 생애 과제

① 어떤 생애 과제가 가장 쉽게 충족되는가?

② 어떤 생애 과제가 가장 충족하기 어려운가?

③ ①과 ②에 대한 당신의 답변을 설명하시오.

4. 이 접근법이 사회 정의와 소수자를 위한 '큰 잠재력'을 가졌다고 여겨지는 이유는 무엇인가?

참고문헌

Adler, A. (1904). The physician as educator. In *Healing and education: Medical educational papers of the Society for Individual Psychology*. Chicago: International Publications.

Adler, A. (1907). *Study of organ inferiority and its physical compensation: A contribution to clinical medicine* (S. E. Jelliffe, trans.). New York: Moffat-Yard.

Adler, A. (1929). *The science of living*. New York: Greenberg Publisher, Inc.

Adler, A. (1938). *Social interest*. London: Faber & Faber.

Adler, A. (1927/1954). *Understanding human nature* (W. B. Wolf, trans.). New York: Fawcett Premier.

Adler, A. (1958). *What life should mean to you*. New York: Capricorn Books.

Adler, A. (1929/1964). *Problems of neurosis*. New York: Harper & Row.

Ansbacher, H. L., & Ansbacher, R. R. (1956). *The individual psychology of Alfred Adler: A systematic presentation in selections from his writings*. New York: Harper & Row.

Ansbacher, H. L., (Ed.). (1969). *The science of living: Alfred Adler*. Garden City, New York: Doubleday Anchor Books.

Ansbacher, H. L., & Ansbacher, R. R. (Eds.). (1967). *The individual psychology of Alfred Adler: A systematic presentation in selections from his writings*. New York: Harper & Row.

Arciniega, G. M., & Newlon, B. J. (1995). *Counseling and psychotherapy: Multicultural considerations*. In D. Capuzzi, D. R. Gross (Eds.), *Counseling and psychotherapy: Theories and interventions* (pp. 557-587). Englewood Cliffs, NJ: Merrill Publishing Company.

Berne, E. (1964). *Games people play*. New York: Grove Press.

Cashwell, C. S., & Young, J. S. (Eds.) (2011). *Integrating spirituality in counseling: A guide to competent practice* (2nd ed.). Alexandria, VA: American Counseling Association.

Chaney, M. P., & Brubaker, M. D. (2018). LGBTQ+ social justice issues and advocacy strategies. In C. C. Lee (Ed.), *Counseling for social justice* (3rd ed., pp. 87-106). Alexandria, VA: American Counseling Association.

Clark, A. J. (2002). *Early recollections*. New York: Brunner-Routledge.

Clark, A. J. (2013). *Dawn of memories: The meaning of early memories in life*. Lahham, MD: Rowman & Littlefield.

Curlette, W. L., & Kern, R. M. (2016). In support of empirical research in Individual psychology. *Journal of Individual Psychology*, *72*(1), 1-3.

Dreikurs, R. (1946). *The challenge of marriage*. New York: Hawthorn Books.

Dreikurs, R. (1953). *Fundamentals of Adlerian psychology*. Chicago: Alfred Adler Institute.

Dreikurs, R. (1971). *Social equality: The challenge of today*. Chicago: Henry Regnery.

Dreikurs, R., & Grey, L. (1968). *Logical consequences*. New York: Hawthorn Books.

Dreikurs, R., Grunwald, B. B., & Pepper, H. C. (1971). *Maintaining sanity in the classroom*. New York: Harper & Row.

Dreikurs, R., & Soltz, V. (1964). *Children: The challenge*. New York: Hawthorn Books.

Ellenberger, H. (1970). *The discovery of the unconscious*. New York: Basic Books.

Gladding, S. T. (2004). *Counseling: A comprehensive profession* (5th ed.). Upper Saddle, NJ: Merrill.

Lee, C. C. (Ed.). (2006). *Multicultural issues in counseling* (3rd ed.). Alexandria, VA: American Counseling Association.

Lindquist, T. G., & Watkins, K. L. (2014). Modern approaches to modern challenges: A review of widely used parenting programs. *Journal of Individual Psychology*, *70*(2), 148-165.

Manaster, G. J., Painter, G., Deutsch, J., & Overholt, B. (1977). *Alfred Adler: As we remember him*. Chicago: North American Society of Adlerian Psychology.

Maniacci, M. P. (2002). The DSM and individual psychology: A general comparison. *Journal of Individual Psychology*, *58*, 356-362.

Maniacci, M. P., & Sackett-Maniacci, L. A. (2002). The use of the DSM-IV in treatment planning: An Adlerian view. *Journal of Individual Psychology*, *58*, 388-397.

Mosak, H. H., & Dreikurs, R. (1967). Life task III: The fifth life task. *Individual Psychologist*, *5*, 16-22.

Mosak, H. H., & Dreikurs, R. (1973). Adlerian psychotherapy. In R. Corsini (Ed.), *Current psychotherapies* (pp. 126-157). Itasca, IL: F. E. Peacock.

Mosak, H. H., & Maniacci, M. (1999). *A primer of Adlerian psychology: The analytic, behavioral, cognitive psychology of Alfred Adler*. Philadelphia, PA: Brunner/Mazel.

Mosak, H. H., & Dreikurs, R. (1967/2000). Spirituality: The fifth life task. *Journal of Individual*

Psychology, *56*, 257-265.

Myers, J. E., & Young, J. S. (2012). Brain wave biofeedback: Benefits of integrating neurofeedback in counseling. *Journal of Counseling & Development*, *90*, 20-29.

Prochaska, J. O., & Norcross, J. C. (2010). *Systems of psychotherapy: A trans theoretical analysis* (7th ed.). Belmont, CA: Brooks/Cole.

Rohrer, J. M., Egloff, B., & Schmukle, S. C. (2015). Examining the effects of birth order on personality. *PNAS 112*(46), 14224-14229.

Seligman, M. E. P., Steen, T. A., Park, N., & Peterson, C. (2005). Positive psychology progress: Empirical validation of interventions. *American Psychologist*, *60*(5), 410-421.

Soheili, F. Alizadeh, H., Murphy, J. M., Bajestani, H. S., & Dreikurs Ferguson, E. (2015). Teachers as leaders: Classroom management techniques on students' perceptions of classroom environment and on academic performance. *Journal of Individual Psychology*, *71*(8), 440-461.

Sonstegard, M. A., & Bitter, J. R. (2004). *Adlerian counseling and therapy: Step by step*. New York: Brunner-Routledge.

Soutar, R., & Longo, R. E. (2011). *Doingneurofeedback: An introduction*. San Rafael, CA: ISNR Research Foundation.

Sweeney, T. J., & Witmer, J. M. (1991). Beyond social interest: Striving toward optimum health and wellness. *Individual Psychology*, *47*(4), 527-540.

Terner, J., & Pew, W. L. (1978). *The courage to be imperfect: The life and works of Rudolf Dreikurs*. New York: Hawthorn Books.

Watts, R. E. (1998). The remarkable parallel between Rogers's core conditions and Adler's social interest. *Journal of Individual Psychology*, *54*(1), 4-9.

Watts, R. E., & Erguner-Teknalp, B. (2017). Positive psychology: A neo-Adlerian perspective. *Journal of Individual Psychology*, *73*(4), 328-337.

White, N., & Hughes, C. (2018). *Why siblings matter: The role of brother and sister relationships in development and well-being*. New York: Routledge.

Witmer, J. M. (1985). *Pathways to personal growth: Developing a sense of worth and competence*. Muncie, IN: Accelerated Development.

Witmer, J. M., & Sweeney, T. J. (1992). A holistic model for wellness and prevention over the lifespan. *Journal of Counseling and Development*, *71*, 140-148.

제2장

통합적 자기
안녕 및 신경과학 방법 그리고 상담자를 위한 도구

건강한 사람을 구성하는 요인들의 측정을 위해 5FWEL/FFWEL(5요인 안녕 생활양식 평가)이 소개되고 예시된다. 아들러 개념들을 활용하여, **창조적 자기**, **대처적 자기**, **사회적 자기**, **본질적 자기**, 그리고 **신체적 자기**라는 이차적 요인들은 이전의 학제 연구로부터 도출된 17개의 삼차적 요인들로 구성된다. 모든 항목은 **전반적 안녕**(overall wellness)이라는 하나의 일차적 요인에 수렴된다. 연구자나 상담자 모두 그것의 유용성을 보고하고 있다.

모든 사람이 그러하듯이, 아들러 역시 시대와 독특한 인생 경험의 산물이었다. 과학적·환원주의적 사고가 지배했던 시기에 내과의사 및 정신과 의사로 교육받았으므로 사람들은 오직 전체가 아닌 부분적으로만 이해될 수 있고 정신질환은 오직 정신 안에서만 존재한다고 배웠다. 그럼에도, 사람들은 통합된 전체로서 기능하며, 개인들은 관련되어 있는 그리고 환경적인 맥락을 떠나서는 이해될 수 없고, 정신질환은 생활환경에 대한 하나의 창조적 반응이고, 정신건강은 타인에의 관심 및 협력을 통하여 성취될 수 있다는 믿음을 아들러는 선택했다. 이러한 개념들과 부합되게 그는 조력의 목표를 사회적 관심의 증진을 통하여 삶의 의미를 발견하게 하는 것으로 규정하였다. 명백하게, 그 시대의 내과의가 결핍 기반의 의학적 모델을 거부하는 것은 비상식적이었다. 그렇게 할 수 있었던 데는 건강과 질환이 서로 반대되는 두 관점의 어느 하나로부터 접근될 수 있음을 깨달았기 때문이었다. 이 상반된 관점들은 그리스 치유의 신, 아스클레피오스(Asclepius)의 두 딸과 연관지어 설명되었다. 파나케이아(Panacea)는 기존 질환의 치료를 통한 치유 개념을 증진시킨 반면에, 히게이아(Hygeia)는 치유를 위한 최상의 접근은 사람들에게 삶의 방식들을 가르쳐서 아프지 않도록 해야 한다고 믿었다. 파나케이아는 명백하게 근대 의학의 선구자였던 반면에, 히게이아는 2,000여

년 전에 이미 안녕 운동을 시작한 인물로 평가될지 모른다. 히게이아의 생각을 따라, 아들러는 의학 모델의 한계를 깨달았고 반박할 수 없는 근대 안녕 운동의 아버지가 되었다. 마찬가지로, 다른 글들에서 아들러의 영향력이 명백하게 나타나고 있음에도 그에게 거의 혹은 전혀 공로가 돌아가지 않는 일이 있다. 이러한 점에서, 개인심리학은 오늘날 **긍정심리학**이라 불리는 많은 개념의 선구자라 할 수 있다(Mozdzierz, 2015; Watts & Erguner-Tekinalp, 2017). 그럼에도, 긍정심리학을 넘어서 아들러는 심리학적인, 혹은 정서적인 차원뿐만 아니라 모든 차원에서 최적의 안녕 상태를 개념화하는 데 전적으로 전체론적인 접근을 위한 기초를 제공했다.

이 장에서, 안녕의 개념이 규정되고 아들러 개념들, 특히 핵심 생애 과제들에 기초한 안녕 모델이 제시된다. 신체, 정신, 그리고 영혼을 분리할 수 없음은 안녕 관점에 핵심이다. 이렇게 전체주의 개념은 안녕 패러다임에서 조력과 인간의 기능을 이해하는 기초로서 제시된다. 근거 기반 안녕 모델은 이 철학을 예증하고 있다. 안녕 개념들은 명백하게 학제간 연구에서 지지되고 있으며, 아들러 개념에 기반한 안녕 모델들은 조력 전문가들에게 많은 연구의 동력이 되고 있다. 이 연구들은 주로 아들러 이론의 가정들을 확증하고 안녕 상담의 실제들을 뒷받침하기 위해 간략하게 기술된다. 덧붙여서, 제1장에서 제시된 것처럼, 바이오피드백과 신경과학은 이제 새로운 증거와 전체적, 안녕 기반의 개입들을 상담자들에게 제공하고 있다. 상담 과정을 이끌어 가는 지침으로써 사회적 관심이라는 목표를 강조하면서 안녕 관점의 조력에 대한 논의로 이 장을 끝맺을 것이다.

안녕의 정의

안녕은 가끔 건강과 혼동되는데, 건강은 실제로 아프지 않은 중립적인 상태이다. 만일 질병을 연속선상의 한쪽 끝에 위치시킨다면 안녕은 다른 쪽 끝에, 건강은 중간점이다(Travis & Ryan, 1988). 세계보건기구(WHO, 1958)는 안녕을 "단지 질병의 부재가 아닌 신체적 · 정신적 · 사회적 안녕 상태"로 정의했다(p. 1). 따라서 안녕이 단일 차원의 구인도 아니고 정적인 구인도 아님은 쉽게 이해된다. 그것은 역동적인 존재 상태 혹은 생성 과정으로서 본질적으로 긍정적 방향으로 작용한다. 불행하게도, 안녕이란 그냥 발생하는 것이 아니고, 안녕 상태의 성취는 의식적인 자각 및 선택을 요하는데 그것은 아들러가 목적 있는 삶으로 규정했던 것을 설명하는 또 다른 방식이다.

안녕의 의도적 본질은 실제로 이 구인에 대한 모든 정의에 내재되어 있다. 예를 들면, 안녕을 현대의학 및 공중보건의 최전방으로 도입한 것으로 신뢰받고 있는 내과 의사인 헤틀러(B. Hettler, 1984)는 안녕을 "사람들이 더욱 성공적인 삶에 대해 자각하고 그것을 선택하는 능동적 과정"으로 정의했다(p. 14). 심리학자 아처, 프로버트, 그리고 게이지(Archer, Probert, & Gage, 1987)는 안녕을 "신체, 정신 및 영혼을 포함하는 인간 기능을 최대화하기 위한 탐구 과정 및 상태"로서 정의했다(p. 311). 더욱 최근에, 마이어스, 스위니, 그리고 위트머(Myers, Sweeney, & Witmer, 2000)는 다양한 학문으로부터의 연구를 검토한 후에 다음과 같이 결론지었다.

> 안녕이란 "최적의 건강 및 안녕함을 지향하는 삶의 한 방식으로서 개인이 신체, 정신, 영혼을 통합하여 인간 공동체와 자연 공동체 안에서 보다 충만한 삶을 살아가는 것을 의미한다. 이상적으로, 그것은 각 개인이 성취할 수 있는 건강 및 안녕함의 최적 상태이다"(p. 252).

거의 모든 정의에서 안녕은 동시에 결과 및 과정으로서 이해된다. 삶의 중요한 목표이면서 동시에 시시각각의 존재 방식이다. 안녕은 전 세계적으로 통용되는 다면적인 개념으로, 인간 기능의 최적화를 목표이자 과정으로 설명하는 여러 모델에서 그 특성이 드러난다. 그것은 가끔 긍정심리학과 혼동되는데 두 연구 영역이 얼마간 공통된 측면들과 의도를 공유하기 때문에 놀랄 만한 것이 아니다. 안녕 운동은 더욱 오래된, 다양한, 그리고 변화의 역사를 가지고 있으며, 의학, 공공 건강, 간호학, 직업치료, 상담 등을 포함한 다양한 분야들에서 자신들의 영역이라고 주장되고 있다. 앞에서 제공된 정의들과 다음에 논의될 모델들은 안녕과 아들러 개념들 간의 밀접한 관련성을 보여 주고 있다. 반면에, 긍정심리학은 하나의 전공 영역 안에서 명백하게 정의되고 있는 더욱 최근의 흐름이다.

긍정심리학

긍정심리학은 1998년 미국심리학회장 연설에서 셀리그먼에 의해 처음 소개된 이후 영향력이 증대되고 강조되어 온 심리학의 한 전문 영역이다. 그것은 실제로 "긍정 정서, 긍정적 성격 특성, 그리고 긍정적 성장을 가능하게 하는 제도들의 연구를 위한 포괄적 용어"이다(Seligman, Steen, Park, & Peterson, 2005, p. 410). 긍정심리학자들은 삶을 가장 가치롭게 만드는 것이 무엇이며, 사람들을 행복하게 만드는 것이 무엇인가를 추구한다.

리프와 키스(Ryff & Keyes, 1995)는 심리학 문헌에 기반을 둔 인간 기능의 기존 모델들이 결핍 기반의 의학 모델에 기초하고 있으며, "심리학의 여러 하위 분야들에서 풍부하게 논의되고 있는 긍정적 기능 개념들"과 대비되고 있음을 관찰한 최초의 연구자들이다(p. 720). 매슬로(Maslow, 1954), 융(Jung, 1966), 로저스(Rogers, 1951) 및 에릭슨(Erikson, 1950; 1963; 1982)과 같은 이론가들의 초기 연구를 기반으로 하면, 모두가 건강한 성인 발달을 개인 성장 및 충족의 확대 과정으로 서술했는데, 안녕함의 의미를 행복의 정의적 요소들 및 삶의 만족을 강조하는 인지적 구인에 의거하여 규정하였다. 그들은 또한 6개의 독립 요소로 구성되는 안녕함(well-being)의 다차원 모델을 개발하였다: 그것은 자율성, 자기 수용, 타인과 긍정적 관계, 환경적 숙달, 삶의 목적 및 개인 성장이다. 이 개념들은 심리 건강에서 정서의 핵심 역할을 강조하는 최근 모델들에 광범하게 반영되고 있다.

긍정심리학 연구에 기초하여, 창의성, 호기심, 개방성, 학습애(love of learning), 지혜와 지식의 덕목에 담긴 관점, 용서, 겸손함, 신중함, 그리고 절제의 덕목 안에서의 자기 규제와 같은 덕목들에 대해서 다양한 강점들이 확인되고 있다. 이러한 강점들은 아들러와 추종자들의 글에서 유사하게 나타나고 있는 반면(Watts & Erguner-Tekinalp, 2017), 안녕 모델들은 핵심 생애 과제 및 사회적 관심이 높은 사람들의 속성에 대한 아들러의 기술과 더욱 부합되는 인간 기능에 대한 전체적인 접근을 통합하고 있다. 또한 정신, 신체 및 영혼, 그리고 그것들이 존재하는 환경에서 안녕을 구성하는 요인들을 상호 연결하는 데 도움이 되는 통합적이며, 심리학적 · 철학적인 수단들을 제공하고 있다.

안녕의 바퀴

위트머(Witmer, 1985; 1989)는 건강, 삶의 질 및 장수와 관련된 요인들을 확인하기 위해 학제간 연구들을 검토했다. 아들러 개인심리학과 다섯 가지 생애 과제들을 조직 원리로 활용하여 스위니와 위트머(Sweeney & Witmer, 1991)와 위트머와 스위니(Witmer & Sweeney, 1992)는 바퀴 모양으로 제시된 12가지 안녕 요소들 간의 관련성을 제안했다. 이 모델을 활용한 초기 연구 이후로 모델은 확대되고 정련되어 왔는데 안녕의 바퀴([그림 2-1] 참조; Myers, Sweeney, & Witmer, 2000)에 제시된 17개 요소들이 전체적인 안녕 상태에 영향을 주는 맥락적 및 세계적 세력들과 상호작용하고 있다.

영성은 바퀴의 한가운데 위치해 있으며, 안녕함의 가장 중요한 특성이다. 이것은 '자기'를 구성하는 핵심 생애 과제 및 최고 차원의 사회적 관심, 즉 자신이 모든 생명과 창조 세계와 연결되어 있다는 의식으로 간주되었다. 신앙에 기반한 개인들의 안녕함에 대한 연구들이 긍정적이고 고무적이었지만 단지 특정 종교에 소속되어 있다는 것만으로 충분히 영성적인 것으로 간주될 수 없었다. 예를 들면, 미국 원주민 문화의 신념과 관습을 포함하여, 여러 시대의 다른 문화는 모든 면에서 '영적인' 하나의 '약'이다(Neihardt, 1952; Garrett & Garrett, 1996; Garrett, 1998). 이는 특히 자연과 우주, 그리고 과거에 살았던 모든 존재들과 앞으로 살아갈 모든 존재들과의 인간적인 연결성과 관련하여 더욱 그러하다. 따라서 이 생애 과제의 숙달은 평생 여정으로 생각되었고, 그 자체가 궁극적인 목표는 아닐지라도, 매슬로(Maslow)의 욕구 위계 및 자아실현(1954) 그리고 아들러의 높은 사회적 관심(1938; 1958)과 매우 유사하다.

자기 지향(self-direction) 혹은 자기 조절(self-regulation)이라는 생애 과제로서 12개의 바퀴살이 중심을 둘러싸고 있다: 그것들은 가치감; 통제감; 현실적 신념; 정서 반응 및 관리; 지적 자극, 문제 해결 및 창의성; 유머감; 운동; 영양; 자기 보살핌; 스트레스 관리; 성 정체성; 및 문화 정체성이다. 이 바퀴살들은 일과 여가, 우정 및 사랑이라는 생애 과제에 반응하면서 자기를 조절하거나 혹은 지향하는 데 도움을 주는데, 이 세 가지 생애 과제들은 둘러싼 외부 원으로 나타나 있으며 자기 지향의 모든 요소들과 동시에 영향을 주고받는다.

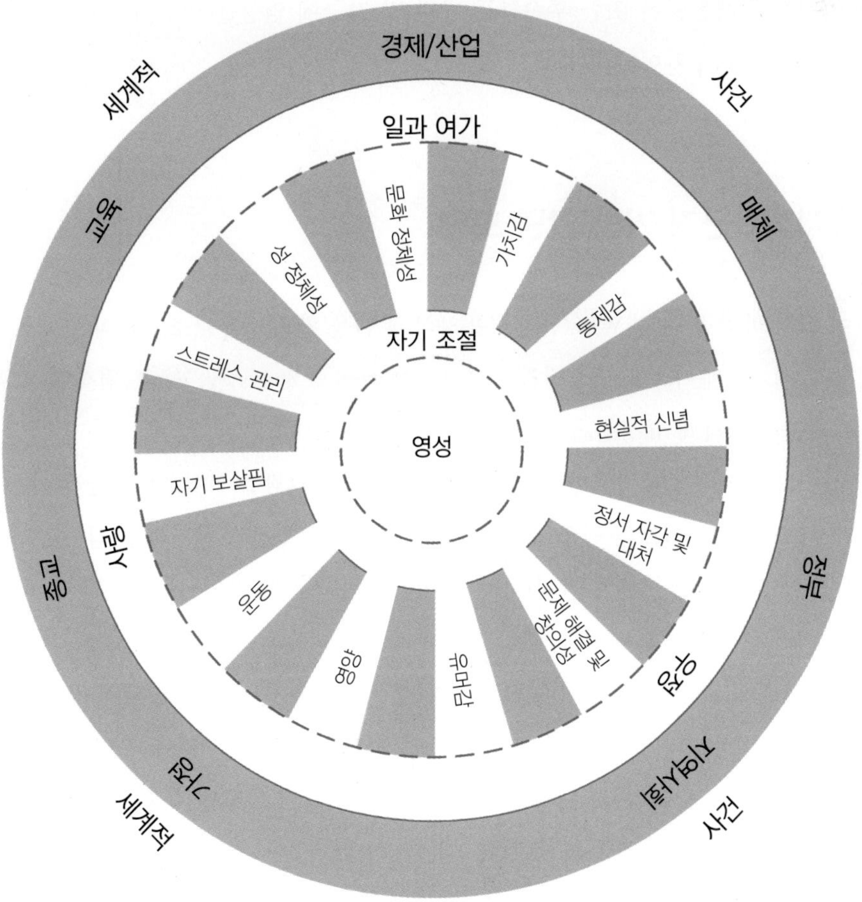

[그림 2-1] **안녕의 바퀴**

바퀴 모델은 생태학적인데, 왜냐하면 생애 과제들이 가정, 지역사회, 종교, 교육, 정부, 매체, 그리고 경제/산업을 포함한 여러 생활 세력과 역동적으로 상호작용하기 때문이다. 생활 세력 및 생애 과제들은 차례로 세계적 사건들과 상호작용하며 영향을 받는다: 세계적 사건들은 자연(홍수, 기아와 같은)과 인간(전쟁과 같은); 부정적일 뿐만 아니라 긍정적(환경 보존 노력과 같은)이다. 이 모델에서 맥락적 요인들에 대한 강조는 아들러가 사회적 관심의 한 구성 요소(공동 선에 대한 관심과 같은)로서 환경과의 연결 및 관심을 강조한 것과 일치한다.

건강한 사람의 경우 모든 생애 과제는 서로 연결되어 있고 개인의 안녕함을 위해 혹은 해가 되는 방향으로 상호작용한다. 다시 말하면, 안녕의 한 영역에서 변화는 긍정적 · 부정적인 방향 모두에서 다른 영역들에 영향을 미친다. 건강한 기능은 또한 발달의 연속선상에서 일어나며, 생의 어느 한 지점에서 건강한 행동들은 또한 후속하는 발달 및 기능에 영향을 미친다. 나아가 안녕의 많은 요소에서 성차 및 문화적 차이가 확인되고 있다.

통합적 자기: 근거 기반 안녕 모델

10여 년에 걸쳐 바퀴 모델 및 WEL(안녕 생활 양식 평가)을 활용하여 구조방정식 모델로 분석된 대규모의 경험적 데이터베이스가 구축되었다(Hattie, Meyers, & Sweeney, 2004). 탐색적 및 확인적 요인분석의 결과는 명백하게 규정된 구조 모델을 산출해 냈는데, 그것은 통합적 자기 안녕 생활양식 평가라 불리는 새롭고 증거에 기반한 안녕 모델이다(ISWEL; [그림 2-2] 참조). 아들러 이론의 원리들과 부합되는 이 모델에서 자기는 단일 최고 차원의 요인으로 제시된 안녕의 중심이며 통합적인 핵이다. 이 핵을 둘러싸고 있는 다섯 가지 이차적 요인들은 창조적 자기, 대처적 자기, 사회적 자기, 본질적 자기, 그리고 신체적 자기이다.

하나의 요인분석 결과에서 이론적 바퀴 모델의 가정된 순환 구조가 확인되지 않았지만, 안녕의 원래 17개의 각 요소가 명백한 삼차 요인들로 확인되었다. ISWEL 모델에서 이 요소들은 자기의 5개 이차적 요인으로 소속되었다. 맥락적 요인들은 이 모델의 중요한 부분으로서 지역적 · 제도적 · 세계적, 그리고 시간적 변인들을 포함하고 있다.

통합적 자기 모델에서 회색 원들은 창조적 자기, 대처적 자기, 사회적 자기, 본질적 자기, 그리고 신체적 자기를 나타낸다. 이 다섯 요인은 전체적, 혹은 통합적 자기를 형성한다. 각각의 자기는 추가적인 하위 요인들을 포함하고 있는데 이들은 개별적 자기의 안녕뿐만 아니라 전체 안녕에 기여한다.

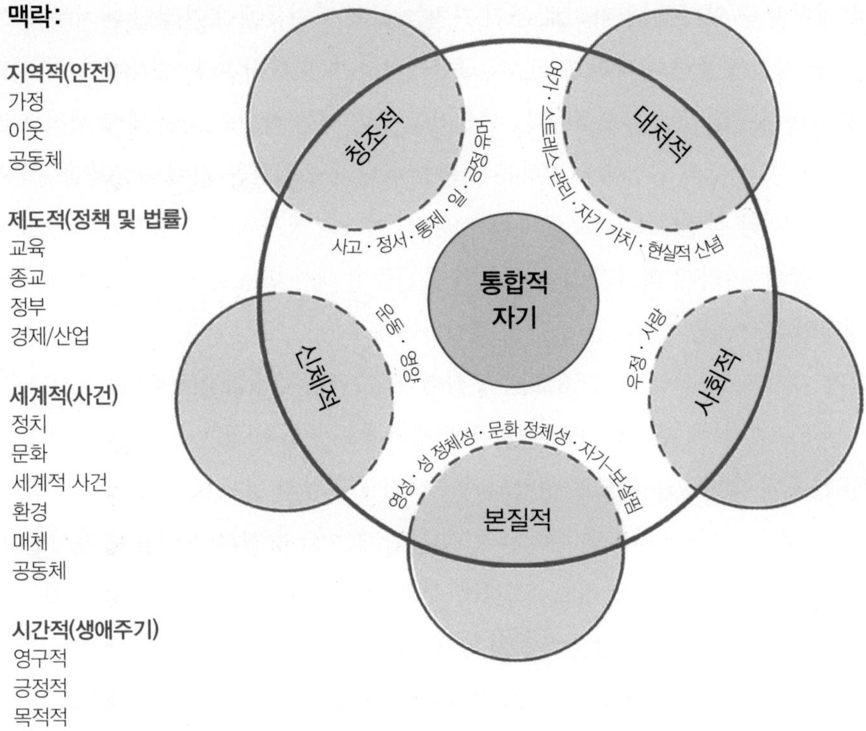

[그림 2-2] 통합적 자기

창조적 자기(Creative Self)는 우리 각자가 사회적 상호작용하는 타인들 속에서 독특한 위치를 형성하는 속성들의 조합이다. 이 요인에는 다섯 가지 구성 요인이 있다: 그것들은 **사고, 정서, 통제, 일,** 그리고 **긍정 유머**이다. 이들은 우리 신체뿐만 아니라 정서에도 영향을 주는 것으로 생각되는 요인들이다. 마찬가지로, 우리의 정서 경험은 유사한 경험에 대한 인지적 반응에 영향을 준다. 통제란 우리 삶에서 사건들에 얼마나 영향을 미치고 변화시킬 수 있는가에 대한 생각을 말한다. 긍정 기대들은 우리의 정서, 행동, 그리고 예견된 결과들에 영향을 미치며, 긍정 유머는 정신적인 기능뿐만 아니라 신체적 기능에도 큰 영향력을 갖는다. 냉철하게 생각하고 정확하게 지각하고 적절하게 반응하는 능력을 향상시킴으로써 스트레스를 감소시키고 유머 반응을 증가시킬 수 있다. 우리가 진심으로 웃을 때 면역체계에 긍정적인 영향을 준다. 마찬가지로 일은 삶을 충만하게 살아갈 능력을 향상시키거나 혹은 손상시킬 수 있는 본질적 요소이다.

대처적 자기(Coping self)에는 네 가지 구성 요소가 있다: 그것은 **현실적 신념, 스트레스 관리, 자기 가치,** 그리고 **여가**이다. 비합리적 신념들은 삶에서 많은 좌절과 실망의 원천이다(Ellis, 1962). "나는 항상 타인들을 즐겁게 해 줄 필요가 있다"와 같은 허구적 생각들을 가진 사람들조차도 이러한 신념들의 결과로서 경험하게 될 불가피한 스트레스를 관리하는 것을 학습한다면 삶의 요구들에 성공적으로 대처할 수 있다. 마찬가지로 자기 가치는 삶의 도전들에 효과적인 대처를 통하여 향상될 수 있다. 성공 경험을 통하여 자기효능감이 경험되면서 자기 가치 또한 증가한다. 마지막으로 여가는 안녕 및 지속적인 발달에 필수적이다. 시간이 멈추어 있는 하나의 활동에 총체적으로 빠져드는 것을 학습하는 것은 삶의 도전에 대처하는 것뿐만 아니라 초월하는 것에도 도움을 준다. 이러한 느낌은 **몰입**(flow)이라 불린다(Csikszentmihalyi, 1990). 여가는 창조적이고 영적인 차원 모두에서 성장의 길을 열어 준다. 따라서 대처적 자기는 삶의 사건들에 대한 반응을 조절하고 삶에서 발생하는 어떠한 부정적인 효과들을 초월하는 수단을 제공하는 요소들로 구성된다.

사회적 자기(Social Self)는 두 요소를 포함한다: 그것은 **우정**과 **사랑**이다. 우정과 사랑은 하나의 연속선상에 존재한다. 따라서 실제로 둘은 명백하게 구분되지 않는다. 때로 성적 친밀감에서 사랑과 우정 간에 차이가 있는 것으로 생각되지만 성적 친밀감과 별도로 다양한 사랑 관계는 너무 많아서 셀 수가 없다. 연구에 따르면 우정과 친밀한 관계는 삶의 질과 수명을 증가시킨다. 대립, 고립, 소외 및 타인과의 격리는 일반적으로 빈약한 건강 조건들 및 조기 사망할 더 큰 가능성과 연관되어 있다. 반대로 사회적 지지는 평생에 걸쳐 긍정적인 정신건강의 가장 강력한 예언 요인이다. 이러한 지지의 중심은 가정인데, 건강한 가정일수록 개인 안녕의 가장 긍정적인 원천들을 제공한다. 중요한 것은, 건강한 가정들은 생물학적일 수도 있고 혹은 선택한 가정일 수도 있다는 것이다.

본질적 자기(Essential Self)는 네 가지 요소를 포함한다: 그것은 **영성, 자기 보살핌, 성 정체성 및 문화 정체성**이다. 영성은, 종교성을 포함하지만, 그것에만 제한되지는 않는 포괄적 개념으로서, 장수와 삶의 질에 긍정적인 이점을 지닌다. 그것은 삶을 향한 의미, 목적, 희망이라는 존재감을 통합한다. 성 및 문화 정체성 모두 삶의 경험들이 비추어지는 필터들인데, 우리가 자신들과 관련하여 타인들을 경험하는 방식에 영향을 준다. 그 둘은 삶, 자신 및 타인들과 관련하여 본질적인 의미 형성 과정에 영향을 준다. 자기 보살핌은 장수하고 잘 살아가기 위한 선행 노력들을 포함한다. 반대로, 부주의, 건강증진 습관들의 회피 및 자신의 안녕에 대한 무시는 잠정적으로 절망의 징후일 수 있으며, 삶의 의미감과 목적의 상실로 나타날지 모른다.

신체적 자기(Physical Self) 요인은 **운동**과 **영양**이라는 두 가지 요소를 포함한다. 이들은 광범하게 향상되고 있으며, 불행하게도 자주 전체적 안녕의 다른 요소들을 배제시킬 정도로 과잉되게 강조되고 있다. 연구는 운동과 영양의 중요성, 그리고 우리의 신체적 요구들이 생애 주기에 걸쳐 변화하는 방식에 주목하고 있다. 자료에 따르면, 장수하는 개인들과 같은 '생존자들'은 운동과 다이어트/영양 모두에 관심을 가진다는 것을 제안하고 있음은 놀랄 만한 일이 아니다.

인간 행동을 이해하는데 맥락, 혹은 체제의 중요성은 잘 정립되어 왔다. 우리는 홀로 기능할 수 없고 가족, 이웃, 일 등을 통해 타인들과 관계하면서 기능한다. 환경 요인들에 대한 관심을 통합하지 않고는 한 인간에 대한 완전한 이해가 불가능하다. 다른 안녕 요인들에서처럼 맥락도 안녕과 관련하여 더 좋게 혹은 더 나쁘게 작용할 수 있다.

생리의학 분야의 노벨상 수상자이며 건강심리학의 권위자인 블랙번과 에펠(Blackburn & Epel, 2017)은 이를 세포 차원으로 환원하고 있다. 연구를 통하여 그들은 사람들의 노화 속도가 다른 이유를 물었다. 하나의 이유는 세포 노화이다. 내포된 질문은 '무엇이 세포들을 일찍 노화되도록 하는가?'이다. 답은 텔로미어(telomeres)인데 이는 염색체 끝에 있는 전용 보호막이다. 염색체 끝에 있는 텔로미어들은 유전 암호에서 나오는 명령들을 단순하게 전달하지 않는다는 사실에 그들은 주목했다. 그것들은 당신의 소리를 '듣고' 있다.

우리가 먹는 음식, 정서적 위협에 대한 반응, 운동량, 아동기 스트레스에 노출 여부, 그리고 심지어 우리 동네의 신뢰와 안전 수준이 텔로미어에 영향을 준다. 사회적 응집력이 낮은 이웃들은—서로 간에 알지 못하고 신뢰하지 못한다는 의미에서—텔로미어에 악영향을 준다. 사회적 불평등의 문제들이 이러한 생물학적 과정들의 효과를 얼마나 확대시키는가에 놀라울 따름이다. 반대로 안녕 중심의 생활은 세포 차원의 조기 노화를 방지하고 장수 확률 및 더 높은 삶의 질을 증진시킬 수 있다. 다이어트와 운동뿐만 아니라 마음챙김 및 명상 실천도 인생 주기의 어느 시점에서든 부정적 요인들의 효과를 완화시킨다. 블랙번과 에펠(Blackburn & Epel, 2017)은 건강 및 안녕함을 최적화하는 방법에 대한 과학 기반의 제안을 제공하고 있다.

아들러처럼, 우리는 주위 세계에 영향을 받기도 하고 영향을 주기도 하는 **통합적 자기**를 개념화하였다. [그림 2-2]에서 네 개의 맥락이 제시되고 있다: 그것은 **지역적**, **제도적**, **세계적**, 그리고 **시간적** 맥락이다.

지역적(local) 맥락은 우리가 가장 빈번하게 거주하는 가정, 이웃, 지역사회와 같은 체제들을 포함한다. 이 맥락에서는 **안전**이란 주제가 핵심이다. **제도적**(institutional) **맥락**에는 교육, 종교, 정부, 경제 및 산업, 그리고 매체들이 포함된다. 이 제도들은 직접 및 간접적 방식으로 우리 삶에 영향을 준다. 자주 그 영향은 강력하고 동화하기가 어려우며, 물론 긍정적이거나 혹은 부정적일 수 있다. 안녕에 있어서 **정책과 법률**의 영향은 이 맥락에서 핵심적이다. 정치, 문화, 세계적 사건 및 환경을 포함하는 **세계적**(global) 맥락들은 인터넷 매체, 특히 우리가 전화라고 부르는 유비쿼터스 컴퓨터를 통하여 급속도로 개인적인 것이 되고 있다. 물론 텔레비전을 포함하여 다른 그러한 매체들은 우리의 안녕함에 좋은 혹은 나쁜 영향의 원천들이다. 안녕에 있어서 실시간 **세계적 사건들**의 영향은 이 맥락에서 본질적인 요소이다.

환경적 영향의 긍정적 측면에서, 베트너(Buettner, 2012)가 보고한 '푸른 지역' 『푸른 지역: 최장수한 사람들로부터 알아본 더 오래 살기 위한 9가지 교훈』은 이 장과 책에 있는 교훈들과 관련하여 장수하면서 잘 살고 있는 문화 및 지역사회들을 예시하고 있다. 다이어트(지중해식 식사와 같은) 및 운동(움직임, 심장 강화 운동, 스트레칭)은 중요하지만, 의미, 목적, 관계, 그리고 건강한 생활양식의 다른 측면들이 동반되지 않는다면 불충분하다. 실제로, 안녕 생활양식은 알츠하이머 질환의 끔찍한 인지적 감퇴 효과를 예방하거나 줄일 수 있다. 이러한 주장은 전체적 안녕 관점으로 수행될 때 효과적임이 이미 제시되고 있다(Sherzai & Sherzai, 2017).

마지막으로, **시간적**(chronometrical) 맥락은 시간의 흐름에 따라 삶의 변화에 대한 우리의 반응을 나타낸다. 더 이른 시기의 안녕 선택은 나이가 들어서 누적적이고 긍정적 효과를 갖는다. 마찬가지로 건강하지 못한 생활양식의 선택은, 나이가 들어가면서 확대되는, 세포 차원에서 측정이 가능한 부정적인 효과를 지닌다(Blackburn & Epel, 2017). 이러한 결과들을 중지시키고 심지어 역전시키는 것은 삶의 어느 단계에서든 가능하다. 높은 수준의 안녕을 성취하려면 시간 차원에서의 변화가 영구적이고, 긍정적이며, 유목적적이어야 한다.

안녕 연구

안녕의 바퀴 모델 및 통합적 자기 모델 모두 지필 평가도구들을 활용하여 다루어져 왔다. 안녕 생활양식 평가(WEL)(Myers, Witmer, & Sweeney, 1996a, 1996b) 및 5요인 안녕 생활양식 평가(5FWEL/FFWEL)(Myers, Sweeney, 2004) 모두 임상 실제에서뿐만 아니라 안녕 연구에서 광범하게 사용되어 왔다. 마이어스와 스위니(Myers & Sweeney, 2005; 2008)에 의해 10여 년에 걸친 연구들이 조명되어 왔으며, 다양한 집단, 안녕과의 상관, 그리고 문화 간/국가 간 연구들을 포함하고 있다.

5FWEL 및 ISWEL은 많은 연구에서 주로 결과 측정치 혹은 종속변인으로 활용되어 왔으며, 다양한 심리적 구인들 및 인구통계학적 지수들과 안녕의 관계성 연구에 활용되어 왔다. 또한 프로그램 평가 및 초등학생, 대학생 집단, 지역사회 성인들을 대상으로 상담 개입에 대한 사전-사후 검사로서 활용되어 왔다. 마이어스와 스위니(Meyers & Sweeney, 2005)는 30편이 넘는 박사학위 논문과 바퀴 모델 및 ISWEL 모델을 활용한 훨씬 더 많은 독립적인 안녕 연구들을 목록화했다. 그 후로 더욱 많은 연구가 5FWEL 및 ISWEL 모델을 활용하여 수행되어 왔다.

소수 집단을 대상으로 한 여러 연구는 문화 연구에서 안녕의 중요성을 정립해 왔다. 이 연구들은 미국 원주민 청소년, 한국계 미국인 청소년, 아프리카계 미국인 남자 대학생 3, 4학년, 성인 남성 동성애자, 중년 여성 동성애자들의 인종 정체감 및 문화 적응과 같은 요인들과 관련하여 안녕 점수들을 검토했다. 각 경우에, 집단 및 하위 집단 특성에 따라 안녕 척도 측정치들이 다르게 나타났다.

WEL 및 5FWEL을 활용하여 안녕과 심리학적 상관성을 분석한 많은 연구가 수행되었다. 안녕은 심리학적 안녕함의 단기적 상태 및 장기적 특성 측면들, 건전한 애정 양식, 직업 만족, 중요한 존재라고 느끼는 것(자신 및 타인에게)와 같은 구인과 긍정적으로 연결되었다. 그리고 심리적 장애, 지각된 스트레스, 객체화된 신체 의식, 과도한 알코올 섭취와 같은 구인과는 부정적으로 연계되었다. 안녕은 종교성, 영성, 사회적 관심과 긍정적으로 연합되어 있음은 놀랄 만한 것이 아니다.

상담 전공 1학년 학생에 대한 3년 연구 결과, 5FWEL의 일, 우정, 사랑 및 자기 요인들은 불안을 예언하는 것으로 나타났다. 저자들은 삶의 다른 책임들을 감당하면서 대학원 공부를 병행하는 경우, 그 성과는 학생들의 교과 과정에 얼마나 다양한 경험을 추가하는지에 달려 있다고 제안한다(Foster, Steen, O'Ryan, & Nelson, 2016). 상담 학생들에 대한 또 다른 연구에서 연구자들은 이 학생들을 위한 단기 안녕 개입의 효과를 발견하였다(Wolf, Thompson, & Smith-Adcock, 2014). 그들의 보고는 수년에 걸쳐 이들이 비공식적으로 공유되긴 했지만 관련 학술지에 출판되지 않은 다른 그러한 개입들의 결과와 유사하다.

> 한 학기 동안 지속되는 학생 주도 안녕 프로그램의 부분으로서 정신, 신체 및 영혼을 위한 이원적이며 경험적인 활동을 포함하는 다양한 자기 보살핌 전략들이 상담 교육 대학원생들에게 도입되었다. 예비 프로그램의 개념적 토대는 아들러에 기반한 안녕의 통합적 자기 모델이었다. 전체성과 생애 과제라는 아들러 구인을 통합한 상호 보완적인 5요인 안녕 검사가 개인 안녕의 변화를 측정하기 위해 사전 및 사후 검사로 활용되었다. 덧붙여서, 참여자들로부터 안녕 프로그램의 경험에 관한 주관적인 피드백 자료들이 수집되었다. 결과에 따르면 비교적 단순하고 융통성 있는 이 안녕 프로그램을 제공하는 것은 안녕에 관한 학생들의 지식과 실천에 긍정적인 영향을 주는 것으로 나타났다(p. 57).

5FWEL은 안녕에 있어서 문화간 차이 연구를 위한 기초로서 여러 개의 언어로 번역되고 적용되어 왔다. 완성된 번역판 검사들이 이스라엘, 터키, 한국, 중국, 일본, 리투아니아, 포르투갈에서 사용되어 왔다. 스페인어를 말하는 아동, 청소년 및 성인들을 위한 추가적인 적용들이 있었지만, 현재 공개된 연구 결과는 없다. 이 연구들을 통해 안녕 개념들의 문화 간 동질성과 관련하여 심각한 위협들이 드러나고 있다. 예를 들면, 다원 사회인 미국에서 쉽게 기술되는 **문화적 정체감** 개념이 한국 및 리투아니아와 같은 단일 문화 사회에서는 설명하기가 어렵다. **스트레스**와 같은 개념들은 다른 언어 및 문화들에서 다르게 설명된다.

안녕 상담 연구에서 지금까지 결핍된 것은 맥락적 요인들 및 그것들이 개인적 안녕 상태에 미치는 영향에 대한 고려이다(Reese & Myers, 2012). 사회적 관심 및 공동체감에 관하여 우리가 알고 있는 것에 기초해서 보면 그러한 관련성은 상호작용적이고 의미 있는 것일 수 있다(Slavik & Carlson, 2006 참조).

더욱 최근에, 5FWEL을 활용한 59개의 출판된 연구 자료들에 대한 복합적이고 체계적인 검토 결과는 다음과 같다.

1. 이차 요인들(예: 창조적 자기)은 삼차 요인들(예: 사고)보다 일관되게 더 높은 알파 계수(.85 ~ .70)를 나타냈다.
2. 척도 간 상관들은 일관되게 낮아서(.20 ~ .40) 이 척도들이 별개의 구인임을, 즉 별개 구인임에 대한 좋은 증거를 나타낸다.
3. 삼차 요인인 현실적 신념은 평균 점수가 가장 낮은 편에 속했다(57점으로서 다른 요인들의 .70 및 .80 수준).
4. 성인들은 10대들에 비해 우정에서 평균 10점 이상 높게 나타났다.
5. 이차 요인인 사회적 자기와 본질적 자기 각각 요인에서 여성들이 약간 더 높은(3점) 평균점수를 나타냈다.

종합적 분석은 면밀하고 고무적이어서, 차후 안녕 연구를 위한 많은 제언을 제공하고 있다. 다음은 주요 발견 중 하나이다.

> 5F-WEL은 안녕을 평가하는 데 사용되는 대중적이며 구조적으로 적합한 도구이다. 59개 연구에 대한 이 분석의 결과들은 다양한 신뢰도 및 타당도 분석을 통해 5F-WEL(영어판)의 심리 측정적 특성들을 검토했다. 5F-WEL은 세 가지 수준의 점수(전체 안녕, 이차 요인들, 삼차 요인들 점수와 같은)를 제공하기에 단일 총점만을 제공하는 것보다 더 많은 체계적인 검토를 포함한다……. 전체적으로 5F-WEL의 강력한 심리 측정적 속성에 비추어서, 실무 상담자들에 의해 임상 장면으로 통합하는 것이 유용할 수 있다(Shannonhouse, L., Erford, B., Gibson, D., O'Hara, C. & Fullen, M. 2019. Psychometric synthesis and review of the 5F-Wel. *Journal of Counseling & Development, 96*, 2, n.p).

5F-WEL만을 사용한 20개가 넘는 연구들이 2011~2017년 사이에 전문 학술지에 출판되었는데 청소년부터 노인에 이르는 집단 범주, 다양한 종속 및 독립 변인들과 아울러 척도 요인들의 통계적 신뢰도 및 타당도 평가를 다루고 있다. 연구라는 것이 원래 그렇듯이, 해답보다는 더 많은 물음이 남아 있다. 그럼에도 불구하고, 독립 및 종속 변인들을 포함하여 안녕 요인들을 측정하기 위한 모델 및 도구들은 고무적이다.

신경과학: 뇌-기반 안녕의 기초

> "항상 추구할 필요가 있는 것은…… 정신과 신체 간 서로 주고받는 상호작용으로서 그 둘은 우리가 관심을 가져야 할 전체의 부분들이다"라고 아들러는 지적했다(Ansbacher & Ansbacher, 1967, p. 255).

신경과학이라는 주제에 접근하는 데 많은 방식이 있지만 번잡을 피하기 위해서 뇌의 구조 및 기능에 대한 더욱 과학적이고 자세한 설명은 참고문헌으로 돌릴 것이다(Chapin & Russell-Chapin, 2014; Field, Jones, & Russell-Chapin, 2017; Soutar & Longo, 2011). 시작 단계에서 상담자가 알고자 하는 것은, 수반되는 것이 무엇이며, 그것이 환자의 안녕함을 증진시키기 위해 어떻게 사용될 수 있는가이다. 뇌 기능에 대한 지식이 의학이나 심리학에 제한되지 않는다는 지점까지 신경과학은 발달해 왔다. 그럼에도 환자에게 뉴로피드백(NF)을 활용하기 위해서는 광범한 훈련, 상당한 비용을 요하며 국가 자격을 갖추는 것이 더 좋다. 그것이 유일한 양식은 아님에도 불구하고 적절한 시기에 자격을 갖춘 NF 상담자에게 정보를 제공하면서 의뢰하는 것은 약물 혹은 광범한 심리치료 없이 조력하는 가장 효과적인 수단들이 될 수 있다. NF와 병행하는 상담은 매우 바람직하며, NF 상담자들은 종종 다른 정신건강 전문가들로 구성된 팀과 협력하여 일한다.

첫째, 뉴로피드백(NF)은 뇌파의 조작적 조건화와 같은 뇌에 대한 바이오피드백의 한 형태이다. 뇌는 신경회로와 같은 새로운 신경 연합들을 발달시킬 수 있다. 이는 생을 통하여 심지어는 나이 먹어서까지 학습 및 적절한 관심을 통해 가능하다. 연구는 끊임없이 지식을 추가하고 있다. 예를 들면, 노화된 뇌는 이전에 가능하다고 생각했던 것보다 더욱 많은 새로운 뉴런을 가지고 있다는 증거가 있다. 새로운 신경 연합을 창출하는 적절한 수단들을 가지고 이전에는 가능하다고 생각지 않았던 새로운 학습 회로를 발달시킬 수 있다. 뉴로피드백 및 관련된 방법들이 이미 노인들을 조력하는 데 사용되고 있다. 따라서 옛 속담과는 달리, 늙은 개가 새로운 기술을 학습한다(혹은 학습할 수 있다).

둘째, 이는 발달적으로 뇌가 역동적이기 때문에 가능하다.

> 신경 가소성(neuroplasticity)이란 내적 혹은 외적이든 간에 새로운 정보, 사건, 혹은 경험들이 제시될 때 뇌가 적응하고 재조직하는 과정이다(Myers & Jones, p. 372).

저자가 생활양식 평가를 수행했던 개인들에 대해 경이로운 통찰이라고 생각되는 것을 가지고 있다. 물론 그러한 통찰이 일어나도록 촉구하는 존재는 내담자이다. 제5장과 제6장에서 강조되겠지만, 생활양식이란 변할 수 있지만 대부분의 상담 개입을 위해 필요한 것은 아니다. 대부분의 개인은 충분하게 잘 기능하며 단지 변하는 생활환경에의 조절을 요할 뿐이다. 즉, 내담자들이 그들의 사적 논리 및 선택 결과로부터 학습할 수 없다면 그들의 행동을 변화시킬 것 같지 않다는 뜻이다. 새로운 방식의 지각 및 행동을 창출하리라는 희망을 가지고 잘못된 생각과 기대에 도전하도록 설계된 기법들을 적용하는 것은 바로 그때이다. 성공적이게 되면 뇌 안에 새로운 회로들이 만들어진다. 한편, 어떤 형태의 바이오피드백이 변화에 대한 저항을 줄이거나 상담 또는 학습 과정에서 뇌가 더 효과적으로 기능하도록 하는 새로운 경로를 열어 줄 수 있을까? 적절한 조건하에서는, 그 대답은 분명히 '그렇다'라고 할 수 있다(Myers & Young, 2012; Field, Jones, & Russel-Chapin, 2017).

뇌파 및 뇌 영상(qEEG)

가장 단순한 형태로, 뇌파는 유형 및 기능에 의해 범주화된다. 가장 보편적인 범주의 뇌파는 델타, 세타, 알파, 베타(높고 낮은) 및 감마이다. 델타파는 깊은 수면 및 휴식 시간에 측정되는 느린 뇌파이다. 그것은 또한 심장박동 조절 및 소화와 같은 무의식적인 신체 기능에 포함된 것으로 발견되었다. 적절하게 생성된 델타파는 밤의 숙면에 핵심적이다.

세타파는 잠들기 직전의 각성 혹은 약한 각성 상태에서 경험된다. 그것은 또한 명상, 백일몽, 혹은 분리 상태로서 기술될 수 있다. 이는 깊은 정서 그리고 심지어 원초적인 정서들을 경험할 때 역할을 한다.

알파파는 느린 것으로 간주되지만 세타파보다는 더 빠른 파형이다. 우리가 알파 상태에 있을 때 이완되고 고요함을 느끼지만 행동을 취하거나 혹은 마음을 진정시킬 준비가 되어 있다. 알파파는 규제력을 지닌다. 따라서 수면 상태로 이동하기 시작하는 것은 알파파를 통해서이다. 우리가 알파에서 세타로 이동할 때 더 많은 백일몽 분리 상태를 경험한다.

베타파는 더 빠르며 우리가 '바쁜' 상태에 있음을 말하기조차 한다. 그것은 집중하고 문제 해결할 때 관여한다. 우리는 베타 상태에서 행동을 한다. 감마파는 가장 높은 주파수이며, 갑작스런 통찰 혹은 학습과 관련된 것으로 보인다. 또한 감마파는 긍정 및 부정 정서뿐만 아니라, 우리가 좋아하고 싫어하는 것과 관련된 역할에 대해서도 연구되고 있다.

각 유형의 뇌파들과 관련하여 뇌에 가해지는 다양한 외부 자극이나 손상은 정상적인 기능을 방해한다. 머리 부상, 지속적인 삶의 스트레스원 및 약물들은 뇌파들의 '규제력을 잃게' 할 수 있다. 또한 새로운 과학은 '신체' 건강과 '정신' 건강 간의 강력한 연합을 지적하고 있다. 다행히 지금은 역기능들을 완화하거나 혹은 교정하는 데 유용한 다양한 도구들이 있다. 이런 도구들을 훈련받은 NF

전문가들이 사용할 때, 소프트웨어 프로그램이나 정교한 장비, 그리고 다양한 데이터베이스 형태로 활용된다. 덧붙여서, 상담 및 심리치료를 통해 학습된 통찰, 정서 및 새로운 행동들은 향상된 뇌기능 과정에 기여할 것으로 믿어지고 있다.

뇌 영상(qEEG) 및 훈련

정량 뇌파도(qEEG)는 개인의 뇌파 활동을 측정하는 것을 포함한다. 이는 비침습 방법들로 행해지는데 센서들이 두피 상의 여러 표준화된 위치들에서 특정 뇌파를 탐지할 수 있도록 씌워진 모자를 포함하고 있다. 뇌에 대한 바이오피드백의 목표는 표적 뇌파들이 적절한 주파수 범위 내에서 기능하도록 훈련시키는 것이다(Longo, 2018). 그러한 훈련은 시청각 모두를 사용하는 조작 조건화 강화 방법들을 포함하고 있다. 그것은 총 20~30세션에서 일주일에 두 번, 20분 내지 30분 진행되는 세션 동안에 환자가 눈을 뜬 채로 별 볼일 없는 영화를 보거나 혹은 눈을 감은 채로 부드러운 전자음을 듣는 것과 같이 단순할 수 있다(Soutar & Longo, 2011). 세션의 횟수는 환자의 생활양식, 건전한 삶의 선택 여부, 손상 여부 등을 포함하여 많은 요인에 따라서 매우 다양하다. 그럼에도 연구 및 임상 경험의 결과들은 놀랍고 미래에 더 많은 희망을 주고 있다(Field, Jones, & Russell-Chapin, 2017): **"간질, 자폐, 주의력 결핍 장애, 머리 부상, 약물 혹은 부작용이 없는 중독 및 우울을 치료하는데, 그리고 골프 점수부터 오페라 가수의 목소리에 이르기까지 모든 것을 개선하는 데 충분한 다용도의 절차를 상상해 보라"**(Robbins, 2008).

신경과학을 탐구하는 것이 전문가뿐만 아니라 개인적인 성장에도 도움이 될 수 있음을 보여 주기 위해, 저자의 개인적인 경험을 사례로 소개하고자 한다. 몇 년 전에 저자는 연령과 관련된 것처럼 보이는 수행상의 변화를 경험하기 시작했다. 숙련된 계기 비행 조종사로서 저자는 실제로 전국 곳곳을 직접 비행하며, 다양한 종류의 혼잡한 공항에 착륙해 왔다. 50년이 넘는 비행의 대부분은 고성능 단일 엔진 항공기 안에서 이루어졌다. 실제로 대부분의 비행을 혼자서 했고, 따라서 날씨, 항공기 체제, 내비게이션, 항공교통 통제 소통 및 관련된 기장 책임 등에 관한 의사결정에 저자는 익숙해 있었다.

어느 날 익숙하게 감당해 오던 비행 업무가 점점 버겁게 느껴지기 시작했다. 예를 들면, 인쇄된 계기 차트들을 읽고 과거에는 그렇지 않았던 세부 사항으로 되돌아가는 데 더 많은 시간을 소비하고 있었다. 복잡한 교통 환경에서 비행사는 산만함이 없이 그러한 세부 사항들을 숙지할 필요가 있다. 그때 저자는 한적한 시골길에서 오래된 스포츠카를 운전할 때 긴장감을 느끼고 심지어 약간 불안했던 것을 떠올렸다. 바로 그 무렵, 국가 공인 NF 상담자를 통해 저자는 뉴로피드백을 처음 접하게 되었다.

뉴로피드백 훈련 세션들은 저자의 증상들을 호전시켰고 효율성을 회복시켰으며, 대략 몇 주 안에 드라이브를 즐기는 데에도 도움이 되었다. 그 이후로 저자의 경우보다 더욱 극적인 많은 예들을 알게 되었는데, 그 사례들에서는 뇌 훈련 및 다른 바이오피드백 개입들이 연합하여 삶의 변화를 야기시켰다. 그것의 잠재 가능성을 보여 주기 위해 저자의 훈련 세션을 설계하고 진행했던 바로 그 상담자의 경험으로부터 나온 사례들을 다음에 소개한다(R. Longo, 개인적 대화, March 12, 2018).

우울증을 지닌 중년 남성

55세의 한 기혼 남성이 우울 및 자살 충동으로 진단되었다. 그는 젊은이들의 바디빌딩용 아나볼릭 스테로이드를 사용해 왔는데 그것이 정신과적 문제를 야기했다. 그는 정신건강이 문제될 때까지 법률 집행관으로 일해 왔으며, 그 후로 일을 중단해야만 했고 결국 장애 판정을 받았다.

뉴로피드백 치료를 시작했을 때 그는 우울했고 팔의 중관절로부터 아래로 손목에 이르는 부위들을 칼로 베는 것을 포함하여 여러 차례 자해 행위를 했다. 그의 부인은 그가 하루 대부분을 침대에 머물며 의기소침해 있다고 기술하였다.

qEEG 뇌파도가 만들어지고 NF 뇌 훈련이 시작되었다. 18세션의 뉴로피드백 치료 후에 그는 매우 잘 기능하고 있는 것으로 평가되었다. 더 이상 우울하지도 않았고 사람들과 어울리며 집안일과 동네 심부름도 할 수 있게 되었다. 그의 부인과 가족들은 그를 '다른 사람'으로 묘사했다.

신체장애를 지닌 중년 여성

척추만곡증을 가진 54세 여성이 굽은 증상을 교정하기 위해 외과 수술을 받았다. 수술 후 그녀는 허리 아래로 반쯤 마비되었다. 이차 수술 동안에 뼛조각들이 제거되었고 이전에 지혈되지 않았던 출혈 부위가 발견되었다. 그러고 나서 그녀는 등 아래쪽에 신체 감각이 없는 채로 휠체어에 앉게 되었다.

뇌파도가 작성되기 전에 최초 뉴로피드백 훈련 세션이 주어졌다. 첫 세션 이후로 그녀는 등 아래쪽에서 감각을 보고했다. 이후 그 사실은 물리치료사에 의해 확인되었다. 세 번째의 바이오피드백 세션 후에 왼쪽 다리에서 얼마간의 감각뿐만 아니라 복부와 사타구니 부위에서 감각을 보고했었다. 다섯 번째 세션 후에 그녀는 더 이상 진통제를 필요로 하지 않았다. 여섯 번째 세션 이후로 지팡이 없이 걸을 수 있었다. 열 번째 NF 세션 후에는 사교 모임에서 춤을 출 수 있게 되었다.

명백하게, 이 예들은 NF 훈련이 몇몇 사람들에게 지니는 잠재 가능성에 대한 극적인 예시들이다. 그럼에도, 다른 수단들로는 불가능한 방식으로 그리고 장기간 지속되는 유해한 부작용이 없이 삶이 회복되는 많은 개인에게서 나온 예들이다. 그러한 성공적인 치료 중에 그리고 후에 실시되는 상담은 NF 환자들의 삶의 선택, 인간관계, 그리고 다양한 기회를 재평가하는 데 도움을 주곤 한다.

이어지는 내용은 저자가 활용해 왔으며 상담자들에게 유용한 다른 도구들에 대한 몇 가지 예시들이다. 대부분의 이 도구 및 방법들은 NF 준비와 장비만큼 광범한 훈련과 비용을 요하지 않는다.

시청각 뇌파 유도(AVE)

20세기 초반 프랑스 심리학자 쟈네(Pierre Janet)는 등잔 앞에서 바퀴살이 달린 바퀴를 회전시켜 깜빡이는 빛을 환자들이 바라보게 하면 최면 상태가 유도되고, 그 결과 우울감, 긴장, 히스테리가 감소한다는 사실을 발견했다(Collura & Siever, 2009; Siever, 2007). 이것이 뇌에 리듬 있는 감각 자극을 적용한 첫 번째 기록이었다. 지금은 빛 자극과 청각적 피드백이 결합되는 AVE(Audiovisual Entrainment)가 사용된다. 그것은 뇌를 부드럽고 안전하게 다양한 뇌파 패턴으로 유도하기 위해 불빛 신호와 음조 리듬을 활용한다. 연구들에 의하면, 그것은 주의력 결핍 장애, 계절적 정서장애, 섬유근육통, 그리고 만성 통증과 같은 질환에 효과적임이 발견되었다. 또한 신체적, 학업 및 인지적 수행을 향상시키는 데 사용된다. 시버(Siever)의 연구(2015)가 심층적인 정보를 얻는 데 좋은 자료이다.

AVE를 사용할 때는 미리 설정된 청각 및 패턴들 중에서 원하는 뇌파 프로토콜을 선택하여 뇌파 동조 과정을 유도한다. 실제 상담에서는, 내담자가 불안한 상태로 상담에 온 후 이완이 어려울 때 10Hz 알파파 활동을 유도하도록 설계된 15~20분간의 AVE 세션에 참여하면, 이후 상담이 더 효과적으로 이루어질 수 있다. 앞에서 언급했듯이, 이 주파수는 뇌가 휴식하거나 이완된 상태일 때 나타나는 것이다. 환자를 일상생활의 스트레스로부터 분리시켜 알파 상태의 기능으로 들어가도록 도움으로써 상담 세션이 더욱 가능해질 수 있다. 최근에 많은 뉴로피드백 상담자들이 뉴로피드백 세션들과 결합하여 AVE의 한 형태인 광자극(Photic)을 활용하고 있다.

AVE는 또한 노인들 혹은 불안을 감소시키려는 젊은이들을 대상으로 '뇌 밝게 하기(brain brightening)' 목적으로 사용될 수 있다. 상담자들 또한 8~10Hz 주파수의 AVE 세션을 통해 긴 하루가 힘든 상담 이후에 이완하고 집중력을 회복하는 데 도움을 받을 수 있다.

심박 변이도(HRV)

심장 리듬 패턴(박동)은 정서 상태의 변화 동안에 달라진다. 예를 들면, 스트레스 패턴들은 긍정적 혹은 이완된 상태들과는 매우 다르다. 스트레스 상태에서 그래프는 들쭉날쭉한 패턴을 나타낸다. 평온한 상태에서 패턴들은 매끄럽고 안정적인 사인파(sine wave)를 지향한다. 아마도 가장 매혹적인 발견들 중의 하나는 뇌가 심장에 보내는 것보다 심장이 뇌에 더 많은 신호를 보낸다는, 즉 심장이 뇌를 가지고 있다는 사실이다. 참으로, 사랑에 빠지는 것이 전혀 이치에 맞지 않을 수 있지만 그와 관련된 화학적 및 전기적 뇌 활동들은 매우 강력할 수 있다.

심장과 뇌가 조화로운 리듬 상태(coherence), 즉 동기화될 때, 호흡, 심박, 그리고 뇌파의 주파수가 최적의 상태에 도달할 수 있다. 내담자들에게 정서 상태들 간 차이점을 그래프로 보여 주고 나서 신체적 및 정서적 일관성을 학습하고 실천하는 것을 이끌어 주는 데 도움을 주기 위한 도구들이 있다.

그러한 정보 및 도구들의 한 원천이 하트매스 연구소(heartmath.org)이다. 25년간의 연구 및 실천을 통하여 초등학생부터 성인 연령 집단에 이르기까지 사용될 수 있는 훈련 기법, 도구 및 프로그램들을 개발해 왔다. 다양한 집단들을 토대로 한 연구 결과들에 의하면, 바이오피드백의 조합 및 긍정 정서 상태에의 집중은 정서적 및 신체적 안녕이라는 결과를 가져올 수 있음을 제안하고 있다 (McCraty, Adkinson, Tomasino, & Braley, 2009).

뇌 · 심장 리듬의 조화를 위한 도구와 기법들에는 컴퓨터 프로그램과 휴대용 장치가 모두 포함된다. 예를 들면, 저자가 사용하는 프로그램은 USB 포트에 연결되는 맥박 센서를 활용함으로써 맥박 자료를 수집하고 이 정보를 컴퓨터 화면상에 사용자 친화적인 그래프로 변환해 준다. 또한 자료를 저장할 수 있어 상담 세션 전, 후를 포함하여 시간에 따른 변화를 제시하는 것도 가능하다. 프로그램 제공자들은 '조화로운 리듬 상태'와 단순 이완 혹은 보다 전통적인 바이오피드백 기반 스트레스 완화 기법 사이에 중요한 구분을 둔다. 또한 생리적 · 정서적으로 최적화된 상태에 도달할 수 있도록 훈련하는 다양한 기법들을 위한 프로토콜도 가지고 있다. 복식 호흡은 그 과정의 핵심 부분이지만, 감탄, 감사, 사랑과 같은 긍정 경험을 시각화하고 정서적으로 연합시키는 것도 그에 못지않게 중요하다. 많은 뉴로피드백 상담자들은 뉴로피드백 세션 전에 워밍업으로서, 혹은 세션과 병행하여 HRV를 사용한다.

안구운동 민감 소실 및 재처리(EMDR)

저자가 탐색해 온 또 다른 접근으로서 EMDR은 연구적 근거를 지니고 있으며 생활양식 및 초기 기억 작업과 통합적으로 사용될 수 있다. 그것은 외상 증상들 및 외상 후 스트레스를 다루기 위해 설계되었다. EMDR 세션들은 특정한 단계 순서를 따라 진행된다. 상담자들은 눈 움직임과 같은 양측(bilateral) 자극을 활용하여 환자로 하여금 부정적 경험들로부터 오는 미해결된 기억들을 처리하도록 돕는다. 결과적으로 건강하지 못한 방식의 삶에 기여하는 잘못된, 부정적인 신념들을 초래한 아동기 초기 회상을 가지고 있는 개인들을 포함하여 사례들은 매우 다양하다(Lee, Beaton, & Ensign, 2003; Seidler & Wagner, 2006; Shapiro & Laliotis, 2011).

기억이나 외상이 재처리되는 동안 어떤 형태로든 신체적 감각이 나타나면, 그것은 외상이 발생했을 당시 내담자의 신체 상태의 일부로 간주되어 다루어진다. 재처리는 신념, 정서, 신체적/감각기관의 감각 등을 활성화시킨다. 내담자가 이러한 감각들을 보고하더라도 프로토콜은 그것을 따로 다루기 위해 중단되지 않는다. 양측 자극은 기억에 접근하여 사라지게 한다. 단계들이 진행되면서 신체 감각들은 변하고 확대될 수 있지만 궁극적으로 다른 어떤 개입이 없이 사라질 것이다.

재처리의 마지막 단계는 내담자가 눈을 감고 머리에서부터 발끝까지 아래로 천천히 훑어보는 보디 스캔을 포함하고 있다. 만일 어떠한 경직, 긴장, 혹은 평소와 다른 감각이 느껴지면 그것을 보고한다. 그런 다음, 남아 있는 불편한 감각에 계속 초점을 맞추며 양측 자극을 추가로 적용하고, 신체를 스캔했을 때 더 이상 이례적인 감각이 없고, 편안해질 때까지 이 과정을 반복한다.

EMDR은 부정적, 왜곡된 신념들을 재처리하여 내담자로 하여금 스스로에 대해 그리고 불편함을 주는 상황에 대해 진실인 것만을 이해하고 수용하도록 돕는다. 치료에 성공한 사례에는 참전용사, 강간 피해자, 학대받은 아동, 자녀가 자살을 시도한 부모, 자동차 사고 및 자연재해 희생자, 그리고 반려동물이 차량에 치이는 장면을 목격한 보호자 등이 포함된다. 이 방법에 대한 예시로서 한 동료와 공유했던 사례는 다음과 같다.

> 앤디(Andy)는 일곱 살 때 어머니를 유방암으로 잃었다. 그의 인생에서 중요한 관계였던 고등학교 시절 여자 친구와의 만남도, 그녀가 대학에 진학하면서 끝이 났다. 초기 EMDR 치료는 새로운 인간관계를 즐기거나 유지할 수 없는 그의 패턴에 초점을 두었다. 덧붙여서, 몇몇 괴로웠던 아동기 기억들이 처리되었다. 그러나 적절한 처리가 일어나기 전에 앤디는 상담을 종결했다.
>
> 또 다른 행복하고 중요한 장기적인 인간관계가 끝났을 때 그는 파괴적인 음주 패턴에 빠져들었다. 음주 운전으로 체포된 후에 그는 상담으로 돌아갈 필요가 있음을 깨달았다.
>
> 한 세션 동안에 그는 다음과 같이 말했다. "나는 행복을 위해 누군가가 나에게 의존하는 것을 원치 않는다. 나 또한 누군가에게 의존하는 것을 원치 않는다." 이렇게 말하면서 그는 신체에 강한 불편함을 느낀다고 기술했다. 이전의 EMDR 치료로부터 신체적 감각은 기억된 과거 외상의

부분일 수 있음을 그는 알고 있었다. 그는 이 불편함을 표적으로 EMDR 치료하는 것에 동의하였다.

다음 세션에서, 그는 이전 세션에서 기억된 최악의 부분이 어떤 이미지로 표현될 수 있는지 질문받았다. 그 후, 그 이미지를 떠올릴 때 자신에 대해 갖는 부정적 신념이 무엇인지 묻자, 그는 "덫에 갇혀 있는 느낌이다."라고 답했다. 이어, '자신에 대해 "어떤 믿음을 갖고 싶은가?"라는 질문에는 "누군가에게 의지해도 괜찮다"고 말했다. 그 후 그가 지금 느끼는 정서들이 무엇인가를 물었을 때 '압도되고, 긴장되는 느낌'이라고 답했고, "몸의 어느 부분에 불편함을 느끼나요?"라는 질문에는 "어깨와 팔에 뻣뻣함을 느낀다"라고 말했다.

그러고 나서 EMDR 재처리 과정이 시작되었다. 양측 자극(좌 & 우반구)이 조그만 손바닥 크기의 두드림(혹은 진동) 장치를 통해 전달되고 헤드셋을 통해 음향 자극도 전달되었다. 상담자는 여러 세트를 진행(약 1분 정도 지속)한 후에 앤디에게 숨을 한번 고르게 한 후, 지금 어떤 것이 느껴지는지 이야기해 보라고 요청했다. 15 내지 20분 후에 앤디는 어린 소년일 때(6 혹은 7세) 어머니가 그에게 얘기하고 있는 장면이 떠오른다고 말했다. 그는 전에는 어머니의 모습을 기억할 수 없었음에도 불구하고 그 세트가 진행되는 동안 그녀의 얼굴을 기억했다. 또한 어머니가 자신에게 다른 사람을 믿어도 괜찮다고 말해 주고 있음을 기억해 냈다(어머니는 자신이 곧 죽게 될 것을 알고 있었고, 아들이 자신 없이 자라게 될 것을 알고 있었던 것이다). 이 시점에서 앤디는 깊고 장기적인 관계를 맺는 것에 대한 저항이 그렇게 이른 시기에 어머니를 잃은 경험과 강하게 연결되어 있다는 사실을 깨달았다. 그는 어머니를 다시 '본' 것 같은 경험에 대해 눈에 띄게 흥분한 반응을 보였다.

다음 주 앤디가 다시 왔을 때 어머니를 본 것에 대해 더 많이 얘기했으며 마치 어머니와 거의 대화를 나눌 수 있었던 것처럼 느껴졌다고 말했다. 그는 EMDR 치료에 대해 아버지에게 말했으며, 어머니에 대한 다른 기억들이 떠올랐다.

몇 주 안에, 이전 데이트 관계에서 불편했던 몇몇 다른 상황들을 가지고 EMDR 치료가 계속되었다. 어머니로부터 회상된 메시지를 통해 누군가에게 의지하는 것은 덫에 갇힌 느낌이 아니라 안전하다고 믿음으로 이끌어 줄 수 있을지 확인해 보고 싶다는 마음에 앤디는 새로운 관계를 시작해 보고자 하는 열망을 보였다.

상담을 향상시키고 안녕을 증진시키는 데 사용될 수 있는 그러한 도구들 및 실제들이 더욱 많이 있다(Fields, Jones, & Russell-Chapin, 2017). 특히, 그것들이 생활양식 변화 및 안녕 지향의 과정을 일상적 활동으로 촉진시킬 때 그 효과들은 매우 광범위하게 확산될 수 있다.

안녕 상담

안녕 관점의 상담은 전문 조력자가 내담자와 안녕을 논의하기 위한 뼈대로서 안녕 모델을 도입할 것을 요한다. 안녕의 개인적 의미 및 모델의 요소들과 관련하여 개인들이 안녕을 평가하는 방법을 이해하는 것은 내담자가 안녕 개념 및 행동들에 대한 개인적인 의미를 어떻게 해석하는가를 이해하는 데 중요하다. 주의 깊게 경청하는 것은 내담자의 사적 논리의 많은 부분을 드러낼 것이다. 예를 들면, 지속적으로 체중을 줄이지 못하는 한 과체중 내담자가 "난 진실로 그리 많이 먹지 않아요! 다른 사람들이 더 많이 먹지만 나만큼 살이 찌지는 않아요. 이건 정말 불공평해요!"라고 말할지 모른다.

완전하게 기능하는 데 얼마나 많은 안녕 요소들이 필요한가에 대해 종종 내담자들은 알고자 한다. 표현되지 않은 동기는 종종 몇몇 특정 영역에서 안녕의 결핍을 직면하지 않고 피하려는 것일 수 있다. 다른 모든 것을 제쳐 두고 일에서 성공하고자 하는 젊은이는 왜 유머가 시간 낭비인지 설명할지 모른다. 진심 어린 웃음의 검증된 신체적 및 정서적 혜택에 덧붙여서 그는 곤경한 상황에서 웃는 능력을 통해 삶에서 새로운 관점을 얻을 기회를 놓치고 있다. 결코 책을 읽거나 인터넷을 사용하지 않는 한 중년 남성은 그가 일터에서 집에 돌아왔을 때 휴식하며 TV를 볼 수 있는 '자격이 있음'을 말할지 모르나 신체적 운동 부족과 연합된 지적 자극의 결핍은 우울 및 최소한의 신체적 과제에 대한 에너지 결핍으로 나타나고 있다. 내담자로 하여금 사소한 것으로 간주하는 안녕 영역들을 확인토록 하는 것은 그가 피하고 있거나 혹은 불건전한 방식으로 대처하고 있는 생애 과제들에 대한 중요한 단서들을 드러낼 수 있다.

안녕 요소들은 상호작용적이며, 생애 과제들 또한 상호작용적이기 때문에 한 영역에서의 안녕은 다른 영역들에서 긍정적 변화를 위한 동력이 될 수 있다. 이는 내담자로 하여금 특정 안녕 영역을 선택하여 향상시키는 데 초점을 두도록 돕는 것은 전체적으로 긍정적 변화를 가져오는 수단임을 의미한다. 내담자가 자신의 역량이 있는 영역을 선택하는 것은 상담자에게는 덜 중요한 것처럼 보일지 모르지만, 대처 기술의 강화를 통하여 이러한 선택은 강점 기반의 개입을 위한 기초가 될 수 있고 나아가 더욱 긍정적인 변화를 창출할 수 있다. 한편, 특정 생애 과제와 관련된 강력한 부정적인 대처 형태들은 변화를 가져오려면 직접 다루어질 필요가 있을 것이다. 우리 모두는 생애 과제들을 회피하기 위해 사적 논리를 사용할 수 있다. 안녕 영역들을 평가하고 검토하는 과정에서, 잘못된 논리가 뚜렷하게 드러날 가능성이 있으며, 이는 이 책 전반에서 다루는 상담 과정을 통하여 개입될 수 있다.

여러 안녕 요소들을 고려하는 것은 상담에서 명백한 이점을 제공하는데 대부분의 내담자는, 심지어 가장 건강하지 못한 내담자일지라도, 하나 혹은 그 이상의 상대적인 강점을 확인할 수 있을 것이기 때문이다. 이 영역(들)은 상담 관계에서 협동을 위한 공통된 기반을 제공하며 사회적 관심을 향상시키기 위한 초점이 될 수 있다. 일단 내담자가 안녕 모델을 이해하게 되면, 그 다양한 요소들에 대한 인식이 생기면서 호기심이 자극되고, 변화 과정을 향한 관심과 몰입도가 높아질 수 있다.

안녕 방법들을 아들러 이론의 실제에 통합하기

릴리(Lily)의 경우, 새로운 직장에 들어간 후에 가족 및 친구들로부터 떨어져 지내는 것에 대한 스트레스 및 어려움 때문에 의사의 추천으로 상담을 받게 되었다. 만일 그녀의 환경이 더 좋아진다면 삶이 어떻게 달라질 것 같은가의 질문에 대해 그녀는 "일에서 더 큰 편안함, 새로운 친구를 사귀는 능력에 대한 만족, 데이트를 포함하여 남자들과 더 좋은 관계, 그리고 더 큰 영적인 평온함을 경험할 것이다."라고 대답했다. 진단상으로, 그녀의 불면 및 위장장애에 대한 의학적 원인은 없었다. 드라이커스(1967)가 개발하고 제5장 및 제6장에서 설명 및 예시로 제시된 형식과 유사한 틀을 따라, 상담자는 릴리의 사적 논리와 동기를 찾는 데 도움이 되는 정보를 수집하였다. 그러한 정보는 통상 8세 이전의 초기 아동기에 대한 지각들에 기초하고 있다. 이는 또한 친밀감 형성 과정이며, 상담자와 내담자 모두를 위해 귀중한 발견을 이끌어 내는 과정이기도 하다. 사회적 관심은 용기를 가지고 혹은 낙담한 채로 얼마나 깊이 있게 자신의 생애 과제들에 대처하고 있는지를 보여 주는 지표이다.

초기부터 릴리의 만족 기준이 다른 사람들의 의견 및 그들의 기대에 부응하고 있는지 여부에 기초하고 있음이 분명해졌다. 심지어 상담자와 이야기할 때조차도 삶에서 그녀의 삶의 방향은 타인을 기쁘게 해 주고자 하는 욕구와 필요에 따라 움직이고 있음이 드러났다. 이는 사회적으로 바람직한 것처럼 보일지 모르지만, 그녀는 특히 수직적 삶의 방향을 추구, 즉 집요하게 정서적으로, 신체적으로, 그리고 영적으로 스트레스를 야기 시키는 낮은 사회적 관심을 추구하고 있었다. 릴리는 명백하게 낙담해 있었고 달리 어떻게 해야 할지를 몰랐다.

릴리는 남동생을 포함하여 세 자녀 중 맏이였다. 그녀는 어릴 적부터 마치 어른처럼 책임을 잘 감당하는 모습으로 인정받아 온 전형적인 첫째 아이의 사례였다. 그러나 그녀의 사회적 관심은 자신의 안녕함을 희생하는 대가로 타인들을 기쁘게 하는 수직적 차원으로 잘못 지향되고 있었다. 최근까지도, 간신히 타인들의 기대를 충족시키고는 있었지만 이제 옛 방식들은 그녀에게 효과적이지 못했다.

릴리가 뚜렷한 낙담의 모습을 보이고 있었기 때문에, 해석 및 재정향 상담 단계를 기다리는 대신에 안녕 방법들을 조기에 도입하였다. 첫 단계는 시각화 및 과거 긍정 경험과 정서적 연합을 포함한 복식 호흡이 간단하게 시도되었다. 컴퓨터 기반 프로그램(HeartMath)을 활용하여, 상담자의 안내와 격려를 받으며 비교적 짧은 기간 안에 그녀는 매우 불안한 상태로부터 비교적 차분한 상태로 전환되는 경험을 했다. 시간이 흘러가면서 그녀는 자신의 안녕에 더 많은 관심을 기울이기 시작했다.

그녀에게 두가지 안녕 모델을 보여 주고 관심 있는 모델을 선택하도록 했다. 그녀는 통합적 자기 모델을 선택했다. 구성 요인들 및 자기평가의 예시들이 포함된 유인물이 안녕 요인들을 확인하고 모델을 설명하기 위해 활용되었다(Sweeney & Myers, 2017). 생활양식 자료를 바탕으로 볼 때, 일이라는 생애 과제에 대한 접근과 관련하여 그녀는 동료이자 파트너로서 많은 긍정적 속성들을 지니고 있었다. 그녀는 일 과제와 관련하여 자신에 대해 다음과 같이 말했다. "나는 책임감 있고, 협동적이며, 열심히 일하고 나 스스로 높은 기준들을 가지고 있다. 다른 사람들이 어떤 곤란한 상황에서도 나를 그들의 '해결사'로 생각할 때 나 자신에 대해 가장 긍정적으로 느껴진다."

릴리는 유능한 전문가로서 기능할 때, 그리고 자신과 타인들에게 만족스럽게 책임감을 충족시킬 때 가장 편안하다. 그녀는 성공하는 데 필요로 하는 지능, 교육 및 기본 가치들을 지니고 있다. 그러나 그녀 삶의 신념들 안에는 또한 낙담의 원천들이 잠재되어 있었다. 가정과 학교에서 '성공'에 의해 강화된 스스로에 대해 높은 기대를 가진 맏이로서, 지금은 먼 곳에서 친구 및 가족들과 떨어져 일하면서 그녀는 오늘의 그녀가 되는 데 도움을 주었던 모든 것으로부터 단절감을 느끼고 있다. 그녀의 사회적 관심은 수직적 차원에서 타인의 인정을 받고 '성공'하는 것으로 잘못 두어져 있었다.

상담자는 릴리의 통제감 및 정서적 반응성에 주목하는 것으로 시작했다. 앞에서 제시된 뇌·심장 리듬 조화를 위한 컴퓨터 기반 프로그램이 성공한 후에 그녀는 이완을 위한 '단추 누르기' 기법(즉, 문자 그대로 긍정적 혹은 스트레스를 주는 이미지를 유발하는)을 배우게 되었다. 이러한 연습들은 신체 반응에 영향을 주는 마음의 힘을 보여 주었다. 이완 상태를 유지하고 통제감 및 편안한 상태를 상상하면서 그녀 자신의 생각, 그리고 결과적으로 자신의 정서에 책임지는 것을 훈련했다. 집에서 그리고 직장에서 실천함으로써 이전과 달리 스트레스 상황들을 더욱 편안하게 다루고 긍정적인 능력들을 유지하는 데 도움을 주었다.

자기 지향의 다른 구성 요소들에 있어서, 적절한 운동(새 이웃 친구와 매일 걷기운동 시작하기), 영양(패스트푸드 줄이고, 걷기 친구와 함께 몇몇 독신 남성이 참여하는 건강 음식 요리반 참여) 및 질적으로 더 개선된 수면을 실천하도록 도움을 받았다. 수면은 시간이 흐르면서 더 많은 연습과 함께 개선되었는데, 잠잘 시간이 가까워지면 단 것 혹은 알코올을 피하고 잠자리 들기 한 시간 이상 전에는 전자 장치 혹은 TV 멀리하기를 포함하는 일상적 실천이 동반되었다. 이러한 습관들을 처음에는 포기하기가 쉽지 않았지만, 연습 및 충분한 휴식을 통해 그녀는 '문명의 이기를 사용하지 않는 것'이 좋은 것임을 확신하게 되었다.

후속 단계들에서는 릴리의 영적 신념들이 다루어졌다. 전통적인 종교적 배경에서 자라 온 그녀는 이제 더 이상 가족의 감시 아래 있지 않게 되면서 그 신념이 시험대에 오르게 되었다(Cashwell & Young, 2011). 일, 우정, 그리고 자기 보살핌에서 점진적으로 성공적인 대처는 이 논의들을 위한 기초가 되었다. 수개월에 걸쳐서 릴리의 사회적 관심은 일에서 타인의 기대를 충족시키기 위해 정서적으로 수직적 상승을 추구하는 것으로부터 또 다른 책임 있는 자기를 만족시킨다는 내적이고 수평적인 차원으로 변화되었다. 새로운 친구를 사귀고 남성과 더 건강한 관계를 맺을 수 있다는 자신감을 회복하면서 일은 더 이상 그녀에게 자신이 괜찮은 사람인지 판단하는 유일한 기준은 아니게 되었다. 객관적으로, 그녀는 이전 못지않게 열심히 일하고 유능했지만 더 이상 일에서 '해결사'가 될 필요가 없었다. 이 마지막 구절은 사적인 유머의 한 원천이 되었다. 마지막 세션에서 릴리는 "해결사는 갔다!"라는 슬로건이 적힌 폴로셔츠를 입고 나타났다.

요약

만일 아들러가 오늘날 글을 쓴다면 그의 이론과 우리의 안녕 개념 간의 연합을 환영할 것으로 믿는다. 이 장에서 안녕은 인간의 기능을 최적화하는 전체적인 과정 및 목표로서 규정되었다. 안녕 모델들은 다섯 가지 생애 과제들을 통합하고 이 과제들 간의 상호작용적 본질을 강조하고 있다. 나아가서, 개인들은 맥락들 안에서 존재하는데 모든 맥락은 우리가 생각하고, 느끼고, 행동하는 방식에 영향을 미친다. 생애 과제들 간의 상호작용뿐만 아니라 또한 개인들도 맥락들과 상호작용한다. 따라서 한 영역에서 변화는, 좋건 나쁘건 간에, 다른 모든 영역에 영향을 준다. 안녕 관점을 실천하는 상담자들은 여러 영역에서 내담자의 사적 논리에 대해 많은 것을 학습할 것이며, 여러 안녕 영역들에서 긍정적 변화를 증진시키기 위해 확인된 강점들을 활용할 수 있다. 앞으로, 신경과학에서의 새로운 발견 및 방법들이 더 많은 상담자의 도구로 활용될 때 아들러 상담 실제 및 전체적 안녕은 그것들로부터 혜택을 받게 될 것이다.

학습 문제

1. 일상 언어에서는 건강과 안녕이 같은 의미처럼 보이기도 한다. 이 장에서 제시된 개념에 따르면, 이 둘은 어떻게 다른가? 건강과 안녕을 구분하는 것은 무엇인가?

2. 안녕은 높은 사회적 관심에 의해 어떻게 향상될 수 있는가? 그들은 서로 배타적인가? 왜 그런가 혹은 왜 그렇지 않는가?
3. 안녕의 관점에서 볼 때, 운동, 영양, 긍정적인 정서 건강(긍정심리학)에만 과도하게 집중하는 것이 왜 충분하지 않은가?

활동

1. 안녕 평가하기: 이 장에서 제시된 안녕 모델들 중, 안녕의 바퀴 모델 혹은 통합적 자기 모델, 하나를 선택하라. 단순 평정 질문을 활용하여 모델의 각 요소에 대해 당신 스스로를 평가하라: 1부터 10까지 척도 위에, 1이 낮은 상태를 나타내는, 이 영역에서 당신은 얼마나 안녕하다고 느끼는가? 일단 모든 영역들을 평가한 후에 하나 혹은 2개의 영역을 선택하여 어떻게 더 큰 안녕을 계속 창출할 것인가에 대해 생각하라. 당신의 안녕을 향상시킬 수 있었던 최소한 세 가지 활동들을 적어 보라. 이들을 수행하는 데 방해하는 것은 무엇인가? 변화를 하지 않음으로써 당신이 얻게 되는 보상은 무엇인가? 당신은 변화에 대한 사적인 저항을 어떻게 극복할 수 있는가?

2. 변화를 위한 동기 창출하기: 첫 번째 활동에서 스스로를 평정했던 각 안녕 차원들을 검토하라. 각각에 대해, 다시 1부터 10까지 숫자를 활용하여, 두 개의 추가적인 평정 척도들을 완성하라. 첫 번째로 당신의 안녕 점수에 얼마나 만족하는지를 평가하라. 그 후에, 그 안녕 영역에 얼마나 많은 시간을 소비하고 있는지를 평가하라. 이 정보는 낮은 수준의 안녕, 그리고 높은 수준의 안녕 영역에 대해 당신에게 무엇을 말해 주는가?

3. 강점을 확인하여 활용하기: 다시 안녕 평정들을 검토하라. 높은 안녕을 나타내는 하나 혹은 두 영역을 선택하라. 이 영역(들)에서 당신에게 중요한 것은 무엇인가? 시간, 에너지, 그리고 자원의 관점에서 이 안녕 영역들을 다른 영역에 비해 높게 만드는데 당신은 무엇을 하고 있는가? 더 낮은 안녕 영역들을 향상시키는 데 도움을 주기 위해 강점을 어떻게 활용할 수 있는가?

4. 개인적 안녕 계획 수립하기: 다시 안녕 평정들을 검토하여 이번에는 낮게 평정했던 영역들에 초점을 맞추라. 긍정적 변화를 위해 노력할 하나 혹은 최대한으로 두 개 영역을 선택하라. 성공적인 변화를 이끌어 낼 가능성을 높이기 위해, 한 번에 한두 가지 이상을 선택하는 것을 피할 것을 권장한다. 성공은 강화를 가져오며 당신의 전체 안녕에 상승효과를 가져온다. 안녕을 증진시키기 위해, 장기 및 단기 목표, 일정, 그리고 당신이 실천할 수 있는 구체적 과제들을 포함하는 변화 계획을

수립하라. 마지막으로, 이 낮은 안녕 영역들을 개선하기 위해 당신의 안녕 강점들을 계획에 통합할 수 있는 몇 가지 방법들은 무엇인가?

참고문헌

Adler, A. (1938). *Social interest*. London: Faber & Faber.

Adler, A. (1958). *What life should mean to you*. New York: Capricorn Books.

Ansbacher, H. L., & Ansbacher, R. R. (Eds.). (1967). *The individual psychology of Alfred Adler: A systematic presentation in selections from his writings*. New York: Harper & Row.

Archer, J., Probert, B. S., & Gage, L. (1987). College students' attitudes toward wellness. *Journal of College Student Personnel*, *2*, 311-317.

Buettner, Dan (2012). *The Blue Zones* (2nd ed.). Washington, DC: National Geographic.

Blackburn, E., & Epel, E. (2017). *The telomere effect: A revolutionary approach to living younger, healthier, longer*. New York: Grand Central.

Chapin, T. J., & Russell-Chapin, L. A. (2014). *Neurotherapy and neurofeedback: Brain based treatment for psychological and behavioral problems*. New York: Routledge.

Collura, T. F., & Siever, D. (2009). Audio-visual entrainment in relation to mental health and EEG. In T. H. Budzynski, H. K. Budzynski, J. E. Evans, & A. Abarbanel (Eds.), *Introduction to quantitative EEG and neurofeedback* (pp. 195-224). New York: Academic Press.

Csikszentmihalyi, M. (1990). *Flow: The psychology of optimal experience*. New York: Harper Collins.

Dreikurs, R. (1967). *Psychodynamics, psychotherapy, and counseling*. Chicago: Alfred Adler Institute.

Ellis, A. (1962). *Reason and emotion in psychotherapy*. New York: Lyle Stuart.

Field, T. A., Jones, L. K., & Russell-Chapin, L. A. (Eds.) (2017). *Neurocounseling: Brain-based clinical approaches*. Alexandria, VA: American Counseling Association.

Foster, T., Steen, L., O'Ryan, L., & Nelson, J. (2016). Examining how the Adlerian life tasks predict anxiety in first-year counseling students. *Journal of Individual Psychology*, *72*(2), 104-120.

Garrett, J. T., & Garrett, M. T. (1996). *Medicine of the Cherokee: The way of right relationships*. Santa Fe, NM: Bear & Company Publishers.

Garrett, M. T. (1998). *Walking on the wind*. Santa Fe, NM: Bear & Company Publishers.

Hattie, J. A., Myers, J. E., & Sweeney, T. J. (2004). A factor structure of wellness: Theory, assessment, analysis, and practice. *Journal of Counseling & Development*, *82*, 354-364.

Hettler, W. (1984). Wellness: Encouraging a lifetime pursuit of excellence. *Health Values: Achieving High Level Wellness*, *8*, 13-17.

Jung, C. G. (1946/1966). Psychotherapy and a philosophy of life. (R. F. C. Hull, Trans.). In H. Read, et al. (Eds.), *The collected works of C. G. Jung*. (Vol. 16, 2nd ed.).

Lee, G., Beaton, R. D., & Ensign, J. (2003). Eye movement desensitization & reprocessing. *Journal of Psychosocial Nursing & Mental Health Services*, *41*(6), 22-31.

Longo, R. E. (2018). *A consumer's guide to understanding QEEG brain mapping and neurofeedback training*. Bloomington, IN: iUniverse.

Maslow, A. H. (1954). *Motivation and personality*. New York: Harper & Row.

McCraty, R, Adkinson, M., Tomasino, D., & Braley, R. D. (2009). The coherent heart: Heart-brain interactions, psychophysiological coherence, and the emergent system-wide order. *Integral Review*, 5(2), 10-115.

Mozdzierz, G. J. (2015). Pragmatics and operational principles of positive psychology research and clinical findings with implications for Adlerian Psychology. *Journal of Individual Psychology*, *71*(4), 362-398.

Myers, J. E., & Jones, L. (2017). Applications of neuroscience to clinical mental health counseling (pp. 363-387). In J. S. Young, & C. S. Cashwell. *Clinical mental health counselling*. Los Angeles: Sage.

Myers, J. E., & Sweeney, T. J. (2004). *The five factor wellness inventory*. Palo Alto, CA: Mindgarden, Inc.

Myers, J. E., & Sweeney, T. J. (Eds.). (2005). *Wellness in counseling: Theory, research, and practice*. Alexandria, VA: American Counseling Association.

Myers, J. E., & Sweeney, T. J. (2008). Wellness counseling: The evidence base for practice. *Journal of Counseling & Development*, *86*, 482-493.

Myers, J. E., Sweeney, T. J., & Witmer, J. M. (2000). The wheel of wellness counseling for wellness: A holistic model for treatment planning. *Journal of Counseling & Development*, *78*(3), 251-266.

Myers, J. E., Witmer, J. M., & Sweeney, T. J. (1995). Wellness evaluation of lifestyle. Unpublished assessment instrument, University of North Carolina, Greensboro.

Myers, J. E., Witmer, J. M., & Sweeney, T. J. (1996a). *The WEL workbook: Wellness evaluation of lifestyle*. Greensboro, NC: University of North Carolina.

Myers, J. E., Witmer, J. M., & Sweeney, T. J. (1996b). *The wellness evaluation of lifestyle*. Palo Alto, CA: MindGarden, Inc.

Myers, J. E., & Young, J. S. (2012). Brain wave biofeedback: Benefits of integrating neurofeedback in counseling. *Journal of Counseling & Development*, *90*, 20-29.

Neihardt, J. G. (1952). *Black Elk speaks*. Lincoln, NE: University of Nebraska Press.

Reese, R. F., & Myers, J. E., (2012) EcoWellness: The missing factor in holistic wellness models. *Journal of Counseling & Development*, *90*, 400-406.

Robbins, J. (2008). *A Symphony in the Brain*. New York: Grove Press. [Quote is from back cover.]

Rogers, C. (1951). *Client-centered therapy: Its current practice, implications, and theory*. Boston: Houghton Mifflin

Ryff, C. D., & Keyes, C. L. (1995). The structure of psychological well-being revisited. *Journal of Personality & Social Psychology*, *69*, 719-727.

Seidler, G. H. & Wagner, F. E. (2006). Comparing the efficacy of EMDR and trauma-focused cognitive behavioral therapy in the treatment of PTSD: A meta-analytic study. *Psychological Medicine*, *36*(11), 1515-1522.

Seligman, M. E. P., Steen, T. A., Park, N., & Peterson, C. (2005). Positive psychology progress: Empirical validation of interventions. *American Psychologist*, *60*(5), 410-421.

Shapiro, F., & Laliotis, D. (2011). EMDR and the adaptive information processing model: Integrative treatment and case conceptualization. *Clinical Social Work Journal*, *39*(2), 191-200.

Sherzai, D., & Sherzai, A. (2017). *The Alzheimer's Solution* New York: HarperCollins.

Siever, D. (2007). Audio-visual entrainment: History, physiology, and clinical studies. In J. Evans (Ed.), *The handbook of neuro feedback* (pp. 155-183). New York: Informa Healthcare.

Siever, D. (2015). Stimulation technologies: "New" trends in "old" techniques. *Biofeedback*, *43*(4), 180-192.

Slavik, S., & Carlson, J. (Eds.). (2006). *Reading sin the theory of Individual Psychology*. New York: Routledge.

Soutar, R., & Longo, R. E. (2011). *Doing neurofeedback: An introduction*. San Rafael, CA: ISNR Research Foundation.

Sweeney, T. J., & Myers, J. E. (2017). *Wellness and habit change work book*. Lexington, NC: Authors.

Sweeney, T. J., & Witmer, J. M. (1991). Beyond social interest: Striving toward optimum health and wellness. *Individual Psychology*, *47*(4), 527-540.

Travis, J. W., & Ryan, R. (1988). *The wellness workbook* (2nd ed.). Berkeley, CA: Ten Speed Press.

Watts, R. E., & Erguner-Tekinalp, B. (2017). Positive psychology: A neo-Adlerian perspective. *Journal of Individual Psychology*, *73*(4), 328-337.

Witmer, J. M. (1985). *Pathways to personal growth: Developing a sense of worth and competence*. Muncie, IN: Accelerated Development.

Witmer, J. M. (1989). Reaching toward wholeness. In T. J. Sweeney (Ed.), *Adlerian counseling: A practical approach for a new decade* (3rd ed., pp. 31-79). Muncie, IN: Accelerated Development.

Witmer, J. M., & Sweeney, T. J. (1992). A holistic model for wellness and prevention over the lifespan. *Journal of Counseling and Development*, *71*, 140-148.

Wolf, C. P., Thompson, I. A., Thompson, E. S., & Smith-Adcock, S. (2014). Refresh your mind, rejuvenate your body, renew your spirit: A pilot wellness program for counselor education. *Journal of Individual Psychology*, *70*(1), 57-75.

World Health Organization. (1958). *Constitution of the World Health Organization, annex*. Geneva, Switzerland: Author.

제2부

삶으로부터 우리가 배우는 것

제3장

자연적 결과와 논리적 결과
삶의 규칙은 모두를 위한 것

다음을 경험한 적이 있는가?

- 중요한 전화를 받아야 하는 상황에서 휴대전화 충전하는 것을 잊어버림
- 계산대 줄을 섰는데 결제할 수단이 없음을 깨달음
- 맨발로 걷다가 발가락을 찧음
- 부주의로 귀중품을 분실하거나 파손함

이러한 일들은 개인의 행동에 강력한 영향을 미칠 수 있는데, 다음과 같은 공통적 특징을 갖는다. 이 일들은 바람직하지 않은, 때로는 고통스러운 결과를 가져다준다. 그 결과들은 어느 정도 예상이 가능함에도 불구하고 당사자의 근시안적 태도에서 비롯된 것들이다. 또한 그 결과가 일어나기까지 당사자 외에는 아무도 관여하지 않았다는 것이다(즉, 타인의 개입 없이 자연적으로 결과가 뒤따른 것이다).

이러한 경험들은 "경험은 최고의 스승이다" 또는 "역경이라는 학교를 통해 배우기"와 같은 말을 떠올리게 한다. 삶의 대처법을 학습하는 데 있어서 개인의 경험이 얼마나 중요한 지침이 되는지에 대해 우리는 많은 것들을 말할 수 있다. 그러나 이러한 학습에는 단점 또한 존재한다. 예를 들어, 우리는 운전 중 부주의로 인해 신체적 상해나 사망에 이를 수 있다. 다른 예로, 예상되는 부정적인 결과에 지나치게 민감한 반응을 보이거나, 자신의 성장을 가로막는 공포감을 갖게 될 수도 있다. 어떠한 결과들은 그 효력이 나타나기까지 기약 없는 시간이 걸리기도 한다(예: 치실과 양치를 소홀히

한 결과 충치나 잇몸 건강 문제가 생기는 경우). 요약하면 자연적 결과는 우리가 어떻게 삶에 대처하는 것을 배우는지에 영향을 미치지만, 그것의 긍정적인 효과를 위해서는 자연적 결과를 현명하게 활용하는 것이 중요하다.

조치적 차원

자연적 결과, 논리적 결과, 격려 등과 같은 아들러 접근의 조치적 차원(action dimensions)들은 교육적인 과정의 기초가 된다.

자연적 결과

자연적 결과는 경솔한 행동으로 인해 나타나는 것으로, 타인의 개입 없이 자연스럽게 일어나는 결과이다. 예컨대, 자신의 옷을 세탁소에 맡기는 것을 소홀히 했다면 그 옷은 깨끗해지지 않을 것이다. 만약 아이들이 자신들의 더러운 옷을 세탁 바구니에 넣지 않는다면 그 옷들은 세탁이 되지 않을 것이다.

논리적 결과

논리적 결과는 경솔한 행동에 대해 가해지는 결과로, 타인의 의도적인 개입에 의해 일어난다. 인위적인 개입이 동반된다고 할지라도 그에 따른 결과는 잘못된 행동과 논리적으로 연결된다. 예를 들어, 누군가가 당신의 물건을 정리해야 한다면, 그 물건을 어디에 보관할 것인지는 그 사람이 정해도 될 것이다. 보관하는 기간 동안 당신은 그 물건을 사용할 수 없다는 것이 논리적 결과로 적용될 수 있다.

격려

격려는 개인이 자신의 삶에서 마주하는 곤경, 실패, 또는 과업에 성공적으로 대처하는 데 필요한 믿음과 자신감을 개발하는 과정을 의미한다. 그 사람은 어떠한 상황에서건 자신의 자리가 있고, 소속해 있으며, 그 상황에서 빚어지는 영향을 극복할 것임을 안다.

자연적 결과 경험하기

자연적 결과란 개인의 경솔함으로 인해 겪게 되는 부정적인 결과로, 타인의 개입 없이 일어난다. 이 결과는 자연의 위대한 사회적 평등 장치 중 하나라 할 수 있다. 만약 당신이 삶의 '상식적인' 규칙을 어긴다면, 자연은 당신의 사회적 지위와 상관없이 그 나름의 방식으로 대응한다. 정부의 고위 관료들에게도 때로는 깜깜한 침실을 더듬거리며 다니다가 발가락을 찧는 일이 얼마든지 일어날 수 있음을 우리는 확신할 수 있다. 마찬가지로 제아무리 비싼 자동차라 할지라도 운전자가 연료를 채우는 것을 잊어버린다면 운행될 수 없다. 성별, 나이, 인종 등에 관계없이 자연의 법칙이 모든 사람에게 적용된다는 인식을 통해 개개인의 평등이 어떻게 강화되는지 알 수 있다. 그러한 규칙은 모두를 위한 것이다.

역사적 관점에서 볼 때, 자연적 결과를 자녀 양육의 보조 수단으로 사용하는 것은 결코 새로운 것이 아니다. 스펜서(Spencer, 1885)는 100년 전의 루소의 관점을 지지하면서 부모나 그 밖의 어른들이 많은 아동을 가혹하게 대하는 것을 규탄했다. 스펜서는 처벌이 아이들을 성인의 삶에 필요한 준비를 시켜 주는 것이 아니라, 오히려 그들의 긍정적 성장을 해친다고 보았다. 스펜서가 처벌에 대한 보다 적합한 대안으로 제시한 것은 아들러 이론가들이 자연적 결과라 칭한 것과 일치한다.

> 아이가 넘어지거나 혹은 탁자에 머리를 부딪힌다면, 그 아이는 그 기억으로 인해 더욱 조심하게 된다. 이러한 경험의 반복을 통해 그 아이는 결국 자신의 움직임을 적절히 조절하는 법을 배우게 된다……. 이 같은 사건 한두 가지에 아이들은 매우 깊은 인상을 받으므로, 이후에는 어떠한 설득에도 아이들은 그 법칙을 무시하지 않게 될 것이다……. 그것은 단지 아이들의 행동에 뒤따르는 피할 수 없는 결과이자, 그 행동에 수반되는 불가피한 반응일 뿐이다(Spencer, 1885, pp. 161–163).

누구나 이러한 경험으로부터 자연의 질서에 대한 중요한 교훈을 배운다. 따라서 우리는 타인이 자신의 행동에 대한 책임을 수용하도록 돕는 데 매우 유용한 도구를 가지고 있다. 설명하거나, 잔소리하거나, 애원할 필요 없이, 그저 '자연의 순리에 맡기면서' 자연적 결과로 하여금 모든 사람에게 동등한 영향을 미치는 질서를 집행하도록 하면 된다.

실제적 함의

자연적 결과의 사례는 매우 많아서 몇 가지만 살펴보더라도 당신만의 목록을 작성하는 데 도움이 될 것이다. 이를테면 가고 있는 길을 잘 살피지 않다가는 어딘가에 부딪혀서 몸에 멍이 들 수 있다. 많은 아이는 “너무 빨리 뛰지 마”와 같은 훈계를 무시하다가 넘어져서 다치곤 한다. 위험한 물건을 충분히 식별할 만큼 충분히 성숙한 사람일지라도 뜨거운 접시나 조리도구를 만지는 것에 대한 지속적인 주의가 필요하다. 일부 성인들은 자동차 연료 계기판이나 경고등에 거의 신경을 쓰지 않는다. 그러한 부주의로 인해 결국 불편함과 비싼 수리비가 발생하게 마련이다. 이밖에도 늦잠이나 과식, 과로, 또는 업무에 필요한 도구를 잊어버리는 것이나 적정 수준 이상으로 일을 쌓아 두는 것 등도 자연적 결과를 초래하는 상황들에 해당한다.

스스로 학습하기

이제 다음에 제시된 네 가지 행동들을 보라. ‘만약 긍정적으로든 부정적으로든 아무도 개입하지 않는다면 어떻게 될까?’라고 물으면서 각 행동에 뒤따를 만한 결과를 하나 이상 선택해 보라.

가능하다면 서로의 답을 비교해 볼 수 있는 누군가를 찾아라. 선택지 간의 미묘한 차이를 제대로 이해하는 데 도움이 될 것이다. 그런 다음, 표 밑에 제시된 정답을 확인해 보라.*

1. 자신의 옷을 절대 치우지 않을 경우	a. 옷이 더러운 채로 있다. b. 옷이 더욱 더러워진다. c. 입을 옷이 바닥날 것이다. d. 다른 누군가가 치워야 한다.
2. 가게에 늦게 갈 경우	a. 가게가 닫혀 있다. b. 누군가가 당신을 위해 열어 주어야 한다. c. 당신은 불편을 겪는다. d. 당신은 화가 난다.
3. 당신의 일을 완수하지 않을 경우	a. 다른 누군가가 그 일을 대신 해 준다. b. 덜 편한 시간에 그것을 해야 할 수 있다. c. 해야 할 일들이 더 많아진다. d. 미래의 과업에 필요한 지식, 기술, 경험 등이 결핍될 수 있다.

4. 자연의 법칙을 무시할 경우	a. 멍이 들거나 다칠 수 있다. b. 누군가가 당신을 보호해야 한다. c. 당신 주변에 있는 것들과 충돌할 수 있다. d. 당신의 보험료가 오른다.

*정답: 1. a, b, c; 2. a, c; 3. b, c, d; 4. a, c.

어떤 사람들은 분노 혹은 그와 비슷한 정서 반응을 자연적 결과로 보는 경우가 종종 있다. 그러나 정서는 특정 경험에 대한 불가피한 결과나 피할 수 없는 반응이 아니다. 사람들은 동일한 사건에 각기 다른 정서적 반응을 보이곤 한다. 따라서 정서적 반응은 자연적 결과가 아니다. 마찬가지로, 운동의 자연적 법칙을 무시하면서 차 사고를 내는 것은 보험료 할증으로 이어질 수 있지만, 그것은 다른 누군가의 개입에 따라 이루어진다. 운전자의 안전 운전 이력을 고려하여 보험사는 보험료를 변경하지 않도록 결정할 수도 있다.

자연적 결과와 관련하여 때로는 위험한 상황에 대한 의문이 떠오를 것이다. 이러한 상황에 상식적으로 접근하려고 할 때, 판단력이 필요하다는 점이 전제되어 있다. 사실 이 주제의 숙달 여부는 일반적 규칙을 적용하는 데 있어서 당사자의 변별 능력에 의해 일부분 결정될 수 있다. 언제 일반적 규칙에 예외를 두는 것이 가장 적절한지를 아는 것은 그것에 숙달했음을 나타내는 하나의 증거이다. 즉, 숙달은 언제 규칙을 따르지 않을 것인지를 아는 것이다. 어린아이가 넘어지거나 부딪혀도 그러한 결과에 대해 스스로 알아서 하겠다고 고집을 부릴 때, 때로는 개입하지 않고 그러한 결과로부터 보호하지 않기로 선택할 수 있다. 또한 당신은 도구, 물품, 약속 등을 잊어버리는 동료, 친구, 배우자 등에게 그에 대한 탈출구를 더 이상 제공하지 않기로 결정할 수도 있다. 도와주는 것이 오히려 문제를 키우거나 무책임한 행동을 강화한다는 것이 명백해졌을 때 말이다. 이에 반해 두세 살짜리 아이가 차가 많이 다니는 대로에 뛰어든다거나 누군가가 가연성 가스가 있는 곳에서 불을 붙이고 있다면, 그것을 마냥 내버려둘 수는 없을 것이다.

청소년들이 스스로를 불구로 만들거나 목숨을 끊을 수 있다는 생각이 많은 어른들을 옭아매 왔다. 많은 청소년과 대화하고 수년간 관찰한 입장에서 보았을 때, 일반적인 사실은 분명하다. 보통은 심각한 부상을 의도적으로 자신에게 입히는 것을 아무도 선택하지 않는다는 것이다. 어떤 청소년들은 위험한 행동을 재미 삼아 생각해 보기는 하지만, 그것은 대개 다치지 않을 것이라는 예상을 바탕으로 한다. 일부 소수의 청소년과 자신을 시험해 보려는 듯, 무모하게 위험에 도전하려는 경향을 보이기도 한다. 이러한 사람들은 예외적이다. 한 만화가가 두 청소년의 대화를 통해 주목했던 것처럼, 청소년들은 어른들에게 깊은 인상을 주기 위해 보통 "비상 사태를 사전에 매우 신중하게 계획해야만 한다!"

아동들은 어른들에게 강한 인상을 주기 위해 일부러 위기 상황을 연출하기도 한다.

부모역할 학습 집단에서 한 어머니는 자신의 아들이 "죽기로 작정했다"고 확신했다. 다른 집단 구성원들은 다른 정보를 토대로 그러한 생각에 의문을 품었다. 그러나 그 어머니는 모든 위험으로부터 자신의 아이를 지켜야 한다고 느꼈다. 두 회기가 지난 다음, 그 어머니는 집단의 충고에 대한 신봉자가 되어 돌아왔다. 그 주에 저녁 식사를 준비하는 동안 아들이 차고의 지붕 꼭대기를 걷고 있는 것을 보았다. 그러고는 그 아들은 갑자기 발을 헛딛으며 아래로 떨어져 버렸다. 아들이 결국 일을 저질러 버렸다고 확신하면서 어머니는 뒤뜰로 달려갔다. 차고 뒤에서 어머니가 발견한 것은 세심하게 쌓아 올린 낙엽 더미 위에 앉아 입이 귀에 걸리도록 싱글벙글 웃고 있는 아들의 모습이었다. 누구도 그 아들의 동기에 대해서 굳이 설명할 필요가 없었고, 그 어머니보다 더 의욕적인 집단 참여자는 찾아볼 수 없었다.

문제를 일으키는 것은 비단 아이들뿐만이 아니다. 가족, 룸메이트, 직장 동료 등이 지속적으로 기본 예의를 지키지 않을 때, 자연적 결과가 일어나도록 하는 것이 해결책이 될 수 있다. 예컨대, 자신의 배우자가 집에 늦게 들어왔으면서도 신선하고 따뜻한 저녁밥을 찾는다고 불평하는 사람들이 많다. 이 경우 차가운 음식이 당연한 결과이다. 집에 늦게 들어오거나 늦는다고 전화하지 않을 때, 어떤 가족들은 늦게 오는 사람이 남은 음식을 먹는다는 것에 동의한다. 이러한 경우, 늦게 오는 사람을 놀리거나, 모두가 식사를 제대로 하지 못했다는 이유로 화를 내는 일은 없다.

이 마지막 요점에 대한 이해는 특히 중요하다. 많은 사람은 훈육 방법으로 처벌을 사용하는 것에 익숙한 나머지 잘못한 사람이 고통받기를 원한다. 이들은 갈등이 마무리된 것만으로는 충분치 않다고 믿는다. 그들이 원하는 것은 복수나 응징이다. 이러한 정신 상태에서는 일부 자연적 결과가 실제로 가볍게 보일 수 있다. 앙갚음과 응징에 대한 욕구는 갈등을 증폭시키는 경향이 있지만, 자연적 결과는 그렇지 않다. 어떤 사람도 개입할 필요가 없으므로, 자연의 힘이 선생님의 역할을 한다. 이전에는 짜증스러웠던 상황에서도 당신은 친절과 평정을 유지할 수 있다. "그거 봐. 내가 말했었잖아." 또는 "이제 그렇게 하면 안 된다는 걸 알겠지." 등과 같은 말은 설령 불친절하지 않더라도 불필요하거나 역효과를 낳는다. 또한 갈등이 더욱 깊어질 가능성을 키운다. 학습의 원천으로서 자연적 결과가 스스로의 가치를 입증할 것이며 이에 따라 더 책임감 있는 행동이 뒤따를 것임을 인내심을 가지며 인식하라.

더 심각한 주제를 다루어 보자면, 알코올 및 기타 약물 남용자에 대한 문헌은 가족과 친구들이 종종 그 사람의 행동에 따르는 결과들을 묵인함으로써 자기 혹은 타인 파괴적 행동을 지속시킨다는 입장을 뒷받침한다. 구토 후에 청소를 해야 하는 것(자연적 결과)이든 자동차의 사용이 허락되지 않는 것(논리적 결과)이든, 합리적이면서도 확고한 규칙을 시행하는 것은 모든 개입 프로그램에 필수적이다. 그러한 개입은 관련된 모든 당사자의 이익을 위해 가능한 빨리 시작되는 것이 좋다. 이러한 '엄한 사랑'은 생명과 인간관계를 살릴 수 있다. 물론 그러한 상황에서도 여타의 치료적 개입이 동반될 필요가 있을 것이다. 제2장에서 살펴본 바와 같이 뉴로피드백과 같은 신경과학적 방법들은 중독 및 기타 파괴적 상태에 대한 도움을 제공하는 데 큰 가능성을 보여 준다(Longo, Prescott, Bergman, & Creeden, 2013).

논리적 결과: 사회적 삶의 교훈

자연적 결과는 우리의 행동에 실로 강력한 영향을 미친다. 그러나 그것에는 여러 제한점이 있다. 이러한 이유로 합의, 풍습, 규칙, 법률 등의 형태로 나타나는 사회적 관습이 나름의 영향력을 갖는다. 이러한 것들에 대한 이해 부족이나 무지는 다른 민족이나 국가 출신 사람들 사이에 어려움을 초래한다. 가령 서양 사업가들은 아랍, 중국, 일본 사업가들과 일을 수행할 때의 미묘한 차이를 인식하게 되었다. 또한 가족 내 및 가족 간의 합의는 너무나 달라서 결혼식을 준비하는 것은 전쟁에 비견될 수 있다.

특정 집단의 규칙과 관습을 따르는 사람들에게 그것들을 위반하는 것은 사회적 결과를 불러일으킨다. 이러한 결과는 일반적으로 집단 구성원의 경솔한 행동에 대한 논리적인 결과로 받아들여질 것이다. 구성원들의 의견과 집단의 합의는 개인에게 미치는 사회적 규칙의 영향력에 기여한다. 비록 사람들은 규칙 및 결과와 관련된 행동 제약을 별로 좋아하지 않지만 대체로 그러한 규칙을 수용한다. 그 규칙들은 모든 구성원에게 적용되며, 개인과 집단의 발전에 기여하기 위해 의도된 것이기 때문이다. 자연적 결과와 다르게 논리적(사회적) 결과는 행동에 따른 불가피한 결과가 아니다. 따라서 논리적 결과의 정의와 적용은 더욱 복잡하며, 효과적으로 적용될 수 있는 맥락이 요구된다.

결과와 처벌의 비교

논리적 결과는 경솔한 행동에 대한 부정적인 결과로, 비록 다른 사람(들)의 의도적인 개입이 요구되지만, 논리적으로 연결되어 뒤따를 수 있다. 예컨대, 당신이 두고 간 물건으로 인해 다른 사람들이 불편을 겪는다면, 다른 누군가가 당신이 불편을 느낄만한 곳으로 그 물건을 다시 옮겨 놓을 수 있다. 이 경우 당신에게는 일정 기간 동안 그 물건을 사용할 수 없게 된다는 논리적 결과가 따를 것이다. 자연적, 논리적 결과가 생소한 몇몇 사람들은 그것을 처벌과 같은 것으로 여길 것이다. 이러한 오해는 드라이커스와 그레이(Dreikurs & Grey, 1968)에 의해 잘 설명된다. 〈표 3-1〉에 제시된 비교는 결과와 처벌을 구별하는 데 도움이 될 수 있다.

〈표 3-1〉 **결과와 처벌의 비교**

결과	처벌
사람이 아닌 특정 상황에 대한 사회적 질서의 현실을 표현함	개인 권위의 힘을 표현함—권위주의적
파괴적 행동과 논리적으로 연결됨	논리적이지 않음; 파괴적 행동과 결과가 오직 자의적으로 연결됨
도덕적 판단 요소를 수반하지 않음	필연적으로 도덕적 판단을 수반함
오직 지금 일어날 일에 초점을 둠	과거에 초점을 둠
관계와 분위기가 우호적이며, 억울함이 최소화됨	흔히 명시적 또는 암묵적으로 분노가 존재하며, 억울함이 빈번히 나타남
내재적 동기와 자기 훈육을 발전시킴	외재적 동기에 의존함
복종이나 굴욕이 없음	보통 복종이나 굴욕을 요구함
제한된 범위에서 선택의 자유가 있음	대안이나 선택이 없음
결과가 수용 가능함	처벌에 대한 최선은 그저 견딜 만하다는 것임
사려 깊고 신중함	충동적일 때가 많음
존중받는다고 느낌	무시당한다고 느낌
선택이 오직 한 번 주어짐	끝없는 잔소리가 자주 동반됨
실제 행동으로 이루어짐	말과 강압으로 이루어짐

논리적 결과의 특징

논리적 결과의 성공적인 수행에 기여하는 특징들이 있다. 그것은 태도, 선택, 행동의 세 가지이다.

태도

친절한 태도를 유지하며 선택하도록 돕는 것이 중요하다는 것은 아무리 강조해도 지나치지 않다. 갈등 상황에서는 다양한 이유로 분노의 감정이 유발될 수 있다. 이러한 때에는 개인의 힘이 "내 방식대로 하지 않을 거면 각오해!"와 같은 최후통첩으로 옮겨 간다. 갈등은 큰 전쟁으로 고조되면서 협력의 여지는 사라져 버린다.

친절한 태도는, ① 언쟁하는 것 외의 행동에 대한 다른 대안을 인식하고, ② 승패에 집착하지 않을 때 유지가 가능하다. 분노의 감정은 자신 혹은 타인에 대한 무례함이 없이 표현되었을 때 도움이 될 수 있다. 제4장에서 기술했듯이, 그러한 감정은 심지어 격려가 될 수 있다. 그러나 대체로 아들러 심리학에서는 힘겨루기에서 빠져나올 것을 권장한다.

싸움에는 최소한 두 사람이 필요하므로 드라이커스는 감정의 바람에 맞서지 말고 잠시 돛을 접을 것(you take the sail out of their wind)을 권장한다. 화가 충분히 가라앉았을 때 무슨 일이 왜(즉, 무엇을 목적으로) 일어났는지에 대한 대화가 이루어진다면 우호적 관계의 회복에 도움이 될 수 있다. 이러한 대화는 굴복을 의미하기보다 상황이 더 평온해질 때까지 힘겨루기에서 벗어나기 위한 것이다. 한 가지 간단한 기술은 화장실에 가는 것이다(즉, 화장실 기술). 우습게 들릴 수 있지만, 부모, 자녀, 커플들은 실제로 그것이 화해에 도움이 된다고 말한다. 직장인들도 마찬가지로 그러한 방법이 동료 및 상사와의 관계에서 좋은 결과를 가져다주었다고 보고한다.

힘겨루기에서 빠져나오라.

화가 가라앉지 않은 상황에서 논리적 결과가 가해질 경우, 당사자는 그것을 복수나 처벌로 인식할 가능성이 크다. 만약 어떤 사람이 힘과 복수를 목적으로 갈등을 일으키는 경향이 있다면, 논리적 결과는 어떤 경우에서건 비효과적일 것이다. 그러나 합리적으로 사용할 만한 자연적 결과가 없을 경우 논리적 결과가 그 대책으로 강구될 수 있다(속담에서처럼 지붕이 무너지도록 기다리는 것은 시간이 너무 오래 걸리거나 돌이킬 수 없는 피해를 초래할 수 있다).

선택

선택은 논리적 결과의 성공적인 실행을 위한 또 하나의 특징이다. 선택권 부여의 마법은 때로 논리적 결과의 사용에 익숙하지 않은 사람들을 놀라게 한다. 특히, 당사자 사이에 긴장이 존재하는 상황에서 누구도 최후통첩의 방식을 반기지 않는다. 반면에 때로는 자신에게 어느 정도의 영향력과 선택권이 있음을 인식하는 것만으로도 방어와 저항을 누그러뜨리기에 충분하다. 실험실 조건의 연구들을 예로 들어 보자. 이 연구들에서 불편한 환경적 상황을 스스로 제어가 가능하다고 인식하는 사람들은 그렇지 않은 사람들보다 스트레스를 덜 받는 경향이 있었다. 실제로는 아무에게도 그러한 상황의 통제권이 없었음에도 말이다. 이 현상에 대한 실제적인 사례가 부모역할 학습 집단의 한 구성원에 의해 공유된 바 있다. 그녀는 안과 접수 담당자로 일하면서 그 원리를 적용했다.

환자들은 가끔 눈에 안약을 넣는 것을 주저하곤 한다. 그러한 일이 실제로 일어났던 상황에서 그녀는 의사에게 그 문제 해결을 위해 한 가지 제안을 했다. 의사는 그 조언에 따라 환자에게 눈에 안약 두 방울을 동시에 넣을지 아니면 한 번씩 따로 넣기를 원하는지 물었다. 환자는 스스로 선택을 했고, 의사는 이후에도 그녀에게 계속 고마워했다. 그 방법이 다른 환자들에게도 잘 통했기 때문이다. 통제에 집중하는 사람들은 자신에게 선택권이 주어질 때 특히 더 협조적인 태도를 보인다.

선택권 부여의 마법은 사람들을 놀라게 한다.

교사와 부모들도 청소년들과 관련하여 비슷한 결과를 보고한다. 끊임없이 의자를 뒤로 젖히는 학생 때문에 신경이 거슬렸던 한 교사의 이야기가 하나의 예가 될 수 있다. 학교 규칙을 바탕으로 한 경고에도 불구하고 그 학생은 의자를 뒤로 젖혀서 의자의 두 다리만 바닥에 닿게 하곤 했다. 결국 교사는 학생에게 다른 학생들처럼 의자의 네 다리가 모두 닿게 해서 앉을 것인지 아니면 두 다리로만 앉을 것인지를 물었다. 학생은 두 다리로만 앉고 싶음을 내비쳤다. 그러자 교사는 의자 앞다리에 책 두 권을 놓아 의자가 안전하지만 불편한 각도로 기울어지도록 했다. 얼마 후 그 학생은 책을 치웠고, 남은 기간 동안 더 이상 문제가 발생하지 않았다. 이 사례에서 교사는 현명하게 선택권을 제공했고 창의적으로 논리적 결과를 설정하였다.

말이 아닌 행동

자연적 및 논리적 결과를 성공적으로 수행하는 데 있어서 또 다른 중요한 측면은 말보다는 행동이 오해를 줄이는 데 더 도움이 된다는 것이다. 앞의 예에서 학생의 선택이 이루어진 후에 교사는 더 이상 말하지 않았다. 특히, 학생이 책을 치우고 바르게 앉기로 결정했을 때 교사는 다른 일들에 집중함으로써 학생이 자신의 뜻대로 하는가에 대해 더는 관심이 없음을 분명히 했다. 만약 선생님이 그에 대해 어떤 말들을 늘어놓았다면, 비록 좋은 의도였다 하더라도 오해의 위험이 생겼을 수도 있다. 성인들도 아이들 못지않게 별다른 말 없이 조용하게 협력하도록 기회가 주어진 것에 대해 감사하게 여긴다. 그것이 자신에게 다시 최선의 이익이 된다고 판단될 때 말이다.

새로운 규칙

앞서 언급했듯이, 모든 집단, 조직, 가족 등에는 각 구성원의 행동에 영향을 미치는 규칙이 있다. 구성원들은 상호작용하면서 적절한 공개 수준과 해당 집단의 규범을 배우게 된다. 예를 들어, 연구와 임상 경험에 따르면 '리더가 없는' 집단에서 어떤 사람들은 주도권 경쟁을 시작하려는 성향을 보이는 한편, 다른 어떤 이들은 뒤로 물러나서 조심스러운 태도를 유지하려는 모습을 나타낸다. 나는 사회적으로 평등한 민주주의의 철학과 가치에 입각한 새로운 규칙의 가치에 주목할 것을 요청하고자 한다. 기존의 규칙들은 권위주의적 철학 및 가치 체계를 기반으로 하는 경향이 있다. 그러한 철학 및 체계는 권력자의 영향 아래 있는 사람들의 권리와 존중을 부정하거나 훼손한다. 권위주의를 지향하는 사람들이 주장하는 것과 달리, 권리와 책임의 공유가 혼란을 초래하는 것은 아니다. 나는 모든 사회 기관의 리더들이 민주주의의 방법과 기술을 배워야 한다는 드라이커스의 열망을 공유한다. 이러한 리더에는 부모, 교사, 기업 임원, 정치인들이 포함된다.

가정, 교실, 업무 등에서 새로운 규칙을 실제적으로 적용하는 것은 개인의 자율권을 더욱 강화하여 자신의 성공뿐 아니라 집단의 번영을 위해 일하도록 하는 결과를 가져올 수 있다. 예컨대, 기업체 개선에 직원들의 참여를 독려하는 기업에서는 직원들의 결근율이 낮고 높은 주도성을 가지며, 생산성의 전반적인 향상을 보이는 경우가 많다. 이 장의 마지막에 나오는 활동들에 기술되겠지만, 논리적 결과에는 보통 배려와 창의성이 요구된다. 이 두 가지는 대다수의 부모와 그 밖의 리더들이 적절히 갖추고 있는 자질들이다. 권한을 부여하고, 존중을 보여 주며, 책임감 있고 상식적인 결정이 이루어지도록 고안된 새로운 규칙은 가정, 교실, 직장 환경을 변화시킬 것이다. 그곳에서는 갈등이 적절히 해결되고, 문화, 성별 등과 같은 요인들로 빚어지는 다양성이 자산이 될 것이며, 구성원들은 기여와 협력을 통해 높은 자존감을 경험하게 될 것이다.

요약

이 장에서 살펴본 바와 같이 논리적 결과는 개인과 집단의 발달에 강력한 영향을 미친다. 아들러 심리학은 긍정적이고 자율성을 부여하는 방식으로 논리적 결과를 사용하는 것에 대한 의식을 제고한다. 논리적 결과는 단지 타인의 행동을 형성하고 교정하기 위한 기술이 아닌, 낙담한 사람들을 자기 파괴적 태도, 정서, 행동의 속박으로부터 해방시키기 위한 수단이다. 논리적 결과는 선택, 책임, 존중을 통해 자율성을 부여하고 용기를 북돋아 준다.

학습 문제

지시 사항: 다음 질문에 답하시오.

1. 이 장의 제목에 '삶의 규칙은 모두를 위한 것'이 들어간 이유는 무엇인가?
2. 자연적 결과로부터 중요한 교훈을 얻었던 자신의 경험 2~3가지를 기술해 보시오.
3. 당신의 지인 중 한 사람을 선택해서, 그 사람이 더욱 책임감 있게 행동하도록 돕기 위해 어떻게 자연적 결과를 적용할 수 있을지 예를 하나 들어 보시오.
4. 어떠한 상황에서 당신은 자연적 결과가 일어나도록 선택할 것인가?
5. 어떠한 상황에서 당신은 누군가가 자연적 결과를 경험하지 못하도록 개입할 것인가?
6. 결과(자연적 및 논리적)와 처벌의 차이점을 네 가지 이상 나열하시오.
7. 자신의 경험에서 자연적 결과와 논리적 결과를 구분할 수 있는 예를 두 가지 이상 들어 보시오.
8. 논리적 결과의 효과가 가장 덜 할 때는 언제인가?

활동

자연적 결과: 자연적 결과란 경솔한 행동의 결과로, 타인의 개입 없이 일어난다.

Ⅰ. A. 다음 중 자연적 결과의 예가 될 수 있는 것에 표시하시오.

행동	자연적 결과
1. 식물에 물 주는 것을 잊을 경우	a. 식물이 죽는다. b. 식물이 잎이나 꽃을 잃는다. c. 식물이 교체되어야 할 수도 있다. d. 다른 누군가가 그것을 대신해야 한다.
2. 차 안에 열쇠를 두고 잠글 경우	a. 약속을 놓칠 수 있다. b. 누군가 대신 차를 열어 주어야 한다. c. 불편해질 것이다. d. 우울해질 것이다.
3. 신발 끈을 묶지 않을 경우	a. 다른 사람이 대신 묶어 준다. b. 신발 끈에 걸려 넘어진다. c. 신발이 발에 잘 맞지 않아서 아플 수 있다. d. 긴급 상황에서 안전한 곳으로 신속하게 이동할 수 없다.
4. 여행 자금 없이 휴가를 갈 경우	a. 돈을 빌려서 이자를 지불해야 한다. b. 누군가 당신에게 돈을 주어야 한다. c. 계획했던 것 중 일부를 할 수 없다. d. 필요한 것들을 위해 돈을 구하느라 즐거운 시간을 잃는다.

정답: 1. a, b, c; 2. a, c; 3. b, c, d; 4. c, d.

B. 이제 적절한 자연적 결과에 대해 당신의 짝이나 집단 구성원들과 합의를 도출하시오.

C. 당신의 응답을 정답과 비교해 보시오.

II. A. 다음의 각 행동에 대해 다른 사람이 개입하지 않을 경우 일어날 수 있는 자연적 결과를 하나 이상 나열하시오.

행동	자연적 결과
1. 필요한 자료를 제자리에 두지 않을 경우	
2. 치과 예약을 잊을 경우	
3. 도구를 부주의하게 다룰 경우	
4. 목욕을 하지 않을 경우	
5. 수면을 충분히 취하지 않을 경우	
6. 식사를 한 끼 이상 거를 경우	
7. 소유물을 함부로 쓸 경우	
8. 필요한 옷, 장비, 자료 등을 가져오는 것을 잊을 경우	

B. 당신이 작성한 자연적 결과 목록을 집단 구성원들과 공유하고 토의하시오.

III. A. 당신의 행동에 중요한 영향을 미친 자연적 결과를 세 가지 이상 찾아보시오(대리 경험도 가능).

당신의 경솔했던 행동	(부정적인) 자연적 결과
1.	
2.	
3.	

B. 짝 또는 집단 구성원들과 답변을 공유하시오. 다른 사람들은 당신이 나열한 것이 자연적 결과라는 데 동의하는가? 그 이유는 무엇인가? 다른 사람의 응답에 대해서도 토의해 보시오.

논리적 결과: 논리적 결과는 경솔한 행동의 결과로, 그것의 효력을 위해 타인의 개입이 필요하다. 일반적으로 개인은 주어진 상황에서 하나 이상의 대안을 선택할 수 있다. 행동과 결과의 논리적인 연결은 자신의 잘못된 판단과 그에 따른 교정에 대한 책임을 수용하는 데 도움이 된다.

예시

행동	논리적 결과
아이가 아침에 옷을 입으려 하지 않는 경우	아침 식사 준비 시간에 옷을 입혀야 하므로 밥을 줄 수 없음
아이가 복도에 옷을 두고 가버린 경우	다른 사람이 자기가 원하는 곳에 그 옷을 둘 수 있음

I. A. 다음의 행동에 대해 각각 논리적 결과를 하나 이상 제시하시오. 누군가 개입하면 어떻게 될지 스스로에게 질문해 보시오. 제시한 논리적 결과가 모두를 위한 규칙이 된다면 어떠하겠는가(즉, 행동 방식의 논리를 이해하지 않고 그대로 흉내내기만 한다면 어떻게 될 것인가?)?

행동	논리적 결과
1. 타인의 자료, 장비, 옷 등을 허락 없이 쓸 경우	
2. 다른 사람에게 자신이 어디로 가는지, 언제 돌아올지 등에 대해서 알리는 것을 소홀히 할 경우	
3. 비축품 부족을 지속적으로 방치할 경우 (예: 차량 반납 시 연료가 부족함)	
4. 예정된 활동에 정기적으로 늦을 경우 (예: 독서 동아리, 수업, 가족 모임 등)	
5. 처음에 지시 사항을 듣지 않을 경우	
6. 취침 시간과 같은 다른 사람이 불편을 느낄 만한 시간에 정기적으로 도움을 요청할 경우	
7. 도와주러 올 것을 요청해도 절대 먼저 오지 않는 경우	
8. 잔소리나 위협이 없이는 쓰레기 버리기, 잔디 깎기 등을 하지 않을 경우	

B. 자신이 작성한 논리적 결과의 목록을 집단 구성원들과 공유하고 토의하시오.

II. A. 당신이나 다른 사람이 자신의 경솔했던 행동의 결과를 경험하도록 하는 데 성공적으로 사용되었던 논리적 결과를 세 가지 이상 제시하시오. 다른 사람이 개입했는가? '새로운 규칙'이 생겨났는가?

경솔했던 행동	경험했던 논리적 결과
1.	
2.	
3.	

B. 답변한 내용을 짝 또는 집단 구성원들과 공유하시오. 다른 사람들도 당신의 답변이 논리적 결과임에 동의하는가? 그 이유는 무엇인가? 다른 사람들의 답변에 대해서도 의견을 나누어 보시오.

참고문헌

Dreikurs, R., & Grey, L. (1968). *Logical consequences.* New York: Hawthorn Books.

Longo, R. E., Prescott, D. S., Bergman, T., & Creeden, K. (Eds.). (2013). *Working with young persons who are victims and perpetrators of sexual abuse*. Holyoke, MA: NEARI Press.

Spencer, H. (1885). *Education: Intellectual, moral, and physical*. New York: P.T. Alden.

제4장

격려
도움의 본질적 요소

존 F. 케네디 대통령의 저서, 『용기 있는 사람들(Profiles in Courage)』(1956)에서, 케네디는 유권자들에게 인기는 없지만, 역사적으로 중요한 순간에 용기 있는 행동을 했던 입법자들의 사례를 기술하고 있다. 각 사례에서 케네디 대통령은 이 인물들이 더 나은 사회에 필요한 기본적인 원칙을 만들기 위해서 파벌정치와 당시 사회적으로 만연한 사회적 관행들을 어떻게 뛰어넘었는지 묘사하고 있다. 모든 사람이 실제로 그들의 업적을 통해서 공적 신뢰를 얻은 것은 아니었고, 오히려 그 반대에 가까웠다. 반면 이들 중 몇몇은 대중의 의견에 반대하면 패배했을 뿐만 아니라 심지어는 물리적 위해를 감당했어야 했다. 예를 들어, 그들이 노예제도에 반대하는 목소리를 냈을 때, 그들은 예상할 수 있는 부정적 결과들을 경험하였다. 케네디는 우리가 어떤 행동을 해야 할지를 결정하기 위해 자기 마음을 깊게 성찰해야만 할 때 모든 사람은 그들의 삶 속에서 그러한 기회를 갖게 된다고 믿었다.

책임감 있고, 신중하며, 신념을 가지고 행동하도록 이끄는 그 특성을 함양하는 것이 이 장의 주제이다. 때로 개인이 부정적 결과에 직면할 때, 그리고 개인적 이익보다 훨씬 큰 공공의 이익을 위해 행동하는 모습이 분명히 드러나기도 한다. 마찬가지로 중요한 것은,이런 태도가 사람으로 하여금 매일의 순간을 적극적인 참여자로서 충실하게 살아가도록 하게 한다는 점이다. 이런 자질들의 모범적인 예로는, 마하트마 간디, 마틴 루서 킹, 로버트 케네디, 로자 파크스, 그리고 세상 변화를 모든 사람을 위해 바람직한 방향으로 이끌고자 매일 살아가는 수많은 덜 유명한 사람들을 들 수 있다.

격려의 개념에서 필수적인 요소는 용기이다. 간디는 다음과 같이 말했다. "용기는 인격을 이루는 가장 중요한 토대이다. 용기 없이는 도덕도, 종교도, 사랑도 존재할 수 없다. 사람이 두려움에 사로잡혀 있는 한 어떠한 진실이나 사랑도 추구할 수 없다"(Nehru, 1958, p. i). 이것은 삶에 용감하게 다가가게 하는 자질로서 개인에게 세상의 모든 아름다움을 만끽하게 하고, 새로운 경험의 본질적 가치에 맛들이게 하고, 새로운 발견과 새로운 기술의 숙달에서 오는 만족에 눈뜨게 하는 것이다. 낙관적으로, 모든 사람은 일시적인 부정적 상황과 관계없이 살아갈 뿐만 아니라 미래에 번영하리라는 어떤 기대를 가지고 매일을 새로운 기회로서 맞이한다. 단지 어떤 행운이 아니라 이러한 방식으로 삶을 바라보기로 선택하였기 때문에, 그들에게는 그것이 곧 진실이 되는 것이다.

사람들은 삶이 그들에게 어떻게 펼쳐질지 그리고 그들이 삶에 어떻게 잘 대처할지에 대한 자신의 기대를 창조한다.

아들러가 관찰한 내용은 연구와 임상 경험을 통하여 점차 입증되고 있다. 아들러는 삶이 우리에게 어떻게 펼쳐질지 그리고 우리가 그 삶에 어떻게 잘 대처할지에 대한 기대를 개인들이 창조한다는 것을 알았다. 기본적으로, 사람들은 자기를 두 가지 넓은 범주 중 하나로 분류하는 경향이 있다. 첫 번째 범주의 사람들은 본인은 자기 운명의 총책임자이며, 배의 선장이라고 스스로 생각한다(이것을 내적 통제소재라고 한다). 이와는 반대로, 두 번째 범주의 사람들은 자기가 통제할 수 없는 상황에서 오는 재앙을 단순히 피할 수 없다고 생각하고, 생각 이상으로 자기가 많은 것을 할 수 있다는 사실을 부정한다(이것을 외적 통제소재라고 한다). 후자(외적 통제소재)는 수동적 태도를 가질 수도 능동적 태도를 가질 수도 있다. 예를 들어, 운명을 받아들이거나 혹은 긴장을 야기하는 힘에 맞서 싸울 수도 있는 것이다. 수동적 집단의 사람들은 파괴적이고 부적절한 행동목표를 갖는 경향이 있다. 그와 같은 목표들은 제9장에서 논의할 예정이다.

심지어 성인들조차도 어떤 사람들은 삶의 과제들을 받아들일 책임을 회피한다. 그들은 "내가 통제할 수 없는 일들에 대해 어떻게 책임을 질 수 있단 말인가?"라고 순진하게 묻는다. 반면 적극적인 집단은 집단의 한계들을 시험해 본다. 목숨을 건 도전가, 도박꾼, 다양한 부류의 범죄자들은 강력한 외부 압력 앞에서 개인적인 승리를 거두고자 하는 욕망, 즉 불리한 상황을 뚫고 성공하려는 열망을 지닌 경우가 많다. 용기르 잃은 상태에서, 자신들의 행동을 고귀하거나 반드시 필요한 일로 왜곡시키며 억압적인 환경 속에서 가치 있는 존재가 되기 위해 그렇게 행동하는 것이다.

분명히 두 큰 범주에는 정도의 문제는 있다. 점성술을 믿거나 행운의 부적을 지니고 다니는 많은 사람을 보라. 이러한 많은 사람은 표면적으로는 '자유의지'를 창조주가 주신 선물이라고 믿는다. 그래서 새롭거나 어려운 삶의 상황들에 대처하는 사람들의 태도에서 낙담을 나타내는 다양한 행동과 그 행동의 정도가 다르다는 사실은 놀라운 일이 아니다.

어린 시절 경험은 개인이 삶에 대해 취하게 되는 태도의 가능성을 높일 뿐, 그 방향을 결정짓지는 않는다. 예를 들어, 사회화 과정은 어린이들에게 무엇이 부적절하고 해로운 것인지 가르쳐 준다. 아들러 학파는 어린이들이 자기 확신이 있고 건강한 성인으로 발달하기 위해선 타인들이 그들의 능력을 신뢰하고 그들의 존재와 정체성을 수용한다는 것을 또한 알아야 할 필요가 있다고 믿는다.

어린이들은 자신들의 한계를 끊임없이 상기당하는 경향이 있다. 예를 들어, 수도꼭지에 손이 닿지 않고, 부엌 조리대 위가 보이지 않을 않으며, 음식을 자를 때 도움을 받아야 하고, 화장실을 다녀온 뒤 바지를 제대로 입지 못하는 네 살 이하를 떠올려 보자. 성인들은 어린이들이 도움을 필요로 하며 곧 그들이 스스로 할 수 있을 것임을 안다. 하지만, 아이의 시각에서 보면, 결코 완전한 자기 확신과 자기 독립적 경험을 한 적이 없기 때문에, 그런 일시적인 한계점들은 외려 열등감의 신호로써 인식될 수 있다.

지속적인 격려를 받으면, 어린이들은 자기 존재에 대한 부족한 점들을 수용하고 최선을 다할 가능성이 증가될 수 있다. 그들은 자신이 시도한 일이 때때로 실패할 수 있지만, 그렇다고 해서 자신이 실패한 존재라는 뜻은 아니라는 결론을 내리게 된 것이다. 이와는 반대로, 과잉보호가 익숙하고, 개인의 존엄성과 신념을 무시하는 반응들을 경험하고, 형제 간 비교를 통해서 본인들의 부족한 점들이 부각된 어린이들은 그들이 열등하거나, 삶의 관계에서 불평등하다고 느끼며 성장할 수 있다.

자기에 대한 믿음

바이오피드백 연구와 스트레스 관리에 관한 책들은 사람들이 경험하고 싶은 기분과 정서를 만들어 낼 수 있는 능력이 개인에게 있음을 분명히 증명하고 있다. 그것들은 또한 정서는 사람들이 그들의 목표를 이룩할 수 있게끔 도움을 주는 도구라는 아들러의 가정을 실증적으로 뒷받침한다. 개인은 의도적으로 신체를 이완하고 긍정적인 정신 이미지를 연상함으로써, 현실 혹은 가상의 상황에서 비롯된 심신을 약화시키는 스트레스를 극복하는 법을 배울 수 있다. 동양의 명상가들뿐만 아니라 무술가들은 위의 개념들을 다년간의 연습과 훈련을 통해 한층 더 높은 차원으로 끌어올린다. 제2장에서 설명했듯이, 이와 유사한 훈련을 효과적으로 가르칠 수 있는 컴퓨터 기반 도구들도 개발되어 긍정적인 효과를 보이고 있다.

연구진들은 정신 이미지들에 대한 신체 반응이 실제로 간접 경험과 실제 경험을 제대로 분별하지 못한다고 설명한다. 우리 몸은 스트레스 요인이 가상이건 실제건 위협적이고 임박했다고 인지하면 같은 방식으로 반응한다. 반면에, 일관적인 운동, 이완, 그리고 스트레스 감소 치료에 사용되는 동일한 원리들을 적용한 격려는 만성 고통을 겪는 사람들이 그들의 삶의 온갖 부정적 요소들을 극복하게끔 한다.

저자의 경험으로는, 낙담한 사람들은 목표설정에 어려움을 겪고, 성공하는 데 필요한 행동에 대해 자기 확신을 갖지 못한다. 사랑하는 사람들의 상실, 질병, 만성피로, 그리고 필수 영양소의 결핍과 같은 것들은 낙담을 증가시킨다. 사회적 관심이 높은 사람은 우울감이 적고, 철회를 지속하는 경향이 적고, 슬픔과 상실을 극복하기 위한 수단으로서 다른 사람을 돕기 시작할 가능성이 높다. 그들은 스스로 자신의 삶의 방향을 재설정하고, 새로운 목표와 기대를 설정하고, 상대적으로 단순하고 쉽게 누릴 수 있는 삶의 만족 속에서 어느 정도의 만족감을 다시 얻기로 선택한다.

사회적 관심이 낮은 사람은 책임감 있게 행동하지 않고 필요할 때 용기 있게 행동하지 않는 변명으로 상황적 또는 일시적 조건들을 이용하는 경향이 있다. 그로 인한 사회적 결과는 사회에서 심리적으로 도태된 사람들을 위해 매년 수백만 달러를 지출하기도 한다. 직장을 갖고 있는 사람들이 모두 높은 사회적 관심을 갖고 있지 않는 것처럼, 복지수혜자들이 모두 낮은 사회적 관심을 가지고 있는 것은 아니다. 다른 대부분의 나라들보다 더 나을 수 있지만, 여전히 불완전한 사회인 미국은 모든 국민에게 사회적 평등을 보장해야 하고, 그렇게 함으로써 미국이 개선하고 싶은 바로 그 낙담한 사람들에게 기여해야 한다. 이러한 평등의 결여가 초래하는 실질적인 사회적 결과는 재능 상실, 무질서 그리고 예방보다는 교정 목적을 위한 자원 낭비로 이어진다. 체계적 변화들은 반드시 해결책의 일부로 이어져야 한다. 이러한 격려의 결핍과 스스로의 대처 능력을 믿는 확신 부족을 해결하는 또 다른 방법은 진정한 자기존중감의 형성을 위해 노력하는 것이다.

자기존중감

자기존중감의 개념은 자기 수용과 자기 존중을 통해 설명할 수 있다. 몇 가지 대중 서적에서, 하루 종일 긍정적인 자기 대화를 실천하는 것이 빈약한 자기개념을 극복할 수 있는 기술이라고 묘사하고 있다. 변화가 그렇게 쉬웠거나 설명이 아주 간단했다면, 자기존중감을 주제로 한 수많은 책, 워크숍, 강연이 필요하지 않았을 것이다.

긍정적 자기가치감은 긍정적인 자기존중감을 경험하는 데 있어서 핵심이지만, 결국 그것은 종종 타인의 인정이나 큰 축하 없이 일상의 삶의 과제 수행을 통해 얻을 수 있는 성취감이다. 성취는 소위 **자기효능감**의 산물이자 촉진자이다. 자기효능감은 추론하고, 문제를 해결하고, 창의적으로 생각하고, 기본적인 생애 과제에 대처하는 능력에 대한 자신감이다. 이것은 진공 상태에서 이루어지는 것이 아니다.

선택해야 한다. 예를 들면, 개인은 옳거나 그르게, 정직하거나 부정직하게, 용기 있거나 비겁하게 행동할 수 있다. 자기가치감에 있어 이러한 선택과 결정의 효과는 그때뿐만 아니라 시간이 지날수록 다양하게 나타날 수 있다. 개인의 자기가치감은 어떤 선택을 내리는지에 따라 강해질 수도 혹은 사라질 수도 있다. 결과적으로, 개인의 자기가치감에 대한 책임은 단지 '좋은 기분'보다 더 많은 걸 내포하고 있다. 개인의 도덕적인 의사 결정, 행동, 그리고 정직함은 긍정적인 자기가치감을 위한 진정한 토대를 이루는 핵심적 요인들이다.

수년간의 교육과 상담을 통해, 저자는 많은 사람이 실제로보다 성공했다고 부풀리기보다는, 자신의 역량이나 성취, 대처 능력을 스스로 깎아내리는 경우가 훨씬 더 많다는 것을 알게 되었다. 잘못된 자기평가는 사실 내담자가 가질 수 있는 가장 최악의 편견이다. 상담자가 내담자에게 기여할 수 있는 건 그들에게 이미 내재한 긍정적 가능성과 기량을 발견하고 스스로 만족할 수 있도록 돕는 것이다. 마찬가지로, 또 다른 삶의 귀중한 교훈은 개인 목표를 향한 과정을 이해하고 받아들일 수 있도록 배우는 것이다. 반면, 내담자가 중요한 의사결정을 하고 배울 수 있게끔 도우면, 자존감을 유지하는 데 그치지 않고 더욱 강화할 수 있게 만드는 도구들을 그들에게 제공하는 셈이다.

자기존중감의 결과

자기존중감은 인간 본성을 구성하는 일부분일 만큼 근본적인 인간 과정의 결과이다. 태어난 순간부터, 사람은 삶이 즐겁고, 안전하고, 만족스러우며, 힘을 주는 그 어떤 것, 또는 그 반대의 것을 경험하기 시작한다. 개인은 타인, 그의 노력, 전반적인 삶 그 자체로부터 바라는 것들이 주는 신호들을 의식한다. 사람들의 전반적인 삶 속에서 그 신호들을 찾는 과정은 계속되지만, 그들의 초기 경험은 그들의 남은 삶을 잘 이끌어 줄 것이라고 예상하는 경향이 있다.

결국 사람들은 그런 예상에 따라 새로이 경험할 수 있는 것들을 걸러버리는 경향이 있다. 마찬가지로, 그들 자신과 타인, 그리고 삶에 대한 자기충족적인 예언들을 강화하는 새로운 경험을 만들어내기도 한다. 도전하고 시험해 보지 않은 채, 그들의 초기 자기평가는 마치 저 멀리 있는 목적지까지 미리 설정되어 있는 자율주행과 같이 그들의 사고와 감정, 그리고 행동들을 안내하는 경향이 있다. 그러므로, 인생 초기 경험들은 향후 성공이나 삶의 다양한 일들을 맞닥뜨리는 과정에서 생기는 부족함을 예상하는 저장소이다. 높은 자기존중감을 가진 사람들은 그들이 무얼 하든 성공할 것이라는 강한 자신감과 기대감을 갖고 삶의 다양한 일에 접근한다. 높은 자기존중감을 가진 사람들과 그렇지 않은 사람들 간 이런 기본적 차이는 또한 강한 확신의 힘을 설명할 수 있다.

긍정적인 자기평가는 감정이나 판단이라기보다는 동기 부여제이다. 이는 사람이 주저하고 있을 때 무언가를 결정하고 비로소 행동하게끔 격려한다. 그러나 일반적인 사항 외에도, 사람들은 다른 사람과의 상호작용에서 자신이 선호하고, 더 쉽게 할 수 있으며, 격려 받을 수 있는 활동과 과제를 구별하는 경향이 있다. 그와 같은 재능, 관심사, 그리고 경험들 안에서 제대로 기능할 때, 자신감과 그에 따른 행동은 본질적으로든 외부적으로든 더 탄력을 받는다. 일부 저자나 강연자들이 제안하는 것과는 달리 긍정적인 자기가치감을 형성하고 유지하는 데에는 요령이나 속임수 같은 것은 없다. 긍정적 자기가치감은 행복한 삶에 꼭 필요하지만, 하루하루 매 선택마다 스스로 쌓아 가는 것이다.

이 장의 나머지는 타인을 격려하도록 설계된 개입 방법과 기술에 관해 다룰 것이다. 첫걸음은 점진적으로 타인에게 적절히 개입할 준비가 되었는지 평가하는 것이다.

사정과 개입

변화를 위한 준비도

변화를 위한 준비 상태까지도 함께 고려되지 않는다면, 사정은 결코 완전할 수 없다. 이 경우에 중요한 단어는 준비도이다. 준비도는 '과제'와 활동에 대한 제안을 철저히 이행했다는 증거나 예를 들어 변명을 했어도 이해될 만한 상황에서 행동 변화를 지속했다는 증거와 보고를 통해 판단할 수 있다.

다음은 추가적인 상담을 진행할지 여부를 결정하고, 제안할 기준으로 삼을 수 있는 준비도 수준이다.

수준 1: 인식 이전. 개인은 자기 패배적 태도나 행동과 관련된 책임감을 깨닫지 못하는 단계

수준 2: 인식. 삶 속의 갖가지 경험, 대인관계, 그리고 도전의 본질에 관한 책임감을 가지고 있으나, 변화하려면 무엇을 해야 하는지 그리고 어떻게 행동해야 하는지 모르는 단계

수준 3: 예상. 변화를 위한 계획과 개선 방향을 정함으로써 스스로 개선하고 더 좋은 모습으로 바뀌기 위한 의지를 반영하는 태도와 행동이 엿보이는 단계

수준 4: 행동. 변화를 위한 계획을 실행함으로써 더욱 건강한 태도와 행동으로 발전시키기 위한 준비도를

증명한 상태

수준 5: 유지. 건강하고 만족스러운 방식으로 태도와 행동을 이끄는 책임과 기회를 완전히 이해하고 있는 단계

준비도 단계에 따른 개입

각 준비도 수준은 다른 종류의 개입과 추수 과정을 필요로 한다. 개입 수준에 관한 다음의 논의는 자기존중감과 관련하여 변화를 위한 준비도에 따른 일반적인 고려 사항을 다룬다. 그것들은 변화를 위한 어떤 개인적 계획을 고려할 때 적절하다. 이는 프로하츠카와 디클레멘테(Prochaska & DiClemente, 1984)의 연구에 기반을 두고 있는데, 이들은 자기 변화와 상담을 통한 변화 단계가 모두 변화 주기에서 개인의 상태와 관련된 태도, 의도, 행동을 나타내는 유사성이 있다는 점을 발견했다. 내담자의 변화 단계를 확인하면, 내담자의 변화 준비도에 따라 더 효과적이고 현실적인 개입을 상담자가 선택하는 데 도움이 된다.

개입 제1단계: 인식 이전 이 단계에서 사람들은 자기에게 문제가 있다는 것을 인식하지 못한다. 타인들은 종종 치료 필요성을 느끼며 치료의 일환으로 상담을 권할 수 있다. 협력의 가능성이 어느 정도 있다면, 상담자는 내담자에게 가치에 대한 자기평가에 영향을 끼쳤던 삶의 경험을 공유할 수 있는지 물어볼 수 있다(여기서 삶의 경험이라 함은 부모, 형제, 친구, 스승, 지인, 그리고 직장동료 간 관계에서 생기는 경험을 일컫는다). 내담자의 어린 시절부터 현재에 이르기까지, 시간 흐름에 따른 사건들을 탐색하면, 내담자의 자기 대화(self-talk)에 흡수된 자기존중감에 대한 명시적 또는 암묵적 메시지들을 모두 발견할 수 있다.

그런 메시지들을 확인하고 초점을 맞추는 것은 '마치(as if)' 다른 누군가가 삶을 통제하고 있고 그 사람의 의견만이 타당한 것처럼 살아가는 방식 전체를 드러내는 계기를 마련해 준다. 이러한 개입들의 주요한 목적은 자기 패배적인 태도와 행동 그리고 그로 인한 부정적 결과가 우리의 삶에 끼치는 영향에 대한 자각을 일깨워 주는 것이다. 어떤 사람들은 이런 유형의 대화에 긍정적으로 반응할 것이어서 앞으로의 변화에 즉각적으로 참여하기를 원하는지 확인해 볼 필요가 있다. 주의할 점은 처음엔 천천히 시작해야 한다는 것이다. 그리고 내담자와 변화 과정을 함께 하겠다고 표현한 후에도, 어쩌면 그들이 변화하기엔 아직 준비되지 않았을 수 있다는 점을 조심스럽게 말할 수도 있다(즉, 낡은 태도와 습관들은 익숙하고 심지어 그것들은 아직도 유용할 수 있으며, 수년 동안 타인들의 기대뿐만 아니라 자기충족적 기대에 의해 지지받아 왔다).

한 가지 과제는 가치감에 관한 선례(예: 어린 시절 경험, 가족과 친구들의 영향들, 그리고 사회적 편견들), 개인적인 태도, 습관과 같은 범주를 이용해서 변화해야 할 도전과제 목록을 작성하는 것이다. 마찬가지로, 변화에 이용할 수 있는 자산들은 심지어 시간이 흐르면서 발전되고 또 보충될 수 있는 또 다른 목록이 될 수 있다. 이 목록들에 대한 논의는 변화의 바람직성에 대한 인식을 높이고, 변화에 찬성하거나 반대하는 요인들을 인식하는 데 있어 가치가 있다.

개입 제2단계: 인식 이전의 논의와 행동들을 토대로 상담자는 한층 더 공식적인 사정 단계로 나아갈 수 있다. 제2장에서 이루어진 대처적 자기와 가치감에 대한 논의를 통해 자기존중감의 필수요소에 대한 주의를 환기할 수 있다. 또한 그 논의는 긍정적 변화에 연관된 정보적 자극뿐만 아니라 정서적 자극까지 강화시키는 데 도움이 된다. 이 개입을 통해 기대할 수 있는 결과는 내담자의 가치감에 영향을 준 선행 경험과 그 결과, 현재의 가치감과 연관된 자기 대화와 정서적 상태 등에 대해서 분명하게 알아차리게 할 것이고, 또 어떤 노력을 통해서라도 변화하는 것은 가치 있는 것이라는 강한 확신을 갖게 할 것이다.

개입 제3단계: 예상 준비 및 개입의 첫 번째 단계와 마찬가지로 변화를 위한 준비는 성공적인 결과를 만들어 내는 데에 필수적이다. 변화계획의 수립은 명확하고 달성 가능한 목표를 설정하고, 그 목표에 점진적으로 접근할 수 있는 단계들을 포함하며, 그 과정에서의 정서적, 행동적 이점을 반영해야 한다. 또한 계획에는 시작일, 진척, 상황 평가, 성과와 노력에 대한 축하, 그리고 목표 성과의 조정 및 유지 등을 위한 일정이 포함되어야 한다. 위 모든 걸 아우르는 것은 중요하다. 오래된 행동들과 그와 동반된 감정들의 전조를 예측하도록 도우면, 더 친숙한 건강하지 않은 대처 전략에 의존할 가능성을 줄일 수 있다. 사고 중단하기(예: 비합리적인 사고와 감정의 순간에 사로잡히는 것)는 상담 회기 동안에 연습할 수 있는 유용한 기술이다. 또 다른 기술은 조만간 벌어질 상황들을 리허설 하듯이 예행 연습하는 것이다. 상담자와 내담자는 역할극을 하며 '마치 ~처럼(as if)' 기법으로 긍정적인 감정의 정서적 각성이 나타날 때까지 새로운 행동을 연습한다. 내담자에게는 다르게 행동할 때의 느낌에 대해 이야기하도록 격려하며, 더 나아가 그 긍정적인 감각이 신체의 어느 부위에서 느껴지는지도 구체적으로 찾아보도록 권한다. 예를 들어, 어깨, 배, 팔, 얼굴 등이 더 이완된 느낌을 받을 수 있다.

환경의 변화들이 마찬가지로 필요할 것이다. 오랜 친구들, 자주 다니던 곳들, 그리고 환경 조건들(예: TV 시청하면서 혼자 밥을 먹는 것이나 인터넷 서핑하는 것)등은 피해야 하며, 새롭고 건강한 행동을 지지해 줄 수 있는 새로운 연결망이나 환경을 찾아야 한다. 가족 구성원이 부정적인 자기평가가 이루어졌던 이전 환경에 일부였을 경우가 많기 때문에, 어떤 시점에서는 가족 개입이 매우 중요하며 경우에 따라서는 필수적일 수도 있다.

이 개입 단계가 마무리될 때에는, 행동을 통해 성공이 가능하며 그로 인한 혜택이 노력할 가치가 충분하다는 감정과 확신이 생겨야 한다.

전문 상담자라 하더라도, 종교적 소양이나 훈련을 갖추지 않았다면 익숙하지 않을 수 있는 영역에서, 용서하는 마음을 다루어야 하는 상황이 있다. "잘못은 인간이 저지르고, 용서는 신이 한다"는 속담이 있다. 아들러 상담자는, "죄책감은 우리가 가지고 있지 않은 좋은 의도를 위한 것이다"라고 말하는 경향이 있다. 다르게 말하자면, 어떤 사람이 진정으로 미안해하면서 "두 번 다시 그럴 일 없을 것이다"라고 말한다면, 죄의식이란 것은 필수적이지 않을 것이다. 후회한다면, 배상하면 될지도 모르지만, 죄의식까지는 (그리고 낮은 자기존중감까지) 아니다. "과거에 얽매이지 말고, 현재를 살며, 착하게 살아라"처럼 새로이 집중하는 것이 낫다. 낮은 자기존중감의 원천을 사려 깊고 감성적으로 고치기 위해 타인을 돕는 것은 변화를 위해 매우 중요하다. 마찬가지로, 옛 습관이 재발할 가능성에 대한 불안감을 낮출 필요가 있을 수도 있다.

개입 제4단계: 행동 행동 계획의 실천은 예전부터 익숙했던 사고방식, 감정, 그리고 행동을 중단하고 오랜 문제를 해결할 새 방식을 설정하는 진정한 시작이라고 할 수 있다. 이를 가능하게 하려면, 계획을 중간 점검과 조정, 성과를 기념할 수 있는 시점을 포함하여 실제로 실행에 옮겨져야 한다. 변화의 전 과정에서 격려는 다음과 같은 방식으로 이루어질 수 있다: 개인의 강점과 노력, 변화의 작은 징후에 주목하고, 일관성의 부족을 인내하며, 실수를 용서하고, 크고 작은 성과 모두를 격려하는 것이다.

개입 제5단계: 유지 이 단계에서의 개입이 적절할 수 있는 상황은 적어도 두 가지가 있다. 첫째는, 계획을 성공적으로 시행해 왔고, 성공을 경험했으며, 다른 차원의 건강한 생활양식에 도전할 준비가 된 경우이다. 둘째 상황은 이미 이 영역에서 긍정적인 생각과 강점을 경험하고 있으나, 건강한 사고와 습관을 더욱 강화하고 확증할 수 있는 제안을 바라는 경우이다.

모든 안녕의 차원이 그렇듯이, 최적의 기능 상태에 도달하는 것은 무슨 상을 반드시 한 번으로 끝나는 일이 아니다. 이 과정은 끊임없이, 일생 동안 진행 중이며 끊임없이 가꿔 나가는 것이 필요하다. 그러므로 건강한 가치감을 향상하고 유지하기 위한 권장 사항은, 삶의 전환기나 존재의 깊은 부분까지 시험받는 상황에서도 이를 잘 견딜 수 있도록 개인을 준비시켜야 한다. 자기존중감과 그와 연관된 주제들을 다루는 책들의 목록과 멀티미디어 매체들, 워크숍 등과 같은 것들은 일반적으로 도움이 될 수 있기에 추천하는 편이다. 일기 쓰기는 또 다른 종류의 매개체로서 개인이 스스로를 성찰하고 들여다볼 수 있게끔 도와준다.

자기계발의 적용

자기계발 분야나 타인을 조력하는 분야에서 다음 단계와 제안들은 행동계획을 개발하고 계획의 실행을 준비하는 데 필요하다.

준비도와 자기 사정. 자기 조력은 각각의 장단점이 있는데, 객관성이 항상 문제가 된다. 하지만 우리에게 가장 필요로 하는 것은 주관성이다. 나 스스로를 좋아하고 말고는 완전히 주관적이다. 주관적인 의견을 가진 타인들은 나의 의견에 반대할 수도 외려 동의할 수도 있지만, 결국 나의 정서와 행동에 영향을 미치는 것은 나의 주관이다. 우선, 나는 내 스스로를 가장 긍정적으로 간주할 것이고, 타인은 이 신념을 뒷받침해 줄 것이다. 하지만 처음에 자신이 낮은 가치감을 가지고 있다면, 그것은 내가 스스로에게 너무 가혹했거나, 다른 사람들이 이 인식을 개선하는 데 별다른 도움을 주지 않았기 때문일 가능성이 높다. 하지만 더 문제인 것은, 자신이 부정적인 피드백을 무의식적으로 그리고 선별적으로 인지하며, 타인이 주는 긍정적인 피드백을 신뢰하지 않는다는 것이다. 다음의 기술을 이용하여 지금 이 순간 자신에 대해 생각하는 준비도 수준을 결정해 보라.

수준 1: 인식 이전. 당신이 만약 지금 이 활동을 시도하고 있다면, 당신은 이미 이 단계에 들어온 것이다. 축하한다.

수준 2: 인식. 비록 내가 바라는 가치감을 가지고 있지는 않지만, 그것을 어떻게 바꿔야 할지에 대한 아이디어가 거의 없거나 전혀 없다. (이 장의 내용을 이미 읽고 이해했다면, 이 수준은 거의 통과했다고 볼 수 있다. 다시 한번 축하한다. 하지만, 만약 이전 내용을 대충 보았거나 간과했다면, 이장의 초반부로 돌아가서 집중적으로 공부할 수 있는 적기이다.)

수준 3: 예상. 만약 이 장과 같은 내용을 읽는 것이 흥미롭고 유용하다고 느낀다면, 당신은 이미 이 수준에 해당되는 것이다. 특히, 이 내용들을 당신 삶에 적용하려 한다면 더욱 그렇다.

수준 4: 행동. 만약 당신이 더 긍정적 가치감을 형성하는 사고, 감정 그리고 행동에서 특정 변화를 계획해 왔다면, 변화를 목전에 두고 있다. 하지만 '낙관적인' 희망사항일 가능성을 진지하게 고려하지 않고, 너무 성급하게 이 수준에 도달하려고 서두르지 마라.

수준 5: 유지. 만약 당신이 대부분의 경우와 상황에 긍정적인 가치감을 기본적으로 갖고 있다면, 당신은 다양한 방법으로 그러한 확신을 다시 확증하고 강화하는 수단에 근본적으로 관심을 가질 수 있다.

행동계획의 개발. 수준 3, 4 그리고 5에 있는 사람들은 전반적인 수준은 서로 다르지만 각자 행동계획을 개발할 준비가 되어 있다. 개요와 목록, 그리고 구체성을 염두에 두고 사용하는 사람들은 목표를 달성할 가능성은 훨씬 더 높다. 그러므로 우리는 가장 느긋하고, 여유 있게 유유자적하는 사람들에게조차 서면 계획을 준비해 달라고 요청한다. 정말로 수준 3 혹은 그 이상인 사람들을 위하여, 다음은 상담자가 활용할 수 있는 계획의 요소들이다.

a. 평가: 자기 자신에 대해 느끼거나 생각하는 정도를 짧고 간략하게 진술문으로 요약하시오.

① 당신은 행복할 권리가 있다.

② 당신의 필요와 욕구를 주장할 자격이 있다.

③ 당신은 노력의 결과를 즐긴다.

④ 당신은 삶의 기본적인 도전(이를 테면, 일/학교, 우정/관계, 사랑/가족/영성)에 맞서기 위해 추론하고, 문제를 해결하고, 창의력을 사용할 수 있는 당신의 능력을 신뢰한다.

예시

나는 내 삶의 대부분의 문제에 대하여 명료하게 생각하는 편이다. 하지만 간혹 나의 '바람'이 이기적인지 아니면 자연스러운 것인지 불확실하다고 느낄 때가 있다. 그럴 때마다, 나는 기뻐하고 즐거워하거나 만족스럽게 살 권리가 있는지 의심한다.

나는 직장에서 존중받고 사람들이 나를 좋아하는 것처럼 보인다. 나와 가까운 친구들은 몇 안 되지만, 그런 건 아무래도 좋다. 내 가족의 삶은 완벽하지는 않다(예를 들면, 아이들을 양육하는 방식에 대해 어머니와 의견이 다르긴 하지만, 나는 나만의 방식에 만족하고 있다). 우리 부부는 서로 사랑하고 존중하는 편이지만, 아이들 때문에 우리는 (특히, 성적인) 바람과 (동반자 관계에 대한) 욕구를 표현하는 데 다소 방해를 받아 왔다. 나는 때때로 나의 문제인지(바람직하지 않지만) 아니면 그저 상황의 문제인지, 아니면 둘 다인지 잘 모르겠다. 아마 내 감정의 일부는 혹시 내가 듣기 싫은 말(비호감이다, 재미없다, 흥미롭지 않다 등)을 들을까 봐 배우자에게 말하지 않는 것과 관련 있는 것 같다.

b. 집중 영역의 개발: 사정 요약을 바탕으로 핵심 단어와 개념을 찾아내어 다음을 수행할 수 있는 구체적인 생각, 감정, 행동 목록을 작성하라.

① 자기존중감의 확인

② 자기존중감의 강화

③ 자기존중감에 도전

예시

① 확인하기

나는 분명하게 생각하며, 문제를 해결하고, 대부분의 상황에서 적절한 결정을 내릴 수 있다.

나는 능력 있고, 의지할 수 있는 근로자다.

나는 나를 좋아하는 친구들이 있고 나도 그들을 좋아한다.

내 스스로가 능력 있는 부모라고 생각한다.

내 배우자와 나는 서로를 존중하고 사랑한다.

② 강화하기

나는 내 삶의 새로운 문제들과 도전거리들을 해결할 수 있다.

나를 도와줄 수 있는 자원(나 자신과 주변 사람들)이 있다.

내 노력의 결실을 즐길 권리가 있다는 것을 안다.

③ 도전하기

배우자에게 갖고 있는 기대에 의문을 갖고 있다.

나는 내 '바람'과 '욕구'에 대해 말하기 꺼린다.

나는 배우자가 내가 비호감이라 생각할까 걱정한다.

이 문제들을 배우자와 이야기하는 것을 주저하는 내 모습이 나 자신에 대해 부정적으로 느끼게 만든다.

c. 바람직한 변화에 집중하기: 단순하지만 구체적인 말로, 당신의 자기존중감을 증진하기 위해서 하고 싶은 것들을 진술하시오.

예시

나는 개방적이고, 정직하며, 사랑스런 방식으로 우리 부부의 바람들과 욕구에 대한 나의 관심을 전하고 싶다.

d. 계획하기: 언제, 그리고 어떤 상황에서 무엇을 하고 싶은지를 진술하시오.

예시

하고 싶은 것: 내가 느끼는 '단절감'에 대해 배우자와 대화를 시작할 것이다. 이 대화를 통해 우리 둘 다 기분이 나아지고 관계의 친밀감을 높일 수 있도록, 나의 최선의 문제해결 능력을 발휘하여 이 주제를 꺼낼 것이다.

시기와 조건: 이번 저녁(수요일)에 다른 사람의 방해 없이 함께 저녁 식사를 할 수 있는 날로 계획할 것이다.

실행 중 고려할 점. 지지적인 환경을 조성하고, 부정적인 접촉을 최소화하며, 진전을 축하한다. 그리고 바람직한 변화를 더욱 발전시키거나 원하는 생각, 감정, 행동을 지속시키는 데 도움이 되는 자산들을 강조한다.

예시

우리에게 함께 있으면 즐거운 친구들이 있다. 만날 때마다 우린 모두 즐거운 시간을 보내는데, 나는 조만간 우리가 함께하기 위한 시간을 내도록 도울 것이다(아마 이 주 안에).

유지를 위해 고려할 점. 성과를 지속하기 위해 필요한 자원, 습관 등과 같은 요소들을 계획한다.

예시

저녁은 낮 동안에 일어났던 것을 함께 나누고, 쉴 수 있고, 가깝게 느낄 수 있는 시간이다. 나는 규칙적으로 이것을 다시 시작하기를 제안하려고 한다. 이는 아이들을 잠자리에 보내고 특수한 상황을 제외하고는 방해받지 않는 것을 의미한다.

이 계획은 다룰 수 있는 생각, 감정, 행동의 유형을 대표적으로 보여 주는 것일 뿐이다. 제시된 진술문과 활동들은 개인의 역량을 강화하도록 설계된다. '자기효능감'은 강화된다. 문제 해결은 긍정적 감정을 포함한 바람직한 결과들을 동반한다. 그것들은 성취 가능한 시간과 현실적인 행동들 안에서 의도적으로 설정된다. 바람직한 사고, 감정, 그리고 행동들을 소폭의 증가로서 성취시키는 것은 성공을 확신하는 데 도움을 준다. 보다 포괄적인 교육 또는 치료계획의 맥락에서 긍정적인 가치감을 형성하고 유지하는 데 더 큰 발전이 이루어진다.

정의와 가정

격려는 다른 사람이 해결책을 찾도록 노력할 수 있고, 어떤 공경도 감당할 수 있다는 확신을 갖도록 영감을 주고 도움을 준다. 격려에 대한 몇 가지 기본적인 전제는 제1장에서 제시한 사회적 관심의 고·저 개념을 확장한 것이다.

다음 원칙들은 타인의 행동과 관련하여 격려에 적용된다. 각 항은 격려 진술문(E)과 낙담 진술문(D)의 예이다.

1. 어떻게 하는가보다 무엇을 하는가가 더 중요하다.
   E: 차에서 광이 나네! 뭘 한 거야?
   D: 우리 동네에서 너만큼 차 관리 잘한 사람이 너 말고 누가 있겠어!(비교)

2. 과거나 미래보다 현재에 더 초점을 둔다.
   E: 이 일에 당신이 쏟는 시간과 에너지를 보면, 당신이 이 일을 정말 즐기고 있다는 게 분명히 느껴져요.
   D: 야! 항상 이렇게 열심히 하지 그래?

3. 행동은 행위자보다 더 중요한 것이다.
   E: 도와줘서 정말 고마워!
   D: 정말 착한 아이구나! 이렇게 항상 옳은 일만 하렴!
   혹은 잘못을 지적할 때:
   E: 난 네가 음식을 더 달라고 해놓고 먹지 않으면 정말 화가 나.
   D: 넌 항상 음식을 낭비하는구나! 정말 무책임함 그 자체야!

4. 노력이 결과보다 더 강조되어야 한다.
   E: 와! 이번 경기는 정말 재밌었어! 내가 공을 좀 더 서두르지 않고, 인내심을 갖는 법만 배우면 다음번에는 너랑 훨씬 더 멋진 경기를 할 수 있을 것 같아!(과정, 행위, 그리고 즐기는 것에 집중한 것이 경쟁력을 향상시켰다.)
   D: 너 이번에 운 좋은 줄 알아! 다음번엔 어떻게든 이겨 줄 테니깐 말이야!(중요한 것은 이기는 것)

5. 외적 동기(예: 보상과 처벌)보다는 내적 동기에(예: 만족, 즐거움, 도전) 집중한다.
   E: 나는 사진 찍을 때 시간과 정성을 많이 들여. 어느 것도 우리 삶의 아름다운 순간을 포착하는 것만큼 기쁨을 주진 않아!
   D: 이걸 하면서 내가 뭘 얻을 수 있어? 이게 나한테 도대체 뭔데?

6. 학습하고 있는 것이 학습하고 있지 않는 것보다 중요하다.
   E: 넌 이제 덧셈과 뺄셈을 통달했구나! 그것은 곱셈과 나눗셈을 배우는 데 큰 도움이 될 거야. 그럼 어려운 문제들 몇 개 살펴보고, 마찬가지로 통달할 수 있도록 해 보자.
   D: 우리 이거 계속해서 완전히 숙달될 수 있도록 해야 해. 그렇지 않으면, 나눗셈은 너한테 어려워질 거야.

7. 틀린 것보다 맞은 것을 더 강조한다.
   E: 덧셈과 뺄셈 문제에서, 100점 만점에 84점 맞았구나. 조금만 더 노력하면, 곱셈과 나눗셈 문제로 넘어갈 수 있겠다!
   D: 100문제 중 16개나 틀렸어!

격려하는 사람은 이러한 행동들을 완전히 체화될 때까지 연습한다. 반대로, 많은 사람은 무의식적으로 타인을 낙담시키는 경향이 있다. 저자는 경쟁과 관련하여 내적 동기 대 외적 동기에 대한 본질적인 차이점을 포착한 TV 스포츠 인터뷰를 기억하고 있다. 이 사례에서 활강 스키 선수가 불과 몇 분의 1초 차이로 우승을 놓쳤다. 결과가 발표되자마자, 해설자는 그 스키 선수와 인터뷰를 진행하면서 이렇게 물었다. "불과 몇 분의 1초 차이로 우승을 놓쳤는데요. 만약 방금 경기를 다시 치른다면, 어떻게 다르게 하셨을 것 같습니까?" 그 스키 선수는, "아니요, 달리 할 건 없어요. 충분히 좋은 레이스였어요. 나는 최선을 다했고 모든 건 계획대로 되었어요."라고 대답했다. 해설자는 계속해서 물었다. "그렇지만 그 찰나의 순간 때문에 당신은 졌어요. 출발선 혹은 트랙에서 조금 더 세게 밀어부쳤다면 어땠을까요?" 스키 선수는 이렇게 답변했다. "그렇지 않습니다. 아주 신나는 경기였어요. 나는 최선을 다했습니다. 다른 선수가 그저 조금 더 빨랐을 뿐입니다!" 위 해설자는 스키 선수가 조금이라도 후회하거나 실망했음을 이끌어 내기 위해서 불신하며 다시 한번 물어봤다. 그러나 스키선수는 충분히 좋은 레이스였음에, 그가 최선을 다했음에, 그리고 2위나 3위 따위와 같은 순위는 안중에 없었음에 편안한 상태였다. 당연히 그는 우승하고 싶었을 것이다. 그의 목표에는 승리도 있었겠지만, 그가 통제할 수 없는 요인들이 존재했을 뿐이다(다른 스키 선수가 조금 더 빨랐던 것처럼). 이것은 다른 사람을 돕는 것을 이해하는 데 있어, 독창적인 기여라고 생각하는 격려의 또 다른 측면으로 우리를 이끈다.

격려의 본질

삶의 여러 상황은 개인의 통제를 벗어난 여러 요인에 의해 좌우된다. 그러나 태도나, 기대, 그리고 자기 확신과 같은 것들은 개인의 통제 내에 있는 것이다. 삶의 경험을 풍요롭게 하기 위해서 통제할 수 없는 요인들의 영향을 최소화하고 통제할 수 있는 요인들을 최대한 이용하도록 돕는 것이 격려의 본질적 문제이다.

예를 들어, 통제할 수 없는 요인들은 가족, 교육 시스템, 이웃, 경제 환경, 재능, 장애, 그리고 부모로부터 유전적으로 결정된 신체적 특징 따위의 것들이다. 다른 많은 요인은 우연히 주어진 것일 수 있다.

반면, 통제 가능한 요인들 중에 환경적 상황에 대한 태도, 자신과 타인에 대한 지식, 자신의 태도, 기대, 자기 신념을 지지하는 행동이 있다. 예를 들어, 일이라는 기본적인 생애 과제와 관련하여, 진로선택(제8장)은 다른 개인적인 선택과 마찬가지로 통제 가능한 요인의 영역에 있다. 진로선택에 관한 개인의 통제를 극대화하는 것은 다음과 같은 요인들을 포함한다.

- 긍정적인 작업 습관 개발하기
- 신체적 외모 가꾸기의 가치 학습하기
- 진로 정보를 찾아 평가하고 이용하는 법 학습하기
- 가치 부여, 의사 결정, 목표 설정, 계획, 실행의 기술과 지식을 개발하기

통제 불가능한 요인들의 영향을 최소화하는 것은 다음과 같은 요인들을 포함한다.

- 경제 동향과 직업 요건에 대한 정보 얻기
- 성 고정관념과 같은 불필요한 제약이 될 수 있는 사회적 태도나 관행에 대한 의식을 일깨우기
- 비슷한 장애를 가지고 있으면서도 이를 극복하고 자신이 선택한 진로를 추구한 사람들의 사례를 찾아보기

모든 사람은 삶을 시작할 때 무언가를 발견하고, 능숙함을 키우고, 삶을 즐기고자 하는 욕구를 가지고 있다. 요컨대, 격려의 주요한 목적은 사람들이 삶을 살아가면서 필요한 목표, 태도, 그리고 역량을 세울 수 있도록 돕는 것이다. 무조건 이겨야 한다는 태도 없이 격려만 한다면 성과가 평범해

질 것이라고 일부 어른들은 걱정하기도 한다. 이는 사실과는 거리가 멀다. 앞에서 기술했듯이, 모든 사람은 삶을 시작할 때 무언가를 발견하고, 능숙함을 키우고, 삶을 즐기고자 하는 욕구를 가지고 있다. 격려를 통해, 사람은 이러한 성향을 키워 가고 의식화시킨다. 어린 자녀가 "싫어, 내가 하고 싶어요."라고 말하는 걸 경험해 보지 않은 부모가 없겠는가? 신발끈을 묶거나 기하학 문제를 푸는 것과 같은 완전히 새로운 과제나 문제를 숙달해 가는 것에 대한 깊은 만족감을 누가 모르겠는가?

저자는 종종 어른들이 아이들의 화장실 훈련, 식습관 형성, 그리고 취침 시간에 집착하는 것에 충격을 받는다. 이런 모든 활동은 기쁨, 만족, 그리고 자기 확신과 같은 내적 만족감을 수반한다. 다섯 명의 아이를 키우다 보니, 피곤하고 성미가 까다로운 어린아이를 안고 잠자리에 들 때가 많이 있었다. 저자의 어깨에 얼굴을 파묻은 채로 침대로 가는 과정에 저자는 잘 정리되어서 기분 좋게 시원한 침대 시트에 눕는 게 얼마나 기분 좋을지, 그 침대에 누워서 휴식을 취하면 얼마나 좋을지, 또 아침에 그 침대에서 일어났을 때 어떤 즐거운 일이 기다리고 있을지 말한다. 저자의 모든 아이는 아주 편안한 취침을 즐겼다.

배변 습관을 잘 들이는 것 또한 큰 문제가 아니다. 어린아이가 책임감을 가질 나이가 됐을 때엔, 살짝 도와주는 것만으로 충분하다. 유아 서적에 제시된 발달 시기에 지나치게 집착하는 것은, 그런 일에 불안해하는 부모와, 그 불안을 이용해 더 많은 관심과 보살핌을 얻는 방법을 알도록 아이를 부추기게 된다. 반면, 아이들이 배변을 끝냈을 때 기분이 어떤지 물어보는 것은 수반된 안도감과 즐거움에 대한 인식을 고양시킬 수 있다. 자신을 돌보는 것과 관련한 좋은 느낌에 관하여 이야기할 수도 있다.

새로운 과제나 문제를 해결하고 있을 때, 성공할 수 있게 해 주는 도움은 항상 필요하다. 개인에 따라 얼마만큼의 도움이 필요한지는 다를 수 있지만, 성공은 더 많은 노력을 격려한다. 무엇이든 조금씩 천천히 계속 해 나간다면 쉬운 일이 될 것이다. 사람들은 나이에 상관없이 탐구와 숙달의 기쁨을 즐긴다.

저자는 언젠가 35세의 수녀가 수상스키 배우는 것을 도와준 경험을 잘 기억하고 있다. 당시 수녀가 전통적인 수녀복이 아닌 옷을 입고 사람들 앞에 나선다는 것만으로도 꽤 신선한 일이었다. 그러나 수녀는 아직 젊었기에 수상스키 강습 자체가 신이 나게 만들었던 것 같다. 운동에 재능이 있다기보다는 외려 차분한 삶이 더 익숙했던 수녀는 물에 빠질 때마다 수면 위로 올라오기를 버거워했다. 수많은 시도 끝에 비교적 짧은, 그렇지만 의미 있는 수상스키 타기에 성공하였다. 나는 도저히 설명할 수 없을 만큼 행복해 보이는 그녀의 얼굴을 보았다. 지금도 그녀는 가장 행복했던 기억 중 하나로 그날 수상스키를 숙달한 날을 꼽을 것이다. 혹자는 어쩌면 이렇게 말할지 모르겠다. "하지만 수녀님은 수상스키를 완전히 마스터하지는 못했을 거예요." 그건 사실이지만, 수상스키를 마스터하는 것은 그녀의 목표가 아니었다. 수녀가 수상스키를 시도한 것과 같은 '진정한 투지(grit)'는 그녀의 다른 관심 분야에서도 찾아볼 수 있었다.

저자의 이런 철학과 상응하는 '성공'의 정의는 다음과 같다.

> '성공'은 미리 정해 놓은 가치 있는 목표와 잘 균형 잡힌 삶을 점진적으로 실현하는 것이다.

그러므로 성공은 일회성 사건이 아닌 과정이다. 학생들은 단순히 졸업하는 것만이 아니라 학교에서 노력해 가는 것만으로도 충분히 성공적이라고 할 수 있다. 부모들은 마찬가지로 자식들이 대학을 졸업하는 것이나 좋은 직장을 다니고, 또는 그들이 목표를 설정하는 것만이 아니라, 삶을 열심히 헤쳐 나가는 것을 보는 것만으로도 충분히 성공적이라고 할 수 있겠다. 이러한 성공의 정의에 따르면, 계획은 의도적이다. 목표를 설정하고 성취하기 위해 가는 이정표를 세우는 것은 의도적이다. 목표는 개인에 의해 가치 있는 것으로 판단되므로 가치 평가는 그 과정에서 중심적인 역할을 한다. 마지막으로, 그런 삶에는 균형이 있다. 즉, 신체 건강과 정신 건강은 사랑하는 가족관계를 통해서 좋은 식습관과 위생, 협력 관계 등에 주목함으로써 유지된다. 이러한 정의를 통해, 누구나 자기 자신이 성공적이라고 생각할 수 있다. 제2장은 이런 정의에 부분적으로 근거해서 안녕 모델들을 제시하고 있다.

우리 각자가 인생을 즐기고, 배우는 것을 즐기고, 우리가 선택한 것은 무엇이나 최선을 다하려고 노력한다면, 무엇을 더 요구할 수 있는가? 적절한 격려를 통해서, 더 많은 젊은이가 앞 예의 스키타는 사람처럼 성장할 수 있고, 선택한 것은 무엇이나 최선을 다해서 그 자체를 즐기기 때문에 자신의 마음속에서 챔피언이 될 수 있는 것이다.

격려하는 의사소통

실험과 경험을 통해 보면, 많은 사람이 조력자의 도움이 필요할 때, 아직도 대부분의 사람은 제대로 의사소통하지 못하고 특히 효율적으로 경청하지 못한다고 한다. 타인의 감정을 반영하고 효과적으로 의사소통을 할 수 있다는 것은, 바람직한 대인관계를 형성할 가능성을 증가시킨다. 대부분의 초보 상담자는 타인을 돕는 데 가장 필요한 것이 충고나 정보 혹은 더 구체적인 세부 사항을 묻는 질문이라고 믿는다. 이러한 기술들 또한 한 분야로 분류되기도 하지만, 이 기술들은 소위 '행위' 차원이라고 불리는 도움의 영역이다. 타인에 반응하여 초기에 사용된다면, 이 기법들은 도움이 되기보다는 오히려 마이너스에 가깝다고 알려져 있다. 이 기술들은 오히려 사람들을 더 낙담시킨다. 의사소통할 때 공감적으로 이해하는 것은 조력 관계에서 필수적이며 중심적이다. 그래서 도움의 촉진적 차원은 행위 차원의 전제 조건이다.

감정을 나타내는 단어들이 〈표 4-1〉에 나와 있다. 이 용어들은 효과적인 의사소통을 발전시키는 데에 도움이 될 것이다. 당신이 어떤 단어들을 가장 편하게 자주 쓰는지 주목하라. 용어들을 검토하면서, 어떤 용어가 더 구체적이고 더 강렬하게 감정을 표현하는지 생각해 보라. 예를 들어, '당황한'과 같은 단어보다는, '당혹스러워 쩔쩔매는', '실망한' 또는 '화가 난'처럼 더 정교하게 말할 수 있다. 사용하는 단어들을 개선하는 것만으로도 촉진적인 경청자와 의사소통자의 자질을 갖게 되는 것이다. 저자의 경험으로도, 많은 사람이 목적에 맞는 적절한 어휘 사용 능력이 부족하다는 것이다.

당신이 어떤 사람의 경험을 경청하고 이해한 것을 의사소통할 때 정확성, 특수성, 구체성, 즉시성 등은 중요한 요소들이다. 용어 선택은 이 과정에서 굉장히 중요한 도구이다. 예를 들어, "잘됐네. 꽤나 행복해 보이네."와 같은 문장보다는 "지금 이 순간(즉시성) 네가 적절한 선택을 했다는 것에(구체성과 특수성) 기쁨을 느끼는구나(정확성)."란 문장이 더 많은 요소를 내포하고 있는 것처럼 말이다.

다음 절에 제시된 변별 범주들과 반응 목록들을 살펴보라. 이 장의 끝에 있는 자기 연습 과제에서 반응들을 평정해 보라. 이러한 연습의 목적은 반감적(subtractive)·상호 교환적(interchangable)·부가적(additive) 반응을 구별하는 기본 역량을 훈련하는 데 있다. 공감적 의사소통에 대한 역할 놀이와 안내된 연습은 이러한 기술을 크게 향상시켜 줄 수 있다.

또한 주목할 가치가 있는 것은 감정의 범주들과 강도다. 예를 들어, 느낌은 '행복한', '슬픈', '두려운' 그리고 '불확실한', '화난' 등으로 다양하게 나열할 수 있다. 게다가 감정의 강도와 힘은 상당히 다르다. 저자는 6세 아동과 나눈 다음과 같은 대화를 기억한다.

> 상담자: …… 그래서 네 방식대로 안 되면, 마음이 불편하구나!
>
> 아 동: 엄청 화가 나요!!!

아이는 저자가 잘 이해했는지 확인하길 원했다. 사람은 흥분되고 기쁨에 넘치거나 전율을 느낄 수 있다. 이러한 것들은 역시 강한 감정들이다. 반면에, 사람은 발랄하고, 낙천적이며, 그저 좋은 감정을 느낄 수도 있다. 이러한 감정들은 조금 더 평범한 감정들이다. 이와 반대로, 특정 맥락 없이, 어떤 사람이 마음 불편하다고 말하는 건 정보 관점에서 거의 아무것도 알 수 없다. 예를 들어,

나는 당혹스럽거나, 실망하거나, 분노하거나, 슬퍼할 수도 있다. 이러한 감정들은 모두 마음 불편함의 형태들이지만, 각각에 적절하게 반응하는 방식은 크게 다를 수 있다. 즉, 감정에서 뉘앙스 차이에 주목하는 건 의사소통에 강도와 활력을 더해 준다. 정서적 반응의 이러한 구체성과 풍부함은 관계에서 라포 형성을 촉진시켜 준다.

〈표 4-1〉 **감정 단어**

우스꽝스러운 Absurd	무시하는 Contempt	열렬한 Fervent	겁을 내는 Intimidated	만족한 Satisfied
충분한 Adequate	삶에 만족하는 Contented	가만히 있지 못하는 Fidgety	즐거운 Joy	무서워하는 Scared
모험을 즐기는 Adventuresome	홀딱 반한 Crushed	좋은 Fine	의기양양한 Jubilant	마음을 끄는 Seductive
다정한 Affectionate	대담한 Daring	크게 놀란 Flabbergasted	화가 난 Mad	스스로 해낼 수 있는 Self-reliant
무서워하는 Afraid	기분이 상한 Deflated	혼란스러운 Flustered	훌륭한 Marvelous	감정적인 Sentimental
짜증 난 Aggravated	실의에 빠진 Dejected	허망한, 쓸쓸해하는 Forlorn	온화한 Meek	겁이 많은, 잘 놀라는 Skittish
고뇌하는 Agony	기뻐하는 Delight	만족하는 Fulfilled	우울한 Melancholy	슬픔 Sorrow
선뜻 동의하는, 기분 좋은 쾌활한 Agreeable	우울한 Depressed	용감한, 정중한 Gallant	즐거운 Merry	훌륭한 Splendid
즐거운 Amused	호감 가는 Desirable	들뜬 Gay	비참한 Miserable	시달리는 Stricken
분노한 Angry	절망한 Despair	무시무시한 Ghastly	너무 창피해서 부끄러운 Mortified	망연자실한 Stunned
괴로워하는 Anguish	자포자기한 Desperate	기쁨 Gladness	무감각한 Numb	뿌루퉁한 Sulky
적대감 Animosity	유쾌하지 못한 Disagreeable	신이 난 Gleeful	집착하는 Obsessed	의심스러운 Suspicious
불안한 Anxious	실망한 Disappointed	좋은 Good	이상한 Odd	두려움 Terror
이해하는 Apprehensive	삶에 불만족스러운 Discontented	감사하는 Grateful	기분이 상한 Offended	감사하는 Thankful
열정적인 Ardent	역겨움 Disgust	엄청난 Great	극복하다 Overcome	소심한 Timid

오만한 Arrogant	낙심한 Disheartened	비통한 Grief	매우 기뻐하는 Overjoyed	극심한 고통받는 Tormented
부끄러운 Ashamed	싫어하는 Dislike	불평이 많은 Grouchy	(육체적 · 정신적) 고통 Pang	엄청난 Tremendous
깜짝 놀란 Astounded	불안한, 동요한 Disquieted	가책을 느끼는 Guilty	평화로운 Peaceful	승리감, 환희 Triumph
끔찍한 Awful	의심스러운 Distrustful	행복한 Happy	가짜 같은 Phony	걱정하는 Troubled
넋을 빼놓는, 황홀한 Bewitching	매우 불안정한 Disturbed	마음이 찢어지는 Heartbroken	기쁜 Pleased	신뢰하는 Trustful
씁쓸한 Bitter	풀이 죽은 Downcast	희망찬 Hopeful	기쁨 Pleasure	불안한, 뒤숭숭한 Uneasy
더 없이 행복한 Blissful	간절한 Eager	절망스러운 Hopeless	씩씩한 Plucky	불행한 Unfortunate
지루한 Bored	성실한 Earnest	끔찍한 Horrible	자랑스러운 Proud	불행한 Unhappy
귀찮은 Bothered	황홀한 Ecstasy	적대적인 Hostile	후회하는 Regret	신경 쓰이지 않는 Unnerved
숨을 쉴 수 없는 Breathless	마냥 행복해하는 Elated	겸손한 Humble	느긋한 Relaxed	관능적인 Voluptuous
자신감에 차 있는 Buoyant	감정적인 Emotional	굴욕적인 Humiliated	안도하는 Relieved	따뜻한 Warm
매료된 Captivated	격려되는 Encouraged	상처받은 Hurt	역겨운 Repelled	몹시 지친 Weary
매력적인 Charming	격노한 Enraged	참을성 없는 Impatient	분함 Resentment	호감이 가는 Winsome
발랄한 Cheerful	열정적인 Enthusiastic	무관심한 Indifferent	체념 Resignation	애석해하는 Wistful
가까운 친밀한 Close	신이 난 Excited	분개 Indignation	단호한 Resolute	재치 있는 Witty
편안한 Comfortable	벅찬 Exhilarated	불안정한 Insecure	초조한 Restless	아주 멋진 Wonderful
자기 만족적인 Complacent	환상적인 Fantastic	가식적인 Insincere	숨기지 않는 Revealing	걱정스러운 Worried
자신 있는 Confident	매혹된 Fascinated	고무된 Inspired	어리석은 Ridiculous	
혼란스러워하는 Confused	두려운 Fearful	친밀한 Intimate	슬픈 Sad	

의사소통의 변별 범주와 반응의 예

이야기 줄거리: 전 학교에서 정말 잘하고 싶어요. 정말 잘해 보려고 하지만…… 지속할 수 없을 것 같아요. 알다시피, 공부 잘하고, 시험 잘 보고, 그리고 과제를 하는 것까지…… 너무 힘들어요. 정말 괴로워요…….

반감적

- 소속감, 적절감, 혹은 안전감에 분명히 상처가 되는 경우

  반응의 예: "넌 항상 말만 하고 실행으로 옮기지는 않잖아. 다른 데 가서 말해. 난 바빠."
- 단순히 주제를 바꿔서 화자가 주제에 대해 더 깊이 탐구하기 어렵거나 불가능하게 만드는 경우

  반응의 예: "하긴, 그렇지…… 원래 그런 거야…… 그런데, 너 어제저녁에 그 경기 봤어?"
- 무시된 감정과 동일한 유형 · 강도임; 내용에 초점을 두지만, 그 내용조차 정확할 필요가 없는 반응(예: 진술된 것과 관계없는 더 많은 정보를 요청하거나 언급된 내담을 인식했다는 표시 없이 특정 제안을 하는 것)

  반응의 예: "그러니까 너는 효율적으로 공부하는 법을 모른다는 거지? 선생님이랑 이에 대해 상의해 봤어?"

상호 교환적

- 내용과 감정을 다시 표현하거나, 많은 경우 감정의 틀을 필요한 내용과 함께 반영한다. 화자의 원래 발언이 없어도 제3자가 전달된 핵심 내용을 파악할 수 있다.

  반응의 예: "네가 얼마나 노력했는지와는 상관없이 학교에서 잘 해낼 수 없어서 정말 걱정 많겠구나.", "잘하는 건 너한테 중요하지만, 아무리 열심히 해도 원하는 만큼 잘되지 않는 것 같고."(화자의 감정 톤과 우려를 잘 반영함)

부가적

- 표현되고 진술된 내용과 감정을 가끔 명료화하고, 개인이 더 탐구할 수 있는 가능성을 높이며, 즉시성과 구체성도 종종 존재한다.

  반응의 예: "잘하는 것이 정말 중요하지만, 점점 더 어려워지는 것 같아서 조금 무서워지겠지." (눈맞춤, 목소리 톤, 억양, 말하는 속도가 모두 진솔함)

• 화자의 감정과 내용에 새로운 차원을 더해 탐색을 확장한다. 예컨대, 화자가 소속감, 충족감, 안정감에 관한 생각과 감정을 다룰 수 있는 능력을 향상시킨다. 직면 혹은 행동 지향적일 수 있지만 항상 무조건적 긍정적 존중과 공감의 맥락 내에서 이루어진다.
반응의 예: "잘 해내는 것은 중요하지만, 너는 지금 '내가 정말 해낼 수 있을까?', '내가 그럴 능력이 있을까?'라고 의문을 품고 있잖아."(반영적이고, 진술하며, 개방적임)

의사소통 변별 연습

연습 4-1

지시 사항: 아래 문장에서 다음 각 반응들을 도움의 정도에 따라 S(축소적), I(상호 교환적), A(부가적)로 평정하시오. 다음에 나와 있는 해답을 보고 당신의 반응을 검토하시오.

발췌문 1. 남편은 피곤한 상태로 집에 와서는 하루 종일 자신이 얼마나 힘들었는지 불평하며, 계속해서 내가 집안일을 다 해놓지 못했다고 비난해요. 아이 셋에다가 시어머니가 일주일에 여러 번 들르니 나는 정말 어떻게 해야 할지 정신줄을 놓을 지경이에요!

_____ ① 시어머니는 본인의 방문이 당신의 일과를 방해한다는 것을 알고 계신가요?
_____ ② 당신은 누군가와 이야기할 필요가 있어 보입니다.
_____ ③ 당신 남편의 태도는 참으로 당신이 처한 상황에 둔감하네요. 이것이 당신을 더욱 화나게 만드는군요.
_____ ④ 저도 그런 식으로 느낀 적이 있어요.

발췌문 2. 직장 동료와 문제가 있어 상사에게 면담하러 갔어요. 정신 차릴 틈도 없이 상사는 내가 이런 일을 자소한 게 아닌지부터 물었어요. 지금껏 아무런 문제없이 14년 동안 이 직장에서 일해 왔기 때문에, 나는 이번 일로 엄청 상처받았고 배신당한 기분이에요.

_____ ① 상사에게 완전히 배신당한 기분이군요. 상사는 이번 면담의 요청을 완전히 놓쳤고, 이제는 상사를 신뢰할 수 없다고 생각하게 되었네요.
_____ ② 상사는 회사에서 얼마나 오래 근무하였습니까?
_____ ③ 14년 동안 당신은 결코 다른 문제는 없었습니까?
_____ ④ 당신의 상사는 진짜 당신에게 상처를 주었군요. 그 오랜 세월 성실하게 일해 왔는데도, 상사가 당신을 의심하다니요!

발췌문 3. 우리가 해변에서 정말 좋은 시간을 보내서 그런지 내 모든 문제들이 이제 심각하게 보이지 않아!

_____ ① 정말 멋진 해변 여행이었네요! 해결하지 못할 만큼 크거나 중요한 문제는 없는 것 같아요!

_____ ② 어떤 해변을 가신 거죠?

_____ ③ 그렇게 돈을 많이 썼으니 그렇게 느껴지겠지요?

_____ ④ 여전히 좋은 시간을 보내고 있는 것처럼 들려요. 마치 모든 문제들이 덜 중요하게 보이는 것 같아요.

발췌문 4. 가족처럼 10여 년간 함께 살았던 반려견이 지난 주말에 죽었어. 난 지금도 우리 강아지가 내가 귀가했을 때 인사하면서 반기는 모습을 그리워해. 단지 강아지일 뿐이라는 걸 알지만서도 정말 슬프네.

_____ ① 말로 형용하기 어렵겠지만, 강아지는 가족 구성원 중 하나였지. 강아지가 그리울 거고, 이젠 귀가했을 때 강아지를 볼 수 없다는 사실에 정말 마음이 아플 거야.

_____ ② 네가 어떤 기분일지 알겠어. 나도 한때 잉꼬 한 마리를 키웠는데 비슷한 느낌이 들었어.

_____ ③ 교통사고 같은 거 당한 거야?

_____ ④ 그렇게 느낀 사람들이 정말 많을 거야. 동물 묘지 같은 건 혹시 들어 봤니?

정답	①	②	③	④
1	S	S	A	S
2	A	S	S	I
3	I	S	S	I
4	I	S	S	S

연습 4-2

지시 사항: 다음 각 반응이 화자에게 도움이 되는 정도를 S(축소적), I(상호 교환적), A(부가적)로 평정하시오. 다음에 나와 있는 해답을 보고 당신의 반응을 검토하시오.

발췌문 1. 와! 그 선생님은 정말 훌륭한 분이에요! 학교 오는 게 정말 재미있게 느껴지게 하거든요. 심지어 내가 문제 풀 때가 가장 즐겁다고 느끼게 해 줘요.

_____ ① 우와, 정말 훌륭한 선생님이구나! 심지어 나도 그 선생님 반에 들어가고 싶을 정도야!

______ ② 그 선생님은 어떻게 그렇게 한대?

______ ③ 그 선생님은 너무 훌륭해서 가장 어려운 문제조차도 재미있게 느껴지게 하시나 봐, 그 선생님 수업을 듣는 건 정말 신나는 일인 것 같아!

______ ④ 다른 아이들도 그 선생님을 좋아하는 것 같았어?

발췌문 2. 내가 좋아하는 것들에 대해서 한 번도 말할 기회가 없었어요. 다른 여자애들은 매번 자기 친구들을 토론 진행자로 뽑아요. 공정하지도 않고, 그 애들은 신경조차 쓰지 않아요.

______ ① 네가 느낀 점을 그 친구들에게 얘기해 보면 어때?

______ ② 널 의도적으로 토론에서 소외시킬 때마다 정말 기분 나빴겠다.

______ ③ 그 여자애들이 본인들이 좋아하는 주제만 매번 얘기하면서 널 소외시키는 건 정말 공정하지 않아 보이네.

______ ④ 근데 네가 조금 과민반응하고 있진 않아? 너 또한 다른 아이들과 마찬가지로 한 표를 가지고 있고, 똑같은 기회를 갖고 있잖아.

발췌문 3. 저번 팀 미팅 때 논의했던 것들이 정말 효과가 있었어요! 세상에, 이럴 수가! 하루만에 벌써 개선된 게 보였습니다! 이제 정말 이해했어요!

______ ① 와, 그거 멋진데요! 상황을 완전히 잘 파악하고 있을 뿐만 아니라, 심지어 즐기고 있는 것처럼 보여요!

______ ② 글쎄, 내일 또 잘 안 풀린다고 해서 실망하지 않길 바라요.

______ ③ 다음 미팅 때 이에 대해 더 자세히 얘기해 주셔야겠어요.

______ ④ 정말 멋진 기분이네요! 하루밖에 안 지났지만 벌써 좋아지고 있다니요! 다른 사람들에게도 이건 꼭 알려야겠어요!

발췌문 4. 메리에게 최근 무슨 일이 있었는지 정말 모르겠어. 그녀는 좀 거리를 두는 것 같아……. 이전처럼 대화하려고 하지도 않고…… 요즘 뉴스에선 마약 같은 게 많이 나오다 보니, 뭘 어떻게 생각해야 할지 모르겠네.

______ ① 이전과는 다르게 메리가 속마음을 털어놓으려 하지 않는 건 좀 걱정스럽네. 이게 무슨 의미인지 확실치 않을 거야.

______ ② 너무 걱정하지 않아도 될 거야. 메리 나이 때의 여자아이들은 모두 그런 시기를 겪으니까.

______ ③ 정부가 발행한 새 마약 관련 책자를 좀 보내줄까? 이게 네 마음을 좀 편하게 만들지 몰라.

______ ④ 메리가 너랑 거리를 두는 것이 마음 불편하다는 것을 이해해……. 특히, 도움과 조언이 가장 필요할지도 모르는 때에 네가 아무것도 해 줄 수 없다고 느끼는 것은 더 힘들겠지.

발췌문 5. 항상 질 낮은 자료로 그럭저럭 버텨야 하는 데 지쳤고 진절머리가 납니다. 그 사람들이 우리를 교사로서 제대로 대우할 생각이 없다면, 최소한 아이들만이라도 생각해 줘야 하는 거 아닌가요. 매년 똑같은 변명이 돌아옵니다. "아시잖아요, 우리 긴축 예산에 맞춰야 한다는 거!"

______ ① 맞아, 내가 근무했던 이전 학교에서도 같은 식이었어요.

______ ② 맞아, 동의해요.

______ ③ 질 낮은 교육자료로 잘 가르쳐야 하는 게 정말 답답해요. 적어도 아이들을 생각해 줘야 하잖아요.

______ ④ 아이들의 학교생활이 이런 문제 때문에 영향 받는 게, 그리고 권한을 가진 사람들이 아무도 신경 쓰지 않는다는 게 정말 슬프네.

정답	①	②	③	④
1	A	S	I	S
2	S	I	I	S
3	I	S	S	A
4	I	S	S	A
5	S	S	I	I

'나-전달법'

언어적 의사소통의 또 다른 측면은 분노나 도전하는 감정의 부정적 측면을 최소화하는 것이다. 기본 원칙은 '너 전달법'이 아닌 '나 전달법'이다. 잔소리하기, 불평하기, 비난하기 대신에 타인의 특정한 행동이 당신에게 유발한 감정을 단순히 전달하라. '나 전달법'은, ① 문제 되는 행동을 기술하고, ② 그 행동이 당신에게 결과적으로 야기하는 감정을 진술하고, ③ 그리고 당신에게 미치는 영향을 설명하는 것이다. 다음 예를 보자.

행동	네가 차를 사용한 후, 차에 기름을 안 채워둘 때마다

감정	나는 화가 나
결과	아침에 나설 때 회사나 약속에 내가 늦게 되니까

앞 진술문과 다음 진술문을 비교해 보자: "또 기름 채워 두는 걸 잊었네! 넌 대체 언제쯤 책임감 있게 행동할 거니? 차에 기름이 없으니 또 일에 늦었잖아!"

논리적 결과와 마찬가지로, 화가 났거나 눈에 띄게 흥분한 상태에서 '나 전달법' 공식을 사용하면, 그 효과가 떨어진다. 그러나 모든 당사자 간의 존중을 유지하는 것이 목표라면, 성공적인 해결책을 찾을 가능성이 높아진다. 아동 지도(제9장)와 가족 상담(제11장)에서 언급되겠지만, 개인의 순수한 감정, 심지어 분노 감정을 표현할 수 있는 것은 관계 속에서 존중이 내재되어 있을 때 촉진될 수 있다. 당신이 화가 났다는(혹은 정말 행복하다는) 사실은 당신의 진정한 관심사와 가치관의 정도를 반영한다. 어떠한 반목 없이 상호 만족스러운 해결책을 찾기 위한 끊임없는 노력은 더 큰 신뢰와 친밀함, 그리고 존중으로 이어질 수 있다. 직장 내, 친구 사이, 혹은 연애/결혼 생활에서, 서로의 간극과 갈등을 진정으로 잘 해결하면 더욱 끈끈하고 발전된 관계를 형성할 수 있다고 저자는 믿고 있다. 실제로 서로 간의 다름은 친밀한 관계에 있어 위험 요인이라기보다는 기회 요인이라고 볼 수 있다. 격려의 방법과 기법 그리고 갈등 해결의 훈련은 더 건강하고 보다 만족스러운 인간관계의 가능성을 높일 수 있다.

확대 적용

이 장의 초반에 언급했듯이, 사회적 갈등이 많이 있는 것처럼 이러한 갈등에 적용할 수 있는 방법들 또한 많다. 격려 기술들이 다양하지만, 성인의 인간관계에서도 같은 방식과 절차로 진행하면 된다. 갈등 해결에서 가장 범하기 쉬운 잘못은 바로 첫 번째 절차, 상호 존중과 관계된다. 만약 누군가 실수하거나 혹은 비행을 저지른다고 생각될 때, 추궁하거나, 비난하고, 그 실수를 지적함으로써 대화를 시작하는 경향이 있다. 이러한 접근은 상대방의 소속감, 안정감, 유능감을 약화시키는 경향이 있다. 다음 단계에서는 상황을 바로잡기 위해 무엇을 해야 하는지에 대한 실행 방안을 제시한다. 비록 제안 내용이 문제 해결에 필요한 조치를 담고 있다고 하더라도, 첫 번째 절차를 잘못하면 성공적 해결이 거의 불가능하게 될 수도 있다. 그러한 상황에서는 결국 승패를 가리는 결과로 이어지게 된다.

반면, 적극적 경청과 부드러운 눈맞춤, 그리고 공감적 의사소통을 통하여 상호 존중하는 분위기가 만들어진다면 다른 절차들이 설령 최적으로 실행되지 않는다하더라도, 상황은 여전히 만족스럽게 해결될 수 있다. 서로 다름을 해결하기 위한 노력의 요소로서 개방성, 유연성, 존중을 인지한다면, 만족스러운 결과를 도출할 확률이 더 높다.

타인의 행동과 태도에 대한 관심을 표현하는 또 다른 방법은 '촉진적 도전(facilitative challenge)'이 될 수 있다. 때로 인식한 바를 나누는 것이 상대방의 불편한 면을 건드릴 수 있더라도, 성장을 자극하고 도움이 될 수 있다. 저자의 인간관계 수업을 듣던 한 학부생에 관한 일화가 있다. 그 학생은 그녀 스스로를 학급 내 '광대'라고 인식하고 있었는데, 그만큼 그녀는 항상 웃음을 주는 사람이었다. 그 학기 동안 그 학생을 알고 지내면서, 상대적으로 저조한 그녀의 과제 성적에 대해 얘기를 나눈 적이 있었는데, 그녀는 종종 자신의 장난과 농담의 희생양이 되는 경우가 많다는 것을 알아차렸다. 그래서 물었다.

교수: 왜 사람들이 웃음을 기대할 때마다 결국 자네를 보게 되는 걸까? 그 사실을 알고 있는가?

학생: 아뇨, 잘 모르겠습니다.

교수: 혹시 이렇게 생각해 본 적이 있나? 자네가 웃음을 주는 한, 아무도 자네를 진지하게 대할 필요가 없다고 여기는 건 아닐까? 그래서 사람들이 자네의 의견이나 감정, 무엇이 자네를 행복하게 혹은 슬프게 만드는지를 굳이 고려하지 않아도 된다고 느끼면서, 여전히 자네를 동아리나 수업에서 익살꾼 역할에만 묶어 두는 건 아닐까?

학생: [조용하게 깊은 생각에 잠기며] 그렇게까지 표현해 본 적은 없지만, 한 번쯤은 생각해 본 적 있어요. 저 사람들, 정말 나를 좋아하는 걸까? 아니, 한 인간으로서 나를 존중하기는 할까? "다음 학기에 내가 성적이 떨어져서 학교를 못 나올 수도 있다는 걸 과연 누가 신경이나 쓸까?"라는 생각이 들 때가 있거든요. …… 맞아요, 그거네요! [미소 지으며] …… 결국 나는 궁정의 어릿광대, 그냥 웃기면 되는 사람이었네요……. 참, 어이가 없네!

교수: 꽤 큰 발견이지 않은가? 하지만 그거 아는가? [학생: 아뇨] 이건 그들의 잘못도 아니네……. [학생: 무슨 말씀이십니까?]…… 음, 누가 자네에게 그런 역할을 하라고 말하던가? [학생: 아…… 이제 알겠네요]…… 이제 문제는, 자네가 여기에 대해 무엇을 하고 싶은가이네. 바뀌고 싶나? [학생: 물론입니다!]

이 경우, 변화하기는 쉽지 않았다. 상황을 더 깊이 다루어 가면서, 저자는 이렇게 지적했다. 그녀는 자신감 부족으로 그러한 평판을 받게 한 많은 습관을 갖게 되었다고 말이다. 말하자면 사람들은 그녀가 항상 하던 대로 행동하기를 기대한다. 한 사람이 변화하기 시작하면 다른 사람들은 불편하게 될 수도 있다. 어느 순간, 예측할 수 없는 사람으로 바뀌기 때문이다. 이런 상황의 원인은 항상 자기 의심과 타인의 기대치가 혼합되고 섞이면서 발생한다. 그 학생은 내 지적이 심리적으로는 불편하게 느껴졌음에도 불구하고, 그녀는 우리의 관계에서 진솔성, 무조건적 배려, 공감적 이해를 경험하였기 때문에 이를 받아들일 수 있었다. 동일하게 중요한 점은, 내가 그 학생이 자신의 행동이 가진 목적을 이해하도록 도왔다는 것이다. 그 행동이 어떻게 자신의 실패에 대한 두려움을 감추고, 자신의 진정한 능력과 재능을 탐색하지 않아도 된다는 변명거리를 제공했는지 드러났다. 드라이커스가 말한, 이런 숨겨진 이유는 그녀의 생애 과제를 회피하는데 더 이상 유용하지 않게 되었다. 더 중요하게도, 그녀는 이제 타인이나 본인의 평판 따위와 같은 외적 요인이 아닌 본인이 원하는 대로 농담하고 장난칠 수 있는 여유를 갖게 되었다. 더 나아가 그녀는 주변 사람들이 그녀를 진지하고 책임감 있는 학생이자 친구로서 인식될 수 있게끔 행동하고 처신하는 법을 연습하기 시작했다. 따라서 효과적인 언어 소통에는 여러 가지 구성 요소가 포함된다. 대부분의 경우, 사용하는 단어 자체는 가장 중요하지 않은 요소이지만, 그것 역시 전체적인 효과에 기여한다. 주요한 개념들은 다음과 같다.

1. **반영적 경청.** 상대방이 표현한 느낌의 종류와 그 강도를 알아차리고 드러낸다.
2. **비판단적인 태도.** 상대방이 한 일을 마음에 들어 하지 않더라도, 그 사람 자체에 대한 존중을 보여준다.
3. **책임감 수용하기.** 비난, 불평, 잔소리를 피하고 자신의 감정에 책임을 진다.
4. **행동의 목적 이해하기.** 그 행동이 삶의 상황에서 해결책을 찾는 데 있어 상대방과 또는 자신에게 자기 파괴적으로 작용할 수 있는 방식을 이해한다.

수년간의 교사–학생 상호작용 연구들은 교사와 학생 모두 그들의 상호작용에서 어려움을 경험한다고 보고한다. 미국과 해외에서 수년간 강의한 저자의 경험에 미루어 보면, 교사를 포함한 워크숍 참여자들은 대부분의 상호작용이 지시 사항을 전달하고 그걸 상기시키며, 한편으론 질책하기도 하는 행위들을 포함한다는 걸 일반적으로 동의하는 편이다. 부모들도 마찬가지로 당혹해한다. 결혼과 가족 상호작용들은, 가장 끈끈한 가족을 제외하고는, 대체로 격려적이지 않은 경향이 있다(D. G. Myers, 1992; Stinnet & Defrain, 1985). 이것이 시사하는 바는 활용 가능한 가장 강력한 학습 방법(예: 모델과 사례)은 응당 삶에 대처하는 법을 배우는 곳이라 기대하는 주요 환경들에선 오히려 존재하지 않는다는 점이다. 요컨대, 우리 삶에서 맞닥뜨리는 여러 문제에 성공적으로 대처하려면, 모델을 제시하고, 가르치고, 완벽하게 격려하는 방법이 가장 중요하다는 것이다.

격려하기에 대하여

단지 언어적 격려 방법에만 관심을 가지는 것은 정작 중요한 부분에 커다란 공백을 남기는 것이다. 아들러 학파는 훈육의 문제를 다룰 때는 말이 아닌 행동의 중요성을 강조한다. 격려에도 같은 원칙을 적용할 수 있다. 사람들은 다른 사람이 한 말이 그들의 행동에서도 드러나는지를 확인할 증거를 찾는다. 비언어적 소통은 미소처럼 간단한 것일 수도 있지만 타인을 사랑하고 존중하며 진정한 배려를 반영하기 위해 특별히 고안된 일들을 계획하고 수행하는 것일 수 있다.

격려의 비언어적 메시지는 생일, 기념일, 졸업식과 같은 중요한 일정을 기억하고 축하해 주는 것도 포함한다. 이때 그 수혜자, 즉 중요한 이벤트의 당사자들은 당시 어떤 대화를 나눴고 어떤 선물이 오고 갔는지 기억나지 않을 수 있지만, 그때의 분위기와 태도는 기억할 것이다.

몇 가지 격려 행위에 대한 설명은 다음과 같다.

1. 누군가가 혼자서 했을 일을 돕기
2. 다른 사람의 취미, 휴가, 혹은 공유하고 싶어 하는 일들을 경청하기
3. 다른 사람이 어려워했던 과제를 마칠 때까지, 기다리는 동안 다른 일에 몰두하며 인내심을 유지하기
4. 타인이 더 많은 여가 시간을 가질 수 있도록 그 사람의 일을 해 주기
5. 당신에게 가치 있는 물건이나 책을 친구와 공유하기
6. 요청받지 않았는데도 먼저 호의를 베풀기
7. 쉽게 간과해서 잊을 수 있을 때도 잊지 않고 감사나 안부 편지 보내기
8. 다른 사람이 어떤 일을 해내는 데 필요한 능력이나 기여를 다른 사람들이 알아 줄 수 있도록, 그를 대신해 나서서 돕기

실제 다른 사람의 능력, 재능, 행동에 대한 감사, 인정, 수용의 표현을 순수하게 진심으로 표현하면 그런 행위는 그 사람에게 격려가 될 수 있다. 때때로 사람들은 아들러 학자들이 칭찬에 대한 언급을 회피하는 경향을 가지고 있는 이유에 대해서 질문한다. 그런 경향에 대한 몇 가지 설명이 있는데, 첫째, 상담의 목표는 대체로 타인이 낙담한 상황을 극복하도록 돕는 데에 있다. 제1장의 움직임에 대한 수직적 관점과 수평적 관점의 설명을 참고해 보면, 우리가 정의하는 칭찬은 무엇을 했는가보다 어떻게 하고 있는가에 더 주목하게 만드는 경향이 있다(예: 넌 훌륭한 화가구나! 정말 잘 그렸네). 낙담한 사람들은 자신이 얼마나 잘하고 있는지에 몰두하는 경향이 있기 때문에, 아들러 학

파는 그것을 덜 강조하려고 한다.

앞에서 언급했던, 스키대회에서 1초 차로 패한 후 인터뷰를 진행했던 스키선수의 사례에서, 그가 참 잘했다고 말하는 것은 그에게 별로 중요하지 않을 수 있다. 해설자의 격려가 아니더라도 최선을 다했음을 스스로 믿고 있다. 그의 활강에 대한 가장 신뢰하는 친구의 칭찬은 그가 이미 믿고 있었던 것에 대한 긍정으로서 격려가 될 수 있다. 다른 사람의 자신감 수준이 확실하지 않을 때는 차라리 칭찬하지 않는 것이 더 좋다고 믿는다.

사전적인 의미에 의하면, 칭찬하기는 승인을 표현하는 것이다. 권위주의적 사회나 체계에서 칭찬은 영향력의 수단이다. 다시 말하면, 상관은 부하의 업적이나 행동을 '승인 또는 불승인'한다. 그렇다면 칭찬은 평등사회엔 적절하지 않은 수단이다. 칭찬은 또한 행위가 아닌 사람에게 집중하는 경향이 있다.

많은 사람의 개인적인 비극은 타인에게 중요한 사람이 되기 위해서 그들이 만족을 표할 때까지 도와주어야 한다는 관념에서부터 시작한다. 한편, 어떤 사람들은 그들의 행동이 타인을 어떻게 기쁘게 할지에 따라 무얼 할지 혹은 하지 말지를 결정하는 반면, 타인을 불쾌하게 만들기 위해서 행동하는 몇몇 사람들도 있다. 어느 쪽이든, 그 결과는 똑같이 성장을 가로막는다. 또한 사업가, 작가, 배우, 음악 스타 등 대중의 눈에는 뛰어나 보였지만, 결국 약물 남용, 건강을 해치는 자기 파괴적 행동, 그리고 낙담한 사람이 보이는 여러 다른 행동들로 인해 생을 마감한 사례도 많다. 이런 예들로, 권력, 지위, 그리고 재산 등을 동반한 성공은 모두 허망하고 우울한 것으로 드러났다. 어떤 사람들은 성공이 도리어 이 사람들을 망쳤다고 반박할지도 모른다. 재물과 명성의 영향력이 오히려 그들을 타락시켰을 뿐이다. 그들의 대외적 삶이 요구하는 바는 너무나 컸다. 그들이 시간과, 친구와, 동료에 대해 전혀 영향력을 행사할 수 없었다는 전제를 받아들인다면 이런 논쟁들은 설득력 있을지도 모른다.

대조적으로, 사생활에서 개인적인 비극을 겪었음에도 불구하고, 사회적 관심이 높은 사람들의 훌륭한 본보기가 된 다른 성공적이고 주목받는 공인들의 사례들도 있다. 미국의 유명 희극인 밥 홉(Bob Hope)은 뛰어난 유머 감각과 개인적인 매력을 이용하여 전 세계 군인들과 불우한 사람들의 사기를 드높였다. 그는 수많은 자선단체와 사회 운동을 위하여 그의 시간, 재능, 그리고 사적 자원을 나누었다. 단 한 번도 위트를 놓친 적이 없었지만, 그의 유머는 절대로 다른 사람들에게 상처가 되는 법도 없었다. 자문과 상담에 관한 장에서 다룬 바와 같이, 어떤 사람이 삶의 어떤 곤경에 빠져 있을 때, 웃게끔 하는 것은 신체적으로나 정서적으로도 긴장을 푸는 데 도움이 된다. 이런 기준을 토대로, 밥 홉은 홉 박사님으로 불리기도 했다.

적절한 신체 접촉에 주의를 기울이는 것은 격려의 중요한 과정이다.

격려에 관한 마지막 한 가지 관찰은 다른 사람과의 신체 접촉에 관한 것이다. 다양한 이유로, 미국 사회에서 타인에 대한 신체 접촉은 다소 금기시되어 왔다. 특정 인종들에겐 포옹하거나 키스하는 건 사랑이나, 우정, 그리고 따뜻함의 표현으로 받아들여진다. 어떠한 인사나 축하도 이것 없이는 완전하지 않은 것이다. 그럼에도 불구하고, 여전히 남아 있는 서유럽 빅토리아 시대 특유의 보수적이고, 금욕적인 성 관념과 생활방식이, 포르노그래피와 도덕적 방종, 그리고 성적 능력에 대한 집착이 팽배한 사회 안에서 공존하고 있는 듯하다. 특히 주목할 만한 사실은, 애정 어린 어루만짐, 껴안기, 들어올리기, 접촉 등 신체적인 보살핌의 표현이 없으면 동물들조차도 다양한 질병을 겪으며, 어떤 경우에는 심지어 죽음에 이르게 된다는 새로운 연구 결과들이 축적되고 있다는 점이다. 모든 연령대의 인간을 대상으로 한 사례 연구들 역시 이 영역에서의 방치와 관련하여 매우 주목할 만하다. 이러한 이유로, 저자는 적절한 신체 접촉에 주의를 기울이는 것이 격려 과정에서 중요한 요소가 될 수 있다고 믿는다.

대부분의 경우에, 간결하지만 단호한 악수, 팔이나 등에 가볍게 손을 얹는 것, 볼에 입맞춤, 포옹, 손잡기 정도면 충분하다. 연애 초기의 커플은 서로에 대한 애정의 표현으로 손잡고, 키스하고, 어루만지며 애정 어린 스킨십을 나눈다. 아기들 역시 생애 초기에 비슷한 형태의 애정 표현을 받는 경향이 있다. 아이들은 점차 성장함에 따라서 부모의 신체 접촉을 기피하는 경향이 있는 반면, 동시에 일반적으로 이성을 향한 호기심을 발현하는 경향이 있다. 성적인 뉘앙스나 함의를 담지 않은 채, 동성 간과 이성 간 모두에서 관심, 배려, 지지를 적절하게 사회적으로 표현하는 문화를 길러 나가는 것이 바람직하다. 특히, 부모는 자녀와 함께, 그리고 자녀를 위해 이러한 모습을 보여 줄 수 있는 기회를 많이 갖고 있다. 어린아이들과 함께 일하는 교사들 역시, 관심을 끌거나 지지를 표현하기 위해 부드럽게 접촉하는 것이 도움이 될 수 있는 경우가 많다.

비언어적 의사소통 또한 신체적 가까움을 통해 얻어질 수 있다(즉, 가까이 서 있거나 책상이나 탁자 위로 몸을 숙여 작품이나 물건을 가까이에서 살펴보는 것). 각 경우, 다른 사람들은 그 사람의 존재를 긍정적인 방식으로 느낄 수 있다. 종종 단순히 물어보는 것만으로도 다른 사람에게 무엇이 적절하거나 편안한지 알 수 있다. 이 논의의 목적상, 도움을 주는 역할에 있는 사람은 성적 접근이나 괴롭힘으로 해석될 수 있는 행동에 민감해야 한다. 마찬가지로, 다문화적 다양성에 대한 이해가 깊어질수록, 눈맞춤, 신체적 거리, 제스처 등 관련 비언어적 의사소통에 대해서도, 돕는 사람이 상대방의 문화적 배경을 모르는 경우라면, 그 개인의 가치관, 생각, 감정을 의도적으로 탐색하는 민감성이 필요하다(Lee, 2006).

요약

이 장에서는 삶에 대처하는 긍정적인 태도를 증진시키는 데 가장 중요한 요소의 다양한 측면을 살펴본다. 자기 자신을 믿는 것은 타인의 영향을 받지만, 타인에 의해 결정되지는 않는다. 타인을 가장 효과적으로 격려하기 위해서는 가장 먼저 본인 스스로를 믿을 수 있어야 한다. 삶의 곤경 속에서 그 해결책을 찾기 위해 용기를 갖는 것은 삶의 가장 큰 자산들 중 하나를 갖는 것이다.

구체적인 방법과 기법들이 있으며, 이를 연습하면 다른 사람과 관계를 맺는 방식에 변화를 가져올 수 있다. 격려는 모든 아들러적 개입의 핵심 요소이므로, 다음 장들에서 추가적인 사례와 설명을 확인할 수 있을 것이다. 또한, 이 장 끝에 있는 학습 문제와 활동을 해 보는 것도 큰 도움이 될 것이다. 결론적으로, 격려하는 사람은 다음과 같다.

1. 타인을 있는 그대로 존중한다(설령 특정 행동들이 마음에 들지 않아도).
2. 믿음을 보여 준다. 이는 사람들이 자신을 믿을 수 있게 한다.
3. 그 사람의 능력은 충분히 만족스럽게 기능할 것이라고 기대한다.
4. 긍정적인 목표를 향한 노력을 가치 있는 것으로 알아 준다.
5. 개인의 자유와 발달을 위해 (가족, 급우, 동료 등) 집단과 함께 그리고 그 안에서 작업한다.
6. 모든 사람이 집단 내에서 소속감을 경험하도록 돕는다.
7. 성공을 보장하기 위해 경험과 지식을 순차적으로, 그리고 적절한 속도로 제공함으로써, 다른 사람들이 대처하는 데 필요한 기술과 태도를 개발하도록 도와준다.
8. 개인의 발달을 촉진하기 위해 그 사람들의 자산과 관심사를 이용한다.
9. 상대방이 별다른 노력이나 행동을 하지 않아도 자발적으로 격려를 건넨다.

학습 문제

지시 사항: 다음 질문에 답하시오.

1. 격려 행동의 특징들을 쓰시오(예: 성과보다는 노력에 더 의미를 부여한다).
2. 왜 아들러 학파는 '불완전할 용기를 가져야 한다'라고 가르친다고 생각하는가?

3. 다음 각각의 경우에 대한 예시를 2개 이상 제시하시오.
   ① 생애 과제를 수직적인 면으로 접근하는 사람
   ② 생애 과제를 수평적인 면으로 접근하는 사람
4. 다음 각각의 경우를 간결히 설명하고 각 2가지 예시를 제시하시오.
   ① '격려하는 언어'
   ② '격려하는 행위'

활동

격려한다는 것은, 특히 다른 사람들이 스스로 해결책을 찾을 수 있고 어떤 어려움도 극복할 수 있다는 믿음을 갖도록 영감을 주거나 돕는 것을 의미한다.

격려하는 행위에는 다음과 같은 특성이 있다.

1. 개인이 어떻게 하느냐보다 무엇을 하느냐가 더 중요하다.
2. 과거나 미래보다는 현재에 초점을 맞춘다.
3. 행위는 행위자보다 더 중요하다.
4. 결과보다는 노력이 더 강조되어야 한다.
5. 내적 동기(예: 개인의 만족, 즐거움, 도전 등)가 외적 동기(예: 보상, 처벌) 보다 더 강조되어야 한다.
6. 배우고 있는 것이, 배우지 못한 것보다 더 중요하다.
7. 올바르게 행해지는 것이 올바르게 행해지지 않은 것보다 더 강조된다.

Ⅰ. A. 다음 각각의 상황에서 일반적으로 타인을 격려하는 것으로 볼 수 있는 행동을 1개 이상 고르시오.

상황	반응
1. 설거지를 돕겠다고 자원한다.	___ a. 깜짝 놀라서 기절한다. ___ b. 어떻게 하는지 가르쳐 준다. ___ c. 설거지가 잘됐는지는 상관없이 밝고 협조적인 태도를 유지한다. ___ d. 그들이 함께 있어 주고 도와준 것에 감사를 표한다.

2. 실수로 바닥에 음식이 가득 담긴 접시를 떨어뜨린다.	___ a. 바닥을 치워 준다. ___ b. 바닥을 치우라고 말한다. ___ c. 바닥 치우는 걸 도와줄 수 있는지 묻는다. ___ d. 필요해 보이지 않으면 아무 말도 하지 않는다.
3. 다른 사람들을 위해 간식을 사 온다.	___ a. 생각해 준 것에 감사를 표한다. ___ b. 어디서 갖고 온 건지 묻는다. ___ c. 마음껏 즐긴다. ___ d. 상대방이 좋아할 만한 것을 다른 때에 나누며 화답한다.
4. 집에 성적표를 가져간다.	___ a. 그들이 좋아하는 과목이 무엇인지 함께 살펴본다. ___ b. 읽지 않고 서명한다. ___ c. 좋은 성적을 받았으니 용돈을 준다. ___ d. 그들에게 어떤 의미가 있는지 이야기해 본다.

정답: 1. c, d; 2. c, d; 3. a, c, d; 4. a, d

B. 파트너 또는 집단원과 적절한 반응에 대해 합의해 보시오.

C. 정답을 보면서 당신이 고른 답을 점검해 보시오.

II. A. 아래의 각각 상황에 알맞은 격려 반응을 (언어적 혹은 비언어적) 1개 혹은 그 이상 나열하시오.

상황	반응
다른 사람이:	
1. 주어진 시간 안에 과제를 끝낼 수 없다.	
2. 운동 신경이 둔한 편이다.	
3. 골치 아픈 과제를 자원해서 도와준다.	
4. 자동차를 세차한다.	
5. 당신에게 소중한 물건을 잃어버린다.	
6. 취미와 관심사를 공유한다.	
7. 특별한 재능을 가지고 있다.	
8. (아이가) 시키지 않아도 목욕하고 나서 말없이 자러 간다.	

B. 당신의 격려 반응 목록을 집단과 공유하고 토론에 참여한다.

III. A. 타인이 당신을 격려하였을 때 그들의 지지가 정말 고마웠던 상황을 3가지 이상 말해 보시오.

상황	격려 반응
1. 2. 3.	

B. 타인의 말이나 행동보다 당신이 한 행동 자체로 더 큰 격려를 느꼈던 상황(즉, 외적 동기보다 내적 동기에 의해 동기 부여된 경우)을 떠올릴 수 있는가?

C. 어떤 상황에서 당신을 가장 낙담하게 되는가? 그럴 때 당신의 행동에 영향을 미치는 생각과 감정을 파악할 수 있는가? 앞으로 비슷한 상황에서 새로운 사고방식과 행동 방식을 배우고 싶은가?

D. 위 A에 당신이 기재한 격려했던 기억들을 공유해 보시오.

E. 당신이 원한다면, B의 상황 중 하나를 공유하시오.

F. 당신이 원한다면, C의 상황 중 하나를 골라서 파트너 혹은 집단원들에게 당신이 어떤 새로운 방식으로 그 상황에 접근할지 공유해 보시오.

IV. 다음에 나오는 표에서 자신의 행동에 해당하는 빈도를 표시하시오. 일상적인 활동도 다른 사람을 격려하는 데 매우 의도적으로 활용될 수 있다는 점에 유의하시오.

언어적

다음과 같은 말을 얼마나 자주 사용하는가?	매일	매주	매달	매년	해당 없음
1. 네 친구들 진짜 재밌더라.					
2. 도와줘서 고마워.					
3. _________하는 걸 즐기는 것처럼 보이네.					
4. 난 너의 _________이(가) 좋아.					
5. 난 내가 하는 _________이(가) 정말 좋아.					
6. 도와줄까?					
7. 고마워.					
8. 정말 안됐다……. 혹시 내가 할 수 있는 게 있을까?					
9. 네 취미나 여행 _________에 대해 말해 줄 수 있어?					
10. _________ 하는 법 좀 가르쳐 줄 수 있을까?					
11. 난 내 모습 그대로가 좋아.					
12. (상대방에게 좋은 일이 있을 때) 정말 잘됐다!					

비언어적

다음을 얼마나 자주하는가?	매일	매주	매달	매년	해당 없음
1. 타인이 그들의 삶 속 근심 혹은 중요한 사건을 털어놓을 때, 공감적으로 경청한다.					
2. 타인에게 편지나 쾌유 카드 보내기 등, 상대방을 생각하고 있다는 것을 알게 해 준다.					
3. 타인이 좀 느리거나 못할지라도 차분하게 기다려 준다.					
4. 사랑하는 사람들의 생일이나 기념일 혹은 중요한 일정을 기억하고 함께 나눈다.					
5. 당신이 하고 있는 일이나 당신이 함께 하고 있는 사람과 정말 즐겁게 생활하고 있음을 깨닫는다.					
6. 책이나 예쁜 사진과 같은 중요한 가치를 지닌 무언가를 친구와 공유한다.					
7. 타인이 요청하지 않아도, 그 사람에게 호의를 베푼다.					

참고문헌

Kennedy, J. F. (1956). *Profiles in courage*. New York: Harper & Row.

Nehru, J. (1958). *Toward freedom*. Boston: Beacon Press.

Prochaska, J. O., & DiClemente, C. C. (1984). *The transtheoretical approach: Crossing traditional boundaries of therapy*. Melbourne, FL: Krieger.

Stinnet, N., & Defrain, J. (1985). *Secrets of strong families*. New York: Berkley Books.

제3부

1차 변화 대 2차 변화
상담 및 심리치료

생활양식 사정
무의식의 이해

아들러는 “개인의 생각, 감정, 행동에 있어서, 소위 의식과 무의식에 있어서, 성격의 모든 표현에 있어서 통합체를 생활양식”이라고 정의했다. 이러한 (자기 일관된) 통합체를 우리는 개인의 생활양식이라고 부른다(Ansbacher & Ansbacher, 1967, p. 175). 생활양식 분석이나 사정은 생애 과제에 접근하거나 회피하는 데 사용하는 태도, 신념, 확신을 명확히 하기 위한 노력이다. 이 작업의 범위는 생활양식 사정의 방법과 기법에 대한 포괄적인 소개를 제공하기에는 충분하지 않지만, 개요를 제시하는 것은 적절하며 상담에서 그 타당성과 유용성을 이해하는 과정의 시작으로는 충분하다. 다음 장에서 언급하겠지만, 이러한 사정은 자기, 타인, 세상에 대한 태도와 기대를 유의미하게 재정향할 수 있다. 실제로 초기 기억이 바뀌거나 잊어버리거나 새로운 기억이 떠오를 수 있다.

생활양식 사정의 유용성과 신뢰성을 검증하는 가장 좋은 방법은 사정의 대상자가 되어 직접 경험하는 것이다. 당신은 상담자의 도움으로 자신의 지각을 더 많이 알아차릴 수 있다. 예를 들어, 동료, 의미 있는 타인 또는 유사한 관계의 사람들에 대한 자기 경험이나 기대가 진정으로 부조화되는 상황에 직면하면 훨씬 더 많은 것이 드러난다. 생활양식 사정이 제대로 수행된다면, 힘든 사람과의 관계에서 존재하는 불편함의 근원을 찾을 수 있다. 이러한 불일치들은 개인의 사적 신념, 가치, 기대의 한 부분이다. 이 장의 다음 절에서는 생활양식 사정에 사용되는 이론적 근거와 방법을 소개하고, 다음 장에서는 상담에 활용할 수 있는 예시를 제공한다.

자료 수집

경험 많은 상담자는 그러한 행동이 개인에게 어떤 동기에서 유용하게 작용하는지를 이해하기 위한 수단으로 행동을 관찰하는 법을 배운다. 종종 초보 상담자는 이 장에서 설명한 것과 같은 공식적인 생활양식 사정을 할 필요가 있는지 질문한다. 실제로 경험이 풍부한 상담자는 내담자에 대한 직감이나 전문가의 추측을 추론할 수 있는 다양한 자료를 사용할 것이다. 상담자나 타인에게 주목받은 외현적 행동뿐만 아니라 사례사, 사정 도구, 가족 구도, 초기 회상은 모두 유용한 도구들이다. 후자의 경우, 아동의 잘못된 목표와 같은 증상적 행동은 다른 아동들의 연구에서 획득한 지식을 바탕으로 현명한 추측을 가능하게 한다. 마찬가지로, 예를 들어, 다양한 물질 남용 프로그램에 참여하는 청소년과 성인들도 유사한 목적에서 유용하게 작용하는 부인 행동(denial behavior)을 보인다. 이러한 집단과 함께 작업하는 것 자체가 비교 · 판단의 기준이 되는 규준 자료와 관찰과 경험에서 형성된 주관적 판단 · 느낌과 같은 인상을 제공하는 하나의 원천이 된다.

아들러는 『신경증 문제(Problems of Neurosis)』(1929/1964)에서 다른 사람의 생활양식을 파악할 수 있는 단서를 발견하는 많은 방법이 있다고 기술하였다. 그의 초기 관찰 중에는 기관 문제(organic problem)를 통해 드러난 것이 있었다. 스트레스 연구에서 제안된 바에 따르면, 개인은 자신의 대처 기술에 대한 고유하고 특별한 생리적 반응을 통해 유사한 스트레스 상황에 반응하는 경향이 있다는 것이다. 어떤 사람들은 특정 상황에 대해 "배가 아프다(stomach)"고 말할 때, 그것은 문자 그대로 진심이다. 그 결과 위궤양, 담낭 발작, 구토 등 다양한 증상이 나타난다.

일반적으로 다음과 같은 경우에는 광범위한 생활양식 정보가 필요하지 않다.

1. 개인이 그러한 자료 없이도 해결할 수 있는 능력 안에 있는 상황적 문제를 가지고 도움을 청하고 있다.
2. 아동의 행동이 전형적인 낙담의 모습을 분명히 보여 주며, 가정이나 교실에서 교정적 조치를 취할 수 있다.
3. 상담자가 관찰하고 주의 깊게 경청한 결과, 삶을 관통하는 주요한 주제나 움직임이 분명하고 알아볼 수 있게 드러난다.
4. 검사 정보, 징후 행동, 가족 구도, 초기 회상, 유사한 정보를 서면이나 내담자 보고 형식으로 이미 상담자가 이용할 수 있다.

자료의 원천

생활양식 사정을 진행하는 것이 적절하다고 판단되는 경우, 최소한 다음 세 가지 자료의 원천, 즉 ① 가족 구도 질문지, ② 초기 회상, ③ 관찰을 고려해야 한다. 각 경우마다, 훈련된 상담자는 가설을 세우고, 검증하며, 각 사례에 맞게 이를 폐기, 수정, 확인할 준비가 되어 있다. 질문 기법은 다양하며, 심리평가를 진행하는 방식도 마찬가지로 서로 다르다. 경험 많은 상담자는 자료의 원천을 내담자와의 자유로운 대화에 통합하는 동시에, 체계적으로 반응을 이끌어 내어 그로부터 개념화(formulations)를 도출할 수 있다.

생활양식 사정은 개인의 전체적인(holistic) 본성을 강조한다.

생활양식 사정의 유용성은 개인의 전체적인 본성을 더욱 분명하게 보여 준다. 사실상 모든 행동은 서로 연결된 부분들로 이루어진 더 큰 계획 혹은 게스탈트(gestalt)를 도출할 수 있다. 개인의 의복 선택, 신체 자세, 움직임은 모두 근본적인 태도와 신념을 드러낸다.

본질적으로 생활양식 사정은 상담자에게 개인이 따르는 사적 논리를 보여 준다. 한편, 대부분 사람은 다른 사람들과의 사회적인 생활에서 무엇이 적절하고 부적절한지에 대한 특정한 개념을 획득하고 수용한다. 그러한 문제에 대한 합의를 상식(common sense)이라고 부를 수 있다. 다른 사람들이 보기에 그 상황에서 요구되는 바를 무시하거나 거스를 때, 개인은 자신의 사적 논리(private logic)를 따르는 것이다.

사적 논리는 당신의 행동이 당신을 위한 적절한 행동 과정이라는 믿음에서 기인한다. 그것은 당신 인생의 초기 경험의 결과이며, 기본적으로 삶, 타인, 자기에 대해 당신이 기대하는 것에 대한 선택적 지각으로 강화되기 때문에 이러한 사적 논리는 도전받지 않으면서 상당히 지속된다. 보이지 않는 길잡이 지도(road map)처럼, 자신이 따르고 있는 근거를 인식하지 못한 채 목표, 계획, 행동을 그려 나간다.

무의식적 가정은 당신이 그것에 만족하는 한 '자동 모드'로 작동하며, 다른 방법이 있는지 자문하지 않은 채 선택을 내리게 된다. 각 개인은 '마치' 자신의 지각이 유일하게 가능하거나 올바른 '것처럼(as if)' 행동한다.

아들러는 개인의 생활양식이 6세경에 형성됨에도 불구하고 각 개인의 변화가 유용하다고 생각할 때는 언제든지 변화될 수 있다는 점에 주목하였다. 실제로 대부분의 사람은 기본적인 목표를 크게 바꿀 필요가 없으며, 그들이 경험하는 다양한 사회적 맥락에서 다른 사람의 기대에 맞출 수 있도록 창의적인 자기 지향(self-direction)을 사용하는 방법을 배운다.

드라이커스(Dreikurs)가 특정한 행동을 추구하는 데 숨겨진 이유라고 말한 것을 이해하면, 내담자가 유용하고 위안이 된다고 보고하는 것을 이해할 수 있다. 저자는 드라이커스(개인적인 대화, 1970)가 다음과 같이 말한 것을 들은 적이 있다. "그가 어떤 사람인지 말해 보세요(예: 게으르다, 조울증이 있다). 그래서 어떻다는 건가요? 그가 어떻게 느끼고 있는지 말해 보세요. 그래서 어떻다는 건가요? 그렇다면, 그가 의도한 것을 말해 보세요. 그의 목표가 무엇인가요? 이제 그 사람은 변화할 수 있습니다!" 마찬가지로 내담자가 다른 사람이 자신의 논리를 이해하고, 자신이 처한 곤경에 진정으로 공감할 수 있다는 사실에 격려받고 있다고 느끼는 것이 중요하다.

가족 구도

그런 다음 상담자는 그 사람이 어떻게 인정받고, 자리 잡으며, 중요한 사람이 될 수 있다고 믿는지에 관한 개인적 논리를 이해하려고 한다. 상담자는 먼저 형제자매와 가족을 살펴보면서 내담자의 삶의 방식, 타인들의 방식, 내담자가 자신의 자리를 만들어 가는 방식에 대한 증거를 찾는다. 드라이커스는 나이 차가 가장 적으면서도 성격이나 특성이 가장 다른 형제자매가 내담자의 성격 형성에 가장 큰 영향을 미칠 가능성이 있다는 점에 주목하였다.

임상 경험은 한 아이가 좋아하거나 잘하는 것은 다른 아이는 좋아하지도 잘하지도 않는다는, 이 단순한 규칙을 뒷받침하는 것처럼 보인다. 한 아이가 예술적이라면 다른 아이는 운동에 재능이 있을 가능성이 있다. 모두가 학교에서 잘해야 한다는 기대와 같이 가족의 가치관이 겉으로 드러나는 차이를 완화하는 데 도움이 되는 경우는 예외이다. 그럼에도 불구하고 아이들이 스스로 잘하고자 선택한 분야에서는 여전히 차이를 찾아볼 수 있다. 초기 회상은 또 다른 풍부한 자료의 원천이다(Clark, 2013). 생활양식 사정을 처음 시작하거나 자주 사용하지 않는 사용자에게는 자료 수집을 위한 몇 가지 구조가 유용하다. 다행히도 당신에게 도움이 되는 도구가 있다.

가족 구도 질문지는 개인에게 6세부터 8세 이하의 어린 시절의 지각과 감정에 대해 생각하도록 요청한다. 어떤 사람들은 이 과제에 쉽게 반응할 수 있지만, 어떤 사람들은 어린 시절의 동네, 집에서 가장 좋아하는 장소, 친구, 좋아하는 장난감, 반려동물, 어린 시절 경험의 시금석이 되는 활동을 회상하는 데 도움이 필요하다. 대부분 사람은 주저 없이 자기 노출을 하고, 어린 시절을 회상하는 것에 상당한 관심을 보인다. 많은 사람은 이것이 매우 즐거운 경험이라고 생각한다.

상담자는 가족 내에서 개인의 서열적 위치, 다른 가족 구성원과의 비교되는 특성, 가족 내에서 상호 작용 패턴, 가족 가치, 신체적 및 사회경제적 환경에 대한 적응 등의 정보를 탐색하는 데 도움이 되는 일련의 질문을 바탕으로 면담을 진행한다. 상담자는 정보를 수집하되 선입견으로 내담자를 이끌지 않도록 주의해야 한다. 다음은 이러한 면접에서 자주 활용되는 몇 가지 질문들이다(Dreikurs, 1967).

A. 형제자매에 대한 기술: 출생 순위

가족의 모든 자녀를 출생 순위대로 나열하고, 사망한 형제자매나 어렸을 때 유산한 형제자매를 포함하여 내담자의 나이를 기준으로 각각의 나이를 플러스(+) 혹은 마이너스(−)로 기록하라. 예를 들어,

밥(Bob), +2
탐(Tom), 28(내담자)
메리(Mary), −2
여아, −3(사산)
수전(Susan), −10

예시에서 탐은 재혼 가정(two-family) 구도의 중간 아이로, 수전은 가장 나이 차가 적은 형제자매보다 6~8세 이상 어리기 때문에 외동의 특성을 가질 가능성이 있다.

B. 형제자매에 대한 기술

구체적으로 기술한다.

1. 당신과 가장 다른 사람은 누구인가요? 어떤 면에서? (아마도 경쟁자일 가능성 있음)
2. 당신과 가장 닮은 사람은 누구인가요? (동맹자일 가능성 있음)
3. 당신은 어떤 아이였나요?
4. 다른 형제자매들을 묘사해 보세요.

C. 특성 비교

다음 각 특성에 대해 누가 가장 높거나 많은지, 누가 가장 낮거나 적은지 표시하면서 자신과 형제자매들을 평정하라. 어느 경우에도 해당하지 않는다면, 당신과 가장 닮은 형제자매를 표시하라.

1. 지능적인
2. 가장 열심히 일하는
3. 학교에서 성적이 가장 높음
4. 가정에서 잘 돕는
5. 동조하는
6. 반항하는
7. 다른 사람을 기쁘게 하는
8. 자신만의 방식이 있는
9. 유머 감각
10. 엄격한 기준
11. 가장 버릇없는
12. 가장 처벌을 많이 받은

D. 형제자매 관계

1. 누가 누구를 돌보았나요?
2. 누가 누구와 놀았나요?
3. 어머니가 가장 좋아했던 사람은 누구였나요? 아버지는?
4. 누가 가장 사이좋게 지냈으며, 누가 가장 많이 싸웠나요?

E. 부모

1. 부모의 연령
2. 부모님은 각각 어떤 분이었나요?
3. 어떤 아이가 아버지를 가장 좋아했나요? 어떤 아이가 어머니를 가장 좋아했나요? 어떤 면에서?
4. 아버지와 어머니는 서로 어떤 관계를 맺고 있었나요?
5. 누가 자녀들에 대한 야망이 더 컸나요? 방식은 어땠나요?
6. 당신과 함께 살았거나 중대한 영향을 미친 다른 사람이 있었나요?

드라이커스(1967) 그리고 슐만과 모삭(Shulman & Mosak, 1988b)은 이러한 질문들과 그 밖의 질문들이 가지는 의미를 훨씬 더 자세히 논의하였다. 초기 사회적 경험이 개인의 편향된 통각(biased apperception)에 미치는 영향이 그들의 관심의 초점이었다. 내담자가 이러한 초기 지각을 되짚어 보는 과정에서, 상담자는 그 개인에 대한 언어적 초상화(word portrait)를 그려 나가기 시작할 수 있다.

초기 회상

아들러는 자신의 아이디어를 직접적이고 단순한 용어로 전달하는 데 재능이 있었다. 초기 회상에 관하여 "초기 회상은 특별한 의미가 있습니다. 우선, 그것은 생활양식의 기원을 보여 주며, 가장 단순한 형태로 생활양식을 보여 줍니다"(Adler, 1931/1958, p. 74). 이러한 중요한 정보 출처는 상담자가 작업하는 대부분의 개인이 쉽게 이용할 수 있다. 생활양식 정보 수집의 맥락에서 타당성과 신뢰성을 검증하는 데도 쉽게 사용할 수 있는 정보원이다. 청중 앞에서 생활양식을 시연하다가, 그 사람이 자신의 생활양식을 속이고 있다고 판단한 해럴드 모삭(Harold Mosak)의 이야기가 생각난다. 그는 '내담자'에 의해 제공된 생활양식 정보의 일관성 부족으로 이러한 판단을 내릴 수 있었다. 알고 보니, 그 청년과 그의 친구들은 해럴드의 임상적 통찰력을 시험해 보려다 들켜서 난처해했던 것이었다. 이론과 방법에 대한 경험이 쌓이면, 이런 자신감이 생기게 된다.

아들러 관점뿐만 아니라 다른 이론가들의 관점까지 포함한 초기 회상에 대한 가장 철저한 검토는 이에 관련된 연구와 연결되는 풍부한 자료를 제공한다(Clark, 2002; 2013). 이 장에서 그런 노력을 하는 것은 이 장의 범위를 벗어나는 것이지만, 클라크(Clark)의 평가는 주목할 만하다.

> 부적절한 규준과 방법론적 한계에서 비롯된 회의론에 대응하여 …… 초기 회상을 종합적인 성격 사정에 밀접하게 관련된 기능적 상담 도구로 볼 수 있다. …… 이와 관련하여, 상담자는 상담자는 초기 회상에서 도출한 추론을 바탕으로 타당한 가설을 세울 수 있으며, 다양한 출처에서 얻은 추가 정보로 이를 검증 · 보완할 수 있다(2002, p. 4).

아들러 심리학 이론의 맥락에서 초기 회상은 과거를 반영하는 것이 아니라, 미래를 예측하는 것이다. 이것은 이해해야 할 중요한 원칙이다. 초기 회상은 개인의 무의식적 목표를 향한 목적 지향적인 현재의 움직임을 드러낸다. 이는 개인이 움직이는 목표가 개인 성격의 통합성을 이해하는 데 도움이 된다는 아들러의 입장과 완전히 일치한다.

전형적으로 초기 회상은 가족 구도에 따른 면담 과정의 한 부분으로 기록된다. 개인은 상담자가 제안하기도 전에 초기 회상을 이야기하기 시작하는 경우가 많다. 아들러 이론가는 사람들이 기억하는 내용이 선택적으로 이루어진다고 본다. 그 이유는 그 기억이 삶의 경험을 이해하고, 예측하며,

다루는 데 개인에게 의미가 있기 때문이다. 특정 초기 회상은 대략 8세 또는 9세까지의 기억이다.

초기 회상은 현재 행동을 이해하기 위한 단서이다.

유의미한 초기 회상과 보고 간의 차이점에 유의해야 한다. 많은 사람은 가족 일상사, 빈번한 상호 작용, 초기 경험의 일반적인 일을 회상한다. 예를 들어, 한 사람은 여름철에는 매주 일요일 오후마다 가족이 아이스크림을 만드는 것을 취미로 삼았다고 보고했다. 더 많은 세부 사항이 덧붙여진다 하더라도, 이것은 회상과 혼동해서는 안 된다. 유용한 회상은 더 구체적이며, 특정 사건에 주의를 기울이게 한다. 종종 초기 회상은 너무 생생해서 '지금–여기'에 있는 듯한 느낌을 주고 명백한 정서적 반응도 함께 드러난다. 예를 들어, 이 사람은 다음과 같이 말했다.

> 어느 일요일 오후 날씨가 매우 쾌청하였고 손위 형제들은 아이스크림 수동 제조기를 내버려둔 채 뛰어놀았던 기억이 나요. 저는 아이스크림을 만들기로 마음먹고 손잡이를 돌리기 시작했어요. 아무도 제가 끝까지 해낸 것을 알아채지 못했어요. 다들 아이스크림을 맛있게 먹었고 저도 그랬어요. 저는 제 자신이 정말 뿌듯하게 느껴졌고, 그 후로 아이스크림을 특히 좋아하게 되었어요. (웃음)

이 예시에서 가족 중 아무도 그녀가 아이스크림 만드는 일을 거들었다는 사실을 기억하지 못할 수도 있다. 사실 그런 일이 전혀 일어나지 않았을 수도 있다. 중요한 것은 마치 그런 일이 일어났던 것처럼 그녀가 기억한다는 것이다. 상담자는 이러한 회상을 바탕으로 이 사람이 다음과 같이 믿고 있다고 가설을 세울 수 있다.

> 인생에서 가장 큰 만족 중 하나는 다른 사람들이 누가 기여를 했는지 알아차리든 말든 한 일을 끝까지 해내는 것이다. 다른 사람들이 자신들의 책임을 회피할 때, 나는 그 일을 끝까지 완수할 수 있다. 나는 다른 사람의 즐거움에 공헌할 수 있고, 또한 그렇게 하는 것이 뿌듯하다.

마찬가지로 어린 시절의 특정한 꿈은 초기 회상으로 다루어질 수 있다. 그러나 반복되는 꿈은 종종 눈에 띄기는 하지만, 초기 회상이라기보다는 보고로 여겨진다.

이 과정을 시작하기 위해 던지는 질문은 특별히 중요할 수 있다(예: 당신의 가장 오래된 기억은 무엇인가요?). 저자의 경험에 의하면, 최초의 기억이 쉽게 떠오를 때, 그 기억에는 개인이 삶을 살아가는 움직임에 대한 근본적인 주제나 신념 패턴을 포함하는 경향이 있다. 또한, 호소 문제는 특정 유형의 초기 회상을 떠올리게 하는데, 여기서 도출되는 신념들이 곤경의 근원이 된다. 즉, 그 곤경은 내담자가 해결책을 갖고자 하는 상황에 적합하지 않은 기대와 삶의 규칙에 뿌리를 두고 있다. 그러나 이것은 뒤따르는 회상의 내용과 정서에 주목함으로써 확인되거나 반박될 수 있다.

회상 내용의 대략적인 나이를 기록하는 것은 도움이 될 수 있다. 특히 상담자가, 예를 들어, 그 사람이 가족 내에서 중요한 사건(출생이나 사망, 가족의 이사, 다른 사람이 가족에 합류하는 등)이 일어나기 전까지는 어떤 회상도 없었다는 점을 관찰했을 때 그렇다.

가장 최초의 기억이 회상되든지 그렇지 못하든지 간에 일련의 회상을 통해 주제나 패턴이 드러난다. 어떤 사람은 몇 개만 회상할 수 있는 반면에, 대부분 사람은 6~10개 이상의 기억을 어렵지 않게 회상할 수 있다.

일부 아들러 상담자는 개인에게 가족 구도와 초기 회상 질문지에 서면으로 응답하게 한다. 그런 다음 서면 응답을 자세히 설명하거나 명확히 하기 위해 면담을 통해 질문지를 보완한다.

회상을 활용하려면 아들러 심리학에 대한 이해와 이 장의 범위를 넘어서는 추가적인 설명이 필요하다. 이러한 심층적인 정보를 얻을 수 있는 가장 좋은 출처는 아서 클라크(Arthur Clark, 2002, 2013)의 저서이다. 상담자가 개인을 이해하기 위해 고려할 수 있는 몇 가지 활동과 질문은 다음과 같다. 이 과정은 면담 후에 완료된다. 면담 중에 상담자는 개인이 공유한 설명을 최대한 정확하게 듣고 명확하게 기록한다.

이러한 회상에서:

개인은 능동적인가, 수동적인가?

관찰자인가, 참여자인가?

주는 사람인가, 받는 사람인가?

앞으로 나아가는가, 물러나는가?

주변 환경과 관련하여 그 사람의 신체적 자세나 위치는 어떠한가?

혼자 있는가, 다른 사람과 함께 있는가?

사람, 사물, 아이디어에 관심이 있는가?

내담자가 자신을 다른 사람들과 어떤 관계에 놓는가? 열등한 관계? 우월한 관계?

어떤 정서를 사용하는가?

사건이나 결과에 대해 어떤 감정적 분위기가 수반되는가?

세부 사항이나 색깔이 언급되었는가?

권위자, 부하 직원, 남자, 여자, 노인, 젊은이 등과 같은 고정관념(stereotype)이 드러났는가?

사건의 본질을 포착하는 '제목(headline)'을 준비하라[예: 아이스크림에 관한 여성의 회상의 경우 소녀, 일을 끝까지 해내다!(Girl Gets Job Done!)].

주제와 전반적인 패턴을 찾아라.

가족 구도 정보에서 이를 뒷받침할 근거를 찾아보라.

제6장에서는 내담자가 보고한 회상을 반영할 때, 현재 시제로 표현하도록 돕는 것이 어떤 유익한 효과를 가져왔는지 공유한다. 저자는 내담자에게 기억을 이야기하는 것뿐만 아니라 마치 그 순간에 있는 것처럼 되살려 보라고 권유한다(감정 해방). 이러한 접근이 사건의 정서적 · 생리적 감각 경험과 연결되면, 다음 단계로 현재 사건과의 연관이 자연스럽게 이어지고, 이를 통해 내담자가 이전에는 알지 못했던 주제, 규칙, 결과를 발견하게 된다(Sweeney, Myers, & Stephan, 2006; Sweeney & Myers, 2004). 연관성에 대한 저자의 해석이나 설명 없이도 더 많은 내담자가 통찰력을 얻는 데 큰 이점이 되는 것으로 입증되었다. 물론 일부 내담자에게는 생활양식의 다른 측면을 자신이 처한 곤경과 연관시키도록 돕는 것이 꼭 필요하지는 않더라도, 여전히 도움이 된다.

생활양식 과정을 표준화한 단일의, 보편적으로 정립된 질문이나 절차는 존재하지 않는다. 대다수 상담자는 개인을 돕는 데 필요한 정보를 도출하기 위해 자신들의 경험을 그대로 적용하지 않고, 현재 상황과 내담자에 맞게 변형하거나 조정한다. 생활양식 요약과 관련하여, 내담자의 정보와 잠정적인 해석을 정리할 때 사용하는 주제별 제목의 개요는 다음과 같다.

Ⅰ. 개인 특성: 가족 구도와 속성

Ⅱ. 성인과 성별 모델

Ⅲ. 가족/문화적 가치

Ⅳ. 초기 회상

Ⅴ. 인생 신념

Ⅵ. 생애 과제에 대한 접근법: 일, 우정, 사랑, 자기, 영성

Ⅶ. 안전지대: 기대가 충족될 때와 충족되지 않을 때

많은 경우에 정교한 보고를 준비할 필요는 없으며, 생활양식 자료를 바탕으로 관찰한 내용의 개관과 자기 대화 신념(self-talk convictions)에 대한 잠정적인 진술만 작성하면 된다. 요약 과정은 일반적으로 다음과 같은 진술로 이어진다(Shulman & Mosak, 1988a, 1988b):

A. 나는 ……이다.

1. 자기 개념: 내가 누구라고 생각하는지, 내가 무엇을 하고, 무엇을 좋아하는지 등
   a. 예를 들면, 나는 성격이 온화하고, 키가 작고, 정직하다.
   b. 이것은 객관적으로 사실이 아닐 수 있으며(예: 매우 키가 작은 사람은 키가 작지 않다고 느낄 수 있는 반면에, 키가 큰 사람은 키가 작다고 느낄 수 있음), 그 사람의 주관적인 평가라는 점을 이해해야 한다.
   c. 특히 평정이나 회상에서, 분명하게 드러나는 무언의 수식어(예: 나는 단지 여자일 뿐이다. 나는 정직해야만 한다. 나는 매우 키가 작다.)에 귀를 기울이라.
2. 자기 이상: 나의 자리를 갖기 위해 바라거나, 마땅히 되어야 하거나, 반드시 해야 하는 것
   a. 예를 들어, 나는 부자가 되고 싶다.
      나는 관대해야 한다.
      나는 열심히 일해야 한다.
      나는 진정한 남자(여자)가 되어야 한다.
   b. 가족 및 문화적 가치와 가족 분위기는 자기 이상에 영향을 주는 것으로 볼 수 있다(예: 출세하려면 좋은 교육을 받아야 한다, 이기려면 항상 노력해야 한다, 사랑은 모든 것을 치료한다, 남자가 여자보다 더 중요하다, 흑인은 아름답다.)

B. 다른 사람들은 ……이다.

1. 보편적: 사람들은 보편적으로 친절하고 의지할 수 있으며 신뢰할 만하다.
2. 구체적: 여자들은 좋은 하인이다, 남자는 강하다, 아이들은 행동으로 보여 주어야지 말로 해서는 안 된다.

C. 인생

1. 보편적: 인생은 위험으로 가득 차 있고, '거대한 서커스', 맞닥뜨려야 할 도전이다.
2. 구체적: 모든 것은 보이는 그대로이다, 자연은 나처럼 나약한 사람을 용서하지 않는다, 매일 매일은 나에게 새로운 기회이다.

나, 다른 사람, 삶의 조합에서 추론할 수 있다(예: "그러므로 나는 …… 이다."):
나는 어린이지만, 내가 원하는 것은 할 수 있다.
어른(즉, 권위를 가진 사람)은 어린이에 비해 불공정한 우위를 점하고 있다.

인생은 오직 강자만이 살아남는 매일매일의 투쟁이다.

그러므로 나는 어른들이 나를 이길 수 없다는 것을 보여 주어야만 한다.

사적 논리와 목표는 '그러므로, 나는(therefore, I)'이라는 신념 진술에서 드러난다. 이는 관찰자가 그 개인의 구체적인 행동(예: 말대꾸를 하거나 노골적으로 반항할지)을 예측하게 해 주지는 않는다. 각각의 생활양식에는 무한한 수의 가능한 행동이 존재한다. 개인은 자신이 중요하다고 판단하는 어떤 긍정적인 자질이나 능력에서 우월함으로써 자신 삶에서 권위자들을 '패배'시킬 수 있다. 또 다른 사람은 권위자들의 비일관성을 근거로 도전하여, 권위자들이 얼마나 불공정한지 세상에 보여 줄 수 있다. 후자의 경우 인권운동가가 될 수도 있고, 극단주의 정치 세력의 일원이 될 수도 있다. 선택은 개인에게 달려 있다.

행동을 수정한다고 해서 생활 신념이 바뀔 필요는 없다. 실제로 개인은 처벌과 보상뿐만 아니라 자연적 및 논리적인 결과를 경험하면서 자신의 행동을 수정한다. 아들러 학파는 이미 알고 있는 단서의 도움 없이 새롭고 낯설거나 스트레스가 많은 상황에 처했을 때, 사람들은 자신이 가장 초기부터 가지고 있던 신념으로 돌아간다고 믿는다.

관찰

마이어스(J. E. Myers, 1989)는 어른 아이라는 관점에서 노인의 성격 변화를 논의하였다. 그녀는 노인들이 자신의 인생 회고(즉, 어린 시절의 회상, 삶의 도전, 열망, 실망)를 공유하려는 보편적 성향을 낙관적으로 언급하며, 이는 노인들을 참여시키고 격려할 수 있는 기회라고 말했다. 또한, 노년 상담 전공자들은 사람들이 나이를 먹을수록 점점 더 자기다워진다고 지적한다(즉, 특정한 몇 가지 측면에서 다른 사람들과의 차이가 더욱 뚜렷해진다). 아들러 학파는 이러한 관찰이 사람의 행동은 변할 수 있지만, 방향성(즉, 삶을 살아가는 특정한 방식)은 특별한 상황을 제외하고는 변하지 않는다는 신념을 확증하는 역할을 한다고 믿는다. 그러나 제2장에서 언급했듯이, 안녕과 좋은 건강 습관을 추구하는 노년층이 이전에 생각했던 것보다 훨씬 더 학습 능력이 있다는 증거가 점점 더 많아지고 있다.

개인이 노년기에 이르거나 죽음에 직면할 때, 잠재적으로 스트레스가 될 수 있는 새로운 과제에 직면하게 된다. 기본적인 삶의 경험과 신념을 검토하는 것은 노년기나 죽음에 영적으로 대처하는 데 있어 잠재적으로 긍정적인 과정으로 보인다(Sweeney & Myers, 1986; Sweeney, 1997).

아들러 학파는 개인이 새로운 정보에 직면했을 때 자신의 신념을 고수하는 경향이 있으며, 실제로 그 신념이 처음부터 정확하다는 것을 증명하거나 확증하기 위한 기대를 갖고 있음을 관찰했다.

그러므로 아들러 상담자들은 '온건한 결정론자(soft determinants)'라고 불린다. 왜냐하면 그들은 심리치료로 인해 내담자에게 변화가 나타나는 경우가, 그것이 그 개인에게 더 유익할 때나, 아니면 예외적으로 중요한 사건이나 신체적 외상(organic trauma)이 있을 때뿐임을 관찰해 왔기 때문이다. 일반적으로 아들러 상담자는 생활양식의 전면적인 재정향 자체를 기대하지 않으며, 대부분 내담자가 그러한 변화가 필요하지도 않다고 생각한다.

생활양식이 변화한 것으로 보고된 사례에서, 사람들은 어린 시절 및 그것과 관련된 정서적 연관성을 다르게 지각하는 것으로 관찰되며, 심지어는 초기 회상이 바뀌거나 잊어버린다(즉, 비슷한 사건을 새롭게 해석하거나 '새로운' 사건을 회상한다).

개인의 생활양식은 만약 ……하지 않는 한 변하지 않는다.

생활양식 분석은 가족 관계와 회상을 포함하는 개인의 삶의 지각에 대한 다소 광범위한 검토가 포함될 수도 있고, 단순히 삶을 통한 개인의 특징적인 움직임을 발견하는 데 도움이 되는 덜 광범위한 탐색이 포함될 수도 있다. 강조점은 움직임과 동기이다. 개인이 어떤 목표를 향하여 어떻게 움직이고 있는지를 발견하는 것이 상담자의 목적이다. 개인이 자신의 행동이나 동기의 변화를 선택했느냐 하지 않느냐는 분명히 내담자의 책임이다.

면담자용 생활양식 질문지(Interviewer's Lifestyle Inventory)는 이 장의 요약 부분 뒤에서 찾아볼 수 있다. 또한 생활양식 자료에 대한 다양한 다른 활용 예시는 상담에서 이 방법을 어떻게 적용할 수 있는지를 보여 주는 추가 사례로서, 제6장, 제7장, 제8장, 제10장, 그리고 제12장에서 확인할 수 있었다. 제6장에서는 생활양식 사정의 기초와 응용에 대한 독자의 더 깊은 이해를 돕기 위해, 아들이 전남편인 아버지와 함께 살기로 한 결정에 대처하려는 여성 내담자와의 면담에서 발췌한 생활양식 상담 회기가 포함되어 있다.

요약

이 장은 아들러 상담과 심리치료에서 활용되는 생활양식 사정에 관한 개관을 제공하고 있다. 이 방법에 대하여 훨씬 더 많은 것이 논의되어야 하지만, 한 개인이 다른 사람들 사이에서 중요한 자리를 차지하기 위해 노력할 때 모든 행동이 그 개인에게 유용하다는 원리에서 이 방법이 어떻게 파생되었는지를 독자는 이해해야 한다. 행동에는 목적이 있고 한 사람의 생활양식을 통해 서로 연관되어 있다는 사실을 알면, 다른 사람의 사적 논리를 발견하는 것은 특정 행동이 전체와 관련하여 어떤 의미를 가지는지에 대해 추측하거나 가설을 세우는 일이 된다. 이 과정을 통하여 다른 사람의 행동이나 동기를 이해하고 수정하여 자기와 타인의 상호 이익을 위해 크고 작은 방식으로 다른 사람을 도울 수 있다. 투사적 기법과 그 활용에 경험이 없는 사람은 이러한 기법에 대한 수련 감독 경험과 연습을 통해 도움을 받을 수 있다. 잘 발달한 직관력은 도움이 되지만, 이러한 기법에 대한 개인심리학 지식, 경험, 실제에 대한 자세한 정보는 제1장과 제13장에서 찾을 수 있다.

학습 문제

지시 사항: 다음 질문에 답하시오.

1. 가족 구도는 무엇을 의미하는가?
2. 초기 회상과 보고는 어떻게 구분하는가?
3. 당신이 면담자용 생활양식 질문지의 특성 부분을 작성할 때, 같은 가족 구도에서 맏이가 중간 아이나 막내와 비교했을 때 어떤 반응을 보일 수 있는가?
4. 나이 차이가 5년 이내인 형제자매가 있는 친구나 지인에게 자신과 각 형제자매에 대해 이야기해 달라고 요청하시오. 특히, 그들의 나이 차이, 누가 가장 비슷하거나 달랐는지, 함께 놀았는지, 다투었는지, 성취했는지, 그렇지 않았는지 등을 주의 깊게 살펴보자. 제5장에서 설명된 것과 같은 반응 패턴이 관찰되는가? 경쟁 관계에 있는 형제자매가 서로 다른 영역에서 뛰어나거나 관심을 가지는 모습을 볼 수 있는가?

활동

제5장에서는 행동을 이해하기 위한 아들러 개인심리학에 대한 몇 가지 개념과 가정을 적용해 본다. 주요 개념의 일부는 다음과 같다.

1. 인간은 다른 사람을 향한 사회적 지향성을 가지고 있다.
2. 행동은 목표 지향적이다(즉, 그 행동이 타인에게 수용되지 않을지라도 개인에게는 목적이 있고 유

용하다).

3. 개인은 자기 결정을 하는 존재이다(즉, 삶, 자기, 타인에 대한 자신만의 고유한 사적 논리를 발달시킨다).
4. 정서는 개인이 목표를 성취하기 위해 사용하는 도구이다.
5. 개인은 자신에게 유용하다고 지각되면 언제든지 자신의 행동을 바꿀 수 있다.
6. 사람들이 '잘못된 행동을 할' 때는 낙담해서 그런 것이다(즉, 자신에 대한 신뢰가 먼저 부족하고, 다음으로 다른 사람들이 자신에게 긍정적으로 대할 것이라는 마음이 부족하기 때문에).

이러한 가정을 통해, 행동을 이해한다는 것은 곧 동기를 이해하고, 목표를 이해하며, 의도를 이해하는 것임을 알 수 있다. 동기, 목표, 의도는 바꿀 수 있다. 따라서 이는 모든 연령대의 사람들을 돕는 방법을 이해하는 데 있어 매우 낙관적이고 고무적인 관점이다.

이러한 접근법의 또 다른 측면은 개인이 자신의 생애를 이끌어 가는 사적 논리를 어떻게 발달시키는가에 관한 것이다. 확대가족을 포함한 가족은 삶, 타인, 자기에 대한 개인의 생각에 영향을 미친다. 아들러는 일반적으로 다른 사람에게 가장 큰 영향을 미치는 사람은 나이가 가장 가깝지만 가장 다른 형제자매라고 언급하였다. 지금까지 가족 내 다섯 가지 형제자매의 위치(맏이, 둘째, 중간, 막내, 외동)에 대해 학습하였다. 이 연습은 이러한 개념을 당신 자신과 형제자매(형제자매 또는 해당 연령대의 중요한 타인)와 관련하여 탐색하는 데 도움을 주기 위해 설계되었다. 부모, 가족 가치, 갈등 해결도 개인의 발달에 영향을 미친다. 출생 순위에 따른 위치는 주로 삶, 자기, 타인에 대한 고유한 신념을 도출하는 데 사용되며, 맏이로서 어떻게 행동해야 하는지에 대한 범주를 만드는 데는 사용되지 않는다. 또한 개인의 초기 회상은 삶을 어떻게 지각하는지를 드러내는 데 도움이 된다. 여기서 활용한 자료가 제한적이기는 하지만, 형제자매의 영향력에 대한 일반적 개념과 가족 내에서 고유한 존재가 되려는 개인의 바람을 파악할 수 있다.

1. A. 형제자매 목록 작성

모든 형제자매를 내림차순으로 기록하세요(본인 포함). 당신 이름 옆에 나이를 기록하고, 각 형제자매에 대해서 연령차를 + 또는 −로 표시하세요.

이름 나이(+ 또는 –) 설명

형제자매: 1 (맏이) ____________________

2 ____________________

3 ____________________

4 ______________________

5 ______________________

6 ______________________

B. 형제자매에 대한 설명

6~8세 이전의 어린 시절 형제자매를 기억하는 대로 기록하세요.

1. 당신과 가장 달랐던 사람은 누구인가요? ______________________

   어떤 면에서? (만일 당신이 외동이라면, 일반적인 보통의 다른 사람과 비교해 보시오.)

   ____

2. 당신과 가장 닮은 사람은 누구인가요? ______________________

   어떤 면에서? ______________________

3. 당신은 어떤 아이였나요? ______________________

   ____

4. 다른 형제자매에 대해 이야기해 보시오. ______________________

   ____

C. 특성 평정

다음 각 특성에 대해 자신 또는 형제자매 중 가장 '최고'라고 생각하는 사람과 가장 '최저'라고 생각하는 사람의 이름 또는 약자(initial)를 열에 기록하세요. 자신이 '최고'도 '최저'도 아닌 경우, 가운데 열에 자신의 이름이나 약자를 적고 화살표를 그려 누구와 가장 닮았는지 표시하세요.

예시: 슬픈	가장 높은 밥(Bob)	나와 가장 비슷함 →	가장 낮은 제인(Jane)
1 지능	________	________	________
2 열심히 공부하기	________	________	________
	최고	가장 비슷한	최저
3 좋은 학교 성적	________	________	________
4 집안일 돕기	________	________	________
5 동조하기	________	________	________
6 반항하기	________	________	________

7	타인을 기쁘게 하기			
8	타인을 비판하기			
9	사려 깊은 행동			
10	이기적인			
11	자신만의 방식이 있는			
12	민감하고 상처받기 쉬운			
13	명령적인			
14	떼쓰기			
15	유머 감각			
16	이상주의적			
17	물질주의적			
18	높은 도덕적 기준			
19	가장 운동을 잘하는			
20	가장 예술적인			
21	힘이 가장 센			
22	키가 가장 큰			
23	가장 예쁜			
24	여성적인			
25	남성적인			

D. 형제자매 관계

1. 누가 누구를 돌보았나요? ______________________________

2. 누가 누구와 함께 놀았나요? ______________________________

3. 누가 누구와 가장 잘 지냈나요? ______________________________

4. 누가 누구와 가장 많이 싸웠나요? ______________________________

E. 정리하기

앞서 작성한 자료와 어린 시절에 대해 떠올릴 수 있는 다른 모든 내용을 활용하여 본인과 형제자매의 특성을 모아 정리해 보시오.

참고: 대가족이거나 형제자매 간 나이 차이가 6년 이상 나는 경우 한 가족 안에 맏이 또

는 막내가 1명 이상이거나, 외동이 2명 이상 있을 수도 있다[18세인 밥(Bob)과 8세인 메리(Mary)가 한 가족이라고 하면, 두 사람 모두 외동으로 간주됨]. 따라서 위치를 결정할 때 당신과 나이 차이가 6년 이하인 형제자매만 고려하시오.

형제자매	모아 정리한 특성
맏이	______________________
둘째	______________________
	______________________
중간	______________________
	______________________
막내	______________________
	______________________
외동(나)	______________________
타인들(그 당시의 가까운 사촌, 친구	______________________
또는 일반적인 아이들)	______________________

F. 논의

집단으로 또는 관심 있는 친구와 함께 다음 사항에 대해 논의하시오.

- 형제자매 사이에 유사점과 차이점의 패턴을 어느 정도 발견했나요?
- 비록 지금은 성장하여 더 이상 예전처럼 행동하지 않는다 하더라도, (8세 이하의 어린 나이에) 맏이, 막내 등이 책에서 읽은 내용과 어느 정도 유사한가요? 즉, 이제는 더 이상 유사하게 행동하지 않나요?
- 각자가 상대에게 미친 영향을 드러내는 어린 시절 사건을 기억할 수 있나요?
- 당신은 가족 내에서 '명령자', '책임자', '아기', '심판자'나 그 밖의 역할을 그만두려고 결정했던 시기를 기억할 수 있나요?

G. 마무리 생각

이러한 활동의 의미는 모든 사람이 그들에게 중요한 모든 사회적 상황에서 자신의 자리를 갖고 싶다는 것을 알 수 있다는 것이다. 소속감, 안전감, 배려받는다는 느낌은 모두 이러한 성향을 보여 주는 신호이다.

사람들은 소속하기 위해 무엇을 해야 할 것인가에 관한 생각을 학교와 직장에 가지고 온다. 어떤 사람들은 협력을 기대하지만, 어떤 사람은 그렇지 않다. 상담자는 격려와 다른 구체적인 방법과 기법을 활용하여 모든 사람이 자기 자신을 더 좋아하게 되고, 공동체 속에서 협력적이고 책임감 있는 구성원으로 살아가는 것을 즐길 수 있도록 도움을 줄 수 있다.

참고문헌

Adler, A. (1929/1964). *Problems of neurosis*. New York: Harper & Row.

Adler, A. (1958). *What life should mean to you*. New York: Capricorn Books.

Ansbacher, H. L., & Ansbacher, R. R. (Eds.). (1967). *The individual psychology of Alfred Adler: A systematic presentation in selections from his writings*. New York: Harper & Row.

Clark, A. J. (2002). *Early recollections*. New York: Brunner-Routledge.

Clark, A. J. (2013). *Dawn of memories: The meaning of early memories in life*. Lanham, MD: Rowman & Littlefield.

Dreikurs, R. (1967). *Psychodynamics, psychotherapy, and counseling*. Chicago: Alfred Adler Institute.

Myers, J. E. (1989). *Adult children and aging parents*. Alexandria, VA: American Association for Counseling and Development.

Shulman, B. H., & Mosak, H. (1988a). *LSI—Life style inventory*. Muncie, IN: Accelerated Development.

Shulman, B. H., & Mosak, H. (1988b). *Manual for life style assessment*. Muncie, IN: Accelerated Development.

Sweeney, T. J. (1997). Early recollections: A source of healing and encouragement with older persons. *Therapeutic Strategies with Older Persons*, *3*(5), 3-14.

Sweeney, T. J., & Myers, J. E. (1986). Early recollections: An Adlerian method for use with older persons. *Clinical Gerontologist*, *4*(4), 3-12.

Sweeney, T. J., & Myers, J. E. (2004). *Developmental counseling and therapy assessment and Adlerian early recollections*. Training demonstration and Instructor's Guide. Amherst, MA: Microcounseling Inc.

Sweeney, T. J., Myers, J. E., & Stephan, J. B. (2006). Integrating developmental counseling and therapy assessment with Adlerian early recollections. *Journal of Individual Psychology*, *62*, 251-269.

아들러 상담과 심리치료의 실제

'인생 회고'는 노년층에서 흔히 관찰되는 현상이기 때문에 노인들을 돕는 도구로서 초기 회상을 활용하는 방법도 제시되어 있다. 아들러 심리학 방법을 사용하면 더 긍정적이고 오래 지속되는 효과를 기대할 수 있다. 아이비(Ivey)의 발달적 상담과 치료(Developmental Counseling and Therapy: DCT) 사정을 사용하면 초기 회상에 대한 정서 방출을 촉진하는 데 효과적인 것으로 입증되었다. 따라서 생활양식 사례 발표에서 이것을 사용한 예가 있다. 특히, 미디어 시연(Sweeney & Myers, 2004)과 슈퍼비전 실습을 통합한 이후 그 유용성에 대한 반응은 만족스러웠다.

이 장의 목적에 알맞게 생활양식과 행동 변화를 기초로 아들러 상담과 심리치료를 구분할 것이다. 아들러 학파는 개인의 생활양식이 삶을 통해 그 사람의 움직임을 촉진하는 고유하고 무의식적이며 인지적인 '지도'라는 점에 주목한다. 생활양식은 개인이 자신의 경험 내에서 일어나는 사건을 평가하고 관리하며 예측할 수 있도록 하는 일련의 통합된 신념이다. 개인의 생활양식에는 자기, 타인, 세상에 대한 신념이 결합하여 있으며, 그 신념의 기반이 되는 기대치가 있다. 이러한 자기 결정적 생각은 개인이 세상에서 자신의 자리를 만드는 방향과 움직임의 근원이 된다.

각 개인의 생활양식 안에는 행동을 선택할 수 있는 일정한 폭이 있다(즉, 개인의 신념에 따라 다양한 행동이 나타난다). 예를 들어, "진정한 남자만이 삶의 도전에 대처할 수 있다."라는 신념은 군 장교, 산악인, 우주비행사 등의 직업 선택의 결과를 가져올 것이다. 특히, "나는 단지 평범한 남자일 뿐이다."라는 생각은 패배한 낙오자, 아내에게 복종하는 남편, 바람둥이 기둥서방이 되게 할 수도 있다. 사회적으로 유용하거나 유용하지 않는 삶의 활동을 추구할 가능성은 동일한 생활양식 안에 존재한다.

상담과 심리치료를 각각의 목표에 따라 구분할 수 있다(Dreikurs, 1967). 상담의 경우 기존의 생활양식 내에서의 행동 변화가 목표이다. 심리치료에서는 생활양식의 변화를 바람직한 결과로 보며, 그에 따라 새로운 방식으로 자기 자리를 잡고 이에 맞는 태도, 감정, 행동을 갖추는 것을 추구한다. 즉, 아들러 상담자가 생각하는 성공적인 심리치료는 자신만의 자리를 만들고 생애 과제를 수행하는 것에 관한 생각과 행동 방식에 대한 근본적인 재정향이다. 상담자들은 1차 변화와 2차 변화를 거의 같은 방식으로 생각한다.

일반적으로 1차 변화는 변화된 태도에 기반한 더욱 적응적인 행동과 타인의 협력을 얻기 위한 사회적으로 적절한 방법이나 외적 보상에 대한 기대 없이 격려하는 방법과 같은 새로운 행동을 배우는 것으로 이어진다. 이 두 가지 과정을 구분하는 데 있어 논쟁의 여지가 있을 수 있지만, 차이점을 고려하는 것은 타당하다. 2차 변화는 아들러 심리치료의 바람직한 결과, 즉 다른 사람들 사이에서 자신의 자리를 만드는 근본적인 변화이다.

태도의 변화가 행동의 변화로 이어질 수 있으며, 그 반대의 경우도 가능하다. 이러한 적응적 반응은 전문가의 도움 없이도 대부분 사람이 할 수 있는 능력 범위 안에 있다. 그러나 일반적으로 상담자, 심리학자, 교사, 사회복지사, 또는 관련 지역사회 전문가는 생활양식 분석 및 개입을 성공적으로 사용하는 데 필요한 훈련, 경험 또는 시간이 부족하여 생활양식 자체의 중요한 변화를 충분히 이끌지 못한다.

> 태도의 변화는 행동의 변화로 이어진다.

이 장의 후반부와 제9장, 제11장에 설명되어 있지만, 행동 변화에 영향을 미치는 데 도움이 되는 아들러 심리학의 기본적인 교육적 방법과 기법을 성공적으로 사용하는 데에 교육학이나 심리학 전공의 대학원 수준의 훈련은 필요하지 않다. 전문적인 훈련 외에도 아들러 심리학을 알고 사용하는 상담자들은 상담 및 자문의 방법과 기법을 여러 차례 검증하여 많은 성공을 거두었다.

그러나 아들러 상담자가 심리치료에서 성공하기 위해서는 **동기 수정**(motivation modification)이 필요하다. 드라이커스(1963)는 이렇게 말했다.

> 우리는 주로 행동 패턴을 변화시키거나 증상을 제거하려고 시도하지 않는다. 환자가 기본 전제를 변화시키지 않고 당장에 이익이 된다고 판단하여 행동을 개선했다면 이를 성공적인 치료로 간주하지 않는다. 우리는 목표, 개념, 생각을 변화시키기 위해 노력한다(p. 1046).

저자는 이러한 구분이 분명하게 정당화되는 사례를 경험했다. 이를 보여 주는 예는 조력 제공과 관련한 직종에 종사하는 일부 사람들의 생활양식에서 찾을 수 있다. 일부 개인은 '조력자'가 되는 동기는 자기가치감의 개념과 사회 속에서 자신의 자리를 정당화하려는 것과 밀접하게 연관되어 있다. 조력자로서 성공하지 못하거나 도움을 준 것에 대한 감사의 표시를 받지 못하면 그들은 끊임없이 낙담하고 실망하였다. 행동의 변화가 필요하지는 않았지만, 그러한 생각이 어떻게 자기 패배적이며 조력자로서 효과를 방해하는지 알아보기 위해 그들이 돕고 싶어 하는 이유를 조사하였다.

예를 들어, 상담을 원하는 개인들은 종종 그들의 문제는 상담자가 도와줄 수 없으며, 그들이 처한 상황은 희망이 없음을 증명하려는 숨겨진 목표를 가지고 있다. 상담자를 패배시키는 것은 무의식적으로는 성공의 신호가 된다. 자기존중감을 지키기 위해 반드시 성공적으로 상담해야 한다고 믿는 상담자는 면담이 시작될 때 이미 불리한 위치에 있다. 자신의 동기를 잘 알고 있는 상담자는 조력자로서 잠재적인 함정을 스스로 예상할 수 있다. 이러한 경우에 생활양식 자체의 변화는 필요하지 않지만, 내담자가 자신의 잘못된 생각에 직면하게 되면 상담자가 인간으로서 패배감이나 무능감에 사로잡히는 것으로부터 자유로워지는 데 도움이 된다.

많은 아이는 매일 부모, 교사, 다른 사람들을 기쁘게 하려고 노력한다. 그들은 '착한' 자녀가 됨으로써 보상을 받는다. 행동의 변화가 꼭 필요한 것은 아닐지라도, 잘하려는 동기는 진지하게 검토해 볼 가치가 있다. 완벽함을 추구하는 아이는 결코 목표를 달성할 수 없는 낙담한 사람이다. 자신의 실수를 받아들이는 것을 포함하여 삶에 단순히 참여하도록 격려하는 것이 그러한 아이를 돕는 한 가지 목표가 될 수 있다.

반면, 행동의 변화는 행동과 태도 변화에 대한 새로운 대안을 제공할 수 있다. 예를 들어, 파괴적인 행동의 목표에 대한 상담자의 지식은 생활양식 분석을 수행하지 않고도 아동에게 대안적인 행동을 제안하는 데 도움이 될 수 있다. 마찬가지로 드라이커스(1971)의 문제 해결을 위한 4단계는 기본적인 삶의 목표를 바꾸지 않고도 결혼한 배우자들 사이에 새로운 합의를 이끌어 내는 데 적용될 수 있다. 따라서 이 장의 목적에 따라 아들러 상담은 개인이 자신의 환경 내에서 자기 결정적이며 책임감 있는 동등한 존재로서 더욱 온전히 기능할 수 있도록 상황, 태도, 행동 변화를 촉진하는 도움 관계 내에서 사용되는 방법과 기법을 포함하는 것으로 정의한다. 상담에 사용되는 방법은 기본적으로 심리치료에 사용되는 방법과 동일하다. 즉, 두 용어 사용의 차이는 성과와 관련이 있다.

그러나 심리치료는 근본적인 삶의 동기를 수정할 수 있는 기회를 만들기 위해 고안된 방법을 다룬다. 이런 식으로 또는 저런 식으로 자신의 위치를 만드는 **궁극적 이유**(raison d'etre)는 변화에 대한 초점이자 희망이다. 2차 변화의 결과로 후속 생활양식 사정을 통해 새로운 인생 계획 및 사적 논리에 부합하는 새롭거나 수정된 자기, 타인, 그리고 어린 시절에 대한 지각과 기억을 드러낸다.

아들러 학파는 격려를 기반으로 하는 근본적으로 유사한 접근법을 사용하여 상담과 심리치료에 임한다.

아들러 상담과 심리치료의 단계

상담은 당면한 사회적 성격의 문제에 대해 도움(assistance)을 구하는 개인을 대상으로 한다는 전제를 둔다. 도움은 심리치료보다는 예방적이고 교육적인 측면이 더 강하며, 낙담이 두드러지게 만연하고 지속된다는 점에서 심리치료는 더 교정적이고 치료적일 것이며, 이는 삶을 살아가는 움직임(생활양식) 속에서 개인의 특징적인 목표를 재정향할 필요가 있음을 시사한다. 그러나 두 과정의 개입 단계는 비슷하다.

단계는 다음과 같다: ① 관계 형성(relationship), ② 심리적 탐색(psychological investigation), ③ 해석(interpretation), ④ 재정향(reorientation). 각 단계는 이 접근법의 다른 방법 및 측면과 관련되어 있으므로 다른 장에서 설명한다. 다음은 이러한 단계가 특히 개인이나 집단과의 작업과 구체적으로 어떤 관련이 있는지에 대해 간략하게 설명한다. 이 과정에는 특히 탐색 및 해석 단계와 관련하여 아이비의 DCT 작업이 포함되었다. 실제 경험에서 보았을 때, 이는 감정의 방출(abreaction)과 1차 및 2차 변화를 촉진할 수 있는 더 큰 기회를 제공하기 때문이다(Ivey, Ivey, Myers, & Sweeney, 2005).

관계 형성

아들러 상담의 관계 형성의 특징은 평등하다는 것이다. 아들러 상담자는 자신의 지식과 경험을 적극적으로 활용하여 다른 사람을 도우면서도, 동시에 독립적인 선택을 할 수 있는 개인의 능력과 힘도 존중한다. 그들은 내담자가 잘못된 개념에서 벗어나거나 대처를 위한 새로운 대안을 접하게 된다면, 오래된 곤경에 대한 만족스러운 대안을 찾을 수 있다고 가정하는 경향이 있다. 그러므로 상담자는 친구처럼 개인에 대한 진실하고 비소유적인 관심을 보여 줌으로써 우월하다는 모든 생각을 없애버릴 수 있다.

상담 초반에 상담자는 개인에게 도움을 요청하는 이유를 말하도록 권할 것이다. 이 회기 중 어느 시점에 "만약 이 문제가 지속되지 않는다면, 삶이 어떻게 달라졌을까요?"라는 질문을 던진다. 이 질문은 다음과 같이 바꾸어 할 수도 있다. "당신은 지금 무엇을 하고 있겠습니까?" 또는 "만약 문제가 없다면, 당신은 지금 할 수 없는 일을 할 수 있습니까?" 이러한 질문의 의미는 내담자가 '문제'를 가졌다는 이유로 기본적인 생애 과제를 회피하고 있는지와 관련이 있다.

예를 들어, 드라이커스(1967)는 개인이 상담자나 담당 의사조차도 알지 못하는 의학적인 문제를 가지고 있을 수 있다고 지적했다. 비의료인은 분명히 의료 행위를 할 자격이 없다. "만약 당신의 문제가 없어지거나 해결된다면 당신의 삶에서 무엇이 달라질까요? 또는 당신이 지금 할 수 없는 것 중에서 무엇을 할 수 있을까요?"라는 질문에 어떤 사람들은 단순하게 대답할 것이다. "두통이 없어지는 것만 빼면 아무것도 없어요." 또는 "요통이 없어질 거예요." 아들러 상담자는 이런 사람들에게 심층적인 상담을 진행하기 전에 의학적인 평가를 받아 보도록 권유하였다. 의사들은 초기 검사나 일상적인 건강 진단에서 신체적 문제가 발견되지 않았는데 어떻게 상담자가 이를 알았는지에 대해 여러 차례 문의하였다. 간단히 말해, 기본적인 생애 과제가 적절히 충족되고 있다면 상담이나 치료가 필요하지 않을 수 있다.

저자는 음식에 대한 욕구와 관련하여 도움을 요청하는 한 남성을 상담한 적이 있다. 그는 거의 만족할 줄 모르는 식욕을 호소했다. 저자가 보았을 때 그의 체중은 상당히 만족스러워 보였는데, 그는 이것이 사실이라고 하면서도 그 이유가 음식을 매우 절제하고 신중하게 선택한 덕분이라고 말했다. 그는 한때 과체중이었지만 건강에 좋지 않고 보기에도 안 좋다는 것을 깨닫고 난 후 이 상태를 극복했다. 의사의 진찰도 받았지만, 그가 받은 조언은 전문적인 상담을 받아 보라는 것이었다.

그는 스테이크 4개, 통닭 1마리, 생선 2토막, 샐러드, 감자, 빵을 먹고도 포만감을 전혀 느끼지 못했다고 털어놓았을 때, 저자는 너무도 놀랐다. 그의 업무나 대인관계를 살펴본 결과, 겉으로 드러난 문제는 없었다. 그는 곤경에 처한 상황에서도 유머 감각을 발휘하는 자발적이며 개방된 내담자였다.

문제가 되는 행동에 대한 추가적인 논의 결과, 운전 중과 같은 부적절한 시간에 졸음이 오는 경향이 있는 것으로 밝혀졌다. 이후 두 명의 의사에게 자문받았으나, 이러한 행동을 유발할 수 있는 질환은 발견되지 않았다. 좀 더 정확한 의학적인 평가가 필요하다는 것을 확신하고, 저자는 환자의 상태를 면밀하게 평가할 수 있는 전문 인력이 있는 클리닉이나 병원에서 전문의의 진료를 받을 것을 강력하게 추천했다. 3일간의 임상 평가 후, 내담자는 기면증이라는 비교적 드문 질환으로 진단받았다. 내담자는 안도하고, 의사의 권고를 받아들여 다행스럽게 생각했다.

또 다른 사례에서 어머니는 아이가 부주의로 인해 혼자서 다치는 것 같아 걱정이라고 말했다. 부모 둘 다 아이의 소아과 의사에게 이것이 큰 고민이라고 하였다. 과잉보호하는 부모에게 익숙한 의사는 그 부모들을 꾸짖으며 상담을 받을 것을 권유하였다. 그 부모와 아이들과 이야기를 나눈 후, 저자는 아이들의 부모가 어느 정도 불필요한 과잉보호를 하고 있지만, 두 명의 미취학 아동은 대체로 행복하고 협조적이라는 것을 알았다.

가족을 따라 차까지 이동하는 과정에서 아이가 주차장으로 가는 계단을 올라가는 것에 힘들어한다는 점에 주목하였다. 처음에는 시력에 문제가 있는 것은 아닐까 궁금하였다. 저자는 부모에게 추가적인 의학적 자문을 받도록 제안하였다. 추후 상담을 통해, 드물지만 아이의 협응력을 손상시키는 신경계 질환이 있는 것으로 판명되었다. 그 부모는 아이를 걱정할 만한 충분한 이유가 있었던 것이었다.

교사와 부모는 시력, 청력, 치아, 식습관, 불충분한 휴식 등 발견되지 않은 어려움에 대한 반응일 수 있는 문제에 대해서도 주의를 기울여야 한다. 청소년기 초반의 신체적 성장도 아동에게 특히 스트레스가 될 수 있다. 아들러 상담자는 상담 이외의 방법으로 더 효과적으로 도움을 줄 수 있는 유사한 상황을 주의 깊게 관찰한다.

제1장에서 낮은 사회적 관심과 높은 사회적 관심의 차이(즉, 삶을 통한 움직임의 특징적인 차이)에 대해 논의하고, 이를 도표로 시각적으로 제시하였다. 아들러 상담자는 낮은 사회적 관심을 자기 확신과 자기존중감이 부족하다는 증거라고 믿는다. 낮은 사회적 관심의 행동적인 증거는 지속되는 비난, 불평, 변명, 두려움, 무능력 등에서 찾아볼 수 있다.

만약 내담자가 이런 것 중에서 하나 이상을 자신의 역할에 대한 책임을 회피하는 수단으로 사용하는 경우, 상담자는 상담의 전체 과정에서 격려를 훨씬 더 중요하게 활용해야 할 것이다. 드라이커스는 어떤 사람이 삶에 대처하기 위해 이러한 전략을 사용할 때마다 그 사람은 협력하지 않으려는 준비를 하고 있는 것이라고 지적했다. 상담자가 상담 관계의 지금-여기의 측면을 인식하지 않는 한, 드라이커스의 관찰은 상담 과정에서도 똑같이 적용될 수 있다.

상담은 공동의 목표를 향해 나아가기 위해 협력해야 한다. 아들러 상담자는 상담 및 심리치료의 목표에 대해 합의한다. 상담자의 역할에 대한 기대치를 포함하여 개인이 달성하고자 희망하는 것을 이해한다. 아들러 상담자는 상담 과정에 적극적으로 참여하는 경향이 있지만, 현실적인 기대치를 설정하는 데 주의를 기울인다. 그들은 내담자의 이익을 위해서 자신의 지식과 기술을 사용할 것임을 내담자에게 확실히 표명한다. 그러나 성공을 위해서는 내담자도 동등한 의지가 필요하다. 그러므로 상담 관계 전반에 걸쳐 상호 존중, 협력, 합의된 목표 달성의 열망을 바탕으로 라포가 형성되고 유지되어야 한다. 상담 과정 전반에 걸쳐 격려는 관계를 형성하고 유지하기 위한 핵심적인 요소이다.

심리적 탐색

두 번째 단계인 심리적 탐색 과정은 호소 문제의 성격, 상담을 받기 전 내담자 상태에 대한 상담자의 지식, 심리적 도구, 검사, 사례 기록, 가족 등의 출처에서 얻은 자료의 가용성에 따라 달라진다.

이 단계에서 상담자가 시도하는 것은 개인이 자신의 생애 과제를 이해하고 예측하고 관리하도록 안내하는 의식적 및 무의식적 사고의 흐름을 이해하는 것이다. 이것은 비판단적 활동이다. 삶을 살아가는 개인의 움직임을 언어적 그림 형태로 개념화하는 것이다. 내담자는 이 과정에 적극적으로 참여한다. 이것은 개인의 초상화를 그리는 것과 어느 정도 비슷하지만, 한 가지 중요한 차이점은 초상화가 정적이지 않다는 점이다. 이러한 움직임의 측면은 이 방법을 처음 접하는 상담자에게는 어려울 수 있다. 모든 사람은 자신의 목표에 이끌리며, 다른 사람에게는 아무리 모호할지라도 모든 행동은 목적을 향한 움직임이다. 아들러 상담자는 행동만이 아니라 개인이 기대하는 결과나 목적을 가장 중요하게 본다.

개인은 다른 환경 조건에 직면했을 때, 사적 논리에 따라 동일한 신념에 대해 다소 다르게 행동한다. 예를 들어, 다른 사람들 앞에서 어리석어 보이는 것에 대한 우려는 같은 개인이라도 어떤 상황에서는 수줍어하고 물러서는 행동을, 다른 상황에서는 세련된 모습을 보일 수 있다. 자신의 곤경에 대해 웃어넘길 수 있고 통제할 수 없는 상황에 영향을 받지 않을 수 있는 능력은 이러한 개인에게 바람직한 목표가 될 수 있다. 상담자가 목표를 향한 움직임(예: 통제하거나 참여를 회피하는 것)을 이해하는 것은 문제의 증상이 아닌 근본적인 문제를 해결하는 것이다.

생활양식 사정은 개인의 움직임에 대한 게슈탈트적 또는 전체론적 관점을 획득하는 한 가지 수단이다. 사적 논리는 내담자가 자기 노출을 하고, 자신이 형성한 신념을 직접 확인함으로써 밝혀진다. 이때쯤 되면 상담자와 내담자 간의 라포는 존중, 이해 그리고 배려를 바탕으로 굳건히 형성되어 있다.

전통적인 아들러 상담 과정에 대한 저자의 개인적인 혁신은 아이비의 DCT 사정 기법을 상담의 이 단계와 다른 단계에 적절하게 통합한 것이다(Sweeney, Myers, & Stephan, 2006). 아이비 등(Ivey et al., 2005)은 내담자의 인지 발달 기능을 발견하는 데 내담자를 참여시키는 체계적인 접근법을 만들었다. 그는 스위스의 인식론자이며 심리학자이자 생물학자인 피아제(Piaget)(1963, 1965)와 아동기 이후 청소년기와 성인기까지 확장된 다른 학자들의 연구를 참고하였다.

아이비의 기본 입장은 아동, 청소년, 성인 모두 잘 알려진 발달단계인 감각운동기, 구체적 조작기, 형식적 조작기, 후형식적(post-formal) 조작기를 은유적으로 반복한다는 것이다. 피아제는 인간의 발달에는 기본적인 사고방식에서 더 높고 더 복잡한 사고방식으로 이동해야 한다고 믿었다. 반면에 아이비는 더 높은 수준의 추상적 사고가 인지 능력에 필수적이지만 충분하지는 않다고 믿었다. 그는 생각을 통한 경험의 다각적 처리를 주장하며, 가장 복잡하고 추상적인 수준에서와 마찬가지로 감각 운동 수준에서 직접 세상을 경험하는 것에도 높은 가치가 있다고 강조한다. 각 스타일은 다른 모든 스타일만큼 가치 있는 대안적인 관점이다. 그러나 피아제와 유사하게 아이비는 모든 개인이 모든 인지 스타일, 특히 형식적 및 후형식적 사고 과정을 요구하는 인지 스타일을 바탕으로 기능할 수 있는 것은 아니라는 점을 깨달았다(Ivey et al., 2005). 마찬가지로 중요한 점은 우리 각자가 언제든지 이러한 수준 중 하나 이상에 '걸림돌(block)'이 있어 삶의 곤경을 해결하기 어렵게 만든다는 것이다. 이러한 걸림돌을 직면하여 극복하거나 우회해 나가는 것이 바로 상담 작업이 될 수 있다.

아들러 접근법과 마찬가지로, DCT는 다문화적 관점에서 적절하게 양립할 수 있다. 각각은 주요한 사회학적 집단 내에서의 정체성을 포함하여 내담자의 문화적, 민족적, 인종적, 성별, 다양성 가치를 긍정한다. 또한, 각 이론은 현재 및 예상되는 미래의 행동을 이해하는 원천으로서 내담자의 이전 경험에 기인한 의미의 중요성을 강조한다. DCT가 전통적인 아들러 심리학의 사정에 제공하는 것은 라포와 변화 촉진을 위해 내담자의 기능적인 수준을 결정하고 일치시키는 수단이다. 또한 적절히 사용하면 변화 과정(정서적 방출 및 정화)에 내담자가 정서적으로 몰입할 수 있도록 더 촉진시킬 수 있다.

다음 설명에서 보듯이, 상담자로서 우리는 내담자의 현재 주요 기능 수준을 체계적으로 사정하고, 이를 고려하여 대화함으로써 상담의 효과성을 높일 수 있다. 내담자가 상담자의 언어와 발달 수준을 습득해야 하는 것이 아니라, 상담자가 의도적으로 내담자의 수준에 맞추려고 노력해야 한다. 이는 정확한 공감을 위한 또 다른 도구가 된다. 이렇게 된다면 내담자가 상담을 통해 도움을 받을 가능성이 더 커진다. 그런 다음 상담자는 '걸림돌'이 존재하는 수준을 의도적으로 일치시키지 않음으로써 내담자가 새로운 수준의 기능을 배우도록 도울 수 있다. 예를 들어, 감정을 표현하지 못하는 경우(감각 운동 걸림돌), 내담자가 안전하고 점진적으로 지금-여기 감정을 경험하도록 돕는 게슈탈트 기법을 활용한다.

다음은 DCT 사정의 개념과 단계에 대한 간략한 개요이다. 여기에는 사정을 실행할 때 사용할 수 있는 대표적인 질문 유형이 포함되어 있다.

발달적 상담과 치료(DCT) 사정 전략 이 과정은 생활양식 정보를 수집하는 과정과 마찬가지로 공동 구성(co-construction)의 과정 중 하나이다. 상담자는 내용과 과정의 측면에서 내담자의 언어에 귀 기울여야 한다. 상담자는 내담자가 말하는 경험을 마치 자신이 경험한 것처럼 듣고 보고 느끼려고 해야 한다. 저자가 특히 고유하고 효과적이라고 생각한 기법은 내담자의 설명을 현재 시제로 그대로 반복하는 것이다. 저자는 내담자가 묘사하는 경험 안으로 들어가 그 경험에 머물 수 있도록 돕기 위해, 이렇게 할 것임을 분명히 알려 준다. 이것은 특히 초기 회상에서 효과적이었다. 사람들이 예상한 것과는 다르게, 내담자들을 자신의 회상이나 경험이 상담자에 의해 다시 정리되어 들려질 때 안도감을 느끼며, 저자의 경험으로는 이러한 과정이 치료적 점화를 촉진한다. 다음 설명은 각 수준을 설명하는 몇 가지 개념을 나타낸다. 내담자가 자신의 고민을 설명할 때, 상담자는 내담자의 발달 수준에서 주된 주제가 무엇인지 경청한다.

〈표 6-1〉 **인지 발달 수준**

I	감각 운동	바로 지금-여기에서 직접적으로 삶을 경험한다. 직접 듣고, 보고, 냄새 맡고, 맛보고 느끼는 것에 얽매일 수 있다.
II	구체적 조작	사건을 매우 자세하게 기술한다. "이것이 일어났다. 그러므로 이것은……." 관심은 행동과 객관적이고 관찰 가능한 사건에 있다. 원인과 결과(만약/그러면) 사고 패턴을 형성할 수도 있다.
III	형식적 조작	자신과 개인적인 생각 및 감정의 패턴에 대해 생각하는 것을 좋아한다. 먼 거리에서 문제를 볼 수 있지만, 지금-여기에서는 느끼지 못할 수도 있다.
IV	변증법적/체계적	다양한 관점이 가능하다. 가족과 문화적인 압력이 자신과 사고 과정에 어떻게 영향을 미치는지 확인할 수 있다. 정서적인 내용이 없을 수도 있다(Ivey et al., 2005, pp. 140-141).

인지적 · 정서적 발달 수준 확인하기 순차적 질문(questioning sequence)의 첫 번째 단계는 "……에 집중할 때 어떤 일이 일어납니까?"라고 묻는 것이다(그 당시에 어려운 문제가 무엇이든지 상관없이). 내담자가 모든 수준에서 기능하는 방법을 배우는 것이 바람직하지만, 대부분은 그렇게 할 수 없다. 결과적으로 상담자가 내담자의 주된 수준과 성공적으로 조화를 이룰 때, 라포가 더 쉽게 형성되고 지속된다. 또한, 위기나 스트레스가 있을 때 개인은 하나 이상의 수준에서 관계를 맺는 능력에 걸림돌을 경험한다. 실제로 위기나 교착 상태의 본질에 기여하는 것이 바로 이러한 기능의 걸림돌이다. 따라서 내담자가 다른 수준의 질문을 탐색하도록 도와주면 걸림돌을 극복할 수 있다.

초기 회상으로 시작하는 발달적 상담과 치료(DCT) 순차적 질문

① 감각 운동 질문(Sensorimotor Questions): 특정한 초기 회상을 마음속에 떠올릴 수 있나요? 무엇을 보고, 듣고, 냄새 맡고, 맛보고, 느꼈나요? 이런 감각이 특별히 느껴지는 신체 부위가 있나요? 감각과 감정, 그리고 그것이 신체에서 경험되는 위치, 즉 기억이 물리적으로 내재된 위치(명치, 위,

심장, 등, 목, 팔의 소름 등)를 찾는 것은 순차적인 처리 과정의 성공에 필수적이다. 일단 내재된 감정이 확인되면, 또 다른 최근의 사건이 발생했을 때 이것은 구체적인 조작기 사정으로 이어진다.

② 구체적 질문(Concrete Questions): 그 이후로(또는 다른 경우에) 그런 감정을 느낀 적이 있나요? 그 감정에 대해서도 말해 주겠어요? 아니면 당신이 그렇게 느꼈을 때의 다른 예를 들어줄 수 있나요? 구체적으로 무슨 일이 있었는지 설명해 주세요.

구체적 조작기 양식은 삶의 경험을 선형적이고 구체적인 방식으로 연관시키는 기능이 포함된다("그녀가 이렇게 말했을 때, 저는 …… 말했어요.").

어떤 개인들은 너무 구체적이어서 상담자가 그들의 곤경을 이해하지 못해 헤매기도 한다. 또 다른 개인들은 인지 처리가 미분화되어 있어서, 왜 삶이 그들을 그렇게 '대우하는지' 이해하는 데 어려움을 겪기도 한다. 초점화, 요약하기, 재진술은 이러한 내담자가 상담의 흐름을 유지하는 데 도움이 된다. 이는 내담자가 삶의 규칙과 기대라는 관점에서 이러한 사건들을 이해하고 다룰 수 있도록 도와준다.

③ 형식적 질문(Formal Questions): 형식적 조작기 양식은 삶의 경험을 분석, 종합, 통찰을 가능하게 하는 주제(themes)와 연상(associations)으로 연결하는 것을 포함한다. 예를 들어, 잘못된 의사 결정으로 인한 결과가 발생하는 경우이다. 어린 시절의 경험은 성인의 현재 곤경과 관련이 없어 보일 수 있지만, 삶에 대한 규칙과 기대는 초기에 형성된 것이며, DCT 사정이나 생활양식 사정과 같은 과정을 거치지 않는 한 재검토 없이 사실로 받아들여지는 경우가 대부분이다. **참고**: 상담자는 종종 형식적 조작기의 역량이 있는 내담자를 선호한다. 왜냐하면 그것이 상담자가 자신의 삶을 처리하기 위해 선호하는 양식인 경향이 있기 때문이다.

내담자가 두 번째 사건을 명확하게 설명했거나 할 수 있는 범위 내에서 그렇게 한 경우, 상담자는 두 사건을 가능한 한 최대한 많은 언어적 세부 사항을 포함하여 현재 시제로 요약한 다음, 다음과 같이 질문한다.

여기에는 두 가지 사건이 있는데, 둘 다 이 감정(설명)과 관련이 있습니다. 그렇지 않으면 어떤 공통점이 있을까요? 두 사건에서 어떤 유사점이 보이나요? 당신이 설명하는 그러한 상황에 접근하는 방식에서 어떤 주제를 제시하나요? 그 접근 방식은 당신이 주로 따르는 규칙으로 요약될 수 있나요? (예를 들어, 저는 부당한 대우를 받았다고 생각하면 매우 화가 납니다.)

④ 변증법적 · 체계적 · 통합적 질문(Dialectic/Systemic/Integrative Questions): 변증법적 양식은 서로 다른 관점, 기원, 상대적인 장점을 공감하고 이해하고 분석할 수 있게 해 준다. 삶에서 다른 사람과의 차이를 조정하는 능력은 이 양식에 달려 있다. 마찬가지로 자신을 위해 더 나은 미래

를 창조하려면, 이전에는 보이지 않거나 가치 있게 여기지 않았던 가능성을 볼 수 있어야 한다. 내담자의 '규칙'을 발견한 후 변증법적 양식 사정으로의 전환은 "이러한 삶의 규칙은 어디에서 왔으며, 좋은 규칙인가요?"와 같은 질문으로 시작된다. 그것들이 당신 삶에서 다른 사람에게 어떤 영향을 미치나요? 우리가 이야기했던 모든 것을 어떻게 합을 맞추거나 정리할 수 있나요? 당신의 원가족에서 그 문제에 관한 생각과 감정이 어떻게 형성되어 왔나요? 당신은 성별 또는 성에 대한 고정관념, 다문화적 이슈가 그 문제에 관한 생각이나 감정에 어떻게 영향을 미친다고 보나요? 우리는 이 문제를 다른 사람의 관점이나 다른 참조 틀을 사용하여 어떻게 설명할 수 있나요?

이 모든 양식은 우리가 삶을 성공적으로 살아가는 데 도움이 된다. 그러나 우리가 이러한 발달적·인지적·정서적 양식 중 하나 이상을 활용하지 못하거나 차단되었을 때, 우리는 고통을 경험하게 된다. 아들러 심리학 관점에서 볼 때, DCT 사정 과정은 삶의 어려움을 논의하고 처리하며 초기 회상을 처리하고 이해하며, 자신의 생활양식의 측면을 드러내는 데 사용될 수 있다. 인지 발달적 사정(cognitive-developmental assessment)은 삶, 자기, 타인에 대한 무의식적인 규칙을 발견하는 과정을 촉진할 뿐만 아니라 상담의 재정향 단계에서 어떤 유형의 개입이 가장 효과적일 것인지를 효율적으로 결정할 수 있도록 돕는다. 아이비 등(Ivey et al., 2005)은 상담자가 변화를 촉진하기 위해 내담자의 양식을 일치시키거나 일치시키지 않는 데 사용할 수 있는 일반적인 상담 접근법과 기법에 대한 편리한 표를 제공하였다.

DCT 기법에 대한 그림은 이 장의 마지막에 있는 생활양식 상담 회기 발췌문(Lifestyle Counseling Session Excerpts)과 다음 절에서 확인할 수 있다. 아이비 등(Ivey et al., 2005)은 문화 간 관점에서의 시사점을 포함하여 DCT 개념과 과정에 대한 보다 상세한 설명과 그림을 제공한다. 이러한 주제에 대한 보다 폭넓고 심도 있는 연구를 통해 실무에서 쉽게 사용할 수 있다.

해석

아들러 상담의 세 번째 단계인 해석 과정에서는 임상의가 수행한 잠정적 추론과 관찰을 사용한다. 상담자는 개인이 우려 사항에 관해 이야기하는 것을 듣고, 가족 구도 및 초기 회상을 탐색하고, 위에서 언급한 규칙을 발견하고, 상담 및 다른 곳에서 행동을 관찰한 후, 개인을 설명할 수 있고 개인의 생애 과제를 해결하는 데 영향을 미칠 수 있는 관찰 결과를 잠정적으로 제시한다. 상담자는 제5장과 제12장에서 제안한 형식을 사용하여 내러티브 개요를 작성할 수 있다.

직관적 추측과 인식 반사(recognition reflex) 심리적 노출 과정에 대한 아들러의 기여는 드라이커스가 개인의 행동 목적을 의도적으로 '추측'하는 것(즉, 그 행동의 가치와 산출물 또는 결과를 개인과 공유하는 것)을 강조하는 것이다. 저항과 거부의 방식에서 예상할 수 있는 것과는 달리, 이러한 논의가 적절하게 도입되면 개인은 관습적인 수준보다 더 깊은 수준에서 이해받고 있다는 안도감과 감사함을 느낀다. 진단보다는 **행동과 관련된 동기**(즉, 목적과 목표)를 이해하고 설명하며 해석하는 노력이 필요하다. **인식 반사**(알고 있다는 미소나 웃음, 얼굴 인식, 언어적 설명)는 내담자의 생활양식 정보, 인간 동기에 대한 지식, 개인이 다른 사람들 사이에서 자리를 잡고 생애 과제에 대처하기 위해 사용하는 내적 대화에 대한 직관적 감각(사적 논리)에 기반한 심리적 직감의 정확성을 확인하는 데 사용된다. 다음 사례에서 설명하겠지만, 이 과정은 개인과 더 깊은 수준의 공감에 도달하는 동시에 상담자가 부정확한 가정을 하거나 개인의 증상에 따라 분류하는 것을 최소화하는 데 도움이 된다. 또한, 앞에서 설명한 인지적 · 정서적 사정을 할 때 더 많은 내담자는 저자가 많은 해석과 계몽을 하지 않아도 자신의 선택이 어떤 의미를 갖는지 잘 알고 이 단계에 진입한다는 사실을 발견하였다.

해석 시 주의 사항 개입 과정의 다음 단계로 진행하기 전에 해석 단계에 대한 몇 가지 지침이 필요하다. 해석은 임상적 관찰과 판단에 기반한 직관적이고 투사적인 과정이다. 아들러 치료자에게는 패턴과 호소 문제의 관계가 명확해질 때까지 개인에게는 무의미해 보일 수 있는 통찰을 세심하게 밝히는 것이 포함된다. 우유부단함, 잘못된 판단, 역기능적 행동을 유발하는 신념과 현실 간의 불협화음에 직면하는 것이다. 그러나 상담자의 통찰을 듣고 이해하는 것은 이 과정의 일부일 뿐이다.

궁극적인 목표는 내담자가 새로운 통찰을 받아들이고 행동으로 옮기는 것이다. 종종 개인은 "아하!"라는 경험을 하고도 그 의미를 '잊어버리고' 자기 패배적인 오래된 행동을 하는 경우가 있다. 숙련된 임상가는 성공적으로 이러한 통찰력을 바탕으로 더 높은 수준의 변화 준비 상태로 이끈다.

다음은 해석 단계의 몇 가지 주의 사항이다.

1. 명명하기(labeling)를 피하라. 행동의 목표(목적)를 찾아야 한다.
2. 내담자가 상담자의 관찰 내용을 자세히 설명하거나 수정하도록 격려하는 것은 필수적이다. 내담자의 도움 없이는 올바른 문구나 표현을 정확하게 파악할 수 없는 경우가 많다. 다른 경우에는 관찰 내용이 얼마나 정확하게 적용되는지 무수한 예시와 함께 문서화할 수 있다.
3. 틀릴 수 있다는 것에 대비하라. 내담자의 동의하지 않을 권리를 존중하는 것은 필수적이다. 특히, 관찰 내용에 개인적인 편견을 투사하는 것(즉, 상담자의 동기를 내담자의 행동으로 식별하는 것)에 주의하라.

4. 상담 관계에서 지금-여기에서의 행동과 감정에 유의하라. 면담에서 표현된 행동과 감정은 생활양식 정보(예: 대처 방식과 목표 지향)를 드러내기도 한다. 예를 들어, 상담자는 해석 전에 수집한 생활양식 정보를 바탕으로 내담자의 유혹, 분노, 철수를 예상할 수 있는 경우가 드물지 않다.
5. 그 사람의 자산을 강조하는 것을 포함하여, 격려하는 분위기를 조성하는 것은 이 과정에서 필수적인 부분이다.

개인이 이 과정에서 부여하고 싶은 신비로운 '분석가' 분위기를 없애는 것이 필수적이다. 상담자는 단순히 개인이 삶의 상황에서 개인과 자신의 감정을 안내하는 데 사용되는 허구적인 개념(마치 ~처럼)을 의식으로 가져올 수 있도록 도와준다. 이 단계에서 문화적 · 민족적 · 인종적 · 성별 차이도 고려해야 한다.

문화 및 성별 선호도 고려 사항 다문화 연구 전문가는 지배적인 유럽 문화권의 남성은 사고 과정이 선형적인 경향이 있다고 지적한다. 이들은 성과와 성취 지향적인 경향이 있다. 개인적인 가치는 생산 및 생산성을 통해 발견된다. 시간은 현명하게 사용해야 하는 상품과 같다. 철저한 개인주의와 개인적인 성취를 소중히 여긴다. 영성이 아닌 종교가 개인적 가치의 초점이 될 수 있다. 이는 다른 많은 문화권이나 많은 여성의 가치관이나 지향점이 아니다.

가족, 친구, 지역 공동체는 아메리카 원주민, 아프리카계 미국인, 아시아계 미국인 및 전 세계 여러 문화권에서 매우 중요하게 여긴다. 영성은 유대-기독교 관습과는 다른 방식으로 표현된다. 개인적 만족이나 이익 대신 가족이나 공동체의 선을 우선시하는 것이 영성을 가진 사람들의 최우선 과제이다. 그렇게 함으로써 개인적으로 더 행복하고 건강해진다. 마찬가지로 여성은 이 사회에서 백인 남성처럼 생산성과 진영 논리 그 자체가 아니라 대인 관계의 만족도를 기준으로 관계의 질을 평가한다(Lee, 2006).

물론 모든 종류의 고정관념은 피해야 하지만, 일반적인 차이에 대한 지식은 다른 사람이 자신의 검증되지 않은 기대치를 충족해야 한다고 가정할 가능성에 민감하게 반응할 수 있게 해 준다. 문화적으로 유능한 상담자는 다른 성별을 선호하거나 자신과 성적 · 인종적 · 문화적으로 다른 사람들의 가치관을 이해하는 데 성실히 임해야 한다. 이는 상담자가 다수 성별이나 문화에 속할 때 특히 중요하다. 제1장의 앞선 예시에서 아들러는 성적 지향 가치관과 삶의 선택이 자신과 반대되는 청년을 변화시키는 데 도움을 요청하는 사회복지사에게 "그 청년은 행복한가요?"라고 물었다. 그녀가 그렇다고 대답하자, 아들러는 "그럼, 그냥 내버려두는 게 어때요?"라고 말했다.

성인 제5장에서 설명한 것처럼 가족 구도와 회상을 사용하는 경우, 상담자가 개인의 언어적 초상화를 스케치하는 면담의 형태를 취할 수 있다. 이 요약은 개인이 공유한 정보를 기반으로 한다. 이를 통해 자기, 삶, 타인을 바라보는 특유한 방식이 드러날 수 있다. 상담자는 일, 우정, 사랑, 자기, 영성을 포함하는 생애 과제에 대처하는 데 자산이 되는 개인의 신념과 행동에 관해 관찰한 내용을 간략하게 설명할 수 있다. 또한 아들러 상담자는 정확하다면, 개인의 문제에 기여할 수 있는 잘못되고 자기 패배적인 지각을 제시할 것이다.

자세한 생활양식 정보가 없다면, 상담자는 내담자의 목표를 이해하고 이를 반영할 수 있는 몇 가지 방법을 도출하기 위해 관찰하고 경청한다. 정보의 출처가 무엇이든지 상담자는 일반적으로 "~일 수 있을까요?"와 같은 구절을 사용하여 잠정적으로 제시한다.

생활양식 해석을 개인에게 사용하는 것 이외에도, 혼전 및 결혼 상담에서 생활양식을 사용하는 것은 매우 효과적일 수 있다. 개인을 끌어당기는 바로 그 특성이 나중에 큰 갈등으로 이어지는 경우가 많다. 한 가지 예를 들어 설명할 수 있다.

마리아(Maria)와 스티브(Steve)의 사례 상담 회기 초반에 각자 상대방이 자신의 생활양식을 파악하는 동안 관찰을 하였다. 각 파트너는 상대방에게 특히 끌리는 자질이나 특성이 무엇인지 물었다. 마리아와 스티브의 경우, 남편의 직업과 거주지 문제로 갈등을 겪고 있다고 답했다. 마리아는 자신도 직업을 가지고 있음에도 불구하고, 남편이 가정에 대한 모든 결정과 책임을 자신에게 맡겼다고 말했다. 그녀는 외동딸로 재미있고 애정이 넘치는 가정에서 자랐다고 설명했다. 스티브는 장시간 동안 일했고, 가족의 복지보다는 출세에 더 관심이 많았다. 그는 직업윤리가 강한 집안의 2남 중 둘째였다. 현재 고등학교 교사인 두 살 위 형은 큰 노력 없이도 좋은 성적, 인정, 사회적 수용을 받을 수 있었다고 한다.

마리아는 스티브가 신뢰할 수 있고 진지하며 근면하고 야망이 있는 사람이라는 점에서 매력을 느꼈다. 그는 마리아가 더 지적인 사람(즉, 좋은 의사 결정자, 좋은 파트너, 재미를 사랑하는 좋은 동반자)이라고 생각했기 때문에 그녀에게 끌렸다. 보통 결혼과 다르게 두 사람의 사랑은 흔들리지 않았지만, 최근 스티브의 직업과 마리아가 좋아하는 집과 동네에서 이사하는 일에 대한 긴장감으로 인해 확신이 흔들렸다.

이 사례는 해석 단계의 일부로서 아들러 심리학의 생활양식 자료와 DCT를 둘 다 설명하는 데 도움이 될 수 있다. 이 사례에서 상담자는 아내인 마리아가 주로 감각 운동 인지 발달 수준에서 기능한다는 것을 파악하고, 그녀와 함께 초기 회상을 탐색한다.

상담자: 마리아, 당신은 혼자였고 좋아하는 게임을 교회 자선 단체에 기부할 때 어떻게 해야 할지 몰라 고민하던 초기 회상을 이야기했어요. 그 일을 기억하나요? [마리아: 네!] 지금 그 순간을 떠올려 보세요. 지금 그곳에 가 보세요. 무엇이 보이나요?

마리아: 파란색과 흰색의 예쁜 상자예요. 약간의 질감이 있고 만져 보면 기분이 좋아요. 두 명이 하는 게임인데 방문하는 사람이 거의 없어서 저는 자주 놀지 못했어요.

상담자: 어떤 소리가 들리나요? [마리아: 아니요.] 기분이 어떤가요?

마리아: 그것이 너무 예쁘고, 게임을 할 때 너무 재미있어서 계속 가지고 있어야 할지 고민이 돼요. 그런데 다시 한번 엄마는 제가 이것을 교회 자선 단체에 기부하길 원하세요. [상담자: 그 밖에 다른 것은요?] 어떻게 해야 할지 막막하다는 느낌뿐이에요.

상담자: 당신 몸의 어디에서 그런 감정을 느끼나요?

마리아: 음, 우습게 들릴지 모르겠지만, **제 손 안에** 있는 것 같아요. 게임을 손에 쥐고 있는데 놓기 싫지만 제 양심은 놓아야 한다고 말하는 것 같아요. 좀 우스꽝스럽게 들리죠? 제 말은, 저 혼자 앉아 있는 것 같은데. …… 오, 아니에요. …… 지미니 크리켓(Jiminy Cricket)[1]도 여기 제 어깨 위에 있어요. [상담자: 오, 그래요. 다른 회상에서 그를 언급했어요. 다른 느낌은 없나요?] 특별한 것은 없어요.

마리아: [미소를 지으며 고개를 끄덕인다.]

참고: 상담자는 구체적인 수준에서 질문을 진행한다. 이 수준의 DCT는 내담자가 상황에서 무슨 일이 일어났는지, 언제 일어났는지 연관시킬 수 있는 능력을 다룬다. 이 단계에서 아이비의 프로토콜은 내담자가 이런 기분이 들었던 다른 시기를 떠올릴 수 있는지 묻는 것이다.

상담자: 알겠어요. 이제 그런 기분이 들었던 다른 시기를 생각해 볼 수 있는지 물어볼게요. [마리아: 아무 때나요? 아니면 최근?] 아무 때나 최근이라도 괜찮을 것 같아요.

마리아: 좀 희한했어요! 얼마 전에 컴퓨터 앞에 있었어요. 스티브는 여전히 일하고 있었고, 저는 편지를 타이핑하고 있었는데 **제 손이 굳어지는 것 같았어요.** [상담자: 조금 전과 같이 현재 시제로 계속 이야기해 주세요.] 네, 잠시 멈추고 손을 주물러야겠어요. [상담자: 자세히 말해 주세요.] 글쎄요, 잘 모르겠어요. 친구와 연락을 주고받으려고 노력 중이에요. 제가 어떻게 지내는지 궁금해서 그녀가 편지를 보냈어요. 갑자기 스티브가 여기 있었으면 좋겠어요. 기분이 안 좋은데 왜 그런지 모르겠어요.

상담자: 편지를 타이핑하고 있는데 **손이 굳어지는 것 같아요.** 멈추고 손을 주물러야 해요. 친구와 연락을 주고

1) 역자 주: '양심의 소리', 피노키오 이야기에서 피노키오가 올바른 길을 걷도록 돕는 역할을 하는 작은 귀뚜라미 이름.

받으려고 노력하고 있어요. 친구는 제가 어떻게 지내는지 궁금해서 편지를 보냈는데, 갑자기 스티브가 여기 있었으면 좋겠다는 생각이 들어요. 기분이 안 좋았지만, 이유를 모르겠어요.

상담자: 지금 무엇을 하는 중인가요?

마리아: 여기 앉아서 이유 없이 울고 있어요. 이건 미친 짓이에요. 울고 있는데 왜 우는지, 어떻게 해야 할지 모르겠어요.

상담자: 아직도 몇 분 전에 느꼈던 감정과 같은가요?

마리아: 네……. 네, 하지만 지금은 저도 슬퍼요. [상담자: 네, 그리고요?] 누군가 저와 함께 있었으면 좋겠어요. 바보 같지만, 무언가를 잃는 것 같은 외로움이 느껴져요.

상담자: 어떤 것을 잃어버렸나요?

마리아: [마리아는 고개를 숙이고 계속해서 흐느껴 울고 있다.] 모르겠어요.

상담자: 마리아, 지미니 크리켓이 여기 있나요? [마리아: 네.] 그가 뭐라고 말했나요?

마리아: 그는 무엇이 저를 괴롭히는지 제가 알고 있다고 말해요. [상담자: 그리고?] 만약 제가 불행하다면, 그것에 대해 뭔가를 하는 것은 저에게 달려 있어요. [상담자: 그게 무엇일까요?] 옳은 일이죠. 저와 스티브에게 가장 좋은 것이 되는 일이요.

참고: 이 시점에서 상담자는 마리아가 이 문제에 대해 형식적-조작기 수준에서 개념적으로 관련시킬 수 있는지, 그리고 미래에 대한 통찰을 얻는 데 도움이 되는 경험의 패턴을 식별할 수 있는지 살펴보기로 한다.

상담자: 이 두 사건 사이에 비슷한 점이 있나요? 그 안에서 어떤 패턴이 있나요?

마리아: 글쎄요. 두 가지 상황 모두에서 저는 결정하지 못하는 것 같아요. 저는 '옳은' 일을 해야 한다는 책임감이 많이 느껴져요. [상담자: 또 다른 것은?] 음, 그래요. 저는 외로움을 느껴요. 누군가가 저를 도와주면 좋겠어요.

참고: 이 시점에서 상담자는 마리아가 변증법적/체계적 수준의 DCT에서 개념적으로 관련시킬 수 있는지 확인하기로 한다.

상담자: 내가 기분이 좋아질 만한 일을 하고 싶은데, 지미니 크리켓이 그건 옳지 않다고 말할 때 정말 기분이 나쁘고 죄책감까지 드는 건 아닐까요? [마리아가 고개를 들고 엷은 미소를 지으며 고개를 끄덕인다.] 그런 감정이 어디서 온다고 생각하나요?

마리아: 어머니 같아요. 어머니는 항상 여자의 일은 가족을 위해 옳은 일을 하는 것이라고 말씀하셨어요. 어머

니는 항상 아빠와 저를 위해 희생하셨어요. [상담자: 그게 오늘날 당신과 무슨 관련이 있나요?] 저도 그렇게 해야 한다고 생각해요.

상담자: 만약 그렇지 못하다면요? [마리아가 다시 울기 시작한다.]

마리아: 그건 제가 이기적이라는 뜻이고, 좋은 아내와 엄마가 아니라는 뜻이에요.

상담자: 그래서 어떤 결정을 내려야 할 때마다 내가 불행해지더라도 다른 사람을 위해 최선을 다하는 것이 나의 일이고, **심지어 의무**군요. 그럴 때면 외로움을 많이 느껴요. [마리아는 눈물을 닦으면서도 고개를 끄덕이며 미소 지었다.]

참고: 상담자는 반응하도록 스티브를 초대한다.

상담자: 스티브, 마리아도 지금 당신이 어떤 기분인지 궁금해할 것 같아요.

스티브: 저는 그녀의 기분이 어떤지 전혀 몰랐어요. 마리아가 화가 났다는 건 알았지만 저는 왜 그런 일로 울었는지 이해하지 못했어요. 마리아, 당신에게 상처 주려던 것은 아니었어요. 어떻게 해야 하는지 몰랐을 뿐이에요.

상담이 계속되는 과정에서 마리아와 스티브는 과거에 스티브가 자주 해 주었던 단순한 안심 이상의 것을 원하는 마리아의 욕구에 대한 통찰과 감정을 얻게 되었다. 마리아는 거절당할까 봐 자신의 욕구를 표현하는 것을 두려워했고, 그렇게 하면 나쁜 배우자와 엄마가 될 것이라는 (흔하지는 않지만) 독특한 신념 체계를 가지고 있었다. 스티브의 성공에 대한 열망은 형과의 경쟁에서 느꼈던 경쟁심에 대한 보상으로 파악되었다. 마리아와 스티브는 각자의 욕구를 채워 줄 수 있는 동반자를 찾았다. 마리아는 새로운 상황에서 주저하는 태도를 보상하기 위해 자신감 있는 외양을 만들어 냈고, 다른 사람들은 그것이 진정으로 느껴지는 긍정적인 자존감에 기반한 것이라고 여겼다.

마리아는 부모님 사이에서 경험했던 것처럼 공동 파트너(배우자)를 원했지만, 그보다 더 중요한 것은 의사 결정을 털어놓고 공유할 수 있는 친구를 원했다. 반면, 스티브는 자신의 도움이 필요 없는 배우자가 있다고 생각했다. 대화와 탐색의 과정을 통해 두 사람은 서로 상대를 도울 수 있는 기회가 생겼다. 물론 이 과정을 통해 친밀감과 신뢰가 높아졌다.

초기 회상과 DCT 질문 모두 비슷한 패턴을 발견했지만, 각 질문은 내담자를 돕기 위한 상호 보완적인 전략을 제공한다. 모든 사람이 인생 초기에 만들어 내는 '삶의 규칙'은 생활양식 분석을 통해 쉽게 발견할 수 있다. 마찬가지로 DCT는 지금-여기에 초점을 맞추는 데 도움이 되며, 더 효과적인 의사소통과 잠재적 개입의 수단으로 다양한 조작적인 수준을 활용할 수 있게 된다.

노인 다양한 연구자들이 노년층의 삶의 만족도와 자아 통합의 관계에 대한 구조화된 회상 조사 연구에서 정적 상관 결과를 얻었다. 인지 기능을 자극하고, 장기 요양 시설의 직원 및 거주자 간의 관계를 개선하는 데 효과적이라는 것이 입증되었다. 인생 회고는 삶의 무의미함이 핵심 문제인 우울증 환자에게도 효과적인 치료법으로 밝혀졌다. 그러나 일부 연구자들은 특히 우울증 환자에게 인생 회고 치료(life-review therapy) 접근법을 사용한 결과, 부정적이거나 상반된 결과를 보고하였다.

더 중요한 것은 인생 회고 과정에서 뚜렷한 부정적인 영향이 발생할 수 있다는 점이다. 이는 검토 과정이 거의 끝날 때까지 줄어들지 않는 고조된 불안 수준을 동반할 수 있다. 문헌에 설명된 대로 이 과정은 시간이 오래 걸릴 수 있으며 노인은 다양한 시간 동안 우울한 상태에 놓일 수 있다. 전문가의 개입이 없는 경우, 영구적으로 우울한 상태에 빠질 수도 있다. 아들러 심리학 관점에서 이 사례는 그렇게 되지 않아야 한다.

아들러 상담자는 격려를 변화를 일으키는 핵심적인 개념으로 사용한다. 불완전할 용기, 자기와 타인을 용서할 수 있는 용기, 매우 두려운 상황에서도 행동할 수 있는 용기, 더 이상 쉽지 않은 일을 할 수 있는 용기, 어떤 상황에서도 최선을 다할 수 있는 용기가 상담의 기초가 된다. 아들러는 열등감이 인간 조건의 일부라고 믿는다. 개인이 이러한 부적절한 감정에 대처하는 방식은 삶에 대한 접근 방식에 반영된다.

앞서 언급한 것처럼, 전문적인 상담자는 두려움, 변명, 불평, 비난, 비판, 무능감에 관한 보고가 얼마나 자주, 그리고 지속적으로 나타나는지를 통해 낙담의 정도를 진단할 수 있다. 어떤 사람들은 이러한 행동이 '노인'에게는 '정상'이라고 주장할 수 있다. 노화는 실제로 많은 어려움을 가져오고, 예를 들어 사랑하는 사람을 잃은 사람은 누구나 슬픔과 그로 인한 모든 결과를 경험하게 되지만 개인마다 비슷한 상황을 얼마나 잘 다루느냐 하는 정도의 문제일 뿐이다.

예를 들어, 이러한 차이는 초기 회상을 통해 발견할 수 있다. 아들러는 다음과 같이 말했다.

> 따라서 그의 기억은 자신의 (내 인생의 이야기), 즉 자신에게 경고하거나 위로하기 위해, 목표에 집중하기 위해, 과거 경험을 통해 이미 검증된 행동 양식으로 미래를 맞이할 준비를 하기 위해 자신에게 반복하는 이야기를 나타낸다(Ansbacher & Ansbacher, 1967, p. 351).

설리번 부인의 사례 노인 생활 공동체에서 적응의 어려움을 겪고 있던 미망인 설리번(Ms. Sullivan, 67세) 부인의 사례가 떠오른다. 이 특별한 여성은 재작년에 예상하지 못한 심장마비로 남편을 잃었다. 그녀는 꽤 만족스럽게 적응하고 있는 것처럼 보였지만, 인접한 주에 살고 있던 딸로부터 집을 팔고 노인 아파트 단지로 이사하라는 재촉을 받고 있었다. 당시 그녀는 이 제안에 동의했지만, 완전하게 받아들일 수는 없었다. 아파트 단지 관리인이었던 여성이 설리번 부인에게 우호적으로 권유했지만 별다른 성과를 거두지 못했다. 설리번 부인은 관리인에게 진심이었지만, 거리를 두었다.

시간이 지나면서, 설리번 부인을 알게 된 다른 주민들은 그녀의 딸에 대한 강한 분노를 우려하였다. 그녀의 아들은 캘리포니아에 살고 있었고, 그녀는 남편의 장례식 때만 아들을 보았다. 딸은 어머니를 방문하기 위해 몇 번이나 노력했지만, 최근에는 노력을 멈춘 것 같았다. 그녀와 가까운 사람들은 그녀가 "바보 같은 소리 마라. 나는 혼자서도 잘 살 수 있어!" 같은 말을 하곤 해서 그녀와 대면하기 어려웠다. 그럼에도 불구하고 이 사람들은 그녀가 새로운 환경에 잘 적응하고 있다고 믿지 않았다.

설리번 부인은 지속적인 두통으로 인해 의사에게 처방전을 요청했다. 다행히도 의사는 그녀를 몇 년 동안 알고 지낸 사이였고, 그녀를 진료하면서 우울증의 징후를 알아차렸다. 그의 권유에 따라 그녀는 미망인이 된 지금의 감정과 우선순위를 정리하는 데 도움을 줄 수 있는 누군가와 상담하기로 동의하였다.

설리번 부인을 만났을 때, 상담자는 그녀가 유쾌하고 조리 있게 말하는 여성으로 관점과 태도가 매우 자립적이라는 것을 발견했다. 두통이 없다면 삶이 어떻게 달라질 것 같냐는 질문에 그녀는 다른 주민들과 좀 더 사교적으로 지낼 수 있을 것 같다고 말했다. 나중에 그녀는 딸과의 관계에 대한 실망감도 표현했다. 남편의 죽음, 그 이후의 적응, 다른 가족 구성원과의 관계 등에 대해 전반적으로 논의한 후, 설리번 부인에게 생활양식 사정에 대한 아이디어를 이야기하였다. 그녀는 상담자가 자신을 더 잘 알 수 있도록 돕기 위한 수단으로 이 방법을 사용하는 데 흔쾌히 동의하였다.

형제자매와 부모 등 그리고 5~6개의 초기 회상을 포함하는 생활양식 사정은 일, 우정, 사랑 관계에 대처하는 설리번 부인의 대처 방식에 초점을 맞춰 일종의 언어적 내러티브로 진행되었다. 생활양식 정보를 수집하는 과정은 라포를 형성하고 현재의 생활 대처에 대한 추가적인 정보에 적합하므로 내담자에게 긍정적인 공감 경험을 제공한다. 또한, 상담자가 사례개념화를 시작하는 데 있어 성찰하고 확증하거나 반박할 수 있는 기회가 된다.

설리번 부인은 다섯 살 때 다음과 같은 경험을 이야기했다. 하나의 회상이 얼마나 풍부한 정보를 담고 있는지를 보여 주는 사례이다.

> 어머니께서 낡고 더 이상 맞지 않는 제 옷 몇 벌을 현관에 내놓으시려고 준비하셨던 기억이 나요. 그 옷 중에서 한 벌은 제가 가장 좋아하는 것이었죠. 할머니는 계단 꼭대기에 계셨고, 어머니는 계단을 반쯤 내려오셨고, 저는 계단 아래에 있었던 것으로 기억해요. 저는 어머니께 제가 가장

좋아하는 옷을 주지 말라고 애원했어요. 어머니는 저에게 소동 그만 부리고 어리석게 굴지 말라고 말했고, 할머니는 저를 달래는 말씀을 하셨죠.

어머니는 그 옷을 내주고 저에게 어리석다고 말했고, 할머니는 그 상황에서 제 기분을 좋게 하려고 애쓰셨는데, 저는 할머니와 어머니가 동시에 미웠어요.

이 회상을 통해 상담자는 설리번 부인의 삶, 자기, 다른 여성에 대한 관점을 가설로 세울 수 있게 되었다. 실제로 내담자는 그러한 경험과 관련한 감정을 보고하도록 요청받아야 한다. 설리번 부인은 다음과 같이 말했다.

저는 어머니와 할머니께 화가 났어요. 저는 제가 아기처럼 느껴졌고, 이 모든 것을 멈추고 똑똑해지라고 울면서 자신에게 계속 말했어요. 제가 아기처럼 행동하면 어머니는 저를 진지하게 대하지 않으실 거예요. 할머니께도 제가 돌봄을 받을 필요가 없다고 생각해서 화가 났어요.

다음과 같은 가설을 세울 수 있다.

나는 나만의 방식을 가질 수 있어야 한다.
내 뜻대로 되지 않을 때는 화를 낼 권리가 있다!
다른 여성이 나를 깔보는 말을 하는 것을 좋아하지 않는다.
내가 화가 났을 때, 나를 아이 취급하지 말아요!
나는 나를 사람들이 진지하게 대해 주길 바라고, '어리석은' 취급을 받지 않기를 기대한다.
나는 내가 통제할 수 없다고 느끼는 것을 싫어한다.

이러한 모든 진술은 잠정적인 것으로 여겨진다. 설리번 부인의 반응과 확인에 따라 일부 또는 전부가 폐기되거나 수정되거나 수용될 수 있다. 상담자는 그 사람의 목표를 드러내는 사적 논리를 추측하기 시작한다. 이 사례에서는 진지하게 대우받고, 자신의 방식으로 삶을 영위하며, 통제력을 갖는 것이다. 여성과의 관계, 특히 권위 있는 여성과의 관계가 위기나 스트레스를 받을 때 다소 논쟁적이라는 것을 더 추측할 수 있다. 미망인이 된 것과 독립적인 생활에서 공동체 생활로의 전환은 분명 스트레스를 받는 시기이다.

설리번 부인은 자신이 '최정상'이라고 느끼지 못하고 자신을 통제하지 못하는 것이 매우 불안하다는 것을 인정했다. 또한, 그녀는 자신을 '조롱'하려는 모든 사람(특히, 여성)에게 벗어나려는 자신의 패턴을 인식했다. 그녀는 어머니가 자신에게 행동하는 방식과 똑같이 지각하는 대로 자신이 딸에게 행동하고 "있을 수도 있다"라는 상담자의 관찰을 직면했다. 지금까지 이런 생각은 한 번도 해 본 적이 없었다. 그녀는 한동안 이것을 숙고하고, 실제로 자신이 어머니보다 더 충실하게 그 패턴을 따르고 있을지도 모른다는 결론을 내렸다. 다음번에는 그녀의 딸도 함께 방문하였다. 두 사람 모두 아직 시간이 있을 때 관계를 개선하고 싶어 하였다.

아들러 심리학의 방법을 훈련받지 않았거나 초기 회상의 함의를 알지 못하는 사람에게는 이러한 보고가 흥미롭지만 중요하지 않게 보일 수 있다. 실제로 설리번 부인은 초기 회상의 의미를 논의할 기회가 있었을 때, 자신에게 매우 중요한 몇 가지 문제에 대한 자신의 자리를 다시 생각하는 데 도움이 되었다고 말했다. 이러한 통찰은 나중에 상실, 슬픔, 다른 여성과의 관계를 극복하도록 돕고자 하는 모든 사람에게 중요할 것이다. 스트레스의 원인과 대처 방법에 대해 논의했다. 이는 서로 주고받는 상호작용적인 과정이었다. 삶의 문제에 대해 긍정적으로 직면하는 것을 포함한다.

설리번 부인의 사례에 관한 몇 가지 관찰은 노인 상담에서 초기 회상의 실제적인 유용성을 설명하는 데 도움이 될 수 있다. 첫째, 상담자가 생활양식 방법에 대한 훈련을 받지 않아서 다른 생활양식이나 초기 회상 정보를 사용하지 않더라도 설리번 부인이 여성 상담자에게 어려움을 겪을 수 있다는 것을 추측할 수 있다. 이는 초기 회상에서 어머니와 할머니에 대한 그녀의 반응과 어머니가 자신보다 위에 있다는 지각에 근거한 것이다. 이는 적어도 부분적으로는 설리번 부인과 친구가 되려고 시도했던 여성 관리자의 경험(잠재적으로 권위적인 인물일 수 있음)으로 확증되었다. 또한, 흥미로운 점은 그녀가 남성 의사의 조언을 받아들였고, 자신의 경험을 바탕으로 비슷한 조언을 하는 여성 지인들은 거절했으며, 최소한 몇 차례 방문을 시도하는 딸에게 유별나게 강경한 태도를 보였다는 점이다. 반면, 그녀의 아들은 방문하려는 노력조차 하지 않았지만, 아들에 대한 태도는 기본적으로 긍정적이었다.

우울감, 패배감, 두려움의 이면에 있는 부정적인 자기 대화에 직면하려는 노력 없이, 노인이 이런 감정들을 느끼면서 인생 회고를 마칠 필요는 없다(Sweeney & Myers, 1986). 초기 회상과 생활양식 사정이 모든 불행한 노인에게 만병통치약은 아니다. 하지만 기존 방식을 대체하거나 보완할 수 있는 대안일 수 있다.

하나의 초기 회상만으로도 개인의 삶, 자기, 타인의 세계관에 대한 중요한 통찰을 드러낼 가능성이 있다면, 추가적인 정보, 면담에서 내담자의 행동, 상호작용의 기회를 통해 얼마나 더 많은 것을 알 수 있겠는가? 초기 회상과 함께 표현된 정서는 항상 중요하다. 감정은 그 사건에 부여된 의미를 드러낸다. 용기가 있는지 없는지는 바로 이런 발언에서 드러난다. 삶은 공정하거나 불공정하고, 안전하거나 안전하지 않은 것으로 여겨진다. 생애 과제는 충족하거나 피해야 할 도전으로 받아들여진다. 타인들은 도움이 되거나 위협적인 것으로 여겨진다. 내담자는 자신이 유능하거나 무능하다고 지각한다.

같은 가정에서 같은 사건을 경험한 두 사람은 그 사건의 의미에 대해 서로 다른 의미를 부여할 것이다. 어떤 일이 일어났고 그 일에 대해 어떻게 느꼈는지에 대한 이러한 지각은 '사적 논리'를 이해하는 데 기초가 된다. 상담자가 내담자의 초기 회상에서 낙담한 태도와 감정을 발견하면 일상생활에서 그 증거를 발견하는 것은 놀라운 일이 아니다. 일반적으로 이는 개인의 일반적인 지각 및 대처 방식이 현재 상황에 비효율적이거나 부적절할 때 드러난다. 물론 배우자, 친구, 가족, 집을 잃거나 신체적 기능이 둔화하거나 상실되면 새로운 상황에 비추어 대처하고 성장할 수 있는 능력이 시험대에 오르게 된다.

아들러 심리학의 다른 지침을 사용하면 이러한 방법의 가치도 높아질 것이다. 이 방법은 확실히 노인들에게 적용하는 데 유망하다. 제2장에서 언급했듯이 신경과학 및 바이오피드백 방법과 더불어 장수하고 잘 사는 사람들의 지식을 함께 사용하면 모든 연령대의 사람들에게 많은 희망이 있다.

아동 아동의 경우, 부모와 교사의 행동 보고는 몇 가지 추측할 수 있는 충분한 정보가 될 수 있다. 제9장에서는 파괴적인 행동 목표를 파악한다. 상담 전 아동의 행동을 관찰하는 것은 도움이 될 수 있지만, 많은 사례에서 효과적인 상담을 위해 꼭 필요한 것은 아니다.

교사나 부모와 대화하는 동안 상담자는 아동의 잘못된 목표를 파악하고, 이러한 목표가 도출된 구체적인 행동 사례를 얻으려고 노력한다. 상담자는 이러한 잘못된 목표를 사용하여 아동과 대화하는 동안 자신의 직감(예: 관심 끌기, 힘겨루기, 복수하기, 무능력)을 확인하거나 반박할 수 있다. 따라서 상담자는 이러한 목표와 행동을 사정하는 데 도움을 주기 위해 아동이 자신의 파괴적인 행동으로 무엇을 얻기를 기대하는지 추측하기 시작한다. 자신의 잘못된 목표가 드러나면 자발적으로 상호 간에 만족스러운 목표로 바꿀 수 있으므로 매우 고무적인 일이 될 수 있다.

아들러 심리학의 주요 기법은 **촉진적 직면**(facilitative confrontation)으로 설명할 수 있다. 즉, 상담자는 친절하고 소유욕이 없는 방식으로 개인이 추구하는 신념에 대해 관찰한 것을 공유한다. 아동과 상담할 때, 상담자는 다음 대화와 같이 추측하고 온화하게 직면할 수 있다.

상담자: 오늘 왜 여기에 왔는지 알고 있니?

바비: 제가 선생님께 말대꾸했어요.

상담자: 그게 문제였던 것 같구나. 이 전에도 선생님께 말대꾸한 적이 있니?

바비: 가끔은요.

상담자: 왜 선생님께 말대꾸하는지 알고 있을까요?

바비: [고개를 끄덕이며: 아니요.]

상담자: 지금도 화가 많이 난 것 같구나. 네가 말대꾸하는 이유가 뭘지 내 생각을 듣고 싶니?

바비: [고개를 끄덕이며: 네.]

상담자: 내 생각에 너는 선생님이 너에게 어떤 것도 강요할 수 없으며, 네가 원하는 것을 네가 원하는 때에 할 거라는 것을 알기를 바라는 것 같아. 바비(Bobby), 너는 재능이 뛰어나고, 누구도 너와 먼저 상의하지 않고서 너에게 무엇을 하라고 말하지 못할 거야. 그런 것 같니?

바비: [미소 짓고 고개를 저으며: 아니요.]

상담자: 지금도 너는 네가 준비될 때까지 동의하지 않을 거라는 것을 내게 보여 주려 하고 있어. [바비가 미소 짓는다.] 그렇지? [상담자가 미소 짓는다.]

바비: 네!

이러한 경우에 상담자는 소년이 같은 목표를 보여 준 한두 가지 구체적인 사례를 더 인용할 수 있다. 이 사례에서 미소 짓는 인식 반사는 소년의 목표가 힘겨루기라는 상당히 확실한 행동적 단서이다. 상담자가 실수한다면, 단서가 부족하다는 것이 분명해진다. 어떤 경우에는 더 근본적인 목표를 놓칠 수 있으며 상담자는 그에 따라 사정을 수정할 준비가 되어 있어야 한다. 소수 유형의 아이만이 인식 신호를 공유하는 것에 저항(예: 무표정하게 행동하는 아이, 회의 내내 웃거나 낄낄거리는 아이)한다. 이 예에서 상담자는 소년의 파괴적인 이유(원인)는 밝히지 않았고, 소년이 얻고자 바라는 것(목표)만 밝히고 있다. 다음 질문은 소년이 수업을 방해하지 않고 자신의 자리를 찾는 방법이 될 것이다. 제9장에서 살펴보겠지만, 교사와 부모가 교정 및 예방 조치를 취하면 소년이 새로운 행동을 시도하도록 촉진할 수 있다. 아들러 상담자는 낙담(즉, 자기 확신의 결여)이 개인을 다른 사람에게 저항하게 만든다고 믿는다. 따라서 처벌은 적절하지도 않으며, 강요도 마찬가지이다.

말로만 설명하는 상담 과정은 자의적인 조작으로 보일 수 있지만, 실제로는 그 반대이다. 상담자의 마음속에는 개인에 대한 존중과 협력을 강요할 수 없다는 인식이 가장 우선시 된다. 실제로 갈등 해결에 있어 가장 효과적인 전략 중 하나는 관계와 과정을 통해 전달되는 존중감 속에서 자유롭게 결정하고 실행할 수 있는 적절한 대안을 제시하는 것이다.

재정향

아들러 심리학 개입의 마지막 단계는 변화를 일으키고자 하는 내담자의 바람에 따라 달라진다.

자신의 행동 의미와 추구하는 목표를 이해하면 개인이 어떤 다른 행동을 시도할지 자유롭게 결정할 수 있다. 이 시점에서 상담자는 "변화하고 싶으세요?"라고 말할 것이다. 내담자가 변화하고 싶다고 말하더라도 상담자는 너무 빨리 진행하지 않는다. 아무리 좋은 의도가 있더라도 모든 사람이 미리 준비된 것은 아니다. 그 결과, 상담자는 과거의 생각, 태도, 행동으로 돌아가는 것이 얼마나 쉬운 일인지 알려 줌으로써 개인에게 '수프에 침 뱉기' 결과를 초래할 수 있다. 드라이커스는 이를 내담자와 상담자 모두 동기를 알고 있는 상황에서 자기 패배적인 행동을 지속하는 내담자의 "순수함을 훔치는 것"이라고 표현했다. 사건이 발생했을 때 내담자에게 힘을 실어주는 감정을 강조하는 것도 마찬가지로 중요하다. 이 시점에서 상담자가 친절하고 수용적인 태도와 방법을 유지하는 것이 중요하다. 말 그대로 상담 진행 여부는 내담자가 결정한다.

앞에 언급한 결혼한 부부 사례(마리아와 스티브)에서 그들은 배우자가 격려를 요구하는 영역에서 서로 돕기로 동의하였다. 남편은 가정과 관련된 의사 결정에 참여하기 시작했다. 두 사람은 상대방이 집 밖에서 맡은 책임에 더 많은 관심을 기울이기로 합의했다. 상담 초기에 맺은 한 가지 행동적 합의는 매주 1시간 동안 중단 없는 파트너십 미팅을 하는 것이었다. 한 파트너가 30분 동안 이야기하고 다른 파트너는 경청하고, 다음에는 말하고 듣는 역할을 바꾸는 방식으로 진행하였다. 그들은 미팅 시간 사이에 주제에 관해 말하지 않기로 합의했지만, 매주 첫 회기는 누가 맡을지 번갈아 가며 진행하기로 하였다.

파트너십 미팅의 수정은 커플의 욕구와 바람에 따라 전개된다. 하지만 처음에는 구체적인 시간, 장소, 절차는 사전에 합의된다. 상담자는 상담 회기에서 역할 놀이, 문제 해결, 모델링, 목표 설정 등 이 미팅 기법과 유사한 기법을 커플에게 연습하게 할 수 있다.

선생님에게 말대꾸하는 소년의 경우, 상담자는 소년에게 선생님과 함께 사용할 수 있는 대안을 제시했다. 모든 경우 소년에게 대안과 선택권이 있다는 사실이 분명했다. 그런 다음 상담자는 소년에게 변화를 원하는지, 그의 의도가 무엇인지에 관한 서면 계획이나 합의(예: 말대꾸하지 않고 교사에게 자신의 감정을 표현할 다른 방법을 찾는 것)를 사용할 것인지 물었다. 어떤 방식이든 상담자는 소년이 성공할 가능성을 크게 높일 수 있는 현실적인 목표를 향해 노력하고 있었다.

어떤 경우에는 성공의 시간 간격이 짧거나 행동의 작은 변화만 시도하여 성공적인 진전으로 간주할 수도 있다. 실패 자체는 신중한 계획과 실수나 실패에 대한 인내심을 통해 최소화하거나 제거할 수 있다.

때때로 개인은 변화에 저항하는 것처럼 보이는 자기 패배적인 행동을 추구하기도 한다. '상식'을 적용하면 그러한 행동은 비논리적이고 쓸모없으며 분명히 개선이 필요하다고 결론 내릴 수 있다. 그러나 개인의 사적 논리를 살펴보면 개인이 심각한 의문 없이 고수하는 근거와 목적이 드러난다.

어떤 아이가 괴롭히는 아이로 불리게 되면 다른 청소년 및 성인과의 싸움이 많은 사건의 원인이 된다. 처벌, 훈계, 행동 변화를 위한 간청은 일반적으로 거의 또는 전혀 차이를 만들지 못한다. 싸우는 아동은 대부분 복수하기 목표를 추구하고 있으며, "나는 호감이 없지만, 너에게 상처를 줄 수 있어."라는 사적 논리를 가지고 있다는 것을 알게 되면, 예를 들어 싸움을 아동의 레퍼토리에서 필요한 행동으로 만드는 근거를 예상할 수 있다.

예를 들어, 내담자가 말하는 것을 경청하고 적극적으로 반영하는 것만으로도 싸움은 고귀한 일이라는 것을 알게 될 것이다. 로빈 후드나 원탁의 기사단과 다르지 않게 그들은 다른 사람의 잘못을 '바로잡거나', '점수를 맞추는' 일을 한다. 다음은 초등학교 4학년 남학생과 면담한 사례이다.

상담자: 싸우는 것을 좋아하니, 대릴(Daryl)?

대릴: [고개를 저으며: 아니요.]

상담자: 내 생각에는 가끔 그런 것 같기도 해, 그러니? [대릴이 어깨를 으쓱한다.] 너는 가끔 다른 사람에게 상처를 줄 수도 있고, 때릴 수도 있다는 것을 보여 주고 싶을 때가 있는 것 같아.

대릴: [활짝 웃으며 고개를 흔들면서: 네.]

상담자: 그래서 싸우는 것을 좋아하는구나. 대릴, 그러면 문제가 해결되니?

대릴: [손으로 입을 가리고 미소를 짓는다.] 음, 제 여동생을 놀린다고 때렸더니, 애들이 저를 괴롭히기 시작했어요!

상담자: 오, 알겠다. 그럼 아이들이 동생을 괴롭혔기 때문에 정말 네 잘못이 아니라는 거구나.

대릴: [고개를 끄덕이며: 네.]

자기 존중을 유지하려는 대릴의 바람을 알 수 있다. 결국 누가 그의 정당한 의도를 비난할 수 있을까? 그의 싸움이 여동생의 명예와 거의 관련이 없다는 사실은 그의 사적 논리에서는 아무런 의미가 없다.

곧바로 다음 단계(즉, 재정향)로 넘어가는 것은 흔한 오류이다. 이 시점에서 상담자는 대릴의 동기를 더 잘 이해할 수 있지만, 이것만 가지고 그에게 변화를 요구하거나 기대하는 것은 불충분할 수 있다. 저자가 생각하기에 도움이 되는 것은, ① 부정적인 감정을 그 상황의 잘못된 행동과 연결하고, ② 긍정적인 감정만 연상시킬 수 있는 새로운 대안을 소개하는 것이다. 상담자는 앞의 예시를 사용하여 다음과 같이 계속할 수 있다.

상담자: 그리고 그렇게 하는 것이 너를 행복하거나 슬프게 했니?

대릴 : 행복하기도 하고 슬프기도 했어요.

상담자 : 네가 그들에게 복수해서 기쁘지만, 그들이 너를 좋아하지 않으니까 슬프구나. [대릴이 끄덕이며: 네.] 다른 아이들이 너를 좋아하고, 너도 그들을 좋아하기를 정말로 원하는지 궁금하구나. [고개를 끄덕이며: 네.] 나는 잘 모르겠구나, 대릴. 내 생각에 너는 다른 사람들이 너를 좋아하지 않기를 기대하는 것 같고, 그것은 나쁜 감정이기 때문에 다른 사람들이 너의 나쁜 감정에 대해 대가를 치르기를 바라는 것 같구나.

대릴 : 저에게 친절하게 대한다면 때리지 않았을 거예요.

상담자 : 다른 아이들처럼 게임이나 놀이에 끼지 못할 때, 정말 기분이 나빠지는 것 같구나. [대릴이 바닥을 내려다보며 손가락을 만지작거린다.] 그리고 싸움이 끝나면 모두 네가 얼마나 나쁜지 이야기하게 되고, 너는 기분이 더 나빠지는구나. [대릴이 슬픈 표정으로 고개를 든다.] 네가 오늘부터 친구를 사귀고 관계를 유지하는 일을 시작하고 싶은지 궁금하구나.

이 사례에서 대릴은 새로운 행동에 대한 노력을 기꺼이 시작했지만, 그와 교사가 새로운 목표에 초점을 맞추도록 돕고 그 목표를 향해 나아갈 때 느끼는 만족감이 성공에 매우 중요했다. 그가 자신의 싸움을 통해 내재적 만족감을 얻고, 다른 사람들이 자신을 좋아해 줄 것이라고 믿지 않는 한, 그의 행동을 바꾸도록 설득하는 것은 어려울 것이다. 성인도 마찬가지로 역기능적인 행동을 그 결과로 유발되는 부정적인 감정 경험과 연관시키지 않는 한, 비효율적이고 사회적으로 쓸모없는 행동을 계속 사용하는 경향이 있다.

구체적인 기법

개인이 변화를 선택한다면 변화할 힘을 가지고 있다고 확신하는 아들러 상담자는 내담자에게 이러한 믿음을 설명하기 위한 기법을 제안하고 사용한다. 아동이든 성인이든 개인은 삶에 대처할 수 있는 능력에 대한 자기존중감과 자신감을 키우도록 격려받는다. 아들러 상담자는 두려움, 변명, 무능력, 비난, 불평을 마음에 깊이 새기지 않는다.

자신의 책임으로부터 자유를 원한다는 사실로부터 다른 사람의 주의를 돌리기 위해 사용되는 정서는 계속 낙담하게 만드는 도구로 보인다. 친절하지만 의도적으로 아들러 상담자는 이러한 표현의 함정을 피하고, 대신 개인의 소속감, 안정감, 적절함이라는 진정한 자산을 강조하기 위해 노력할 것이다. 격려란 상담자가 삶에 대처할 수 있는 개인의 확신을 키우기 위해 사용하는 과정이다.

저자의 경험상 다른 아들러 이론가는 시연이나 강의에서 공감 자체를 강조하지 않았다. 다른 이론적 배경을 가진 사람은 때때로 이러한 경향에 대해 비판적이다. 아울러 심리학 모델은 합리성에 기반을 두고 있으므로(즉, 잘못된 평가나 생각에서 어려움이 생긴다), 감정은 그 자체로 독립된 실체로 다루지 않는다. 그러나 내담자의 감정은 중요하며 상담자와 내담자 모두에게 내담자의 의도를 파악할 수 있는 이정표 역할을 한다.

세 가지 감정의 수준을 경청하라.

저자는 세 가지 수준의 감정을 경청하는 것이 상담과 자문에 유용하다는 것을 알게 되었다. 예를 들어, 직업과 관련한 상담 사례에서 한 고등학교 3학년 학생이 아르바이트에 대한 불만을 표출했다. 졸업 후에도 정규직으로 계속 일하고 싶지만, 현재 상사 밑에서는 만족스럽지 않다는 것이다. 면담이 진행되면서 조심스럽게 말했지만, 부모님으로부터 더 독립하고 싶다는 것이 분명해졌다. 나중에 상담에서, 그녀는 현재의 직장과 가정 상황에 대한 다른 대안을 진지하게 고려하지 않음으로써 독립할 수 있는 능력에 관한 표현되지 않은 의구심이 드러났다. 이는 후속 면담에서 확인되었다. 세 가지 수준에서 들리는 감정은 다음과 같다.

1. 현재 분명한 감정: 업무 상황에 대한 불만
2. 숨겨진 감정: 독립에 대한 바람
3. 전의식 속 감정: 독립할 수 있는 능력에 대한 자기 의심

호소 문제에 대한 대안을 고려하지 않는 이유와 변명은 자기 의심에 직면하지 않는다면 가장 진솔한 상담자라도 패배시킬 수 있다. 아울러 상담자는 의심을 극복할 수 있는 성공 경험을 제공함으로써 의심을 다루는 경향이 있다. 상담자는 현재와 숨겨진 감정을 알아차리지만, 더 만연한 감정에 기여하는 잘못된 관념을 불신하는 것을 선택한다.

따라서 재정향 단계에서는 개인의 생각과 이에 관련한 감정을 알아차리는 것이 필요하며, 이는 협력에 영향을 미칠 수 있다. 인지적으로 변화를 결정했다고 해서, 변화가 일어나는 것은 아니다. 따라서 상담자의 기능 중 하나는 내담자가 이전의 자기 패배적인 관념과 행동의 이점으로부터 벗어날 수 있도록 도와주는 것이다.

아울러 상담자는 내담자가, ① 자기 패배적인 행동을 하는 자신을 발견하고, ② 자신의 태도와 감정에 대한 통제력을 자각하고, ③ 자기 패배적 행동에 숨겨진 의제의 이점으로부터 주의를 돌리고, ④ 생애 과제에 성공적으로 대처할 수 있는 능력에 대한 자신감을 발달시키도록 돕기 위한 다

양하고 구체적인 기법을 사용한다. 많은 기법 중에서 몇 가지만 언급하여 설명하려고 한다.

수프에 침 뱉기

상담자가 내담자의 자기 패배적 행동의 숨겨진 의제나 목표를 드러낼 때, 어떤 일이 일어나는지를 설명하는 생생한 문구이다. 상담자가 관찰한 바가 정확하고("……일 수 있을까?") 이를 내담자에게 명확하게 설명할 수 있다면, 내담자는 이 행동을 계속할 수 있지만 더 이상 '달콤한 맛이 나지 않을 것'이다. 내담자는 더 이상 숨겨진 의미에 대해 순수하지 않다.

이 기법은 개인이 이전 행동에서 벗어나게 하는 수단으로 매우 효과적으로 사용된다. 아이들은 잘못된 행동의 목표를 빨리 이해할 수 있고, 만약 어른이나 다른 아이들이 나쁜 행동을 유용하도록 만들지 않는다면 같은 행동을 반복하지 않을 것이다. 또한 '좋은 봉사자 어머니', '훌륭한 선생님', '진짜 남자' 이미지 등을 추구하는 성인 사례에 적용할 때도 상당히 효과적이다.

역제안

아들러 학파가 아닌 상담자도 사용하는 이 기법은 개인이 다른 방법으로는 받아들이지 않는 기능을 통제할 수 있다는 것을 설명하기 위해 선택적으로 사용된다. 예를 들어, 내담자가 이성과 대화할 때 긴장하는 것을 어쩔 수 없다고 말할 때 상담자는 다음 기회에 최대한 긴장해 보라고 제안할 수 있다(즉, 긴장하도록 노력하기).

때때로 이 제안은 면담의 맥락에서 사용되기도 한다(예: 내담자가 역할 놀이의 변형으로 그 행동을 연습하는 경우). 물론 아이러니한 점은 '그 일'을 하라고 요구를 받았을 때, 스스로가 그 일을 할 수 없다는 것이다. 그것은 가치를 잃었다. 대부분 내담자는 자신의 새로운 곤경에 크게 웃는다.

만약 ~할 수만 있다면

이 문구는 종종 "만약 이 문제가 없다면, 당신의 삶이 어떻게 달라질 수 있을까요?"라는 중요한 질문 뒤에 이어지게 된다. 아들러 상담자는 내담자에게 '마치 할 수 있는 것처럼' 행동하라고 제안한다(즉, 마치 할 수 있는 것처럼 행동하세요).

이 제안은 상담 전의 잘못된 사정에 대해 어느 정도 통찰력을 갖게 되면 매우 효과적일 수 있다. 성공하지 못하는 것이 덜 중요해져서 실망감을 최소화할 수 있다.

버튼 누르기 기법

"내 감정을 바꿀 수 없어." 또는 "내 잘못이 아니야, 어쩔 수 없어."라는 내담자의 반응에 대해 상담자는 내담자의 상상력을 사용하여 이러한 감정을 유발하는 상황을 이미지화함으로써 긍정적이고 부정적인 정서를 모두 경험할 수 있는 능력을 보여 준다. 내담자는 신체 긴장도, 심박수 등의 변화와 그에 따른 움직임의 변화를 상상하여 경험할 수 있다. 당연히 추후 조치는 전체 과정의 중요한 측면이다. 일반적으로 상담자는 개인 또는 커플이 추후 조치에 얼마나 협조적인지 미리 판단할 수 있다.

중요한 수정어 추가

아들러 상담자는 앞서 언급한 협력의 결핍에 대한 변명이나 기타 초기 징후들을 듣는 것 외에도, 행간을 읽고 내담자의 진술에 중요한 수정어나 접속사를 덧붙이는 연습을 한다. 예를 들어, 경험에 의하면 "노력해 보겠습니다."라고 말할 때, 개인이 생각하는 것은 "그러나 안 될 것 같다고 생각해요."라는 뜻인 경우가 많다.

확률 사정하기

상담자는 이 정보를 특정 제안이 실제로 실행될 가능성을 사정하는 수단으로 사용한다. 낙담의 징후가 나타난다면, 다른 대안이나 더 작은 단계로 나누거나, 개인에게 기대하는 바를 줄이려고 한다.

과제 설정

과제 설정은 이 과정의 중요한 측면이다. 새로운 행동 시도하기, 공부 모임 참여하기, 단순히 일상생활에서 다른 사람 관찰하기와 같은 것들이 '과제'를 부과할 때 자주 사용된다.

일반적으로 제한된 목표를 선택하고 내담자가 동의한다. 목표가 적절하게 선택된다면 성공 확률이 높아진다. 연속적인 근사화 방법(the method of successive approximation)(즉, 내담자가 합리적인 단계로 결과를 향해 나아갈 수 있도록 함)이 매우 중요하다. 복수하기를 목표로 주먹다짐하는 청소년에게 다시는 '싸우지 않겠다고' 약속하는 것은 실패할 수밖에 없다. 자녀가 정해진 기간(예: 오늘 아침, 집에 도착할 때까지 등) 동안 싸우지 않기로 동의하고, 특히 자기 통제를 관리하기 위한 추후 조치와 격려가 있을 때 협력과 성공할 가능성이 증가한다.

과제 설정의 예 대인 관계 특히 자신이 좋아하는 여성과의 친밀감이 부족하다고 느낀 어떤 사람에게는 다양한 제안이 모색되었는데, 몇 가지는 본인이 직접 개발한 것이었다. 그가 생각하는 가치와 시도할 만한 행동으로 사용할 준비가 된 정도에 따라 목록을 작성하고 순서를 정했다.

그중 첫 번째는 더 자주 웃는 것이었다. 그는 자신을 '엄숙한 샘(Sam)'이라고 표현했다. 좀 더 구체적으로 말하면, 그는 매일 사무실에 들어올 때마다 의도적으로 미소를 짓고 하루 중 어느 시점에 다시 미소를 짓기로 했다. 그 결과는 너무 극적이어서 두 번째 주에는 굳이 다시 목록에 올릴 필요가 없었다. 첫날 아침부터 많은 사람이 단순히 대화를 나누기 위해 그에게 다가왔다. 점심 초대가 이어졌고, 그는 곧 웃을 이유를 찾았다.

그의 목록에 있는 또 다른 항목은 평소에는 구매하지 않던 물건을 충동적으로 구매하는 것이었다. 평소 '검소하고' 구매에 매우 신중했던 그였기에 이 행동은 조금 더 어려웠다. 그는 방종은 반드시 끔찍한 결과를 초래할 것이라는 생각이 들었다. 그 주 어느 날 오후, 그는 자기 자신에게 '선물'을 사도록 허락했고, 자기 능력 밖이라고 생각했던 것을 자유롭게 할 수 있다는 만족감에 기뻐했다.

더 어려운 항목은 여자친구를 놀라게 하고 기쁘게 할 수 있는 행동이나 말을 예상하는 것이었다. 이 항목은 어떻게 진행해야 할지 몰라 처음 2주 동안은 시도하지 않았다. 이 과제를 수행하는 방법을 찾는 것은 진정한 도전이었다. 그는 이 과제를 한 번 성공적으로 수행한 후에, 자신이 여자친구의 관심사, 열망, 욕구에 귀를 기울이지 않았다는 사실을 깨달았다. 그녀와 어떻게 지내고 있는지에 대한 걱정을 멈추자, 그는 두 사람이 함께 즐기는 것을 발견할 수 있는 자유를 얻었다. 물론 한 번으로는 충분하지 않지만, 모든 여정은 성공적인 한 걸음부터 시작된다.

요약

저자는 낙담한 사람들이 다른 사람에 대해 갖는 가장 큰 편견이 바로 자신에 대한 편견이라고 생각한다. 어떤 만화의 대사 한 마디가 이를 잘 말해 준다: "나는 자신이 생각하는 것만큼 똑똑하지 않은 사람들을 많이 알고 있는데, 다만 내가 생각하는 것만큼 내가 어리석지만은 않기를 바랄 뿐이다!" 자신을 믿지 못하는 것은 드문 일이 아니지만, 삶에 제약을 주는 태도이다.

상담자의 과제는 개인이 어린 시절의 사건에 부여한 잘못된 의미를 지금-여기를 살아가는 현재의 삶에서 돌보는 방식으로 직면하는 것이다. 그렇게 함으로써 상담자는 내담자가 자신의 자산을 재평가하고 인류 전체의 일원으로서 자신의 '단점'을 인식하도록 도울 수 있다. 진정한 사회적 평등에 의미와 목적이 있다는 것을 깨닫는 것은 다른 사람보다 더도 덜도 아닌 자신이라는 사실을 깨닫는 것이기 때문이다.

생활양식과 초기 회상 회기 축어록

생활양식 사정 정보

이 회기의 원래 목적은 생활양식 사정을 시연하는 것이다. 또한 이 과정에 몇 가지 DCT 기법을 통합하기를 원했다. 이 과정에 참여하기로 동의한 여성에게는 상담을 받아야 할 명시적인 이유는 없었다. 그러나 많은 경우 그렇듯이, 상담에 참여하지 않는 주변 사람들의 미해결 과제나 현재의 사건들이 상담 과정에서 드러나게 된다. 이러한 방법들이 참여자의 무의식적 사고, 감정 그리고 곤경을 드러내기 때문에, 그런 주제들이 상담에서 의미 있게 다루어질 만한 중요한 내용으로 밝혀지는 것이다. 따라서 저자는 항상 적절한 후속 논의를 할 수 있는 기회를 마련하고, 그러한 주제가 떠올라 추가적인 논의가 필요해질 수 있음을 미리 알려 준다. 물론 사연에 자원한 사람은 언제든지 자유롭게 참여를 거부할 수 있다.

다음은 생활양식, 초기 회상 및 DCT 방법을 시연하는 축어록을 포함하고 있는 1시간 30분 동안의 초기 면담에서 수집한 기본 정보이다. 이러한 기법을 함께 사용할 때 얻을 수 있는 정보, 과정, 유용성을 보여 주는 전형적인 사례이기 때문에 주목할 만하다. 앞서 언급했듯이 기본적인 생활양식 정보를 수집하기 위한 면담은 내담자가 미리 양식을 작성하게 함으로써 생략할 수 있다. 이것은 원하는 경우 일반적인 50분 회기 내에서 더 직접적인 상호작용을 위한 면담 시간을 절약할 수 있다.

다음 자료와 발췌한 부분은 첫 회기의 축어록에서 가져온 것이다. 아들러의 생활양식 방법에 익숙하든 익숙하지 않든, 자료를 가볍게 살펴봐도 각 개인은 매일의 선택에 따라 다양한 방식으로 기대, 의도, 선호를 표현한다는 것을 알 수 있다. 이 여성은 제2장에서 설명한 것처럼 일, 우정, 사랑, 자기, 영성 차원과 관련된 주제와 관련될 수 있는 자기, 타인, 삶에 대한 자신의 관점에 대해 많은 것을 공유한다. 현재 그녀에게 가장 중요한 주제이기 때문에 한 가지 주제에 집중하기 시작한다.

I. 개인의 성격: 가족 구도와 특성

내담자: 잔(Jan), 여성, 40대, 이혼, 두 아들의 어머니: 로버트(Robert, 14세), 노르만(Norman,13세), 교육학 전문직(학사 및 석사 학위), 로마 가톨릭 가정에서 성장, 가톨릭 학교에 다녔음, 매력적인 옷차림, 자세, 개방적인 자기 탐색, 다섯 명의 딸 중에서 가운데 아이, 부모님 두 분 모두 생존(은퇴)

빅토리아(Victoria): 맏언니 (+4세)

잔: 나는 별다른 특징이 없는 아이였음

로이스(Lois): (−4세), 쌍둥이, 말괄량이, 아버지가 가장 좋아함

로레타(Loretta): (−4세), 쌍둥이, 어머니가 가장 좋아함, 잔과 가장 다른 점: 매우 단호하고, 매우 솔직하며, 정말 강한 성격, 아버지와 가장 닮음(단호하고, 고집스럽고, 통제적)

유산 (−8세)

재키(Jackie): (−11세), 잔의 '아기 인형'(잔은 막내 여동생 돌보는 것을 좋아했음)

형제자매와 비교해 본 특성: 잔은 자신을 다음과 같이 설명했다.

- **두 번째로 가장** 지적이며, 열심히 공부하고, 학업 능력이 우수하며, 집안일을 돕고, 규칙을 잘 따르며, 다른 사람을 기쁘게 하려고 노력하며, 배려심이 많고, 예민해서 쉽게 상처를 받으며, 유머 감각이 있고, 이상적이며(모든 것이 제자리에 있어야 한다고 기대함), 성취 기준이 높고, 운동신경이 뛰어나며, 가장 힘이 세고 키가 크며 여성스러움
- **가장** 반항적이고, 자신만의 방식을 원하며, 화를 잘 내고, 물질주의적이며, 가장 예쁨. 그녀는 여성스러움을 좋아한다고 답함. 그녀의 별명은 '멋쟁이 잔' 또는 '새침쟁이 아가씨(Prissy Missy)'
- 도덕적으로 **가장 엄격하지 않음**(즉, '규칙'에 얽매이지 않으며, 다른 사람의 결점을 잘 지적하지 않음)
- 엄마와 아빠에게 말대꾸해서 **가장 많이** 혼난 아이(하지만 이 가족은 (여섯 명의 여자들과 아빠로 이루어진) 시끄러운 가족이었고, 어느 정도의 말대꾸는 모든 아이에게 허용되었음)

자기 묘사:

상담자: 알겠어요. 당신은 어떤 아이였나요?

잔: 음……. 제가 가족에서 맡았던 역할은 아마도…… 잘 모르겠지만, **그럭저럭한** 사람이었던 것 같아요. 물론 제가 한 일은 많았어요. 아마도 저만의 방식으로 주목받으려 했던 것 같아요. 왜냐하면 저는 **특별한 것이 없는 아이**였으니까요. 첫째 언니, 쌍둥이, 아기도 있었어요. 저는 둘째였지만, 내가 뭔가 관심을 끌 수 있는 일들을 했던 것 같아요. 잘 모르겠어요. [그녀는 나중에 인생에서 '멍청한 금발'이라는 고정관념을 이

용해서 하고 싶지 않은 일을 피하는 방법을 터득했고, '특별함이 없는 것'을 자신에게 유리하게 사용했다고 말했다.]

Ⅱ. 성인 및 성역할 모델: 부모 및 조부모

아버지: 보험 판매원으로, 야근이 잦았고, 독일 혈통을 지닌 엄격하고 매우 통제적인 사람이었다. 자녀들이 규칙을 따르길 원했고, 질서를 중시했지만, 특히 인내심이 없었다. 하지만 항상 자녀들과 함께해 주었다. 토요일 아침 일찍 골프를 치러 나갔고, 오후에는 집에 있었다. 그녀는 자신이 아버지에게 두 번째로 가장 사랑받는 자녀라고 생각했다(아버지가 자신을 자랑스럽게 여겼다고 느꼈다). 하지만 그녀의 여동생 로이스(쌍둥이 중 첫째이며 남자 같은 성격)는 아버지의 가장 사랑받는 자녀였는데, 둘이 함께 많은 시간을 보냈기 때문이었다. 아버지는 한 특정 회상 속에서 등장하지는 않지만 중요한 존재이다.

어머니: 전업주부이며, 정말 특별한 분이었다. 항상 자녀들과 함께해 주었고, 유쾌하고 매우 친절하며, 돌봐 주고 따뜻하게 양육하였다. 늘 즐거운 사람이었고, 노래를 자주 불렀다. 어머니는 그녀의 두 가지 초기 회상에서 중요한 역할을 했다.

부모님은 자녀 양육에 대해 의견이 일치했고, 그녀는 부모님 사이에서 다툼이 있었던 기억이 전혀 없다. 부모님의 차이에 대해 두려움이나 불안을 느끼지 않았다. 아버지가 중요한 결정을 내렸다. 부모님은 함께 행복해 보였고, 친구들과도 잘 어울렸으며, 일반적으로 안정적인 가족을 이루었다.

외할머니: 매우 특별한 분이었다. 그녀는 물속에서 함께 놀았고["물개 할머니(Nanny the Seal)"라고 불렸다], 낯선 사람을 전혀 두려워하지 않았으며, 재미있는 노래를 부르곤 했다. 매우 즐거운 분이었다. 그녀는 한 가지 회상에서 중요한 역할을 한다.

친할머니: 엄격하지만 훌륭한 요리사였다.

친할아버지: 키가 작고 다정하며, 재미있는 왜소한 남자분이었다. 담배 연기 냄새가 났다(세상에서 가장 좋은 냄새라고 생각했다). 재미있고 즐거운 분이었다(**참고**: 잔은 요리 중이든 아니든, 여러 가지 향기를 즐거웠던 순간들과 연결해 기억하는 듯하다.).

Ⅲ. 가족 및 문화적 가치

가족 구도에서 위치와 관계없이 각 자녀에게 영향을 미치는 특정 가치들이 있다. 잔은 자신이 로마 가톨릭 신자로 성장했다고 보고했다. '성장했다'라는 표현은 현재는 이 신앙을 실천하지 않을 수도 있다는 것이다. 그러나 상담자는 영적인 신념이 여전히 그녀에게 중요하다고 추측한다. 부모님 모두 신앙을 실천하였고,

그녀는 어린 시절과 성인이 되어서도 두 분을 부부로서 그리고 개인적으로 존경했다. 잔의 가족에서 중요한 가치로는 서로에 대한 존중과 배려, 창조자로서의 하느님에 대한 존중, 일과 재미의 균형, 음악과 춤을 통한 즐거움, 질서, 협력, 그리고 일, 우정, 사랑 관계에서 중요한 특성들이 포함될 가능성이 있다.

어머니와 아버지는 그들의 차이점을 공개적으로 그리고 적극적으로 논의했지만, 전혀 논쟁적이거나 위협적이지 않았다. 그들은 자녀들에게 타협하거나 일부 문제에 대해서는 동의하지 않는 방식을 모델링하였다. 이는 잔이 다른 사람들과의 문제를 협상할 때 자산이 될 수 있다. 반면, 상호 존중이 없는 관계에서 차이점을 조율하는 방법을 알지 못할 수도 있다(즉, 상대방이 솔직하지 않거나 상호 수용 가능한 해결책에 헌신하지 않을 때). 그녀가 다른 사람들을 위해 존재하고자 하는 욕구는 합의 기회를 극대화하기 위해 더 많은 책임을 지거나 지나치게 양보하는 결과를 초래할 수 있다.

Ⅳ. 초기 회상

다음은 면담에서 발췌한 잔의 초기 회상의 원문이다. 앞서 언급했듯이 아들러 상담자는 상담 과정에서 해석과 상담의 정확성과 관련성을 극대화하기 위해 상담자의 자기 대화를 활용하려고 한다. 일부 주석이 강조되어 있어 독자가 초기 회상에서 특히 유용할 수 있는 특정 측면을 주목하는 데 도움이 될 것이다. 이러한 측면은 나중에 상담 과정에서 이 여성의 자기 대화 내의 주제와 관련하여 특히 중요할 것이다.

1. **거실 창문과 램프가 보였어요. 그 램프가 초록색 유리였던 것 같은데, 제가 뛰어다니면서 놀고 있었던 것 같아요. 그런데 전선에 걸려서 램프가 떨어졌어요. 저는 "큰일 났어!"라고 생각했죠. 아빠가 집에 오셔서 화를 내실 거 같아서 기다리기 싫어서 도망가려 했어요. 엄마가 "얘야, 기다리면 아빠가 버스 정류장까지 데려다줄 거야."라고 말씀하셨죠. 그래서 작은 인형 여행 가방을 가져와서 모든 속옷을 넣었어요. 도망가려고 했거든요. 엄마는 계속 "얘야, 아빠가 그렇게 화내시지 않을 거야. 도망가고 싶으면 아빠가 오실 때까지 기다리면 돼."라고 하셨어요.** 저는 아빠가 어떻게 할지 정말 무서워했던 것 같아요. 그런데 아빠가 무슨 행동을 하셨는지 기억이 안 나요. 그 상황이 웃기기도 했던 것 같아요. 아마 엄마가 아빠에게 제가 도망가려고 한다고 말씀하셨던 것 같아요. 그래서 아빠가 아무것도 하신 기억이 없어요. 아빠가 무슨 말씀을 하셨는지도 기억이 안 나요. 하지만 **정말 무서웠던 건 기억해요. 무슨 끔찍한 일이 일어날까 봐 두려웠죠.** 그리고 쌍둥이들 기저귀를 접던 기억이 나요. 두 아기 때문에 기저귀가 산더미처럼 쌓여 있었고, 우리는 기저귀를 접는 걸 도와야 했어요. 저는 어디로 갈지 전혀 몰랐어요. 그저 작은 빨간 인형 여행 가방을 싸던 기억이 나요. 그리고 그 안에는 속옷만 넣었죠. …… (웃음) 내의도 거기에 넣었죠. 양말, 팬티, 내의를 넣었죠. …… **저는 아빠가 화를 낼까 봐 무서웠고, 아빠의 분노를 사고 싶지 않았어요. …… 아빠는 정말 강하고 지배적인 분이시거든요.**

2. 아시다시피 …… 시카고에서 이런 일도 있었어요. **제가 유치원에 다닐 때였어요. 선생님은 항상 점심 줄을 설 때 나를 맨 앞에 세우셨고, 제가 우유 대금을 맡아서 가지고 다니게 해 주셨어요. 이것을 반년 정도 계속했는데, 어느 날 갑자기 제가 더 이상 점심 줄의 선두가 아니었어요. 제가 선생님의 신뢰를 잃은 이유를 알 수 없었지만, 정말 기분이 나빴어요. 저는 리더였는데, 갑자기 리더가 아니게 된 것이** 기억나요. 저는 기억해요. …… 리더로서 반 전체를 이끄는 게 좋았고, 돈을 맡아서 가지고 있는 게 좋았어요. 제가 선택받았던 거였고, 아마 다른 아이들보다 제가 더 컸던 것 같아요. 음, 근데 …… 이걸 하면서 **그것이 저의 역할이라고 생각했고, 저는 그것을 책임감 있게 했고 기분이 좋았어요. 그런데 갑자기 어느 날 선생님이 다른 아이를 줄 앞에 세운 것 같아요. 선생님이 저에게 뭐라고 했는지, 왜 제가 더 이상 리더가 아닌지 전혀 설명해 주시지 않았어요. …… 선생님이 왜 그런지 말씀해 주신 적도 없고, 아무 말도 안 하셨어요.** 다른 아이가 그 자리에 있게 되니 정말 상처가 되었고, 제가 뭘 잘못했는지 모르겠어요. 아마 선생님께 가서 물어보진 않았을 것 같아요. 아마 엄마와 이야기했을 거예요. 기억은 나지 않지만, 엄마와 이야기했을 거라고 확신해요. 엄마가 뭐라고 하셨는지는 기억나지 않아요. **그냥 마음이 너무 아팠고, 제가 무엇을 해서 선생님의 호의를 받지 못하게 되었는지 전혀 알 수 없었어요.**

3. 어렸을 때요? 네, 좋아요. 한 가지 상황이 생각나네요. 무슨 일인지 전혀 모르겠지만, 저는 화가 나 있었어요. 우리는 켄터키에서 1년 동안 살았어요. 쌍둥이가 태어나고 아빠가 시카고로 전근 가서 엘름 허트(Elm Hurt)에서 살았어요. 이 집은 층이 나뉘어 있었죠. 쌍둥이는 아마 세 살이었고, 전 일곱 살이었을 거예요. 이게 무슨 일인지 모르겠지만 여름이었어요. **저는 화가 났고 어머니는 저에게 무언가를 시키려고 했는데, 제가 안 하려고 하니까 엄마가 저를 쫓아왔어요. 저를 침대에 눕히고 제 손과 발을 비틀었어요. 그러다 저는 엄마 눈을 할퀴었어요.** 말씀드린 것처럼 …… 아시다시피 …… 어머니는 제가 해야 할 일을 시키거나 도와주려고 저를 쫓아왔지만, 전 안 하려고 했어요. …… 가끔 빅토리아와 제가 싸울 때도 있었는데, 그것은 저의 방어책이었어요. 저는 어딘가로 가서 제 손과 발로 (웃음) 그래서 아무도 저를 잡을 수 없었어요.

상담자: 그래서 엄마 눈을 긁었군요.

잔: 제가 각막이나 눈 근처를 긁었어요. 엄마는 눈에 안대를 하셨어요. **죄책감이라면 바로 그거죠.**

상담자: '죄책감이라면'이라고 말했는데…….

잔: **끔찍한 기분이 들었어요.** 어머니에게 얼마나 끔찍한 일을 했는지, 어머니가 그 일에 대해 별다른 말을 하거나 화를 내 기억은 없지만, **제가 어머니에게 상처를 드렸다는 사실이 끔찍하게 느껴졌어요.**

4. 텍사스에서 외할머니와 살던 때가 기억이 나요. 해변에서 화장실에 가고 싶은데 화장실이 없었고, 할머

니가 저를 모래톱에 데려가서 앉혀놓고 용변을 보게 해서 '물개 할머니(Nanny the Seal)'가 된 것 같아요.

상담자: 어떻게 느꼈어요?

잔: 누군가가 저를 돌보아주는 것 같았어요. **누군가 제 곁에 있는 것처럼요.**

Ⅴ. 아들러 심리학의 해석적 가설

생활양식 사정과 초기 회상을 바탕으로 한 임시적인 가설은 이러한 자료들이 내담자와 작업하는 데 있어, 어떻게 유용하게 활용될 수 있는지를 설명할 것이다. 이 사례에서 가설은 그녀가 자기를 더 깊이 이해하고, 그러한 이해를 바탕으로 현재 그녀에게 상당한 고통을 주고 있는 문제를 더 효과적으로 대처하는 데 도움을 주기 위해 고안되었다.

중간 아이로서 잔은 가족의 다른 아이들과 비교하며 자기를 '특별함이 없는' 아이로 여겼다. 그녀는 여성이라는 것이 좋았고, 여성스럽고 귀여운 '멋쟁이 잔' 또는 '새침쟁이 아가씨(Prissy Missy)'로 관심을 얻기 위해 최선을 다했다. 이러한 노력에도 불구하고, 그녀는 다른 모든 사람을 매우 긍정적인 특성을 가진 사람으로 평가하면서, 자기는 그다음으로 좋거나 아니면 **그렇지 않다고** 여겼다. 이것은 그 자체로 구별되는 것이다.

그녀의 부모님은 엄격하면서도 사랑이 넘쳤다. 아버지는 통제적이지만 '역시 우리를 위해 존재하는' 분이었고, 어머니는 편안함, 즐거움, 돌봄의 일관된 양육과 성역할의 모습을 보여 주었다. 여성들, 특히 어머니와 외할머니는 성별과 개인적인 관계에 대한 그녀의 신념에 두드러진 역할을 하였다. '사랑하는 사람을 책임지고 곁에 있어 주는 것'은 필수적인 일이다. 사랑하는 사람에게 실수로라도 상처를 주는 일은 끔찍하다.

그녀가 이해하지 못하는 어떤 이유로 인해 다른 사람이 그녀의 삶의 자리를 빼앗을 수 있으며(초기 회상: 선생님이 줄의 리더 역할을 대체했을 때, 최근에는 전남편과 아들), 이는 그녀를 혼란스럽게 하고 상처를 주었다. 그녀는 그러한 사건에 대해 자신이 어떻게 느끼고 반응할지 선택할 자유를 실행하는 방법을 알지 못한다.

그녀의 가장 큰 강점은 일반적인 규범에 반대하여 목소리를 내는 것(어린 시절 부모님의 뜻에 반대함—가장 반항적이었음; 가톨릭 교리와는 다름—규칙을 따르지 않음)과 외모가 매력적이라는 점(즉, 겉모습이 좋아 보이는 것)이다. 종종 외모를 좋게 보이거나 '어리석거나 멍청한 금발 유형'으로 행동하는 것은 삶의 다른 영역에서 느끼는 **별로 좋지 않은** 감정을 숨기기 위해 사용될 수 있다. 이는 다른 사람들이 생각하는 것보다 더 깊이 상처를 줄 수 있다. 누구보다 자신의 뜻대로 되기를 원하고 그것을 이루기 위해 분노를 표출하지만, 그만큼 실망하거나 상처를 받을 가능성이 있다(자신을 가장 많이 벌받고 가장 예민한 사람으로 인식). 게다가 자신을 너무 강하게 주장하는 것은 매우 나쁜 결과를 초래할 수 있다(어머니의 눈을 긁었던 경우처럼).

또 다른 자산은 그녀가 존경하는 사람들로부터의 조언에 개방적이고, 곤경을 해결하기 위해 용기를 내어 행동을 취할 수 있다는 것이다. 초기 회상 중 하나에서 어머니는 아버지가 집에 돌아오기를 기다리라고 그녀에게 권유했고, 비록 아버지의 분노를 두려워했지만, 그녀는 가방을 싸고 버스 정류장으로 데려다줄 아버지를 기다리기로 했다. 이 상황이 웃기게 보일지 모르지만, 어른이 된 그녀가 여전히 조언을 듣고(집으로 돌아가 남편과 맞서라는 아버지의 조언), 자신의 개인적인 혼란 속에서도 '할 일에 집중하고' 어떤 식으로든 행동을 취할 때 평화와 평온을 찾는다는 것을 알 수 있다(초기 회상: 빨간 작은 여행 가방을 싸는 모습; 최근에는 남편이 집에 돌아오기를 기다리며 특별한 독서를 하는 모습). 그녀는 자신의 행동에 책임을 지는 훌륭한 내담자가 될 가능성이 크다.

Ⅵ. 생애 과제에 대한 접근

그녀는 대부분의 성인기를 가정주부로 살아왔다. 그녀는 여전히 어머니와 할머니처럼 가사를 잘 해내는 것에 대해 즐거움을 느낀다. 그녀는 주변 환경의 색채를 잘 알고 있으며, 옷차림이나 집, 작업 공간에서 색을 사용해 자신을 표현하는 경우가 많다. 외모도 중요하지만, 그보다 더 중요한 것은 인간관계이다. 예를 들어, 그녀의 모든 초기 회상은 혼자 있거나 단순히 다른 사람을 관찰하는 것과 달리, 사회적으로 상호작용하는 것이다.

우정이든 직장이든, 그녀는 다른 사람을 위해 곁에 있어 줄 수 있는 든든한 존재이다. 그녀는 가장 만족스러운 방식으로 자신의 몫을 다할 것이다. 안타깝게도 자기 노출의 순간, 여전히 다른 사람들이 할 수 있는 것만큼 자신이 잘 해내지 못한다고 생각하고 있다는 것을 드러낼 가능성이 크다. 이러한 잘못된 생각 때문에 그녀는 끊임없이 더 잘하려고 노력하게 된다.

그녀의 가족은 신앙생활을 일관되게 지지하는 가치관이 있다. 면담에서 잔은 성인이 된 자신의 삶에서의 혼란을 초월할 수 있도록 도와주는 누군가(하느님)가 항상 그녀 곁에 있다는 깊은 영적 감각을 드러냈다. 이러한 영적 지지에 대한 사적 신념은 그녀의 삶 전반에 걸쳐 또 하나의 큰 자산이 될 것이다.

Ⅶ. 안전지대

모든 사람은 자신의 기본적인 신념이 잘 작동하고 있을 때 가장 편안함을 느낀다(즉, 동료, 친구, 가족과 잘 지내고 있으며, 기본적인 신체적·영적 생활이 잘 유지되고 있을 때). 간단히 말해, 그들의 기대가 충족되고 있다는 것이다. 자신이 신체적·심리적·영적으로 안전하기 위해 필요한 것들에 대한 기대가 불확실하거나 위협을 받을 때, 사람들은 불안해지게 된다. 이 사례에서 잔은 지금까지 자신의 삶을 이끌어 온 신념을 지니고 있었지만, 아들과 전남편에 의해 그 신념이 좌절되고 있다. 이 신념은 그녀의 안녕에 중심이 되어 왔다.

이혼 후 그녀는 석사 학위를 취득하였고, 이제 교육 분야에서 보살핌, 양육, 지성을 발휘하고 있다. 성공에도 불구하고, 그녀는 여전히 '별로인' 사람이라는 편견이 있다. 그녀와 함께 살던 14세 아들이 아버지와 그의 현재 동거 여성과 함께 살겠다고 결정한 것은 그녀에게 큰 상처와 좌절감을 주고 있다. 다음은 생활양식 사정과 DCT를 활용하여, 면담 과정에서 발생한 이 문제를 해결하는 데 도움을 주기 시작한 사례를 보여 준다.

초기 회상/DCT 사정

자료 수집과 사정 과정은 해석과 상담으로 순조롭게 진행되었다. 독자는 면담 발췌문 전체에서 상담자의 질문이나 의견의 과정과 목적을 설명하는 데 도움이 되는 주석을 찾을 수 있을 것이다. 다음 내담자의 회상은 그녀가 현재 직면한 위기를 극복하는 데 방해가 되는 태도, 신념, 감정을 드러내도록 돕기 위해 사용되었다. 그녀의 큰아들은 아버지와 그의 현재 동거 여성과 함께 살기 시작했다. 잔은 자신만의 경력을 쌓아가는 과정에 있지만, 여전히 "자녀를 위해 존재해야 한다"라는 그녀의 말처럼 자녀들에게 헌신해야 한다는 필요성을 깊이 느끼고 있다. 면담 중에 수집된 아들러 심리학의 생활양식 정보는 DCT 기법을 사용하여 회상을 성공적으로 탐색한 후에 활용된다. 이 여성은 먼저 DCT의 감각 운동 수준에 대한 질문을 받는다.

상담자: 지금 할 일은 어떤 회상이든 하나를 선택하여 그 순간으로 다시 돌아가는 것입니다. **당신 자신이 지금 그 순간에 있다고 상상하고, 그 순간에 자신이 느꼈던 감정과 경험을 다시 떠올려 보세요.** 우리가 진행하면서 차차 발전시킬 거지만, 일단 그 순간으로 돌아가서 그 회상을 다시 한번 생생하게 경험해 보세요.

잔: 음. 아마도 그날…… 나머지 일들은 그냥 일어날 수 있었던 일인 것 같지만, 제가 어머니를 다치게 했다는 사실이 정말 괴로웠어요. 제가 울고 있을 때요.

상담자: 그때로 돌아가 봅시다. 침대에 누워 있었을 때로. 눈을 감고, 그 침대에 있는 자신의 모습을 떠올리며, 그 순간을 다시 경험할 수 있나요? [잠시 멈춤] 좋아요.

잔: 생생하게 떠올라요. 제가 침실에 있었는데, 블라인드가 내려져 있었는지, 방 안이 그렇게 밝지는 않았어요. 음, 그런데 그녀가 저에게 다가왔던 게 기억나요. 침대 가장자리였던 것 같아요. 빅토리아가 저에게 오거나, 누군가가 저에게 오려고 하면 제가 이렇게 하곤 했어요. 제 손이 이렇게 움직이고…… 그리고 제 발도요. 마치 작은 아이들이 하는 것처럼, 저는 최대한 빨리 그렇게 했어요.

상담자: **그래서 손을 꽉 쥐고 주먹도 단단히 쥐고 있었나요?**

잔: 음, 아니요. 제 주먹은 이렇게, 마치 손톱을 세워서 할퀴려는 것처럼요. 저리 가라고, 마치 고양이처럼요.

상담자: **그 순간에 무슨 소리라도 들렸나요?** 침대에 누워 있었을 때, 어떤 소리가 들렸나요? [잠시 멈춤] 침대에 누워 있고, 엄마가 당신에게 다가오고 있어요. **그때 엄마의 모습이 기억나나요? 엄마의 표정이나 다**

른 게 있었나요? 그 장면이 떠오르시나요?

잔: 엄마 얼굴이 조금 떠오르기는 해요. 그런데 얼굴에 어떤 표정이 있었는지는 정확히 기억이 안 나요.

상담자: **엄마의 몸짓에서 기억에 남는 부분이 있나요? 엄마가 당신에게 다가올 때의 모습이 어땠는지 생각해 보면요?**

잔: 사실 제가 떠올릴 수 있는 건 그 행동을 하는 모습뿐이에요. 엄마는 아직 방에 들어오지도 않았었어요. 엄마가 방에 들어오기 전부터 제가 이미 그렇게 하고 있었어요.

상담자: 당신은 준비하고 있었고, 엄마는 들어오고 있어요. **그때 어떤 소리라도 들렸나요? 엄마가 무슨 말을 하고 있었나요? 당신은 무슨 소리를 내고 있었나요? 혹시 냄새라도 기억나나요?**

잔: 아니요, 그리고 다른 아이들도 근처에 있었던 것 같아요. 하지만 그들은 방 안에 있지는 않았어요.

상담자: **이 상황이 계속되면서, 바로 일어난 건 아니지만 어느 순간 엄마의 눈을 긁었군요. 그때 정확히 무슨 일이 있었는지 이야기해 줄 수 있나요?** (DCT 구체적 조작 수준 질문하기)

잔: 음, 그러고 나니까, 엄마가 다가오다가 멈췄던 게 떠오르기도 해요. 엄마가 무슨 일을 하려고 했는지는 잘 모르겠어요. 저를 잡으려고 했던 걸까요? 이게 무엇에 관한 일이었는지는 기억이 잘 안 나지만, 음, 그때 저는 멈췄어요.

상담자: 당신은 멈췄군요.

잔: 네. 그때 아마 엄마는 그 일을 처리하려고 나갔던 것 같아요, 뭐든 간에요. 그리고 빅토리아가 들어와서 저에게 무슨 말을 했을지도 모르겠어요.

상담자: 빅토리아가 들어오기 전에, 엄마가 눈을 부여잡고 나갔고, 당신이 멈추고 있는 그 순간에, **그때 당신이 느꼈던 감정에 다시 접촉할 수 있을까요?** (DCT 감각 운동 수준)

잔: 잘 모르겠어요. 제가 엄마를 다치게 했어요.

상담자: 당신의 어깨가 움츠러들었나요? 그리고…….

잔: 아마도요, 여기 제가 있으니까요.

상담자: 얼굴이 굳어지고, 어깨도 긴장되고, 팔도 긴장된 상태죠. 그 모든 게 중심이 되는 것 같아요.

잔: 제가 엄마를 아프게 했어요.

상담자: 그 감정에 대해 신체적으로 더 설명할 수 있는 부분이 있나요? 몸에서 느껴지는 감각이 어디에 있나요? "내가 엄마를 아프게 했어." 그 감정이 몸의 어디에 있나요?

잔: 그냥 제가 볼 수 있는 건…….

상담자: 지금 그걸 떠올리면, 어디에서 그 감정을 가장 강하게 느끼나요? 그 감정이 어디에 있나요?

잔: 제 어깨요.

상담자: 그게 어떻게 느껴지나요?

잔: 아마도 통증이 있는 것 같아요. 아시다시피 실제로 느껴지지는 않지만요. **어머니께 상처를 드린 게 아마 제 마음을 아프게 한다고 생각했어요.** 아시다시피…….

상담자: **그 감정을 경험해 보세요. 인생에서 그와 같은 감정을 느꼈던 또 다른 순간이 있었나요?** (DCT 구체적 조작 수준 질문하기)

잔: 상처받은 마음? [웃음] 기억나는 건 …… [울음] …… 가슴에 칼이 꽂히는 느낌이었던 때는 그가 바람을 피우고 이혼을 원한다는 걸 알았을 때였어요. 그건 정말 가슴이 아픈 순간이었어요. 가슴에 칼이 꽂힌 듯한 고통이었죠. 아마도 최근에, 제 아들 로버트가 남편과 함께 살겠다고 했을 때가 또 그랬어요. 그리고 …… 지금 이걸 어떻게 해야 할지 모르겠지만, 이 모든 것과 엄마에 대해 이야기하면서 느끼는 건, 엄마는 정말 훌륭한 롤모델이었다는 거예요.

우리 가족은 모두 친절하고 사랑이 많으며, 서로를 배려하고 자녀들을 잘 돌봐요. 우리는 모두 열심히 일하는 사람들이에요. 부모님은 늘 우리에게 이렇게 말씀하세요, 얼마나 축복받았는지, 어떻게 이렇게 되었는지 모르겠다고요. 다섯 딸이 모두 잘 지내고 있다는 것이요. 누구도 엄청나게 부유하지도 않고, 물질적인 풍요를 누리지는 않지만, 우리 모두 정말 좋은 가치관을 지니고 있고, 매우 친절하며 배려심이 깊고 돌봄이 많아요. 그리고 저는 그런 환경에서 자랐기 때문에 알아요. 그러니까 제 말은 어머니가 [울음] …… 제가 10대였을 때, 대학에 다닐 때, 결혼 생각을 할 때, 제가 가장 원했던 것은 어머니가 되고 가정주부가 되는 것이었어요. 저는 정말 가정을 보살피고 요리하며 그런 일들을 즐겼고, 지금도 여전히 즐거워요. 그런데 찰스(Charles)가 떠났을 때, 제가 원했던 모든 것이 그와 함께 사라진 것 같았어요. 저는 아무것도 될 수 없을 것 같았고, 제 아이들에게 제가 원하는 엄마가 될 수 없다는 것을 알게 되었어요. 찰스는 제가 로버트를 돌보는 것을 방해하고 있어요, 그리고 지금 로버트의 상태가 좋지 않은데…… 제가 아들을 도울 수 없다는 것이 너무 힘들어요. 어떻게 해야 할지 계획을 세우는 것이 정말 어려워요. 그냥 제가 할 수 있는 것이 아무것도 없다는 것이요. 그것이 가장 힘든 일이에요.

상담자: 비슷한 감정을 두 번 느꼈다고 말했어요. 하나는 찰스와의 이별, 그리고 또 하나는 아들과 관련된 일이군요. 이 두 가지 중 하나에 대해 더 자세히 이야기해 주실 수 있나요?

잔: 둘 중 어느 것이든요?

상담자: 당신이 선택하세요.

잔: 지금은 찰스와의 이혼을 당연한 일로 받아들이고 있어요. 제가 해야 할 일을 할 수 없었고, 그 관계에서 제가 되어야 할 엄마도, 어떤 존재도 될 수 없었기 때문에 그 관계를 벗어나는 것이 필요했어요, 그리고 그것은 괜찮아요. 그에 대해 엄청난 실망감을 느끼긴 해요, 왜냐하면 저는 항상 그가 잠재력을 가지고 있다

고 생각했지만, …… 그가 그걸 해내지 못했고, 이제는 그걸 하지 않을 거라는 걸 알기 때문이에요. 하지만 저는 항상 알고 있었어요. …… 비록 로버트의 성격이 찰스를 닮았지만, 로버트는 정말 멋진 아이라는 걸요. 찰스는 높은 지능(IQ)을 가지고 있어요. 로버트는 놀랍도록 뛰어난 지능(IQ)을 가지고 있어요. 그는 정말 멋진 아이예요. 창의적이고 많은 면에서 뛰어나지만, 주의력 결핍 장애 때문에 가끔은 정말 짜증이 날 때도 있어요. 좋은 엄마가 되는 것, 그에게 책임감을 가르치는 것은 정말 어려운 일이에요. …… 로버트는 자주 책임을 회피하려고 해요. 예를 들어, 나쁜 성적을 받으면, 선생님이 잘못한 거라고 말해요. …… 그것이 바로 아버지가 하는 행동이에요.

상담자: 찰스의 외도에 대해 알게 되었을 때의 구체적인 사건을 이야기해 주실 수 있나요? **언제 알게 되었는지 기억하시나요? 정확히 무슨 일이 있었는지 기억나세요?** (DCT 구체적 조작 수준)

잔: 네. 네. [웃음] 그때 우리는 막 새집으로 이사했었어요. 두 명의 아이가 있었는데, 하나는 두 살이고, 하나는 세 살이었죠. 7월 4일에 큰 파티를 열 예정이었어요. 찰스의 생일이 7월 4일이라 항상 큰 파티를 열었어요. 가장 최근에 열었던 파티에는 250명이 참석했었죠. 몇몇 파티에서는 제가 모든 요리와 간단한 다과까지 다 준비했는데, 이번 파티는 음식 서비스를 이용했어요. 장식도 완벽하게 준비했어요. 찰스가 여성 동료와 함께 트럭을 타고 불꽃놀이 용품을 사러 나갔던 것이 기억나요. 그건 정말 이상했어요. 그들이 떠나는 걸 보았기 때문에 의심이 생겼어요. 그런데 제가 그때 부모님의 결혼기념일을 맞아 자매들과 함께 준비한 깜짝 파티 때문에 도시를 떠나야 했어요. 부모님은 찰스에게 항상 잘 대해 주셨지만, 그는 가기를 원하지 않았어요. 그는 안 간다고 했어요. 그는 온갖 핑계를 대며 가지 않으려 했고, 저는 정말 혼란스러웠어요. 다음 날 아버지가 저를 거실에 앉히시더니 "잔, 찰스가 몸이 아프거나 바람을 피우고 있는 것 같구나."라고 말씀하셨고, 저는 "아빠, 어떻게 그럴 수 있어요? …… 찰스가 바람을 피우다니요. 만약 우리 결혼 생활에 그렇게 문제가 있었다면, 그가 저에게 말했을 거예요."라고 대답했어요. 흠, 그날 밤에 찰스가 전화를 걸어왔어요. 그는 절대 전화를 걸지 않거든요. 찰스는 도시를 떠날 때도 전화를 하지 않았어요. 그 사람은 정말 무책임했죠. 그런데 그날 밤 전화를 걸어왔고, 목소리가 이상했어요. 아이들과 이야기를 나누고 싶어 했어요. 저는 그에게 속이 괜찮은지 물어보는 걸 잊어버렸어요. 그래서 다음 날 그의 사무실로 전화를 걸었고, 안내원이 "그는 여기에 없어요."라고 말했어요. 그래서 "그는 어디에 있나요?"라고 물었더니, "그는 휴가 중이에요."라고 답하더군요. 저는 "휴가요?"라고 물었고, "또 누가 휴가 중인가요?"라고 물었더니, "릴리안(Lillian)"이라고 말했어요. 그 순간 저는 알았어요. 아빠가 비행기를 타고 돌아가서 모든 일을 처리하는 것이 좋겠다고 하셔서, 저는 비행기를 탔고, 부모님이 제 아이들을 돌봐 주셨어요. 저는 그 비행기에 앉아서…… 지금까지도 그때 제가 어떻게 보였을지 궁금해요. 저는 완전히 마비된 상태였어요. 좀비처럼 보였을 거예요. 하지만 비행기에 앉아 있었고, 돌아가서 모든 일을 처리해야 했죠. 그래서 그의 녹음기에 메시지를 남겼고, 그의 사무실에 가서 다른 사람들과 이야기를 나눴어요. 그들

은 저를 좋아했고, 안쓰럽게 여겨서 그다음 날은 출근하지 않았어요……. 저는 탐정처럼 조사를 해서 그의 차를 찾아냈고, 그가 열대 지방으로 휴가를 갔다는 것을 알아냈어요. 왜냐하면 스쿠버 장비가 없어졌기 때문이에요. 그래서 모든 단서를 맞춰 보았어요. 집에 돌아와서 그의 차에 메모를 남겼어요. "당신이 어디에 있고, 누구와 함께 있는지 알아요. 제발 집에 와서 우리가 앞으로 어떻게 해야 할지 함께 이야기해요."라고요. 그리고 저는 집으로 돌아왔어요. 그리고 음, 그때 저는 엄청난 평화를 느꼈어요. **제 인생에서 가장 놀라운 시간이었어요, 정말로, 왜냐하면 모든 것이 엉망이 되었는데도 저는 매우 평온했거든요. 저는 그가 읽어 보라고 했던 모든 것들을 읽으면서 3일을 보냈어요. …… 저는 정말 평온했고,** 책을 읽고 있었어요. 그가 집에 들어왔을 때, 언제 돌아올지 전혀 몰랐지만, 그가 문을 열고 들어왔고, 저는 …… 음, 제가 항상 말했던 것이 있어요. 만약 남편이 바람을 피우면 …… 제가 말했어요. "당신이 그렇게 극단적인 상황에 처할 정도로 힘들었다니 정말 안타까워요." 그는 무슨 말을 해야 할지 몰랐고, 그래서 앉아서 대화를 나누기 시작했어요. 정말로 몇 년 만에 처음으로 훨씬 더 나은 대화를 나눴어요. …… 그는 강한 의지도, 자기 통제력도 없었어요. 그래서 우리는 1년 더 함께 지냈는데, 1년 후에 또다시 그 여자를 만나고 있는 걸 알게 되었죠. 그래서 "미안하지만, 이제 떠나야 해."라고 남편에게 말했고, 그때 그는 울었지만 저는 다시 한번 매우 차분했어요. 그때도 우리가 재결합할 수 있을 거라 생각했지만, 결국 그렇게 되지 않았고, 3년에 걸친 끔찍한 이혼 소송이 이어졌어요.

상담자: **제가 드릴 수 있는 질문 중 하나는 이거예요. 완전히 다른 두 가지 상황을 놓고 생각해 본다면, 침대에서 실수로 어머니의 눈을 긁었던 초기 회상부터 시작해서 찰스와의 상황, 이혼 그리고 그와 관련된 여러 가지 감정을 생각해 냈어요. 그것 중에서 어떤 것은 갑자기 가슴을 찌르는 듯한 감정을 일으켰어요. 이 두 가지 상황 사이에 유사점이 무엇이라고 생각하나요?** (DCT 형식적 조작 수준의 질문하기)

잔: 잘 모르겠어요. 어머니를 아프게 했다는 사실이 저에게 상처가 되었다는 것은 알아요. 저에게 엄청난 상처였어요. …… 그러니까, 찰스가 저를 아프게 했던 방식과 비교해 보면, 음, 그때도 제가 더 나은 아내였더라면, 더 나은 엄마였더라면, 아니면 무언가 더 잘했더라면 어땠을까 하는 책임감을 많이 느꼈어요. 그래서 그해에 우리가 함께 보낸 시간 동안, 저는 더 나아지려고, 더 잘하려고 노력했어요, 그리고 음…….

상담자: **그렇다면 그 고통의 일부는 자신의 기대에 미치지 못했다는 데서 온 거군요.**

잔: 네, 네.

상담자: 좀 더 엄마같이 되고 싶은 그런 기대.

참고: 상담자는 이 기회를 이용하여 잔이 다양한 관점(즉, 다른 사람들이 어떻게 볼 수 있는지)을 볼 수 있도록 돕기 위해 DCT 변증법적 · 체계적 질문을 통해 삶에 대한 규칙의 기원을 탐구한다. 잔은 이 질문에 대해 명확히 알지 못한다. 생활양식 자료를 사용할 수 없거나 상담자가 다른 방법을 선택했다면 질문을 명

확히 하고 잔이 DCT 과정의 일부로서 그 기원을 밝힐 수 있는지 알아볼 수 있었을 것이다. 이 사례에서는 좀 더 아들러 심리학 접근법을 취했다. 상담자는 이 질문을 1인칭 '자기 대화'라고 말했다. 상담자는 내담자의 인식 반사(즉, 상담자의 반영이 옳거나 그렇지 않음을 자발적으로 확인하는 표현)를 주의 깊게 관찰한다. 이 사례에서 언어적 및 비언어적 확인을 모두 기록한다.

상담자: 자신에게 보내는 이 메시지들은 어디에서 온 것일까요? (DCT 변증법적 · 체계적 질문)

잔: 어떤 메시지요?

상담자: **이 두 가지 사례에는 굉장히 강력한 메시지가 있어요. 사실 전체적인 생활양식에서 몇 가지 주제가 계속해서 들려오는 것 같아요. …… 당신은 누구에게도 상처를 주고 싶지 않아요. 당신은 다른 사람들을 위해 존재하고 싶어 하죠.** 어머니와의 상황에서는, 어머니가 당신에게 다가왔는데 당신이 어머니를 상처 입혔고, 그게 너무 괴로웠죠. **당신은 아직도 그게 괴로워요,** 그렇죠? 그리고 찰스와의 상황을 생각해 보면, 당신은 항상 아이들을 위해, 찰스를 위해 있을 거라고 생각했어요. 당신은 그를 위해 존재하고자 했고, 그는 그것을 고마워하지 않는 것처럼 보였어요. 선생님과의 일(줄의 리더 자리를 잃어버린 것에 대한 초기 회상)도 생각해 보면…… 당신은 혼란스러웠을 거예요. **어떻게 규칙이 바뀔 수 있을지 이해할 수 없었죠. 인생의 규칙이 어떻게 바뀔 수 있죠? 엄마와 아빠는 자녀를 위해 있고, 서로를 위해 존재하는 게 당연한 줄 알았어요, 당신의 엄마와 아빠가 서로를 위해 존재했던 것처럼요. 음, 나는 항상 그런 사람이 될 거라고 믿었어요. 나는 그런 아내, 그런 엄마, 그런 친구가 될 거라고요. 내게는 인간관계가 정말 중요해요, 그리고 소중한 사람에게 상처 주지 않는 게 중요하다고 생각해요. 다른 사람을 사랑하는 사람이 상처를 입는다는 것은 말이 안 되지요. 이 관계가 끝날 이유가 없어요.**

잔: 어떻게…… 왜 내가 아들을 도와줄 수 없게 되는 거죠? [울음] 그게…… 그게 지금 일어나고 있는 일이에요.

참고: 이 시점에서 잔은 전남편과의 상실된 관계에서 벗어나 현재 아들과 관련된 고통으로 초점을 바꾸기로 선택한다. 아들의 상황이 그녀에게 상처를 주고 있을 뿐만 아니라, 전남편과 관련된 고통 역시 그녀에게 여전히 많이 남아 있다는 것을 추측할 수 있다. 상담자는 이 사례에서 잔의 흐름을 따르며, 다른 시점에 잔이 전남편과 관련된 감정을 다시 다루어 미해결된 과제를 해결할 가능성이 있다는 점을 염두에 두고 있다. 한편, 잔은 아들이 현재의 생각과 감정을 갖게 된 과정을 DCT 변증법적 수준에서 인식하지 못하고 있다. 상담자는 잔에게 그 기원을 밝혀내는 과정을 안내한다.

상담자: 자, 봅시다. …… 엄마와 아빠 그리고 자녀들 사이의 관계와 당신이 어떻게 그런 생각과 감정을 가지게 되었는지 이해해요. …… 당신이 자신에게 정해 놓은 규칙들, 그리고 그 규칙에 따라 인생을 살아가려고

노력해 온 방식도 이해해요. 지금의 상황에서는, 우리가 말하고 있는 것은⋯⋯ 내가 그 규칙에 따라 살려고 하는데 아들이 그걸 못하게 하고, 전남편은 거기에 동조하며 아들을 지원하고 있다는 거예요. 또, "난 그걸 하고 싶지 않은데 당신이 나에게 강요할 수는 없어요!"라고 말하는 잔의 모습도 떠올라요. 자, 그렇다면 당신의 아들은 누구를 닮았을까요?

잔: 오, 그에게 제 특성이 몇 가지 있네요.

상담자: 맞아요. 당신의 아들이 지금 그의 인생에서 이 시점에 있군요. 당신도 10대였을 때, 어머니와 당신이 이같이 비슷한 경험을 하셨다고 했어요. 그렇다면 그 당시 당신이 구체적으로 어떤 행동을 했었는지 궁금하네요. 어떤 행동을 통해 그런 모습이 보였는지 이야기해 줄 수 있나요?

잔: 별로 하는 건 없었어요⋯⋯. 그냥 뭐, 그때 그랬던 것 같아요.

상담자: 그 당시 당신이 그렇게 행동했던 이유는 무엇이었을까요? 어떤 동기가 있었을까요? (주: 아들의 관점을 이해하는 데 도움이 되도록 안내한다.)

잔: 저는 통제받고 싶지 않았어요.

상담자: 그럼 뭘 하고 싶으셨어요?

잔: 저요?

상담자: 스스로 삶을 살고 싶으셨던 거죠.

잔: 맞아요. 로버트가 하는 건 딱 하나예요. 그러니까 성적도 전부 A인데, 두 과목만 F이고요. 제 말은⋯⋯ 뭔가 내적으로 큰 갈등이 있는 거죠. 제가 완전히 손을 떼야 할까요? 부모가 완전히 손을 떼는 게 가능한가요? 그냥 찰스에게 모든 걸 맡겨야 할까요? 그러니까 저는 그냥⋯⋯ 지금 상황이 딱 그런 것 같아요⋯⋯.

상담자: 잔, 하나만 여쭤 볼게요. **선택의 여지가 있다고 생각하세요?** (아들러 상담자는 내담자가 선택할 수 있는 대안을 인식하도록 격려한다. 만약 선택의 여지가 없다면, 통제할 수 있는 범위를 정하고 거기서부터 행동하는 것이 해방감을 줄 수 있다.)

잔: 잘 모르겠어요. 확신이 없어요. 모든 면에서 문제를 해결하려고 계속 노력 중인데요⋯⋯.

상담자: 당신은 아들을 위해서 곁에 있고 싶은데, 아들은 "내가 알아서 할게."라고 말하고 있네요. 당신도 경험을 통해 잘 아시다시피, 그가 스스로 하기를 원한다면 당신이 아무리 노력해도 바꿀 수 있는 건 없을 거예요. 자, 이제 다른 질문을 드릴게요. 당신과 어머니는 어떻게 되었나요? 어머니를 굉장히 좋은 분으로 묘사하셨지만, 청소년 시절에는 그렇게 느끼지 않으셨잖아요. 그래서 무엇이 달라지게 했을까요?

잔: 어머니는 그런 분이셨어요.

상담자: 그리고 그 후에 어떻게 됐나요?

잔: **제가 어머니만큼 잘할 수 있을지 모르겠어요.**

상담자: 있잖아요, 잔. 우리가 당신이 어땠는지, 아이들이 어땠는지 등 여러 가지를 이야기했을 때, 다른 사람들

은 모두 '**매우** 어떤' 상태였던 거 기억하나요? 모두 '매우 좋거나', '매우 그렇지 않거나' 했어요. 그런데 당신은 항상 그 중간에 있었어요. **스스로 '매우' 아니라고 생각하는 편견이 있는 것 같아요. 어떻게 생각하나요? 그럴 수 있을까요?**

잔: 아, 네. [웃음] (이것은 전형적인 인식 반영이다.)

상담자: 좋아요. 당신은 선생님이잖아요. 그런 편견을 가진 학생에게 뭐라고 말씀해 주시겠어요?

잔: 제가 스스로 특별하지 않은 아이라고 말한 적이 있지만, 자신이 잘하지 못한다고 생각한 적은 없어요. **그런데 지금 보면 제가 스스로 그렇게 생각하는 것 같아요.** 사람들이 제가 스스로 그렇게 생각한다고는 느끼지 않는 것 같고, 심지어 어머니도 모르셨어요……. 얼마 전 제가 무언가를 말했는데, 그게 뭔지 잊어버렸고, 어머니는 제가 이런 감정을 느꼈다는 사실에 깜짝 놀라셨어요. 이제는 매주 어머니와 대화를 나누고, 무엇이든 말할 수 있죠. 그렇게 생각하시는 게 맞아요.

상담자: 그 좀비 상태에서 완전히 이완되고, 평화롭고, 중심을 잡은 상태로 변해 가는 과정에서, 그 사이에 무슨 일이 있었나요?

잔: 저는 해야 할 일들을 했어요. 친한 친구인 샐리(Sally)에게 가서 제 상황을 이야기했고, 그녀가 제 곁에 있어 주었어요. 찰스의 사무실에 가서 일을 처리하고, 공항에 가서 그의 차를 찾았으며, 많은 탐색을 하다가 집으로 돌아와서 책을 읽고 평화로웠어요. 어릴 때 우리는 가톨릭 신자로 자랐고, 대학에 다닐 때는 이런 규칙들이 다 터무니없다고 생각했어요. "할 수 있을지도 모르고, 아닐 수도 있고" 하는 규칙들이 너무 많았죠. 그래서 제 신념이 달라져야 한다고 느꼈어요. 하지만 그 신앙은 우리 모두에게 굉장히 강한 믿음과 신뢰감을 주었어요. 언제나 의지할 수 있는 누군가가 있다는 것, 하느님에 대한 믿음이었어요. 그것이 혼란과 소란 속에서 평화를 찾는 저의 핵심이 되었어요. 그 믿음을 되찾으려고 노력했고, 가끔은 그렇게 할 수 있지만, …… 그때가 제 영적 삶에서 정말 큰 전환점이었어요.

상담자: 그리고 이번에는 또 다른 상황이에요. 로버트와 관련해서 당신이 해결해야 한다고 생각하는 일이 무엇인지 말씀해 주실 수 있나요?

결론

이 시점에서 상담은 아들과의 상황에 대해 어떻게 생각하고 느낄지, 자신이 통제할 수 있는 상황과 통제할 수 없는 상황에 대한 대안적 가능성을 탐색하는 것까지 발전하였다. 누구나 삶에 대한 자신만의 규칙을 만들고, 이를 수정하거나 삭제 또는 새롭게 만들 수 있다는 사실은 이 여성의 자기 지각과 잘 맞아떨어졌다. 결국 그녀는 다른 사람의 규칙(어린 시절 부모님의 규칙, 가톨릭 교회 규칙, 청소년 시절 어머니의 규칙)을 따르지 않는 연습을 해 왔고, 남편과의 혼돈 속에서(어렸을 때 아버지의 분노를 예상했던 초기 회상처럼) 두려운 것에 대처하는 능력을 재구성함으로써 엄청난 평화를 경험한 적이 있었다. 청소년 시절 어머니와의 행동과 현재 아들의 행동 사이의 유사성은 시간이 지남에 따라 인내심과 끈기를 가지고 노력하면 아들과 원하는 성숙한 관계를 맺을 수 있다는 새로운 희망을 주었기 때문에 고무적이었다.

DCT 관점에서 볼 때, 이 여성은 발달적으로 자신의 지각적 어려움을 발견하고, 이를 바탕으로 새로운 행동을 시도할 수 있는 안내를 받을 수 있었다. 그녀는 적어도 감각 운동, 구체적 조작, 형식적 조작의 세 가지 수준에서 자신의 이야기를 설명할 수 있었다. 그러나 그 기원과 아들과의 관계에 미치는 함의에 대한 변증법적 이해는 막혀 있었다. 마찬가지로 그녀는 전남편에 대한 미해결된 감정과 이러한 감정이 아내, 어머니, 친구로서의 자기에 대한 기대와 어떻게 관련되는지 알지 못했다.

마지막으로, 저자는 제2장에서 설명한 것처럼 안녕(wellness)에는 건강한 사람의 영적 차원이 포함된다고 믿기 때문에, 그녀가 선택한 어떤 규칙적인 실천과 방법을 통해서든 자신의 영적 확신을 통해 평온과 안식을 찾을 수 있는 능력을 기르도록 격려했다. 하느님이 항상 영적으로 그녀와 함께 하신다는 믿음은 인생의 도전을 적절히 다루는 법을 배우는 데 있어 강력한 자산이 될 수 있다.

아들러 심리학의 생활양식 사정과 DCT를 결합하는 것은 저자의 경험상 매우 효과적이었다. 이 두 가지 방법 중에서 하나만 사용해도 시간이 지남에 따라 내담자를 돕는 데 충분했을 수 있지만, 아들러 접근법 내에서 함께 사용했을 때 변화의 과정을 더 빨리 진행하고 내담자에게 더 큰 이점을 가져다주었다. 물론 이러한 방법을 함께 사용할 경우의 잠재적인 유용성을 보여 주는 하나의 사례일 뿐이다.

다음과 같은 주의 사항을 제시하며 마무리한다. DCT 질문 순서와 초기 회상을 다시 이야기하도록 유도하는 것은 초보자가 중요하다고 인식하지 못할 수 있는 정서와 연상을 불러일으킬 수 있다. 따라서 이러한 방법을 포함할 때는 반드시 슈퍼비전을 받아야 한다(제12장). 동기 수정에 있어 상담과 심리치료의 경계는 연속적인 과정이다. 어린 시절 경험과 현재의 행동을 연결하는 것은 행동 변화뿐만 아니라 진정한 생활양식 재정향의 풍부한 원천이 된다. 경험이 풍부한 전문가들이 이러한 방법을 활용하면 모든 내담자에게 큰 도움이 될 수 있다. 더 많은 상담자가 이러한 방법을 시연하고 학습하여 그들의 실제에 통합함으로써 내담자들에게 더 나은 서비스를 제공할 수 있기를 바란다(Sweeney & Myers, 2004).

학습 문제

지시 사항: 다음 질문에 응답하시오.

1. 아들러 심리학의 관점에서 동기 수정과 행동 수정의 의미는 무엇인가?
2. "이 문제나 상황이 해결되거나 수정되면 삶이 어떻게 달라질까?"라는 질문의 진단적 가치는 무엇인가?
3. 지속적인 비난, 불평, 변명, 두려움, 그리고 '자신을 무력화시키는 조건들'은 아들러 심리학 관점에서 무슨 공통점이 있는가?
4. '수프에 침 뱉기'는 직면의 한 형태이다. 이 기법을 어떻게 사용할 수 있는지 예를 들어 설명하시오. 효과적으로 사용하려면 어떤 조건이 필요한가?

참고문헌

Dreikurs, R. (1963). Psychodynamic diagnosis in psychiatry. *American Journal of Psychiatry*, *119*, 1045-1048.

Dreikurs, R. (1967). *Psychodynamics, psychotherapy, and counseling*. Chicago: Alfred Adler Institute.

Dreikurs, R. (1971). *Social equality: The challenge of today*. Chicago: Henry Regnery.

Ivey, A. E., Ivey, M., Myers, J. E., & Sweeney, T. J. (2005). *Developmental counseling and therapy: Promoting wellness over the life span*. Boston: Lahaska Press.

Lee, C. C. (Ed.). (2006). *Multicultural issues in counseling* (3rd ed.). Alexandria, VA: American Counseling Association.

Piaget, J. (1963). *The origin of intelligence in children*. New York: Norton.

Piaget, J. (1965). *The moral judgment of the child*. New York: Free Press.

Sweeney, T. J., & Myers, J. E. (1986). Early recollections: An Adlerian method for use with older persons. *Clinical Gerontologist*, *4*(4), 3-12.

Sweeney, T. J., & Myers, J. E. (2004). *Developmentalcounselingandtherapyassessment and Adlerian early recollections*. Training demonstration and Instructor's Guide. Amherst, MA: Microcounseling Inc.

Sweeney, T. J., Myers, J. E., & Stephan, J. B. (2006). Integrating developmental counseling and therapy assessment with Adlerian early recollections. *Journal of Individual Psychology*, *62*, 251-269.

제7장

아들러 상담 성과를 위한 DSM 진단 적용

– 토드 루이스(Todd F. Lewis)

먼저 이 장에서는 현재의 진단 체계와 DSM을 살펴보고, 그 강점과 한계를 조명할 것이다. 다음으로 아들러가 이상행동과 분류 체계를 어떻게 바라보았는지에 주목한다. 그런 다음, 아들러 이론에 기반한 상담자가 어떻게 DSM과 진단 기준을 실무에 통합하면서 이론적으로 일관성을 유지하는지에 관한 예시를 제공한다. 마지막으로, 이 장은 독자에게 평가, 진단, 치료계획 개발 및 상담 전략을 안내하여 DSM 진단 기준과 아들러 이론의 합류점을 제안하는 사례 연구로 마무리한다.

정신건강 진단의 개념과 적용은 지역사회 정신건강 실무의 핵심이다. 그러나 『정신질환의 진단 및 통계 편람』이 5판(DSM-5)(APA, 2013, 이하 DSM)으로 개정되면서 점점 더 많은 정신건강 전문가가 DSM과 그 기반이 되는 진단 체계에 대한 우려를 표명했다. 진단은 정신건강 상담에서 긍정적인 요소가 될 수 있는 반면에, 많은 비평가는 여전히 DSM에 남아 있는 내재적 편견과 문제점들을 지적하고 있다.

아들러 상담 접근법을 사용하는 정신건강 분야의 종사자들은 아마도 이러한 비판이 타당하다고 볼 가능성이 크다. 현재의 진단 체계는 아들러 이론과 철학적으로 상충하는 것처럼 보인다. 예를 들어, DSM은 문제 행동에 대한 맥락이나 사회/환경적 설명에 대해서는 제한된 관심을 두어 역기능은 개인 안에 있다는 의료 모델의 접근과 가정에 기반한다. 반면에 정신병리학에 대한 아들러 이론의 관점은 개인이 자신의 생활양식에 따라 허구의 목적으로 나아가기 위해 증상을 사용한다는 가정에 기반한다. 이상행동은 열등감의 증가와 제한된 사회적 관심의 결과로, 개인은 과장되고 비협력적인 개인적 우월성의 목표에 따라 행동하게 되는 것이다. 즉, 과제 중심의 상식적인 접근이 아니라 자기 중심의 '사적 논리'를 사용하여 문제를 해결한다.

DSM과 진단은 지역사회 정신건강 분야의 주류이기 때문에 그것이 정신질환의 원인과 치료에 대한 아들러의 견해와 일치하지 않아 보일 때, 아들러 이론에 기반한 상담자들은 DSM과 진단을 어떻게 통합할 수 있는지에 대해 마땅히 질문을 제기할 수 있어야 한다. 아들러 상담 접근 상담자가 진단 과정을 내담자의 역량을 강화하는 수단으로 활용하면서, 동시에 이론적 가정과 일관성을 유지하는 것이 가능할까?

이 장에서는 이러한 질문에 대해 살펴볼 것이다. 먼저, 현재의 진단 체계와 DSM을 검토하고, 그 강점과 한계를 검토할 것이다. 다음으로, 아들러가 이상 행동과 분류 체계를 어떻게 보았는지 좀 더 깊이 살펴볼 것이다. 이어서, 아들러 상담자가 DSM과 진단 원리를 실제 상담이 어떻게 통합하면서도 이론적으로 일관성을 유지할 수 있는지를 예시로 보여 줄 것이다. 마지막으로, 이 장은 사례 연구를 통해 DSM 진단 원리와 아들러 이론의 접점을 제시하며, 독자를 평가, 진단, 치료계획 수립, 그리고 상담 전략의 과정으로 안내하면서 결론을 맺는다.

DSM과 진단

DSM은 일련의 '정신질환'을 구성하는 증상군에 대해 설명하는 개요서이다. DSM에 포함되려면 진단은 동료 심사, 현장 테스트, 교차 검토 및 반복 검증의 엄격한 과정을 거쳐야 한다(APA, 2013; Carlson, Watts, & Maniacci, 2006). DSM 개발위원회(task force)는 두 가지 방향 모두에 대한 의문이 제기되었음에도 불구하고, 본문의 경험적 지향과 이론적 지향을 모두 강조하기 위해 최선을 다해 노력해 왔다(Eriksen & Kress, 2005). DSM의 사용과 진단 업무는 지역사회 정신건강 현장에 깊이 자리 잡았으며, 대부분의 보험사가 환급이나 서비스 비용 지불을 위해 이를 요구한다. 비록 DSM의 많은 요소는 수년에 걸쳐 일관성을 유지해 왔지만, DSM-5는 이전 버전과 비교해 아래에 강조한 몇 가지 주요한 변화를 제시한다.

DSM-5[1]의 새로운 특징

DSM을 개정하는 과정은 수년이 걸렸고, 무수한 연구와 임상적 피드백이 필요했다. 이 최신 버전의 DSM에 대한 기대는 진단 편향성 감소, 진단의 타당성과 신뢰도 향상, 공존질환 감소와 정신

1) 역자 주: DSM-5-TR이 2022년 출간되었으며, 번역서로는 2023년 학지사에서 출간되었다.

의학, 유전학, 신경영상학, 인지과학 및 병리생리학 연구의 발전된 내용을 반영하는 것이었다. 다시 말해, DSM 개발위원회는 매뉴얼이 이러한 과학의 엄밀한 본질에 대한 현대의 비판을 바탕으로 더 과학적이기를 원했다(Eriksen & Kress, 2005). 실제로 앞서 언급한 분야의 연구가 폭발적으로 증가함에 따라 DSM 개발위원회는 최신 과학 및 임상 증거를 바탕으로 매뉴얼을 최신화해야 하는 거대한 도전에 직면해 있다.

게다가 DSM은 순수한 현상학적 해석(증상 및 행동 중심의 설명)에서 벗어나 필요할 경우 보다 생물학적 기초와 병태생리학적 기원에 기반한 접근으로 전환하는 일종의 철학적 변화를 거쳐왔다. DSM 개발위원회는 질병이나 상해의 명확한 지표를 바탕으로 정신 및 정서적 문제를 진단하고자 하였다. 비록 이러한 비전이 어느 정도 실현되었는지 논쟁의 여지는 있지만, 신경과학의 발전은 DSM-5의 일부 장애에 대한 더 나은 진단 정확도를 위한 길을 열었다.

또 다른 철학적 변화는 장애를 엄격하게 범주화하는 것에서 벗어나, 보다 차원적인 개념화로 전환한 것이다. 예를 들어, 임상가들은 성격장애는 서로 중복되는 부분이 많아 진단하기가 어렵다고 오랫동안 주장해 왔다. 내담자들은 흔히 하나의 범주에 깔끔하게 들어맞지 않는 여러 성격장애의 특성을 보인다. 사실 성격장애는 모든 사람이 다양한 성격 특성을 공유하고, 일부는 다른 사람들보다 더 강렬한 특성을 보인다는 점에서, 범주적이라기보다는 차라리 차원적일 수 있다(Mays, 2009). 이러한 차원적 초점은 새로운 장애 그룹을 만들고 진단 과정에서 더 큰 유연성을 가져다주었다.

DSM-4에서 DSM-5로의 진단 과정의 변화는 상당히 컸다. 다섯 개의 축이 각각 다른 유형의 장애 또는 스트레스 요인에 해당하는 '다축 진단 체계'가 사라졌다. 다축 체계는 임상가가 심리사회적 스트레스 요인(기존 시스템의 축 IV)과 기능에 대한 전반적인 평가(GAF, 축 V)를 보고하도록 하였다. 이 다축 진단을 대체한 것은 관련된 모든 진단을 나열하는 단일 축 체계로(Sperry, 2015a), 임상가가 모든 관련 장애를 임상적으로 중요한 순서대로 자유롭게 나열할 수 있다는 점에서 진단이 덜 경직되고 구조화된다. 심리사회적 스트레스 요인은 매뉴얼 뒷부분에 있는 'Z 점수'로 제시할 수 있다. GAF에 대한 한 가지 비판은 그것이 임상가의 주관적 느낌에 기반한 상대적으로 임의적인 수치였다는 점이다. DSM-5에서는 세계보건기구 장애평가목록 2.0(WHODAS, 2.0)을 사용하여 전반적인 기능을 파악할 수 있다. WHODAS는 현재 진단 과정의 필수 요소는 아니지만(아직 도입 단계의 도구로 간주됨), 임상가가 내담자의 전반적인 기능을 보다 객관적으로 파악하는 데 도움을 줄 수 있다.

DSM-IV 체계에서는 생리적 상태는 축 III에서 포함되었다. 현재의 진단 체계에서는 정신건강 임상가가 의사와 상의하지 않는 한 의학적 진단을 포함할 의무가 없고, 그러한 경우에는 현재 10차 개정판(이 글을 쓰는 시점에서는 2018년 중 11차 개정판, ICD-11이 나올 예정)인 국제질병분류(ICD-10)

를 사용하여 해당 진단을 추가할 수 있다.

ICD-10과 일치

DSM 개정의 주요 원동력은 DSM의 진단 코드를 ICD의 진단 코드와 일치시키는 것이었다. 두 분류 체계의 차이점을 구분해 보자면 DSM은 정신 및 정서장애와 전적으로 관련되는 반면, ICD-10은 모든 주요 신체 조직의 질병에 더해 정신장애를 포함하고 있다. 두 매뉴얼의 또 다른 주요 차이점은 DSM은 서술, 보충 자료 및 구체적 기준을 제공하고 각 장애에 대해 명시하는 반면, ICD-10은 간략한 서술만 나열한다는 점이다. 그러나 ICD-10은 보험 환급 목적을 위한 미국 건강보험 양도 및 책임에 관한 법(Health Insurance Portability and Accountability Act: HIPAA) 승인 코딩 체계이다. 두 진단 체계가 최소한 일관된 코드 측면에서 정렬되어 있기 때문에, 진단 과정을 과거보다 덜 번거로워질 것이다.

그러나 DSM과 ICD 간의 일치는 완벽하지 않으며 시간을 두고 해결해야 할 많은 불일치가 존재한다는 점에 주의할 필요가 있다(Foley, 2016). 미국정신의학회의 DSM-5의 '코딩 업데이트'는 앞으로도 계속 발표될 것으로 보인다. 독자들은 "그렇다면 우리는 어떤 매뉴얼을 사용해야 하나요?"라고 질문할 수 있다. 정신건강 임상가는 관련 연구, 연관된 특성, 코딩 및 세부 사항에 관해 가장 최근에 개정된 DSM을 사용해야 한다. 또한, 정신건강 임상가는 항상 진단을 작성할 때 코드, 서술적 설명 및 관련 세부 사항을 함께 기록해야 한다. 이러한 수준의 세부 기록은 진단명이 DSM에는 해당 코드가 있으나 ICD에는 없는 경우에 유용할 것이다.

DSM-5의 마지막 변화는 진단을 내릴 때 문화적 고려를 더욱 강조한 점이다. 증상의 발현은 문화마다 다를 수 있으며, 문화적 현상을 고려하지 않으면 임상가는 오진이나 비효율적인 치료 혹은 두 가지 다 범할 위험이 있다(Sperry, 2015a). DSM-5에는 임상가가 진단을 내릴 때 고려해야 할 '문화 관련 진단 문제'라는 제목의 장애별 항목이 있다. 또한, DSM-5의 III부에는 임상가가 문화적으로 민감한 진단을 내릴 수 있도록 돕는 포괄적인 평가 프로토콜인 '문화적 공식화 면담'에 대한 항목도 포함되어 있다.

DSM 진단 체계는 진단을 시작하기 위해 특정 징후 및 또는 증상이 관찰되어야 한다는 개념에 기반하고 있다. 여기서 '관찰'이란 면담 중 직접적으로 목격한 내용뿐 아니라, 주변인에게서 얻은 정보, 심리평가의 채점과 해석까지를 포함한다. 이러한 관찰 중 하나 또는 그 조합이 DSM에서 확립한 기준과 일치하면 임상가는 진단을 내린다.

진단과 DSM의 강점

현재의 진단 체계는 내담자 개념화와 치료계획을 세우는 데 도움이 되는 몇 가지 장점이 있다. 첫 번째 장점은 임상가 간의 의사소통을 수월하게 한다는 점이다. 예를 들어, 임상가가 내담자의 행동에 대해 슈퍼바이저나 다른 임상가와 상의해야 하는 경우 **경계성 성격장애** 또는 **주요우울장애**와 같은 DSM 용어를 사용하는 것은 내담자의 행동 문제에 대한 전반적인 이해를 짐작하게 한다. 이러한 측면에서 진단은 간결성의 원칙을 촉진한다. 내담자 행동의 모든 미묘한 차이를 자세히 설명하는 것보다 몇 가지 단어의 사용으로 복잡한 행동 문제를 더 쉽게 설명할 수 있다. 두 번째 장점은 진단이 정신질환의 본질, 원인 및 치료를 설명하는 첫 번째 단계가 될 수 있다는 점이다. 이는 내담자를 이해하고 돕는 데 있어 어느 정도의 규칙을 제공할 수 있는 내담자 개념화의 한 부분이다.

진단, 더 구체적으로 진단 과정은 임상가가 시간 경과에 따른 내담자의 진행 상황을 추적할 수 있게 한다. 예를 들어, 위에서 언급한 WHODAS 2.0 평가는 특정한 기능(즉, 특정한 관심 영역) 및 전반적인 기능에 대한 하나의 지표이다. 내담자의 초기 WHODAS 점수는 6개월 시점에서 측정한 점수와 비교하여 개선 사항을 문서화할 수 있다.

DSM은 각 정신장애와 **관련된 특성**을 추가로 제공한다. 이러한 특성에는 경과, 유병률, 문화, 성별, 가족 문제 및 감별 진단 정보를 포함한다. 이러한 정보는 DSM-5에서 상세하게 설명하고 있다(특히, 앞에서 언급한 바와 같이 문화적 고려 사항 및 편견과 관련된 정보).

진단을 내리는 능력은 치료계획 수립에 도움이 되고, 올바른 치료계획 수립은 내담자에 대한 유능하고 정확한 개념화에 달려 있으며, 이는 정확한 진단에서 시작한다(Eriksen & Kress, 2005). 또한, 진단은 알지 못했던 것을 알려 주기 때문에 안도감을 줄 수 있다. 즉, 복잡하고 두려운 증상에 대한 설명이 주어지면 내담자는 안도감을 느끼게 되는 것이다. 이를 통해 내담자는 자신과 타인을 비난하는 것에서 벗어나 해결책을 찾기 시작할 수 있다(Eriksen & Kress, 2005).

진단과 DSM에는 금전적 · 직업적 혜택이 있다. 정부 기관에서는 연구 보조금이 필요한 대상 집단을 파악하거나 맞춤형 개입 프로그램을 수행할 상담자들에게 지원금을 배정하기 위해 DSM 범주를 사용한다. 사실상 거의 모든 정신건강 분야에서 진단이 필요하기 때문에 DSM을 이해하지 못하거나 지식이 부족한 임상가는 자신의 직업에 대한 견인력을 잃거나 고용기회나 승진을 거부당할 수 있다(Eriksen & Kress, 2005).

DSM과 진단은 기술적이고 성과 기반 연구에서 이점이 있다. 이는 연구자들이 치료 방법이 유용한지 평가할 수 있도록 성과 변수를 설정하는 데 도움을 준다. 임상 결과 연구를 근거로 삼아 임상가들은 특정 진단을 받은 내담자에게 어떤 치료 방식이 유용한지를 파악할 수 있다.

마지막으로, 진단은 자녀 양육권 결정, 위자료 지급 여부, 재판 출석 능력, 정신 이상 주장 등과 같은 법적 절차에서 도움이 될 수 있다.

진단과 DSM에 대한 비판

에릭슨과 크레스(Eriksen & Kress, 2005)는 DSM-IV 진단 체계의 많은 한계를 지적했는데, 이들의 비판은 오늘날에도 여전히 유효하다. 앞서 언급한 것처럼 DSM의 경우 문제가 대부분 개인에게 있다는 가정에 기초하고 있다. 따라서 임상가는 의학 모델 체계에 딱 들어맞는 증상들을 찾으면서 내담자가 보이는 문제를 지나치게 좁은 관점으로 바라볼 수 있다(Eriksen & Kress, 2005). 더 최근에 크리거와 베스터(Kriegler & Bester, 2014)는 DSM-5의 신경생물학적 진단 모델로의 전환은 정신건강 문제의 원인으로 빈곤, 실업, 트라우마와 같은 심리사회적 요인을 계속 무시하는 방향으로 가고 있다고 지적했다. 궁극적으로 내담자는 자신의 고유성을 잃게 되는 것이다.

정신의학의 역사는 정신적 고통을 분류하는 것의 가치와 문제점에 대한 지속적인 논쟁을 반영한다(Kriegler & Bester, 2014). 비평가들은 진단의 적용이 '정상' 범위 내로 여겨지지 않거나 지배적인 문화와 일치하지 않는 행동을 하는 내담자들을 낙인찍는다고 주장해 왔다(Eriksen & Kress, 2005). 또한, 낙인된 꼬리표는 자기충족적 예언으로 작용하여, 내담자가 자신의 변화 능력에 대해 절망감을 갖게 할 수 있다(Eriksen & Kress, 2005). 특히, 진단명은 전문가가 아닌 사람(예: 고용주)에게 부정적으로 인식될 수 있고, 이는 억압으로 이어질 수 있다. 안타깝게도 위에서 설명한 바와 같이 정신적 문제에 대한 명명의 이점은 동일한 진단명의 낙인 효과로 인해 상쇄되어 버릴 수 있다.

다른 비평들은 좀 더 과학적이고 철학적인 근거를 제시한다. 예를 들어, 저자들은 DSM의 과학적 우수성과 진단 과정에 의문을 가져왔다(Cooper, 2004). DSM-5에는 300개가 넘는 진단이 있어(Sperry, 2015a) 중복 진단이 흔히 발생하고(따라서 타당성과 신뢰도에 영향을 미침), 많은 임상가와 연구자들은 내담자 진단에 대해 일치하지 않는 의견을 갖는다. 또한, DSM-5의 비평가들은 취약 계층에 대해 부적절한 개입으로 이어질 수 있는 새로운 장애뿐만 아니라 기존 장애에 대한 낮은 진단 기준치에 대해서도 지적했다(Kriegler & Bester, 2014). DSM은 비이론적이라고 알려져 있지만, 글의 기술 수준은 언제나 이론적 입장을 만든다(Carlson et al., 2006). 마지막으로, 진단 과정은 문제에 대한 주관적인 이해를 최소화한 채 개인 외부에서 시행될 수 있다. 즉, 내담자에게 부과되는 가치는 그들의 내적 준거 틀 밖에서 나오게 된다.

이러한 우려에도 불구하고, DSM은 임상가가 다루어야 하는 가장 좋은 분류 체계이다(Carlson et al., 2006). 일반적으로 대부분 장점은 정신건강 현장에서의 실용적인 고려 사항(예: 다른 전문가와의 의사소통 능력 증진)을 포함하는 반면, 단점은 더 철학적이고 도덕적이며 과학적인 문제들이다. DSM과 아들러 이론의 진단을 더 잘 대조하기 위해 정신병리학에 대한 아들러의 관점을 검토할 필요가 있다.

정신병리학에 대한 아들러의 관점

아들러는 개인을 이해하고 돌보는 데 진단적 분류가 필요하다고 보지 않았다(Sperry & Maniacci, 1992). 그의 체계는 주로 개인 중심적 관점에서 작동한다(Maniacci, 2002). 즉, 그는 개인의 고유성에 관심이 있었고, 이를 정신 및 행동 문제의 사정에 있어서 가장 중요하다고 믿었다(Sperry, 2015b). DSM은 본질적으로 **서술적인** 반면에(즉, 정신장애의 원인에 대해 추측하지 않음), 아들러 이론은 증상의 기능이나 목적을 **설명하는** 풍부한 모델과 내담자를 돕기 위한 로드맵을 제공한다. 아들러 이론은 개인의 기능에서 사회적 측면을 강조함으로써 정신 및 행동 문제에 대한 더 폭넓은 관점을 제공한다. 아들러는 일상에서의 다양한 문제의 유기체적 기반을 인정하면서도, 정신장애의 원인이 되는 환경적인 부분(즉, 환경적 · 사회적; Carlson et al., 2006)의 막대한 영향을 더욱 강조하게 되었다. 본질적으로 DSM의 기초는 대부분 의학적이고 비역동적이지만, 아들러는 이상행동을 기능적이고 역동적인 것으로 보고, 심리사회적 과정의 중요성을 강조하였다(Ferguson, 2006).

안스바허와 안스바허(Ansbacher & Ansbacher, 1956)는 행동 문제에 대한 아들러의 생각과 관련된 핵심 사항을 요약했다: ① 개인은 잘못된 목표와 생활양식에 부합하는 자신, 타인 및 세상에 대한 잘못된 견해를 갖게 되고, ② 이러한 '기본적 오류'로 인해 환경 스트레스 요인을 처리하는 데 압도되고 부적절하다고 느낄 것이며, ③ 결과적으로 자신과 세상에 대한 잘못된 견해를 유지하기 위해 이상행동을 선택한다. 그리고 ④ 삶에 대한 잘못된 관점의 핵심은 타인 및 인간의 상호 연결성에 대한 관심 부족이라는 것이다. 행동 장애에 대한 아들러의 이론은 불충분한 사회적 협력(환경)과 결합된 사고(자기)의 내적 문제를 포함한다.

정신 및 행동 문제의 발달에서 아들러 심리학자들이 강조하는 또 다른 요소는 개인이 열등감을 극복하는 방식이다. 열등감을 극복하기 위한 건강하지 못한 분투는 '생애 과제를 달성하는 데 방해되는 열등감의 행동적 징후'인 콤플렉스로 이어질 수 있다(일, 사랑, 우정; Carlson et al., 2006, p. 89). 아들러 학자들은 이러한 행동 징후들을 **자기 보호 기제**(safeguarding mechanisms)라고 부르고, DSM에서는 **증상**이라고 불린다. 지각된 부적절성을 극복하기 위해 분투하는 방법이 잘못되어 정신건강 진단의 원인을 제공할 수 있다. 또한, 아들러는 행동 기능 장애가 사회적 관심과 활동 수준에 따라 나타난다고 제안하였다(Sperry, 2015b). 즉, 사회적 관심이 낮으면서 활동 수준이 낮은 사람은 DSM에 명시된 우울 증상을 선택하는 경향이 있다. [그림 7-1]은 정신병리학에 대한 아들러의 전반적 관점을 보여 준다.

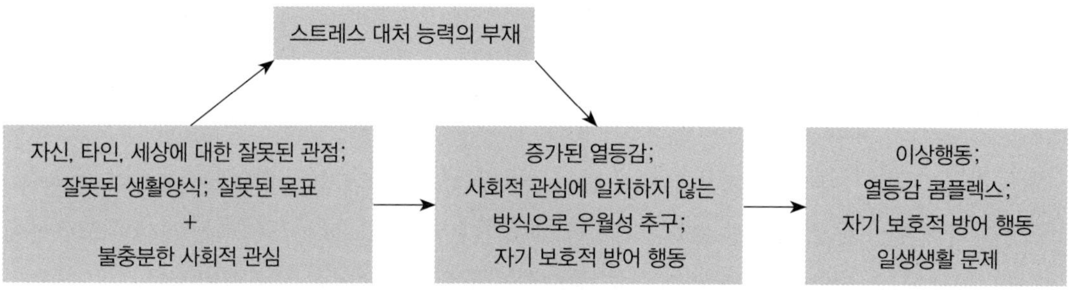

[그림 7-1] **정신병리가 발달하는 방식에 대한 아들러의 전반적 관점**

아들러 이론, DSM, 진단하기

아들러 이론과 DSM의 주요한 차이점은 생활 속 문제를 개념화하는 방식이다. 앞서 언급한 바와 같이, DSM을 적용한 진단은 내담자에 대한 외부적 개념을 공식화하는 임상가의 관점과 전문 지식에 기반하고 있다. 반면에, 아들러 심리학자들은 각 개인이 다른 사람들과 구별되는 태도, 행동, 재능을 가진 독특한 존재라고 가정한다. 비록 아들러 심리학자들이 평가 정보를 해석하고 내담자에게 행동에 관한 통찰력을 제공할지라도, 그들은 내담자 개인의 창의적이고 현상학적이며 전체론적인 측면을 최우선으로 고려한다.

또 다른 중요한 차이점은 DSM 내에서 사용되는 언어와 아들러 이론에 기반한 상담자들이 사용하는 언어이다. DSM과 진단의 영역에서는 임상적이고 의학적인 용어, 그리고 종종 부정적인 용어가 많이 사용된다. 예를 들어, **장애**, **예후가 좋지 않은**, **경계선**이라는 용어를 생각해 보자. 아들러는 지금은 구식이 된 **정신증**과 **신경증**이라는 용어를 사용했지만, 개인들은 장애가 아니라 '낙담한' 상태임을 강조하였고, 태도와 선택, 사회적 상황이 개인을 심리적·생리적·행동적 측면에서 약하게 만들었음을 암시했다.

성별과 진단에 관한 검토에서 에릭슨과 크레스(Eriksen & Kress, 2008)는 현재 진단 관행의 남성 중심적 편향과 관련된 수많은 분쟁을 지적하면서 많은 진단이 여성에게 더 많이 발생한다고 지적했다. 또한, 많은 진단, 특히 성격장애의 경우 종종 성별에 따라 구분되는 경향을 보이는데, 이는 해당 진단이 의학적 상태보다는 남성과 여성의 사회화를 반영하는 것임을 시사한다. 아들러가 사회적 평등에 관하여 시대를 앞서 나갔다는 점은 잘 알려져 있다. 스위니(Sweeney, 2009)가 언급했

〈표 7-1〉 DSM, 진단 및 아들러 이론의 몇 가지 차이점

범주	DSM/진단	아들러 이론
병인학	해당 사항 없음	어린 시절 경험 낮은 사회적 관심 열등감 콤플렉스
성격	서술하는	일부 서술; 주로 설명하는
언어	임상적; 결핍 기반	임상적; 긍정적; 격려하는
지향	보편적	개별적
강조	외부적(개인 외부의)	현상학적
성	다소 남성 중심적 편향이 있는	포괄적

듯이 아들러는 인종, 성별, 성적 지향과 상관없이 개인이 자신에게 무엇이 옳은지 가장 잘 판단할 수 있다고 믿었다. 아들러는 타인의 권리를 거침없이 옹호한 사람으로, 비록 의도하지는 않았지만 DSM과 진단 관행에 내재한 편견과는 분명한 차이를 보였다. 여러 범주에 걸쳐 DSM과 아들러 이론을 비교한 요약은 〈표 7-1〉에 제시하였다.

아들러 상담 접근의 맥락에서 DSM 적용하기

스페리와 매니아치(Sperry & Maniacci, 1992)는 아들러 심리학이 현대 정신건강 실제와 연구에 수용되기 위해서는 아들러 심리학자들이 다른 전문가들과 정신병리학의 언어를 소통할 수 있어야 한다고 강력히 권고했다. 모삭(Mosak, 1977), 드라이커스(1967), 그리고 최근에는 스페리, 칼슨, 두바-사우어헤버, 스페리(Sperry, Carlson, Duba-Sauerheber, & Sperry, 2015)가 아들러 이론과 조화롭게 운용될 수 있는 진단 체계 방식을 탐구했다. 이러한 연구들을 살펴보면, 아들러 이론과 DSM은 주의해서 사용한다면 서로를 보완할 수 있다(Maniacci, 2002). 스페리(Sperry, 2015a)는 정신건강 전문가들에게 각각의 강점에 기반한 종합적인 사정을 제공하기 위해 DSM의 생물심리사회적 요소와 아들러 상담의 이론적 개념화를 결합할 것을 제안하였다. 아들러 심리학자들은 진단 과정을 존중하고 참여하면서 그들의 이론적 가정에 충실할 수 있고, 철학적 차이에도 불구하고 서술(DSM)과 설명이 모두 가능하다(Carlson et al., 2006). 현대 정신건강 실제에 대한 면밀한 관찰과 비교적 최근의 임상적 책임에 대한 강조로 인해 임상 실무에서 DSM과 진단의 중요성이 커지고 있다. 따라서 그 전체 과정을 외면하는 것은 비실용적이고 무책임한 일이 될 수 있다. DSM을 활용하는 것은 모두에게 유용하다.

매니아치(Maniacci, 2002)는 아들러 상담 기반 임상가가 DSM을 어떻게 활용할 수 있는지에 관한 네 가지 핵심 방식을 강조했다. 첫째, DSM은 가장 심각한 것부터 가장 경미한 것까지 기관 열등감의 연대순으로 해석할 수 있다. 즉, 생물학적 요인은 매뉴얼 맨 앞에 나열된 장애(예: 알츠하이머형 치매)에서 큰 역할을 하고, 매뉴얼 뒤쪽의 장애(예: 적응장애)에서는 점점 그 역할이 작아진다. 둘째, 생물학적 기질이 뚜렷한 장애(예: 지적장애)를 제외한 대부분의 정신장애는 열등감의 집합으로 관찰될 수 있다(Maniacci, 2002; Carlson et al., 2006). 열등감이 압도적으로 커지면 열등감 콤플렉스가 나타나고, 개인은 건강하지 않은(또는 아들러가 표현한 것처럼 무용한) 방식으로 분투하게 된다. DSM의 장애들은 이러한 건강하지 않은 분투의 징후들이다.

셋째, 아들러는 일반 진단(general diagnosis)과 구체적 진단(specific diagnosis)이라는 두 단계의 사정과 치료가 있다고 가정하였다(Ansbacher & Ansbacher, 1956; Maniacci, 2002에서 재인용). 일반 진단에는 임상가의 첫인상을 포함하지만, 구체적 진단은 보다 정확한 정보를 수집하여 이 첫인상을 확인하거나 부인한다. 매니아치에 따르면, DSM은 일반 진단에 해당하고, 이를 통해 임상가는 내담자가 제시하는 문제에 대한 일반적인 개념화를 공식화할 수 있다.

넷째, 진단 체계는 아들러 심리학의 이론 체계를 통해 해석할 수 있다. 매니아치(Maniacci, 2002)에 따르면 다음과 같다.

1 배치(the arrangement)
2 생활양식(the lifestyle)
3 기관 열등감/기관 언어(organ inferiority/organ jargon)
4 충격적인 일(the schock)
5 생애 과제 지표(a barometer of the life tasks)

(p. 360)

DSM과 아들러 이론을 임상 실제에서 통합하는 데 중요한 것은 아마도 진단 체계에 대한 이 네 번째 지점일 것이다. 진단 체계의 온전성을 유지하면서(따라서 임상가가 기관의 규약을 따르는 것을 허용함) 동시에 내담자 문제를 아들러 이론의 렌즈를 통해 볼 수 있게 한다(따라서 임상가는 각 내담자의 고유성을 개념화하면서 범주화할 수 있음). 다음은 아들러 심리학자들이 전통적인 DSM 진단을 기반으로 어떻게 이론을 확장해 갈 수 있는지 보여 준다. 이러한 확장에는 내담자가 제시하는 문제에 대한 더 큰 개념화와 설명을 포함하고 있다.

배치, 생활양식, 기관 열등감, 충격적인 일, 생애 과제 지표는 아들러 이론의 방식으로 사정된다. 여기에는 초기 회상, 가족 구도, 가족 분위기, 생활양식 신념을 통해 사정하는 것을 포함한다(Sperry, 2015b). 진단 체계에 대해 아들러 이론의 해석을 적용하여 내담자의 생활양식 혹은 자신, 타인, 환경과 상호작용하는 방식부터 시작한다. 생활양식은 생물학적/의학적 문제 또는 기관 열등감/기관 언어의 징후일 수 있다. 기관 열등감과 기관 언어는 의사소통이 단절되었을 때 신체를 통해 생활양식을 표현하는 개인의 방법이다(Carlson et al., 2006).

내담자는 자신의 삶에서 스트레스를 겪게 되는데(WHODAS 2.0에서 포착할 수 있듯이), 이는 부분적으로 자신의 생활양식 신념에 따라 스트레스 요인을 해석하는 방식 때문에 심리적 통합에서 충격으로 경험하게 된다. 배치는 부정적 초기 아동기 경험, 심리사회적 스트레스 요인, 기관 열등감 및 열등감 콤플렉스를 보호하기 위한 수단으로 내담자가 특정 증상들을 어떻게 배치(즉, 선택)하는가를 포함한다(Maniacci, 2002).

보다시피 아들러 이론은 표준적인 DSM 진단에 풍요로움을 더할 수 있다. 중요한 것은 아들러의 관점이 내담자의 문제에 대한 **설명**을 추가하여 내담자를 조력하는 시작점에서 '밀알'을 제공한다는 점이다.

사례 연구

다음 사례 연구는 임상가가 어떻게 아들러 이론의 견해를 각 체계의 온전성을 침해하지 않으면서 DSM 진단 과정에 통합하는지를 보여 주는 예시이다. 사례 연구는 DSM과 아들러 이론에 대해 서로 좋은 점을 향상시키는 방식으로 통합하려고 노력한 저자 자신의 여정을 반영하고 있다.

상담자는 외래 환자를 위한 지역 내 정신건강기관의 아들러 상담 기반 상담자였다. 이 기관은 아동, 청소년, 성인을 포함하는 다양한 내담자들을 담당하고 있었다. 전형적인 DSM 문제로는 파괴적 행동장애, 기분장애, 불안장애, 수면장애, 성격장애, 물질 관련 장애 및 관계 문제를 포함하였다.

기관의 경영진은 특정 이론을 채택하지 않았고, 임상가에게 특정한 이론적 모델을 따르도록 요구하지도 않았다. 다만 임상가들이 기관에 다양한 아이디어와 이론적 관점을 가져올 수 있도록 장려하였다. 상담자의 이력에는 아들러 이론에 대한 교육과 특별히 아들러 상담 기법 및 아이디어를 실습하는 인턴십을 포함하고 있었다. 또한, 그는 수년 동안 기관에서 아들러 상담자로 활동해 왔다.

상담자는 최근 가정에서 언어 사용이 난폭해진 28세의 아프리카계 미국인 남성 애덤(Adam)을 만났다. 애덤은 고등학교를 졸업한 후 지역 공장에서 일했고, 비교적 짧은 시간 내에 중간 관리자 직급으로 승진할 수 있었다. 하지만 최근 지각, 음주 행동, 다른 직원들에 대한 공격성과 관련된 일련의 문제로 고용주와 부딪히게 되었다. 애덤의 아내 제니퍼(Jennifer)도 애덤에게 상담에 참여해 자신의 삶을 바로잡지 않으면 그를 떠나겠다는 최후통첩을 보냈다. 애덤에 따르면, 그는 최근 파티에서 여러 사람이 보는 앞에서 제니퍼에게 언어폭력을 가했고, 제니퍼는 이 사건이 마지막 인내심의 한계라고 말했다. 애덤은 술이 자신의 언어적 공격성에 영향을 미쳤다는 사실을 확인해 주었다. 그는 긴장을 풀기 위해 맥주 마시는 것을 좋아하고, 그날 밤 과음했다는 점도 인정했다. 애덤은 자신이 항상 술을 마셔 왔고, 아버지는 알코올 중독자였다고 말했다.

애덤은 자신이 이젠 자신답지 않음을 인정했다. 그는 제니퍼를 사랑하지만 최근 '축 처져 있음'을 느꼈고, "아무것도 할 수 없을 것 같다"고 말했다. 종종 이러한 '가라앉은' 기분에 너무 압도되어 분노가 치밀어 오르면, 그는 다른 사람에게 화풀이를 하곤 했다. 상담 전 제니퍼와의 통화에서 그녀는 애덤이 평소보다 화를 잘 내고, 종종 이성을 잃으며, 이유 없이 그녀와 말다툼을 하고, '예민하고', '지나치게 민감한' 것처럼 보였다고 언급했다. 하지만 애덤은 부정적인 감정이 이렇게 강하게 나타난 것은 이번이 처음이라고 말했다.

상담자는 세세한 배경 정보를 수집하기에 시간이 부족했음에도 불구하고, 몇몇 예비적 판단을 내릴 만한 충분한 정보를 취합할 수 있었다. 상담자는 기관에서 요구하는 필수 서류 작업을 마치는 데 전체 50분을 할애하였다. 기관 방침에 따르면 내담자를 처음 만난 후 일주일 이내에 공식적인 DSM-5 진단을 끝마쳐야 했다. 이 방침은 상담 기관에서 드문 일이 아니고, 보험사의 지침에 따른 것이었다. 그러나 상담자는 DSM 진단이 확정된 것이 아니고, 상담이 진행되면서 더 많은 정보가 나오면 수정될 수 있다는 점을 알고 있었다. 실제로 상담자는 아들러의 사정 기법을 자유롭게 활용하여 일반 진단을 넘어 더 구체적 정보를 얻을 수 있다는 사실도 알고 있었다.

제시된 주제에 대한 애덤의 서술을 바탕으로, 상담자는 DSM에 기반한 일반 진단을 완성해 갔다.

F10.20 알코올 사용장애, 중등도
F32.0 주요우울장애, 단일 삽화, 경증
*고혈압, 경증
Z63.0 배우자 또는 친밀한 파트너와의 관계 고통
Z56.9 고용과 관련된 기타 문제
세계보건기구 장애평가목록(WHODAS) 점수
영역 평균 점수: 3.4점(보통—심각)
영역 원점수: 128점(보통—심각)
*(의사의 코딩이 필요함)

상담자는 애덤에게 알코올 문제가 있고, 이 문제가 그의 삶의 다른 영역에서도 문제를 일으킬 수 있다고 생각했다. 평가 결과, 그는 술을 마실 때 대개 너무 많이 마셔서 부정적인 결과(배우자와의 다툼, 직장 내 문제)를 초래한다는 것이 분명해졌다. 상담자는 또한 애덤이 자신을 잘 느끼지 못하고, 가라앉거나 울적한 기분을 느끼며, 화를 내는 행동으로 이러한 감정을 표현하는 것으로 보아 우울증으로 어려움을 겪고 있다고 판단했다.

상담자는 성격장애 혹은 인격장애를 의심하진 않았지만, 애덤은 부정적인 감정을 다루기 위해 전치(displacement)나 부정(denial)의 방어 기제를 사용한 것으로 보였다. 이는 직장에서 어려움을 겪은 후 언어적 공격성을 보이는 애덤의 경향성과 자신의 문제, 특히 알코올 문제에 대한 비교적 제한적인 수용으로 입증된다. 이러한 관찰은 공식적인 진단의 일부가 아니라 애덤의 사례 파일에 기록된 내용이다.

애덤은 가벼운 고혈압 증세가 있다고 보고했다. 앞의 Z코드 진단에서 알 수 있듯이 그는 결혼 및 직업 문제로 분명히 어려움을 겪고 있었다. 애덤의 WHODAS 점수는 중등도에서 중증의 증상을 시사했다.

이 진단 평가에 따르면, 애덤은 약물 사용과 우울증 문제로 어려움을 겪고 있고, 경미한 고혈압이 있으며, 결혼 및 직업적 압박을 경험하고 있고, 다소 저하된 기능 수준이었다. 그러나 이러한 증상을 설명할 수 있는 원인에 대한 정보는 제한적이다. 현재 상태에서 일반 진단은 애덤에게 도움을 줄 수 있는 출발점(즉, 서술)만을 제공할 뿐이다.

아들러 상담자의 생활양식 사정

다음 두 회기에 걸쳐 상담자는 진단적 그림을 명확히 하고 치료 전략을 세우는 데 도움이 되는 생활양식 사정을 실시했다. 일반적으로 생활양식 사정은 애덤의 초기 기억, 가족 구도, 가족 분위기에 관한 정보 수집을 포함한다.

애덤은 세 자녀 중 장남이었다. 애덤과 두 여동생 줄리안(Julianne)(−2세)과 아니타(Anita)(−4세)는 애덤이 8세가 될 때까지 어머니, 아버지와 함께 살았는데, 이때 아버지는 가족을 떠났다. 아버지의 과도한 음주로 인해 어머니와 아버지의 관계는 험악했다. 신체적 학대는 흔하지 않았지만, 애덤은 언젠가 늦은 밤에 아버지가 술을 진탕 마신 후 어머니를 때리는 것을 본 적 있다고 보고했다. 애덤은 여동생들에 대해 애정을 담아 이야기했고, 전형적인 형제자매의 다툼에도 불구하고 수년간 친밀하게 지냈다고 말했다. 그는 특히 아버지가 집을 떠났을 때 어느 정도 자신을 보호자라고 여겼기 때문에 집안에서 가장 열심히 일하는 사람이었다고 언급했다. 자라는 동안 가족의 정서적 분위기를 묘사해 달라고 요청했을 때 애덤은 '살얼음판을 걸었고, 혼란스럽고, 화가 나고, 슬프고, 조용할 틈이 없었다'는 표현을 사용했다.

그런 다음 상담자는 초기 회상(ER)을 수집하고, 클라크(Clark, 2002), 스위니(Sweeney, 2009), 칼슨 등(Carlson et al., 2006)이 개발한 지침을 사용하여 이를 해석했다. 초기 회상은 생활양식 사정에서 중요한 영역이다. 초기 기억을 처음에 **오래된 추억**(old remembrances)으로 불렀던 아들러(Adler, 1929)는 개인이 인생 경험 중 자신의 현재 이해와 방향을 반영하는 기억을 선택한다고 믿었다(Sweeney, 2009). 즉, 초기 회상은 삶의 요구를 충족시키기 위한 내담자의 기본적인 태도와 기대에 관한 단서를 제공하여 현재 행동을 이해하는 데 도움을 준다(Sweeney, 2009). 각 회상을 떠올릴 때마다 애덤은 회상에서 가장 생생한 부분과 그 사건 당시 어떤 감정을 느꼈는지 설명해 달라는 요청을 받았다. 3~5개의 초기 회상을 요청했을 때 애덤은 다음과 같은 설명을 제공했다.

ER#1: 어머니와 동네 마트에 가는 중이에요. 저는 어머니 눈에서 눈물이 흐르는 것을 보았어요. 무슨 일이냐고 물었더니 어머니는 "아무것도 아니야"라고 말했어요.
• 가장 생생한 부분: 어머니가 우는 모습, • 느낌: 슬픔.

ER#2: 저는 침실에 있었고, 아버지 차가 진입로에 들어오는 소리가 들렸어요. 새벽 2시쯤이었고, 문밖에서 열쇠가 딸랑거리는 소리가 났어요. 문이 열리고 아버지가 비틀거리며 집 안으로 들어오는 소리가 들려요. 어머니는 아버지를 기다리면서 깨어 계셨어요. 어머니는 아버지가 어디 있었는지 물으면서 화를 내셨어요. 저는 다음 날 그 일을 잊으려고 노력했어요.
• 가장 생생한 부분: 아버지가 집에 들어오는 모습, • 느낌: 무섭고 불안함.

ER#3: 나는 여동생들과 놀고 있었고, 아니타의 장난감 중 하나를 가져갔어요. 아니타가 비명을 지르기 시작했어요. 아버지가 들어와서 저에게 채찍질하겠다고 말했어요. 아버지 입에서 술 냄새가 났어요.
• 가장 생생한 부분: 아버지의 입에서 나는 알코올 냄새, • 느낌: 분노와 두려움.

초기 회상이 진단 과정에 도움이 될 수 있는 특히 효과적인 방식은 초기 회상을 DSM 장애의 분류에 연결하는 것이다. 잠시 애덤의 초기 회상을 살펴보고, 진단에 대한 단서를 제공할 수 있는지 알아보자.

첫 번째 초기 회상은 슬픔의 주제를 나타내는 것 같다. 두 번째 초기 회상은 술 취함, 불안, 공포를 주제로 하는 것처럼 보인다. 세 번째 초기 회상은 다시 분노와 두려움이라는 감정과 함께 술 취함이라는 주제를 가지고 있다. 이 정보들을 통해 좀 더 구체적인 진단적 그림을 그릴 수 있고, 애덤의 두 개의 초기 회상에서 나타나는 알코올 주제는 알코올로 인한 어려움의 가능성을 시사한다. 슬픔, 두려움, 불안, 분노의 주제는 기분장애 가능성을 암시한다. 또한, 애덤의 초기 회상은 일반적인 가족 갈등이 두드러지는데, 이는 현재의 결혼 및 직업적 어려움(V 코드에 해당)과 일치하는 것으로 보인다. 애덤이 속으로 담아 두고 있을 수 있는 분노라는 주제는 그의 경증 고혈압에 영향을 미쳤을 수 있다. 보다시피 초기 회상은 임상가에게 정확한 진단 방향을 제시하는 나침반이 될 수 있고, 이는 경험적 연구로 뒷받침되는 명제이다(Clark, 2002).

구체적 진단

상담자는 생활양식 사정을 고려하고, 아들러 심리학을 기본 틀로 삼아 구체적 진단을 내렸다. 아래는 아들러 이론의 진단 모델이다(일반 진단은 괄호 안에 있음). DSM 진단을 재검토하면 다음과 같다.

① 배치(알코올 사용장애 및 주요우울장애)
② 생활양식(DSM 진단 없음, 전치, 부정의 두드러진 사용)
③ 기관 열등감/기관 열등성의 언어(경미한 고혈압)
④ 충격적인 일(배우자와의 관계 고통, 기타 고용과 관련된 문제)
⑤ 생애 과제 지표(WHODAS 점수)

매니아치(Maniacci, 2002)는 원래 DSM-IV의 GAF를 생애 과제 지표로 제안하였다. WHODAS에서도 동일한 지표가 나올 수 있다고 가정하는 것이 합리적이다.

이러한 구체적 진단을 포함하면, 애덤의 임상적 그림은 다음과 같이 해석될 수 있다: 애덤은 성격장애의 기준을 충족하진 않았지만, 그의 생활양식은 어린 시절 경험과 초기 회상을 통해 이해할 수 있다. 애덤은 아버지가 관여하지 않고 정서적으로 거리가 먼 가정의 세 자녀 중 장남으로 태어났다. 가정에서 그는 아버지가 어머니를 언어적·신체적으로 학대하고, 과도하게 술 마시는 것을 목격했다. 아버지가 주말에 술에 취해 집에 오면, 아이들은 아버지가 어떻게 나올지 몰라 집안은 불안과 분노의 정서가 감돌았다. 애덤은 또한 어머니가 점점 무력해지는 것을 목격했고, 어머니는 항상 삶에 대해 슬퍼하는 것처럼 보였다. 애덤의 아버지가 떠나간 후, 가족은 일상생활에서 최소한의 틀을 갖추게 되었다: 장남인 애덤은 집안일을 하고, 두 여동생을 지키고, 어머니를 돌보는 등 아버지 역할을 맡아야 한다고 느꼈다. 애덤은 학교나 자신의 발달적 중요한 단계에서 자신의 꿈을 추구할 기회가 많지 않았기 때문에 아버지의 역할을 맡는 것은 어려운 일이었다.

애덤은 다른 사람의 욕구를 자신의 것보다 우선시해야 하고, 아무도 믿을 수 없다는 신념을 발달시켰다. 그는 유년기 후반과 10대 시절을 가족을 돌보는 데 보냈고, 그 결과 자신의 욕구를 희생해서라도 가족 외 다른 사람들을 기쁘게 하려고 노력했다. 그는 다른 사람을 신뢰하지 않기 때문에 도움을 요청하지 않았고, 스스로 책임을 떠맡는 경우가 많았다. 그러나 다른 사람을 기쁘게 하려는 바람은 충족되지 않은 심리사회적 욕구와 결합하여 이내 타인과 세상에 대한 분노로 바뀌었다. 애덤은 반항의 표시로 술에 의지하고, 사람들을 자신의 편으로 끌어들이기 위해 우울증 증상을 선택하기도 했다.

애덤의 경증 고혈압은 항상 다른 사람을 기쁘게 하려는 불가능한 과제에 대한 해결되지 않은 분노를 반영한다. 현재 제니퍼와의 결혼 생활의 어려움과 고용주와의 직업적 문제(Z 코드)는 그가 심리적 측면에서 건강한 방식으로 처리하기에는 너무 버거운 것으로 판명되었다. 그는 더 이상 좌절감, 분노, 충족되지 않은 내면의 욕구를 억누를 수 없어 세상과 가족에 대한 복수로 술을 과도하게 마신 것이다. 그러나 이러한 근원적 분노는 아버지를 잃고 어린 시절 대부분을 잃은 애덤이 느낀 더 깊은 슬픔의 결과였다. 알코올 남용(및 이와 관련된 결과), 언어적 공격성, 우울한 감정은 일상 기능(WHODAS)을 급격히 저하시키는 촉매제가 되었고, 다른 사람들의 개입을 불러들이는 계기가 되었다. 그의 배치는 다음과 같은 문제에 의해 만들어졌을 수 있다: ① 그의 아버지는 알코올 문제의 병력이 있었는데, 이는 유전적 취약성이 존재할 가능성과 삶의 문제를 다루는 방법에 대한 하나의 모델이 되었을 수 있고, ② 그의 경증 고혈압은 억눌린 적대감 및 슬픔과 일치하고, ③ 알코올 남용과 우울증의 선택은 자신의 욕구를 충족시키지 못하게 만드는 그의 생활양식 신념과 일치한다(예: 나는 내 욕구보다 다른 사람을 기쁘게 해야 한다; 나는 다른 사람을 의지하고 신뢰할 수 없다 … 그러나 나는 무가치한 존재이므로 나 자신을 도울 수 없다).

〈표 7-2〉는 일반 진단과 구체적 진단에 대한 개요를 보여 준다. 구체적 진단은 일반 진단과 모순되도록 설계된 것이 아니라 오히려 더 심층적인 관점을 추가하기 위해 고안된 것이다.

다음 상담 회기에서 상담자는 애덤에게 일반 진단을 제시하고, 뒤이어 생활양식 사정을 기반으로 한 구체적 진단을 제공했다. 상담자는 애덤의 생활양식을 해석할 때 아들러의 가설적 해석 기법(HI)을 신중하게 사용했다. 아들러는 "모든 것이 다를 수 있습니다"는 말을 즐겨 사용했다. 즉, 임상가는 내담자의 고통의 원인이 무엇인지에 대한 의견을 가질 수 있더라도 내담자에 대한 절대적 진실은 알 수 없다는 것이다. 아들러는 상담이 제대로 진행되고 있는지 확인하기 위해 임상가의 직감을 내담자에게 확인하는 것이 정중하고 적절하다고 생각했다. 그는 "그럴 수도 있다", "그럴 가능성이 있다"와 같이 임상적 가설을 잠정적으로 표현할 뿐이다. 이러한 통찰을 바탕으로 상담자는 애덤에게 구체적 진단을 제안한 다음 그의 관점을 물었다.

〈표 7-2〉 애덤 사례에서의 일반 진단과 구체적 진단의 비교

일반 진단	구체적 진단
알코올 사용장애	좌절, 분노, 충족되지 않은 개인적 욕구
주요우울장애	세상, 타인, 가족에 대한 복수 슬픔, 알코올 사용의 가족력 기쁘게 하기 주제와 관련된 신념과 자신을 위해 할 수 있는 것이 없다는 무력감 나의 욕구보다 우선하는 타인의 욕구 세상과 타인에 대한 반항 슬픔, 불안, 학대의 초기 회상 주제
경증 고혈압	기관 약화를 이끈 해결되지 않은 분노와 좌절
결혼 생활의 어려움	결혼 및 직업적 어려움에 압도됨
직업적 어려움	심리적 요인들
WHODAS 점수	일반적인 기능이 급격히 저하됨, 가족의 관심 얻기

애덤은 일반 진단과 관련된 꼬리표가 붙는 것에 대해 약간의 우려를 보였지만 구체적 진단에 대해서는 대체로 동의했다. 이 지점에서 상담자와 애덤은 아들러 상담의 네 단계 중 세 단계인 라포 및 관계 형성, (생활양식 사정 및 진단을 통한) 이해 및 탐색, 해석을 진행했다. 상담자와 애덤은 이제 마지막 단계인 재정향 및 변화 단계로 넘어가 치료계획을 세우기 시작했다.

치료계획 및 변화

재정향 및 변화 단계에서는 (앞에서 설명한 진단에 기반한) 치료계획의 개발과 더불어 애덤이 행동과 감정을 변화시키고, 증상을 줄이며, 더 건강한 생활양식 신념을 채택하고, 자기에 대한 관점과 자기존중감을 개선하며(Mosak & Maniacci, 1999), 전반적으로 더 나은 선택을 하도록 돕는 개입을 포함한다. 축약된 형식(Maniacci & Sackett-Maniacci, 2002에서 채택)에서 애덤의 치료계획은 다음과 같다. 문자 A부터 C까지는 즉각적이고 단기적인 개입을 포함하고, D와 E는 장기적인 개입을 보여준다는 점에 주목하자.

A. 위기 관리
  1. 자살 사고 및 의도에 대한 지속적인 평가
  2. 폭력 잠재력과 타인에게 해를 끼칠 가능성이 있는지 평가

B. 의료 및 신체적 개입

1. 경증 고혈압을 해결하기 위해 의사와 면담하기
2. 약물치료의 필요성을 판단하기 위한 정신과적 평가

C. 단기 목표

1. 알코올 사용 및 결과에 대한 인식을 높이고, 목표에 대한 선택(예: 금주 또는 절주?)을 탐색하기
2. 애덤이 화가 나기 시작할 때 신체적으로 침착함을 유지하도록 돕기 위한 이완 기술 가르치기
3. 배우자가 동의하는 경우 부부 및 또는 가족 상담을 받기

D. 장기 목표

1. 항상 다른 사람을 기쁘게 하려는 그의 욕구에 관한 핵심 생활양식 신념에 도전하고, 더 건강하고 합리적인 신념 교육하기
2. 내담자의 잘못된 생활양식 목표에 도전하고, 새롭고 더 합리적인 목표를 함께 수립하기
3. 내담자가 타인에게 미치는 영향을 살펴보고, 사회적 관심을 높이는 방법을 평가하고 탐색하기
4. 문화적 변인과 인종차별의 영향 가능성을 조사하기
5. 내담자가 '불완전할 수 있는 용기'를 갖도록 가르치기
6. 지속적인 생활양식 사정, 진전 상황을 주기적으로 평가하기 위한 초기 회상 수집하기

E. 보조적 서비스

1. 분노 조절 및 음주 통제에 중점을 둔 남성 대상 집단상담

치료계획은 상담의 전반적인 지도 역할을 한다. 그러나 진단과 마찬가지로 치료계획은 확정된 것은 아니고, 예기치 못한 상황으로 인해 조정이 필요할 수 있다. 상담자에게 애덤 상담의 성공 여부는 그의 '기본적 오류'와 잘못된 생활양식 목표에 도전하고, 그의 사회적 감각을 향상하는 것에 의해 크게 좌우되었다. 일반적으로 기본적 오류와 잘못된 목표는 너무 많은 감정적 긴장을 유발해 왔기 때문에 시간을 두고 긴장을 풀어 가는 것이 필요했다. 이러한 긴장은 종종 부적절한 분노 표출이나 음주를 통해 해소되었다.

아들러의 심리치료 접근법에 따라, 상담자는 치료적 관계를 강조하고 격려를 제공했다. 상담자는 애덤이 역기능적 가족과 사회(즉, 제도화된 인종차별)에 대처하고 있다는 점에 아들러 방식의 감수성을 강조했고, 그의 엄청난 강점이 '대리' 아버지로서 그리고 지금 남편

이자 직장인으로서 잘 대처하게 했다는 점을 언급했다. 상담자는 그가 통제할 수 없는 삶의 사건에 대한 좌절감이 있었지만 어떻게든 지금까지 잘 버텨 왔다는 사실을 인정해 주었다. 애덤은 아버지와 달리 근면하고 책임감이 강했으나, 지쳐 있었고 그럴 만한 이유가 있었다. 삶이 그에게 던져 준 모든 것(혼란스러운 가정, 알코올 중독자에 부재했던 아버지, 가난한 어머니, '아버지'가 되어 주길 바라는 기대, 인종차별 경험)에도 불구하고, 그의 인생에서 그는 이때 도움을 받는 것에 열려 있었다. 이러한 인정은 애덤이 듣기에 중요하게 여겨졌고, 내담자가 마주하는 압도적인 환경적 상황에 대한 아들러 상담자의 감수성을 보여 준다.

상담자는 또한 재정향 및 변화 단계에서 배운 새로운 행동을 시도해 볼 수 있도록 많은 격려를 제공했다. 퍼거슨(Ferguson, 2006)이 언급했듯이, 생애 초기에 만들어진 잘못된 결정과 선택이 성인기의 행동 문제로 이어질 수 있다면, 새로운 통찰과 실천은 새로운 목표와 그에 따른 행동의 긍정적인 변화를 이끌 수 있다.

애덤 치료의 구체적 초점 및 문제점

애덤 치료의 또 다른 핵심 초점은 그의 재능과 강점을 최대한 활용하여 행동을 변화시킬 수 있는 내재적 동기를 이끄는 데 도움을 준 것이다. 여기에서 우리는 아들러 이론이 진단 과정의 단점을 어떻게 보완할 수 있는지 알게 되었다. 즉, DSM과 진단 과정은 임상가에게 "이 내담자는 무엇이 문제인가? 그에게 무엇이 잘못되었나?"라고 질문하도록 요구한다. 반면에 아들러 이론은 "내담자의 강점은 무엇이고, 어떻게 하면 더 나은 선택을 하도록 강점들을 이용할 수 있을까?"라고 질문하게 한다. 따라서 임상가가 DSM 및 관련 체계만으로 작업하는 경우 기능보다는 역기능에 따라 분류하는 경향이 있다. 모삭과 매니아치(Mosak & Maniacci, 1999)가 지적했듯이 아들러 이론은 다른 사람을 돕는 데 낙관적인 접근 방식을 취한다.

그러나 아들러의 낙관적이고 긍정적인 관점에도 불구하고 애덤은 여전히 진단명을 마주하고 있다. 진단명은 복잡한 행동을 단순화하는 편리한 방법이 될 수 있지만, 낙인으로 이어져 임상가가 지나치게 좁은 치료 초점을 채택하도록 강요할 수도 있다. 아들러 이론의 개별적 지향은 내담자에 대한 더 포괄적인 개념화를 요구한다. 근본적으로 아들러 이론의 적용은 임상가와 애덤이 진단명을 넘어, 진단이 내담자의 고유한 특성을 구성하는 퍼즐의 한 조각에 불과하다는 사실을 깨닫도록 돕는다.

생활양식 사정의 중요한 부분인 초기 회상을 잊지 않도록 하자. 초기 회상은 생활양식 사정 시 제공하는 이해 이외에도 상담 과정에서 다양하게 활용될 수 있다. 예를 들어, 초기 회상은 내담자의 진행 상황을 판단하는 방법이 될 수 있다. 클라크(Clark, 2000)가 언급했듯이, 아들러는 삶에 대한 태도와 전반적 기능이 향상된 내담자는 종종 그들의 초기 회상에 변화가 생기거나 더 긍정적인 주제를 반영하는 새로운 기억을 보고한다고 믿었다. 애덤의 사례를 보면, 애덤의 기능이 크게 개선된 후(약 6개월간의 상담 후) 그는 다음과 같은 기억을 보고했다.

> 저는 집에서 여동생들과 놀고 있어요. 그들은 저를 피해 숨어 있었고, 저는 열까지 세며 집안 곳곳을 쫓아다녔어요. 재미있었고 웃었던 기억이 납니다.
>
> • 가장 생생한 부분: 여동생들을 쫓는 것. • 정서적 분위기: 행복

애덤의 초기 회상은 기분을 완화시키고 금주를 유지하고 있는 그의 삶에서 일어난 중요한 변화를 반영했다. 더 긍정적인 회상이 애덤이 가족과 함께 성장하면서 겪었던 어려움을 부정하는 것은 아니다. 오히려 현재 삶에 대한 보다 긍정적인 시각을 반영할 뿐이다. 상담하는 동안 초기 회상을 수집하는 상담자는 회상의 내용, 감정, 주제에 따라 상담의 진전 상황을 판단할 수 있다.

스위니, 마이어, 그리고 스테판(Sweeney, Myers, & Stephan, 2006)은 초기 회상과 발달적 상담과 치료(DCT)를 결합하는 혁신적인 방법을 제시했다. 앨런 아이비(1986/2000)가 개발한 DCT는 상담자가 내담자의 인지-정서 및 발달 유형을 고려해 내담자의 성장과 발달을 촉진하는 상담 개입 방식을 일치시키는 인지행동 접근법이다(Sweeney et al., 2006). 인지-정서-발달 유형에는 감각 운동기 유형, 구체적 조작기 유형, 형식적 조작기 유형, 변증법적/체계적 유형 네 가지가 있다(이러한 유형에 대한 설명은 제6장에서 설명함). DCT 임상 평가 절차는 임상가가 내담자의 초기 회상의 의미 분석을 수월하게 하는 데 사용할 만한 전략을 제공하여 자신, 타인, 세상에 대한 잘못된 개념을 발견하는 데 도움을 준다(Sweeney et al., 2006). 궁극적으로, DCT와 아들러 ER을 연결하는 목적은 내담자가 인생 초기에 확립한 비효율적인 삶의 규칙(또는 아들러가 말한 '허구적 신념')을 확인하여, 더 적절하고 선호하는 삶의 규칙을 만들어 가도록 돕는 것이다. 이 전략은 애덤이 "내 욕구는 중요하지 않으므로 나는 누구에게나 다 맞춰 줘야 한다"는 잘못된 규칙을 개선하는 데 활용되었다. [아들러 이론의 초기 회상과 DCT의 결합에 대한 자세한 내용은 이 주제에 관한 Sweeney 등(2006)의 훌륭한 논문을 참조할 것]

결론

임상가는 지역사회 정신건강 기관에서 자신의 상담 철학과 일치하는 평가와 접근법을 사용하는 것을 두려워해서는 안 된다. 저자가 정신건강 기관에서 상담자로 일했을 때, 관리 담당자는 모든 내담자 서류의 일부로 (DSM 진단을 포함하는) 표준 평가 절차와 서류 작성을 요구했다. 그러나 나는 내담자와 함께 생활양식 사정을 진행하고 싶었기 때문에 추가적인 평가 도구를 사용할 수 있는지 문의하였다. 기본적으로 나는 (진단 의무를 포함하는) 기관 규칙을 준수하는 한 내가 원하는 접근 방식을 자유롭게 사용할 수 있었다. 따라서 나는 기관의 서류 작성 외에도 아들러 상담 접근의 평가를 포함하였고, 아들러 상담의 렌즈를 통해 진단하고, 내담자와 함께 아들러 상담 원리를 시행할 수 있었다.

DSM과 아들러 이론을 결합해 사용하는 것은 본질적으로 실제 정신건강 실무(DSM)와 상담 철학 및 이론(아들러 이론)을 대조하는 것이다. 실제 현실은 DSM과 진단이 계속 유지되고 있다. 이 사실을 염두에 둔다면, 아들러 상담자들은 어떻게 이 관례에 반대하기보다는 협력하여 작업할 것인가? 아마도 가장 좋은 해결책은 아들러 상담자들이 내담자 문제의 개념화, 평가, 치료에서의 차이점과 유사점을 인정하고, 진단 과정을 그들의 실무에 통합하는 창의적인 방법을 모색하는 것이다. DSM을 사용한다고 해서 이론적 관점을 버릴 필요는 없다. 매니아치(Maniacci, 2002)가 언급했듯이, (DSM에 기반한) 정신병리학과 아들러 이론을 함께 연구하고 두 이론을 적절히 활용하면 정신병리학에 대한 이해도를 높일 수 있다.

학습 문제

지시 사항: 다음 질문에 답하시오.

1. ① DSM/진단 과정과 아들러 이론 사이의 주요한 철학적 차이점을 구분하시오.
   ② 이 장에서 언급된 것 이외의 차이점이 생각나는 게 있는가?
   ③ 임상 실무의 관점에서 이러한 차이점을 인정하는 것이 왜 중요한가?
2. ① DSM에 기반한 현재 진단 체계의 강점과 한계는 무엇인가?
   ② 아들러 이론은 현재 진단 체계와 DSM의 한계를 어떤 방식으로 보완할 수 있는가? 아들러 이론은 어떻게 진단 과정을 향상할 수 있는가?

3. 초기 회상이 진단 과정을 돕고, 내담자의 상담계획에 통합될 수 있는 방법을 설명하시오.
4. 정신병리가 어떻게 발달해가는지에 대한 아들러의 관점을 서술하시오. DSM과 진단은 이러한 개념화에 어떻게 결합할 수 있는가?

참고문헌

American Psychiatric Association. (2013). *Diagnostic and statistical manual of mental disorders (DSM-5)* (5th ed.). Washington, DC: American Psychiatric Association.

Ansbacher, H. L., & Ansbacher, R. R. (1956). *The individual psychology of Alfred Adler: a systematic presentation in selections from his writings*. New York: Harper & Row.

Carlson, J., Watts, R., & Maniacci, M. (2006). *Adlerian therapy: Theory and practice*. Washington, DC: American Psychological Association.

Clark, A. J. (2000). *Early recollections*. New York: Brunner-Routledge.

Cooper, R. (2004). What is wrong with the DSM? *History of Psychiatry*, *15*, 005-025.

Dreikurs, R. (1967). *Psychodynamics, psychotherapy, and counseling*. Chicago: Alfred Adler Institute.

Eriksen, K., & Kress, V. E. (2005). *Beyond the DSM story: Ethical quandaries, challenges, and best practices*. Thousand Oaks, CA: Sage.

Ferguson, E. D. (2006). Review of the book: Adlerian therapy and practice. NASAP: The North American Society of Adlerian Psychology. [Electronic version.] Unavailable. International Classification of Diseases. Tenth Edition, Clinical Modification (*ICD-10-CM*) https://www.cdc.gov/nchs/icd/icd10cm.htm

Ivey, A. E. (1986). *Developmental therapy: Theory into practice*. San Francisco: Jossey-Bass.

Ivey, A. E. (2000). *Developmental theory: Theory into practice*. North Amherst, MA.

Kriegler, S., & Bester, S. E. (2014). A critical engagement with the DSM-5 and psychiatric diagnosis, *Journal of Psychology in Africa*, *24*, 393-401. DOI:10.1080/14330237.2014.980629.

Maniacci, M. P. (2002). The DSM and individual psychology: A general comparison. *The Journal of Individual Psychology*, *58*, 356-362.

Maniacci, M. P., & Sackett-Maniacci, L. A. (2002). The use of the DSM-IV in treatment planning: An Adlerian view. *The Journal of Individual Psychology*, *58*, 388-397.

Mays, D. (2009). *Personality disorders: Powerful techniques to overcome the frustrations & improve client outcomes*. Eau Claire, WI: PESI trainings.

Mosak, H. H. (1977). The controller: A social interpretation of the anal character. In *On purpose: Collected papers of Harold H. Mosak*. Chicago: Alfred Adler Institute.

Mosak, H. H., & Maniacci, M. P. (1999). *A primer of Adlerian psychology: The analytic, behavioral, cognitive psychology of Alfred Adler*. Philadelphia, PA: Brunner/Mazel.

Sperry, L., & Maniacci, M. P. (1992). An integration of DSM-III-R diagnoses and Adlerian case formulations. *Individual Psychology*, *48*, 175-181.

Sperry, L. J., Carlson, J., Duba-Sauerheber, J., & Sperry, J. (2015). *Psychopathology and psychotherapy: DSM-5 diagnosis, case conceptualization, and treatment* (3rd ed.). New York: Routledge.

Sperry, L. (2015a). Diagnosis, case conceptualization, culture, and treatment. In L. Sperry, J. Carlson, J. Duba-Sauerheber, & J. Sperry (Eds.), *Psychopathology and psychotherapy: DSM-5 diagnosis, case conceptualization, and treatment* (3rd ed., pp. 1-14). New York: Routledge.

Sperry, L. (2015b). Diagnosis, case conceptualization, culture, and treatment. In L. Sperry, J. Carlson, J. Duba-Sauerheber, & J. Sperry (Eds.), *Psychopathologyandpsychotherapy: DSM-5 diagnosis, case conceptualization, and treatment* (3rd ed., pp. 15-25). New York: Routledge.

Sweeney, T. J. (2009). *Adlerian counseling: A practitioner's approach*. Philadelphia: PA: Accelerated Development.

Sweeney, T. J., Myers, J. E., & Stephan, J. B. (2006). Integrating developmental counseling and therapy assessment with Adlerian early recollections. *Journal of Individual Psychology*, *62*, 251-269.

World Health Organization. (2018). WHO Disability Assessment Schedule 2.0(WHODAS 2.0). www.who.int/classifications/icf/whodasii/en

제4부

개인심리학의 적용
일, 우정, 사랑, 그리고 영성

진로양식 상담

– 마크 새비카스(Mark L. Savickas)

아들러의 개인심리학이 제공하는 진로행동에 관한 관점은 전통적인 진로상담 모델의 질을 높이는 데 기여할 수 있다. 이 장에서는 이러한 주장에 대한 자세한 설명과 함께 아들러 이론의 관점이 진로상담의 실제에 적용될 수 있는 방법과 자료를 제시한다. 이 장에서는 먼저 진로상담에서 가장 널리 사용되는 접근 방식인 개인–직업 매칭의 강점과 약점을 다룬다. 이어서 이러한 매칭 모델이 아들러의 개인심리학에 의해 어떻게 상담자들에게 더욱 유용하도록 정교화될 수 있는지에 대한 다섯 가지 방법에 대해 논한다. 이 장의 나머지 3분의 2에서는 아들러 진로상담, 더 정확히는 진로양식 상담을 위해 특별히 고안된 개인심리학적 자료와 방법을 제시한다. 이러한 진로양식 상담에 대한 소개는 세 부분으로 나뉜다. 먼저 내담자의 진로양식에 대한 데이터 수집을 위해 사용될 수 있는 구조화된 면접에 대해 기술한다. 다음으로 수집된 데이터를 내담자의 진로양식 이해를 위해 어떻게 해석할 수 있는지에 대한 아이디어를 제시한다. 끝으로 진로양식 상담 모델에 대한 설명을 제공한다.

매칭 모델

전통적 진로상담 모델(Parsons, 1909)은 개인 차이의 심리학에 기반을 둔다. 상담자는 개인에게 적합하고 실행 가능한 직업을 연결하기 위해 개인차를 이용한다. 매칭 모델의 기본 명제는 “끼리끼리 모인다”는 친숙한 격언의 지혜를 따른다. 상담자는 내담자의 흥미를 측정한 다음 그 흥미가 실현되고 보상받을 수 있는 직업들을 파악한다. 이처럼 내담자에게 잘 맞는 직업은 내담자의 개인적인 요구를 직업의 요건과 통합할 수 있는 기회를 제공함으로써 직업적 성공, 직업 만족도, 직업 안정성을 경험할 수 있게 해 준다.

매칭 모델을 따르는 진로상담은 번역 서비스에 비유될 수 있다. 언어학자가 스페인어를 영어로 번역하듯이 진로상담자는 내담자의 특성을 직업명으로 번역하는 것이다. 예컨대, 내담자가 주도적이면서 남을 잘 보살피는 성격으로 여겨진다면, 상담자는 그 내담자의 자기개념을 교사, 상담자, 목사, 간호사, 혹은 개인과 집단을 지도하는 여타 직업 등과 같은 직업 명칭으로 번역할 수 있다. 그런 다음 상담자는 내담자에게 이와 같은 직업들을 탐색해 보도록 권장한다.

매칭 모델은 주요 진로상담 **흥미검사**에 반영된다. 이러한 검사는 번역 작업을 자동화해 준다. 내담자는 흥미검사 문항들에 응답하면서 검사 개발자에 의해 제공된 개념틀에 따라 자신을 묘사하게 된다. 검사의 채점 기준은 이론적 혹은 경험적으로 도출된 다양한 직업에서 성공적인 사람들에 대한 설명으로 구성된다. 결과 프로파일은 내담자가 다양한 종류의 직업인들과 얼마나 유사한지를 보여 준다. 사실상 프로파일 시트에 표시된 결과들은 내담자의 자기개념을 직업명으로 번역한다. 검사 결과의 해석은 매칭 모델 및 자료와 더불어 상담자가 사용하는 주된 개입 방법이다. 상담자는 내담자가 현직의 직업인과 유사해 보이는 직업을 탐색하도록 안내하는 방식으로 흥미검사 결과를 해석해 준다. 검사 프로파일 시트에 나타난 결과들은 탐색을 안내하는 로드맵으로 생각될 수 있다. 이러한 탐색은 적정 시기에 직업적 의사결정과 진로계획으로 이어지게 된다.

매칭 모델을 바탕으로 한 검사 도구 및 해석 방법은 내담자와 상담자 모두에게 매우 인기가 있다. 실제로 많은 내담자가 친구들로부터 흥미검사가 유용하다고 들어본 까닭에 흥미검사를 요청하는 것으로 면담을 시작한다. 상담자들이 흥미검사를 좋아하는 이유는 그 검사가 내담자와 논의할 수 있는 직업명들을 제공해 주는 데 있다. 자기개념을 직업명으로 번역할 준비가 된 내담자에게 흥미검사가 효과적으로 사용될 수 있음을 부정하는 상담자는 거의 없다.

그러나 검사의 사용이 효과적이려면 **준비**가 필수적이다. 많은 내담자는 아직 자기개념을 확고하게 정립하지 못한 나머지 흥미검사, 특히 직업 명칭을 문항으로 제시하는 검사에 의미 있게 응답할 준비가 되어 있지 않다. 상담자가 검사를 권한다면 내담자는 최선을 다하겠지만, 검사 문항들을 마주하는 데 있어서 나타나는 망설임과 혼란은 낮은 변별력과 불안정한 프로파일의 생성으로 이어진다. 모든 진로상담자는 변별성과 일관성이 떨어지는 프로파일을 실망한 내담자들에게 해석해 주면서 좌절을 경험해 본 적이 있다.

자신이 누구인지, 그리고 삶에서 무엇을 원하는지를 명확하고 안정적으로 그려내지 못하는 내담자들에게는 흥미검사 결과를 직업명으로 변환하는 데 있어서 검사의 해석이 도움이 되지 않는다는 것을 대부분의 상담자는 곧 깨닫게 된다. 검사를 받을 준비가 덜 된 내담자에게는 자기개념을 개발하고 자신의 삶에 대해 파악하는 데 도움을 받는 것이 더 유익하다. 진로상담자에게는 내담자의 정체성 발달과 목표 선택을 촉진하는 자료와 방법이 필요하다. 그러한 기법들은 흥미검사 문항들에 그저 반응하는 대신 자신의 경험과 의견에 대해 적극적으로 숙고하도록 내담자들을 돕는다. 이러한 기법 중의 하나는 아들러의 생활양식에 대한 연구로부터 유래한다.

아들러의 개인심리학은 전통적인 매칭 모델과 그에 따른 방법 및 자료들을 보완하여, 아직 정체성을 형성하지 못했거나 적어도 흥미검사 결과를 직업명으로 변환할 준비가 되지 않은 내담자들의 욕구를 수용한다. 삶의 목표와 진로양식에 대한 개인심리학의 관심은 내담자가 자신의 직업 정체성을 형성하는 데 도움이 될 수 있다. 이러한 자기 이해는 단순히 직업 세계에 대한 고정관념이 아닌 자기개념을 구체적으로 실현하는 직업 선택을 할 수 있도록 내담자를 준비시킨다.

아들러 개인심리학을 통한 매칭 모델의 개선

개인심리학 상담자들은 적합성을 위한 매칭을 중요하게 여기지만 그러한 매칭을 정적인 것으로 바라본다. 따라서 이들은 흥미와 능력과 같은 개인 특성의 차이에 기반한 직업적 적합성을 예측하는 것을 넘어, 사람들이 자신이 가진 특성을 어떻게 사용하는지를 포함하도록 전통적인 매칭 모델을 확장한다. 개인심리학 상담자들은 "중요한 것은 네가 무엇을 가지고 있는지가 아니라 그것을 어떻게 사용하는가란다"라고 리머스 삼촌(Uncle Remus)이 토끼 형제(Br'er Rabbit)에게 한 말에 동의한다.[1]

전통적인 매칭 모델을 사용하는 특성-요인 상담자들과 비슷하게 개인심리학 상담자들도 내담자의 능력, 흥미, 가치관을 탐색한다. 그러나 개인심리학 상담자들은 내담자가 세상과 어울리기 위해(즉, 소속하고, 공헌하며, 협력하기 위해) 어떻게 자신의 특성을 사용하는지에 집중한다. 아들러의 사용의 심리학은 전통적 매칭 모델을 최소 다섯 가지 방식으로 정교화할 수 있는데, 그 이유는 다음과 같다.

1. 적합성의 핵심 개념을 확장한다.
2. 고유성에 집중한다.

1) 역자 주: 'Uncle Remus'는 1881년에 조엘 챈들러 해리스(Joel Chandler Harris)가 편찬하고 각색한 아프리카계 미국인 민감 모음집에 나오는 가상의 화자 이름임. Br'er는 Brother의 남부 사투리로 Br'er Rabbit은 주인공 중 한 캐릭터임.

3. 흥미가 어떻게 발달하는지 설명한다.
4. 진로결정의 개인적인 의미를 명확히 한다.
5. 2차 변화를 촉진한다.

정교화 1: 적합성에서 소속으로

개인심리학은 직업 적합성에 대한 상담자의 개념을 정교화하고, 그 적합성에 대해 내담자와 소통하는 능력을 발전시킨다. 전통적인 매칭 모델을 기술하는 데 있어서 직업 이론가들은 심리학적·실용적 이유로 직업 적합성을 핵심 개념으로 제시한다(Holland, 1997). 경험적 증거들은 개인-직업 적합도가 직업 만족도 및 성공과 관련이 있음을 보여 준다. 개인심리학 이론가들은 이에 동의하면서, 진로선택의 기준으로서의 개인-직업 적합성을 지지하기 위해 사회적·철학적 이유를 추가한다.

적합성 개념에 대한 개인심리학의 정교화는 소속과 사회적 관심에 대한 관점에 기초한다. 개인은 모두 역사의 흐름 속에서 태어난다. 아이가 태어날 때 공동체는 이미 존재해 있다. 유아의 경험은 2막이 오를 때 무대 중앙으로 떠밀리는 것에 비유될 수 있다. 1막에서 무슨 일이 있었는지 모르는 상태에서 그 배우는 무대를 함께하는 다른 배역의 사람들과 어울리며 진행 중인 이야기에 적응하려 노력해야 한다. 아이들은 가족 안에서 살아가는 것을 배운다. 성공적인 배우는 다른 등장 인물들에게 다가가 그들과 협력하는 법을 배우면서 자신의 역할을 개척해 나간다. 실생활에서 아이들은 가족과 공동체를 향해 움직여야 한다. 이에 대해 가족과 공동체는 아이들이 **소속감**을 느낄 수 있도록 그들을 맞이해야 한다.

소속감을 느낄 때 아이들은 애착을 형성하고 사회적 관심을 발달시킬 수 있다. 그런 다음 아이들은 다른 사람과 관계하는 누군가가 되기 위한 **사회적 기대**(또는 발달 과업)에 반응한다. 성공적으로 자라기 위해서 아이들은 일, 우정, 사랑을 통해 공동체에서 자신을 위한 자리를 만들어야 한다. 따라서 **적합성은 성공과 만족 같은 개인적 보상을 얻는 것뿐만 아니라 사회적 공헌으로 이어진다**. 사람들은 반드시 세상과 어울리기 위한 시도 속에서 이기적 질문과 이타적 질문을 모두 해야 한다. 어디에 나의 자리를 마련할 수 있을까? 어떻게 나는 공헌할 수 있을까? 나는 누구에게 중요한 사람인가? 이러한 질문에 답하기 위해 사람들은 자신의 고유한 목표와 재능을 고려해야 한다.

정교화 2: 유사성에서 고유성으로

전통적인 매칭 모델에서 흥미검사는 내담자가 다양한 직업의 종사자들과 얼마나 유사한지를 측정한다. 개인심리학의 관점도 그러한 유사성을 다루지만, 더 중요한 것은 내담자의 고유성에 집중하는 것이다. 아들러 상담자들은 사람들이 자신의 성격을 스스로 설계한다고 믿으므로, 개인심리학은 개인성(individuality)에 초점을 두는 데 있어서 **진행 중인 삶**(life in progress)의 고유성을 강조한다. 사람은 화가이자 그림이다. 사람들은 개인적 목표를 조직하고 목표 추구를 면밀히 계획함으로써 점점 확장되는 사회적 맥락 속에서 자신의 움직임을 형성하고 전달한다. 개인심리학은 내담자들을 이해하기 위해서 그들이 무엇을 의도하며 어떠한 방식으로 그것을 실행하려고 하는지를 알아야 한다고 조언한다. 흥미검사는 내담자가 다른 사람들과 얼마나 유사한지를 알려주는 데 반해, 내담자의 목표와 수단은 그 내담자의 고유성을 드러낸다. 흥미검사는 내담자가 여러 직업에 대해 어떻게 느끼는지를 측정하는 것이지, 내담자가 자신의 목표 성취를 위해, 그리고 더 효과적이고 완전해지기 위해 어떻게 자신의 흥미를 사용하려고 의도하는지에 대해서는 살피지 않는다. 개인심리학 진로상담자는 내담자가 자신에게 어울리는 직업을 찾기를 원한다. 그러나 그와 동시에 내담자가 더 완전해져 가면서 더 높은 수준의 안녕으로 나아가기 위해 어떻게 그러한 직업을 사용할 수 있는지에 대해 이해하기를 바란다.

정교화 3: 흥미 조사에서 흥미 생성으로

내담자의 인생 목표를 이해하면 내담자 삶의 지향점과 일반적인 방향을 알게 된다. 지침선(guiding lines)이라는 아들러 이론의 개념은 부모가 자녀에게 특성과 흥미를 개발하는 것을 격려하고 또한 성공의 개념을 제시함으로써 자녀가 성인이 되어 가는 과정을 계획할 수 있도록 사회적 역할에 대한 방향을 제시하는 것을 의미한다(Sweeney, 2009). 내담자의 목표와 지침선을 앎으로써 상담자는 내담자의 진로 방향을 마음속에 그려 볼 수 있다. 당신의 동네에서 걸을 수 있는 실제 길을 생각해 보라. 그 길에서 만나는 것들이 당신의 마음을 끌어당기거나 밀쳐낼 수 있다. 무관심이나 지루함의 반응일지언정 당신은 마주치는 것들에 반응해야 한다. 다른 길에 있는 대상들은 그것들이 존재함을 알고 있다고 하더라도 반응할 필요가 없다. 비유컨대, 오직 우리의 지침선에 있는 직업만이 우리에게 흥미로울 수 있다. 우리는 이러한 직업을 인식하고, 그 직업이 우리의 주의를 끌며, 그 직업을 잠재적으로 유용하다고 평가할 때, 우리는 그 직업에 흥미를 갖게 될 수 있다.

인생 목표는 늘 우리를 붙들고 있다. 그것은 우리의 관점, 즉 우리가 특정 주제에 접근하는 방식을 형성한다. 이러한 주관적인 출발점으로부터 우리는 환경적 기회들을 살펴봄으로써 자신의 인생 목표를 객관화하려 한다. 그러한 기회를 발견했을 때 우리는 흥미를 가지면서 자기 스스로를 그것과 주관적으로 연결시킨다. 앵길(Angyl, 1941, p. 55)의 말을 빌리자면 흥미가 방향을 정하는 것이 아니라 반대로 방향이 흥미의 대상이 될 수 있는 것들을 정한다. 미국 소설가 존 도스 파소스(John Dos Passos, 1959)가 말했던 것처럼 "사람들은 진로를 선택하는 것이 아니라, 진로에 사로잡힌다." 따라서 상담자는 내담자가 자신에게 유용할 만한 흥미들을 구체적으로 자각하고 정리할 수 있도록 돕는다.

이와 같은 흥미의 기원과 발달에 대한 관점은 전문직 진로에 가장 잘 들어맞는다. 육체노동자들에게는 자신의 흥미를 바탕으로 직업을 선택할 기회가 잘 주어지지 않는다. 그들은 자신을 둘러싼 기회 구조에 의해 이미 제한되고 또 초과된 직업 대안들 속에서 선택해야 할 수도 있다. 지역사회에서 그들은 구할 수 있는 일자리에 안주해야 하거나, 가장 높은 보수를 주는 일을 선택해야 할 때가 많다. 이러한 근로자들은 일보다는 여가 활동이나 가족 역할을 통해 자신의 흥미를 표현한다.

정교화 4: 매칭에서 의미 창출로

전통적 매칭 모델과 그에 기반한 흥미검사는 직업 선택에 초점을 두지, 진로결정의 과정에 대해서는 다루지 않는다. 아들러 상담자는 내담자가 선택하는 직업과 그것을 선택하는 방식을 구분한다. 이는 직업상담의 초점을 진로결정 과정을 포함하도록 확장한다. 개인심리학의 관점에서 진로결정 과정은 꿈과 현실 사이에서 통합을 추구하는 것을 의미한다. 즉, 성장하면서 겪는 문제들에 대한 통합적 해결책을 찾는 것이다. 상담자는 그러한 통합 시도의 성공 여부를 내담자의 사적인 이해(꿈)를 상식(현실)과 비교해 봄으로써 평가한다.

아들러 심리학자들은 사적인 이해(private sense)를 사적 논리(private logic)라 지칭하는데, 이는 내담자가 삶의 방향을 잡고서, ① 나는 누구인가, ② 이 세상은 어떤 곳인가, ③ 나는 어디에 속하는가 등과 같은 질문에 답하기 위해 사용하는 것이다. 아들러 심리학자들은 이 질문에 대한 답이 공동체에 공헌하는 것일 때 그 답들을 상식(common sense)으로 여긴다. 내담자의 사적 논리와 공동체의 상식이 일치하는 정도는 직업 선택과 업무 적응이라는 도전에 성공적으로 적응할 가능성을 나타낸다.

내담자의 사적 논리에는 그들의 '지침 허구(guiding fictions)'가 포함되는데, 이는 그들이 덜 불완전하고 더 안정적임을 느끼기 위해 필요한 것들이 무엇인가에 대한 결론을 의미한다. 지침 허구는 내담자의 이상적인 자기개념과 성공에 대한 개념을 정의한다는 점에서 허구적 목표라고도 불린다. 진로결정 과정에서 내담자는 사적 논리를 사용하여 그들을 허구적 목표에 더 가까워지게 하는 지침선에 따라 직업을 평가하고 선택한다. 흥미를 불러일으키는 직업은 어떤 식으로든 그 사람의 지침 허구와 관련되므로 일단 매력적으로 다가온다. 흥미는 내면의 욕구와 외부의 수단을 연결한다. 따라서 내담자가 흥미를 느끼는 직업은 그들에게 개인적인 의미를 갖는다. 대개 사람들은 특정 직업이 자신의 허구적 목표를 달성하고 자신이 더 완전해지는 데 어떻게 도움이 될지에 대해 검증되지 않은 아이디어들을 가지고 있다. 상담자는 내담자의 지침 허구를 앎으로써 그들의 진로 목표와 직업적 흥미 뒤에 숨겨진 이유(Dreikurs, 1973)나 의미를 이해할 수 있다.

다른 사람들과 자신의 직업적 흥미를 의논할 때 내담자들은 상식적인 용어로 그 흥미의 공적인 의미에 대해 이야기한다. 내담자들이 그들의 진로를 이끄는 지침 허구나 직업적 흥미 뒤에 숨어 있는 의미를 자발적으로 설명하는 경우는 드물다. 예컨대, 저자의 내담자 중 여러 명이 의사가 되고 싶어 했다. 그들 모두 자신의 의학적 관심에 대해 사람과 과학을 좋아한다는 상식적인 표현으로 설명했다. 그러나 그들은 저마다 다른 허구적 목표를 의학에 부여했다. 그 목적이란 통제력 갖기, 서투름 극복하기, 승자들과 어울리기, 옳은 사람 되기, 아버지 기쁘게 해드리기 등과 같은 것들이었다. 이러한 의학의 선택 뒤에 숨겨진 이유는 그들이 느끼는 마이너스 상태에서 플러스 상태의 인식으로 나아가기 위해 무엇이 필요한지에 대한 지침 허구를 나타낸다.

직업 선택에 얽힌 이와 같은 생각은 상식을 바탕으로 했을 때 문제를 기회로 전환하는 수단으로 이해된다. 말더듬을 극복하여 연설가가 된 사람, 소아마비를 극복하여 육상스타가 된 소녀, 수줍음을 극복하여 유명 배우가 된 소년, 혀짤배기소리를 극복한 성공적인 뉴스 진행자 등에 대한 이야기를 우리 모두 들어본 적이 있다. 이러한 사례들은 극적이지만 드물지 않다. 개인심리학에서는 모든 사람이 성장하면서 지침 허구를 형성하며, 모든 사람의 사적 논리는 어느 정도 현실을 왜곡한다고 주장한다. 따라서 내담자의 진로 선택을 촉진하는 데 있어서 아들러 상담자는 항상 사적 논리에 주의를 기울이며, 일반적으로 지침 허구를, 특히 직업적 흥미의 숨은 이유를 밝혀낸다.

예를 들어, 한 소녀는 오직 다른 사람들을 기쁘게 할 수 있을 때만 소속할 수 있다는 지침 허구와 함께 자랐다. 대부분의 경우 그녀는 잘 지낼 수 있었다. 그러나 직업 선택에 있어서 그녀의 아버지와 할아버지는 그녀가 법조인 외의 다른 것들을 고려할 때 언짢아했다. 그녀는 교사가 되고 싶었지만, 아버지가 불쾌해했을 때 어찌할 바를 모르며 스스로가 무가치하다고 느꼈다. 그녀는 로스쿨 마지막 해에 처음으로 진로상담을 받았다. 그녀는 상담자에게 자신이 로스쿨을 싫어하는 이유가 무엇인지 이해하고 변호사가 되면 어떻게 될지 예측하도록 도와달라고 요청했다. 상담자는 다른 사람들을 기쁘게 하려는 허구적 목표와 법학을 선택한 숨겨진 이유를 살펴볼 수 있도록 도와주었다. 그녀는 자신의 성장 과정에서의 문제를 통합적으로 해결하기 위해 결국 법학 교수가 되었다.

정교화 5: 1차 변화에서 2차 변화로

심리학자들은 1차 변화와 2차 변화를 구분한다. 1차 변화에서는 내담자의 현재 관점을 사용하여 문제를 해결한다. 이 변화는 보통 현재의 관점을 유지하면서, 무언가를 더 하거나 덜 하는 방식을 통해 문제 해결에 도달하게 하는 반성과 숙고를 수반한다. 1차 변화는 대개 간단명료한 작은 행동들인 데 반해, 2차 변화는 사고의 전환과 복잡한 행동과 함께 문제를 다룬다. 2차 변화는 새로운 방식으로 세상을 바라볼 수 있도록 시각을 옮기는 것부터 시작하는데, 그러한 새로운 관점을 통해 내담자는 감정을 해소하고, 기존에 가졌던 가정들을 수정하여, 다양한 아이디어들을 숙고할 수 있게 된다(Fraser & Solovey, 2007).

2차 변화는 반성(reflection)을 넘어 성찰성(reflexivity)을 요구한다. 상담에서 반성과 성찰성의 이중 과정은 '2단계 과정'으로 개념화되어 왔다(Dallos & Stedmon, 2009, p. 5). 이 과정은 반성으로 시작해서 성찰성, 즉 반성에 대한 반성으로 옮겨간다. 테일러(Taylor, 1990)는 성찰성을 의식적 앎에 대한 강력한 평가를 수반하는 2차 인지 과정이라 칭했는데, 그것은 새로운 관점을 가져다줌으로써 의미의 변화를 일으키고 미래에 새로운 삶의 방식을 형성하게 한다. 개인심리학 진로상담자는 새로운 관점을 얻도록 돕기 위해 내담자의 성찰성을 격려한다. 그 관점은 반성으로부터 얻은 지식을 새로운 이해로 변환하여 다음 진로 시나리오를 다른 방식으로 그려보도록 돕는다. 성찰성은 반성의 요소들을 다룸과 동시에 어떻게 그 요소들이 수동적이기보다 더 능동적인 형태로 재개념화될 수 있는가를 강조한다. 2차 변화 및 재개념화를 위해서는 보통 반응적 조정(reactive adjustments)과 적극적 적응(active adaptations)을 구분 짓는 반성이 필요하다. 개인심리학 진로상담자에게 근본적인 차이는 수동적 괴로움과 능동적 숙달 사이, 혹은 아들러 이론을 바탕으로 말하면 부정적으로 느껴지는 것과 긍정적으로 인식되는 것 사이에 있다. 또한 의도적 성찰성을 통한 재개념화는 내담자가 진로 문제에 대한 자신의 영향력을 인식하고 검증하게 해 주며, 또한 자신에게 문제 해결을 위해 주체적으로 행동할 수 있는 능력이 있다고 여기게 해 준다. 새로운 관점을 통해 강화된 주체성과 자율성은 내담자가 앞으로 나아갈 수 있는 길을 계획하게 하고, 보다 만족스러운 삶을 영위하기 위한 실천을 이끈다.

아들러 진로상담

아들러 진로상담자들은 소속감, 고유성, 유용성, 의미 만들기, 성찰성에 주로 관심을 두므로, 일반적으로 흥미검사 자료나 검사 해석 방법을 사용하지 않는다. 이들은 가족구도 면담 지침(Family Constellation Interview Guide)(Clark, 2002; Dreikurs, 1954, 1973; Shulman & Mosak, 1988a)과 같은 원형적 아들러식 자료를 통해 개인심리학 진로상담 모델을 실행한다. 개인심리학 상담자는 이러한 자료를 사용하여 내담자의 고유한 경험과 관점을 끌어내어, 내담자의 삶의 목표와 진로양식을 사정한다. 이러한 사정 결과를 내담자에게 해석해 주고, 내담자의 의사 결정(생활양식 관리) 또는 재정향(생활양식 수정)을 촉진하기 위한 개인심리학 특유의 방법이 제5장과 제6장에서 제시 혹은 설명된다.

『생활양식 검사(Life Style Inventory)』(Shulman & Mosak, 1988)와 같은 개인심리학 자료를 사용하는 상담자들은 일반적으로 내담자들이 정체성 발달을 형성하고, 자기 인식을 증진하며, 직업 정체성을 명료화하도록 작업할 때 그러한 자료가 매우 유용하다고 보고한다. 그러나 이들은 생활양식 검사 및 그와 유사한 자료를 진로선택 내담자들에게 사용하는 데 있어서 세 가지 단점 또한 보고한다. 첫째, 이러한 질문들은 진로상담 내담자들에게 안면 타당도가 부족하다. 진로상담을 시작할 때, 내담자들은 어린 시절의 경험과 부모 및 형제자매에 대해 질문받을 것을 기대하지 않는다. 물론 소통과 라포가 내담자들의 참여를 이끌겠지만, 이러한 주제들을 논의하기 전까지 이들은 망설임을 보인다. 둘째, 자료가 방대하여 두 회기, 때로는 세 회기를 거쳐야 완료할 수 있다. 셋째, 생활양식 검사를 통해 얻은 데이터의 상당 부분은 진로 조정 상담(career adjustment counseling), 즉 직장 문제에 대처하도록 돕는 것에 관련된다. 이러한 단점을 보완하기 위해 일부 상담자들은 진로 선택을 다루는 데 있어서 생활양식 상담의 자료와 방법 이상의 것을 적용한다. 이들은 진로선택 상담에 특화된 개인심리학 자료와 방법을 개발했다.

저자는 개인-직업 매칭에 대해 개인심리학적 접근을 실행하기 위한 자료와 방법들을 진로양식 상담이라 통칭한다. 이 장의 나머지 부분에서는 진로양식 상담의 자료와 방법에 대해 기술할 것이다. 먼저 내담자로부터 진로양식 데이터를 얻어내기 위해 고안된 면담 자료를 소개하고, 진로양식 데이터를 해석하는 사정 방법을 다룬 다음, 진로양식 상담 모델을 제시하며 이 장을 마무리한다.

진로양식 면담

진로양식 면담(the career-style interview: CSI)은 진로상담에서 내담자들이 보기에 타당한 자극 질문들로 구성되는데, 그 질문들은 내담자들의 진로 선택과 관련된 생각과 경험을 끌어낸다. 상담자의 역할은 질문을 던지는 것이지 답을 주는 것이 아니다. 상담자는 상담 과정의 전문가이고, 내담자는 자신의 삶에 대한 전문가이다. CSI 질문들은 내담자가 자신의 삶에 의미를 부여하기 위해 노력하고 있는 내러티브를 이끌어 낸다. 이 이야기들을 통해 내담자는 자신을 스스로에게 드러낸다. 내담자가 자신의 이야기를 말할 때, 그 이야기들은 내담자에게 말을 걸어온다. 상담자는 내담자가 자신의 이야기를 주의 깊게 듣고, 그 이야기의 의미에 대해 성찰하도록 격려한다. 반성은 과거의 경험과 신념을 되돌아보는 것을 수반한다. 그러한 반성은 회고적이며 과거를 현재로 가져온다. 이에 비해, 성찰성은 내담자가 반성을 통해 얻은 지식을 인생 경험의 자전적 이야기 작성과 미래 계획 설계에 사용한다는 점에서 미래지향적이다. 성찰적 숙고에서 주어인 '나(I)'는 목적어인 '나(Me)'를 사회적 행동을 분석하고 행동을 안내하는 내적 대화에 참여시킨다.

CSI 자극 질문들의 순서는 내담자가 다섯 가지 주제에 대한 미시적 내러티브 혹은 작은 이야기에 대해 말하고 성찰하도록 유도하기 위해 고안되었다. 이러한 자극 질문들은, ① **롤모델**, ② **뚜렷한 흥미**, ③ **좋아하는 이야기**, ④ **좌우명**, ⑤ **초기 회상** 등을 다룬다. 내담자가 자신에 대해 상담자에게 말하는 동안, 이 주제들은 자연스럽게 흘러가면서 자기 탐색에 대한 내담자의 적극적인 참여를 유지하도록 해 준다.

다섯 가지 질문들을 다루기에 앞서 상담자는 내담자에게 "당신의 진로를 구성하는 데 있어서 제가 당신에게 어떻게 도움이 될 수 있을까요?"라고 묻도록 한다. 이 초기 질문에 대한 내담자의 답변이 이후 대화의 틀을 결정한다. 첫째, 그것은 대화의 의제를 설정한다. 내담자의 답변은 진로상담을 통해 무엇을 달성하기를 바라는지를 명시적으로 진술한다. 만약 그것이 상담자가 할 수 있는 일이 아니라면, 협상을 하거나 아니면 다른 상담자를 소개해 주어야 한다. 둘째, 상담자는 내담자가 이미 마음에 두고 있는 해결책을 듣기 위해 주의 깊게 경청하도록 한다. 상담 과정의 일부는 내담자가 그러한 해결책을 명확히 표현하고 이야기하도록 하여, 다음에 자신이 무엇을 하기를 원하는지를 내담자 스스로 듣도록 하는 것이다. '사고되지 않은 앎(unthought Known)[2]'(Bollas, 1987)이 언어화되면서 아직 이해하지 못한 채로 내담자는 자신이 상담자에게 제기한 질문에 대한 자신의 답을 듣는다. 셋째, 상담자는 그 응답을 틀로 삼아 내담자가 CSI의 다섯 가지 자극 질문에 대답하는 것을 경청한다. 어떤 의미에서 이 틀을 바탕으로 진로상담자는 내담자가 말할 때 무엇을 꼭 들어야 하는지에 대해 조율한 다음, 내담자가 자신의 이야기를 듣도록 돕는다. 마지막으로 해당 회기 또는 일련의 회기를 마무리할 때, 상담자는 내담자의 초기 응답을 재진술한 다음, "우리가 이것을 달성했나요?"라고 묻도록 한다. 이 마지막 질문을 통해 상담 계약 사항이 충족되었는지, 그리고 내담자가 상담을 통해 자신의 목표를 달성했다고 믿으며 상담을 떠나는지를 확인할 수 있다.

2) 역자 주: 'unthought known'은 크리스토퍼 볼라스(Christopher Bollas)가 제안한 정신분석 개념으로 의식적으로는 사고된 적이 없지만 무의식 속에서 이미 내면화되어 알고 있는 것을 가리킴.

질문 1: 롤모델

CSI의 첫 번째 주제에서는 내담자의 자기개념을 다룬다. 상담자는 내담자의 롤모델에 의해 나타나는 내담자의 곤경에 대한 해결 방식을 조사하는 것으로 진로양식 면담을 시작한다. 내담자의 롤모델을 파악하기 위해 상담자는 "성장하면서 존경했던 인물은 누구였나요?"라고 묻는다. 만약 내담자가 이해하지 못한다면, 존경했던 사람, 심지어 따라서 하기에 충분했던 사람에 대해 물어볼 수 있다. 아무도 떠올리지 못한 내담자에게는 꼭 유명인이거나 가상의 인물일 필요가 없다고 제안할 수 있다. 이 경우 내담자는 친척이나 가족을 지목하곤 한다. 내담자가 롤모델을 한 명 언급했다면, 두 명 더 떠올릴 것을 요청한다. 내담자가 총 세 명의 롤모델을 지목하면, 상담자는 각 롤모델에 대해 차례로 논의한다. "그 사람에 대해 저에게 설명해 주세요"라는 질문으로 논의가 시작된다. 때로는 응답을 촉진하기 위해 상담자는 "그냥 그 사람에 대해 이야기해 주세요. 어떤 사람이었나요?"라고 물어볼 수 있다. 만약 롤모델이 했던 활동만 보고할 경우, 상담자는 그 롤모델의 성격 특성을 묘사해 달라고 요청하도록 한다. 상담자는 각 롤모델에 대해 "당신은 그 사람과 어떻게 비슷하고, 또 어떻게 다른가요?"라고 질문을 던지면서 첫 번째 주제를 마무리한다.

내담자가 유명한 동물을 롤모델로 지목하는 것은 드문 일이 아니다. 실제로 초등교사를 꿈꾸는 많은 내담자가 어린이 영화에 등장하는 래시(Lassie)라는 이름의 개가 항상 티미(Timmy)를 도와 곤경을 면하게 하는 것을 보고 그 개에게 탄복했다고 말했다. 한 위기상담자는 마찬가지 이유로 만화 슈퍼히어로 캐릭터인 마이티 마우스(Mighty Mouse)를 존경했었다고 말했다. 온화하고 친절한 한 사회복지사는 그의 영웅이 황소 페르디난드(Ferdinand the Bull)였다고 보고했다. 이어서 그는 알코올 중독자 아버지와 관련하여 그 황소가 자신에게 무엇을 의미했었는지 설명했다. 또 다른 내담자 둘은 피터팬을 동경했다. 둘 다 성인으로서의 책임을 받아들이는 데 어려움을 겪었고, 결국 아이 같은 생활양식이 자산이 될 수 있는 직업을 택했다.

내담자가 자신들의 롤모델에 대해 이야기할 때, 상담자는 내담자가 누구를 존경하는가보다 그 사람의 어떠한 점을 존경하는가에 집중해야 한다. 누구를 존경하는지에 집중할 경우, 상담자는 고정관념에 기대거나 그 롤모델이 상담자 자신에게 어떤 의미인지에 의존함으로써 실수를 범할 수 있다. 나는 이러한 실수의 명확한 예가 떠오른다. 나는 한 풋볼 선수를 존경한다고 말한 장애 학생과 공개 상담 시연을 하고 있었다. 청중 속에 있던 많은 상담자들은 그 학생이 프로 운동선수가 되는 것을 가난에서 벗어나는 방법으로 보고 있다고 성급하게 결론지었다. 그 선수를 동경하는 이유를 탐색하는 과정에서 그 학생은 그 선수가 얼마나 독립적이고, 예술적이며, 남자다운지를 설명하는 여러 이야기를 들려주었다. 그 선수는 그 학생이 남몰래 품었던 건축가의 꿈에 부합하는 자신감,

독립성, 비전에 대한 본보기가 되었던 것이다. 그 학생은 운동선수가 예술적이면서도 남성적일 수 있다는 것을 보여 주었기 때문에 그를 본보기로 선택했다. 그 선수는 그 학생에게 예술성을 발휘하라는 어머니의 격려를 받아들이고, 만약 그렇게 한다면 진정한 남자가 될 수 없다는 아버지의 훈계를 거부할 수 있는 방법을 보여 주었다.

내담자가 롤모델에 대해 이야기할 때, 상담자는 그 롤모델이 내포하는 의미를 바탕으로 후속 질문을 만들어야 한다. 효과적인 후속 질문은 해석이 아닌 추론을 나타내므로, 내담자는 그 질문이 생각을 자극하고 때로는 유머러스하다고 느낀다. 예컨대, 배트맨을 동경하는 사람에게 "당신도 자신의 정체를 숨기나요?", "누가 그랬는지 모르게 잘못을 바로잡으려고 하나요?", "도전에 임할 때 로빈과 같은 조력자와 함께하는 것을 선호하나요?" 등과 같이 질문할 수 있다. 후속 질문들에 대한 내담자의 답변을 통해 상담자는 내담자의 진로양식에 대한 이해를 높일 수 있다.

내담자는 자신의 롤모델에 대해 이야기하면서 자기 스스로를 묘사한다. **롤모델은 내담자와 같은 어려움을 겪었지만 그것을 극복하는 방법을 찾은 사람이다.** 내담자는 롤모델에 대한 질문들에 답하면서 암묵적으로 자신이 가장 해결하고자 하는 문제에 대해서 말한다. 내담자는 롤모델의 성격을 기술하면서 사실 자신의 자기개념을 이야기하고 있는 것이다. 자기의 설계자로서 내담자는 자기를 구축하기 위한 특정한 청사진을 선택해 왔다. 이러한 특성들은 자신이 처한 어려움을 해결하는 데 필요하다고 생각하는 수단을 구성한다. 따라서 상담자는 내담자의 목표를 구성하고 있는 문제들과 이러한 목표를 위해 내담자가 사용하는 수단을 파악할 수 있다. 즉, **내담자의 롤모델을 통해 내담자의 중심적인 삶의 목표를 확인하고, 주요 관심사를 명확히 할 수 있으며, 내담자가 문제를 극복하기 위해 무엇이 필요하다고 생각하는지를 드러낼 수 있다.**

아들러 생활양식 면담에서 상담자는 내담자에게 아버지는 어떤 남자였는지 어머니는 어떤 여자였는지에 대해 기술해 달라고 요청한다. 이에 내담자는 자신의 부모와 얽힌 사례들에서 어떤 점이 인상 깊었는지를 이야기한다. 상담자는 이러한 답변을 통해 부모가 내담자에게 남성 혹은 여성이 된다는 것이 무엇을 의미하며 그에 따라 어떻게 살아가야 하는지에 대한 기준이 되어 왔음을 알게 된다. 이러한 전형(archetype)은 대개 검증되지 않은 내담자의 사적 논리 중 일부이다. 내담자는 그러한 전형을 내면의 영향력으로 내사(introject)했다. 부모가 제공하는 검증되지 않은 지침선(guiding lines)과 대조적으로, 사람들은 자신의 불완전함이나 열등감을 줄일 수 있는 방법을 보여 주는 롤모델을 의도적으로 선택한다. 롤모델의 특성들은 동일시를 통해 개인에게 통합된다. 부모의 지침선은 통째로 삼켜지는 데 반해 롤모델에게서는 특정한 특성만이 취해진다. 적절한 때에 개인은 이러한 동일시 조각들을 일관된 정체성으로 통합시킨다. 다시 말해, 부모의 지침선은 **흡수되는**(taken in) 반면 롤모델의 특성들은 **취해지는**(taken on) 것이다.

숙련된 진로상담자는 흔히 내담자에게 롤모델을 지침선과 비교해 보도록 요청한다. 그것의 차이는 내담자의 문제와 목표 사이의 연결 고리를 드러냄으로써 마이너스 상태의 느낌으로부터 플러스 상태 인식으로 움직이는 내담자의 경로를 보여 준다. 예를 들면, 한 내담자는 자신의 아버지를 강인한 사람, 어머니를 부드러운 사람으로 묘사했다. 내담자는 어머니와 아버지를 모두 사랑했지만 타인 및 상황에 관계하는 상반된 스타일 사이에서 갈등을 느꼈다. 이러한 상반된 태도를 통합하는 그의 방식은 로빈 후드를 따라 하는 것이었다. 그는 로빈 후드를 악당을 물리치면서 도움이 필요한 사람들을 돕는 강인하면서도 부드러운 사람으로 묘사했다. 그는 결국 강인하지만 부드러운 방식으로 역할을 수행하는 사회복지단체의 책임자가 되었다.

질문 2: 뚜렷한 흥미

내담자의 자기개념을 고려한 후에는 내담자가 그러한 자기개념을 실행에 옮기는 데 선호할 만한 직업 환경 유형에 주목한다. CSI의 두 번째 주제는 내담자의 직업적 흥미를 이끄는 직업과 업무 환경을 다룬다. 내담자의 흥미를 결정하는 방법에는 최소 네 가지가 있다. 상담자는 흥미를 측정하기 위해 흥미 목록 또는 검사를 사용할 수 있다. 세 번째 방법은 내담자에게 무엇에 흥미가 있는지를 말하도록 요청함으로써 흥미를 가늠하는 것이다. 개인심리학 진로상담자는 내담자의 흥미를 파악할 수 있는 네 번째 방법을 선호한다. 이는 내담자의 뚜렷한 흥미를 묻는 것으로, 이는 흥미 목록, 검사, 표현 등보다 미래의 직업 선택을 더 잘 예측한다. 사람들은 현재 행동 및 여가 활동에서 자신의 흥미를 뚜렷하게 드러낸다. 사람들은 이미 자신이 좋아하는 일을 하고 있다. 개인심리학 진로상담자는 내담자가 좋아하는 텔레비전 프로그램, 잡지, 웹 사이트 등에 주목한다. 이러한 매체는 간접적으로 개인이 좋아하는 환경에 몰입하게 하며 그들이 흥미를 느끼는 활동을 보여 주기 때문이다.

직업 환경 탐색은 내담자가 어떤 텔레비전 프로그램을 즐겨 보는지 묻는 것으로 시작한다. 내담자에게 '예약 시청'이라고 부를 만한 꾸준히 시청하는 프로그램이 있는지 묻는다. 텔레비전은 우리에게 여러 대상을 보여 주고 다양한 장소로 데려간다. 텔레비전 프로그램은 특정 환경에 우리의 주의를 집중시킨다. 텔레비전을 흥미 박물관으로 생각해 보라. 각 프로그램은 시청자를 선호하는 환경으로 데려가며, 특정 행동을 하는 특정한 유형의 사람들을 보여 준다. 〈이 오래된 집(This Old House)〉[3]의 시청은 〈CSI 과학수사대(Crime Scene Investigation)〉나 〈프렌즈(Friends)〉를 봤을 때와

3) 역자 주: 미국의 오래된 주택을 보수, 리모델링, 개조하는 과정을 다루는 TV 프로그램으로 19979년에 시작된 이후 거의 40년 넘게 진행된 장수 프로그램임.

다른 환경으로 우리를 데려간다. 한 프로그램이나 장르를 더 오래 시청할수록, 그 프로그램 속에서 제시되는 활동에 참여하고 거기에 등장하는 유형의 사람들과 함께 일하는 환경에 들어가고 싶어 하는 관심도는 더 커진다.

저자는 보통 내담자들로부터 프로그램 두세 개를 이끌어 낸 후에 각 프로그램에서 무엇을 즐기는지 설명해 달라고 요청한다. 이 질문을 할 때는 그 프로그램의 어떤 점을 좋아하는지, 프로그램의 어떤 점이 관심을 끄는지, 어떻게 그 프로그램을 선호하는지, 프로그램에서 어떤 점이 흥미로운지 등 흥미의 언어를 사용해야 한다.

요즘에는 잡지를 읽는 사람들이 점점 줄고 있지만, 후속 질문으로 상담자는 내담자가 좋아하는 잡지에 대해 물어볼 수 있다. 텔레비전과 유사하게 잡지도 독자들을 간접적으로 특정 환경에 몰입시키므로, 상담자는 CSI 도중에 잡지에 대해 묻는다. 내담자가 좋아하는 잡지는 내담자의 스타일에 맞는 환경에 대해 알려 준다. 쇼핑몰이나 공항에 있는 잡지 매장을 방문하게 된다면, 여러 종류의 잡지들이 어떻게 흥미 그룹별로 진열되어 있는지 살펴보라. 그것은 흥미검사 프로파일이나 홀랜드(Holland, 1997)가 제시한 직업 성격 유형 및 직업 환경의 육각형 순서와 상당히 유사하다. 상담자는 내담자의 대답을 들으면서 그것을 롤모델에 대한 답변들과 연결 짓도록 한다. 또한 내담자가 말하는 잡지가 내담자가 유용하다고 생각하는 흥미를 발휘할 수 있는 환경적 통로를 나타내는지 고려한다. 예컨대, 앞서 제시한 운동선수를 동경했던 학생은 **재즈 뮤지션**과 **건축 다이제스트** 잡지를 좋아했다. 래시의 도움 주는 태도를 본받은 내담자는 **피플**, **내셔널 인콰이어러**, **사이콜로지 투데이**를 즐겼다.

때로는 내담자가 텔레비전이나 잡지를 보지 않는 경우가 있다. 이 상황에서 상담자는 즐겨 찾는 웹 사이트에 대해 물어볼 수 있다. 이러한 웹 사이트를 방문하는 것 또한 선호하는 직업 환경에 대한 흥미를 분명하게 나타낸다.

질문 3: 좋아하는 이야기

CSI의 세 번째 주제는 내담자가 자신의 진로에서 다음 장을 위해 암묵적으로 써내려가는 시나리오를 다룬다. 이에 따라 세 번째 질문은 내담자에게 현재 가장 좋아하는 책이나 영화 속 이야기를 간략하게 말해달라고 요청하는 것이다. 사람들은 자신이 다음에 무엇을 할 것인지에 대한 전조가 되는 이야기에 끌리게 된다. 간단히 말해, 내담자가 좋아하는 이야기는 내담자가 특히 유용하다고 생각하는 삶의 각본이나 처방을 제공한다. 그러한 이야기는 앞으로 나아갈 길을 가리키는 등대가 될 수 있다. 예컨대, 브론슨 올컷(Bronson Alcott)은 『천로역정(The Pilgrim's Progress)』에 대해 "이 책은 나 자신에게 나를 주었다"라는 심오한 말을 남겼다.

상담자는 내담자에게 인생 전체에서가 아닌, 지금 좋아하는 책이나 영화를 지목해달라고 요청함으로써 내담자가 좋아하는 이야기에 대해 조사한다. 롤모델은 생애 전반에 걸쳐 안정적으로 유지되는 반면, 좋아하는 이야기는 직업 발달 과업, 직업 전환, 업무상 외상 등으로 인해 자신의 진로에 대해 다르게 생각해야 하는 전환기에서 변화할 수 있다. 내담자가 책이나 영화를 지목하면 그 줄거리를 간략하게 이야기해 달라고 청한다. 상담자는 그 줄거리 속에서 어떻게 내담자의 자기개념 및 선호 환경이 내담자가 앞으로 나아가기 위한 하나의 가능한 시나리오로 통합되는지에 귀를 기울인다. 이야기를 전할 때 내담자는 보통 자신의 가능한 미래에 대해 말한다. 일반적으로 내담자가 좋아하는 이야기는 자신의 진로 관심사를 명확히 묘사하고, 그것을 어떻게 해결할 수 있을지에 대한 자신의 생각을 반영한다.

어떤 내담자들은 다른 내담자들보다 이러한 아이디어를 더 명확히 보여 준다. 예를 들면, 한 의예과 여학생은 〈바람과 함께 사라지다(Gone With the Wind)〉의 여주인공 스칼렛 오하라(Scarlett O'Hara)에게 매료되어 그 책을 반복적으로 읽었다. 깊이 성찰하지 않은 수준에서 그녀는 여성의 성 역할에서 벗어나지 않으면서 의사가 되는 방법을 고민하고 있었다. 그녀는 이 책이 자신의 성취욕과 친밀감 욕구 간의 충돌에 대한 두려움을 다룬다는 것을 발견했다. 다른 한 내담자는 헤밍웨이의 『노인과 바다(Old Man and the Sea)』를 읽으며 그 책이 자신의 창의성과 과민성을 다룬 우화로 느꼈다. 어떤 사람은 범죄 영화 〈대부(The Godfather)〉를 반복해서 보았다. 그녀에게 이 영화는 가치 체계를 제공하고 삶의 규칙을 설명함으로써 공동체에게 질서를 가져다주는 한 남자의 이야기를 담고 있기 때문이었다. 그녀는 범죄의 삶이 아닌 그러한 주제에 대해 책을 쓰고 사회적 논평을 하는 일을 하게 되었다.

질문 4: 좌우명

진로양식 면담의 네 번째 주제는 내담자의 좌우명에 대해 다룬다. 내담자가 좋아하는 격언이나 좌우명은 자신에게 해 주는 최선의 조언이다. 그것은 자신의 이야기를 다음 장으로 발전시키고 스스로 더 완전해지기 위해서 해야 할 일을 반복적으로 자신에게 말하는 자기치료의 한 형태이다. 개인심리학 진로상담의 목표 중 하나는 내담자가 자신의 지혜에 귀 기울이고 존중하며, 어떻게 그것을 자신의 상담 문제에 직접적으로 적용할지를 고려하게 돕는 것이다. 자신에게 해 주는 조언을 고려하는 과정은 자기 삶에 대한 저술에 있어서 스스로의 권한을 강화한다. 내담자는 의문에 대한 답이 전문가인 상담자에 의해 제공받는 것이 아니라 자기 안에 있다는 것을 깨달으며 자신감을 구축한다. "해답은 내담자, 오직 내담자에게만 있다는 것이 원칙이다(Winnicott, 1969, p. 711)."

내담자들이 사용했던 좌우명으로는 "마음에서 우러나온 것만이 다른 사람을 당신에게로 이끈다", "입이 있으면 써라", "후회하는 것보다 안전한 것이 낫다", "그것이 이루어질 거라면 나에게 달렸다" 등이 있다. 내담자에게 좌우명이 없다면 상담자는 내담자에게 기억에 남는 격언을 말하거나, 새로운 격언을 하나 만들어 볼 것을 요청할 수 있다. 주저하는 내담자도 격려받는다면 무언가를 만들어 낼 수 있다. 지금 당신이 좋아하는 격언을 찾아서 어떻게 그것이 자신의 삶 전반과 현재의 도전과 관련되는지 반성해 보는 것도 유익한 예를 제공해 줄 수 있다.

질문 5: 초기 회상

마지막 CSI 질문은 가장 개인적인 질문인 까닭에 맨 마지막에 묻는다. 이 질문은 내담자가 선택하거나 실행에 옮기는 것을 가로막는 근본적인 문제를 파악하도록 하는 데 목적이 있다. 개인심리학 진로상담자는 내담자가 무엇을 회피하기 위해 망설임을 이용하고 있는가를 알기 위해 하나 이상의 초기 회상을 사용한다. 초기 회상은 과거로부터의 메아리이기는 하나, 상담에 가져온 진로 문제에 대한 내담자의 현재 관점을 나타낸다. 내담자는 현재의 진로 고민 및 그에 대한 자신의 감정과 밀접하게 관련된 초기 기억을 직관적으로 선택한다. 초기 회상 질문은 "당신의 가장 어린 시절의 기억은 무엇인가요?", "3세에서 6세 사이에 당신에게 일어났던 일에 대해 듣고 싶습니다." 등과 같이 진술될 수 있다. 내담자가 초기 회상에 대한 이야기를 다 하고 나면, 개인심리학 진로상담자는 "그 기억에 하나의 감정을 부여한다면 무엇일까요?"와 같이 묻는다. 초기 회상과 그에 대한 감정적 의미를 수집한 다음, 상담자는 내담자와 작업을 통해 그 회상에 대한 헤드라인을 작성한다. 상담자는 내담자에게 다음과 같이 말할 수 있다. "그 이야기의 헤드라인을 지어 주세요. 여기서 헤드라인은 신문기사 헤드라인이나 영화 제목에 사용되는 것과 같습니다. 그것은 이야기의 내용에 대해 간결하게 알려 줍니다. 좋은 헤드라인에는 동사가 포함됩니다." 그런 다음 상담자는 내담자의 초기 회상을 큰 소리로 읽어 주고 내담자가 헤드라인을 작성해 보도록 격려한다. 상담자는 내담자가 헤드라인이 딱 맞다고 생각할 때까지 함께 작업한다. 초기 회상에 제목을 붙이는 것은 단순히 언어적 행위가 아니라, 묘사와 해석의 활동이다. 그 제목은 내담자의 현재 관점에서 의미를 만들고 정제한다. 이를 통해 내담자는 자기 삶의 더 큰 맥락에서 자신의 문제에 대해 검토, 주장, 고려할 수 있으며, 그 문제에 대한 감정적 진실을 느낄 수 있다. 상담자는 초기 회상에서 나타난 의미를 현재의 진로 문제와 조화시키도록 내담자가 돕는 것이 중요하다. 그 회상은 내담자가 진로 문제를 해결하기 위해 직면해야 하는 핵심 문제를 상징적으로 나타내기 때문이다.

진로양식 사정

CSI를 완료한 후 상담자는 진로양식 사정을 위해 내담자의 이야기를 분석한다. 개인심리학 진로상담이 내담자의 이야기에 초점을 두는 이유는 복잡한 사회적 상호작용으로부터 진로를 구축하는 가장 효율적인 수단을 언어라고 보기 때문이다. 이러한 관계에서 언어와 이야기는 의미를 만드는 도구이다. 내담자는 자신의 이야기를 들려주면서 자신이 더 실재한다고 느끼게 된다. 자신을 더 많이 바라볼수록 자기개념이 더 발전한다. 스토리텔링을 통해 내담자는 자신에 대한 생각을 구체화한다. 많은 내담자는 자신의 이야기를 하면서 웃고 운다. 내담자와 상담자 사이의 공간에서 삶의 주제가 드러나는 것을 보기 때문이다. 상담자는 내담자가 이야기를 할 때 자신이 말했던 것의 함의를 이해하도록 돕는 것이 중요하다. 이는 이야기 속의 주제를 면담 초반에 제기되었던 문제와 연관시키는 것을 의미한다. 또한 내담자의 가장 극적인 은유, 그리고 반복적으로 사용했던 선호 단어를 사용하는 것이 가장 좋다. 동시에 상담자는 내담자가 경험으로부터 의미를 만들기 위해 사용할 수 있는 언어를 확장한다. 진로상담은 내담자에게 홀랜드 이론(Holland, 1997)과 현실형, 탐구형, 예술형, 사회형, 진취형, 관습형(RIASEC) 성격 유형 및 환경 모델의 논리적 언어를 내담자에게 제공해 줄 수 있다. 또한 이야기의 극적 언어와 시의 상징적 언어도 내담자에게 주어질 수 있다. 자기 자신에 대한 어휘를 확장하도록 내담자를 돕는 것은 이야기를 통해 자신의 경험을 공유하는 능력, 그리고 자신이 누구이고 무엇을 추구하는지 이해하고 소통하는 능력을 향상시킨다.

상담 시작 전에 상담자는 내담자 CSI의 미시적 내러티브에 나타난 의미를 가늠하고, 그 의미를 상담을 찾게 된 초기의 이유와 연관 지으며, 내담자의 작은 이야기들을 하나의 일관된 거시적 내러티브 이야기 안에서 바꾸어 말할 준비를 해야 한다. 그 거시적 내러티브는 뚜렷한 인물 스케치를 그리고, 대본을 추출하며, 직업 세계에의 새로운 참여를 격려한다. 숙련된 상담자는 CSI를 진행하면서 이와 같은 준비가 가능하므로, CSI의 다섯째 질문이 마무리되면 바로 상담을 시작한다. 가령 상담자가 내담자를 한 번밖에 만날 수 없는 상황이라면 주어진 시간 중 절반은 CSI에 쓰고 나머지 절반은 상담 대화에 할애할 것이다. 한 회기보다 더 많은 만남이 가능하다면 면담과 상담 작업을 두 회기로 나누어 진행할 수 있다.

일반적으로 상담자는 첫 회기에서 CSI를 진행하고, 두 번째 회기에서 본 상담을 하며, 마지막인 세 번째 회기에서는 후속 상담을 수행한다. 상담자는 첫 번째와 두 번째 회기 사이에 일주일, 두 번째와 세 번째 회기 사이에는 한 달의 간격을 두려고 한다. 첫 번째와 두 번째 회기 사이의 시간 동안 상담자는 회기 준비를 위해 8단계 사정 절차를 수행한다. 이를 통해 CSI에 대한 내담자의 응답들을 하나의 일관된 거시적 내러티브로 소화하여 상담에 대한 초기의 요청을 다룬다. 간단히 말해, 두 번째 회기를 시작하며 상담자는 CSI를 통해 얻은 작은 이야기들을 하나의 큰 이야기로 통합하여 내담자에게 다시 말해 줄 준비를 하는 것이다. 다음 실습 사례는 8단계 절차를 설명하기 위해 제공된다. 다음의 CSI 데이터를 읽고, 원한다면 더 이어서 읽기 전에 내담자의 진로양식, 진로계획, 흥미, 직업 전망 등에 대한 사정을 직접 수행해 보라. 그러고 나서 8단계 절차가 적용된 실습 사례를 읽어 보라.

실습 사례

내담자는 생물학 전공의 대학교 2학년 19세 남학생이었다. 상담이 자신에게 어떻게 도움이 될 수 있을지에 대한 질문에 "과학 건물에 들어갈 때 왜 그렇게 우울한지 알고 싶어요"라고 대답했다. 그는 자신의 학점 평균이 4.0이며 생물학과 교수진들이 자신을 가장 재능 있는 학생으로 여긴다고 보고했다.

롤모델	• 에이브러햄 링컨 ① 선거에서 여러 번 패배했지만 결코 포기하지 않았고, ② 일어나서 연설을 했으며, ③ 연설문을 썼기 때문 • 토머스 에디슨 ① 상상력이 풍부하고, ② 실용적이며, ③ 다른 사람들에게 무엇을 해야 하는지 알려 주었기 때문 • 월트디즈니 상상력이 풍부한 것들을 생각해내고 구축했기 때문에
잡지	『타임』, 『뉴스위크』 – 영화 평론과 정치 기사 『재지즈(Jazziz)』 – 재즈 음악 및 음악가에 대한 기사
텔레비전 프로그램	〈스타트렉〉 – 우주 모험, 상상력
책	『와인즈버그』, 『오하이오』 – 신문사에서 일하며, 글쓰기를 꿈꾸는 한 소년의 이야기
좌우명	검토되지 않은 삶은 살 가치가 없다.
초기 회상	어렸을 때 한밤중에 화장실에 가야 했던 기억이 난다. 엄마가 내 방에 와서 화장실로 데려갔다. 어두워서 엄마는 나를 변기에 반대로 앉힌 것을 보지 못했다. 엄마에게 말하려 했지만 들으려 하지 않았다.
헤드라인	잘못된 길을 강요당한 소년

다음 여덟 단계는 진로양식 사정에 대한 아들러식 접근을 요약한 것이다. 첫째, 상담자는 내담자가 상담 경험을 어떻게 활용하고 싶은지를 검토함으로써 내담자 이야기에 대한 이해를 시작할 수 있다. 이러한 목표는 그 이야기에 대한 후속적인 이해와 차후 상담에 대한 틀을 제공한다. 이 틀은 이야기를 들을 때 사용할 청취 필터를 제공한다. 예컨대, 한 내담자는 "당신의 진로를 구성하는 데 제가 어떻게 도움이 될 수 있을까요?"라는 도입 질문에 자신이 왜 전공을 선택하지 못하는지 모르겠고, 그러한 선택에 있어서 도움을 받고 싶다고 답했다. 이 대답은 나에게 두 가지 참고 사항을 제공했다. 그녀는 자신이 선택하지 못하는 이유를 이해하는 것, 그리고 선택에 더 가까이 다가가는 것에 대한 도움을 원했다. 그래서 나는 그녀의 진로 이야기들을 검토하면서 의사 결정에 대한 그녀의 과거 경험과 견해에 귀를 기울였다. 나는 특히 어떻게 그녀의 삶의 주제들이 의사 결정과 관련되는지에 관심이 있었다. 그러한 삶의 주제 중 하나는 어머니의 목표가 자신의 삶을 지배하는 것으로부터 자유로워지기 위한 분투였다. 주목할 점은 적어도 처음에는 그녀가 어떠한 선택을 확인하는 데 있어서 도움을 요청하지 않았다는 것이다. 먼저 그녀는 무엇이 자신을 방해하고 있는지 알고 싶어 했다. 앞에서 제시한 실습 사례에서는 내담자가 과학 건물에 들어갈 때 왜 우울해지는지 알고 싶다고 말했다. 그는 훌륭한 성과를 내고 있었지만 행복하지 않았다. 이는 성공 뒤에 항상 만족이 뒤따르는 것은 아님을 보여 주는 한 예이다.

둘째, 내담자가 진로 문제를 바라보는 관점을 이해하기 위해 초기 회상과 그것의 헤드라인을 검토한다. 초기 기억을 현재 문제에 대한 은유로 생각해 보라. 기억은 능동적 선택이다. 내담자는 현재 문제와 관련된 초기 기억을 직관적으로 선택한다. 그것은 또한 내담자 자신이 들을 필요가 있는 이야기이기도 하다. 내담자는 이러한 이야기를 자기 자신에게 보내는 메시지로 선택한다. 하나의 기법으로, 다음의 문장을 완성하는 데 있어서 초기 회상의 중요성을 진술하는 것을 고려해 보라.

이 전환기에 직면하면서 나의 근본적인 우려는 나에게 ……을 상기시킨다.

셋째, 상담자는 롤모델 질문에 대한 내담자의 답변을 검토한다. 개인은 자기 성격의 설계자로서 롤모델들을 청사진으로 선정한다. 롤모델들이 선택되는 이유는 그들이 내담자가 직면한 문제들을 해결했기 때문이다. 내담자는 이러한 중요 인물들을 자아의 이상으로 통합하여 그들의 핵심 행동 일부를 모방했고, 이제는 그들과 동일시한다. 내담자가 롤모델의 특징을 설명하는 방식은 자기개념의 핵심 요소를 드러내며, 심리사회적 정체성을 명시해 준다. 나는 그러한 설명을 검토하면서 반복되는 문구에 동그라미를 표시한다. 그것들이 핵심 자기개념을 나타내기 때문이다. 그런 다음 내담자의 자기개념과 성격 특성을 간단명료하게 정리한다. 이후 이야기에서는 이러한 특성이 어떻게 사용되고 재확인되는지 살펴본다.

내담자의 두드러진 특성은 내담자의 핵심 문제를 다루는 데 필요하다는 점에서 그 특성을 초기 회상과 연결 짓는 것도 유용하다. 가령 상담자는 두려움으로 가득 찬 초기 회상을 공유한 내담자에게 자신이 선택한 롤모델들은 용기를 보여 주었던 사람들이며, 내담자 자신에게도 현재 용기가 있다고 설명해 줄 수 있다. 두렵지 않다면 용기를 낼 필요가 없다. 이는 롤모델들이 성장 과정에서 겪는 문제에 대한 해결책을 제시하는 핵심 의미이다. 실습 사례에서 내담자의 첫 번째 롤모델은 연설문을 써서 연설했으며, 사람들에게 해야 할 일을 말해 주었다. 이러한 롤모델의 특징을 어머니가 자기 말을 전혀 들어주지 않는다고 느끼는 사람에게 필요한 것으로 묘사하는 것은 확실히 가능하다.

내담자의 핵심 특성을 검토한 뒤 나는 링컨을 롤모델로 삼은 사람이 어떻게 생물학을 전공하게 되었는지 궁금했다. 내담자의 세 롤모델들을 종합적으로 살펴보면 진취형과 예술형의 성격을 보인다. 이러한 특성의 사람은 생물학 강의에 앉아 있는 것을 즐기지 않을 수 있다. 링컨에 대한 내담자의 묘사에서 첫 번째이자 가장 중요한 언급은 링컨은 결코 포기하지 않았다는 것이다. 이것은 아마도 내담자 자기개념의 핵심 특성일 것이다. 그는 자신을 포기하지 않으며 역경에 맞서는 사람으로 여긴다. 그의 세 롤모델에 대한 묘사에서 반복적으로 나타나는 말들을 고려할 때, 그는 자신에 대해 상상력 있는 정치 연설문을 쓸 수 있는 사람으로 설계한 것처럼 보인다. 나는 내담자가 과학 건물 안에서 우울함을 느낀 이유에 대해 그가 그곳 사람들의 요구 사항에 부합하지 않거나 다른 사람들에게 주어지는 것과 동일한 보상에 가치를 두지 않기 때문일 수 있다고 이미 생각하기 시작했다. 또한 그가 전공을 바꾸지 않은 이유가 포기하지 않는 것과 관련이 있는 것은 아닌지 궁금증이 제기될 수 있다.

넷째, 상담자는 내담자의 선호 환경을 파악하기 위해 텔레비전 프로그램 질문에 대한 내담자의 답변을 고려할 수 있다. 환경들을 개념화하는 구조를 사용하는 것이 상담자에게 유익할 수 있다. 업무 환경에 대한 홀랜드의 RIASEC 유형론(Holland, 1997)을 잡지와 텔레비전 프로그램에 적용하는 것이 용이한 방법이다. 예컨대, 『피플(People)』 잡지는 사회형인 반면, 『카 앤 드라이버(Car and Driver)』는 현실형에 해당한다. RIASEC 체계를 사용하면 『직업 탐색기(Occupations Finder)』(Holland & Messer, 2017)에서 선호 환경에 부합하는 직업명을 더 쉽게 찾을 수 있다. 한 가지 좋은 대안 체계는 두드러지는 데이터, 사람, 사물, 아이디어 등을 중심으로 텔레비전 프로그램을 분석하는 것이다. 실습 사례에서 내담자는 정치적이고 상상력이 풍부한 환경을 선호했다.

그는 정치 및 영화 기사 읽기(둘 다 진취형 흥미)와 〈스타트렉〉 시청(그에게는 상상력 혹은 예술형 흥미)을 좋아한다. 그의 자기개념과 선호 환경이 잘 맞는 것처럼 보인다. 그러나 과학적이거나 탐구적인 환경에 대한 흥미는 여전히 찾아볼 수 없다. 따라서 그의 자기개념과 환경 선호도는 과학 건물에서 생물학을 전공하는 그의 삶과 맞지 않다.

다섯째, 상담자는 내담자가 현재 좋아하는 책이나 영화 속 이야기를 서술했던 것으로부터 내담자의 각본을 살펴볼 수 있다. 이야기는 사회에서 제공하는 서사적 자원으로, 개인이 자신의 삶을 이해하고 목적을 부여할 수 있도록 돕는다. 내담자는 자신이 좋아하는 이야기의 개요를 서술하는 데 있어서, 롤모델에 의해 묘사되는 자기 자신, 그리고 좋아하는 텔레비전 프로그램이나 잡지를 통해 드러나는 자신에게 잘 맞는 사회적 역할을 하나의 통합된 줄거리로 묶는다. 그것은 삶의 이질적인 요소들을 하나의 역동적인 전체로 통합하여, 개인적 헌신을 인식이 가능한 사회 세계의 역할들로 연결한다. 이것은 내담자가 다음에 무엇을 하고 싶은지에 초점이 맞추어진다는 점에서 진로상담의 핵심 단계라 할 수 있다. 예컨대, 어머니로부터 자유로워지기를 원했던 한 여성은 현재 자기가 좋아하는 이야기가 혼자 여행을 떠나는 소녀에 대한 것이라고 설명했다. 그리고 그녀는 나중에 전국을 여행하는 직업을 가지며 이를 직접 실천했다. 요컨대, 이 시점에서 상담자는 내담자를 위한 잠정적인 전기(biography)를 작성할 계획을 한다. 그 전기에서는 자기개념이 선호 환경에 진입하여 삶을 증진하는 진로로 이어지는 각본을 실행한다. 내담자가 역할 전환을 협상할 수 있는 전기의 주체로서 이러한 줄거리를 편집하여 채택하도록 하는 것이 하나의 상담 목표이다.

앞서 제시한 실습 사례에서 내담자는 '신문사에서 일하며, 글을 쓰고 싶어 하는 한 소년'에 대한 각본을 언급한다. 이 각본이 어떻게 적합한 환경에서 자기개념을 구현하는지 이해하는 데에는 많은 통찰력이 필요치 않다. 너무 명백해서 이 이야기를 서술하는 내담자가 어떻게 스스로 그것을 보지 못하는지 의아할 정도이다. 어쩌면 그의 어머니가 자신의 말을 듣지 않았던 것처럼 스스로의 말을 듣지 않고 있는 것일 수도 있다.

여섯째, 상담자는 내담자의 좌우명에 대해 고려할 수 있다. 그것의 더욱 깊은 의미가 이제 분명해져야 한다. 좌우명은 자신의 인생 계획의 다음 단계를 추구할 때 스스로에게 주는 격려이다. 그것은 자신이 누구인지, 그리고 어디로 가고자 하는지를 강화한다. 종종 좌우명은 상담에 들어서면서 내담자가 찾고 있는 지혜를 직접적이면서도 간결하게 제공한다. 상담자는 내담자의 좌우명을 어떻게 상담이 자신에게 도움이 될 수 있는지에 대한 내담자의 답변과 신중하게 비교해야 한다. 상담자는 내담자로 하여금 자신의 좌우명이 어떻게 실제로 자신이 추구하는 지혜를 제공하는지 이해하도록 도울 수 있다. 결국 좌우명은 자신에게 하는 조언이다. 상담자는 상담의 마지막 10분 동안 여러 차례 내담자의 좌우명으로 되돌아가 내담자가 자신에게 주는 조언을 듣고 있는지, 그리고 상담자에게서 찾고자 했던 대답이 사실은 항상 자기 안에 있었다는 것을 알게 되었는지를 확인하도록 한다.

실습 사례에서 내담자가 스스로에게 하는 조언은 자신의 삶을 점검하라는 것이다. 상담자는 이제 어떻게 내담자가 신문이나 정치 캠페인에 글을 쓰기를 원하는 사람으로서 자기개념과 흥미를 실행하지 못하는지를 충분히 이해한다. 내담자는 이에 대한 생각을 회피하고 있다. 상담을 받으러

온 이유는 이제 꽤 분명해졌다. 내담자는 사실 진지하게 자신의 삶을 점검하고 자신의 다음 행보와 먼 미래를 파악하기를 원한다. 우울은 그를 정신없게 만듦으로써 자신에게 귀 기울이고 문제를 검토할 필요가 없게 해 준다. 상담자는 결국 내담자에게 자신의 삶을 점검할 **시간이 지금**이라는 것을 여러 번 반복해 말해 주어야 한다. 이것이 사실 자신에게 해 줄 수 있는 최선의 조언이다. 내담자의 이야기가 매우 일관되고, 지속적이며, 완전하다는 점에서 자신의 삶에 대한 점검은 문제를 명확하게 해 줄 것이다.

끝에서 두 번째인 **일곱째** 단계에서는 내담자가 관심을 가질 만한 직업들을 브레인스토밍한다. 이전 단계들을 통해 내담자의 이야기가 정리가 되었다면 가능한 직업들이 보통 자명해진다. 그러나 상담자는 직업 목록을 확장하기 위해 좀 더 공식적인 절차로 전환할 수 있다. 이 시점에서 홀랜드의 직업적 성격 및 업무 환경 유형론(Holland, 1997)과 같이 진로상담의 전통적인 매칭 모델을 실행하기 위해 고안된 사람-직업 변환 자료가 매우 유용하다. 상담자는 홀랜드 유형론을 사용하여 내담자가 CSI에서 언급했던 프로그램이나 잡지에 유형 코드를 할당할 수 있다. 그 결과를 종합하여 임상적 판단을 통해 하나의 직업 유형 코드를 결정한 다음, 『직업 탐색기』(Holland & Messer, 2017)를 사용하여 내담자의 직업 유형 코드에 해당하는 직업들을 확인한다. 직업 전망 목록이 갖추어지고 내담자의 진로양식과 허구적 목표가 파악되었다면, 진로양식 사정이 거의 완료된 것이다.

실습 사례에서는 직업 정보 책자를 참고할 필요가 없어 보인다. 내담자는 신문, 잡지, 정치 캠페인 등에 글을 쓰고 싶어 한다. 그는 생물학에서 벗어나 저널리즘이나 정치학에 뛰어들기를 원한다. 그러나 실무적인 면에서 내담자의 RIASEC 직업 성격 유형은 진취형 및 예술형(EA형)으로 보인다. 따라서 상담자는 진취형과 예술형의 활동들을 결합하는 여러 직업들을 『직업 탐색기』(Holland & Messer, 2017)에서 선택할 수 있다. 기자, 칼럼니스트/평론가, 작가, 비평가, 편집자, 카피라이터, 광고 제작 감독, 논설위원, 변호사, 정치인, 배우, 기술작가, 공연 예술 관리자, 고문/자문가 등이 그 예가 될 수 있다.

마지막인 **여덟째** 단계에서 상담자는 내담자의 최초 상담 요청에 대한 답변을 작성한다. 이 답변은 보통 진학할 전공이나 직업 선택에 대한 제안이 아니다. 그것은 대개 내담자가 앞으로 나아가는 데 주저하게 만드는 문제를 명확하게 하는 것이다. 실습 사례에서 자신이나 정치인이 발표하기 위한 상상력 넘치는 연설문을 작성하고 싶어 하는 한 소년의 이야기가 있었다. 우리는 내담자가 자신의 롤모델을 묘사할 때 반복적으로 사용했던 말들에서 그가 상상력이 있는 연설문을 쓰기 원한다는 것을 알 수 있다. 그가 좋아하는 잡지에서는 그에게 적합한 환경이 정치 무대 혹은 언론사임을 발견할 수 있다. 그가 좋아하는 텔레비전 프로그램은 상상력이 풍부한 것이다. 그가 선호하는 시나리오는 신문사에서 일하며 글을 쓰는 것이다. 그가 자신에게 하는 조언은 자신의 삶을 점검하라는 것이다. 상담 도중 자신의 삶을 점검하면서 그는 과학 전공을 포기하고 싶지 않다는 것을 알게 될 것이다. 그의 핵심 자기개념이 절대 포기하지 않는 사람이기 때문이다. 그럼에도 불구하고 그는 과학이 아닌 글쓰기를 원한다는 것을 인정하게 될 것이다. 그는 과학 관련 작가가 될 수도 있겠지만 정치나 연예계에 대한 글을 쓰는 것에 더 관심이 있다. 그의 어려움은 쉽게 전공을 바꾸지 못한다는 점인데, 이는 그것을 포기하는 것으로 여기는 그의 관점 때문이다. '그만두는 것'은 그의 핵심 자기개념을 위반하는 것이 되므로 그는 자신이 마음속에 그리는 시나리오의 방향으로 움직이는 것을 주저한다. 이제 상담자는 왜 과학 건물에 들어갈 때마다 우울해지는지에 대해 이해할 수 있도록 도움을 달라는 내담자의 요청에 응답할 준비가 되어 있다.

이러한 내담자 전기적(biographical) 개요와 초기 질문에 대한 응답을 작성하는 데 있어서 상담자의 목표는 옳은 것을 찾는 것이 아니다. 아리스토텔레스가 지적했듯이 옳은 것보다 흥미로울 것들이 아주 많다. 특히, 개인심리학 상담자는 내담자에게 유용하려고 노력한다. 실습 사례에 대한 당신의 사정 결과를 나의 것과 비교하면서 옳고 그름의 이분법에 갇히지 말라. 대신 그 두 결과를 모두 살펴보고 "이 사정 결과들이 내담자의 자기 탐색을 돕고 직업 탐색과 진로결정을 증진하는 데 얼마나 유용할까?"를 자문해 보라. 내담자의 이야기를 이해하는 두 가지 방식이 서로 동등하게 유용한 사정이 될 수 있다.

진로양식 상담

CSI 데이터에 대한 8단계 사정을 수행했다면, 이제 상담자는 상담 대화를 시작할 준비가 된 것이다. 이는 첫 회기의 후반부 혹은 두 번째 회기에서 이루어질 수 있다. 내담자의 필요에 적합하다면 나는 보통 네 부분으로 구성된 대화 및 숙고의 의제를 따른다. 상담 의제는 이해의 요약으로 시작한다. 상담자는 내담자의 이야기를 일관성 있고 명료한 방식으로 다시 들려준 다음, 그 줄거리를 내담자가 상담을 찾게 된 이유와 연관 지어 설명한다. 앞의 실습 사례에서라면 상상력이 풍부한 한 청년이 신문사에서 일하며 글을 쓰고 싶어 하지만, 현재 하는 일을 그만두면 중도포기자처럼 느껴질까 봐 자신의 삶을 점검하는 데 어려움을 겪고 있고 있는 것에 대한 이야기가 다루어질 것이다. 상담자는 다음과 같이 말하면서 회기를 시작할 수 있는데, 문장 사이사이에서 멈추면서 내담자 의견과 성찰을 들어볼 수 있다.

과학 건물에 들어설 때 우울해지는 이유는 그것이 정치 연설이나 사회적 논평을 작성하고 싶어 하는 상

> 상력이 풍부한 학생에게 보상을 해 주지 않기 때문입니다. 당신은 자신의 목소리를 내고 싶어 하고 글쓰기와 말하기 기술을 발전시키는 데 관심이 있습니다. 과학 건물에서 우울을 느끼는 이유는 학교가 글쓰기와 말하기를 좋아하는 상상력이 풍부한 학생이 아닌 과학자에게 가치를 두기 때문입니다. 당신은 당신이 걷고자 하는 진로를 알고 있는 것처럼 보이지만, 부모님을 설득해서 승낙받기가 어려울 것입니다. 그래서 생물학과 같이 자신에게 맞지 않은 전공을 감내하면서, 우울함을 느끼는 건물에 머무는 것입니다. 당신은 저널리즘, 영어, 연설, 법학부, 정치학 등을 선호할 것입니다. 연설문 작성자나 신문 칼럼니스트가 되는 꿈을 꾸고 있을지도 모릅니다. 당신은 지금이 현재의 삶을 점검하고 과학 건물의 어둠에서 벗어날 때라는 것을 압니다. '그러나' 전공을 바꾸는 것은 전환이라기보다 그만두는 것처럼 느껴집니다. 이 '그러나'는 한밤중에 어딘가 가야 하지만 도저히 갈 수 없는 상황에 있는 듯한 우울함처럼 느껴집니다. 전공을 바꾸는 것은 어려울 것입니다. 당신이 중도포기자처럼 느껴지고, 또한 어머니가 실망하실 수도 있기 때문입니다. 과학 건물에 들어갈 때마다 우울함을 느끼는 것은 그렇게 놀랄 만한 일이 아닙니다.

이러한 이해의 요약을 제시할 때 상담자는 드라이커스가 가르친 원칙을 따른다. 상담자는 내담자의 진로양식에서 나타나는 강점과 한계를 철저히 다루도록 한다. 또한 내담자의 행동 방식을 일반적인 업무 습관 및 태도, 그리고 특히 교육 및 직업적 성패와 관련짓는다. 이 논의는 두 가지 기법에 의해 구체화된다. 하나는 내담자의 현재 행동으로 표현되는 진로양식의 예를 찾아내는 것이다. 지난 5분 동안에 내담자가 보여 주었던 행동이나, 여의치 않다면 CSI 도중에 했던 말이나 행동에서 찾아보는 것이 좋다. 다른 하나는 내담자에게 지난 한 주 동안 했던 일 중에서 자신의 진로양식을 잘 나타내는 예를 들어달라고 요청하는 것이다. 내담자는 자신의 진로양식에 깊이 빠져 있는 나머지 자신이 그러한 양식을 가지고 있음을 깨닫지 못한다. 우리는 내담자가 어디로 향하고 있는지 논하기에 앞서 반드시 내담자가 자신의 진로양식을 인식하고 있는지 확인해야 한다.

아울러 상담자는 진로양식 상담의 의제를 추구하는 데 있어서 제6장에서 기술된 개인심리학 상담 방법을 사용한다. 이 방법에는 적어도 상담의 두 가지 차원이 포함된다. 먼저 관계 차원에서는 공감, 격려, 유머를 사용하여 협력을 유지하고 내담자가 해야 할 일에 주의를 기울일 수 있도록 한다. 의사소통 차원에서는 해석, 촉진적 직면, 제안, 교육, 명료화 등을 사용하여 자기 이해와 직업적 발달을 증진하고 진로 선택 및 그 선택에 대한 전념을 촉진한다.

인물 스케치를 그것의 저자인 내담자와 함께 수정한 뒤, 두 번째 의제 항목에 따라 직업 선택의 기준이 되는 내담자의 흥미를 다루도록 한다. 내담자가 자신의 진로양식을 인식하도록 도운 다음, 자신의 목표를 향해 나아가기 위해 사용할 수 있는 흥미들에 대해 논의한다. 저자는 내담자에게 흥미란 단순히 감정이 아니라, 공적이면서도 사적인 의미를 지닌다고 설명할 것이다. 그런 다음 흥미가 어떻게 진로양식과 환경을 연결하는지 논할 수 있다. 이는 내담자의 흥미를 명명하고, 흥미에 숨겨진 의미를 논하며, 어떻게 그러한 흥미가 내담자에게 유용할 수 있는지를 설명하는 기초를 마련해 준다. 다양한 흥미가 얼마나 잘 허구적 목표에 기여하고 진로양식을 표현하는지에 대해 논할 때, 상담자는 가능한 구체적이어야 하며 내담자의 인생 경험으로부터 예를 들 수 있어야 한다.

〈표 8-1〉 **조직 역할별 성공 공식 요소**

현실형(Doer)	사회형(Helper)
도구로 작업하기	타인 돕기
내 손과 함께 생각하기	사람들과 함께 일하기
물건 만들거나 수리하기	조언 제공하기
기계적 능력 사용하기	서비스 제공하기
신체적 기술 적용하기	외향적이고 상냥함
밖에서 일하기	아이들 돕기
동물과 함께 일하기	노인들 돕기
자연과 함께 일하기	가르치기
기술 시연하기	상담하기
탐구형(Thinker)	**진취형(Influencer)**
문제 해결하기	의사 결정하기
과학으로 작업하기	다른 사람 설득하기
수학으로 작업하기	집단 이끌기
논리 사용하기	권한 사용하기
아이디어 연구하기	열정적으로 행동하기
작동 방식 파악하기	물건 판매하기
읽기	주목받기
상황 분석하기	역동적임
발견하기	다양성 갖추기
예술형(Creator)	**관습형(Organizer)**
독립적으로 행동하기	정확함
감정 공유하기	팀의 일원임
감성적임	데이터 기록하기
그리기	타이핑하기
악기 연주하기	자료 정리하기
글쓰기	정해진 루틴 갖기
예술적 솜씨 적용하기	예상되는 일 알기
장식하기	지시 수행하기
팀에서 작업을 설계하기	기록 유지하기

내담자의 진로 계획을 구체적이면서도 기억에 남도록 하기 위해 일부 상담자들은 성공 공식 자료를 사용하여 진로를 기술한다. 저자는 〈표 8-1〉의 내용을 사용하여 내담자가 자신의 성공 공식을 진술하도록 돕는다. 내담자와 저자는 내담자의 진로양식과 허구적 목표를 가장 잘 나타내는 세 가지 역할을 함께 선정한다. 그런 다음 내담자에게 각 역할 꾸러미에서 한 구절씩 선택해서 다음의 문장을 완성해 보도록 요청한다. "나는 __________할 때 성공적이고 만족스럽다고 느낀다." 내담자가 문구를 고르면 우리는 그것을 함께 배열하여, 내담자가 장래 직업을 찾고 평가하는 데 사용할 수 있는 성공 문장을 만든다. 예를 들어, 한 내담자는 탐구형 역할 꾸러미에서 '문제 해결'을, 사회형에서 '다른 사람 돕기'를, 예술형에서 '감정 나누기'를 선택했다. 그녀는 이것을 다음과 같이 자신의 성공 공식으로 결합했다. "나는 다른 사람들이 문제를 해결하고 기분이 나아지도록 그들을 도울 때 성공적이고 만족스럽다고 느낀다." 앞의 실습 사례에서 내담자는 진취형과 예술형을 선택하여 다음과 같은 성공 공식을 만들었다. "나는 연설문과 기사 쓰기를 통해 다른 사람들을 설득할 때 행복하고 성공적이다."

다음으로, 세 번째 의제 항목에서 상담자는 내담자가 탐색할 만한 직업들을 확인하기 위해 어떻게 흥미와 성공 공식을 사용할 수 있는지 설명한다. 모든 직업을 탐색할 시간이 없으므로 내담자가 조사할 만한 직업군을 선정해야 한다. 어떤 상담자들은 내담자를 돕기 위해 내담자가 선호하는 직업 역할, 활동, 환경을 체계적으로 기술한다. 이러한 논의를 통해 내담자의 암묵적 흥미는 직업 후보군 선별을 위한 명시적 기준으로 발전한다. 앞서 실습 사례의 내담자를 예로 들면, 이와 같은 논의를 통해 그 내담자는 리더십을 수행하고, 지적 능력 및 설득력을 발휘하며, 기업가적 환경에서 일할 수 있는 직업에 관심이 있다고 말하게 되었다.

조사할 직업들의 짧은 목록이 준비되었다면 상담자와 내담자는 협력을 통해 탐색 계획을 세울 수 있다. 그러한 계획은 내담자가 선택지들을 명확하게 이해하여 자신의 결정 능력을 증진하는 데 도움이 되는 활동들로 이루어진다. 대다수의 내담자는 자신이 선택할 수 있는 대안들을 탐색하여 명확히 정리하는 방법을 모른다. 따라서 상담자는 내담자에게 탐색 방법에 대해 가르치고, 선택의 명확성을 높일 수 있는 구체적인 활동을 제안해야 한다.

상담 의제의 네 번째 항목은 진로 의사결정 과업을 처리하기 위해 내담자가 어떻게 자신의 사적 논리를 사용하는지를 다룬다. 만약 내담자의 사적 논리가 상식적으로 이해되고 인정될 수 있다면 상담자는 그 사적 논리를 강화하여 내담자의 진로결정 과업에 적용할 수 있다. 이에 반해 내담자의 사적 논리가 상식적으로 이해되지 않거나 인정될 수 없다면, 상담자는 내담자에게 그것을 드러내면서 그러한 사적 논리 안의 지침 허구가 어떻게 내담자의 진로결정에 대한 망설임과 비현실성을 초래하는지 설명한다. 지침 허구 속의 근거 없는 생각들은 보통 내담자의 허구적 목표 안에서 앞서 단정 짓는 구분, 과잉단순화, 과잉일반화 등의 형태를 띤다(예: "만약 내가 ________라면, 내가 안전하고, 안정적이며, 중요하다고 느낄 것이다."). 이러한 근거 없는 생각들이 과장될수록 진로 의사 결정이 더 지연되거나 왜곡된다.

어떻게 내담자의 사적 논리가 진로 의사결정을 지연시키거나 왜곡할 수 있는지를 보여 주는 예를 하나 든다면 도움이 될 것이다. 나는 존경받는 것이 자신의 야망이었던 한 내담자가 떠오른다. 그러나 그의 허구적 목표에서 "사람들이 나에게 복종한다면 나는 안전하고, 안정적이며, 중요하다고 느낄 거야."와 같이 존경은 곧 통제를 의미했다. 이러한 잘못된 생각은 "내 방식을 따르든지 아니면 네 갈 길을 가든지(My way or the highway)"라는 그의 좌우명으로 간결하게 나타났다. 이러한 과장된 구분 방식은 권력, 재산, 명성의 형태로 존경을 가져다줄 수 있는 직업들만 고려하도록 그의 진로결정 과정을 왜곡시켰다. 그는 자신의 목표와 관련이 없다는 이유로 사회에 어떻게 기여할 것인지, 다른 사람을 통제하려는 그의 욕구가 자신의 동료 및 가족과의 관계를 어떻게 손상시킬 수 있는지에 대해서는 고려하지 않았다.

상담 회기에서 내담자의 사적 논리에 대해 이야기할 때 그 논리는 상식과 직면한다. 상담자는 내담자에게 상식을 보여 줌으로써 내담자의 잘못된 생각을 재평가하도록 돕는다. 상담자는 내담자의 잘못된 생각이 이해는 되지만 꼭 필요한 것은 아니라고 설명하는 것으로 시작할 수 있다. 이는 그러한 생각이 어디에서 비롯되었고 왜 그것이 더 이상 필요하지 않은지를 설명하는 형태로 이루어질 수 있다. 존경을 통제로 오해하는 내담자에게 상담자는 타인 통제 욕구가 과거의 삶에서 어떻게 적응적인 목적에 도움이 될 수 있었는지, 그러나 그것이 현재에는 어떻게 부적응적으로 작용하는지를 설명해 줄 수 있다. 이에 따라 타인 통제 욕구가 과거 상황과 다르게 현재 상황에서는 꼭 필요한 것이 아님을 이해할 수 있다.

내담자의 잘못된 생각(즉, 존경받는다는 것은 곧 남을 통제하는 것이다)을 직면하게 할 때, 상담자는 내담자의 상상력을 사로잡고 그 생각을 재고하도록 만드는 문구를 사용해야 한다. 예컨대, "내 방식을 따르든지 아니면 네 갈 길을 가든지"는 사람들이 내담자를 두려워하게끔 하지만, "우리의 길이 갈 길이다(Our way is the highway)"는 사람들이 그를 존경하게 만들 수 있음을 내담자에게 이해시킬 수 있을 것이다. 이 시점에서 드라이커스라면 아마 "사람들로부터 협력을 얻는 것과 사람들을 지배해서 협력과 존경을 잃는 것 중에서 뭐가 더 당신에게 중요할까요?"라고 물을 것이다. 이를 통해 내담자의 행동에 대한 바람직하지 못한 결과를 비판 없이 보여 주면서 그 행동의 숨겨진 이유를 드러낼 수 있다. 더 나아가 상담자는 다음에 내담자가 협력의 부족을 경험할 때, 그것이 혹시 "내 방식을 따르든지 아니면 네 갈 길을 가든지"에 대한 다른 사람들의 반응은 아닌지 자문해 보도록 제안할 수 있다.

실습 사례에서 내담자는 자신의 진로를 위해 하고자 했던 것을 명확히 이해했다. 그러나 자신이 무언가에 막혀 전공을 바꿀 수 없었던 이유에 대해서는 이해하지 못했다. 상담을 통해 그는 전공 변경은 약함의 인정을 의미하며 그것이 자신을 중도포기자로 만든다는 자신의 사적 논리에 따른 생각을 금방 이해하게 되었다. 그러나 내담자가 실행에 옮기는 데 있어서 이러한 인지적 통찰만으로는 부족했다. 변화를 실천하도록 격려하기 위해 여러 상담 회기가 추가되었다. 전공 변경이 자신을 중도포기자로 만든다는 생각을 오히려 전공을 바꾸지 않는 것이 자신의 열정을 포기하고 있는 것이라는 생각으로 전환했을 때 특히 도움이 되었다. 즉, 전공을 변경하지 않는다면 자신을 포기하게 된다는 생각으로 변화가 일어난 것이다. 이러한 변화는 그가 자신감과 열정을 가지고 앞으로 나아갈 수 있게 했다. 몇 년 후, 상담자는 그 내담자가 저널리즘 전공으로 대학을 졸업하고, 이후 로스쿨을 마친 다음, 유명 정치인의 연설문 작성자로 일하고 있다는 소식을 들었다.

진로양식 상담의 원형에서 네 가지 주요 주제가 강조되기는 하나, 숙련된 상담자는 당시 내담자의 필요에 맞게 상담 대화의 방향을 조정한다. 인물 스케치, 흥미, 직업, 의사결정의 의제는 내담자에 대한 상담자의 사정(assessment)에 따라 재조정되거나 일부만 사용될 수도 있다. 여기서 핵심은 상담 의제는 항상 내담자의 고유한 이야기, 직업 세계에서의 소속, 잠재적 사회 기여, 의미 형성을 다룬다는 점이다. 궁극적인 목표는 내담자가 자신과 공동체에 중요한 직업을 선택하도록 격려하는 것이다.

요약

이 장에서는 아들러의 개인심리학이 전통적 진로상담 모델의 개념을 정교화하고 더 넓은 범위의 내담자에게까지 적용할 수 있도록 확장함으로써 전통적 모델을 강화할 수 있음을 논하였다. 또한 진로선택을 원하는 내담자에게 아들러식 생활양식 방법과 자료를 적용할 때 발생할 수 있는 문제들이 진로양식 상담이라는 접근을 통해 어떻게 해결될 수 있는지 설명하였다. 진로양식 상담을 기술하는 과정에서는 진로양식 사정, 진로방향의 확인, 진로의사 결정에서 사적 논리의 인식 등이 다루어졌다. 아울러 내담자의 진로양식에 대해 해석하는 방법, 그리고 내담자의 진로의사 결정을 지연하고 왜곡하는 잘못된 생각을 바로잡기 위한 상담 방법을 제시하였다. 진로양식 면담의 수행 및 사정을 위해 상담자가 사용할 수 있는 자료들과 내담자의 성공 공식을 명확히 하는 데 도움이 되는 자료 또한 제시되었다. 더욱 많은 상담자가 진로양식 상담을 수행하며 그것의 방법을 발전시키고 추가적인 자료를 고안함으로써 그 효과를 높일 수 있기를 희망한다. 진로양식 상담의 실제에 관심이 있는 사람은 저자(Savickas, 2006; 2009)의 면담, 시연, 해설을 살펴보기 바란다.

학습 문제

1. 아들러식 진로상담 매칭 모델이 어떻게 파슨스(Parsons)의 전통적 매칭 모델을 확장하는지 설명하시오.
2. 아들러의 '사용의 심리학'이 흥미검사에 명확히 반영되는 '소유의 심리학'보다 어떤 점에서 더 좋은가?
3. 아들러의 개인심리학을 사용하여 흥미의 근원을 설명하시오.
4. 아들러 진로상담의 본질은 선택을 명확히 하여 내담자의 결정 능력을 증진하는 것이다. 진로양식 상담을 통해 어떻게 선택을 명확하게 할 수 있는가?
5. 1차 변화와 2차 변화의 차이를 설명하시오.

참고문헌

Bollas, C. (1987). *The shadow of the object: Psychoanalysis of the unthought known*. New York: Columbia University Press.

Dallos, R., & Stedmon, J. (2009). Flying over the swampy lowlands: Reflective and reflexive practice. In J. Stedmon & R. Dallos (Eds.), *Reflective practice in psychotherapy and counselling*. Berkshire, UK: Open University Press.

Fraser, J. S., & Solovey, A. D. (2007). *Second-order change in psychotherapy: The golden thread that unifies effective treatments*. Washington, DC: American Psychological Association Books.

Holland, J. L. (1997). *Making vocational choices: A theory of personality types and work environment* (3rd ed.). Lutz, FL: Psychological Assessment Resources.

Holland, J. L., & Messer, M. A. (2017). *Occupations finder*. Lutz, FL: Psychological Assessment Resources.

Savickas, M. L. (2009). *Career counseling over time* (Psychotherapy in six sessions video series). Washington, DC: American Psychological Association.

Shulman, B. H., & Mosak, H. (1988). *LSI—Life style inventory*. Muncie, IN: Accelerated Development.

Sweeney, T. J. (2009). *Adlerian counseling and psychotherapy* (5th ed.). New York: Routledge.

Taylor, C. (1990). *Human agency and language: Philosophical papers 1*. Cambridge, MA: Harvard University Press.

Winnicott, D. W. (1969). The use of an object. *International Journal of Psychoanalysis, 50*, 711-716.

제9장

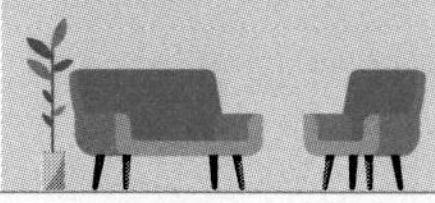

협력을 통한 아동의 사회적 관심 지도

우정이란 두 번째 생애 과제는 청소년 형성기 동안 가꾸어지기도 하고 그렇지 못하기도 한다. 청소년을 지도하는 어른에게는, 가족, 학교, 지역사회에서 중요한 개인이 될 청소년의 권리를 존중하면서 청소년의 협력을 얻어내는 것이 가장 중요한 책임이다. 존중하고 책임 있는 생활 기술과 해결책을 배우는 것은, 다른 사람들과 함께 어울리고 우정을 키우는 데 기초가 된다. 부모와 교사는 모두 안녕에 중요한 대인관계의 주고받기를 청소년이 배우도록 역량을 육성하려고 한다. 어른이 이 책임을 다하는 데 주의를 산만하게 하는 요소가 많지만, 적절한 시기에 신중하고 적극적으로 대처하지 않으면, 그 결과로 갈등과 불협화음이 발생하고, 예방에 필요한 시간보다 교정하는 데 더 많은 시간을 쏟을 수밖에 없다.

이 책의 이전 판에서 언급한 바와 같이, 협력적인 교육 방법을 전통적인 경쟁적 방법과 비교한 연구에서, 수년 동안 학년, 성별, 문화 집단에 관계 없이, 협력 교육이 꾸준히 더 선호되어 왔다. 높은 성취도, 자기존중감, 내적 통제소재는, 서로 존중하고 행동이 명확하게 규정되고, 합리적인 제한이 있으며, 규정된 제한 내에서 개인의 참여를 허용하는 가정과 학급에 있는 아동의 특성이다.

모든 유형과 학년의 청소년들은 협력적인 교육 방법을 통하여 더 많은 것을 성취하고, 가장 잘 배우고, 더 즐겁게 학교에 다닌다. 모든 학교가 이러한 철학과 방법을 채택하고 있지 않다는 것은 정말 놀랍다. 그럼에도 불구하고 각 가정이 격려와 협력을 통해 모두에게 득이 되는 환경을 조성할 수 있는 것처럼, 각 교실도 변모할 수 있다. 예를 들면, 제12장에 제시한 집단 방법은 아동과 청소년 간의 우정 역량을 발달시키는 존중하는 관계를 형성하는 데 특히 도움이 된다.

그러나 청소년을 지도하는 데 교사와 부모가 처하는 어려움은 흔히 말하는 빙산과 같다. 어른의 다른 책임 외에도, 어른이 아동과 청소년을 접촉하면서 매일 직면하는 수백 가지의 크고 작은 문제가 있다. 이를 어떻게 다루느냐에 따라 발달의 기회이거나 지뢰밭이 된다. 의식 있는 교사와 부모조차도 무례, 권위에 대한 공공연한 도전, 협력의 부족에 직면하여 가장 기본적인 책임을 다하려고 애를 쓰지만 낙담하고 좌절한다. 인간관계에 대한 아들러 철학과 그 방법 및 기법은 오랜 세월에 걸친 실제적인 실행을 통해 어른과 청소년 간의 갈등을 교정하고 예방하는 데 매우 성공적이었다. 다음은 아들러 학파의 아동 지도에 있어 일반적인 지침의 토대이다.

아동 지도의 원리

다른 사람의 행동에 영향을 미칠 수 있다고 생각하기 전에, 먼저 행동의 근거가 되는 전제를 확립하여야 한다. 예를 들어, 교사와 부모는 종종 검토되지 않은 문화적 기대에 동조하지만, 이러한 기대를 충족할 수 없다는 것을 알게 되면서, 낙담하게 된다. 아들러 학파는, 특히 아동을 완벽하게 통제하고 아동의 모든 요구를 알아차리는 '좋은 엄마' 또는 '좋은 교사'의 어리석음을 드러내려고 노력한다.

아무리 어리더라도, 각 개인이 생애 과제에 어떻게 접근할지를 결정한다.

성격 발달의 핵심은, 아무리 어리더라도 각 개인이 생애 과제에 어떻게 접근할 것인가를 스스로 결정한다는 개념이다. 유전 요인, 가족, 친구, 문화적 가치, 일반 환경은 삶의 의미에 대한 개인의 해석에 영향을 주는 것이 분명하다. 그러나 아동에게 어떤 일이 일어나는지 또는 유전적으로 무엇을 가지고 있는지는, 아동이 이러한 상황에 대해 어떻게 가치를 부여하고, 결과적으로 어떻게 행동하는지를 이해하는 것만큼 중요하지는 않다. 생각하고 가치를 부여하는 인간으로서 아동을 존중하는 것이 본질적이다. 다음 장에서 설명하겠지만, 모든 아동은 어른 대부분이 생각하는 것보다 훨씬 더 유능하다.

이해해야 할 중요한 원리는 한 사람이 다른 사람의 행동에 영향을 줄 수 있지만, 매우 극단적인 상황에서만 다른 사람의 태도와 행동에 영향을 줄 수 있다는 것이다. 당신은 다른 사람이 하지 않기로 선택한 어떤 것도 하게 할 수 없다고 드라이커스는 자주 말했다. 이는 두 가지 이유에서 중요하다. 첫째, 어른은 불가능한 일을 하는, 즉 다른 사람을 통제하는 짐에서 벗어날 수 있다. 둘째, 다른 사람의 행동에 영향을 미치려는 시도의 첫걸음이 무엇인지를 분명히 해 준다. 즉, 먼저 자신의 태도와 행동을 바꾸어야 한다는 것이다. 태도와 행동을 바꾸는 것을 많은 교사와 부모가 실제에서 받아들이기에는 매우 어렵다. 그들은 묻는다. 내가 아동을 통제할 수 없다면 어떻게 가르칠 수 있고 나의 책임을 다할 수 있는가? 답은 그렇게 간단하지 않다. 답을 아동이 자기 훈육을 배우도록 돕는 것이다.

아동은 상황에 대한 지각을 바탕으로 자신이 할 수 있는 최선의 선택을 한다는 사실을 어른이 깨닫게 되면, 어른이 자신의 행동을 바꿔야 한다는 점을 훨씬 더 쉽게 받아들일 수 있다. 어른이 하는 행동(예: 지시하기나 체벌하기)이 협력을 이끌어 내지 않는다면, 그 행동을 계속한다고 해서 문제 상황에 도움이 될 가능성은 거의 없다. 그러나 어른이 자신의 행동을 바꾸면, 아동에게 적용하는 대안이 바뀌고, 그러면 아동은 이에 대한 대응 방법을 새롭게 결정해야 한다.

매우 낙담한 사람만이 다른 사람과 함께 하지 않을 것이다. 화난 사람이라도 싸울 대상이 필요하다. 아들러는 사람들이 자연적으로 다른 사람을 지향하며 자신을 위한 입지를 마련하는 경향이 있다고 믿었다. 새로 들어온 사람이 집단에서 자신에게 맞는 자리가 어디인지 그리고 구성원으로서 자신을 어떻게 자리매김할 수 있는지 사정하는(assessing) 경우를 생각해 보자. 누구나 이러한 감정을 경험하며, 각자 어떤 일이 일어날지에 대한 나름의 기대를 한다. 교사와 부모는 이러한 기대를 이용하여 아동이 새로운 방식으로 자신의 입지를 찾고 어떻게 참여할 것인가에 대한 새로운 기대를 확립하도록 도울 수 있다.

순응이 아닌 협력이 아동, 부모, 교사와 함께 하는 아들러 학파 작업의 목표이다. 협력에는 자기와 타인에 대한 존중, 공동 책임, 당면한 과제에 대한 헌신이 필요하다. 때때로 저자는 어른이 "그는 게을러" 또는 "그 애는 동기가 없어"라고 말하는 것을 들었다. 자세히 살펴보면, 정반대가 사실임이 드러난다. 아동은 매우 독창적인 방법으로 어른을 괴롭히는 데 상당한 에너지를 소비한다. 그들의 목표는 어른과 협력하는 것이 아니라, 오히려 말없이 갈등을 이어 가겠다는 쪽에 있다.

협력에는 상호 존중과 이해가 필요하다.

어린 아동은 '예(yes)'를 의미할 때조차도 자주 '아니요(no)'라고 말한다. '아니요'는 협력을 보류하는 개인적인 힘의 표현이다. 너무 많은 어른이 이 표현에 지나치게 반응하여 이를 언어적으로 교정하려고 하기 때문에 실제로는 더 자주 사용하도록 부추기게 된다. 아동이 나이가 들어가면서, '아니요'가 많은 미묘한 방식으로 표현될 수 있음을 배운다. 아동의 사회적 관심을 육성하기 위해서, 아동의 역량에 맞는 사회적 삶을 숙달하는 기회가 필요하다. 아침에 일어나기부터 가족 활동을 돕는 것을 배우기에 이르기까지, 아동에게는 일상생활의 일에 참여하고, 공유하고, 그로부터 득을 보는 기회가 필요하다. 하지만 이러한 기회는 부모의 잘못된 생각으로 인해 거부되는 경우가 너무 많다. 한편으로는 부모로서 자녀의 필요와 욕구를 충족시켜야 할 의무가 있다고 믿는다. 다른 한편으로는 자신들이 하고 싶지 않은 일을 성장하는 아이에게 책임으로 떠넘기고 싶어 한다. 이러한 모순이 많은 갈등의 토대가 된다.

협력에는 상호 존중과 이해가 필요하다. 상대방의 의견, 제안, 관심사를 진심으로 존중하며 함께 대화하는 것은 관련한 모든 당사자에게 중요한 활동이다. 이런 종류의 의사소통에는 실습과, 참여자로서의 역할에 대한 새로운 이해가 필요하다. 아들러 학파는 이런 유형의 의사소통에서 다른 사람들을 교육하고 격려하는 수단으로서 집단 활동을 광범위하게 활용한다.

아동을 지도하는 어른에 대한 아들러 학파의 생각을 요약하면 다음과 같다.

1. 아동의 행동을 통제해야 한다는 잘못된 생각에서 벗어나기
2. 먼저 나의 행동을 변화시켜야 하는 책임을 수용하기
3. 아동과 청소년이 인식하는 상황에서, 그들은 할 수 있는 최선의 선택을 하고 있음을 존중하기
4. 아동은 그들에게 쓸 수 있다고 생각하는 어떤 수단을 써서라도(즉, 사회적으로 유용하거나 유용하지 않는 행동이든) 자신을 위한 입지를 만들려고 하고 있음을 알아차리기
5. 아동이 잘못된 행동을 하는 것은, 학급이나 가족의 구성원으로서 참여할 때 겪는 내적 낙담의 외적 신호임을 이해하기
6. 우리가 해야 하는 일상적인 과제에 우호적이고 기꺼이 참여함으로써, 아동이 자기 훈육과 협력을 배우도록 돕는 데 헌신하기
7. 최후통첩의 대안으로 선택을 사용하기
8. 가족이나 학급에서 긍정적인 방법으로 기여할 수 있는 기회가 주어질 때, 아동은 스스로 참여한다는 사실을 인식하기

문제 행동의 목표

모든 행동이 목적적이라는 가정은, 교실이나 가족에서 수많은 행동을 관찰할 때 매우 흥미로운 탐구 영역을 열어 준다. 경험이 없는 관찰자는 아동이 단순히 활동적이고 놀기 좋아한다고 결론 내릴 수 있다. 신입 교생은 학생들이 교사를 교실에서 몰아내려 한다고 느낄 수 있다. —때로는 실제로 학생들이 그렇기도 하다. 아들러 학파는 아동의 문제 행동을 목표(즉, 아동이 이러한 행동을 통하

여 의식적 혹은 무의식적으로 얻고자 하는 것)에 따라 범주화할 수 있다고 하였다. 보통은 이러한 목표가 10세까지의 아동의 문제 행동에서 쉽게 인식된다. 10세 이후에도 청소년과 성인의 행동에서 여전히 관찰될 수 있으나, 그 양상은 점차 제한적으로 나타나며 연령이 높아질수록 다른 목표 추구로 확장된다.

문제 행동의 네 가지 목표는 관심 끌기, 힘 추구, 복수 추구, 부적절 또는 가장된 무능력이다. 다음은 각각의 설명이다.

관심 끌기

인정을 즐기는 것은, 아동과 성인에게 매우 정상적이다. 그러나 관심 끌기가 성가심이 될 때, 이는 잘못된 행동이며 낙담의 조기 신호이다. 드라이커스(1968)는 관심 끌기 행동이 적극적–건설적(예: '완벽한' 아이, 영리한 말), 소극적–건설적(예: 찰싹 달라붙기, 허영심), 적극적–파괴적(예: 과시하기, 폭군), 또는 소극적–파괴적(예: 언어장애, 공포)일 수 있다고 하였다. 어른은 앞의 두 개의 유형을 종종 간과하는 데, '모범' 아동의 '좋은' 행동 또는 애교 많은 아이의 '귀여운' 행동과 함께 나타나기 때문이다. 반면, 뒤의 두 유형에서 보이는 지속적인 관심 끌기 행동을 좀처럼 간과되지 않는다. 연필 두드리기, 책 떨어뜨리기, 지시 잊어버리기, 계속 지각하기는 매일 어른을 산만하게 하고 짜증나게 하며 인내심을 한계까지 시험한다.

힘 추구

아동은 매우 어린 시절에, 일반적으로 2세 무렵에 '아니요(no)'라고 말할 때의 만족감을 발견한다. 이는 '나는 내가 원하는 것을 할 수 있고, 당신은 내가 원치 않는 것은 어떤 것도 하게 할 수 없다'는 말이다. 또한 이 행동은 적극적 및 소극적 파괴 형태를 취한다. 일부 아동은 노골적으로 반항하고, 일부 아동은 조용히 고집을 부린다. 어느 경우든, 어른은 자신이 도전받고 있음을 대체로 알게 된다.

복수 추구

성인들은 거짓말, 훔치기, 타인에게 상처 주기와 같은 복수의 적극적이고 파괴적인 행동에 도덕적 판단이 뒤따르기 때문에 가장 큰 어려움을 겪는 경우가 자주 있다. 어른이 아동을 처벌하기 위하여 자신의 힘을 사용하면, 자신도 모르게 아동에게 하나의 행동 모델을 보여 주고 있음을 깨닫지 못한다. 즉, 관심과 힘이 더 이상 효과가 없을 때, 아동은 '성인처럼 나도 이런 방식이 통합할 수 있겠구나'라고 결심할 수 있는 것이다.

부적절 또는 가장된 무능력

매우 수동적인 아동은 가장 낙담한 아동이고 도움을 주기가 가장 어려운 아동일 수 있다. 일부 어른은 일상적인 과제를 회피하는 아동을 그냥 지나치기도 한다. 그러나 아동의 메시지는 분명하다: '나는 줄 것이 없으므로 나에게 어떤 것도 기대하지 마라.'

모든 행동이 하나의 목표 영역으로 분류되지는 않을 것이다. 예를 들면, 아동이 더 낙담하게 될수록, 여러 목표가 있다는 증거는 더 많이 나타날 것이다. 다음 사례는 이러한 관찰을 설명하는 데 도움이 된다.

사례: 찰스

찰스(Charles)는 똑똑하고 잘생기고 건강해 보이는 1학년 7세 아동이었다. 그는 학년 초부터 읽기와 수학에 잘 준비가 되어 있음을 보여 주었다. 부모가 최근 이혼하였기 때문에, 그의 가정은 매우 불안정하였다. 처음에는 그의 문제 행동이 상상할 수 있는 모든 방법으로 과도한 관심 끌기였다. 교사는 이해하고, 안심시키고, 대체로 동정하려고 하였으나, 시간과 인내에 한계가 있었다. 그는 점점 교사의 지시에 저항하고, 말대꾸하고(힘), 학급의 다른 아동에게 상처를 주기 시작하였다(복수). 이 지점에서 저자는 학급 방문을 요청받았다. 10분 동안, 찰스는 자리를 벗어나 수업을 방해하는 행동을 14회 보였다. 어떤 날에는 찰스를 다루느라 눈물을 흘릴 뻔하기도 했다고 두 교사가 보고하였다. 찰스는 또한 쉬는 시간에도 교실에 남아 있기를 요청했고(부적절), 학교 숙제를 전혀 하지 않았으며(부적절), 싸움 때문에 학교 버스를 탈 기회도 거부당할 가능성이 있었다.

교사들이 아무리 성실하고 선의로 대하려 했음에도, 그들은 찰스가 반 친구들과 점점 멀어지고 찰스가 무가치감에 사로잡혔다고 확신하게 되었다. 찰스의 만족할 줄 모르는 관심 끌기 행동은 교사들의 힘 반응을 불러일으켰고, 그는 그 도전에 맞서 반응했으며 결국 교장에게 체벌을 받게 되었다. 퇴학 위협은 그의 신념을 강화할 뿐인 것 같았다. 교사 자문 후에, 이러한 과정은 일관된 격려와 적절한 때 논리적 및 자연적 결과의 사용으로 학년이 끝나기 전에 상당한 정도로 역전되었다. 그러나 찰스 어머니의 협력 부족은 더 만족스러운 문제 해결을 방해하였고, 가족 상담이 추천되었다. 다음 절에서는 학급에서 사용된 교정 기법을 논의한다.

아동의 문제 행동의 목표 확인하기

잘못된 행동의 목표를 아는 것은 어른이 아동을 더 잘 이해하고 이러한 행동을 추구하는 잘못된 생각을 교정하는 데 도움이 된다. 목표를 확인하고 교정 행동을 시작하려면, 다음 네 가지 질문을 해야 한다.

1. 아동이 무엇을 했는가?
2. 당신은 무엇을 했는가?
3. 아동은 당신의 행동에 어떻게 반응했는가?
4. 당신의 감정은 어땠는가?

문제 행동의 목표를 확인하고, 그에 대한 교정적 대응을 미리 준비하라.

예시가 도움이 된다. 다음은 교사와 상담자가 나눈 대화의 일부이다.

교사: 지미(Jimmy)는 항상 자기 자리를 떠나거나, 다른 아이들에게 말을 걸거나, 손을 들어올리거나, 적절하지 않은 시간에 말을 해요. 지미는 정말로 나를 화나게 해요.

상담자: 가장 최근의 만남에서, 지미는 무엇을 했고, 다음에 선생님은 무엇을 했습니까?

교사: 네, 바로 오늘 아침이에요. 한 아이가 집에서 가져온 책을 읽는 동안 다른 아이들에게 조용히 하라고 지시했어요. 2분이 채 지나지 않아, 지미가 혼자 노래를 부르고, 창밖을 바라보고, 연필을 두드렸어요! 지미에게 경청하라고 말하자, 멈추었지만, 금방 또 다른 행동을 했어요.

상담자: 이때, 선생님은 화나기보다는 더 짜증이 났을까요?

교사: 네, 대부분의 경우 바로 공부에 집중하긴 해요. 하지만 그냥 저를 좀 그만 성가시게 했으면 좋겠어요.

이 사례에서, 우리는 적극적-파괴적으로 관심을 추구하는 아동을 본다. 두 가지 정보로 이러한 목적을 알게 된다. 첫째, 교사가 '교정할' 때, 하던 행동을 멈추었다. 둘째, 교사는 아동의 행동으로 무엇보다 성가심을 더 느꼈다. 이러한 감정은 중요하다. 왜냐하면 힘을 추구하는 아동은 보통 분명히 어른에게 도전하여 어느 정도 화를 불러일으킬 때까지 자기의 행동을 멈추지 않기 때문이다. 복수를 추구하는 아동은 상처, 실망 또는 이와 비슷한 감정을 일으키는 데 필요한 행동을 한다. 자기의 부적절함을 확인하고자 하는 아동은 어른을 마침내 포기시킨다. “저 아이는 도저히 어떻게 할 수가 없어” 또는 “그 애는 그렇게 똑똑하지 않아”라고 말할 때 성공감을 느낄 것이다. 표현 방식이 어떻든 간에, 어른이 가장 자주 드러내는 감정은 패배감이다. 앞의 사례에서는 관심이 목표인 것처럼 보인다.

자기의 자리를 만들 수 있는 방법에 대한 잘못된 신념이나 생각이 행동을 동기화한다고 가정하면서, 아들러 학파는 아동이 보통 네 가지 목표에 대해 대략 다음과 같이 말한다고 한다.

관심: 다른 사람들이 나를 주목하거나 나를 위해 봉사해 줄 때만 나는 정말로 가치 있다.

힘: 다른 사람들이 내가 하고 싶은 것을 할 수 있다는 것을 알 때만 나는 정말로 가치 있다.

복수: 나는 사랑받을 수는 없지만 다른 사람을 해칠 수는 있다. 그러면 그들도 내가 가치 있다는 것을 알 것이다.

부적절: 나는 우둔하고 부적절하고 사실 희망이 없다. 따라서 애써 봤자 소용없다.—나에게 아무것도 기대하지 마. 시도하는 것은 모든 사람에게 그 사실을 증명할 뿐이야.

아동은 일반적으로 자기 행동의 목표를 의식하지 못한다. 상담자가 그 목표를 알게 할 때, 많은 아동은 문제 행동을 멈춘다. 어른은 그 과정에서 훈련받고 슈퍼비전 받은 경험이 없다면 이러한 관찰에 대해 아동을 직면하는 것을 삼가야 한다. 훈련받지 않은 어른은 관계에서 문제를 오로지 악화시키는 방식으로 아동에게 고정관념을 갖거나 꼬리표를 붙일 가능성이 있다.

아들러 심리학에 익숙하지 않은 사람은 때때로 이러한 행동을 명백히 지나치게 단순화한다고 비판하고, 목표 뒤에 있는 가정의 타당성에 의문을 제기한다. 상담 실제에서는, 상담자는 아동과 대화하면서 이러한 가정을 검증하는 충분한 기회를 갖는다. “지미야, 혹시 네가 선생님의 주의를 끌고 싶어서 선생님을 계속 네게만 관심 두게 하려는 건 아닐까?”라고 직면하면, 입꼬리를 살짝 올리는 것에서부터 활짝 웃는 미소 또는 상담자가 제대로 짚었다는 것을 확인하는 고개 끄덕임까지의 인식 반사를 상담자는 볼 수 있다. 메시지의 표현이 정확한지의 여부는 친절하고 배려하는 태도로 표현하는 것만큼 중요하지 않은 것 같다.

〈표 9-1〉은 포괄적이지는 않지만, 아동이 목표를 달성하기 위해 보이는 행동 유형을 설명하는 데 유용하다. 때때로 누군가는 탁월함이나 기쁘게 하기를 추구하는 것이, 잘못된 목표라고 하는 것에 의문을 제기할 것이다. 이에 대해서는 사회적 관심의 개념과 아동의 행동에 대한 반응을 탐색하

는 질문들을 참고할 수 있다. 어떤 관심 분야에서 탁월함을 목표로 수평적 차원에서 움직이는 사람은 내재적으로 동기화되어 있다. 이들에게는 칭찬, 청중, 지속적인 재확인이 필요하지 않다. 이들은 활동 자체를 즐기고 다른 사람을 위해 어떤 일을 수행할 수도 있으나 다른 사람의 관심은 그 자체로 단지 부차적일 뿐, 필수적이지 않다. 관심을 요구하는 사람과 살거나 일하는 사람은 아주 쉽게 그 차이를 식별할 수 있다. 수직적 차원에서 움직이는 사람은 항상 자신이 '어떻게'하고 있는지를 가늠하고, 자신의 수행을 평가하며, 확신을 구하고, 실수에 신경 쓰거나 변명하고, 상황이 그들에게 맞지 않으면 불평하거나 다른 사람을 비하한다.

특별한 도움이 필요한 아동

'정상적인' 잘못된 행동으로 간주되는 것을 넘어서서 다양한 질환으로 진단받는 아동에 대한 보고가 점점 더 많아지고 있다. 흔한 범주는 주의력 결핍 및 과잉행동장애(ADHD)이다. ADHD 아동과 일하는 사람은 누구나 기존 방식대로 대응이 불가능하다는 사실을 잘 알고 있다. 적절한 진단을 거쳐 잘 관리되면, 이러한 아동을 돕기 위하여 약물이 처방되어 왔다. 어떤 사람은 처방이 너무 지나치다고 말한다. 최근에는 신경과학(제2장)이 약물적 접근이 아닌 효과적인 대안으로 점점 더 널리 수용되고 있으며, 이를 통해 아동 및 다른 아동들의 삶 속에 나타나는 많은 장애를 완화하거나 심지어 제거할 수도 있다는 증거가 점차 더 유망하게 제시되고 있다(Soutar & Longo, 2011).

진단에 대해 논의하는 것은 이 장의 범위를 넘어선다. 사실, 이러한 문제에 대해서는 전문가의 도움과 이차적인 의견을 구할 필요가 있다. 그러나, 이러한 질환이 없는 아동에게 필요한 것과 똑같은 생활지도가, 진단받은 아동에게도 중요하다는 점을 강조하는 것이 훨씬 더 중요하다.

모든 성인은 격려, 선택, 결과의 사용에 있어서 일관성을 추구할 필요가 있다. 이에 더하여, 성공적인 중재 계획에는 학급 친구들의 협력이 필수적이다. 그런 아동을 가르치는 교사의 자문가로 일할 때, 교사들에게도 많은 지지와 격려가 필요하고 또한 지지와 격려를 받을 만하다는 것을 알게 되었다. 교사와 함께 학급회의 공동 주도, 교장 및 학부모 공동 자문, 특별한 서비스를 제공하는 다른 전문가 조력, 아동과의 개별적인 직접 상담 등이 더 필요하다.

부모/교사의 방어적 태도는 필요한 협력에 장애가 될 수 있다. 이전의 경험에 따라, 부모와 교사는 그러한 아동의 특별한 요구에 대처하는 데 다른 사람의 협력이 부족하다고 불평하면서 정당화할 수 있다. 불행히도 교사와 부모는 지칠 때까지 자신의 자원에 의존하여 대처해야 하는 경우가 많다. 제11장에서 기술한 갈등 해결과 문제해결의 방법과 단계는 이러한 상황에서 매우 소중하다. 그러한 어른들의 협의회에서 일어날 수 있는 일은 비난과 불평이다. 이는 협력에 대한 방어와 저항

〈표 9-1〉 **문제 행동의 네 가지 목적과 관련한 전형적인 행동**

목적	행동	
관심	적극적-건설적 귀여운 말, 묘기 보이기 탁월함 추구 다른 활동을 하지 않는 근면함 적극적-파괴적 과시 어릿광대 무서운 아이('enfant terrible') 예측할 수 없는	소극적-건설적 지나치게 상냥함 과도한 매력 과장된 성실성 소극적-파괴적 수줍음 무서움 단정치 못함 특이한 것 먹기
힘	적극적-파괴적 논쟁하기 반대하기 '나쁜' 습관 보이기 짜증 내기, 빈둥거리기	소극적-파괴적 게으름 완고함 불순종 잘 잊기
복수	적극적-파괴적 악의적인 훔치기 야뇨증, 싸우기	소극적-파괴적 방해하기 훼손하기 무책임한
부적절		소극적-파괴적 나태한, 무능함, 어리석음

을 높인다. 부모와 교사는 특별한 도움이 필요한 아동으로 인해 도전을 경험하며, 매일의 고충에서 벗어나고 싶어한다.

상호 존중이 확립된 후에만, 해결책을 발견하고 행동에 옮길 수 있다. 이것이 가능하기 위하여, 학교 상담자와 같은 제삼자가, 모든 당사자의 입장, 생각, 감정을 경청하고 인정하는 데 도움이 된다. 의견 차이는 화자의 관점에서 유효하게 존중될 수 있으며, 반드시 다른 참여자들의 동의를 필요로 하지는 않는다. 모든 관점을 들은 후, 핵심 질문은 다음과 같다. 도움이 되기 위해 우리는 무엇을 할 수 있는가? 이러한 회기의 결과로는 분명히 관련 성인들의 전문성을 토대로 한 공식화된 개입계획의 도출된 것이다. 진전 상황을 평가하고 새로운 노력을 모색하기 위해 계획적이고 정기적인 추후 점검이 필요하다.

오랜 시간 검증된 방법과 기법

다음은 아들러 학파가 여러 세대에 걸쳐 많은 문화에서 효과적인 것으로 알아낸 몇 가지 오랜 시간 검증된 방법과 기법을 소개한다. 이것들을 적절히 실행하면 효과를 볼 수 있다. 운 좋게도, 책임 있는 부모와 교육자는 이것들을 효과적으로 학습하고 사용할 수 있는 능력이 있다.

교정 행동

대부분의 경우 예방 조치가 필요하다고 판단하기 전에 문제에 직면하게 되므로, 우리는 교정 방법에 대한 역량을 개발해야 한다. 청소년과 함께 일하고 생활하는 성인에 대한 자문가로서, 저자는 필요한 것을 네 단계로 요약하는 것이 도움이 된다는 것을 알게 되었다. 이 단계는 앞 글자를 딴 CARE로 쉽게 기억할 수 있다.

1. **C**atch yourself-don't act impulsively. (자기 행동을 포착하고 멈춰라. 충동적으로 행동하지 마라.)
2. **A**ssess goals: what goals are served by the behavior? (목표를 사정하라. 그 행동으로 어떤 목표를 달성할 수 있는가?)
3. **R**espond with consequences and encouragement. (결과와 격려로 반응하라.)
4. **E**xecute with consistency, friendliness, and respect. (일관성 있고, 우호적이며, 존중하면서 실행하라.)

자기 행동을 포착하고 멈춰라

조건화에 관한 행동주의 연구는, 성인이 잘못된 행동에 대응할 때 충동적으로 행동하는 것은 옳지 않다는 아들러 학파의 관점을 확인시켜 준다. 과도하게 관심 끌기를 하는 지미의 사례에서, 교사에게 지미의 행동에 대해 어떻게 반응하였는지 묻자, 교사는 지미에게 잘못된 행동을 멈추라고 말했다고 보고했다. 교사는 지미가 추구하는 관심을 그에게 주었던 것이다. 지미는 관심을 받았을 뿐만 아니라 비슷한 방식으로 다시 잘못된 행동을 하는 것에 대한 강화도 받았다.

어른이 자신의 행동을 포착해 멈추기를 배워야 한다는 말을 들을 때, 자주 이렇게 하기가 어렵다고 생각한다. 사실 이는 어렵다. 한편, 우리가 변한 행동을 보일 때 아이들이 놀라는 아이들이 놀라는 모습을 지켜보는 것은 큰 만족을 느낄 수 있다. 처음에는 어른들이 무엇을 해야 할지 잘 모른다. 어른이 충동적으로 하던 행동을 멈추면, 일부 아동의 관심 끌기 행동이 감소하기 전에 더 증가할 수 있음을 미리 알아두어야 한다. 관심이나 서비스를 받을 때만 자신이 중요하다고 확신하는 아동은 어른이 다시 자신의 주목 끌기 전략에 말려들도록 필사적으로 애쓴다. 이것이 바로 격려를 통한 의도적 예방 행동이 교정만큼 중요한 이유 중 하나이다.

다른 단계로 나아가기 전에, 말하기에 대한 언급은 특별히 주목할 만하다. 그렇지 않다는 연구가 있음에도 불구하고, 어른 대부분은 말이 의사소통의 중요한 수단인 것처럼 행동하는 것 같다. 무언가 마음에 들지 않을 때마다, 어른들은 말을 한다. 젊은 사람이 거의 경청하지 않더라도 말을 한다. 사실, 어른은 자녀가 경청하여야 할 때를 자녀와 비언어적으로 합의한다. 부모, 교사, 아동과의 상담과 자문에서, 지시가 반복되는 횟수, 목소리의 높낮이, 목소리의 억양과 같은 요소가 말의 내용 자체보다 아동에게 더 많은 것을 전달한다는 사실이 드러났다.

어른은 말을 너무 많이 하는 경향이 있다. 새로운 규칙을 만들어라. 지시는 한 번만 하고, 그 후에는 예외적인 상황에서만 또는 필요할 때만 지시를 반복한다. 의도를 전달하는 주요한 방법은 말이 아니라 행동이어야 한다.

목표를 사정하라

가장 단순하게 말하면, 파괴적 행동은 낙담한 감정의 증거이다. 이러한 낙담과 일상의 생활 과제를 대처하는 데 있어서 믿음이 부족한 결과로, 사람들은 오히려 이러한 관념을 강화하는 방식으로 행동한다. 아들러 학파는 이러한 태도 중 일부를 자기충족적 예언(self-fulfilling prophecy)이라고 한다.

다른 사람들이 자신을 좋아하지 않을 것이라고 예상하고 그럴 것처럼 행동할 때, 다른 사람들은 일반적으로 그 사람을 좋아하지 않는다. 이러한 잘못된 관념과 기대의 순환을 깨뜨리기 위하여, 어른은 먼저 자기의 행동을 바꾸어야 한다. "화날 때, 어떻게 다르게 행동할 수 있을까?"라고 질문할 수 있다.

어른들은 자주 화나게 되는데, 자신이 개인적으로 모욕당했다고 판단하고 지각하기 때문이다. 예를 들어, 아빠는 이렇게 생각할 수 있다. "빌이 지금 무엇을 하고 있는지 봐! 그렇게 하지 말라고 했지. 감히 자신이 누구라고 생각하는 거야? 지금 당장 버릇을 고쳐 놓아야겠어!" 그런 다음 아빠는 말하고, 위협하고, 그리고 그 밖의 방식으로도 상황을 바라보는 균형을 잃는다. 이런 생각들은 순식간에 번쩍이고, 동시에 감정이 솟구치며, 실제로 무슨 일이 일어났는지도 모를 수 있다. 그러나 그는 감정만은 분명히 기억한다. 사건이 끝난 후에도 감정은 오래 남아 있다가 나중에 대화 속에서 쉽게 되살아날 수 있다. 문제는 유사한 행동에 대해 그가 새로운 메시지, 새로운 통찰, 새로운 대안을 발전시킬 수 있는가이다. 교육적인 안내, 연구, 실습을 함께 하면, 그 답은 '그렇다'이다.

태도를 이해하는 데 행동은 부차적이다.

새로운 사고 과정의 한 부분에는 행동이 낙담된 태도의 부차적 결과라는 점을 먼저 인식하는 것이 포함된다. 사고 과정에서 도덕화하기와 판단하기를 배제하면, 파괴적 행동과 전형적으로 연합한 정당한 분노 감정이 사라진다. 당신이 상대방의 낙담(즉, 그 사람이 말하는 메시지와 내면에서 느끼는 감정)을 먼저 생각하면, 대부분의 경우 당신의 감정도 달라질 수 있다.

결과와 격려로 반응하기

스스로 행동을 포착해서 멈추고, 늘 해 오던 예측 가능한 반응을 피한 뒤에는, 다음 단계로 나아가는 방법에 대한 구체적인 지침을 원할 것이다. 이 지점에서, 앞의 장에서 제시한 아들러 학파의 방법 중 세 가지 주요 개념이 지도 과정 중 반응–행동 차원의 토대가 된다. 이는 자연적 결과와 논리적 결과(제3장), 그리고 격려(제4장)이다.

자연적 및 논리적 결과 자연적 및 논리적 결과의 효과성 이면에 있는 개념은 논리적 질서와 현실의 압력이다. 자연적인 생명의 질서가 있는 것과 같이, 논리적인 사회적 질서도 있다. 모든 세대의 성인은 새로운 세대가 사회생활의 논리를 이해하거나 발견하도록 도움을 주지 않고 이를 받아들이고 따라야 할 규칙과 규정으로 제시하는 경향이 있다. 일부 규칙은 비논리적이고 임의적이어서 아이들은 이를 금방 눈치챈다. 이러한 규칙은 힘겨루기 갈등의 좋은 대상이다. 그러나 아동과 청소년이 일상생활의 자연적 및 논리적 질서를 경험하는 것을 배우도록 돕는 인내심은 효과적인 지도의 핵심 중 하나이다.

사회 민주주의를 훈련 방법의 기초로 삼으면, 성인은 자의적인 힘의 행사로부터 스스로를 구해낼 수 있다. 교사와 부모의 실제 경험에서 가져온 몇 가지 예에서 볼 수 있듯이, 자연적 및 논리적 결과를 포함한 민주적인 방법을 사용하면 이전의 지속적인 문제를 즉각 교정할 수 있다. 이러한 것이 효과적으로 작동하는 이유는 다음과 같은 경험 법칙과 관련 있는 것으로 보인다.

1. 논리적 결과를 고려하기 전에, 먼저 자연적 결과를 찾는다.
2. 학급이나 가족의 '새로운 규칙'은 실행 전에 제시하고 논의한다.
3. '새로운 규칙'은 어른을 포함하여 모두에게 적용한다.
4. 대안은 개인에게 항상 열려 있다(예: "울기를 그치거나 너의 방에 가서 실컷 울고 돌아올 수 있다")
5. '규칙'이나 결과를 실행할 때 일관성은 말이 아니라 행동으로 뒤따른다.
6. 힘겨루기가 진행 중일 때는(예: 분노 감정, 힘이 행사되거나 도전받고 있다는 증거가 보일 때) 논리적 결과를 적용하지 않는다.
7. 가족 또는 학급 구성원이 잘못된 행동을 했을 때는, 그 결과가 일어나기 전, 도중, 후 모두 우호적인 태도가 유지되어야 한다. 예를 들어, "거 봐, 내가 뭐라고 했어"라는 말은 말로나 비언어적으로든, 결과 전이나 후에 해서는 안 된다.
8. 개인들이 서로 나누고, 참여하며, 협력하는 다양한 긍정적인 방식들은 격려를 통해 강조된다. 모든 사람이 자신이 자리를 가지고 있고 공동체에 속해 있다는 것을 느끼고 알 수 있도록 하는 것이 중요하다. 특히, 낙담된 행동을 보일 때 그러하다.
9. 함께 즐겁게 보내는 시간은 계획에서 중요한 부분이다.

이러한 방법에 관하여 안다고 해서 실수를 완전히 없앨 수 있는 것도 아니고, 때때로 화를 내며 옳다고 여기는 데서 오는 만족감을 없앨 수 있는 것도 아니다. 아동이 여전히 특정 행동을 한다고 어른이 보고할 때, 하나 이상의 경험 법칙에서 누락 또는 오류가 있는 경우가 종종 있다. 때때로, 결과가 뜻대로 작동하지 않고 오히려 역효과를 낼 수도 있음을 알아차려야 한다. 화내면서 적용한 논리적 결과는 처벌이 된다.

논리적 결과는 힘을 지향하는 아동에게 자연적 결과만큼 효과적으로 작동하지 않는다. 이들은 다른 사람의 개입을 힘의 행사로 보는 경향이 있기 때문이다. 어른이 괘씸하게 생각하거나 화를 내면, 아동은 자기의 의심을 확신한다. 어른의 그러한 실수는 낙담한 아동의 자기충족적 예언을 재확인할 수 있다.

화난 사람은 비협력적이다.

부모와 교사는 화날 때 무엇을 해야 할지 당연히 궁금해 한다. "화 감정은 항상 나쁜가?"라고 물을 수 있다. 화나는 것은 드문 일이 아니며 억누를 필요도 없다. 그러나 화를 어떻게 표현하는가는 다른 문제이다. 화날 때는 비협력적으로 된다. 이러한 결과는 힘을 수반한다. 화 감정이 관계를 촉진하는 방식으로 표현될 수 있다. 그러나 각 당사자의 존중이 유지되고 돌봄이 관계의 진정한 토대일 때만 그렇다.

일반적인 규칙으로서, 아들러 학파는 어른이 힘겨루기에서 벗어날 것을 권고한다. 싸우기 위해서는 적어도 두 사람이 필요하기 때문에, 드라이커스(1968)는 당신이 '감정의 바람에 맞서지 말고 잠시 돛을 접을' 것을 권고한다. 화 감정이 진정되면, 일어난 일과 이유(즉, 목적이 무엇인지)에 대한 논의는 우호적인 관계를 재설정하는 데 도움이 된다. 불쾌한 감정을 그 날 해소하지 않고 쌓아 두는 것은, 마치 '갈색 스탬프(brown stamps)'[1]를 모아 두었다가 나중에 전혀 관련 없는 주제에 대해 자신이 부당하게 대우받았다고 느낄 때 그것을 꺼내 싸움을 벌이는 것과 같다. 예를 들어, 아들러 학파는 학급과 가족이 정기적으로 만나서 공동 관심사를 논의하는 기회를 갖는 것이 갈색 스탬프를 쌓아 두는 것을 피하는 데 도움이 된다고 믿는다. 이러한 모임은 제11장에서 논의된다.

파괴적 행동의 목표에 대처하기는, 다음에 있는 자연적 및 논리적 결과를 포함하여, 일부 성인이 조치가 필요할 때 무엇을 해야 할지 몰라서 느끼는 좌절감과 그로 인한 분노를 없애는 데 도움이 된다.

〈표 9-2〉에는 아동이 꾸지람을 들었을 때, 아동이 추구하는 목표에 따라 나타날 수 있는 반응이 요약되어 있고 이러한 행동을 교정하기 위한 몇 가지 권고 대안이 제시되어 있다. 또한 〈표 9-3〉에는 청소년의 잘못된 목표, 또래와 성인의 반응, 기대된 반응에 대한 대안이 요약되어 있다(Kelly & Sweeney, 1979). 청소년 목표와 관련하여 한 가지 주의할 점은 정교한 스마트폰을 비롯한 디지털 세상의 엄청난 변화로 인해 과거에는 학교 복도나 사교 모임에서 드러나던 많은 목표들이 이제는 소셜미디어에서도 표현되고 있다는 사실이다. 이로 인해 괴롭힘, 과시, 그리고 이와 관련한 행동은 어떤 면에서 훨씬 더 널리 퍼지고 결과적으로 재정향하기가 어렵다. 예를 들어, 괴롭힘은 이제 전문적인 연구와 대응 개입의 주제로 떠올랐다(Carney & Hazler, 2012). 인터넷과 소셜미디어 세계는 이러한 행동의 존재를 악화시켰고, 타인에게 상처를 주는 효과를 강화시켰다. 그럼에도 다른 사람이 청소년의 근원적인 낙담을 이해하고 존중, 공감, 단호하지만 배려하는 재정향으로 반응하면, 청소년에게 다가갈 수 있다. 결과(자연적 · 논리적)는 나이나 태도를 뛰어넘는 영향력을 가지고 있다.

자연적 및 논리적 결과를 발견하는 과정은 미리 생각하고 연습이 필요한 과정이다. 부모와 교사 연구 집단은, 제12장에서 논의되는 데, 이와 관련하여 특히 도움이 된다. 인생의 정상적인 요구와 논리가 이러한 경험의 원천이라는 점을 기억하면서, 어른은 효과적일 수 있는 가능한 결과를 발견하는 방법으로서 세 가지 질문을 할 수 있다.

1) 역자 주: brown stamps는 1960~1970년대 쇼핑할 때 주로 적립식 우표 제도에서 비롯된 말로, 특히 brown 색은 다른 색(green, blue 등)과는 달리 상대적으로 값어치가 낮거나 흔한 것으로 여겨짐. 따라서 '쓸데없이 사소한 감정'을 모으는 것이라는 의미임.

1. 아무도 개입하지 않으면, 어떤 일이 일어날 것 같은가? 예를 들면, 출발할 때를 알려 주지 않으면, 늦을 것이다; 아이들이 스스로 옷을 세탁 바구니에 넣지 않으면, 그 옷은 세탁되지 않을 것이다.
2. '다른 사람'이 개입하면 무슨 일이 일어날까? 예를 들어, 어른이 아동의 소유물을 치우면, 아동은 그것을 원할 때 찾을 수 없다; 어른이 아침 식사를 준비해 주더라도 아동은 옷을 입기 전에는 아침 식사를 할 수 없다.
3. '다른 사람'이 비슷한 행동을 주고받거나 모방하면 무슨 일이 일어날까? 예를 들어, 다른 사람이 합의된 시간이 아닌 그들이 원할 때 아무 때나 식사하러 온다면, 저녁을 요리하는 사람은 그들이 식사하고 싶을 때마다 요리하게 된다. 다른 사람이 허락 없이 다른 사람의 물건을 계속 '빌려' 온다면, 다른 사람도 똑같이 할 수 있다.

〈표 9-2〉 **문제 행동의 네 가지 목표에 대한 교정 행동**

목표	질책 결과	대안(방법)
관심	일시적으로 멈춤	작은 행동을 무시한다; 결과가 뒤따르도록 한다; 예상치 않는 것을 한다(즉, 아동이 학급을 가르치도록 초대하기와 긍정적 행동에 관심 주기)
힘	도전적으로 반응하면서 행동이 더 심해지거나, 잠시 물러났다 다시 맞서려고 함	힘겨루기에 말려들지 않고 벗어나기; 대안을 제시한다; 자연적 결과를 찾는다.
복수	보복하고 더 많은 미움을 받을 방법을 찾음	힘겨루기를 비켜 피한다; 최소의 제한으로 질서를 유지한다; 상담자 및 부모와 함께 작업한다; 긍정적 행동을 인정한다; 예상치 못한 상황을 예상한다.
부적절	어떤 행동이든지 위축되고 물러남	아동에게 관심을 갖는다; 어떤 노력이든 격려한다; 경험에서 실패를 제거한다.

이러한 각 질문이 특정한 문제 해결을 위해 어떻게 자연적 및 논리적 결과를 가져올 수 있는지에 대한 몇 가지 예는 다음에 요약되어 있다. 이 예는 결과에 대한 워크숍이나 토의 집단에 처음으로 참가한 교사, 상담자, 부모의 경험에서 가져왔다. 각 예시 뒤에 이어지는 설명은 그 행동들에 담긴 의미를 강조한다.

예시: '상대방도 상호적으로 반응할 수 있다.' 오후 6시 저녁마다 부모는 뉴스 시청을 좋아하나, 아이는 이를 자주 방해하였다. 12세 딸과 8세 아들은 각자 이전의 결혼에서 낳은 아이들인데, 매일

〈표 9-3〉 **청소년의 전형적인 잘못된 목표**

잘못된 신념	목표	예	성인 반응	또래 집단 교정적 피드백	교정방법에 대한 반응	대안적 교정 방법
나는 가치 있고 소속한다; 내가 최고일 때만	수월성	최고 성적, 최고의 영예, 전교 1등을 위하여 극도로 노력	승인	감탄	노력을 정당화	무분별한 승인을 피한다; 불완전할 용기를 격려한다; 사회적 협력을 격려한다.
또래의 폭넓은 사회적 수용이 있을 때만	인기(사회적 상승)	또래의 폭넓은 사회적 수용을 끊임없이 얻으려고 시도	승인	승인, 하위 집단 시기심 또는 짜증	표면적으로 순종; 우호적인 불일치	무분별한 승인을 피한다; 독립적인 활동을 격려한다.
기존 성인 사회의 모든 기준에 완전히 맞추어 살 때만	순응	좋은 행동, 성적 등으로 특히 또래보다는 성인을 항상 기쁘게 하기 위해 노력	승인	짜증(약간의 시기심과 함께)	표면적으로 순종	무분별한 승인을 피한다; 또래 사회 활동을 격려한다; 개성을 격려한다.
내가 완전히 통제하거나 통제받지 않을 때만	반항, 독립, 투쟁	두발, 의복, 소셜미디어 등에 대해 논쟁	성가심, 짜증	수용; 승인	논쟁 계속; 반항적인 순종	논쟁을 피한다; 다른 시간에 제안한다.
	공격	공공기물 파괴, 싸움, 비행	분노, 상처받음, 복수	대부분은 거부; 하위 집단 수용	되치기	상처와 분노를 피한다; 되치기하지 않는다; 합리적인 한계 설정과 적용한다.
	철회	가출, 등교 거부	두려움, 놀람	무관심; 약간의 연민	수동적 반응; 개선 없음	신경질적인 반응을 피한다; 사회적 참여를 격려한다.

(다음 쪽에 계속)

잘못된 신념	목표	예	성인 반응	또래 집단 교정적 피드백	교정방법에 대한 반응	대안적 교정 방법
성적으로 나를 증명하고 성적 즐거움을 누릴 때	성적 문란	타인과 높은 수준의 친밀한 성적 활동	혐오; 충격; 불승인	대부분 거부; 하위 집단 수용	반항적인 거부	충격과 혐오를 피한다; 자기 존중과 타인 존중의 욕구를 격려한다.
전적으로 지지받고 나의 단점을 위로받을 때만	부적절	쉽게 포기	동정; 희망 없음	동정; 무관심	불충분한 노력, 그런 다음 다시 포기	낙담 반응이나 동정을 피한다; 작은 성공과 격려의 기회를 제공한다.
다른 사람이 내가 완전히 매력 있고 붙임성 있음을 알 때만	매력	매끄러운 말과 행동으로 매혹하고 기쁘게 하기	애교에 넘어가서 기분이 좋아짐; 때로는 짜증	매혹됨; 우쭐해짐, 기분 좋음; 시기함	한층 더 매력 발휘, 삐침, 철회	담담하지만 우호적으로 대한다; 예의를 지키고 노력을 강조한다.
신체적으로 아름답거나 강하다면	아름다움; 강함	신체적 외모에 과도한 관심과 의존	감탄, 때로는 시기심과 모방이 혼합	감탄, 때로는 시기심과 모방이 혼합	무시하기	칭찬을 피한다; 비신체적 일을 격려한다(예: 독서, 미술, 음악).
내가 '슈퍼' 맨 또는 '슈퍼' 레이디일 때만	성차별주의	소년: 남성다운 행동 소녀: 의존적 매달림 행동	전반적인 승인; 약간의 짜증	전반적인 승인; 약간의 짜증	거부	무분별한 승인을 피한다; 반대되는 '여성성' 또는 '남성성' 태도와 행동을 격려한다.
내가 학습과 토의에 완전히 열중할 때만	주지화	지독한 책벌레 같은	승인	무관심; 하위 집단 수용	논쟁	무분별한 승인을 피한다; 사회적 여가 활동을 격려한다.
내가 종교적 생각과 활동에 충분히 열중할 때만	신앙심	종교적 사고와 활동에 깊이 관여; 교회에 정기적으로 출석	승인, 때로 짜증과 걱정이 혼합	대부분 무시함; 하위 집단 수용	동정; 방어	무분별한 승인이나 논쟁을 피한다; 탐구적인 사고와 말을 격려한다.

밤 같은 시간에 싸웠고, 이는 아이들 사이뿐만 아니라 부모 간에도 나쁜 감정을 가져왔다.

답답해진 나머지 남편은 한 토의 집단 구성원과 이야기를 나눴고 그 참가자는 『민주적인 부모가 된다는 것』(Dreikurs & Soltz, 1964) 책을 포함한 몇 가지 제안을 했다. 문제는 이틀 밤 만에 해결되었다. 첫째 날 저녁 식사 때, 부모는 아이들의 싸움에 더 이상 끼어들지 않겠다고 말했고, 부모가 자기 프로그램을 시청할 수 없다면, 아이들 역시 자기 프로그램을 시청할 수 없다고 말하였다. 아이들은 아무런 코멘트나 반대가 없었다.

그날 저녁 6시에 대소동이 있었다. 아이들은 침실에서 큰 소리로 다투다 부엌으로 나와 다투었다. 아이들은 마침내 거실까지 나왔다. 부모는 이를 전부 무시하고 아이들을 꾸짖지 않았다. 뉴스 프로그램이 끝났을 때, 엄마는 TV를 끄고 침실로 들어갔다. 아빠는 샤워하러 화장실로 갔다. 아이들은 울부짖으며, 그들의 프로그램을 볼 것을 요구했다. 심지어 TV를 다시 켜겠다고 협박했다. 부모는 아이들이 그렇게 할 것이라고 생각했으나, 아이들은 TV를 다시 켜지는 않았다. 혼란은 금방 사라졌고 나머지 저녁 시간은 모두 각자 방에 있으면서 조용했다.

'아무도 개입하지 않는다.' 싸움이 계속된 다음 날 저녁, 아이들은 각자의 부모에게 서로를 고자질하러 왔다. 각 부모는 "오늘 싸우고 싶지 않구나. 싸우려면, 세라의 방(이 방은 거실에서 가장 멀리 있다)으로 돌아가라"라고 반응했다. 각 아이는 잠시 입을 벌리고 멍하니 바라보다 침실로 갔다. 아이들은 싸우지 않았다. 부모는 아이들이 이야기하는 소리를 들을 수 있었다. 셋째 날 6시에 소동은 없었다.

이 사례에서 이 부모는 부모 토의 집단의 훌륭한 후보자이다. 이들은 이러한 방법을 성공적으로 사용하는 데 필요한 요소를 빠르게 파악한 것이 분명하다. 첫째, 그들은 싸움에 참여하지 않았다(개입하지 않았다). 따라서 자연적 결과가 일어나도록 하였다. 부모가 관심을 주지 않았고, 싸움에도 관심이 없었다. 둘째, 부모가 TV를 볼 수 없다면 아이들도 TV를 볼 수 없다는 점을 분명히 했다(논리적 결과로 서로 주고받기). 훨씬 놀라운 것은, 아동이 이러한 것의 논리를 알아차리고 부모에게 이 문제에 대해 도전하지 않았다는 점이다.

예시: '누군가 개입해야 한다.' 매일 저녁, 14세인 앤(Ann)은 방과 후 꽃집에서 시간제 일을 한다. 그녀는 집에 와서 작업용 도구를 현관 입구에 떨어뜨리는 습관이 생겼다. 철사, 철사 절단기, 그 밖의 비슷한 잡동사니들이 늘 그대로 남겨져, 다른 누군가가 치워야만 했다.

부모는 여러 번 상기시키고, 회유하고, 질책한 끝에, 개입하기로 결정했다. 더 이상 언급 하지 않고, 부모 중 한 명이 철사 절단기나 꽃 용품 작업 가방을 그냥 집어서 눈에 잘 띄지 않는 곳에 두었다. 며칠 밤 동안 앤이 필요한 도구가 없어 불편을 감수하고 지내자, 도구들은 어느새 아무 말 없이 제자리에 다시 놓여 있었다. 더 이상 상기시킬 필요는 없었다. 물론 그녀가 가끔 '잊어버리기도' 했지만 그럴 때마다 역시 비슷한 불편을 겪게 되었다.

이 사례에서 부모는 화가 나서 도구들을 치우지 않았다. 부모는 단순히 앤의 협력이 필요했고 앤도 부모의 협력이 필요했다. 대부분의 작업자는 그들의 도구를 다른 사람이 다니는 길이나 공공의 장소에 두고 가지 않을 것이다. 논리적 결과의 사용을 통하여, 앤은 사회생활에서의 중요한 교훈을 배웠다.

격려 가장 기본적인 형태의 격려는 다른 사람의 긍정적인 속성을 긍정하고, 지지하고, 향상시킨다. 격려의 목표는 개인이 어떤 상황을 직면하든, 어떤 결과가 나오든 극복할 수 있다고 근본적으로 믿게 하는 용기를 키우는 것이다. 명백한 패배나 실패에도 불구하고, 절망하거나 '실패'한 것처럼 느끼지 않는다.

낙담은 너무 흔해서 부모와 교사 모두 자신의 사소한 많은 행동이 아동이나 청소년에 대한 믿음의 부족을 드러낸다는 사실을 깨닫지 못하는 경우가 자주 있다. 결과적으로, 격려 과정에서 지침이 되는 원리가 필요하다. 그중에는 다음과 같은 것이 있다.

1. (개인의 잠재력이 아니라) 있는 그대로의 개인을 수용하고 믿음을 갖는다.
2. 아동과 청소년이 과제를 다룰 수 있음을 기대하고 이러한 기대를 당신의 행동으로 보인다.
3. 잘못된 행동에 직면했을 때, 행위와 행위자를 구별한다.
4. 실수, 패배, 또는 실패는 인생에서 흔하며 재앙이 아니라는 사실을 확인한다.
5. 자신이 어떻게 하고 있는지에 대한 평가보다는 일의 본질적인 즐거움과 성취에 대한 만족감을 강조한다.
6. 발전을 인정하고, 진심 어린 노력에 대해 충분히 격려한다.
7. 아동의 유능한 능력에 대해 신뢰를 보여 주고 다른 사람과 비교하지 않는다.
8. 학습 속도, 인내심, 정리정돈의 정도, 흥미 등의 차이를 허용한다.
9. 아동이 아무리 끈질기게 격려 과정을 거부하려 해도, 아동을 결코 포기하지 않는다.

마지막 요점은 특히 중요하다. 매우 낙담한 사람도 **사적 논리**, 즉 평생 내내 전반적인 움직임을 안내하는, 인생, 자기 자신, 타인에 대한 가정과 신념을 가지고 있다. 이러한 관념과 행동이 외부 관찰자에게 쓸모없게 여겨질지 모르지만, 그것들은 그들 나름대로 삶에서 자기 자리를 만들어 가는 독특한 방식을 구성한다. 매우 낙담한 사람은 이러한 사적 논리를 쉽게 포기하지 않을 것이다. 왜냐하면 상황이 불만족스러워 보여도, 보호 행동을 포기하면 모든 것이 더 나빠질 수 있다고 아동은(성인도) 확신하기 때문이다. 예를 들어, 이들은 다음과 같이 생각한다. "다른 사람들은 내가 노력하지 않고 실패한다는 것을 알고 있어. 그들은 내가 노력하기를 바라지만, 만약 내가 진짜로 노력한다면 내가 얼마나 어리석은지 모두 알게 될 거야. 얼마나 끔찍한 일이야!"

학생에게 바람직한 행동을 점진적으로, 작은 단위로 가까워지도록 하는 전략이 지켜질 가능성이 낮은 약속을 요구하는 것보다 훨씬 더 현실적일 때가 많다. 작은 성공이라도 레퍼토리가 쌓이기 전까지는 가능한 한 실패를 경험하지 않도록 해야 한다. 예를 들어, 우리가 하는 말과 행동을 통해서 성공 경험의 강화를 시작할 수 있다.

격려가 되는 문구는 다음과 같다.

당신은 ……을 즐기는 것으로 보여요.

당신과 함께 있어서 즐거웠어요.

다른 사람들은 당신의 도움을 고마워하는 것 같아요.

시작하기는 어렵지요.

어떻게 생각하세요?

도울 일이 있으면, 알려 주세요.

실수는 도움이 될 수 있습니다.

격려의 행위는 적어도 격려의 말만큼이나 중요하다. 다른 사람들이 자신에 대해 자신감을 갖고, 자립하며, 불완전할 용기를 갖도록 도울 수 있다. 다음은 격려 행위의 몇 가지 예이다.

1. 아동이 처음으로 혼자서 무엇인가를 해 보려고 할 때, 아동이 요청하지 않는 한 코멘트나 평가, 개입 없이 성공뿐만 아니라 실수를 통해서도 배울 수 있도록 허용한다. 요청하면 기꺼이 도움을 주지만 떠맡지는 않는다. 이후 언어적 격려가 적절하다면, 어떻게 했는지에 대한 평가 없이 이러한 노력에 대한 아동의 감정을 파악하고 반영한다.
2. 아동이 더 느리거나, 덜 깔끔하거나, 어른들과 다르게 행동하거나 존재할 때에는 인내심을 갖고 친절하게 대한다. 아동이 자기 속도로 따라오거나 하던 일을 끝낼 때까지는 다른 일에 집중하며 기다려 준다.
3. 다른 사람이 실수하거나 사고를 일으킨 경우, 실수를 바로잡고, 혼란을 정리하고, 보복 없이 다시 시도하는 것을 허용한다. 매우 낙담한 아동에게는, 도움이 필요하다면 기꺼이 친절한 태도로 돕겠다고 먼저 제안한다. 그러나 떠맡거나 모든 일을 하지 않는다. 아동에게 모범을 통해 친절과 협력을 보여 준다.

4. 아동이 낙담을 보일 때는, 그들이 할 수 있는 작은 일거리를 맡겨 주거나 다른 사람이 아동을 위하여 하는 행위를 통하여(예: 과제를 도와달라고 요청하기, 스탬프 수집가를 위하여 특별한 스탬프 모으기, 다른 사람의 팔찌를 위해 작은 장식물 구매하기, 아동이 좋아하는 것을 지켜보거나 함께 하는 시간을 갖기), 학급, 가족, 집단에서 자신이 소속되어 있음을 알도록 돕는다.
5. 어른이 아동과 함께 있는 것을 즐기거나 아동의 도움에 고마워할 때, 어른은 미소, 토닥임, 또는 아동이 이해할 수 있는 기타 비언어적 행동으로 이를 보여 줄 수 있다.
6. 경쟁적인 게임을 할 때, 어른은 그들의 동기를 점검할 수 있다(즉, 어떤 대가를 치르더라도 이기기 또는 이기든 지든 할 수 있는 최선을 다하고 이를 즐기기). 후자의 동기는 격려하는 태도와 행동의 모범이 된다. 전자는 오직 이기는 것만이 가치 있다는 낙담한 태도를 강화한다.

예를 들어, 학교 간호사와 교사는 아동의 식사, 수면, 용변 습관과 관련한 부모의 우려를 듣는다. 이러한 행동에 대해 의학적으로 분명한 이유가 없을 때, 〈표 9-4〉에 있는 지침이 유용할 수 있다. 어떤 경우에는, 의학 및 식이 요인이 야뇨증, 투덜거림, 또는 철회 행동을 촉진할 수 있다. 그럴 만한 이유가 전혀 그럴듯하지 않으면, 그 행동이 지니는 사회적 가치를 이해하는 것이 특별한 의미를 갖는다. 각 경우마다 보다 적절한 행동을 회복하는 데에는 격려가 필수적인 요소임을 알 수 있을 것이다.

격려의 또 다른 중요한 차원은 아들러 학파의 방법과 기법의 근간이 되는 가치 체계에 관련하여 제1장에서 언급되었다. 아들러 학파는 다른 사람들과 동등하게 생각하고, 느끼고, 행동하게 하며 어떤 상황, 어떤 결과에도 상황에 맞는 방식으로 대처할 수 있는 행동과 태도를 향해 수평적 차원에서 움직이도록 돕고자 한다. 이러한 가치 지향으로 인해 아들러 학파는 관련 아동이 보상이나 처벌(즉, 행동의 논리적 결과가 아닌)로 해석할 수 있는 교정적 권고의 효과에 의문을 제기한다. 어떤 경우, 아이들은 어른의 의도를 잘못 받아들이기 마련이다. 하지만 아동 집단이 어른의 '교정적' 방법을 처벌 또는 칭찬과 보상으로만 볼 때, 그 방법의 효과는 떨어진다. 그런 사례에서 어른은 자신의 태도와 행동이 이 장에서 설명한 것과 일치하는지 다시 돌아볼 필요가 있다.

다른 사람과 동등하게 생각하고, 느끼고, 행동하도록 한다.

연구에 따르면, 외재적 보상과 통제를 사용하면 보상받은 활동에 대한 아동의 내재적 흥미가 약화될 수 있다. 격려를 제공하려는 노력조차도 그 대상이 되는 사람에게는 보상으로 오해될 수 있다. 이러한 가능성 때문에, 아동의 감정과 태도를 공감하려는 노력이 중요하다.

예를 들어, 교사가 평균 이상의 능력을 보였지만 성적이 낮은 여학생을 격려하려고 노력 중이었다. 어느 날 오후, 학생들은 개별 프로젝트를 수행하고 있었다. 교사는 이 여학생이 다른 사람에게 도움을 요청하거나 방해하지 않고 보통과 다르게 한 시간 이상 프로젝트에 몰두하고 있음을 알아차렸다. 교사는 그 여학생을 잠시 지켜보고 나서 참 잘하고 있다고 말했다. 그 여학생은 쳐다보고 울기 시작하더니 교실을 뛰쳐나갔다. 처음에는 당황스러웠지만, 나중에 교사는 그 여학생에게 다가갔다.

교사: 메리(Mary), 내가 한 말이 너를 화나게 했구나. 이에 관해 이야기 나눌까?

메리: 무슨 말을 해야 할지 모르겠어요. 선생님은 잘못한 게 없어요.

교사: 음, 내가 잘못 말한 게 있는 것 같아. 메리, 네가 아무리 노력해도 충분하지 않다고 느끼는 것 같아. …… 그리고 그게 정말 너를 힘들게 하는구나.

메리: 네……. 내가 아무리 노력해도 소용없는 것 같아요(울기 시작한다)…….

교사: 너는 네가 하고 있는 일에 정말 집중하고 있었어……. 정말 열중하고 있었지. 네가 하려고 했던 것을 나에게 보여 줄 수 있니?

메리: 음, 아직 완전히 끝낸 건 아니지만…….

이 사례에서, 교사는 학생이 얼마나 잘하고 있는지를 언급하는 것이 아니라 무엇을 하고 있는지를 언급한다는 지침을 간과하였다. 그러나 교사는 그 여학생의 낙담을 공감하고 그 여학생이 계획했던 것으로 재정향하도록 돕기 위해 그 여학생에 대해 아는 바를 활용하였다.

이 학생은 내적으로 동기화되어 있는 것으로 여겨지고, 따라서 교사의 코멘트는 필요하지 않았다. 그러나 코멘트가 단순히 학생의 만족감을 반영하고, 이를 의식하게 하고, 교사가 그 만족감을 함께 나누는 방식이었다면 더 큰 도움이 되었을 것이다.

모든 아동이 같은 방식으로 낙담하지 않는다. 일부는 가능한 한 모든 것을 완벽하게 함으로써 어른에게서 자신의 위치에 대한 확인을 구한다. 얼마나 잘하고 있는지에 대한 교사의 코멘트를 정기적으로 간청한다. 어떤 경우에는, 시험에서 100점을 맞지 않는 것은 재앙 수준이다. 부모는 종종 그러한 아동에 큰 자부심을 느낀다. 최고상, A학점에 대한 상금, 끝없는 보상(ad infinitum)은 오히려 낙담을 더 키울 뿐이다.

격려를 통하여, 다른 사람들이 자신의 내적 가치, 평등성, 세상에서 자신의 자리를 인식하도록 돕는다.

〈표 9-4〉 몇 가지 전형적인 비의학적 행동 문제에 대한 지침

부모의 공통된 관심 사항	아동의 목표	전형적인 성인 반응	교정적 행동	예방적 행동
준비한 것을 먹지 않는다.	관심	짜증 난다; 구슬리거나 꼬드긴다.	음식을 특별히 준비하지 않는다; 먹고 안 먹고는 아동의 선택이다.	음식을 즐긴다. 대화하거나 공유하면서, 식사 시간을 즐겁게 한다.
옷을 입지 않는다.	관심	짜증 난다; 구슬리거나 꼬드긴다.	애를 봐 주는 사람에게 그대로 데려가거나 옷을 입히되 아침 식사와 같은 다른 서비스는 제공하지 않는다.	자신을 돌보는 것에 대한 만족감, 따뜻할 때 더 편안함을 느끼는 것 등을 반영할 기회를 찾는다.
싸우기	관심	심판관, 짜증 난다.	간섭하지 않는다.—화장실에 가거나 아동을 자신의 방에 보내 분쟁을 해결하게 한다.	분명히 협력할 때 관심을 준다.—책 읽기, 게임하기, 간식 나눠 먹기 등.
배변 훈련	관심	짜증 난다; 소동	편하게 한다; 우호적으로 대한다.	내적 만족을 강조한다(예: 자신을 돌보는데—개인적인 숙달에 관심을 가지면서 배설의 안도감과 만족감을 반영한다).
잠을 잘 수 없다; 물을 달라고 하고, 불을 켜달라고 한다; 무서워한다.	관심	짜증 난다; 구슬리거나 꼬드긴다.	취침 시간을 즐겁게 한다; 침대 밖 행동을 포함하여 어떤 외침도 무시한다.	아침 또는 낮잠 후에, 좋은 휴식 느낌에 관해 묻는다; 취침 시간이 다가오면(아동이 피곤할 때), 누워서 긴장을 풀고 즐거운 생각을 하는 것이 얼마나 좋은 기분인지 반영한다.
자위	관심	화남; 질책; 처벌	크게 생각하지 않는다; 긴장을 푼다.	도덕화하지 않는다. 성적 발달에 관하여 개방적이고 솔직한 논의를 허용한다; 간결하고 진실한 답변으로 질문을 격려한다.
땡깡부리기	힘	화남; 질책	침착함을 유지한다; 공공장소면, 데리고 나와서 협력할 때만 동행할 수 있음을 알린다; 집이면, 행동이 멈출 때까지 화장실로 보낸다; 말하지 않는다.	아동이 돕거나 참여할 수 있는 일이나 활동을 준다.
불순종	힘	화남	협력하고 싶다는 의사를 표하지만, 선택은 아동의 몫이다; 처벌의 대안으로서 자연적 및 논리적 결과를 사용한다(예: 식기를 세척 하지 않으면, 저녁 식사를 요리하지 않는다).	가족 회의 또는 학급 회의를 열어, 구성원의 강점과 이러한 강점이 다른 사람에게 어떻게 도움이 될 수 있는지 논의한다; 오락, 소풍 등을 계획한다. 그리고 집단의 협력을 위해 지켜야 할 기본 규칙을 정한다.

훔치기	복수	상처받음; 처벌	크게 생각하지 않는다; 어느 정도의 배상을 기대한다; 아동에게 제안하도록 요청한다—처벌이 아닌 결과를 사용한다.	포기하지 않는다; 아동이 다른 사람에게 자신이 호감받을 거라고는 기대하지 않는다는 것을 알아 둔다; 아동이 도움이 되게 하여 아동에게 자리를 마련해 준다; 믿음을 보여 준다.

* 교정 행동의 일반 원리: 기대하지 않은 것을 행한다; 말하지 않는다; 충동적으로 행동하지 않는다; 통제하려는 생각을 버린다; 자연적 및 논리적 결과를 사용한다.
* 예방 행동의 일반 원리: 친근함을 유지한다; 단호하고, 일관적이고, 긍정적으로 대한다; 아동에게 대한 관심으로 책임 있는 행동을 격려하고, 돕고, 나누고, 새로운 역량과 독립을 즐기는 것에 대한 내적 만족을 격려한다; 아동이 단지 말뿐 아닌 행동으로써 가족이나 학급에서 자신의 위치가 있음을 알도록 돕는다.

이러한 사람들의 세계는, 아동일 때나 성인일 때나 끊임없는 성공 추구, 끊임없는 확신의 필요, 그리고 끊임없는 에너지 소모로 가득하다. 그러나 격려를 적절히 사용하면 그들의 내적 가치, 평등성, 세상에서의 자기 자리를 인식하도록 도울 수 있다.

일관적이고, 우호적이며, 존중하면서 실행하기

저자의 경험에 따르면, 어른들은 아동과 청소년과 관련한 당면 문제만 해결하려는 경향이 있다. 어느 정도 성공을 달성하고 위기의 순간이 지나가면, 추가적인 상담과 자문은 중단되곤 한다.

때때로 성인과 아동 사이에 새로운 합의가 이루어지지만, 이는 시기상조이며 향후 같은 유형의 위기를 예방하기에는 크게 부족한 경우가 많다. 이러한 이유로, 상담자가 권고하는 예방적 측면(제11장)을 어른과 아이들 모두가 끝까지 실천하도록 이해하는 것이 강조되어야 한다. 교정 절차를 실행할 때, 몇 가지 관찰 사항을 준수하면 효과 가능성을 높이는 데 도움이 될 수 있다.

첫째, 교정 활동을 하는 데 있어 일관성은 매우 중요하다. 어른이 합의된 규칙에 예외를 만들 때마다, 다른 경우에 다른 규칙을 수정해야 하는 혼란이 더 커진다. 이는 모든 부모와 교사가 경험하는 힘겨운 게임이다. 친근함은 질서 유지에 필요한 단호함을 무디게 할 것이다.

둘째, 새로운 규칙이 나름의 강제력을 가지고 있다는 사실을 마침내 깨닫게 되면, 일부 아동은 '반칙이다'라고 외치며 불공평하다고 항의할 수 있다. 그들은 그 규칙이 시행되는 방식이 불공평하다고 주장할 것이다. 규칙이 모두에게 적용되면, 아동은 적용의 논리를 알 것이다. 아동은 여전히 따지면서 결과를 피하려고 시도할지 모른다. 이런 경우에, 침묵은 금이다. 이러한 방식에 내재하는 평등은 존중을 강화한다.

나는 불완전하다. 그리고 나는 당신을 불완전한 존재로서 수용한다.

셋째, 실수하는 것을 두려워하지 않는다. 불완전할 용기를 갖는다. 때때로 성인은 '잘못된' 일을 할 가능성에 압도되곤 한다. 그러한 생각은 아들러식으로 다른 사람들이 배울 수 있도록 돕는 전략에 역효과를 낼 뿐이다. 사람은 행동함으로써, 그리고 성공뿐만 아니라 실수를 통해서도 배운다. 부정적인 생각에 머물러 있으면, 옛 방식을 되풀이하게 되고 또한 그 과정에서 패배감을 느끼는 경향이 있다.

넷째, 한 번에 한두 가지 권고만 한다. 한 번에 한 가지 행동 유형을 교정하는 작업을 한다. 성인의 성공 경험 또한 중요하다. 이러한 방법을 처음 접하는 성인의 경우, 너무 빨리, 너무 많은 조정을 시도하여 혼란스러워하거나 실망할 수 있다.

요약

이 장에서 아들러 학파의 아동 지도의 주요 원리, 방법, 기법을 설명하였다. 이성(reason), 존중(respect), 책임(responsibility)은 핵심적인 요소이다. 아동과 청소년의 잘못된 행동의 목적을 확인하였다. 교정 방법은 격려로 시작하고, 삶의 현실과 자연적 및 논리적 결과로 보충한다. 마지막으로 덧붙일 점은, 이러한 방법들이 연령이나 삶의 지위를 막론하고 모든 사람에게 적용될 수 있다는 것이다. 이어지는 장들에서 보게 되겠지만, 아들러가 말한 '사회적 삶의 철칙'은 모든 사람에게 영향을 미친다. 이는 모든 사람의 평등성을 보여 주는 또 하나의 증거이기도 하다. 젊은이들과 함께 생활하면서 질서와 조화를 발견하게 되면, 사회생활의 다른 측면도 개선된다. 부모 공부 집단 이후에는 종종 결혼생활에 관한 토론 집단이 이어지곤 하는데, 이는 참가자들이 그 가치를 경험하고 자신의 삶을 더 풍요롭게 하고 싶기 때문이다.

마지막으로, 제12장에서는 학교 내 청소년의 불순종과 폭력과 관련한 문제를 개선하는 데 도움이 되는 집단 방법을 소개한다. 약물과 무기 관련 폭력 문제는 가정과 학교를 넘어서는 지역사회의 노력을 요구한다. 마찬가지로, 심각한 정신건강 문제와 모든 유형의 소수자에 대한 차별은 그 사회가 자신의 철학, 우선순위, 책무를 근본적으로 재정비할 필요가 있음을 보여 주는 증상이다. 인간 문제에 대한 드라이커스와 아들러의 접근법에는, 이러한 지역사회의 문제에 대한 합리적인 대안과 일부 해답이 담겨 있다.

학습 문제

지시 사항: 다음 질문에 답하시오.

1. 잘못된 행동의 네 가지 목표 각각에 대한 예를 하나씩 제시하고, 각 상황에서 아동의 사적 논리를 설명하시오. 각 예시에서 성인의 감정과 전통적인 반응은 무엇인가?
2. '잘못 행동하는 아동이 올바른 무언가를 하고 있을 때를 포착하라!'라는 말이 있다. 이는 왜 좋은 생각처럼 보이는가? 어떤 종류의 행동을 '포착'하길 바라는가? '보상'이 아니라 격려가 되기 위하여 무슨 말을 하거나 행동할 수 있는가?
3. 당신이 관찰했거나 연루된 아동-성인 사건 하나를 찾아보고, CARE의 네 단계를 적용해 보시오. 이러한 단계가 당시에 적용되었다면 결과는 어떻게 달라졌을까?
4. 교정적인 훈육 차원에서 너무 많이 말하기는 왜 단점이 되는가?

활동

I. 당신은 아동 지도와 관련하여 개인심리학의 원리와 방법을 공부할 기회를 가져왔다. 완전히 이해했을 때, 목표 지향적 행동이라는 개념은 무척 흥미롭다. 처음 이 접근법을 일단 접하는 사람은 자신의 지식을 즉시 적용하고 싶어 한다. 그러나 당연히, 이 접근을 성공적으로 활용하려면 실습, 창의성, 유연성이 필요하다. 다음 연습은 잘못된 행동의 목표를 인식하는 실습을 제공하고, 상담과 자문에서 적용할 수 있는 대안적 반응을 만들어 내도록 격려하기 위해 고안되었다.

A. 다음 글은 일상생활의 한 장면이다. [서식 9-1]에, 설명된 잘못된 행동의 목표, 성인이 하는 보통의 반사적인 반응, 이러한 개입의 결과를 적는다. 또한 아동의 잘못된 행동에 대한 대안적 반응을 제안한다. 구체적인 반응이나 행동을 제안한다(예: 엄마는 아동이 싸우고 있는 방에서 나온다). 힌트: 기대하지 않은 것을 행하도록 시도한다. 양식을 다 완성한 후, 당신의 반응을 [서식 9-1]의 해답에 있는 것과 비교한다.

그런 다음, 첫 번째 활동에서 제시된 장면에 대한 당신의 반응과 개인적인 경험을 집단에서 학습 파트너나 관심 있는 친구와 공유한다. 설명된 특정 개입에 대해 갖고 있는 어떤 우려나

의문이든 자유롭게 표현한다. 어떤 제안을 시도할 때 가장 불편할 것 같은가? 이러한 접근법으로 작업할 때 각자는 자신의 감정을 인식할 필요가 있다.

- 장면 1 메리는 작고 귀여운 2세 아이이다. 이 아이는 또다시 방금 스파게티 접시를 바닥에 떨어뜨리고는, 명랑하게 웃으며 '다 없어졌어!'라고 말한다.
- 장면 2 짐과 조는 매번 싸우는 7세의 쌍둥이이다. 아버지는 짐에게 장난감을 조와 함께 사용하라고 말했다. 조가 "어쨌든 그런 오래된 장난감을 가지는 놀고 싶지 않아"라고 응답한 것에 대해 짐은 "나도 같이 안 놀아"라고 소리쳤다.
- 장면 3 4세의 제시카가 옆 방에 있는 개에게 큰소리로 분명하게 욕을 하는 바람에, 엄마의 교회 모임이 단숨에 중단되었다.
- 장면 4 8세의 주디가 극장에 따라가려는데 열두 살 오빠가 거부하자 화가 나서, 오빠의 야구 카드를 마구 찢어 오빠 방에 뿌렸다.
- 장면 5 성취 시험에서 과제수행력을 인정받았음에도, 스티븐은 더 어려운 수학 문제에는 거의 도전하지 않는다. 아예 형의 도움을 거부하기조차 한다.

이 활동의 주요 목적은 행동의 목적성을 식별하는 것을 배우는 것이다. 잘못된 행동의 목표, 성인의 감정과 생각, 그리고 일반적 반응에 대해 주목한다. 당신은 다음에서 성인의 새로운 행동과 태도가 싸움에서 친근함으로 변화시킬 수 있음을 보게 될 것이다.

[서식 9-1] **감정과 행동**

상황	아동의 잘못된 행동의 목표	성인의 전형적인 반응	결과	대안적 행동
• 장면 1: 메리는 음식을 바닥에 떨어뜨린다.				
• 장면 2: 쌍둥이 짐과 조는 매번 싸운다.				
• 장면 3: 제시카는 개에게 욕설을 퍼붓는다.				
• 장면 4: 주디는 오빠의 야구 카드를 찢는다.				
• 장면 5: 스티븐은 더 어려운 수학 문제를 풀려고 하지 않는다.				

a. 성인이나 관계된 타인의 감정을 통해 우세한 목표는 매우 쉽게 확인된다. 만약 성인이 짜증을 느낀다면, 아마 아동은 관심을 원할 것이다; 만약 화난다면, 힘이고; 만약 상처와 실망을 느끼면, 복수; 성인이 포기한다면 아동의 목표는 부적절성이다.

[서식 9-1] **감정과 행동의 답**

상황	아동의 잘못된 행동의 목적	성인의 전형적인 반응	결과	대안적 활동
• 장면 1: 메리는 음식을 바닥에 떨어뜨린다.	관심	짜증, 치우기	아이가 지켜봄	아무 말도 하지 않는다, 깨끗이 치운다, 그리고 치우는 것을 아동이 돕도록 한다.
• 장면 2: 쌍둥이 짐과 조는 매번 싸운다.	관심/힘	화남, 질책, 심판관	아이들은 계속 싸움; 짐은 어른에게 계속 도전	힘겨루기를 피한다, 싸움에서 벗어난다, 아이들 자기 방에서 싸우게 하거나 적어도 현 장소를 떠나도록 한다(어른은 아무 말없이 하는 것이 좋다).
• 장면 3: 제시카는 개에게 욕설을 퍼붓는다.	복수	상처, 당황, 꾸짖음, 때림	욕함, 반격	코멘트 없이 단호하게 데리고 나가기; 교회에 갈 수 없고 타인을 방해할 수 없음을 나중에 알게 함; 당신이 아이의 동행을 원하고, 교회에 함께 가기를 바라겠지만, 아이가 다른 사람을 방해하지 않고 참석할 수 있겠냐고 묻는다. '네'라고 하면 더 이상 말할 필요 없고, 그렇지 않다면 아이가 준비될 때까지는 갈 수 없다. 협조했을 때 나중에 잔소리나 '참 착한 아이구나' 같은 피상적인 토닥거림을 하지 말고, 대신 기분 좋게 즐거운 시간을 보낼 수 있도록 도와준다.
• 장면 4: 주디는 오빠의 야구 카드를 찢는다.	복수	상처/분노	소란을 즐김	격려가 필요하다(앞으로 배움).
• 장면 5: 스티븐은 더 어려운 수학 문제를 풀려고 하지 않는다.	부적절성	포기	스티븐의 철회 심화	격려가 필요하다(앞으로 배움).

B. 잘못된 행동을 하는 아동을 다룬 당신의 경험 중 적어도 두 가지 상황을 기술하시오. 당신의 반응과 아동의 반응을 포함하여 기술하시오.
사례의 도중과 후에 당신의 감정은 무엇이었는가?
행동의 목적에 대해 지금 여러분이 이해하고 있는 바에 따르면, 아동의 목표가 무엇이라고 믿는가?
다르게 반응한다면 어떻게 했을 것 같은가?

개인적 경험 1: ______________________________

____

____

당신의 반응 ______________________________

____

아동의 반응 ______________________________

____

당신의 감정(도중과 후) ______________________________

____

아동의 목표 ______________________________

____

어떻게 다르게 반응할 수 있었는가? ______________________________

____

____

개인적 경험 2: ______________________________

____

당신의 반응 ______________________________

____

아동의 반응 ______________________________

____

당신의 감정(도중과 후) ______________________________

____

아동의 목표 ______________________________

____

어떻게 다르게 반응할 수 있었는가? ______________________________

____

____

II. 이전 장에서, 개인심리학의 원리와 방법을 공부할 기회가 있었다. 청소년의 잘못된 목표 몇 가지가 〈표 9-3〉에 있다. 다음 연습은 아들러 학파의 방법을 10대의 문제 행동과 관련하여 적용하는 것이다.

A. 1. 당신의 경험과 공부에 근거하여, 〈표 9-3〉에 제시된 것 중 세 가지 이상 청소년의 구체적인 문제 행동을 열거하시오.

2. 당신의 예를 학급의 다른 구성원이나 공부 파트너와 공유하시오.

3. 열거된 사례들에 대해 생각해 보시오.

① 모든 행동이 일반적으로 '나쁜' 행동인가(예: 뒷말하기, 무책임하기 등)?

② 그렇다면 〈표 9-3〉에 있는 것처럼 성인에게는 더 수용적이지만 그럼에도 불구하고 잘못된 목표를 갖는 행동에 대해 생각해 보시오. 필요하면 서식에 다른 것도 열거하시오.

B. 집단을 3~4명으로 구성하고, 집단의 각 사람은 한두 가지 문제 행동을 목록에서 골라 토론한다. 각 범주에 대한 적절한 반응을 집단별로 결정하기 위하여 제공된 서식을 이용한다. 집단 토의 내에서 더 큰 다양성으로부터 이점을 얻기 위하여, 가능한 한 구성원은 다른 목적과 관련된 행동을 선정한다.

C. 1. 선정된 10대 문제 행동을 집단 토의 하고 나서, 각 구성원은 [서식 9-2]의 다른 항목을 작성하시오. 해당 항목을 10대에게 가장 관심 있는 구체적인 행동과 관련시켜 작성하시오(즉, 성인 반응, 목표, 생각, 교정적 반응). 〈표 9-3〉을 참고하시오.

2. 모든 구성원이 작업을 마치면, 각 구성원이 열거한 것과 그 이유를 가지고 소집단 토의를 시작하시오. 다른 사람들도 비슷한 아이를 알고 있을 수 있으며, 성공적인 개입을 위한 제안을 해 줄 수도 있다. 집단 구성원들은 또한 목표와 사고가 행동 및 교정 방법과 일치하는지 점검하는 데 도울 수 있다.

[서식 9-2] **10대의 일반적 문제 행동**

문제 행동	성인 반응	목표	사고	가능한 격려 교정 반응

III. 이전의 활동과 내용에서, 저자는 젊은이를 지도하는 원리와 방법을 제시하고 논의하였다. 이 시점에서, 당신은 계속 잘못 행동하는 사람은 잘못된 사적 논리를 추구하고 있으며, 그러한 행동이 '대단한' 사람이 되고 인정받는 데 필요한 것임을 알게 되었을 것이다. 때로는 매우 낙담한 사람의 태도와 행동에서 거의 자발적 변화가 있음을 경험할 것이다. 그러나 의미 있는 변화를 일으키려면 이러한 방법을 합리적으로 이용하는 데 시간, 인내, 일관성이 필요할 때가 더 많다.

앞에서 잘못 행동하는 아동을 확인하여 그의 목표를 파악하고 어떤 결과와 격려가 도움이 될지 생각해 보았다. 대부분의 경우, 사람들은 아동이 처음 두 가지 목적인 관심 끌기와 힘을 추구한다고 생각하는 경향이 있다. 이는 자연스러운 경향이다. 왜냐하면 일반적으로 추구하는 목표이고 사람을 성가시게 하거나 화나게 하기 때문이다.

그러나 복수와 부적절성의 행동과 목표는 사람들을 낙담하게 한다. 다른 사람들은 그러한 사람들을 회피하거나 무시하는 경향이 있다. 지금의 활동에서 당신의 과제는 지속적으로 세 번째 또는 네 번째 목적을 추구하는 아동을 확인하는 것이다. 그러고 나서 (4~6명의) 소집단의 다른 구성원이나 공부 파트너의 자원을 활용하여, 아동의 잘못된 목적과 행동을 바로잡으려는 구체적인 개입계획을 세운다. (이 시점에서 당연한 이야기일 수 있겠지만, 낙담한 청소년 또는 성인도 이러한 계획으로 도움받을 수 있다.)

A. 복수 또는 부적절의 목적을 추구한다고 생각되는 아동을 확인한다. [서식 9-3]을 활용하여 긍정적인 개입계획을 세운다. 예를 들면, [서식 9-3] 실례를 참고한다. 일반적인 개요를 작성한 후, 집단 또는 공부 파트너와 당신의 계획을 논의한다. 각 구성원은 다른 사람을 돕도록 한다.

1. 성가시고, 변화되어야 할 구체적인 행동을 설정하시오.

2. 사용하고 있는 행동의 목적과 잘못된 사적 논리를 확인하시오.
3. 자연적 및 논리적 결과에 대한 논의가 파괴적 행동과 관련하여 모든 사람을 위한 비처벌적 규칙으로 설정되는 데 이용될 수 있는 시점을 정확히 정하시오.
4. 언어적 및 비언어적 격려의 구체적인 방법과 기법을 제안하시오.
5. 계획 실행의 시기와 상황을 정하시오.
6. 진행 과정을 사정할 지침을 정하시오(바람직한 방향으로의 작은 단계가 지나치게 야심적인 성과보다 더 유용할 때가 많다).

B. 이 시점에서, 당신은 가정, 학교, 직장에서 개인심리학의 방법을 적용해 본 당신의 경험 일부를 나누고 싶을 것이다. 친구 등의 경험도 함께 나눌 수 있지만 이름이나 신원을 확인할 수 있는 정보는 제한해야 한다.

[서식 9-3] **긍정적 개입 계획 양식**

<table>
<tr><th colspan="2">사례 정보</th></tr>
<tr><td>A. 아동에 대한 개요
• 나이 ________ 성별 ________
• 신체적 특성(자세, 청결 상태, 버릇)
• 자매: 형제/나이 ________
자매/나이 ________
• 출생 순위 ________
• 기타 정보

B. 문제 행동
•
•
•
•
C. 성인/타인의 반응
• 행동

• 감정</td><td>D. 잘못된 행동의 주된 목표(성인 또는 관련된 다른 사람에게 야기되는 주된 감정에 기초하여)
•

E. 사적 논리(아동이 생각하고 있는 것)
•

F. 변화가 없다면
• 어떤 잘못된 행동이 예상되는가?

• 아동은 당신에게 무엇을 기대할 것 같은가?</td></tr>
</table>

a. 비평가적으로; 활동과 관계에서의 만족에 초점을 두라.

예방적 개입 활동[a]

A. 언어적 격려	B. 비언어적 격려
나는 할 수 있다 언제	나는 할 수 있다 언제

a. 비평가적으로; 활동과 관계에서의 만족에 초점을 두라.

교정적 개입 활동[b]

A. 자연적 결과	B. 논리적 결과

b: 기억하라: 예상하지 않는 것을 행한다; 말하지 않는다; 충동적으로 행동하지 않는다; 통제하려는 생각을 버린다. 결과는 토의 후 동의한 규칙이어야 한다. 처벌과는 달리, 결과는 논리적이고, 질서를 증진하고, 개인과 집단의 권리를 존중하고, 본질적으로 비처벌적이다. 이는 최후 통첩이 아니라 대안적인 선택을 포함함을 유의하라. 친근함, 단호함, 일관성, 긍정을 유지하라.

[서식 9-3a] **긍정적 개입 계획의 실례**

사례 정보	
A. 아동에 대한 개요 • 나이: 11세 • 성별: 남 • 신체적 특성(자세, 청결, 버릇) 직접적인 눈맞춤을 피함, 구부정함, 손톱 깨물기 • 형제자매: 형제들/나이 10 ______________ (동생이 애교쟁이임) 자매들/나이 13 ______________ ('모범생' 큰 누이) • 출생 순위: 둘째 • 기타 정보: 최근에 톰은 점차 학업성적이 떨어지고 학급의 다른 애들이 싫어하여, 내 학급으로 옮겨 왔다. 어머니는 톰에 대해 무엇을 해야 할지를 모른다. B. 문제 행동 • 거짓말하기, 훔치는 행동을 한다고 알려짐 • 싸움, 다른 사람 때리기 • 쉽게 낙담하기	D. 잘못된 행동의 주된 목표(관련된 성인과 타인에게 야기된 주된 감정에 기초하여) • 복수심, 왜냐하면 그의 행동이 다른 사람을 상처 주기 때문에 E.사적 논리(아동이 생각하고 있는 것) • 다른 사람들은 나를 좋아하지 않아. 인생은 정말 불공평해. 그러나 나는 이들에게 보여 줄 거야. 나는 이들을 해칠 수 있음을. F. 변화가 없다면, • 어떤 잘못된 행동이 예상되는가? B에 기술한 행동 문제가 계속되나 그 행동들은 다른 사람들을 더 해치는 방식을 강화시키고, 복수하고, 점차 더 미움받는 방식을 찾을 것이다. • 아동은 당신에게 무엇을 기대하는가? —학습 습관에 대한 잔소리 증가 —자신을 믿지 않음; 자신을 먼저 책망

• 학급에서 쉽게 과제 포기–비 경쟁적인 일에도 C. 성인, 타인의 반응 • 행동 –야단치기; 교무실로 보내기 –타인에게 사과하도록 하기 –공부에 대해 잔소리하기; 더 잘할 수 있다고 말하기 –급우들이 그를 회피하기 • 감정: 상처, 분개	–부모 호출 –교장실로 자주 불려감

예방적 개입 활동[a]			
A. 언어적 격려		B. 비언어적 격려	
• 나는 할 수 있다. 톰이 나의 반 아이어서 기쁘다는 것을 알려 줄 수 있다.	• 언제 첫째 날 그리고 주기적으로	• 나는 할 수 있다. 학급 회의를 통하여 톰을 소개하고, 그의 관심 사항 등을 말하게 할 수 있다.	• 언제 첫째 날
톰의 도움에 감사함을 표현할 수 있다.	톰이 도울 때마다	과제물을 수거하는 일을 도와주게 할 수 있다.	첫째 날과 주기적으로
		톰에게 미소 지을 수 있다.	매일 아침, 주기적으로
개인협의회를 하면서, 다른 사람에게 그렇게 훌륭하게 보이는 누나가 있다는 것이 톰에게 힘들게 여겨질 것이 분명하지만, 나의 교실에서는 톰이 우리에게 얼마나 진정으로 도움이 되고 능력 있는가를 보여 주기 때문에 문제되지 않는다는 점을 알게 할 수 있다.	필요할 때, 낙담을 계속 보일 때	교실에서 톰의 도움에 대한 긍정적 관찰을 나타내는 기록을 집으로 보내고 부모의 격려를 부탁할 수 있다.	첫째 날, 주기적으로
		기능이 학급 수준에 오르지 않으면, 보충 또는 개별화된 교과 과제를 내줄 수 있다.	필요할 때
미소와 유쾌한 말로 인사하고, 어제 이후 무슨 일이 있었는지 물을 수 있다.	매일	톰의 능력으로 다른 사람의 일이나 과제를 도와주게 할 수 있다.	주기적으로, 그러나 특히 정서적으로 침체되어 있을 때

a: 비평가적으로; 활동과 관계에서의 만족에 초점을 두라.

교정적 개입 활동[b]	
A. 자연적 결과	B. 논리적 결과
톰의 경우, 논리적 결과가 유일한 대안일 것 같다.	우리 학급에서, 우리는 '부디(please)'로 시작되지 않거나 존중심이 없는 요청을 듣지 않는다. 우리는 아무런 코멘트 없이 요청을 무시한다. • 지속적으로 문제 행동을 하면 '타임아웃 테이블'로 보내지고, 집단에 다시 합류할 준비가 될 때 돌아오게 한다. • 휴식 전에 과제를 완수하여야 한다. 또는 다른 사람이 노는 동안에도 과제를 끝내야 함께 놀 수 있다. • 싸움이 있을 때는 다른 사람과 놀 수 없다. 그러나 즐거움을 줄 준비가 되면 우리와 함께 할 수 있다. • 깨뜨리거나 훔친 물건은 보상하여야 한다. 그렇지 않으면 앞으로는 그 물건을 사용할 수 없다.

b: 기억하라: 예기치 않은 것을 행한다; 말하지 않는다; 충동적으로 행동하지 않는다; 통제하려는 생각을 버린다. 결과는 토의 후 동의한 규칙이어야 한다. 처벌과는 달리, 결과는 논리적이고, 질서를 증진하고, 개인과 집단의 권리를 존중하고, 본질적으로 비처벌적이다. 이는 최후통첩이 아니라 대안적인 선택이 포함됨을 유의한다. 친근함, 단호함, 일관성, 긍정을 유지한다.

참고문헌

Dreikurs, R., & Soltz, V. (1964). *Children: The challenge*. New York: Hawthorn Books.

Kelly, E. W., & Sweeney, T. J. (1979). Typical faulty goals of adolescents. *School Counselor*, *26*, 236-246.

Soutar, R., & Longo, R. E. (2011). *Doing neurofeedback: An introduction*. San Rafael, CA: ISNR Research Foundation.

제10장

친밀한 관계에 있는 부부/커플 상담

아들러의 두 번째 생애 과제인 우정은 상호 존중, 충성, 신뢰, 협력, 그리고 서로에 대한 감사와 용서의 능력과 같은 특성들을 필요로 한다. 절친한 친구는 마음이 맞는 친구로, 관계를 유지하기 위해 늘 곁에 있을 필요가 없다. 세월이 흘러도 재회의 순간에는 마치 시간이나 거리가 그들을 갈라놓지 않은 것처럼 우정이 멈췄던 곳에서 다시 이어진다. 우정을 위한 능력을 발달시키는 것은 어린 시절과 청소년기에 제공되는 지도를 통해 형성되는데, 이는 제9장과 제11장에서도 논의된다. 이러한 자질들은 훨씬 위대하고, 유망하며, 때로는 도전적일 수도 있는 관계의 기초가 된다.

친밀한 관계에서의 사랑은 개인이 숙달해야 할 생애 과제 중 세 번째이자 가장 어려운 과제이다. 관계에 참여하는 두 명의 당사자 모두에게 용기와 협력이 요구되기 때문에 그렇다. 결혼에 관한 드라이커스(Dreikurs, 1946)의 고전적인 저서에서, 결혼 관계에 훨씬 더 큰 사회적 평등을 가져온 민주적 혁명에도 불구하고 '전통'이 우리를 그에 대해 준비시키지 않았다고 지적했다. 만약 드라이커스가 오늘날 글을 쓴다면, 그는 의심할 여지없이 성별이나 성적 지향, 결혼 여부 또는 기타 연인 관계와 관계없이 모든 친밀한 연인 관계에 상호 평등이 요구됨을 포함할 것이다. 그러나 사람들의 결점은 가장 친밀한 관계에서 가장 두드러지게 나타난다. 드라이커스는 이어서 이렇게 말했다.

> 가족이 해체되고 있는 것이 아니라 오히려 심각한 딜레마에 직면해 있다. …… 우리는 민주적 분위기에서 살아가는 데 필요한 상호 존중의 정신으로 갈등과 관심사 간 충돌을 해결하는 방법을 알지 못한다. 사실상 우리가 평등해졌음에도 불구하고, 서로를 평등한 존재로 대하며 살아가는 능력이 우리 문화에 부족하다는 점은 우리의 가장 가까운 관계, 즉 결혼 생활에서 가장 고통스럽게 느껴진다(p. v).

아들러의 1936년 논문 「사랑은 최신 발명품이다(Love Is a Recent Invention」(p. 36)에서 그는 "우리가 우리 아버지 세대보다 성에 대해 더 많이 안다는 것은 의심의 여지가 없다"고 언급했다. 그는 이어서, "그렇지만 우리가 사랑에 대해서는 더 많이 알고 있는가?"라고 묻는다. 이와 같은 관찰은 오늘날에도 여전히 유효하다. 그는 이제는 익숙해진 이야기를 인용했다. 즉, 아버지가 아들에게 '생명 탄생에 관한 사실들'을 잘 알고 있는지 묻자, 아들이 "네, 알죠. 궁금한 거 있으면 제가 알려드릴까요?"라고 응답했다. 유머러스하면서도 의미심장한 점은, 80년이 지난 지금도 사람들의 관심이 여전히 가장 친밀한 관계의 영적 · 지적 · 사회적 차원보다는 육체적 관계에 더 치우쳐 있다는 사실이다.

이는 결코 일부 부부가 겪는 실제적인 성 문제와 그 해결의 필요성, 또는 청소년을 위한 체계적인 성교육을 통해 얻을 수 있는 상당한 가치를 경시하려는 것이 아니다. 정보 부족, 초기 발달 과정에서 학습된 가치관, 또는 건강 악화로 인한 신체적 어려움 중 어떤 것에 해당하든, 성(sexuality)은 친밀감 형성의 실패 원인이 아니라 오히려 친밀감을 발전시킬 수 있는 기회를 제공한다. 아들러와 드라이커스의 가르침에 따라, 이 장은 부부의 건강하고 친밀한 관계 달성에 중심이 되는 개념과 방법을 소개하는 것을 목적으로 한다. 이 주제는 전통적으로 이성애 관계에 초점을 맞춰 왔지만, 반드시 이성애에만 국한되지는 않는다.

관계 문제는 성별이나 성적 지향과 관계없이 모든 부부에게 매우 중요하며, 주요 공동체에 속한 사람들의 편견과 억압적인 태도 및 행동에 의해 악화될 수 있는데, 여기에는 그들 자신의 원가족도 포함된다. 물론 부부 상담과 치료만을 다루는 책들은 많이 있다. 이 장에서 제공되는 정보는 다른 접근법들의 이론과 방법을 구축하는 데 기본적인 자료로서 유용할 것이다. 방법과 기법에 관한 다른 많은 참고 자료들과 달리, 아들러 모델은 상담이나 치료에서의 진전을 평가하는 기준으로서의 가치 체계를 제공할 뿐만 아니라, 그러한 친밀한 관계에서 바람직하다고 여겨지는 목표도 제시한다.

사랑: 친밀한 관계의 선행 요소이자 부산물

독자라면 이 절의 부제목 때문에 혼란스러울 수 있다. 그러나 일반적인 생각과는 달리, 사랑이라는 감정은 만족스러운 사랑 관계의 '원인'이 아니다. 그렇다고 해서 결코 사랑의 힘이나 중요성을 과소평가하는 것은 아니다. 드라이커스(1946)는 다음과 같이 언급했다.

> 사랑받고 있다는 깨달음은 심리적으로 매우 중요한 순간에 일어난다. 이는 자신을 주고자 하는 욕구와 상대방을 받아들이고자 하는 욕구, 상대방에 대한 지속적이고 특별한 관심, 함께 있고자 하는 갈망으로 이루어진다. …… [그러나] 상대방에 대한 우리의 태도가 변할 때마다 사랑은 언제든 위태로워진다(pp. 15–16).

개인들은 자신의 목표와 욕구에 따라, 그리고 자신이 관심을 두는 대상이 자신의 욕구를 충족시키는가를 얼마나 잘 지각하느냐에 따라 애정을 표현한다. 이 과정은 일반적으로 무의식적으로 이루어지지만, 마치 의식적인 의도에 의한 것처럼 작동한다. 드라이커스(1946)는 이 주제에 대해 상당히 상세한 설명을 한 후, 사랑을 매우 주관적인 것으로 정의하였다. 그는 "사랑은 그저 누군가 사랑이라고 부르는 것이다. …… 헌신을 위해서든 지배를 위해서든, 천국을 위해서든 지옥을 위해서든, 행복을 위해서든 불행을 위해서든"(p. 18)이라고 말했다. 따라서 사랑은 사랑하는 사람의 의도에 달려 있다. 만약 이 평가만으로 결론을 내린다면, 사랑을 시적인 목적 이외에 정의하는 것은 실질적 가치가 거의 없다고 생각할 수도 있다. 그러나 드라이커스와 아들러는 사회적 관심의 맥락에서 더 깊이 있는 설명을 제시한다.

아들러(1936)는 사랑을 결혼 안에서 정의했지만, 오늘날 저자가 믿기로는 그가 틀림없이 모든 헌신적이고 친밀한 관계를 남녀 간의 평등한 동반자 관계와 동일하게 여겼을 것이다. 즉, "두 사람이 하나로 합쳐져, 개인의 성적 욕구를 인류의 생물학적 필요 및 사회의 요구와 조화롭게 맞추는 한 쌍의 양자 관계(human dyad)"(pp. 36, 128)로 말이다. 이 '완벽한 사랑을 보여 주는 한 쌍의 양자 관계'를 달성하기 위해 아들러는 모든 부부가 고려해야 할 것으로 다음의 '규칙'을 제안했다.

1. 배우자를 우러러보지도 말고 깔보지도 말라: 동등한 입장에서 사랑하라.
2. 자신도 불가능한 완벽함을 다른 사람에게 기대하지 말라: 천사가 아닌 여성을, 환영(환상, 이상)이 아닌 남성을 사랑하라.
3. 자신들을 한 사람 또는 두 사람으로 여기지 말고, 한 쌍으로 생각하라.
4. 사랑에서 주기만 하거나 받기만 하지 말라.
5. 육체적으로 끌리지 않는 배우자를 선택하지 말고, 또한 단순히 신체적 매력만으로 운명을 걸지 말라.
6. 사회적 · 경제적 · 지적 · 영적 · 정서적 · 생물학적인 모든 면에서 배우자와 협력하기를 소홀히 하지 말라.
7. 샛길이나 막다른 골목에서 길을 잃지 말라: 감정의 미로에서 빠져나올 길은 항상 있다. 잠재적으로 모든 인간은 본질적으로 정상이다.

8. 관습, 또는 자기만의 개성의 노예가 되지 말라: 당신은 단순히 개인이 아니라, 사회 집단과 인류의 일원임을 기억하라(p. 128).

이러한 권고 사항들로부터 독자는 아들러가 그다지 낭만적인 사람이 아니었다고 결론지을 수 있다. 하지만 그를 잘 알았던 사람들의 일화를 통해 우리는 그가 재미를 좋아하고, 사교적이며, 아마도 꽤 낭만적인 사람이었다는 것을 알고 있다. 그러나 감정은 도구이며 사랑도 예외가 아니라는 점을 반드시 기억해야 한다. 따라서 아들러의 충고는 시인들이 말하듯 복잡하게 얽힌 사랑이 아니라 실용적이고 현실적인 성격을 지니고 있었다고 할 수 있다.

그러므로 사랑은 성공적인 부부 관계의 선행 조건이자 부산물이다. 두 사람은 서로의 편안함, 편리함, 선호 등을 위해 기여하기로 결정한다. 또한, 불편함과 번거로움을 감수해야 하고, 자신이 좋아하는 것을 무시해야 할 때조차 그렇다. 이 주고받는 과정에서 기쁨, 만족, 평화와 같은 내적인 보상이 있다. 또한 올바른 조건하에서 사랑이 가득한 친밀한 관계가 장수와 삶의 질에 기여하는 다양한 생리적 · 심리적 · 영적 혜택이 있다는 충분한 증거가 있다. 이런 조건에서 관계에 대한 행복감이 뒤따르는 것은 당연하다. 그렇다면 사람들은 어떻게 친밀한 관계를 형성할까? 드라이커스는 이에 대한 심리적 설명을 제시한다.

배우자 선택

드라이커스는 개인의 비밀스러운 기대가 미래의 배우자를 선택하는 데 중요한 역할을 한다고 믿었다. 이러한 기대는 신체적 · 사회적 · 심리적 특성에 대한 인상으로 전환된다. 대부분 무의식적이지만, 무언의 욕구, 욕망, 기대를 충족시킨다는 점에서 예측 가능하다. 제2장에서 언급했듯이, 심장 안에 존재하는 '뇌'가 사회적 상호작용의 일반적인 과정보다 먼저 나타나는 갑작스럽고 즉각적인 사랑의 감정을 설명할 수 있다는 증거가 있다(McCraty, Adkinson, Tomasin, & Braley, 2009; Pearsall, 1998). 그러한 순간에 뇌에서 분비되는 옥시토신은 분명 욕망의 감정에 더해진다. 실제로, '사랑에 빠진다'는 것은 그 순간에는 그저 말 그대로 그렇게 느껴질 수 있다. 더 그럴듯한 설명은 무언의 기대와 욕구의 틀이 만남의 순간에 실현되는 것처럼 보인다는 것이다.

첫인상부터 헌신의 외적 표현까지, 각 개인은 미세한 행동들을 '나를 위한 이상적인 특성'이라는 원형에 맞는지 여부에 따라 기대의 패턴 속에 저울질한다. 이 관점에는 중요한 아들러 심리학 개념이 내포되어 있다. 드라이커스(1946)는 다음과 같이 믿었다.

> 최종 결정을 내리는 데 영향을 미치는 깊은 개인적인 요구들이 있다. 믿기 어려울 수도 있지만, 모든 사람은 처음에 무의식적으로 기대했던 바로 그 대우를 배우자로부터 받게 된다. 우리가 어떤 사람을 갑자기 또는 점차적으로 '나에게 맞는 배우자'라고 받아들일 때 충족되는 요구들은 전통적인 것이 아니다. 즉, 일반적인 상식에 따른 것이 아니다. 우리는 누군가가 그의 성격을 통해 우리가 지닌 개인적인 패턴을 실현할 기회를 제공할 때 그에게 매력을 느낀다……. 다시 말해 어린 시절부터 품어 온 계획을 이어 가거나 되살릴 수 있는 기회를 주는 사람에게 끌린다(p. 68).

따라서 드라이커스가 설명한 바와 같이, 배우자 선택(mating)은 개인의 비밀스러운 기대를 충족시킨다. 이러한 기대는 종종 말로 표현되지 않거나 심지어 무의식적인 개인의 기대와 욕구이다. 사람들이 누군가가 자신에게 적합하다고 '느낄' 때, 그들은 자신이 '사랑에 빠졌다고' 말하는 경향이 있다. 반대로, 그 사람이 자신의 '욕구'를 더 이상 충족하지 않는다고 지각하면, 그들은 '사랑이 식었다'고 말하는 경향이 있다. 헌신적인 관계를 맺기 전의 검소함이 인색함으로, 관대함이 낭비로, 가족에 대한 관심이 지루한 가정적 일상으로 보이는 것이다.

이해하기 어려워 보일 수 있지만, 학대 관계에서 피해자가 친구들, 가족, 상담자들의 권유에도 불구하고 떠나지 않는 경우, 종종 간과되는 것은 학대하는 파트너가 충족시키는 기대의 패턴이다. 그렇다고 학대받는 파트너가 관계를 떠나려고 할 때 자주 직면하게 되는 실제적인 신체적 위험을 가볍게 보자는 것은 아니다. 그러나 학대받는 파트너는 생활양식 치료와 제2차 변화(학대하는 파트너 역시 마찬가지)를 통해 학대 관계를 유지하게 하는 건강하지 않은 태도, 목표, 행동을 변화시킬 수 있다. 이러한 변화가 있으면, 학대하는 배우자를 떠날 수 있도록 다른 사람들의 도움과 지원을 받는 데 필요한 용기와 확신은 더 나은 변화를 위한 기초가 된다.

드라이커스(1946)는 이러한 경향을 '결핍에의 호소'라고 표현했다. 어떤 개인들은 조화로운 관계를 맺을 가능성이 가장 적은 사람에게 무의식적으로 끌린다.

> 두 가지 은밀한 경향이 주로 이러한 상황을 초래한다. 하나는 자신의 우월함을 유지하려는 욕망이고, 다른 하나는 고통받고자 하는 무의식적 열망이다. 첫 번째 경향은 열등한 배우자를 선택하게 하고, 두 번째 경향은 특정 자질에도 불구하고 불만족이나 심지어 고통을 초래하는 사람을 선택하게 한다. 그 결과 남는 것은 순교자적 위안뿐이다(p. 80).

이러한 성향과 관련된 목적은 자신의 결함을 채우기 위해 배우자를 선택하는 것이다. 무책임하거나, 생산적이지 않거나, 비사교적이거나, 기타 '사회적으로 열등한' 성향이 있는 배우자는 자신의 우월성을 지속적으로 확인해야 한다는 사적 논리에 빠진 개인에게 아무런 도전거리가 되지 않는다. 사실상, 도전거리가 되지 않는 것을 넘어, 잘못된 배우자는 상대방이 관계에서 '희생자'나 '순교자'로서 얼마나 고귀하고 유능하며 오랫동안 고통을 견뎌 왔는지를 더욱 부각시킨다. 그러나 특정 유형의 관계를 추구하는 개인들을 고정관념으로 판단해서는 안 된다. 상담자가 개인의 사적 논리를 이해하는 것이 더 중요하다.

덜 명확하지만 마찬가지로 파괴적인 것은 부부 상담을 통해 드러나는 낙담의 징후들이다. 예를 들어, 한쪽 배우자가 사소하게 무례한 발언을 하거나, 사랑의 친밀한 표현에 인색하거나, 비언어적으로 상대방을 깔보는 행동을 보이는 경우가 이에 해당한다. 이러한 것들이 결국 이별의 원인이 된다.

상담에서 유용한 또 다른 기본 개념은 연애할 때 개인을 매혹시킨 특징들이 친밀한 관계에서 갈등을 일으키기도 한다는 관찰과 관련이 있다. 사실, 사람들을 결합시키는 바로 그 특성들이 갈등을 유발하는 경향이 있다. 예를 들어, 한 남성은 지적이고, 매력적이며, 가정을 사랑하고, 독립적이고, 유쾌한 성격의 여성 파트너를 찾는다. 다른 남성은 그의 연인이 지적이고, 야심차며, 일을 사랑하고, 의지할 수 있으며, 사교적인 성격이라서 끌린다.

이 시나리오는 다소 단순화되었지만, 두 번째 남성은 집에 갇혀 있거나 경력이 제한된 느낌을 받게 된다. 열심히 일하느라 집에 거의 없고, 성공적이지만 너무 바쁜 배우자는 그녀의 경력이 남편의 배우자의 경력보다 우선시되는 데 감수된 희생을 알아주지 않거나, 그로 인해 관계의 다른 측면에서 발생하는 상실을 인정하지 않을 수도 있다.

사람은 자신의 사적 논리를 보완해 줄 동반자를 찾는다.

각 배우자는 자신의 불만이 정당하다고 느낀다. 그들이 자신들의 긴장 상태에 대한 일부 책임을 수용할지라도, 서로에게서 정확히 자신이 찾던 것을 얻었다는 점을 근본적으로 이해하지 못할 수도 있다. 부부 상담이 효과적이기 위해서는 두 사람이 자신의 목표, 신념, 태도뿐만 아니라 현재의 관계가 갈등을 일으키는 잘못된 생각을 어떻게 강화하는지에 대해서도 이해해야 한다.

부부 상담

상담자는 한 번쯤 스스로에게 물어보아야 한다. 부부 중 한 명 또는 두 사람 모두가 상담을 요청할 때, 관계의 상태가 어떤가? 두 배우자가 모두 관계에 헌신하고 있는가? 두 사람 모두 '한 쌍' 또는 양자 관계로서의 성공을 이루기 위해 상담에 임할 준비가 되어 있는가? 물론, 문제 지점과 낙담의 영역을 정확히 파악할 수 있는 평가 도구가 있다. 그러나 관계를 계속할 헌신의 정도를 측정하는 것은 그리 쉽지 않다.

본(Vaughan, 1986)은 다양한 유형, 나이, 특징을 가진 사람들과의 인터뷰를 통해 그녀가 '헤어지는' 과정(uncoupling process)이라고 정의한 것을 겪은 사람들에게서 상담자가 인식하는 데 유용할 수 있는 뚜렷한 단계와 패턴이 있음을 발견했다. 그녀는 불행한 사람을 주도자(initiator)로, 다른 사람을 단순히 파트너(partner)로 묘사했다. 그녀는 종종 상담자가 한 가지 상황과 맞닥뜨리게 된다고 했는데, 즉 주도자가 불행함을 표현하는 시도를 했으나 실패했고, 그가 관계를 '회복할 수 없다'고 결정을 내린 후에야 파트너가 상황의 심각성을 깨닫게 된다는 것이다. 이 시점에서 주도자는 이전에 심리적으로 이미 이별 과정을 시작한 것이다. 그녀는 상담자에게 의뢰가 왔을 때 다음과 같은 상황이 발생한다고 언급했다.

> 파트너에 해당하는 사람들은 전문가가 그 관계를 구하는 데 헌신할 것이라고 믿고 강력히 도움을 요청할 것이다. …… 반면, 주도자에 해당하는 사람들은 관계를 유지하는 것에 대해 뚜렷한 편향이 없는 상담자를 찾으려고 한다. …… 두 사람 모두 이제 싸움에 들어온 제3자의 지원을 얻기 위해 경쟁한다. …… 모든 것이 가능하다. …… 그럼에도 불구하고 대부분의 경우 상담자들은 부부가 상담을 요청할 때쯤에는 너무 늦었다고 여긴다(pp. 176-177).

'너무 늦었다'라는 말은 아들러 심리학 관점에서 상담에 접근하는 방식이 아니다. 첫째, 많은 부부가 부모교육 집단에 참여하여 그들의 관계를 개선하기 위해 많은 것을 배울 수 있음을 깨닫는다. 많은 이들이 지역사회 기관이나 종교기관이 주관하는 구조화된 프로그램을 통해 외부 도움을 받는 것이 관계 개선에 많은 도움이 될 수 있음을 알게 된다. 둘째, 확실하지 않은 경우 아들러 상담자는 각 배우자가 향후 5년간 여전히 함께할 가능성을 예측하는지 물어볼 것이다. 각 배우자가 미래에 헌신할 가능성을 조금이라도 보여 준다면, 그 희망은 아무리 작더라도 추구할 가치가 있다. 만약 희망이 없다면, 한 명 또는 두 명 모두가 기대하는 도움은 이혼 또는 별거 상담일 수 있다. 이는 처음부터 가능한 한 명확히 해야 한다.

관계 수립

어떤 부부에게는 시작하는 것이 다른 부부보다 더 어려울 수 있다. '주도자'는 자신의 동기가 불확실하기 때문에(관계가 아마도 회복될 수 없다는 생각을 품고 있음) 배우자보다 더 불안해할 가능성이 높다. 반대로, 관계를 구제하려는 희망을 가진 배우자는 관계가 끝날 가능성에 대해 정서적으로 괴로워할 것이다. 본(Vaughan)은 배우자가 다른 상황 또는 다른 관계에서 주도자 역할을 했던 사례들을 발견한 바 있다. 관계의 수명에 대해 각 배우자가 이 관계를 종료할 만큼 얼마나 좌절했을지 상상해 볼 수 있다.

헤어지는(uncoupling) 과정은 한 명 또는 그 이상이 싸우고, 생각하고, 논쟁하고, 노력하면서 지치고 좌절할 때 자연스럽게 발생한다. 어떤 때는 신체적, 정서적으로 너무 말라버려 5년이 문제가 아니라 5분조차도 버티는 것을 상상할 수 없다. 그 결과, 실제로는 아니더라도 적어도 마음속에서 다른 대안을 탐색하기 시작한다. 그들은 배우자로부터 벗어나려 발버둥 침으로써 이 관계와 관련된 좌절감, 죄책감, 상처, 분노 및 유사한 감정들에서 거리를 두기 시작한다.

결국, 주도자들은 원래 배우자와 관계를 맺었던 방식과는 반대되는 과정을 시작하게 된다. 짐작할 수 있듯이, 그들은 상대방이 용기를 북돋아 주는 등의 매력적이거나 바람직한 점보다 상대방의 결점을 더 빨리 떠올릴 수 있다. 상담자는 이에 공감하고, 이러한 감정이 현재 상황에서는 정상적이고 이해할 수 있는 것이라 안심시키며, 양쪽에게 지지를 제공하는 것이 낙담을 완화하는 데 크게 도움이 될 수 있다

그다음에 상담자는 진심으로 각 배우자와 신뢰 관계를 형성하여 두 사람이 편안해지도록 노력한다. 실제로 연구에 따르면, 강한 치료적 동맹 관계의 발전이 상담/치료에서 성공적인 결과를 예측하는 가장 강력한 지표이다(Watts, 1998). 두 사람 모두 정서적으로 고통 받고 있으며 공감적 이해를 간절히 원한다고 상상하면, 이 과정이 그렇게 어려운 일은 아니다. 한 사람만의 편을 들지 않고서, 각 사람이 이 지점에 도달하게 된 경위와 두 사람 간의 차이를 해결하기 위해 무엇을 해 왔는지를 묻는 것만으로도 상담자는 각 배우자의 어려움에 공감할 수 있는 충분한 기초를 갖게 된다.

신뢰를 형성하는 것에는 목표와 과정에 대해 어느 정도 합의를 이룬다는 것을 포함된다. 두 배우자가 일반적으로 동의할 수 있는 한 가지 목표는 각자에게 더 행복한 삶을 약속하는 결과를 얻는 것이다. 이 시점에서, 그들이 이 자리에 있는 이유는 관계에 개선이 필요하기 때문이며, 이러한 과정을 통해 각자가 목표를 향해 나아갈 수 있다는 전제를 세울 수 있다.

분명 한 배우자가 저항하는 것처럼 보여도, 단기 목표에 대한 일부 합의를 내리는 것은 바람직하다. 예를 들어, 생활양식 사정의 가치를 설명할 수 있다. 이것은 두 배우자 모두에게 해당되며, 상

담이나 관계를 지속하든 관계없이 사정 과정을 마치는 데 필요한 회기 이후에도 적용된다. 그들이 이 과정에 참여하기로 동의한다고 가정하면, 추가로 네다섯 번의 회기를 예약하고, 그 이후에 다시 협상할 기회를 갖는 것에도 동의해야 한다.

사정

사정(Assessment) 과정은 공식적으로 또는 비공식적으로 진행될 수 있다. 앞에서 언급했듯이, 상담자는 배우자 간에 말로 표현되지 않은 내용과 비언어적 단서에 주의를 기울인다. 이는 상담 관계에 중요하기 때문이다.

이 과정에는 그들이 상담을 통해 무엇을 성취하고자 하는지를 파악하는 것이 포함된다. 관계가 심각한 위기에 처해 있는 것처럼 보일 때, 각 배우자에게 앞으로 5년 동안 관계가 유지될 가능성이 얼마나 된다고 생각하는지 개별적으로 적어 보라고 요청하라. 각자 종이에 퍼센트(예: 20%의 기회)를 적어 상담자에게 제출한다. 그들의 의견이 얼마나 일치하는지는 상담을 받기 전에 얼마나 많은 논의가 있었는지를 나타낼 수 있다. 이로써 또한 누가 관계를 떠나기 시작한 '주도자'(즉, 행복하지 않아 이별 과정을 시작한 사람)인지, 그리고 누가 관계가 구제 가능하다고 믿는지 알 수 있다.

확률이 가장 낮은 사람은 협력하는 데 있어 가장 큰 어려움을 제기하는 경우가 많다. 그들의 낙담은 아마도 상대방보다 먼저 시작되었으며, 행복한 해결책에 대한 희망도 거의 소진되었을 가능성이 크다. 그 결과, 그들은 자신도 모르는 사이, 어쩌면 의도치 않게, 종국에는 희망이 없다는 것을 증명하려고 시도할 수 있다. 만약 이런 상황이라고 의심된다면, 친절하지만 단호하게 이 문제를 제기해야 한다. 이는 앞서 언급한 것처럼 '헤어지는' 작업의 과정이 어떻게 진행되는지를 설명하는 방식으로 이루어질 수 있다. 이를 통해 원래는 매우 불안할 수 있는 과정을 정상화하는 데 도움이 될 수 있다.

초기 면담에서 재정, 시부모/처가, 양육, 공동 책임, 애정 표현(성적인 것뿐만 아니라 그 외의 것들도 포함)과 관련된 문제들이 흔히 나타난다. 이는 협력과 관련된 문제가 드러나는 것이다. 대부분 이러한 문제들은 두 사람이 협력하기에 실패한 노력에만 집중해 온 영역을 드러낸다. 의사 결정, 문제 해결, 갈등해결 전략은 교육이 가능하다. 상담 과정의 과제하기와 재조정 단계에서 이러한 것들을 개발할 수 있다. 그러나 진짜 문제는 생활양식의 충돌에 있다. 이를 밝혀내기 위해서는 생활양식 사정이 도움이 된다.

상담자는 말하지 않은 것에도 귀를 기울여야 한다. 성공하지 못한 관계의 심각한 징후는 알코올 남용, 다른 약물 남용, 배우자나 자녀 학대, 그리고 한쪽 또는 양쪽 배우자가 만드는 삼각관계에서 발견될 수 있다. 삼각관계는 부모가 자녀에게 지나치게 몰두하거나 한 사람이 직장에서 지나치게 야망을 가질 때처럼 비교적 무해해 보일 수 있다. 하지만 이 두 경우 모두 관계를 희생시키며, 관계의 기반을 서서히 약화시킬 수 있다.

알코올 중독이나 그 외의 더 심각한 상태가 밝혀진다면, 성공적인 상담에 대한 어려움은 분명 훨씬 더 커진다. 이러한 문제들은 부부가 자신들만의 '비밀'로 숨기는 경우가 많다. 부부가 이를 스스로 밝히지 않을 때, 상담자는 이를 발견하기 위해 주의를 기울여야 한다. 어떤 경우에는 그들이 술이나 다른 물질을 얼마나 자주, 얼마나 많이 소비하는지 묻는 것만으로도 쉽게 알 수 있다. 가족 배경, 가치관 등에 따라, 그들은 자신들의 남용 행동을 완전히 정상적인 것으로 여길 수도 있다. 다른 경우에는 이를 최소화하거나 부인하려 할 것이다.

성공적인 상담 관계를 저해하는 또 다른 심각한 장애물은 부부가 그들 관계 밖의 다른 사람들과 삼각관계를 형성하는 것이다. 이러한 사람들은 선의로 접근하는 친구나 친척, 혹은 한 배우자의 연인일 수 있다. 만약 상담을 시작하게 된 계기가 한 배우자의 외도 때문이라면, 그 관계의 유형과 지속 기간, 그리고 제3자의 접근 가능성을 파악해야 한다. 이는 상담이 어렵거나 성공적이지 않다고 느껴질 때 한 배우자가 그곳으로 도피할 가능성을 나타내는 지표가 될 수 있다. 그러나 외도 자체는 대개 관계에서 느끼는 낙담의 표현이다. 통계적으로 보면, 이혼 후에도 제3자와의 관계가 지속되는 경우는 드물다. 그러나 이들은 어려움을 겪고 있는 결혼이나 부부 관계의 취약한 시기에 무시할 수 없는 요인이 된다.

부부 중 한 배우자는 지지하고 다른 사람은 반대하는 친척이나 친구도 문제가 된다. 두 배우자 모두에게 필요한 사람은 이들이 부부로서 함께하려는 노력을 지지하고 진심 어린 애정으로 그렇게 하려는 친구들이다. 따라서 상담자는 부부가 이러한 사람들을 확인하고, 그들을 어떻게 현재 사회생활에 포함시킬지 고려하는 데 시간을 할애해야 할 수도 있다. 이러한 사람들은 부부 관계가 악화되면서 멀어졌던 옛 친구들일 수도 있고, 공통된 관심사를 가진 직장 동료들일 수도 있고, 비슷한 연령대와 가정생활 등을 가진 부부를 찾고 있는 교회 구성원들, 혹은 춤, 카드 놀이, 볼링과 같은 여가 활동을 통해 새롭게 만난 지인들일 수도 있다. 이러한 사람들과 부부는 관계를 정상화하는 데 필요한 사회적 지지 네트워크를 구성할 수 있다.

요즘 같이 사회적 네트워크와 디지털 통신의 시대에 상담자는 부부 중 한 명 또는 두 명 모두가 온라인에서 다른 사람들과 그들의 실망감과 좌절감을 공유하고 있는지 물어볼 필요가 있을 수 있다. 그러한 '친구들'의 이점과 위험성에 대한 사정을 솔직하게 다루어야 할 수도 있다. 그러한 '도움'을 중단하는 합의에 도달하는 것은 각 배우자가 상담 후에 얼마나 협력적일지, 혹은 얼마나 방어적인 태도를 취할지를 보여 주는 보기가 될 수 있다.

부부 생활양식 사정

생활양식 사정, 그리고 부부 갈등과 관련해서 이 사정이 의미하는 바를 해석하는 것은 신념, 행동, 감정을 위협적이지 않은 방식으로 연결시키는 역할을 한다. 이러한 연결은 새로운 이해, 새로운 행동 시도, 부정적인 감정 해소의 기반이 된다. 예를 들면, 제5장과 제6장에서 언급한 바와 같이, 이것은 남성과 여성에 대한 견해, 그리고 부부가 갈등을 해결하고 생애 과제를 수행하는 등의 방식을 밝혀낼 방법을 제공한다. 이 방법은 내담자에게 즉각적이고 관련성이 있으며 구체적인 개인의 독특한 패턴을 구성하는 유용한 방식을 제공한다.

이 과정에는 어린 시절의 가족 구도와 초기 회상이 포함된다. 각 경우에 부부는 자료 수집과 상담자의 해석적 관찰 동안 함께한다. 이 활동 자체가 두 배우자의 불안감을 어느 정도 완화시키는 경향이 있으며, 일반적으로는 더 큰 희망을 불러일으킨다. 이는 오랜만에 두 사람이 함께할 수 있는 몇 안 되는 진정으로 협력적이고 위협적이지 않은 활동 중 하나일 수 있다. 어린 시절의 기억을 공유하면서, 어쩌면 상처가 될 수도 있는 상황에 대해서는 긍정적인 유머가 해독제 역할을 할 수 있다.

생활양식 정보를 수집하기 전에, 각 배우자에게 상대방이 특정 면에서 달라진다면 그들의 관계가 어떻게 나아질지 종이에 적어 보라고 요청할 수 있다. 이 내용은 상담자와 공유해야 하며, 상담의 해석 단계가 될 때까지는 배우자들끼리 공유하지 않는다. 상담자가 개인의 인생 신념과 '문제가 되는' 행동 사이의 연관성을 충분히 이해하게 되면, 상담자와 내담자가 상대 배우자에게 공개할 수 있다.

또 다른 기법은 상담 과정 초기에 문제의 영역을 빠르게 사정할 수 있게 해 준다. 먼저 배우자들에게 일곱 가지 생애 과제 영역(즉, 직업/일, 사랑과 결혼/연애, 우정, 자신과의 관계, 삶의 의미 찾기, 여가와 레크리에이션, 양육)에 대해 자신을 평가해 보도록 요청한다. 이들은 1(최고점)에서 5까지의 척도를 사용해 평가한다. 다음으로, 각 배우자에게 상대 배우자가 자신을 각 영역에서 어떻게 평가할지 추정하도록 요청한다. 이에 대한 결과는 모두가 볼 수 있도록 종이나 보드에 기록한다.

서로에 대한 일치와 불일치가 주된 관심사가 된다. 부부와 상황에 따라 이 기법은 재정 문제, 시댁 혹은 처가 문제, 영적 문제 등 다른 영역에 대해서도 평가하도록 활용될 수 있다.

넬과 마크 사례

마크(Mark)와 넬(Nel)은 그들의 목사의 의뢰로 상담을 받으러 왔다. 목사는 그들과 대화한 후, 훈련된 상담자의 도움이 필요할 것이라고 결론지었다. 마크는 경계하며 전혀 소통하지 않았다. 넬은 딱 보기에도 괴로워하며 매우 긴장한 상태였다. 첫 회기 초기에 마크가 직장에서 일하는 여성과 외도를 했다는 사실이 드러났다. 그 여성은 마크와 가까운 곳에서 일하지는 않았는데, 넬이 마크에게 의심을 제기한 이후에는 근무 시간도 바꾸어 버렸다. 그럼에도 불구하고 넬은 그 관계가 정말 끝난 것인지, 아니면 단순히 다시 시작할 준비를 하고 있는 것인지 확신하지 못했다.

상대 배우자가 다르게 변한다면 관계가 어떻게 나아질 것인지 묻자, 마크는 넬이 더 재미있고, 대장같이 굴지 않으며, 덜 업무 지향적이었으면 좋겠다고 적었다. 넬은 마크가 더 책임감 있고 그녀의 감정과 욕구에 더 민감했으면 좋겠다고 말했다. 이로 미루어 볼 때, 저자는 마크가 관계의 주도자였고 넬은 이제야 그들의 관계가 상실될 잠재성을 깨닫고 있다고 생각했다. 분명, 신뢰가 관계의 성공에 중요한 요소가 될 것으로 보였다.

그들이 최근 며칠 동안 경험했던 감정적으로 소모적인 대화에서 벗어나기 위해서는 명료한 구조와 격려가 필요해 보였다. 생활양식 사정을 시작하기 전에, 부부에게 일상적인 하루를 설명하도록 하는 것이 유익할 수 있다. 역할의 구조, 그리고 상대 배우자, 자녀, 직장 동료, 처가/시댁 등과의 관계 방식과 무언의 규칙을 파악하기 위해 듣는 것이 상담자가 이 관계에서 각 배우자의 무의식적인 목표와 움직임, 그리고 외부 영향이 중요할 수 있는 방식을 이해하는 데 도움이 된다. 이것은 상담자가 나중에 가족 상담의 여부를 사정할 수 있는 첫 번째 기회가 될 수 있다. 이때 처가/시댁이 관계의 성공에 영향을 미친다면 그들을 포함하는 것도 고려할 수 있다.

이 활동은 부부에게 긴장을 완화시키는 역할을 했다. 두 사람 모두 참여하게 되었고 어느 정도 협력의 증거를 보였다. 이후에 밝혀지겠지만, 이 부부의 우선순위는 생활양식 사정에 의해 확인되었다.

생활양식 사정이 진행되면서 마크와 넬은 과정에 몰입하게 되었고 방어적인 태도를 내려놓았다. 어린 시절, 친구들, 가족 상황, 기타 비슷한 정보 등의 이야기 과정에서 간간이 웃음이 터지기도 했다.

마크는 막내였다. 그는 어머니의 사랑을 한 몸에 받았고, 때때로 내키지 않아 하는 누나들의 보살핌을 받았다. 그의 회상 중 두 개는 다음과 같다:

> 나는 가장 큰 누나인 베스(Beth, +4세)가 내가 디저트를 얻으려면 엄마가 집에 돌아올 때까지 기다려야 한다고 말한 걸 기억해요. 어찌 됐든, 누나가 보지 않을 때 나는 디저트를 몰래 먹었어요. 나는 스스로 디저트를 먹을 수 있는 나이가 되었다고 생각했어요. 기분이 좋았어요. 누나는 아마 내가 디저트를 가져갔다는 것을 결코 알지 못할 거예요.

* * * *

베스와 낸시(Nancy, +2세) 누나가 양쪽에서 서로 내 손을 잡고 있던 기억이 나요. 우리는 어딘가 가고 있었는데 나는 가고 싶지 않았어요. 그들은 나를 꽉 붙잡아 끌고 갔어요. 나는 그게 싫었는데, 두 사람도 그걸 알고 있었어요!

마크는 삶에 대한 접근 방식과 우선순위에 대해 많은 것을 이야기하고 있다. 아들러는 네 가지 주요 우선순위 또는 목표 유형을 구분했는데, 즉 지배형, 기생형, 회피형, 그리고 사회적 유용형이다. 이는 사람에게 꼬리표를 붙이거나 범주화하는 것과 혼동되어서는 안 된다. 다만, 개인의 삶에서 지배적인 주제를 이해하고자 하는 한 가지 방법을 제공한다. 이러한 목표는 개인이 무의식적이고 습관적인 방식으로 향해 나아가는 것이다. 마크의 경우를 보면, "나는 내가 원하는 것을 원하는 때에 얻어야 하고, 그보다 더 늦어서는 안 된다!"라는 식으로 결정했음을 알 수 있다. 이 사정 결과를 봤을 때, 마크는 동의하며 미소를 지었다.

같은 주제로 나는 계속해서 말했다. "…… 그리고 어떤 여자도 내가 원하는 것을 얻는 데 방해가 될 수 없다." 넬은 이것이 그들의 관계에서 확실히 사실이었다고 말하지 않을 수 없었다. 놀랍게도, 마크는 이에 대해 방어적이지 않았다. 실제로 그는 그것을 자랑스러워했다. 그에게는 사실이었기 때문에, 그게 뭐가 문제겠는가 하는 것이었다.

넬이 장녀였다는 것을 추측할 수 있을 것이다. 그녀에게는 네 살 어린 남동생 빌(Bill)이 있었다. 각 사람은 가족 내에서 특별한 위치를 가지고 있었다. 그녀는 남동생을 도왔지만, 그것이 문제라고 생각하지는 않았다. 동생은 '꽤 착한 어린아이'였고, 가끔 그녀의 물건에 손을 대는 것 외에는 함께 있는 것이 매우 재미있었다.

이제 넬의 몇 가지 회상을 볼 차례이다.

어느 날 저녁, 빌이 부엌에서 나를 도와야 했어요. 그런데 알고 보니 내가 모든 일을 다한 것 같았어요. 그렇지만 그 애가 너무 재미있게 어리광을 부려서 나는 신경 쓰지 않았어요.

* * * *

어느 일요일에 우리는 교회에 있었고, 정문 계단에서 목사님이 어머니와 아버지에게 이야기하고 있었던 게 기억나요. 날씨가 정말 좋았어요. 풀은 초록색이었고, 나무에 꽃이 피어 있었으며(아마 봄이었을 거예요), 해는 빛났고, 모든 것이 그야말로 다 좋았어요. 그리고 나는 목사님이 내가 얼마나 사랑스러운 어린이인지, 내가 책임감이 넘쳐서 어른 예배에 가도 전혀 눈에 띄지 않을 정도인데 이런 딸을 가진 내 부모님이 얼마나 행운인지 하는 말을 엿들었던 기억이 나요. 부모님도 동의하셨고, 그것이 부모님을 정말 기분 좋게 만들었다는 것을 알아요. 나도 마찬가지거든요.

해석

자세한 내용을 다루지 않고도, 나는 이 관계에 대해 어느 정도 추측할 수 있었다. 예를 들어, 마크의 가족에게 교회에 가는 것이 가족의 가치가 아니었다면, 넬이 그를 '끌고 가려' 할 때 그가 저항하며 의지할 곳은 어디일까? 이 추측은 정확했으며 두 사람 모두 이 작은 통찰에 매료되었다. 이것은 그들의 결혼 초기부터 갈등의 원인이 되어왔다. 이 가족 안에서 책임감 있고 '상대를 기쁘게 해 주는' 역할을 맡은 사람은 누구일지도 추측할 수 있다. 물론 넬이다.

반면, 마크는 적어도 집에 돌아와 분위기를 밝게 하며, 어느 정도의 즐거움을 제공해야 한다. 넬은 만약 즐거움이나 사회적 활동이 있어야 한다면, 사회 활동의 디렉터는 마크의 몫이라고 쉽게 인정했다. 그러나 그녀는 이러한 기대에 지쳐 있었다. 이 시점에서 그들은 '우리의 관계가 어떻게 달라질 것인가' 목록에 어떤 내용이 있는지 공유하라는 안내를 받았다. 한두 마디 더 언급하면서 건네자, 두 사람 모두 넬의 '책임감 있는', '얌전하게 조용한' 태도와 그리고 '기쁘게 하는' 역할에 사로잡혀 있는 것이 그들의 관계에 얼마나 큰 부담과 걸림돌이 되는지를 이해할 수 있었다.

마크는 넬이 자신을 기쁘게 해 주고 책임감 있는 성격 때문에 결혼했지만, 그녀의 대장 행세는 좋아하지 않았다. 넬은 집안일과 아이들 돌보기에 조금 더 도움을 받을 수 있다면 자신이 덜 명령적일 수 있을 것이라고 반박했다. 이 시점에서 나는 그들이 이 문제에 대해 어떤 것이라도 시도해 보겠느냐고 물었다. 이로 인해 에너지가 새로운 방향으로 전환되었고, 우리는 다음 단계로 넘어갔다.

그러나 이 작업은 단계별로 엄격하게 따라야 하는 과정이 아니다. 그들은 많은 통찰을 얻었는데, 이를테면 가족 구도, 남성과 여성이 서로에게 어떻게 행동하는지에 대해 형성한 각자의 이미지, 협력하고 협동하는 방법을 배웠는지 혹은 단순히 동거하는 방법을 배웠는지의 여부, 그리고 의견 불일치와 갈등 등을 다루는 방법 등을 포함한 통찰들이었다. 이와 함께 초기의 회상들이 추가적인 유용한 통찰을 제공했다. 상담 과정 전반에 걸쳐 우리는 때때로 생활양식 자료를 참조하곤 했다.

재정향

재정향은 오래된 관점과 태도를 다시 훈련해 새롭고 더 나은 감정과 행동을 생산하도록 하는 과정이다. 재정향을 설명하는 데 마크와 넬의 사례를 계속 사용하겠다.

마크의 경우, 우리는 그가 일반적으로 여성과 특히 넬에게 부여한 잘못된 적대적인 역할을 직면해야 했다. 마크의 통찰과 관련하여 흥미로운 점은 그가 여성 동료와 반복적으로 겪었던 어려움이 그가 여성에 대해 갖고 있던 사적 논리에 뿌리를 두고 있음을 깨달았다는 것이다. 넬과의 관계에서, 마크는 도움을 주는 역할과 기꺼이 동반자가 되는 역할에 대해 내적인 만족을 얻는 데는 시간이 필요했다. 반면, 넬이 그에 대해 잃었던 신뢰는 정서적이면서 심도 있는 내면 탐색의 경험을 거친 후에만 회복될 수 있는 것이었다. 이러한 목표와 그 이상을 달성하기 위해서는 시간과 의도적인 노력이 필요했다.

아들러 학파는 커플들이 일반적으로 특정 패턴에 끌리는 경향이 있다고 관찰했다. 예를 들면, 한 배우자가 권력에 관심을 가지고, 다른 파트너는 통제에 관심을 가지는 경우일 수도 있고, 한 배우자가 기쁘게 해 주기를 추구하면 다른 배우자는 편안함과 대우받기를 추구하는 경우일 수도 있다. 이와 관련하여, 넬과 마크는 각자가 결혼 생활에서 점점 커지는 불만에 일조해 왔음을 깨달을 수 있었다. 넬은 분명히 혼자서 가사 역할을 하는 데 지쳤지만, 그 역할이 그녀에게는 편안했고 집 밖으로 나가는 것보다 훨씬 안전하다고 느꼈다. 그녀는 마크와 아이들을 기쁘게 해 주는 데 만족감을 느꼈다.

이제 넬은 아이들에게 덜 필요하게 되었고, 마크는 그녀가 자신의 기분에 맞추려는 노력에 기뻐하지 않았다. 마크는 지지와 격려를 줄 수 있는 존재가 될 수 있었다. 이것은 마크에게 새로운 역할이었는데, 그동안은 넬이 항상 그의 직장 고민, 승진 계획 등을 들어주는 사람이었기 때문이다. 오랜만에, 어쩌면 처음으로, 마크와 넬은 공동의 목표를 향해 협력하게 되었다. 지금까지는 각자 다른 사람들과 다른 자원을 사용하여 다른 시간표에 따라 다른 일을 수행함으로써 가정에 기여해 왔다. 각자 자신의 노력에 있어 잘 해나갔지만, 배우자의 도움이 있었을 뿐 그것이 꼭 협력이었던 것은 아니었다.

마크는 사람들을 쉽게 만나는 편이다. 그가 기여한 것 중 하나는 넬이 스스로도 그렇게 할 수 있도록 돕는 것이었다. 넬은 자신도 '좀 더 여유를 갖고' 부부가 함께 친구들과 더 많은 여가 시간을 즐길 수 있기를 바란다고 동의했다. 그녀는 또한 집 밖에서 새로운 활동을 찾기 위해 성인을 위한 평생 교육 과정을 수강해 보고 싶다는 의사를 밝혔다. 마크는 저녁 집안일을 함께 끝내고 둘이 더 많은 시간을 가질 수 있도록 노력하겠다고 약속했다.

상담 과정에서 넬은 기꺼이 자신을 '완벽한 엄마(Super Mom)'로 묘사했다. 그 이미지는 이전에 그녀의 목적에 부합했지만, 이제는 고전적인 여성 역할(그리고 앞치마도!)을 벗고 완벽주의적인 고정관념 역할에서 벗어나 한 개인으로서 자신을 바라볼 준비가 되어 있었다.

많은 부부만큼이나 그들이 어렵다고 느낀 것, 그러면서도 관계에 필수적이라고 느끼는 과제가 하나 있었는데, 그것은 대화와 소통의 시간이었다. 이 방법을 여러 가지로 변형해 사용할 수 있지만, 목표는 동일하다. 배우자 간의 진정한 소통을 구축하거나 다시 열어 보는 것이다.

부부에게 추천하는 방법 중 하나는 서로가 이야기하고 싶은 감정을 나누는 시간을 상호 합의하여 정하는 것이다. 이를 실천하는 한 가지 방법은 한 사람이 정해진 시간(예: 15분에서 30분) 동안 배우자가 끼어드는 반응 없이 자신의 생각을 말하는 것이다. 그다음에 상대 배우자가 동일한 시간 동안 이야기할 기회를 가진다. 매번 누가 먼저 시작할지는 번갈아 가며 정한다. 이 방법을 변형해 본다면, 배우자들이 서로에게 이메일이나 메시지를 작성하여 함께 읽고, 그 메시지에 대해 정해진 시간 동안 대화하는 것이다. 메시지의 주제는 상담자가 제안할 수 있으며, 부부가 이러한 방법에 익숙해지면 스스로 주제를 정할 수 있다.

이 활동의 목적은 친밀감을 높이고 더 나은 의사소통 기술을 기르는 것이므로, 상담자는 이러한 의사소통의 기본적인 사항을 가르치거나 검토할 필요가 있다. 예를 들어, 감정을 전달할 때는 제4장에서 소개된 '감정 단어'를 사용하는 방법을 배워야 한다. '감정'과 '생각' 의사소통을 구분하는 간단한 기법은 문장에서 '느끼다'라는 단어를 '생각하다'로 바꾸어 보는 것이다. 이렇게 했을 때 문장이 적절해 보인다면, 그것은 '감정' 의사소통이라기보다 '생각' 의사소통이라고 볼 수 있다. 다음은 이에 대한 예시문이다.

감정	우리는 서로의 단점을 지적하는 것을 멈춰야 한다고 **느낀다!**
의사소통이 아닌	우리는 서로의 단점을 지적하는 것을 멈춰야 한다고 **생각한다!**
감정 의사소통	당신이 우리 친구들 앞에서 함부로 말할 때마다 나는 정말 상처받는 걸 **느껴!** (감정 표현으로서 적절함)
	당신이 우리 친구들 앞에서 함부로 말할 때마다 나는 상처를 받는다고 생각해! (감정 표현으로서 부적절함)

제4장에서 설명한 '나-전달법'의 사용은 많은 부부의 의사소통 기술에 중요한 추가 요소이다. 이러한 기술은 부부가 집단상담에 참여하거나, 안정적인 기반을 가진 경우에는 부부 관계 개선 집단에서도 강화될 수 있다.

상담자는 다양한 주제로도 자원 제공 및 직접적인 도움을 줄 수 있다. 여기에는 자녀 양육 태도와 실천, 재정 관리 전략, 처가/시댁이나 전 배우자 관계에 대한 대처, 가족 통합, 경력 및 기타 인생 계획 격려 등이 포함된다. 이 모든 것의 기초는 기본적인 삶의 대처 전략이기 때문이다. 갈등 해결, 민주적인 의사 결정, 그리고 이 책의 다른 장에서 다룬 격려 기법들은 성공적인 부부 관계의 기본적인 레퍼토리이다.

반면, 상담자는 상담의 목표가 별거 또는 이혼으로 명확히 드러날 경우, 관계 유지라는 상담 목표는 단념할 준비가 되어 있어야 한다. 이런 경우에는 서로 분리되는 과정에서 겪게 될 모든 문제에 대처하는 것이 중요하다. 두 사람 모두 정서적 · 사회적 · 신체적 · 재정적인 어려움에 직면할 것이다. 자녀가 있는 경우에는 그들 또한 지원과 격려, 그리고 대처 방법에 대한 아이디어가 필요하다.

물론, 법적 별거와 이혼과 관련된 많은 문제들이 있으나 이 장에서는 다루지 않는다. 드라이커스는 싸움도 맞장구가 있어야 가능하다고 말했다. 만약 부부가 최소한 자신들과 자녀, 그리고 그들의 직장생활에 가해질 수 있는 상처를 최소화하는 목적을 위해서라도 서로 협력하기로 합의한다면, 그들이 함께 있을 때는 결코 배울 수 없었던 것을 이 경험을 통해 배울 수 있을 것이다.

별거와 이혼이라 해도 이 경험으로 인해 긍정적인 측면이 있을 수 있으며, 이후 다른 관계로 이어질 수 있다. 가능한 한 관계를 끝내려는 두 사람이 이해해야 할 중요한 점이다. 끝나가는 관계는 법적으로 종료된 이후에도 그 자체로 생명력을 이어 가는 경우가 많다. 정서적으로, 재정적으로, 그리고 특히 자녀가 있는 경우에는 가족이라는 이름으로 두 사람은 여전히 옛 관계의 영향을 계속 경험하게 된다. 관계가 길었을수록 그 영향은 더 깊고 오래 지속된다. 따라서 처리되지 않은 정서적인 부분이 정리되고 직접적으로 다루어질수록, 두 사람 모두 미래에 더 나아질 것이다. 저자는 반려동물이 문제가 되어 방문 권리로 인해 함께 사는 것이 끝난 지 한참이 지났어도 논쟁이 계속되는 상황을 목격한 바 있다. 협력하지 않을 때 치러야 하는 대가는 이들이 상상했던 것보다 훨씬 컸다. 떨어져 살면서도 협력적으로 지내는 것을 배우는 것은 상담이나 치료의 바람직한 목적 중 하나이기도 하다.

요약

아들러 상담과 심리치료에는 모든 결혼과 연애 관계가 필요로 하는 핵심 요소가 있다. 바로 희망이다. 희망 없이는 부부 관계에 성공적인 개입이 있을 수 없다. 희망은 진실한, 진심 어린 격려로 길러질 수 있다. 곤란한 관계에 있는 사람들을 격려하는 일은 도전적이며 함정이 많다. 한 사람이 최선을 다하더라도, 성공에 대한 궁극적인 책임은 두 배우자 모두에게 있기 때문이다. 아들러 상담자는 부부 관계 내에 존재하는 어떤 희망이든 키우기 위해 자신의 지식, 기술, 그리고 배려를 모두 활용하려고 노력한다.

협력은 성공을 측정할 수 있는 기준이 된다. 관계가 결혼이나 동거에서 다른 모양으로 변하더라도, 모든 당사자가 불가피한 변화와 조정에 대처할 수 있도록 돕는 긍정적인 작업이 여전히 필요하다. 드라이커스가 지적했듯이, 싸움을 계속하기 위해서는 양측의 협력이 있어야 한다. 상담자의 역할은 그들이 협력을 이해하고, 그 협력을 양쪽 모두의 발전을 위해 건설적인 결과로 전환하도록 돕는 것이다. 이는 결혼이나 동반자 관계가 지속될지 여부에 상관없이, 개인이나 공동체의 관점에서 양측 모두의 발전을 위한 것이다.

다음 장(제11장)에서는 드라이커스의 갈등 해결을 위한 네 가지 단계가 설명되고, 자문과 함께 사례가 제시된다. 또한 갈등 해결과 관련된 활동들도 있으며, 그중에는 부부를 위한 활동도 있다.

학습 문제

지시 사항: 다음 질문에 답하시오.

1. 저자는 왜 부부 관계에 관한 아들러 철학과 방법이 과거 세대보다 오늘날 더욱 관련이 있다고 믿고 있는가?
2. "사랑은 친밀한 관계의 선행 조건이자 부산물이다"라는 말의 의미는 무엇인가?
3. 배우자에게서 자신이 원하던 것을 정확히 얻었음에도 불구하고 이것이 어떻게 불화를 초래할 수 있는가?
4. 아들러 학파에 따르면, 부부 관계가 거의 희망이 없어 보일 때조차도 낙관적인 관점을 유지해야 하는 이유는 무엇인가?

참고문헌

Adler, A. (1936). Love is a recent invention. *Esquire Magazine*, *4*(1), 36, 128.

Dreikurs, R. (1946). *The challenge of marriage*. New York: Hawthorn Books.

McCraty, R., Adkinson, M., Tomasino, D., & Braley, R. D. (2009). The coherent heart: Heart-brain interactions, psychophysiological coherence, and the emergent system-wide order. *Integral Review*, *5*(2), 10-115.

Pearson, P. (1998). *The heart's code: Tapping the wisdom and power of our heart energy*. New York: Broadway Books.

Vaughan, D. (1986). *Uncoupling: Turning points in intimate relationships*. New York: Oxford University Press.

Watts, R. E. (1998). The remarkable parallel between Rogers's core conditions and Adler's social interest. *Journal of Individual Psychology*, *54*(1), 4-9.

제11장

가족 상담 및 자문

아들러 학파는 다양한 환경에서 일하고, 여러 종류의 문제와 사람, 상황을 다루게 된다. 드라이커스가 여러 차례 언급한 바에 따르면, 사람들이 자신의 평등성을 믿고 또 그렇게 대우받았다면, 심각하거나 해결할 수 없는 대인관계 문제는 존재하지 않을 것이다. 평등성에는 존중을 기반으로 대우받고, 자신이 속한 사회 집단의 모든 활동과 책임에 있어 자신의 능력에 맞게 참여할 기회를 제공받는 것이 포함된다. 모든 연령대의 사람들이 실수를 저지르며, 그러한 실수가 다른 사람들에게 해를 끼쳤다면 그것은 교정되고 용서될 수 있다. 이것은 정상적이며, 우리가 불완전한 존재로서의 인간임을 확인시켜 준다. 우리는 모두 동등하게 오류를 범할 수 있는 존재이다. 불완전할 용기가 없으면, 작은 문제가 큰 문제로 번지게 된다.

드라이커스는 또한 갈등을 가진 당사자들이 상담자에게 가져오는 문제들은 대부분 그들의 실제 어려움의 근본 원인이 아니라고 가르쳤다. 그들의 주요 어려움의 원인은 대부분 누가 이기고 누가 지느냐에 있다. 사회적 갈등이 무엇이든 간에, 누가 우위를 차지하거나 누가 존경을 잃는지가 협상의 숨은 의제이다. 그는 또한 죄책감의 감정이 진짜 문제를 해결하는 것으로부터 초점을 다른 곳으로 돌리고 조종하는 데 사용된다는 점을 주의 깊게 살피라고 말했다. 죄책감은 좋은 의도를 가진 것처럼 보이지만 실제로는 그렇지 않다. 내가 정말로 미안하다면 그렇게 말하고 다시는 불쾌감을 주지 않도록 해결책을 원할 것이다. 죄책감에 집착하는 것은 건설적인 가치가 없으며, 자존감과 사회적 관심을 쌓는 데 반대되는 것이다.

갈등을 해결하기 위해서는 숨은 의제에 대한 인식과, 누구도 이기거나 지지 않는 새로운 합의를 구축하기 위한 전략이 필요하다. 이러한 이유로 드라이커스는 문제 해결과 갈등 해소를 위한 네 가지 단계를 권장했다.

1. 상호 존중을 확립한다(즉, 각자의 감정과 인식을 정당하다고 인정한다).
2. 실제 문제(이를 테면, 상대적 지위 혹은 지위의 상실에 대한 개인적인 염려)를 파악한다.
3. 싸우기로 동의한 것에서 상황이나 과제가 요구하는 것(즉, 상황의 사실, 내가 하는 일, 그리고 문제 상황 해결에 있어 타인의 복지를 고려하여 내 행동을 어떻게 변화시킬 수 있는지)에 대한 진정한 관심으로 변화시킨다.
4. 모든 당사자가 의사 결정에 참여하도록 한다(즉, 서로의 말을 듣고, 서로 도와주며, 문제를 어떻게 해결할지 함께 결정하고, 각자가 새로운 합의에 있어 맡은 역할에 책임을 진다).

따라서 아들러 상담자들은 다양한 사회적 관계(예: 교사-학생, 고용주-직원, 파트너-파트너, 남편-아내, 부모-자녀)에 대해 본질적으로 동일한 문제 해결 및 갈등 해소 전략을 적용한다. 상담이나 자문을 받는 사람이 누구든, 어떤 상황의 해결 과정에서 자신이 생각하고, 느끼고, 행동하는 방식이 영향을 받고 변화할 수 있다는 사실을 의식하게 된다. 그러나 자문의 정의를 통해, 자문과 다른 형태의 조력 관계를 구별하는 것이 유용하다는 것을 발견할 수 있다.

자문에는 세 명 이상의 사람이 참여한다.

아들러 학파의 자문은 다음과 같은 요소를 포함한다.

1. 직접적으로 또는 간접적으로 관련된 최소 세 명의 인물: 자문하는 사람, 자문받는 사람, 그리고 자문받는 사람의 고객, 학생, 자녀, 직원 등
2. 제3자의 관점과 전문성을 통해 혜택을 받을 수 있는 사람들의 문제 또는 상황
3. 평등하고 협력적인 관계에서 자문하는 사람의 제안을 받아들이거나 거부하거나 대체할 자유
4. 도움이 필요한 모든 관계에 필요한 동일한 조건(예: 진정성, 배려, 공감, 촉진적 직면, 구체성)

그렇다면 자문하는 사람은 필요에 따라 도움을 제공하는 제3자이다. 자문하는 사람의 목표는 자신의 지식과 기술을 효과적으로 공유하여 자문받는 사람이 스스로 문제를 해결할 수 있도록 지원하는 것이다. 자문의 목표는 유사한 문제에 대해 추가적인 자문이 더 이상 필요하지 않도록 하는 것이다.

상담이 개인의 사적 논리, 감정, 행동에 초점을 맞추는 경향이 있는 것과 달리, 자문은 주로 한 사람 및 집단(예: 상사와 부하 직원들) 간이나 집단 간(예: 인종 간, 노조와 경영진 간)의 문제를 해결하고 갈등을 해소하는 데 더 초점을 맞춘다. 제10장에서 다룬 부부 상담은 갈등 해결을 포함하면서도, 각 배우자의 현상학적인 관점에서 접근하는 것을 보여 준다. 이 장의 후반부에서는 상담자가 부모들에게 자문을 제공하여 그들이 자녀들과 더 효과적으로 대처할 수 있도록 돕는 사례를 제시한다.

아들러 이론과 체계 이론

니콜스(Nichols)와 슈와츠(Schwartz)는 그들의 책 『가족 치료(Family Therapy)』에서 아들러와 드라이커스가 가장 초기의 지역사회 공동체 실천가들에 속한다고 정확히 언급했다. 특히, 드라이커스가 가족치료에 기여한 점에 대한 그들의 관찰이 주목할 만하다.

> 드라이커스의 가족치료 기법은 정서적 지원과 격려를 해 주는 것, 그리고 원만하지 않은 상호작용을 수정하는 것에 대한 해석과 제안을 결합한 것이었다. 그는 가족들이 서로의 문제를 개방적이고 민주적인 분위기에서 논의하도록 격려했으며, 가족 집단 치료 모델을 가족의 일상생활에 도입하기 위해 정기적인 '가족 회의'를 개최할 것을 권장했다.
>
> 드라이커스의 접근 방식이 이후 가족 치료의 많은 발전을 예견했음에도 불구하고, 그의 작업은 널리 주목받지 못했고, 이 분야에 큰 영향을 미치지도 못했다. 그는 선견지명과 상상력을 지닌 인물 중 한 명이었으나, 그의 아이디어는 그것을 받아들일 수 있는 전문적 환경에서 발전되지 않았기 때문에 확고하게 자리를 잡지는 못했다(p. 232).

앞의 인용과 관련하여 흥미로운 점은 니콜스와 슈와츠의 가족 관련 저서의 후속판들에서 드라이커스의 기여에 대한 언급이 삭제되었다는 것이다. 그의 아이디어를 받아들일 만한 전문적인 환경이 부족하다고 언급해 놓고 그의 선구적인 기여를 실질적으로 무시하는 것이 아이러니하다. 이러한 누락에도 불구하고 드라이커스의 저작물이 여전히 다른 언어로 번역되고 수천 부가 판매되고 있다는 현실은 자명하다. 안타깝게도, 심리학, 결혼 및 가족치료, 상담 분야의 다른 저자들에 의해 아들러와 드라이커스의 선구적인 관점에 대한 언급이 비슷하게 삭제되는 경우를 찾을 수 있다. 다행히도, 제13장에서 언급된 바와 같이, 유용성과 사회적 평등의 심리학 옹호자들로 인해 이러한 관행에 대한 주목할 만한 예외가 존재한다.

아들러와 드라이커스는 지역사회에 들어가 집단 교육 및 자문 회기를 진행함으로써 가족 전체를 구조와 상호작용이 얽혀 있는 하나의 **체계**(system)로 보는 최초의 인물들 중에 속했다.

체계 이론(systems theory)은 기본적으로 개인이 자신이 살고, 일하는 인간 체계에 영향을 미치고, 또 그 체계로부터 영향을 받는다는 아이디어에 기반을 둔다. 체계 이론 지지자들은 지목된 환자(identified patient)라는 것은 단순히 그 환자가 속한 역기능적인 가족의 표현 양식이라고 믿는다. 체계 이론의 어느 접근법을 따르느냐에 따라 상담자들은 의사소통 방법, 가족 상호작용을 재구조화하는 전략, 또는 내담자가 가족 역동에 대한 인식을 재구성하도록 돕는 기법들을 다양하게 사용한다.

이러한 체계 이론의 변형들은 아들러 상담 관점에서 가족 관계를 개념화하고 개입하는 데 있어 또 다른 방식이자 잠재적으로 보완적인 방법을 제시한다. 미누친(Minuchin, 1974; Minuchin & Fishman, 1981)과 같은 지지자들은 가족치료에 아들러의 철학과 방법에 잘 맞는 기여를 해 왔다.

미누친의 접근법에서는 연구를 통해 신경성 식욕 부진, 성인 약물 중독, 그리고 이와 유사하게 치료하기 어려운 사례와 관련된 가족 상황에서 특히 효과적임이 입증되었다. 구조 이론과 방법이 아들러 학파의 개념 및 방법과 비교하기에 적합하므로, 이에 대한 간단한 논의를 이어가겠다.

미누친은 드라이커스처럼 도심의 저소득(빈민가) 지역에서 일했다. 그는 신뢰를 형성한다는 것은(다른 이론가들이 제안하는 바와 같이) 가족 체계의 일부가 되는 것은 아닐지라도 가족과의 **합류**(joining)를 포함하는 것임을 발견했다. 미누친은 가족이 역기능적인지, 아니면 단순히 가족의 생애주기에서 일시적인 단계에 있는 것인지(예: 자녀가 태어나거나 출가하는 경우)를 신속하게 사정한다.

아들러 학파와 마찬가지로, 미누친은 가족의 지금-여기 기능을 사정하기 위해 전체 가족이 함께 작업하는 것을 선호했다. 그는 사정 과정 동안 자녀와 부모를 함께 있도록 한다. 자녀-부모 상호작용이 과정에 방해가 되기보다는 가족 기능의 초기 사정에서 필수적인 부분으로 간주된다. 가족이 역기능적이라고 결론 내리면, 그는 사정 결과에 따라 빠르게 개입했다. 아들러 학파와 같이, 그는 정상적인 발달적 가족 문제에 매우 신경을 썼다. 그는 가족의 기능을 역기능적이라고 분류하는 데 있어 신중할 것을 경고했다. 그는 폭넓은 대처 행동과 상호작용을 '정상'으로 받아들였다. 그는 대부분의 가족, 혹은 모든 가족이 신화적인 기준에서 어느 정도는 벗어난다는 점, 특히 위기나 변화 시기에는 더 그렇다는 점을 다른 이들에게 지체하지 않고 상기시켰다.

하나의 중요한 원칙은 그가 가족 내의 **하위 체계**(subsystems)라고 명명한 것과 관련이 있다. 만약 어머니-자녀 하위 체계의 목적이 다른 하위 체계(예: 아버지-어머니)와 관련해 고려되지 않고 치료된다면, 그 개입은 지속적인 변화를 가져올 가능성이 낮다. 하위 체계는 기능에 기초를 둔 가족 요소들이다. 따라서 만약 어머니의 목표가 아버지와의 거리를 유지하는 것이거나, 아버지가 다른 자녀와 연합하여 어머니와 적대적인 경우라면, 화장실에 감으로써 과도한 주목이나 권력 투쟁을 피하는 것과 같은 기법(아들러 상담 방식에서 종종 제안되는 것)은 문제의 일부만을 다룰 뿐이다.

미누친은 하위 체계가 정서적 경계에 의해 구획되고 조절된다고 믿었다. 정상적인 가족은 개인과 하위 체계를 보호할 수 있을 만큼 명확한 경계를 갖지만, 동시에 모든 구성원이 자율성의 자유와 상호 지지를 받을 수 있도록 한다. 대인관계와 관련된 경계는 타인과 접촉하는 양을 조절한다. 경계가 부족하면 개인화가 방해받고, 경계가 너무 많으면 개인은 거의 또는 전혀 정서적 지지를 받지 못한다.

그가 **융합된 가족**(enmeshed families)이라고 부른 가족에서는 경계가 모호하다. 이러한 가족은 권력이 낮은 구성원들의 개별성을 억압한다. 융합된 하위 체계는 상호 지지의 감각을 높이는 대신 자율성은 희생한다. 상담자의 도전 과제는 가족 구성원들이 독립적으로 생각하고 느끼며 행동하도록 돕는 것이다. 이는 분명히 아들러 상담의 목표와도 일치한다.

유리된 가족(disengaged families)은 경계가 경직되어 있다. 이러한 가족의 구성원들은 문자 그대로 각자 자신의 길을 가고 "자신만의 일을 한다". 이들은 가족 구성원들에게 충성, 지지, 헌신을 느끼지 않는다. 아들러 상담자는 가족 구성원들이 정서적이고 관계적인 지지를 더 많이 받도록 신속히 격려할 것이다. 사실, 이러한 가족은 도움을 주기 어려운 경우가 많다.

미누친은 하위 체계가 가족 구성원들에게 더 건강한 환경 조성을 방해하고 있다고 진단하면, 잠재된 구조를 활성화시켜 가족을 재구조화하려고 시도했다. 예를 들어, 어머니와 자녀가 아버지와 거리를 두는 하위 체계에 있다고 판단하면, 그는 의도적으로 부모를 함께 앉히고 자녀를 그들로부터 어느 정도 떨어진 곳에 가능하면 다른 가족 구성원 옆이나 혼자 앉게 하곤 했다. 그런 다음 그는 부모와 자녀에게 이런 배치가 어떤 느낌인지 물어보는 것이다. 이후 그는 이러한 배치의 장점을 강조하고, 이 느낌에 익숙해질 때까지 계속 연습할 것을 요청한다.

이러한 기법들은 상황에 맞게 창의적으로 개발된다. 이후 가족 구성원들은 상담실 밖에서도 이러한 활동을 반복하도록 권장받는다. 아들러 상담자로서 저자도 이러한 문제들을 다루는 데 도움이 되도록 부모나 부부를 위한 토론 또는 상담 집단을 추천하곤 한다.

미누친은 가족 구조가 일련의 **암묵적 규칙들**(covert rules)로 이루어져 있다고 언급했다. 아들러 상담자들처럼, 그는 이러한 규칙들을 가족 구성원들이 인식할 수 있도록 검토하게 했다. 필요하다면, 이러한 규칙들이 가족의 최선의 이익에 오히려 해가 되는 것으로 나타나기도 한다. 이러한 규칙들이 숨겨져 있기 때문에, 검토되지 않은 채로 남겨지면 어떻게든 생명력을 유지해 지속되는 경향이 있다.

체계 이론과 방법을 아들러 상담 접근법에 통합하는 것은 가족 역사에 세대 간 문제(예: 알코올 중독, 학대, 건강 상태 등)를 포함시키고, 어머니–아버지–자녀의 관계를 넘어 가족 내 하위 체계를 사정하며(드라이커스도 이와 같은 작업을 했다), 핵가족과 새로운 가족 모두에서 가치관, 감정, 행동에 영향을 미치는 요소로서의 민족성을 연구하고, 사정과 개입 작업을 진전시키는 특정 기법을 잠재적으로 채택하는 것을 포함하는 일이다.

아들러 이론 기반 자문의 기본 가정

아들러 상담자의 자문 과정에서 기본이 되는 가정에는 다음과 같은 내용이 포함된다.

1. 우리는 모두 같은 배를 타고 있다(즉, 우리는 공통된 인간적 결함과 자산을 공유하며, 이 사실을 통해 함께 노력하여 공통의 문제를 극복할 수 있다). 인간 조건의 현실을 이해하고 받아들인다면, 누구도 열등감이나 보상적 우월감에 따라 행동할 필요가 없다.
2. 자문하는 사람이 공유하는 것은 기본적으로 교육적인 성격을 띤다(즉, 자문자는 사회생활의 논리가 사람들 간의 평등을 바탕으로 하는 사회 민주주의의 철학과 과정을 가르치고 있다). 기술과 방법은 모든 사람이 함께 살아가는 유용한 방식으로 이 접근법을 확립하는 데 도움을 준다. 병리적이거나 비정상적인 것이 문제의 원천으로 간주되지 않으며, 치료가 기본 작업으로 여겨지지도 않는다.
3. 자문받는 사람은 자신의 행동과 태도를 먼저 바꿀 의지가 있다(즉, 새로운 합의를 구축하는 데 있어 책임을 받아들이는 것이다).
4. 많은 추천 사항이 특정 유형의 문제에 일반적으로 효과적이지만, 자문하는 사람은 예상치 못한 상황에 대비해야 한다(예를 들어, 대부분의 아동은 특정 권장 사항에 특별한 방식으로 반응하지만, 일부는 그렇지 않을 수 있으며, 이것 역시 예상해야 한다).
5. 격려는 전체 과정에서 핵심이다. 주의 깊음, 친절함, 그리고 일반적인 지지는 관계의 기본 요소이다. 권장 사항이 제시될 때, 이전의 모든 것이 잘못되었다는 가혹한 평가 없이 명료하고 간결하게 제공된다. 실제로 자문받는 사람 자신의 강점을 바탕으로 새로운 행동 대안을 제시하여, 스스로가 다른 대안보다 더 유용하다고 여기는 행동을 하도록 격려받는다.
6. 적절한 자문과 자문받는 사람의 의지가 결합된다면, 자문받는 사람은 자문하는 사람의 제안에 대해 혁신적인 방법을 만들어 내고, 궁극적으로 자문하는 사람으로부터 독립하여 성공적으로 기능할 수 있게 된다.

강건한 가족의 특징

제2장에서는 아들러의 생애 과제의 개념을 기반으로 한 안녕 모델을 통해 건강한 사람들의 특징을 살펴보았다. 이러한 모델과 이것으로부터 개발된 사정 도구들은 여러 학문 분야의 경험적 연구를 기반으로 한 아들러 이론을 확장하였다. 안녕의 개념은 더 높은 사회적 관심을 향한 움직임, 이에 따라 더 큰 자기효능감과 타인과의 관계에서 자기를 최적화하는 것으로 특징지어진다. 안녕은 이제 아들러 학파 내에서도 낯선 개념이 아니다(Sweeney & Witmer, 1991; Pomeroy & Clark, 2015). 개인과 가족이 자신의 잠재력과 사회적 관심을 최적화하도록 돕는다는 아이디어는 상당히 아들러 이론에 걸맞으며, 드라이커스는 그의 여러 기여를 통해 이러한 목표를 추구했다.

가족이라는 사회적 단위는 자연스럽게 개인의 발달에 필수적인 요소를 구성한다. 마찬가지로, 개인은 가족의 건강과 발달에 필수적이다. 수천의 가족을 대상으로 한 연구에서, 건강하다고 여겨지는 가족들이 공통적으로 가지고 있는 특징들이 드러났다. 건강한 개인, 건강한 부부 관계와 결혼, 그리고 일부 연구자들이 가족 강점이라고 부르는 것 사이에는 유사점이 있다. 미국과 해외의 다양한 집단에서 수집된 데이터는 모든 경제 수준, 한부모와 두 부모 가족, 모든 교육 수준, 여러 종교적 신념, 세대와 문화, 인종을 아우른다. 강건한 부부와 가족의 특징, 그리고 대체로 친밀한 부부의 특징으로는 다음과 같은 것들이 있다(Stinnett & DeFrain, 1985).

1. **헌신(commitment)**: 가족 구성원들은 서로의 행복과 복지를 증진시키는 데 헌신한다. 이들은 가족의 단합을 소중히 여긴다.
2. **감사(appreciation)**: 구성원들은 서로에게 매일 감사를 표현한다.
3. **의사소통(communication)**: 구성원들은 적절한 의사소통 능력을 가지고 있으며, 서로와 많은 시간을 대화하는 데 보낸다.
4. **시간(time)**: 구성원들은 서로와 많은 양질의 시간을 함께 보낸다.
5. **영성(spirituality)**: 공식적인 종교 행사에 참석하든 그렇지 않든, 구성원들은 삶에서 더 큰 선이나 힘에 대한 강한 믿음을 가지고 있으며, 이 믿음이 그들에게 힘이나 목적을 제공한다.
6. **대처 능력(coping ability)**: 구성원들은 스트레스나 위기를 성장의 기회로 받아들일 수 있다.

이러한 특징들은 드라이커스의 연구에서 발견된 것들과 일치하며, 이 책 전반에 걸쳐 발견되는 기본적인 토대와도 일치한다. 상담자로서 저자의 경험에 따르면, 이러한 특징들은 상담자들이 보통 달성하려고 하는 목표와 일치한다. 이러한 목록을 가지고 있으면 상담자의 노력을 더 집중적이고, 더 긍정적이며, 나아가 더 효과적으로 만들 수 있다. 이 특징들은 도움을 구하는 모든 부부와 가족을 사정하고 강화하는 데 있어 중요한 영역을 나타낸다.

가족 면담

아들러 학파가 가장 많은 경험과 명성을 쌓아온 분야는 성인과 아동 간의 관계이다. 드라이커스(1971)는 그가 아들러 상담 방법을 성공적으로 사용했던 다른 자문 상황들, 예를 들어 노사 관계 등을 언급한 바 있다. 저자 역시 비즈니스와 조직 환경에서 드라이커스의 방법을 자문자 및 리더로서 성공적으로 사용한 경험이 있다. 그러나 이 장의 나머지 부분은 아들러가 실천에 있어 가장 크게 기여한 분야 중 하나로 남아 있는 부모와 자녀 간의 관계에서 아들러 상담 개입을 주로 다루는 데 할애될 것이다.

저자의 경험, 그리고 다른 아들러 상담자들의 시연을 관찰한 바에 따라, 다음에서는 면담의 주요 순차적 단계를 개략적으로 설명하고자 한다. 이 경우, 예시는 부모-자녀 관계를 기반으로 한다. 이 가족과 부부 관계는 기본적으로 건강하다. 따라서 상담자가 가족 자체를 상담하기보다, 부모가 자녀와 더 효과적으로 지내는 태도와 방법을 배우도록 돕는 자문자로서 역할을 한다.

약간의 수정을 한다면, 교사-학생 사례에도 이 방법을 적용할 수 있다. 아들러 상담 방법은 시연이나 대규모 집단 참여가 일반적이기 때문에, 상담자/자문자가 이를 어떻게 고려하는지 언급된다. 〈부록 A〉에는 부모가 모두 있는 가족의 면담 내용이 일부 편집된 상태로 전부 실려 있다.

라포 형성하기

상담자의 상담실이든 가족 교육 센터와 같은 집단 환경이든, 상담자/자문자는 먼저 부모들이 편안함을 느낄 수 있도록 돕는 데 신경 쓸 것이다. 부모들이 느끼는 집단 상황의 생소함에 대한 친절함과 민감한 태도는 초기 모임에서 그들의 불안을 줄이는 데 도움이 될 수 있다.

일반적으로 아들러 상담자는 부모들이 유사한 시연을 한두 번 이상 관찰한 후에야 집단 환경에서 부모들과 작업을 진행한다. 어느 경우든, 집단 모임의 기본 규칙을 확립하고, 이에 대한 부모들의 기대를 명료화하기 위해 자주 구조화하는 설명을 제시한다.

경험상 가족들이 부모-자녀 관계에 있어 많은 공통점을 가지고 있다는 것이 밝혀졌기 때문에, 상담자는 자신의 지식과 경험을 활용하여 해당 가족과 부모들이 다른 가족들보다 더 문제가 많거나 덜 능숙하다는 생각을 불식시킨다. 부모들의 걱정을 인식하고 공감하면서도, 상담자는 그들에게 가족생활에 대한 새로운 관점을 제공하고자 시도한다. 필요할 경우, 비슷한 문제를 겪고 있지만

이에 대처하기 위해 새로운 방법을 배우기 시작한 다른 부모들과 연결될 수 있도록 돕는다.

집단 환경에서 자문의 기본 규칙 유형 중 일부는 다음과 같다.

1. 부모와 자녀는 원하는 때에 상담자뿐만 아니라 집단 구성원들에게도 질문할 수 있다.
2. 집단 구성원이 질문하거나 의견을 제시할 수 있지만, 부모는 응답하지 않을 수 있으며, 상담자가 필요하다고 판단하면 개입할 수 있다.
3. 가족이나 그 구성원을 고정관념이 담긴 용어로 명명하거나, 평가하거나, 분류하는 것은 절대적으로 피해야 한다.
4. 적절한 경우에 집단 구성원들은 지지와 격려를 표현한다(예: 연대감이나 공통 관심사를 보여 주기 위해, 다른 사람의 경험에서 나온 방법의 유용성을 인정해 주거나, 참여자들 간의 거리를 줄이기 위해).
5. 가족과 논의된 내용은 집단 내에서 비밀로 유지되지만, 대부분의 문제는 다른 사람들에게도 비교적 공개된 행동이 포함되어 있을 것이다(예: 이웃, 친구, 심지어는 낯선 사람들까지도 특정 가족의 문제를 알고 있을 수 있다). 반면, 그 가족에 대한 논의나 의견은 그 가족이 속한 학습 집단 내로 제한하는 것이 존중, 나아가서는 존경까지를 가장 잘 보여 주는 방법이 될 수 있다.
6. 다른 가족과 관련된 질문이나 의견은 논의하지 않는다.
7. 교육 방법은 시연을 통해 설명되며, 필요시 그것이 치료보다는 교육이라는 점을 명확히 한다.

부모/성인 면담

다양한 가정 상황에서 아이들이 양육되기 때문에, 친척이나 생물학적 부모의 중요한 타인(연인/파트너) 또는 비슷한 역할을 하는 보호자와 같은 다른 성인이 자녀 양육에 대한 책임을 공유할 수 있다는 점에 주목할 필요가 있다. 원칙과 실천은 어떤 경우든 본질적으로 유사할 것이다. 도움을 주고받는 관계의 사전 단계가 설정되면, 상담자는 가족 구도에 대한 정보를 요청하는 것으로 시작할 것이다. 이 정보에는 자녀의 이름, 나이, 성별이 있어야 하고, 사망한 자녀, 사산아, 또는 유산된 자녀까지 모든 자녀를 목록으로 작성하는 것을 포함한다. 후자의 정보는 살아 있는 자녀에 대한 특별한, 혹은 이례적인 대우와 관련하여 중요할 수 있다.

같은 가정에서 살고 있는 다른 아이들 또는 아이들과 정기적으로 상호작용하는 중요한 다른 성인들도 언급될 수 있다. 예를 들어, 부모가 일하는 동안 아이들을 돌보는 조부모는 아이들에게 상당한 영향을 미친다. 이들 또한 가끔 부모와 함께 회기에 참여하도록 초대받을 수 있다.

대개 양 부모가 있는 가정의 경우, 어머니가 자동으로 상담자 가까이에 앉기를 선택하며, 질문이 주어지면 대답하는 경향이 있다. 이는 어머니가 아이들에 대해 더 책임이 있다고 여겨질 수 있음을 시사한다. 이러한 이유로 가능한 한 모든 과정 단계에 양 부모를 포함시키려는 노력이 이루어져야 한다. 아버지는 분명히 자녀 발달의 성공에 필수적인 인물이다. 맞벌이 부부의 경우, 부모 모두가 이전에는 주로 어머니의 역할로 여겨졌던 책임들에 관여하고 있다.

일부 아들러 상담자들은 부모와 대화할 때 메모를 한다. 그렇다면 이 사실과 메모가 중요한 정보를 기억하는 데 어떻게 도움이 되는지 언급하는 것이 부모가 이 과정에 대해 느끼는 우려를 누그러뜨리는 데 도움이 될 수 있다. 약어 체계를 적절하게 사용하면 최대한의 시선 접촉을 가능하게 한다. 그러나 메모가 방해가 된다면 중단해야 한다.

가족 구도에 관한 정보는 자문에서 필수적이다.

일반적으로 부모들은 도움을 요청한 이유를 보고할 준비가 잘되어 있다. 한 명 이상의 자녀가 어려움의 원인이 되며, 더 이상 성공적으로 대처할 수 없다고 느낀다. 출생 순위를 포함한 가족 구도에 관한 정보를 바탕으로, 상담자는 부모가 설명하는 호소 문제에 대해 자녀 중 한 명 이상의 특성을 추측할 수 있다. 단순한 확률에 근거하여, 상담자는 종종 자녀 중 누가 다음과 같은 설명에 해당하는지 판단할 수 있다.

사람들을 기쁘게 하려고 한다.
가장 좋은 성적을 얻는다.
집에서 잘 돕는다.
배려하려고 한다.
태평하게 지낸다.
귀엽다.
쉽게 자기 뜻을 관철한다.
자신의 뜻을 쉽게 주장한다.
반항적이다.
타인을 비판한다.
쉽게 상처받고 민감하다.
명령을 잘 한다.
누구와 싸운다.

누구를 돌본다.

제6장에서 언급된 바와 같이, 이러한 추측은 많은 가족의 경험에 기반을 두고 있다. 추측의 중요함은 두 가지이다: ① 추측은 면담 중인 가족에 대한 잠정적 가설을 검증하는 것이다. 만약 추측이 틀리면 가능한 한 빨리 폐기하는 것이 좋다. ② 정확한 추측은 상대적으로 낯선 사람이 짧은 시간 안에 가족을 이해하고 있다는 것을 보여 주어 부모에게 관심과 격려의 원천이 될 수 있다.

문제에 대한 일반적인 설명은 도움이 될 수 있지만, 아들러 상담자들은 부모-자녀 상호작용을 충분히 이해하기 위해 구체적인 사건에 대한 보고가 필요하다고 본다. 예를 들어, 부모는 일반적으로 다음과 같이 보고한다.

두 명의 가장 나이가 많은 자녀가 계속 싸우고 있다.

누군가는 학교에서 성적이 좋지 않다.

집안일을 도와주지 않으면서 큰 골치를 앓게 만든다.

아침에 일어나거나, 숙제를 하거나, 밤에 잠잘 준비를 하라는 간단한 요청조차도 따르지 않는다.

반면, 아들러 상담자는 부모에게 가장 문제를 일으키는 유형을 대표하는 구체적인 상황에 대한 설명을 요청할 것이다. 이러한 상황은 종종 지난 24시간 동안의 사건에서 나온다. 다음은 이 기법을 설명하는 데 도움이 되는 한 집단 회기의 발췌문이다. 이는 세 아들을 둔 직장인 어머니의 이야기다. 아이들의 이름은 각각 호세(Jose, 6세), 후안(Juan, 4세), 그리고 헤수스(Jesus, 2세)였다. 이번 회기에는 아버지가 참석하지 않았다.

어머니: 아이들이 집안일을 도와줬으면 해서 아는 모든 방법을 시도해 봤는데, 정말 아무것도 소용이 없어요. 아이들이 정말로 원하는 것들로 뇌물을 줘도 소용이 없어요. 이제는 싸움을 말리려고 하면 저에게 반항하기까지 해요.

상담자: 최선을 다하고도 상황이 악화되는 것을 보면 정말 기가 꺾일 거예요. 최근에 일어난 사건 중 몇 가지 구체적인 예를 들어주실 수 있나요?

어머니: 글쎄요, 네. 음, 오늘 오후에 이곳으로 올 준비를 하면서 어떤 코트를 입을지 아이들이 싸우기 시작했어요.

상담자: 알겠습니다. 그들이 정확히 무엇을 했나요? 당시 상황을 어떻게 기억하시는지 말씀해 주세요.

어머니: 음, 제가 주방에서 일하고 있을 때 아이들이 싸우기 시작하는 소리를 들었어요. 보아하니 호세는 헤수

스가 코트 입는 걸 도와주고 있었고, 후안은 뭔가 제대로 되어 가지 않는다고 느꼈어요. 그다음에 후안이 호세에게 소리치더니 서로 주먹질을 시작했죠. 저는 무슨 일이 일어나고 있는지 보려고 복도로 나갔고, 소음과 싸움 때문에 아이들을 꾸짖었어요. 그때 후안이 저를 향해 다른 아이들을 편들어 주는 것이 불공평하다고 말했어요. 그러고는 위층으로 달려가서 울기 시작하더라고요.

상담자: 그래서 싸움이 시작되었을 때, 어머니는 상황이 어떻게 되는지 확인하러 갔군요. 후안은 엄마가 다른 아이들을 편들고 있다고 느꼈어요. 그 순간 어머니는 어떤 기분이었나요?

어머니: 글쎄요, 처음에는 화가 났어요. 그런데 후안이 저에게 그렇게 반항하니까 충격을 받았어요. 제가 너무 성급하게 개입해서 그 애가 문제를 일으킨다고 가정한 게 아닌가 싶어 약간 미안한 기분이 들었어요.

상담자: 후안이 위층으로 달려가서 울었을 때 다른 두 아이들은 어떻게 반응했나요?

어머니: 글쎄요, 그냥 계속 옷을 입으면서 크게 신경 쓰지 않는 것 같았어요.

상담자: 어머니에게 문제가 되는 다른 상황이 있나요? 우리가 도와드릴 수 있는 부분이 있을지 알아보고 싶어요.

어머니: 음, 매일 아침 저는 남편과 제가 출근하기 전에 아이들을 깨우려고 애쓰는 일과를 반복하고, 호세를 유치원에 데려가야 해요. 일반적으로 호세는 아침에 일어나는 건 그리 힘들지 않은데, 옷을 입는 게 매우 느리죠. 사실, 세 아이 모두 아침에 정리하는 데 꽤 문제가 있습니다. 호세는 종종 동생을 도우려고 하지만, 후안이 도움을 받고 싶어 하지 않아서 결국 싸움이 되곤 해요……. 그런데 그건 문제의 일부일 뿐이에요. 왜냐하면 아이들이 똑같은 아침 식사를 좋아하지 않기 때문이에요. 어떤 아침에는 제가 뭔가를 만들면 호세와 후안은 꽤 만족하지만, 가장 어린 헤수스는 제가 만든 것 외에 다른 것을 원하죠. 그러다 다음 날에는 나머지 둘이 제가 만든 것을 좋아하지 않고……. 결국, 하나의 문제가 해결되면 또 다른 문제가 생겨요.

상담자: 그러니까 아침에 일어나는 순간부터 아이들이 어머니를 꽤 바쁘게 만드는 일상을 시작하네요.

어머니: 아이들이 정말 그래요.

상담자: 그렇다면 아마도 어머니께서 그 상황으로부터 벗어날 수 있도록 도와드릴 수 있을 것 같아요. 어머니 가정과 비슷한 많은 가정이 아침에 의견 충돌로 시작하는 경우가 많다는 것을 알게 됩니다. 이런 문제는 작을 수도 있지만, 여전히 짜증을 유발하죠. 때로는 이 짜증이 더 강해지고, 그 결과로 일상생활에서 작은 고비가 되기도 합니다. 여기 있는 부모님들 중에서 오늘 아침 이 분이 말씀하신 것과 비슷한 문제를 겪어 본 분들이 얼마나 많이 있는지 궁금하네요. [이 시점에서 상담자는 집단에서 관찰 중인 다른 구성원들에게로 시선을 돌린다.] 여기 계신 분들 중 몇 분은 분명 자신의 아이들과 겪었던 같은 문제를 공유하는 것 같아 보입니다.

부모와 집단 참여자들을 더 가깝게 만드는 기회는 언제나 중요하다. 이렇게 하면 부모가 더 이상 자신이 주목받고 있다는 사실에 대해 의식하거나 걱정하지 않게 된다.

발표를 하는 부모가 이 모임에 오게 된 이유를 설명할 기회를 가진 후, 상담자는 일반적으로 그들에게 가정에서의 일상적인 하루를 설명해 달라고 요청한다. 이 설명은 아침에 일어나서 하루를 어떻게 시작하는지를 보고하는 것으로 시작된다. 이는 또한 앞서 언급한 가족의 강점을 사정할 수 있는 기회이기도 하다.

대부분의 가정에서 '좋은' 부모는 모범적인 하인임을 알 수 있다. 그러한 부모는 아침에 가장 먼저 일어나거나 가장 일찍 일어나는 사람 중 하나이다. 이 부모에게 맡겨지는 역할은 가족의 어린 구성원들을 깨우기 시작하고, 아침 식사와 점심을 준비하는 것이다. 방금 설명된 것과 같은 가정에서는 어머니가 아이들의 옷을 미리 펼쳐놓고, 아이들이 이를 잘 닦았는지 살피며, 점심, 책, 기타 학교 준비물을 챙겼는지 확인하는 것이 흔한 일이다(자녀가 학령기인 경우). 집에 어머니와 함께 머무는 아이의 경우, 중요한 것은 엄마가 아이를, 하루를 맞이하도록 준비시키는 일이며, 여기에 엄마가 함께 외출해 놀아 주는 일까지 포함될 수 있다.

일반적인 하루는 각 가족마다 어느 정도 다를 수 있지만, 보통은 아이들이 하교 후 집에 돌아오면 물건과 옷 등을 집에 들어오면서 아무 곳에나 놓고, 친구들과 놀기 위해 밖으로 나가며, 저녁 식사에는 늦게 들어오면서부터 패턴이다. 이후에는 숙제를 완료하고 잠자리에 들 준비를 하는 것 등의 이야기와 상기시키는 것이 이어지며, 마지막으로는 잠자리에 들고 조용히 하라는 잔소리가 이어진다. 대부분의 가족은 언제든지 이러한 상황을 어느 정도 경험한다. 그런데 이러한 상황이 지속되거나 빈번한 싸움, 거짓말이나 도둑질, 혹은 유사한 행동으로 악화될 때 부모는 상담을 요청하게 된다.

일상적인 하루의 주요 측면들이 다루어진 후에는, 상담자는 ① 어느 부모가 자녀들에 대한 책임감을 느끼는지, ② 자녀들이 어떤 잘못된 행동 목표를 추구하는지, ③ 부모가 초기 단계에서 기꺼이 바꾸고자 하는 행동이 무엇인지, ④ 자녀들에게 대안으로 제시할 절차가 무엇인지에 대해 상당히 명확한 그림을 가지고 있어야 한다. 만약 아직 명확하지 않다면, 상담자는 부모가 자녀들과 함께 다루고 싶은 행동이 있는지 물어볼 수 있다. 적절한 경우에 격려와 유머를 사용하여 부모의 능력과 판단에 대한 신뢰를 표현하는 것이 매우 도움이 될 수 있다. 상담자는 부모가 일관성을 유지할 의지가 없는 목표를 강요해서는 안 된다.

만일 부모에게서 저항이 발생할 경우, 그들이 일주일 동안 실천해 볼 의향이 있는 하나의 권고안을 제시하는 것도 종종 도움이 된다. 이를 돕기 위해 "지금까지 해왔던 방법이 효과가 있었나요? 이 방법을 일주일 동안 시도해 본다고 해서 잃을 것이 있나요?"라고 물어볼 수 있다. 부모들은 새로운 권고안에 대해 의구심을 가질 수 있지만, 동시에 지금까지 해 왔던 방법이 효과가 없었다는 것을 인정할 준비가 되어 있다. 이런 상황에서 부모들은 새로운 방법을 시도하지 않으면 상황이 바뀌지 않을 가능성이 높다는 것을 깨닫고, 그렇다면 한번 시도해서 나쁠 것은 없을 것이라는 생각을 하게 된다.

상담자는 부모에게 자녀들이 면담 상황에서 어떻게 반응할 것이라고 예상하는지 물어볼 수 있다. 또한 아이들이 면담을 하러 오게 된 이유를 알고 있는지, 그리고 이미 논의된 권고 사항들에 대해 어떻게 반응할지 추측해 볼 수도 있다. 나이가 더 많은 아이들이나 청소년이 포함된 경우, 상담자는 부모에게 아이들이 제안한 내용을 바탕으로 이미 논의된 목표와 방법이라도 어느 정도 수정할 수 있음을 알릴 수 있다. 부모로부터 추가 질문이나 의견이 없으면, 이 부분의 회의는 종료되며 부모는 자리를 떠나고 아이들이 상담자와 만날 기회를 가지게 된다.

자녀 면담

부모의 경우와 마찬가지로, 상담자는 아이들과 대화를 시작할 때 누가 먼저 나서고, 누가 나서서 먼저 말하는지, 그리고 아이들 중 누가 누구를 지지하는지에 주의를 기울일 것이다. 상담자는 아이들도 부모와 마찬가지로 동일하게 존중을 받을 자격이 있다는 점을 인식하는 것이 중요하다. 따라서 상담자는 아이들과 함께 이야기를 해야지, 그들을 무시하거나 얕보는 태도를 취하면 안 된다. 상담자는 부모 포함 참관자들에게 어린아이들의 작은 체구, 또는 두려움과 불편함의 명백한 표현에 지나치게 감상적이지 않도록 권장할 것이다.

아들러 심리학에 익숙하지 않은 사람들은 상담자가 아이들에게 갖는 기대가 겉보기에 지나치게 어른 같다고 비판하는 경우가 종종 있다. 그러나 보통 이러한 직접적이고 성인 수준의 접근 방식은 아주 어린아이들에게조차 받아들여진다. 아기 말투를 사용하거나 아이들을 낮추어 대하는 것은 아들러 상담 방식이 아니다. 반면, 부모에게 보여 주는 공감과 배려는 아이들에게도 동일하게 적용된다. 아이들에게 거리감을 두거나 엄격한 태도를 취하는 것은 이 접근 방식을 잘못 사용하는 것이다.

아이들이 편안하게 느끼도록 하는 것이 가장 중요한 일이다. 아주 어린아이들은 여러 어른이 둘러싸고 있으면 이름과 나이를 말하는 것도 어려울 수 있다. 그러나 보통 아이들은 걱정을 금방 잊고 기회가 생기자마자 금세 대화에 끼어든다.

아이들에게 처음 물어보는 질문은 "여기에 왜 왔는지 알고 있니?"이고, 다음으로는 "추측해 볼래?"(또는 "그에 대해 더 말해 볼래?")이다. 일반적으로 아이들은 이 모임에 왜 왔는지 알고 있지만, 이를 인정하기를 주저할 수 있다. 상담자는 부모가 이 모임에 온 이유를 먼저 설명해 줄 수도 있다. 이후 상담자는 "부모님이 이 문제에 대해 어떤 말을 했는지 알고 있니?"라고 물어볼 수 있다(상담자가 이를 설명할 수도 있다). 그러고 나서 "너도 그렇게 느끼니?"라고 물어볼 수 있다. 상담자는 이후 부모가 그들에게 보이는 행동에 대한 자신의 감정과 태도에 대해 질문할 수 있다.

아이들은 부모를 불편하게 하는 행동이 무엇인지 파악할 수 있다.

많은 부모가 놀라게 되는 점은 자녀들이 가족생활의 기본 규칙을 잘 이해하고 있다는 것이다. 예를 들어, 아이들은 아침에 일어나기 전에 엄마가 그들을 몇 번이나 불러야 하는지 정확히 알고 있는 경우가 흔하다. 또 다른 경우에는, 엄마의 목소리 톤이나 단어 선택을 통해, 엄마가 더는 감당하기 힘든 상태에 있다는 걸 눈치챈다. 동일하게 중요한 점은, 아이들은 부모가 방에 있지 않더라도 자신들의 싸움이 부모를 짜증 나게 하고 있다는 것을 잘 알 수 있다는 것이다. 부모가 가장 불편해하는 행동이 무엇인지 물어보면, 아이들은 주저하지 않고 이를 말한다. 그렇다고 아이들이 자신의 모든 활동을 의식적으로 계획하고 조직했다는 것을 의미하지는 않는다. 그 반대로, 아이들 역시 매일매일, 순간순간에 따라 행동한다. 그렇지만 부모와의 관계를 고려할 기회, 또는 부모와의 관계에서 자신의 행동을 살펴볼 기회를 주면, 아이들은 관계의 핵심 요소를 파악하는 데 큰 어려움이 없다.

아이들과 상담자가 서로 익숙해지면, 상담자는 다음과 같은 질문을 할 수 있다. 즉, "네가 왜 그렇게 행동하는지 알고 있니?", "내가 어떻게 생각하는지 알고 싶니?", "혹시 이럴 수도 있겠니?" 등의 질문을 할 수 있다. 상담자는 아이들의 행동 목표에 대한 가설을 세운 상태이며, 이를 설명하는 구체적인 행동들을 확인해 두었을 것이다. 가끔 아이들은 그들의 행동이 목표와 관련된다는 단순한 진술만으로는 그 행동의 중요성을 즉시 인식하지 못할 것이다. 반면에, 두세 가지 예를 들어 설명하면 아이들은 상담자의 관찰을 인정하는 반응(미소)이나 다른 증거를 보일 수밖에 없다.

다음은 이전에 어머니가 언급했던 호세(6세), 후안(4세), 헤수스(2세)와의 면담에서 발췌한 내용으로, 이 과정이 어떻게 진행되는지를 보여 준다.

상담자: 얘들아, 너희들이 오늘 왜 여기 왔는지 알고 있니? …… 어머니가 오늘 너희를 왜 데리고 오셨는지 알고 있니?

호세: 아마도 우리가 싸우는 걸 싫어하셔서 그런 것 같아요.

상담자: 맞아, 호세, 아주 잘 말했어. 사실 그게 어머니가 신경 쓰시는 부분 중 하나야. 다른 것도 생각해 볼 수 있겠니?

호세: [고개를 저으며: 아니요.]

상담자: 후안, 너는 어때? 어머니가 우리에게 이야기하고 싶어 하실 만한 다른 것이 생각나니?

후안: [고개를 저으며: 아니요.]

상담자: 그리고 헤수스, 너는?

헤수스: [엄지손가락을 입에 물고 큰 갈색 눈으로 형들을 바라보고 있다.]

상담자: 너희들은 싸우는 게 너희에게 문제가 된다고 생각하니?

아이들: [확신하는 듯 고개를 끄덕인다.]

상담자: 어머니와 아버지가 걱정하시는 다른 일들도 있다고 생각하니?

후안: 엄마는 아침에 우리 깨우는 걸 안 좋아해요.

상담자: 그렇구나. 그것도 문제인 거야? [후안이 고개를 끄덕인다.] 너희 가족에게 다른 문제라고 생각되는 일들이 또 있니? [아이들은 잘 모르는 듯하다.] 너희는 너희가 하는 행동들을 왜 계속 하는지 알고 있니? [아이들이 고개를 젓는다: 아니요.] 내가 어떻게 생각하는지 알고 싶니? [아이들이 고개를 끄덕인다: 네.] 혹시 너희가 엄마를 정신없이 만들어 놓고, 네가 하고 싶을 때만 하겠다는 걸 엄마에게 말하고 싶은 건 아닐까? [두 형은 약간 미소를 짓고, 막내는 주의를 기울이기 시작한다.] 너희들이 엄마를 정신없이 바쁘게 만들고 동시에 네 마음대로 한 적을 생각해 볼 수 있겠니?

후안: 저는 제 마음대로 할 수 없어요. 사실, 저는 전혀 제 마음대로 할 수 없어요.

상담자: 그렇구나, 후안. 네가 가족 중에서 유일하게 마음대로 할 수 없는 사람이라고 느끼는구나. 흠……. 그래서 네게는 인생이 그저 불공평하게만 보이는 거네. 후안, 혹시 네가 때로는 네 뜻대로 하기보다는 네가 옳다는 걸 주장하고 싶어 하는 건 아닐까? 사람들이 너한테 얼마나 불공평했는지를 알리기 위해서 말이야.

후안: [머뭇거리며 고개를 저으며: 아니요.]

상담자: 음, 한번 생각해 보면 좋겠구나, 후안. 혹시 호세와 헤수스가 자기들 마음대로 할 때, 네가 네 마음대로 하지 못했다고 불평해서 엄마를 불편하게 하고, 엄마가 뭔가 잘못한 것처럼 느끼게 하고 싶은 건 아닐까? 그럴 수도 있지 않을까? [후안이 바라본다.] 후안, 네가 가끔 엄마가 불편해하고 잘못했다고 느끼는 걸 보면 행복할 수도 있을 것 같아. 엄마가 잘못했고, 너도 그걸 알고 있다고 느끼는 게 말이야. 어떻게 생각하니? [후안이 미소를 짓고 고개를 끄덕인다: 네.] 그럼 말해 줄래, 후안, 어떤 게 더 중요하니? 네가 더 자주 네 마음대로 할 수 있는 게 더 중요할까, 아니면 엄마가 잘못됐다는 걸 알고 그걸 느끼는 만족감이 더 중요할까?

후안: 좀 더 자주 내 마음대로 하고 싶어요.

상담자: 그럴 수도 있겠구나, 후안. 하지만 그건 네가 결정할 일이야. 쉽지는 않을 거야. 왜냐하면 과거에는 엄마가 틀렸다는 걸 알면서 재미를 느낀 적도 있었을 테니까. 그렇지? [후안이 고개를 끄덕인다.] 너희들도 가정에서 겪는 몇 가지 문제를 변화시키는 데 도움을 받고 싶니?

호세/후안: 네.

상담자: 그리고 헤수스, 너는 어떠니? 너도 가족에서 뭔가 바뀌었으면 좋겠니?

헤수스: [고개를 끄덕인다: 네]

그런 다음, 상담자는 아이들에게 부모와 논의된 몇 가지 대안을 설명한다. 그 후, 아이들은 집에서의 상황을 개선하는 데 이러한 대안이 어떻게 도움이 될 것이라고 생각하는지 논의할 기회를 갖는다. 어떤 경우에는, 세부 사항(예: 아침에 스스로 일어나는 것)을 아이들과 함께 작업하는 과정에서 상담자는 "너희 부모님도 이에 동의하실 것 같니?"라고 물어볼 수 있다. 이러한 질문을 통해 상담자는 부모와 아이들 간의 상호 신뢰를 평가해 볼 수 있다. 또한, 사람들이 어떻게 관계를 개선해 나가기 시작하는지를 아이들에게 보여 주는 예시가 된다. 어린아이들에게는 상담자가 집에서 앞으로 진행될 일들을 요약하고, 언제 다시 만날지를 설명하며, 일반적으로 친절함과 격려의 말을 전하며 상담을 마무리할 수 있다.

공고화

어린 자녀를 둔 부모들의 경우, 모임의 나머지 부분은 자녀 없이 진행된다. 10대 청소년이 있는 경우에는 종종 마무리 회기에 아이들이 참여한다. 이 회기는 행동 목표와 합의된 권장 사항을 검토할 기회를 제공한다. 또한 부모나 자녀가 가진 질문에 답할 기회이기도 하다. 다음 모임의 세부 사항, 즉 어떻게, 언제, 어디서 진행될지에 대해서도 논의되어야 한다. 가족이 실천하려고 준비 중인 권장 사항에 대한 경험을 해 보았다면, 이 집단의 의견을 들어볼 수 있다. 이러한 반응은 가족에게 격려와 일반적인 지지를 제공하며, 다른 사람들처럼 그들도 긍정적인 방향으로 변화를 만들 수 있는 능력이 있음을 증명한다. 관련 연구들이 제안하는 것과 같이, 가족이 더 강건해질 수 있는 영역에 주의를 기울이고, 그러한 부분에 집중하도록 격려할 수 있다(예: 함께 질적인 시간 보내기, 저녁 식사 시간에 서로 하루 동안의 이야기들을 듣기, 가족과 서로에게 기여한 것에 대해 정기적으로 감사를 표현하기).

한 가지 유의할 점이 있다. 모든 부모나 자녀가 회기 중에 제시된 권장 사항을 환영하는 것은 아니다. 세 명의 어린 딸을 둔 한 어머니가 있었는데, 이 어머니는 맨퍼드 손스테가드(Manford Sonstegard)와 그의 공동 상담자가 그녀의 자녀들이 그녀의 '좋은 부모' 이미지를 이용하고 있다고 제안한 것에 매우 불쾌해했던 기억이 생생하다. 문화적으로, 혹은 다른 이유로 그녀는 자녀를 양육하는 방식에서 분명히 '올바른' 입장이었기에, 그 제안에 대해 상당히 저항적이었다. 상담자들이 존중을 유지하고, 경청하며, 친절하게 대하면서 원만하게 끝났지만 회기에서는 다소 감정적인 무거움이 있었다. 안타깝게도, 그들은 시연을 위해 마을에 왔을 때에만 만났기 때문에 후속 회기는 저자가 어머니와 딸들을 만나 진행해야 했다. 그날 저녁과 다음 날 아침, 그녀의 딸들이 상담자들의 예측한 대로, 즉 그녀가 이전 방식대로 계속 행동할 경우 아이들이 보일 것이라던 잘못된 행동을 실제로 하는 것을 지켜본 뒤, 진정한 행동을 실제로 하는 것을 지켜본 뒤, 진정한 드라이커스식 아들러 추종자가 되었다. 그 결과, 어머니는 부모학습 모임에 참여하게 되었고, 열렬한 아들러 학파의 옹호자가 되었다.

여기서의 원칙은 드라이커스의 조언을 따르자면 "감정의 바람에 맞서지 말고 잠시 돛을 접으라"는 것이다. 즉, 재촉하거나 논쟁하는 것이 아닌, 내담자가 결과를 직접 경험하도록 하는 것이다. 어떤 시도도 효과적이지 않을 것이기 때문이다. 인생의 교훈이 직접 그들의 교육에 기여하도록 한다.

일반적인 권고 사항

가족 상황이 유사한 경우가 많기 때문에, 아들러 상담자들은 여러 가족에게 동일한 권고 사항이 효과적이라는 것을 발견하였다. 다음은 많은 가족에서 갈등의 횟수를 줄이는 데 효과가 있는 것으로 밝혀진 권고 사항들이다.

알람 시계

많은 가족이 모든 시대를 통틀어 가장 훌륭한 발명품 중 하나가 알람 시계라는 사실을 발견하였다. 이는 어린아이들조차도 저녁에 알람을 설정하여 아침에 스스로 일어나는 법을 배울 수 있다는 사실에서 비롯된 것이다. 많은 부모의 기대와 달리, 아이들은 아침에 자신을 챙기는 책임을 부여받는 것을 가치 있게 여긴다. 이는 아이들이 책임감을 가질 수 있다는 것을 보여 주는 매우 기본적인 방법이다.

부모들은 종종 어린 자녀라면 알람 시계가 울려도 계속 잘 것이라고 생각하곤 한다. 그러나 보통 그렇지 않다. 만약 그런 일이 발생하더라도, 부모는 자녀의 행동에 따른 자연스러운 결과를 그대로 겪도록 하는 것이 필요함을 배워야 한다. 만약 자녀가 평소에는 스스로 잘 일어나지만, 전날 밤 늦은 활동으로 인해 어느 날 아침에는 늦잠을 잔다면, 친구를 대하듯이 깨우지 않는 것은 문제가 없을 것이다. 다만, 다른 사람이 대신 깨워 줄 것이기 때문에 늦잠을 자도 괜찮다는 습관 또는 기대감을 형성하지 않도록 주의해야 한다.

아침 식사 전 옷 갈아입기

많은 부모는 아침에 기본 규칙을 아주 간단히 변경하는 것만으로도 상당한 시간과 갈등을 줄일 수 있다는 사실에 놀라곤 한다. 다음 예시가 도움이 될 것이다.

> 한 어머니는 다섯 살 된 아들 프랭크(Frank)가 매일 아침 가장 늦게 옷을 입는다고 말했다. 어머니가 집 밖에서 일을 하기 때문에, 이로 인해 여러 가지 문제가 발생했다. 다른 아이들은 어떻게든 스스로 옷을 입고 아침 식사를 하러 내려왔지만, 프랭크는 마지막 순간까지 꾸물거리다가 결국 어머니가 위층으로 올라와서 옷을 입혀 주기를 원했다. 그 결과, 어머니는 직장에 늦게 가곤 했다.
>
> 집단 구성원들은 2~3일 동안 『민주적인 부모가 된다는 것』(Dreikurs & Soltz, 1964)의 여러 장에 대해 논의한 후, 그녀가 가족을 위한 새로운 기본 규칙을 고려해 볼 것을 제안했다. 새로운 규칙은 간단하다. 프랭크를 포함한 모든 가족 구성원은 아침 식사 전에 옷을 갈아입어야 한다는 것이다. 즉, 어머니는 아침을 준비하고 하루의 나머지 일과를 챙기느라 바쁜 동안 프랭크는 옷을 입어야 한다는 것이다. 만약 프랭크가 옷을 갈아입지 못하면 어머니가 도와주어야 하고, 그만큼 어머니의 시간을 소모하게 된다. 결과적으로 프랭크는 아침 식사를 하지 못하고 유치원에 가게 될 것이다. 만약 그런 일이 생기면 이 사실을 유치원 선생님에게 설명하게 되어 있다.

그다음 주에 어머니는 토론 집단에 돌아와서 프랭크가 아침 식사 전에 스스로 옷을 갈아입는 습관을 들였다고 기뻐하며 보고했다. 첫날 아침부터 이런 일이 발생한 것은 아니다. 부모 토론 집단이 진행된 저녁, 어머니는 프랭크를 잠자리에 들게 하면서 말했다. "내일 아침에 새로운 규칙이 생길 거야. 모두가 아침 식사 전에 옷을 갈아입어야 엄마도 엄마 일을 할 수 있게 돼."

다음 날 아침, 프랭크는 예전처럼 잠옷 차림으로 내려왔다. 어머니는 프랭크에게 아무 말도 하지 않았고, 프랭크는 단순히 아침 식사가 제공되기를 기다렸다. 다른 아이들은 식사를 시작했고, 프랭크는 아침 식사를 받지 못했다. 잠시 후, 프랭크는 다시 위층으로 올라가서 바지와 셔츠를 입고 내려왔지만 양말과 신발은 신지 않았다. 그는 다시 아침 식사가 제공되기를 기다렸지만, 여전히 아침 식사는 제공되지 않았다. 그러는 동안 어머니는 아무 말도 하지 않았다.

프랭크는 다시 계단을 올라가서 한쪽 양말과 신발을 신었지만 다른 쪽은 신지 않은 채로 내려왔다. 얼마 지나지 않아 프랭크는 다시 위층으로 올라갔고, 그 후 완전히 옷을 갖춰 입고 내려왔다. 서둘렀지만 아침은 먹었다. 어머니는 그 이후로 매일 아침, 프랭크가 아침 식사 전에 스스로 옷을 입고 있다고 말했다.

이 성공은 어머니가 어떤 식으로든 프랭크에게 기대되는 바에 대해 상기시키거나 그가 한 행동을 문제 삼지 않았기 때문에 가능했다. 같은 권장 사항을 사용하여 효과적으로 해결된 많은 다른 사례들도 있다.

상기시키지 않기

아들러 방법을 사용하는 사람에게 점점 더 명백해지는 사실은, 어떤 권고가 효과가 없을수록, 그것은 부모가 자녀의 행동에 대해 말을 많이 하는 정도와 거의 비례한다는 사실이다. 즉, 부모는 자녀의 행동으로 인한 과거와 현재의 불편함에 대해 이야기하고 싶어 하는 경향이 있다. 모든 성인들이 배워야 할 중요한 한 가지 교훈은 침묵의 가치와 관련된다. 결과의 현실을 겪도록 허용하는 것이 핵심이다.

대부분의 자녀가 시계나 전화 등으로 시간을 확인할 수 있음에도 불구하고, 부모는 종종 시간 관리자의 역할을 맡는다. 부모는 자녀들에게 일어날 시간, 아침 식사 시간, 학교 갈 준비 시간, 물건 정리 시간, 공부 시간, 게임 중지 시간, 설거지 시간, 잠자기 준비 시간, 취침 시간, 그리고 잠드는 시간 등을 상기시킨다. 내가 진행한 부모 토론 집단 중 하나에서는 다섯 자녀를 둔 어머니가 매주 약 29시간을 자녀들에게 해야 할 일을 상기시키는 데 사용하고 있다는 사실을 알게 되었다. 주로 자녀들에게 앞에서 언급한 여러 가지 일을 언제 해야 하는지를 상기시키는 활동이 대부분을 차지했다.

따라서 새로운 규칙은 **상기시키지 않기**(no reminders)이다. 일어날 시간, 학교 갈 시간, 저녁 식사 시간, 취침 시간 등에 대한 이해가 있으면, 부모는 아무리 어린 자녀들일지라도 여러 번 상기시킬 필요가 없을 것이다. 가정 안에서 어른들은 자녀들에게 매우 유용한 일상과 질서를 제공할 수 있다. 이러한 일상과 질서의 논리는 가족이 참여하는 사회적 활동에 크게 기반을 두고 있다.

일단 이러한 습관이 자리 잡히면, 학교 버스가 특정 시간에 도착한다거나, 부모가 정해진 시간에 출근해야 한다는 것을 따로 설명할 필요가 없다. 마찬가지로, 규칙적인 식사 시간과 취침 시간이 있으면, 부모가 가족 구성원들에게 지속적으로 상기시킬 필요가 없다. 행동에서 자연스럽게 따르는 논리적이고 자연스러운 결과가 학습의 원천이 되어야 한다.

취침 시간

취침 시간은 아이들과 부모 모두에게 가장 흔한 문제가 되는 시간 중 하나이다. 문제의 일부는 부모가 때때로 손님이 있을 때 아이들에게 착하게 행동하라고 돈을 주거나, 또 다른 경우에는 가장 심각한 처벌로 위협하는 것이다. 안타깝게도, 이러한 방법들은 가끔 효과가 있을지언정, 항상 효과적이지는 않다. 그 결과, 부모는 이러한 방법들이 다시 효과를 볼 수 있기를 바라는 마음으로 주기적으로 이 방법들을 사용하는 경향이 있다. 이러한 작전은 단순히 아이들이 열심히 노력하면 자신이 원하는 것을 원할 때 얻을 수 있다는 기대를 부추길 뿐이다.

대부분의 경우, 자문자는 부모와 아이들이 취침 시간에 대한 새로운 합의점에 도달하도록 도울 수 있다. 실제로, 아이들은 스스로 취침 준비를 하고 침대로 가야 할 책임이 있다. 시간을 정확히 알지 못하는 아이들에게는 부모가 취침 시간에 대해 특별히 언급하지 않고 단순히 시간을 말해 준다. 그러나 취침 시간이 지나면 부모는 자녀가 부모의 시간이나 관심을 요구하는 행동을 완전히 무시하도록 교육받는다. 부모 토론 집단의 또 다른 예가 도움이 될 수 있다.

> 세 자녀의 아버지가 막내딸의 취침 문제로 어려움을 겪고 있었다. 그녀는 네 살이었고, 다른 형제들이 언제 자러 가는지, 자신이 언제 자러 가야 하는지 알고 있었다. 불이 꺼지고 부모가 하루가 끝나기 전에 아래층으로 돌아와서 저녁 동안 하던 일들을 하고 있을 때, 그녀는 침대에서 몰래 나왔다. 그때마다 그녀는 부모에게 그날에 일어난 일 중 가장 부모의 관심을 끌 만한 이야기, 즉 부모가 하고 있던 일들 또는 자신이 했던 일들에 대해 이야기하곤 했다. 보통 부모는 그녀에게 다시 위층으로 가라고 하고 그녀의 행동을 무시하곤 했다. 그러나 그녀는 매우 집요해서 결국 부모 중 한 명이 그녀를 안고 위층으로 데려가는 것으로 일단락되었다.

많은 가족처럼, 부모는 여러 방법을 시도했지만 어떤 방법도 일관되지 않았다. 그래서 아버지에게 다음번에 아이가 침대에서 빠져나오면, 딸이 계단을 내려올 때 아버지와 어머니 모두 딸을 무시하라고 권고했다. 집단의 다음 모임에서 아버지는 딸이 바로 다음 날 밤에 정말로 내려왔고, 그가 그날 밤 해야 할 일을 하는 동안 딸이 자신에게 말을 걸었다고 했다. 그의 아내도 교사였고, 과제를 채점하고 있었다. 어린 딸은 부모 양쪽을 오가면서 자신이 만족을 얻지 못한다는 것을 알게 되었다. 그녀는 약 40분 동안 머물면서 방해하는 소음을 내고, 놀기도 하며, 자신에게 관심이 오도록 시도했다.

다음날 저녁, 그녀는 더 집요하게 아버지의 주의를 끌려고 했다. 어느 순간, 아버지는 아무 말도 하지 않고 단지 그녀의 방을 가리키고 나서 다시 자신의 일에 집중했다. 딸은 즉시 자신의 방으로 돌아갔고, 그날이 그녀가 침대에서 빠져나온 마지막 날이 되었다. 주목할 점은 아버지가 그녀의 존재를 알고 있다는 신호를 보였지만 아무 말도 하지 않았다는 것이다. 그는 단순히 지금은 놀거나 이야기할 시간이 아님을 강조했다.

이러한 사례에서, 부모가 자녀를 무시하라는 조언을 받는 한편, 자녀와 함께 대화하고 놀며 즐거운 시간을 계획하는 것이 매우 중요하다는 점 또한 안내받는다. 부모는 가족이 모두 함께 있는 시간 동안의 즐거움에 기여하는 중요한 역할을 할 수 있다. 아침 식사, 저녁 식사, 그리고 취침 직전 등의 시간에 부모는 자주 유머와 즐거움, 그리고 각 가족 구성원에 대한 일반적인 감사함을 보여 줄 수 있다. 어떤 부모는 자녀에게 책을 읽어 주고, 어떤 부모는 다음 날의 일정을 이야기하며, 또 다른 부모는 감사 및 일반적인 기도를 하기도 한다.

새로운 합의 수립

상황에 따라 다양한 형태로 나타나지만, 자문자는 종종 가족 내에서 갈등을 겪는 양측 간에 새로운 합의를 중재하는 역할을 맡게 된다. 부모와 자녀 모두 갈등을 해결하는 방법을 배울 필요가 있다. 앞서 언급한 바와 같이, 갈등이 있을 때에도 그 안에는 일종의 합의가 존재한다. 사실, 합의가 전혀 없다면 갈등도 존재할 수 없다. 따라서 많은 권장 사항들에는 부모와 자녀 간의 협상이 포함된다. 예를 들어, 현실적으로 언제쯤 잠자리에 들 수 있을지, 부모와 자녀가 각자 해야 할 일, 그리고 이런 변화가 가져올 좋은 점들에 대해 함께 합의할 수 있다. 이 합의에 따라 모든 당사자는 자신에게 기대되는 바를 알고, 일반적으로 그에 따라 행동하게 된다.

부모들에게 있어 또 다른 빈번한 문제는 자녀의 숙제에 대해 만족스러운 합의점을 마련하는 것이다. 부모들은 종종 자신들이 자녀를 위한 가장 좋은 해결책을 알고 있다고 생각한다. 그러나 자녀들은 자문자와의 논의 과정에서 부모가 상상했던 것보다 숙제 상황을 다룰 만한 훨씬 더 만족스럽고 효과적인 대안적 방식들을 제안하며 부모들을 거듭 놀라게 한다. 자녀가 문제를 이해하고 해결책을 제시할 수 있는 능력에 대한 자신감을 키우는 것은 자문 과정에서 얻을 수 있는 가장 큰 교훈 중 하나이다.

예를 들어, 아이들이 자주 추천하는 바 중 하나는 어떤 날 저녁에는 다른 활동 후에 숙제를 끝낼 수 있는 선택권을 얻는 것이다. 해야 할 일을 어떻게, 언제 할지 계획하는 것은 자기효능감과 사회적 관심을 강화하며, 이는 성숙에 필수적이다. 자신이 제안한 해결책으로 성공을 경험하는 것도 내적 만족감의 중요한 원천이 된다. 저자가 이러한 논의에서 맡는 추가적인 역할 중 하나는, 청소년들이 실제로 학습 기술에 얼마나 능숙한지 평가하는 것이다.

공립학교 교사이자, 군인과 대학생 대상으로 교육을 하는 강사로서 저자는 공식 및 비공식적으로 학습 기술을 가르친다. 연구 결과와 개인적인 경험 모두, 학습 기술이 부족한 사람들이 자신의 교육 경험에 대한 만족도가 낮고, 학업의 어떤 단계에 있든지 중퇴율이 높으며, 자기존중감과 자기효능감이 낮아지기 쉽다는 것을 입증해 준다. 학교상담사, 교사 또는 다른 학교 직원에게 도움을 요청하는 것은 온라인 자료나 자기주도 학습 안내문의 유용함을 보완할 수 있다.

집안일을 돕는 것도 비슷한 방식으로 다룰 수 있다. 대부분의 아이는 일들을 언제 해야 하는지 결정할 때 돕는 것을 좋아한다. 이런 이유로, 설거지를 언제 해야 하는지, 쓰레기를 언제 내다 버려야 하는지, 잔디를 언제 깎아야 하는지 결정할 기회를 주면, 일을 해내는 것에 대한 그들의 태도가 바뀌고 가족의 일원으로 기여하는 것을 훨씬 더 기꺼이 받아들이게 된다.

권고 사항이 효과가 없을 때

많은 경우, 부모들은 어떤 권고 사항들은 자신들에게 효과가 없었다고 보고한다. 이런 경우, 자문자는 부모들이 언급하는 상황에서 정확하고 구체적으로 무슨 일이 발생한 것인지 확인해야 한다. 일반적으로는 권고 사항이 성공하지 못한 데에는 몇 가지 조건이 영향을 미쳤을 가능성이 있다. 자문자가 주목해야 할 가장 흔한 요인은 다음과 같다.

잔소리

앞서 언급한 바와 같이, 어른들은 지나치게 말을 많이 하거나 부적절한 시점에 말하는 경향이 있다. 자연적 결과 및 논리적 결과가 효과를 발휘하도록 하려면, 부모는 말을 아끼고 자녀가 잘못된 행동의 결과를 겪고 있다는 사실을 눈치채지 못하게 해야 한다. 가장 명백한 예는, 많은 어른이 우위를 점하는 것에 만족감을 느끼며 말하지 않고는 못 배겨 하는 "그러니까 내가 말했잖아"라는 말이다. 이러한 말은 갈등을 더 깊게 만들 뿐만 아니라, 자녀에게 기회가 주어진다면 어떻게 복수할지를 배우게 될 가능성을 높인다.

다음 예시는 한 어머니의 사례에서 가져온 것인데, 그녀의 10대 딸은 엄마를 택시 기사처럼 이용하고 있었다. 이 사례에서 어머니는 중요한 순간에 말을 하지 않는 것의 중요성을 인식하고, 비범한 인내심을 보여 준다. 그 결과, 어머니와 딸은 둘 다 매우 중요한 교훈을 얻게 되었다.

> 캐런(Karen)은 기본적으로 가족과 친구들과 잘 지냈다. 그러나 어머니는 캐런이 점점 더 학교와 다른 행사에 대한 교통수단으로 자신에게 의존하는 것에 대해 우려하고 있었다. 어머니는 캐런이 운전할 수 없다는 것을 이해했지만, 꼭 필요하지 않을 때조차 자신을 이용하는 것에 대해 점점 불만을 느끼기 시작했다. 이로 인해 어머니와 딸 사이에 말다툼이 생기고, 다른 덜 중요한 문제들에서도 긴장이 증가하게 되었다. 어머니는 직업이 없었기 때문에 때때로 불편하긴 했지만 캐런을 도와야 한다는 의무감을 느꼈다.

어머니에게 권고된 것은 단순히 캐런을 자신의 친구 대하듯이 대하는 것이었다. 즉, 어머니가 캐런에게 택시 기사로서의 역할을 하는 것이 불편하거나 캐런에게 최선의 도움이 되지 않는다고 느낄 때, 어머니는 마치 친구가 충분히 미리 계획하지 않았을 때와 같이 단순히 캐런의 행동에 따른 결과를 받아들이도록 하는 것이었다.

그다음 주, 캐런은 어느 날 밤에 늦게까지 깨어 있다가 아침에 늦잠을 자서 학교 버스를 놓쳤다. 이전에는 이런 일이 있었을 때, 어머니는 서둘러 옷을 입고 급히 캐런을 학교에 제시간에 데려다주었다. 그러나 그 날 아침, 어머니는 신문을 끝까지 읽고 커피를 다 마시기로 결정했다. 캐런은 믿을 수 없다는 표정으로 가만히 서 있다가 결국 문을 세게 닫고 밖으로 나가 자동차에 앉았다. 어머니는 집을 비우기 전에 전처럼 부엌을 정리했다. 차에 다가가자, 어머니는 캐런이 꽤나 화가 난 것을 알 수 있었다.

시내로 가는 길에 어머니는 그날 아침에 약속이 있어 일정에 맞춰야 늦지 않을 것이라고 언급했다. 그들은 캐런이 걱정하는 몇 가지 문제와 다음 주의 활동에 대해 대화를 나누었다. 교통이 혼잡해 학교 앞까지 차로 가면 큰길로 다시 나오는 데 시간이 더 걸릴 것 같아서, 어머니는 캐런에게 학교까지 남은 거리는 걸어서 가라고 했다. 캐런은 놀란 표정을 지었지만 다소 마지못해 동의했다.

그날 저녁 식사 중에 어머니는 캐런과 그날의 일들에 대해 대화를 나누었다. 어머니는 캐런에게 학교에 제시간에 도착했는지 묻기 시작하다가 스스로를 포착해서 멈췄다(caught herself)고 말했다. 다음 날 아침, 캐런은 학교 버스에 제시간에 올라탔고, 그 일에 대해서는 아무 말도 없었다.

어머니는 캐런이 다음번에 교통편이 필요할 때 미리 충분한 시간을 두고 부탁한다는 것을 알게 되었다. 어머니는 이 방식이 훨씬 더 서로에게 좋다고 느꼈고, 그래서 가능할 때는 기꺼이 그렇게 해 주었으며, 그렇지 못할 때에도 불만이나 죄책감을 느끼지 않게 되었다.

비일관성

상담자의 권고 사항을 일관되게 따르지 않는 것은 아들러 상담 방법을 적용하기를 배우는 데 있어 흔히 발생하는 문제 중 하나이다. 그래서 상담자는 부모들이 권고 사항을 이해할 뿐만 아니라, 처음 적용했을 때 효과가 없더라도 계속해서 이를 실천할 준비가 되어 있도록 돕기 위해 노력한다.

한 부모가 받아들일 수 있는 권고 사항이 다른 부모에게는 전혀 받아들여지지 않을 수 있다. 대부분의 부모는 자녀가 아침에 스스로 일어나도록 하는 것을 꽤 수용할 만하다고 여긴다. 반면, 취침 시간은 부모들에게 매우 중요한 문제라서, 초기 몇 차례 면담에서는 아이와 취침 시간을 협상하는 데 선뜻 나서지 않는 경우가 많다. 하지만 시간이 지나면, 앞서 상담자가 제안했던 방법들이 실제로 효과가 있었고, 보다 협력적이고 조화로운 가족생활에 도움이 된다는 것은 경험하면서, 부모들이 취침 시간 협상을 더 긍정적으로 받아들이게 된다.

타인에 대한 존중과 자신에 대한 존중을 통합하는 것은 연습할 가치가 있는 기술이다.

아들러는 아이들이 더 안정감을 느낄 수 있도록 질서와 일상(order and routine)의 중요성을 강조했다. 아이들이 여러 가지 질서의 규칙에 있어 한계를 시험한다는 사실은 그들이 일반적으로 이러한 지침을 원하지 않는다고 생각하게 만들 수 있다. 그러나 함께 사는 데 필요한 논리와 관련된 규칙들은 그와 정반대의 진실을 지닌다.

규칙에 예외를 두면서도 질서를 유지하는 것은 부모들이 항상 이해하기는 어려운 섬세한 기술이다. 자녀 지도에서는 친절함과 단호함이 필요하다. 친절함은 자녀의 복지를 존중하는 것이다. 이것은 규칙에 예외를 허용하고자 하는 판단을 포함한다. 단호함은 자기 자신에 대한 존중을 보여주는 것으로, 성인이나 아이 모두에게 좋지 않은 방향으로 조작당하거나 이용당하지 않도록 보호하는 역할을 한다. 부모들은 가족 내에서 상호작용에 대한 새로운 기본 규칙을 세우면서, 자녀 지도에 일관됨을 배우는 과정에서 이 두 가지 요소가 모두 중요하다는 것을 배우게 될 것이다.

과잉 교정

때로는 부모와 교사들이 개인심리학의 몇 가지 원리를 이해하기 시작하면, 아이의 두세 가지 문제 행동을 동시에 다루어야 하는 상황에 처하게 된다. 처음에 어른들이 집중하는 문제 행동은 새로운 행동이 나타남에 따라 부차적인 것이 된다. 어른들은 무심코 그 후 이어지는 행동에 실수를 범함으로써 첫 번째 교정 조치의 효과를 떨어뜨린다. 다음 예시는 이러한 실수를 명료화하는 데 도움이 될 것이다.

> 여덟 살인 클랜시(Clancey)는 친구들과 밖에서 놀고 있었다. 그의 어머니는 다투는 소리를 들었다. 상황을 지켜보니, 클랜시는 함께 놀던 친구들을 자기 마음대로 하려 했지만, 친구들은 이에 따르지 않으려 했다. 좌절한 클랜시는 한 친구의 장난감 트럭을 잡아 그 친구를 때리기 시작했다. 이때 어머니는 클랜시에게 집으로 들어오라고 불렀다. 클랜시가 들어오자, 어머니는 싸우지 않고 놀 수 있을 때까지 집 안에 있어야 한다는 것을 단순하고 차분하게 설명했다.
>
> 몇 분 후, 클랜시는 자신의 방에서 장난감 조각들을 던지기 시작했다. 어머니는 그에 대해 자신이 일상적으로 하는 대로 했다. 화난 목소리로 방을 엉망으로 만든 것에 대해 꾸짖은 것이다. 클랜시는 반항했다. 그러자 어머니는 더 화가 나서 클랜시가 방 밖으로 나와 사과를 하지 않으면 저

녁 식사를 하지 못할 것이라고 말했다. 클랜시는 방 밖으로 나오거나 사과하지 않았다. 이로 인해 힘 겨루기가 시작되었다. 애초에 친구를 때린 사건이 시사하는 바는 클랜시의 목표가 단순히 권력 행사뿐만 아니라 복수일 가능성도 있었다는 점이다. 그의 좌절감에 대해서는 상담, 그리고 부모에 대한 추가적인 도움이 필요했다.

어머니는 부모 학습 모임에 속해 있지 않았고, 이런 상황에 대처할 준비가 되어 있지 않았다. 그러나 그가 싸우지 않고 놀 준비가 될 때 밖으로 나갈 선택권을 주며 차분하게 방에 보낸 것이 적절한 첫걸음이었음은 분명하다.

이 사례에서, 어머니는 드라이커스의 책에서 추천된 원칙과 방법을 사용하기 시작했다. 그러나 그녀는 한 번에 하나의 행동만 성공적으로 다룰 수 있다는 점을 아직 이해하지 못했다. 나중에 학교 상담자와의 자문에서 이 원칙이 그녀에게 설명되었고, 이후에는 동시에 여러 상황을 처리하려다 좌절하는 일이 없도록 할 수 있었다.

자기충족적 예언

불행히도, 어른들은 종종 아이들이 가족이나 학급에 도움이 되는 방식으로 행동하리라고 기대하지 않는다는 메시지를 아이들에게 언어적 또는 비언어적으로 전달한다. 어른들은 아이들이 새로운 상황을 다루는 판단력에 대한 신뢰가 거의 없다고 표현하기도 한다. 그러면 아이들은 그에 상응하는 방식으로 반응하며, 많은 경우 어른들이 기대한 대로 행동하게 된다.

앞서 언급했듯이, 어른들이 권고 사항을 따르고 일관성을 유지할 수 있다고 믿는 것이 중요하다. 부모 자신과 아이들에게 신뢰를 갖는 것은 변화를 가져오는 데 중요한 요소이다. 상담자는 권고 사항을 실행하겠다고 동의한 사람들의 언어를 주의 깊게 들어야 한다. 일반적으로 "노력해 보겠다"는 말 뒤에는 '하지만'이라는 접속사가 조용히 따라온다. 마치 "이 방법이 효과가 없을 것 같아요!"라는 말처럼 말이다. 필요하다면 숙제에 관한 권고 사항을 덜 어렵게, 또는 그 기간을 좀 더 짧게 수정할 수 있다. 모든 경우에, 새로운 방법을 성공적으로 실행하는 것을 우선시해야 한다. 그렇지 않으면 부정적인 자기충족 예언이 그 결과로 따라올 수 있다.

추수 자문

개인이나 가족에게 도움이 되기 위한 모든 노력과 마찬가지로, 내담자가 지난 모임 이후의 진행 상황을 평가하고, 궁금한 점을 명확히 할 기회를 갖는 것이 중요하다. 이 시점에서 상담자는 권고 사항이 제대로 이해되고 실행되었는지 확인할 기회를 갖는다. 일부 권고 사항이 유용했을 것이라는 가정하에, 이러한 권고 사항이 충분히 진행된 것으로 보이면 새로운 방법을 제안할 수 있다. 이는 내담자에게 새로운 과제로 과부하를 일으키지 않도록 하기 위함이다.

만약 어른들이 이전부터 부모 학습 집단에 참여하고 있지 않다면, 집단에 참여하도록 권장할 수 있다. 이러한 집단은 상담자의 권고 사항을 실천하는 데 필요한 통찰과 지지를 제공하는 데 매우 유용할 수 있다. 아이들도 수업 내 토론 집단이나 학교를 통해 구성될 수 있는 상담 집단에서 혜택을 받을 수 있다.

때에 따라 어른들과 아이들 모두 원래의 문제를 놓고 갈등을 중지하기로 묵시적으로 합의하는 경우가 있다. 여전히 진정한 협력과 평등의 정신과는 거리가 있지만, 도움에 대한 새로운 약속을 정하게 된다. 하지만 근본적인 조건은 그대로 남아 있어서, 원래 문제와 비슷한 다른 문제가 또 생길 수 있다. 상담자는 이와 같은 함정을 예상하고 학습 집단, 수업이나 가족회의, 후속 자문 또는 상담 등을 통해 이를 극복할 수 있도록 도움을 주어야 한다.

추가 적용

이 장의 시작에서 언급했듯이, 이러한 방법의 적용은 사회적 갈등의 수만큼 다양하다. 가족 주치의와 종교 지도자들은 종종 좌절한 어머니의 곤경을 듣게 된다. 자녀들의 전형적인 비의학적 행동 문제에 대한 안내는 제9장(〈표 9-4〉)에 제시되어 있으며, 가족 인터뷰의 발췌본은 〈부록 A〉에 포함되어 있다. 이러한 자료들은 이론을 실제로 확장하는 수단으로 제공된다.

어른들 간의 관계에서도 같은 절차를 따르지만, 기법은 다를 것이다. 갈등 해결에서 가장 자주 위반되는 부분은 첫 번째 단계인 상호 존중이다. 다른 사람이 실수를 하거나 잘못을 저질렀다고 생각하면 사람들은 보통 비난하는 질문을 하거나, 탓하거나, 오류를 지적하며 상호작용을 시작하는 경향이 있다. 즉, 다른 사람의 소속감, 안전감, 적절함의 느낌을 약화시키는 경향이 있다. 그 후에는 상황을 교정하기 위해 어떤 조치를 취해야 하는지에 대한 행동 지침이 따라온다. 이러한 제안이 상황을 교정하는 데 필요한 것을 다룰 수 있다 하더라도, 첫 번째 단계를 위반하면 성공적인 해결은 어렵다. 이런 상황에서는 이기냐 지냐가 목표가 되는 것이다.

반면에, 적극적인 경청, 적절한 시선 접촉, 공감적 소통을 통해 존중이 이루어지면, 다른 단계들이 최적으로 실행되지는 않더라도 상황을 만족스럽게 해결할 수 있다. 다른 사람들이 개방성, 유연성, 존중을 차이점 해결을 위한 노력의 일부로 인식하면, 만족스러운 결과를 성공적으로 얻을 확률이 더 높다.

요약

아들러 학파는 개인심리학의 원칙과 실제를 사용하여 다양한 유형의 집단 내에서 개인 간의 차이를 중재한다. 그들은 드라이커스가 처음 제시한 갈등 해결 전략으로 각 상황에 접근한다.

드라이커스는, 특히 부부 갈등, 노조 협상, 다문화 갈등, 그리고 이와 유사한 상황들에서 아들러 상담 접근의 효과를 입증하는 데 활발하게 활동했다. 그는 사회적 평등에 기초를 둔 갈등해결 전략과 사회생활 관련 논리를 사용하여 다양한 상황에서 그러한 접근 방식을 적용하는 방법을 가르쳤다. 그는 사람들이 상상력과 협력 의지만 있으면 무엇이든 가능하다고 말하곤 했다. 사회적 정의는 그러한 문제 해결의 결과이자 부산물이다.

누군가에게 새로운 접근 방식이 처음일 때와 마찬가지로, 적용에는 인내와 오류를 감수하려는 의지가 필요하다. 이는 한 사람의 삶에서 가장 효과적으로 활용할 방법을 찾기 위해서이다. 따라서 자문자는 사람들이 자신의 인생에서 새로운 접근 방식을 효과적으로 사용하도록 돕는 격려와 교육의 중요한 원천이다. 마찬가지로, 관련된 모든 사람의 삶의 질을 최상으로 만드는 것도 중요하다. 사회적 관심과 같이, 안녕(wellness)은 목적지가 아니다. 이것은 인생에서 앞으로 나아가려고 지속적으로 노력할 가치가 있는 바람직한 목표이다. 단순히 '그럭저럭 지내는 것'에 안주하기보다는, 긍정적인 사회적 상호작용을 통해 자신뿐만 아니라 타인의 발전에 도움의 손길을 내밀고 기여하는 것을 격려하도록 노력할 수 있다.

학습 문제

지시 사항: 다음 질문에 답하시오.

1. 당신이 경험한 상황을 예로 들어 사회적 갈등 해결의 네 가지 단계를 설명하시오. 만약 갈등이 만족스럽게 해결되지 않았다면, 아들러 심리학의 관점에서 그 이유를 설명하시오.
2. 자문 관계의 주요 특징은 무엇인가?
3. 아들러 자문 과정의 기본 가정 중 두 가지 이상을 제시하시오. 특히, 중요하다고 생각하는 이유를 설명하시오.
4. 아들러 상담 방식을 보완할 수 있는 가족 체계 접근법에서 기대할 만한 통찰이나 방법은 무엇인가?

활동

다음 활동들은 갈등 해결 기법을 적용할 기회를 제공한다. I 부분의 상황들은 특히 집단 활동에 적합하다. 혼자서 작업하거나 학습 동료와 함께 작업한다면 첫 번째 부분을 검토한 후, 동일한 원칙과 기법을 사용하여 II 부분의 부부 갈등 사례에 답하는 것을 권장한다.

I. 역할극: 학부모–교사 상담 시 발생할 수 있는 중요한 상황

다음은 초기 학부모–교사 상담에서 발생할 수 있는 몇 가지 상황이다. 각 경우, 교사가 사용하는 접근 방식은 학부모–교사 관계와 아이의 학교생활에 큰 영향을 미칠 수 있다. 먼저, 네 명으로 소집단으로 나눈다. 각 집단은 세 가지 상황 모두를 역할극으로 수행해야 한다. 현실적으로 연기하고, 가능한 한 자신의 역할에 깊이 몰입하며, 해결책을 도출하기 위해 노력해야 한다. 각 활동 후, 참가자들은 역할을 바꾸어 진행해야 한다.

역할극 활동 1	역할극 활동 2	역할극 활동 3
교사 아버지 어머니 관찰자	교사 부모 아이 관찰자	교사 아버지 어머니 관찰자

관찰자와 교사의 역할을 준비할 때 다음 힌트들이 도움이 될 것이다.

관찰자: 가능한 한 눈에 띄지 않게 교사의 반응 중 어떤 것이 건설적인 분위기를 형성하는 데 가장 도움이 되는지 기록하고, 전반적으로 집단의 상호작용을 관찰하라(행동, 대화 등을 기록하라).

교사: 교사의 역할을 수행할 때 다음 사항을 고려하라.

- 회의 시작 시 일어나서 상대방의 이름을 사용하여 인사하라.
- 쾌활하게 대하며 상대방의 눈을 직접 바라보라.
- 물리적인 장벽(예: 책상)을 피하라.
- 조용히 말하고 주의 깊게 들으라.
- 공감적으로 반응하며, 가능한 한 방어적이지 않게 감정을 수용하라.

– 상황이 요구하는 바를 파악하라. 학생이 학업 성과를 보여 줄 수 있는 예시들을 준비를 하라.

– 상대방이 행동 계획에 협력할 의향이 있는지 파악하라.

– 구체적인 행동 계획을 세우라.

– 요약하고, 후속 연락 방법을 설정하라.

역할극 활동 1

상황: 명석한 학생(학년과 성별 설정)의 부모가 상담을 요청했다.

부모: 아버지와 어머니는 아들 또는 딸이 수업에서 충분한 심화 학습을 받고 있지 않다고 걱정하고 있다. 자녀가 지루해 보이고, 학교에 대한 관심이 줄어든 것 같다고 느낀다. 그들은 자녀가 잘하길 간절히 원한다. 교사가 뭔가 조치를 취하기를 바라고 있다.

교사: 교사는 다음 개념을 강화해야 한다: 경청 기술, 감정 표현, 가치 명료화(부모가 기대하는 바, 자녀 격려, 구체적인 가정–학교 협업 과제)

관찰자: 세 사람 간의 상호작용을 기록하라. 가능한 한 아들러의 개념이 언제, 어떻게, 누구에 의해 사용되었는지, 그리고 그것이 이 회의에 미친 영향을 주목하라.

역할극 활동 후, 다음에 응답해 보라.

1. **모든 참가자:** 자신의 역할을 하면서 어떻게 느꼈는가? 특별히 어려웠던 점이 있었는가? 아니면 자연스럽게 진행된 것 같았는가?
2. **부모:** 교사가 관심을 가지고 참여하는 것 같았는가? 교사가 당신의 기대에 어떻게 반응했는가? 교사가 당신의 걱정을 이해하는 것 같았는가? 결과에 만족했는가? 다르게 하고 싶었던 것이 있었는가?
3. **교사:** 부모가 당신에게 '무언가를 해 주길' 기대하는 것에 대해 어떻게 느꼈는가? 자신의 입장을 방어하게 되었는가? 결과에 대해 어떻게 느꼈는가? 다르게 하고 싶었던 것이 있었는가?
4. **관찰자:** 부모와 교사의 역할에 대한 인식을 공유하라. 특히, 촉진적이라고 여겼던 교사의 반응은 무엇이었는가? 교사에게 다른 접근 방식을 제안할 수 있는가? 일반적으로 이 집단 토론이 이번 장과 이전 장들에서 제시된 원칙들과 어떻게 관련되는가?

역할극 활동 2

상황: 교사는 부모의 아들이 학교에서 끊임없이 문제를 일으켜 왔기에 부모를 상담에 오도록 요청했다. 아이의

성취 수준은 표준화 검사 점수가 보여 주는 잠재적 능력에 미치지 못하고 있었다.

부모: 부모는 적어도 처음에는 방어적이며, 아들이 이전에 다른 교사와는 이런 문제가 없었다고 말할 것이다. 분노와 불만, 학교에서의 불편함을 언어적으로나 행동적으로, 또는 둘 다 표현할 수 있다. 교사가 통찰력과 기술을 사용하면 이 입장은 어느 정도 완화될 수 있다.

교사: 이전에 나열된 제안 외에도, 교사는 다음 개념을 강화해야 한다: 경청 기술, 감정 수용, 비난에서 필요한 작업으로의 전환(예: "우리가 어떻게 도와 수 있을까, [자녀 이름]?"), 그리고 교사와 부모가 합의한 자녀에 대한 구체적인 격려 과제.

자녀: 자녀는 상담에 참석하지만, 질문을 받지 않는 한 아무 말도 하지 않는다. 그는 내내 예의 바르게 행동하며 질문에 답할 준비가 되어 있다. 그는 이 상황에서 불편함을 느끼며 조용히 교사가 부모와의 논의에서 곤경을 겪는 것을 흥미롭게 지켜보거나, 어른들이 함께 협력하여 도움을 주는 것에 진정으로 격려 받을 것이다.

관찰자: 세 사람 간의 상호작용을 기록하라. 가능한 한 아들러의 개념이 언제, 어떻게, 누구에 의해 사용되었는지, 그리고 그것이 이 회의에 미친 영향을 주목하라.

역할극 활동 후, 다음에 응답해 보라.

1. **모든 참가자:** 자신의 역할을 하면서 어떻게 느꼈는가? 자신의 역할을 하면서 아들러 이론의 개념을 활용할 수 있었는가?
2. **부모:** 교사가 관심을 가지고 참여하는 것 같았는가? 당신의 말에 교사가 예상대로 반응하였는가? 교사의 반응이 부모로서 당신에게 도움이 되었는가?
3. **교사:** 부모와의 상호작용에서 수용 받았다고 느꼈는가? 부모에게 도움이 되고 있다고 생각했는가? 자녀가 상담에서 반응한 것에 대해 어떻게 느꼈는가?
4. **관찰자:** 당신의 인식을 공유하라. 아들러 이론의 개념이 어떻게, 언제, 누구에 의해 활용되는 것을 보았는가?

역할극 활동 3

상황: 교장선생님이 최근에 부모에게 연락하여, 교사의 권유로 자녀를 진단검사를 위해 학교 심리학자에게 의뢰해도 되는지 허락을 요청하였다. 부모는 교사에게 면담을 요청하였다.

부모: 부모는 아들에게 문제가 있다는 생각에 곤란해하고 있다. 자녀가 전적으로 '정상적이지' 않고 '결점이 있는' 것으로 지목된 것에 대해 설명을 원한다. 부모는 집에서 아들에게 어떤 것도 잘못된 것이 없다고 생

각한다. 그들은 아들이 심리학적 용어로 평생 동안 낙인찍힐까 봐 두려워한다.

교사: 교사는 이전에 나열된 제안 외에도 다음 개념을 강화해야 한다: 경청, 공감, '느린' 학생들에 대한 태도 표현(예: 모든 아이들을 주류에 포함시키려는 교사의 입장), 부모가 진단 검사 의뢰를 이해하도록 돕기

관찰자: 세 사람 간의 상호작용을 주목하라. 가능한 한 아들러 이론의 개념이 어떻게, 언제, 누구에 의해 활용되었는지, 그리고 그것이 이 회의에 어떤 영향을 미쳤는지 주목하라.

역할극 활동 후, 다음에 응답해 보라.

1. **모든 참가자:** 이 역할을 맡으면서 어떻게 느꼈는가? 세 가지 역할 중 어느 것이 가장 어려웠는가? 그 이유를 설명할 수 있는가?
2. **부모:** 교사가 당신의 자녀에 대해 어떻게 느꼈으리라고 생각하는가? 당신의 두려움이 줄어들었는가, 아니면 회의 전보다 더 불안해졌는가? 교사가 어떤 정보를 전달하였는가? 심리적인 검사가 당신이 보기에 정당하다고 생각하는가?
3. **교사:** 검사의 이유를 설명하는 데 얼마나 효과적이었다고 느꼈는가? 당신의 입장을 스스로 방어한다고 느꼈는가? 부모로부터 더 많은 협력을 얻기 위해 무엇을 달리할 수 있었겠는가?
4. **관찰자:** 각 역할에 대한 당신의 인식을 공유하라. 교사의 어떤 반응이 촉진적이라고 느꼈는가? 교사가 이 상황에서 조금이라도 더 건설적인 방식으로 접근할 수 있었다면 어떤 것인가? 집단 상호작용에 대한 또 다른 관찰 사항이 있다면 공유하라.

Ⅱ. 부부 갈등 상황에 반응하기

밥(Bob)과 메리(Mary)는 결혼한 지 1년이 조금 넘었다. 둘 다 직장을 다니고 있으며, 자녀는 없다. 매일 저녁 메리는 집에 와서 저녁을 준비한다. 그녀는 주말에 집을 청소하고 빨래를 한다. 밥은 차를 세차하고 일반적으로 유지 관리를 맡고 있다.

메리는 직장에서 책임이 증가함에 따라 밥에게 집안일을 더 많이 분담해 달라고 부탁했다. 밥은 자신이 어떻게 해야 하는지 잘 모른다고 하며 그것은 남자의 일이 아니라고 말했다. 메리는 이 상황에 대해 깊은 불만을 느끼고 있으며, 이를 조금씩 의미 있는 방식으로 드러내기 시작했다(예: 저녁식사를 '실수로' 태우는 것).

밥이 이 주제를 꺼낸다. 메리는 즉시 방어적인 태도를 취하지만 당신에게 도움을 요청하는 눈빛을 보낸다. 다음 질문에 응답해 보라.

1. 진짜 문제는 무엇인가?
2. 당신이 '친구'로 존재하면서 그들이 갈등을 이해하도록 돕기 위해 무엇을 할 수 있고, 무엇을 말할 수 있는가?
3. 화목함을 회복하기 위해 이 상황에 필요한 것은 무엇인가?
4. 그것을 어떻게 달성할 수 있는가?

이 활동을 마치면 학습 동료나 관심 있는 친구와 당신의 답변을 공유하라. 논의가 끝나면 다음에 제시된 답변과 비교하라. 아래 답변들은 밥과 메리의 갈등에 대한 아들러 이론에 기초한 해결책을 반영하는 유형의 예시 답변이다.

1. 진짜 문제는 밥이 '집안의 남자'로서의 남성성과 특권을 잃을까 두려워하는 것과, 메리가 밥이 공동 책임에 대해 보이는 무례한 태도에 불만을 느끼고 있는 것이다. 밥의 우선순위는 편안함이며, 메리의 우선순위는 그를 기쁘게 하는 것이었다.
2. 갈등 해결의 네 가지 단계를 따를 수 있다. ① 각자의 입장을 명확히 표현하고 존중하도록 돕는다. ② 서로 싸우고 싶지 않다는 점을 명료화한다(즉, 상호 합의를 통한 협력과 화목함을 선호한다는 점). ③ 메리가 도움이 필요하다고 생각하는 것, 밥이 알고 있거나 배울 수 있는 것, 새로운 합의를 통해 달성할 수 있는 것에 대한 이해점을 명확히 한다. ④ 새로운 방식을 수립하기 위해 무엇을 할지에 대해 합의에 도달한다.
3. 이 상황에서는 아파트 유지, 요리, 빨래, 그리고 일상생활 관련 집안일에 대한 책임 있고 유연한 공동 분담이 필요하다.

참고문헌

Dreikurs, R. (1971). *Social equality: The challenge of today*. Chicago: Henry Regnery.

Dreikurs, R., & Soltz, V. (1964). *Children: The challenge*. New York: Hawthorn Books.

Minuchin, S. (1974). *Family therapy techniques*. Cambridge, MA: Harvard University Press.

Minuchin, S., & Fishman, H. C. (1981). *Families and family therapy*. Cambridge, MA: Harvard University Press.

Nichols, M. P., & Schwartz, R. C. (1994). *Family therapy: Concepts and methods* (3rd ed.). Boston: Allyn.

Pomeroy, H., & Clark, A. J. (2015) Self-efficacy and early recollections in the context of Adlerian and wellness theory. *Journal of Individual Psychology*, *71*(1), 24-33.

Stinnet, N., & Defrain, J. (1985). *Secrets of strong families*. New York: Berkley Books.

Sweeney, T. J., & Witmer, J. M. (1991). Beyond social interest: Striving toward optimum health and wellness. *Individual Psychology*, *47*(4), 527-540.

제12장

평등주의에 기반한 집단작업

아마도 집단작업보다 아들러 심리학에 더 적합한 방법은 없을 것이다. 사람들은 사회적 교류의 장면에서 가장 잘 이해된다는 아들러의 가정에 따라, 다양한 상황에서 집단은 다른 사람들에게 자기 훈련의 본질적 만족과 사회적 삶의 논리를 가르치고 격려하는 데 활용될 수 있다. 제2장에서 설명한 원래의 **안녕의 바퀴**에서 저자는 '자기'를 자기 지향 또는 자기 조절이라는 생애 과제에서 가치감, 통제감, 현실적 신념, 정서 반응 및 관리, 지적 자극, 문제 해결 및 창의성, 유머감, 운동, 영양, 자기 돌봄, 스트레스 관리, 성 정체성, 문화 정체성의 12개 바퀴살로 개념화했다. 이러한 요인들은 장수하면서 잘 살아가는 사람들의 특성과 관련된 학제 간 연구를 검토하여 도출된 것이다. 이 요인들은 자기 지향의 모든 바퀴살과 영향을 주고받으면서 일과 여가, 우정, 사랑이라는 생애 과제에 대응할 때 자기를 조절하거나 이끌어 간다. 또한, 이러한 요인들은 실증적 근거에 기반한 **통합적 자기 모델**에 통합되어 있으며, 더 높은 수준의 안녕에 기여한다.

영성은 바퀴의 중심에 있는 것으로 개념화되고, 실존적 의미, 목적, 삶에 대한 희망을 통합한다. 알려진 모든 문화권에서는 신, 영적 존재 또는 사후 세계에 대한 어떤 형태의 믿음이 존재해 왔다(Abrams, 2015). 최초의 안녕의 바퀴 모델의 주 저자인 위트머(Witmer, 2018)는 이것을 '우리의 신성한 잠재력을 실현하는 신에 대한 탐구'라고 말한다.

> "인류학자들은 종교 없이 생겨난 문명은 없다고 지적했다. 세상의 아득히 먼 곳에서 발생한 문화들은 부족을 넘어 존재하는 독립체를 창조했다. 각 문화는 삶이 어떻게 생겨났고, 이 최고의 존재가 그들에게 무엇을 기대했는지에 대한 고유한 이야기를 엮어냈다. 부족이 이 독립체와 어떻게 관계를 맺어야 하는지, 즉 신

에게 어떻게 순종하고 일상생활을 해야 하는지에 대한 규칙과 의식이 확립되었다"(p. 561).

에리히 프롬(Erich Fromm)은 이를 "인간은 자신의 존재가 스스로 해결해야 할 문제인 유일한 동물이다!"라는 다른 방식으로 표현했다. 우리가 애초에 오래 살고, 잘 사는 것과 관련된 요인을 개념화했을 때, 연구 결과는 조직화된 종교 참여를 통해 얻는 사회적 혜택뿐만 아니라 '우리 자신의 존재 문제를 해결하려는' 영적 노력의 중요성도 분명하게 뒷받침했다. 실제로 영성은 인류의 가장 핵심적인 실존적 분투로 보였고, 따라서 이론적 안녕의 바퀴 모델의 중심이 되었다. 이러한 가설을 뒷받침하는 여러 연구가 있는데, 무신론자들은 '자신의 신념에 확신이 있을 때' 행복감이 더 크다고 보고했다는 증거도 있다(Galen & Kloet, 2011, p. 674). 제2장에서 언급했듯이, 우리의 통계적 노력은 새로운 자료를 수집할 때마다 요인 분석을 반복적으로 수행하여 영성을 중심으로 한 수레바퀴 모델을 경험적으로 입증하려는 시도였다. 그러나 이러한 통계적 노력은 이를 실현하는 데 실패했다.

연구 요인들이 어떻게 조화를 이룰 수 있는지에 대한 우리의 직관이 잘못되었다는 사실을 깨닫고, 저자는 아들러의 작업을 다시 살펴보고, 그가 우리 데이터를 어떻게 활용했을지 생각해 보았다. 물론 제2장에서 언급한 몇 가지를 포함하여 이미 우리에게 익숙한 다양한 안녕 모델이 있었다. 하지만 그중 어느 것도 우리의 목적에 충분하지 않았다. 그러나 아들러는 삶의 의미와 목적을 이해하고 만들기 위해 분투하는 개인과 인류의 속성, 예를 들어 『사회적 관심(Social Interest)』(1938)과 『인생이 당신에게 의미하는 것(What Life Should Mean to You』(1958)을 언급했다. 그는 인간의 경험을 기계론적으로 나누지 않고 전체론적으로 개념화했다(Mosak & Dreikurs, 1967; 2000). 요컨대, 우리는 나눌 수 없는 존재이다. 실제로 과학은 우리를 같은 방향으로 이끌고 있는 듯하다. 즉, 마음과 몸, 그리고 영혼은 분리될 수 없다. 따라서 의미를 향한 우리의 분투는 우리가 '자기(self)'라고 부르는 모든 영역에서 긍정적이든 부정적이든 결과를 가져온다.

아들러 심리학자들은 생활양식을 이해하고 수정하는데 우리가 나아가려는 방향을 향한 자기 창조적 목표가 중요하다고 생각하기 때문에, 의미를 발견하고, 목적을 검토하고, 희망을 키우는 기회는 자기효능감과 변화 가능성에 필수적이다. 예를 들어, 익명의 알코올 중독자 모임, 수많은 자조 및 성장 프로그램과 같은 개입 집단에서 집단 상호작용, 자기 탐색, 영성의 결합을 발견할 수 있다. 전반적으로 집단은 안녕에 기여하는 각각의 중요한 요인을 다룰 수 있는 많은 기회를 제공한다.

아들러 심리학자들은 사회적 삶의 문제들은 비밀을 요구하고, 일대일 전문 치료가 필수적이라는 관념을 불식시킨다. 이러한 이유로 아들러와 그를 따르던 사람들은 아동 및 가족 교육 센터와 현재 자조 집단이라고 불리는 단체를 설립했다. 그러나 아들러와 드라이커스는 당시의 동료 의사와 치료자뿐만 아니라 부모, 교사, 사회 복지사들에게도 그들의 상식적 접근 방식과 방법을 공유했다는 이유로 비난받았다. 이 장에서는 다른 많은 아들러 간행물 및 미디어 프로그램과 마찬가지로 아동, 가족, 교실 내 상호작용을 중심으로 하는 집단작업에 주목하였다.

이러한 것들은 인간관계에서 단순히 교정과 회복을 넘어 예방과 강화를 장려한 최초의 인물들이었던 아들러와 드라이커스의 유산이다. 어릴 때 개인의 용기와 사회적 관심을 개발한다면, 성인이 되었을 때 다른 사람들이 그들의 협력과 창의성의 결실을 사회적으로 유용한 목적을 위해 누리게 될 것이다.

청중이나 집단 관찰자들은 종종 중산층 가정 이외의 다른 가정에서도 이러한 방법이 효과가 있는지에 대해 질문할 것이다. 아들러 심리학자들은 오스트리아와 미국 둘 다에서 초기의 아동 지도센터가 노동 계급과 도심의 저소득층 지역에 설립되었다는 점에 주목한다. 대부분 작업은 자원봉사자들이 주도했으며, 많은 일반 지도자는 적어도 토의 집단에서는 훈련된 전문가들만큼 효과적인 것으로 밝혀졌다. 실제로 준전문가들은 아들러 가족 교육 운동에서 치료가 필요하지 않은 참여자들과 함께 일하는 데 있어 중추적인 역할을 해 왔다. 부모 리더에 대한 저자의 경험은 전반적으로 매우 긍정적이었다. 예외적인 상황은 부모 리더가 권위적이거나 통제적인 혹은 둘 다의 태도를 보이는 경우였다. 그러한 리더는 다른 부모들의 참여를 방해하거나 참여하지 못하게 만들 수 있다.

민주적인 아들러 부모교육 프로그램의 문화적 적합성을 뒷받침하는 연구 결과들이 있다. 그러나 특정 집단에 대한 문화적 감수성이 필요하다. 일부 가족이나 집단에서는 자녀를 때리는 등의 체벌이 여러 세대에 걸쳐 대물림될 수 있다. 이러한 차이를 경멸하지 않고 '다름'으로 인정하는 것이 필요할 것이다. 이론과 토론이 아닌 예시와 사례를 통해 설득하지 않는 한, 솔직한 대화는 기대하기 어려울 수 있다(Aleksandrov, Bowen, & Colker, 2016).

가능하다면 종단적 자료가 더 선호되긴 하나, 선행연구에서 그러하듯 부모교육은 적어도 몇 주 또는 몇 달에 걸쳐 참여하기로 선택한 사람들에게 도움이 된다. 린드쿠이스트와 왓킨스(Lindquist & Watkins, 2014)는 아들러 심리학의 특성을 가진 것으로 보이는 일곱 가지 부모교육 프로그램의 특징과 효과에 대한 검토를 진행했다. 검토된 프로그램 중에는 적극적 부모 역할(Active Parenting), 현명한 부모 역할(Parenting Wisely), SFP[1], STEP[2], Triple P[3]가 있다. 이 프로그램들은 약물남용 및 정신건강 서비스 관리국(SAMHSA)의 근거 기반 프로그램 및 훈련 국가등록부(NREPP)에 근거 기반

1) 역자 주: SFP는 Strengthening Families Program의 약자로서, 가족 기능을 강화하고 부모-자녀 관계를 개선하기 위해 고안된 예방 · 중재 프로그램.

2) 역자 주: STEP은 Systematic Training for Effective Parenting의 약자로서, 체계적인 훈련을 통해 효과적인 양육 기술과 의사소통 기술을 익히도록 돕는 프로그램.

3) 역자 주: Triple P는 Positive Parenting Program을 가리키는 것으로, 긍정적 양육 기술을 단계별로 제공하여 아동의 행동 문제 예방 및 부모의 스트레스 감소를 목표로 하는 프로그램.

부모교육 개입 방식으로 등록되어 있다. 이 프로그램들의 결론은 다음과 같았다.

> 부모교육은 지금까지 끝이 없어 보이는 다양한 가족 문제 개입의 중요한 초점이 되어 왔다. 이 글에서는 현존하는 많은 프로그램 중 가장 잘 알려진 일곱 가지 프로그램을 검토하는 것으로 한정한다. 프로그램마다 강조하는 기술은 달라도 기본 이론적 틀은 민주적인 것으로 묘사될 수 있다. 태도, 스트레스, 문제 행동, 부모-자녀 관계 등 여러 영역에서 이러한 프로그램들의 개선 효과를 뒷받침하는 연구 결과가 있다. 그러나 민주적 방식에 기반한 효과적인 부모교육이 장기적으로 미치는 영향에 대한 명확한 이해는 부족하다(p. 162).

드라이커스와 마찬가지로, 저자의 경험으로도 경제적으로 여유 있는 사람들 역시 자녀 양육 및 결혼에 관한 토의 집단에 다른 사람들만큼이나 쉽게 참여를 요청한다는 것을 보여 준다. 그러나 사회경제적 수준과 상관없이 결혼 및 커플 토의 집단은 아들러 상담자들의 활동에서 자녀 양육 집단만큼 두드러지지 않는다. 저자의 판단으로는 결혼 생활 향상, 커플 교육 및 상담에 대한 필요는 지금도 크고, 앞으로도 계속될 것이다.

이와 마찬가지로, 영성은 막대한 부에도 불구하고 극심한 빈곤, 대량 살상무기, 테러, 집단학살, 만연한 불평등, 인종차별, 전 세계적인 여러 형태의 억압이 존재하는 세상을 이해하려는 개인과 집단에게 시금석이 되어 왔다. 많은 사람이 실존적 평화를 위한 치유법으로 찾는 '권력(power), 지위(positions), 물질(possessions)'의 인위성은 놀라울 따름이다. 이 장의 마지막에 나오는 영성 활동은 내가 집단에서 사용해 본 것 중 가장 매력적이고 도움이 되는 수단 중 하나였다. 이 활동은 시간과 탐색을 위한 안전한 기회가 주어질 때 모든 사람이 경험하는 실존적 갈망을 다룬다(Witmer, 2017). 모든 독자가 시간을 내어 이 활동에 참여해 보길 바란다.

집단의 유형

아들러 상담자들에 의해 가장 자주 사용되는 집단 방식은 토의, 자문, 상담으로 분류할 수 있지만, 사이코드라마(Kende, 2017)와 집단치료(Sonstegard & Bitter, 2004)도 사용된다. 이러한 방법의 공통적인 요소는 개인심리학의 원리와 관련이 있다. 아동이나 성인 누구와 작업하더라도, 자문, 상담, 토의 집단에서 참가자는 다음과 같다.

1. 본질적으로 평등하고, 그렇게 행동할 것으로 기대됨(즉, 누구도 너무나 당연하게 이의를 제기할

수 없는 고유한 위치를 가짐)

2. 자신의 행동에 대해 책임질 수 있는 것으로 간주됨
3. 창의적이고 목적이 있는 존재로서 전체적이고 통합적인 방식 안에서 개별적으로 가장 잘 이해됨
4. 다른 사람들처럼 생애 과제를 수행하는 사회적 존재로 간주됨
5. 자신의 태도와 행동 또는 둘 다 변화시킬 수 있음
6. 삶에 의미를 부여하는 과정에서 도움을 줄 수 있을 뿐만 아니라 도움을 받을 수 있음

이러한 집단에 존재하는 분위기나 조건들은 전형적으로 도움을 주는 관계의 분위기와 비슷하다. 구성원 간 교류에서 성실성, 배려, 신뢰, 공감, 지원, 협력, 정직성이 기대된다. 또한, 어느 정도의 유머와 친근함도 필요하다. 상담 또는 자문 집단에서는 정보가 공유되는 맥락(즉, 공통의 관심사나 고민을 갖고 서로 돕고자 하는 사람들 사이)을 고려하여 구성원 간 비밀을 유지한다. 제11장에서 설명한 것처럼 공개 시연에서는 리더의 마음에 참가자에 대한 존중이 가장 우선시되어야 한다.

개인심리학과 집단 절차에서 리더에게 필요한 훈련 및 또는 지식의 양은 집단의 유형과 목적에 따라 다르다. 예를 들어, 토의 집단에서는 한 회기 또는 그 이상의 회기 동안 구성원들이 리더십을 공유하거나 교대로 맡을 수 있다. 이러한 순환은 집단이 구조와 정보를 제공하는 공통의 읽기 자료를 사용할 때 특히 가능하다.

자문 또는 상담 집단에서 한 사람 또는 그 이상의 구성원이 일부 회기에 상당한 영향을 줄 수 있지만, 리더는 집단을 명확히 하고 요약하거나 지시하는 책임의 분담을 유지하려고 할 것이다. 공동 리더는 한 사람이 간과할 수 있는 것을 다른 사람이 그렇게 하지 않을 확률을 높이므로 가능하다면 추천한다. 이 경우 공동 리더의 양립 가능성은 협력과 일반적 평등 의식을 필요로 하지만, 반드시 비슷한 교육이나 배경이 요구되는 것은 아니다. 예를 들어, 학교에서의 몇 가지 사례를 보면 상담자와 교사 또는 학부모가 상호 보완적인 통찰력과 경험을 바탕으로 상당한 효과를 거두며 집단을 이끌기도 한다. 기업 및 산업체의 인간관계 전문가와 노조 대표도 이러한 원칙과 방법을 바탕으로 접근하면 효과적으로 협력할 수 있다.

토의 집단

아동을 위한 토의 집단

어떤 아들러 집단에 속한 사람들에게도 동일한 관찰이 가능한데, 아동들에게 가장 중요한 성과 중 하나는 일상생활에서 경험하는 문제를 해결하기 위해 개별적으로나 집단으로 자신들의 지성을 사용할 수 있다는 것을 깨닫게 되는 것이다. 실제로 어린 학생들이 자신의 운명을 통제할 수 있다고 느끼는 정도는 학업성취도와 밀접한 관련이 있다는 연구 결과가 있다.

자신의 능력을 믿고, 다른 사람의 능력을 동원하고 협력하며, 건설적이고 합리적인 방법으로 문제를 해결할 수 있다고 기대하는 것은 집단 토의를 통해 배울 수 있는 중요한 평생의 교훈이다. 이러한 토의는 일부 어른들이 학교에서 교과목의 중요성을 지나치게 강조하는 경향에 대응하는 데에도 도움이 될 수 있다. 훈육은 그 자체가 부수적인 것이 아니라 학습의 주제가 될 수 있다. 즉, '바른' 학생들은 행동하는 법을 알고 있지만, 그렇지 않은 학생들은 규칙, 이점, 불이익, 훈계, 처벌을 통해 그것을 배워야 한다는 의미에서이다. 낙담한 학생은 학교에서 잘못된 행동을 하거나 성적이 좋지 않은데, 그것은 그게 최선의 해결책이라고 생각하기 때문이다. 그들은 대안적인 행동과 태도를 배움에 있어 안내가 필요하다.

학급 회의 안타깝게도 학교와 가정에서는 아이들의 단점을 강조하고 새롭거나 다른 대안을 제시할 기회를 간과함으로써 낙담한 아이들에 대한 잘못된 생각을 강화하는 경향이 있다. 학급 회의는 각 아동이 자신의 고유한 재능과 강점을 발견하는 기회를 보장하는 중요한 방법 중 하나이다. 이 회의는 아이들이 자신과 다른 사람들을 위한 더 만족스러운 삶을 가로막는다고 생각하는 실제적 또는 상상적 한계를 극복하는 훌륭한 방법이다.

> 책임 있는 행동은 모든 아동에게 가능하다.

드라이커스와 윌리엄 글래서(William Glasser) 둘 다 상담자와 교사를 위한 학급 회의에 대한 중요한 원칙과 구체적인 절차를 제공했다. 비록 글래서(Glasser, 1969)가 자신의 접근 방식을 '현실 치료'라고 부르긴 했지만, 그의 원칙은 개인심리학과 매우 잘 부합하며 그의 방법 또한 똑같이 유용하다. 그는 아이들이 참여하고, 가치의 중요성을 배우고, 가치감과 소속감 또는 사랑을 제공하는 활동에 전념하는 기회가 주어진다면 책임감 있는 행동은 모든 아동에게 가능하다고 믿었다.

글래서(Glasser, 1969)의 세 가지 유형의 학급 회의(개방형, 교육 진단형, 사회적 문제 해결형)를 차용하여 각 회의의 활용에 대해 다음과 같이 논의한다.

개방형 회의 어린이들은 흥미롭고 생각을 자극하는 어떤 질문에 대해 논의하도록 초대된다. 이 토의에서 교사는 아이들의 창의적 사고와 합리적 사고를 모두 자극하는 것을 목표로 한다.

사실이나 알려진 답들은 개방형 회의의 주요 초점이 아니다. 예를 들어, 나는 초등학교 2학년 학생들에게 다음과 같은 질문을 해 왔다.

> 장난감이나 게임을 살 수 없다면 어떻게 될지 궁금해 본 적이 있나요? 그게 좋을까요, 나쁠까요?
>
> 여러분을 위해 특별히 제작된 장난감이나 게임을 가져 본 적이 있나요? 산 장난감이나 게임만큼 좋았나요?
>
> 장난감을 만들거나 장난감이 있는 척한 적이 있나요? 그것을 가지고 노는 것이 즐거웠나요?
>
> 다른 사람에게 장난감을 만들어 준 적이 있나요? 여러분 중 몇 명이나 친구와 함께 공유할 수 있는 장난감을 만들고 싶나요? 어떤 장난감을 만들 수 있을까요?

이 경우 교사는 주는 것과 받는 것, 또는 무엇이 사람들을 행복하게 하거나 슬프게 하는지 토의하고, 공예용 철사, 일반 생활용품 또는 아이들 주변에서 쉽게 구할 수 있는 재료로 다른 사람을 위해 장난감을 만드는 활동에 시간을 할애할 수도 있다. 다른 한편으로, 이러한 회의는 반드시 계획하거나 후속 조치를 하거나 일정을 잡아 둘 필요는 없다. 사실 아이들에게 가장 의미 있는 몇몇 회의는 아이들이 자발적으로 제안하거나 사전에 프로그램화할 수 없는 뉴스 속 사건에 의해 제안되기도 한다. 학생들은 '정답'이 없다는 것을 배우면서 이러한 기회를 기대하게 될 것이다.

교육-진단 회의 이 회의는 수업에서 공부하는 내용과 관련이 있다. 이를 통해 교사는 학생들이 수업 내용을 이해하고 있는지 빠르게 판단할 수 있다. 저자의 경험에 따르면, 학생들은 종종 학급 시험에 필요한 내용에 대해 일상생활과 어떤 관련이 있는지 알지 못한 채 암기하는 경우가 많다. 관련성이 없으면 해당 과목에 대한 학습 동기가 사라지거나 과목 자체와 관련 없는 가치(예: 우월성을 보여 주기 위한 성적)에 잘못 집중하게 된다.

학생들이 개념을 조사하고 지식을 현재의 사건에 적용하도록 도전하게 하는 것은 종종 이러한 회의의 초점이 된다. 저자는 7학년(중학교 1학년) 교사가 사회 과목에서 배운 개념과 사실에 대한 학생들의 활용도를 평가하는 데 다음 질문이 유용함을 알게 되었다.

> 왜 우리에게 여성 대통령이 한 번도 없었다고 생각하나요?
>
> 우리 정부의 역사에서 여성은 어떤 역할을 해 왔나요? 이 나라에 크게 공헌한 여성 몇 명을 꼽을 수 있나요?
>
> 여성이 국가 원수나 지도자로 인정받는 다른 나라를 말할 수 있나요?
>
> 미래에 대통령에 출마할 기회가 있을법한 여성을 알고 있나요?
>
> 여성이 훌륭한 리더와 대통령이 되는 것에 도움이 되는 지식, 경험 또는 특성은 무엇인가요?

이전 회의 당시에는 예비 선거 운동이 한창 진행 중이었다. 학생들은 역사뿐만 아니라 시사에 대해서도 공부하고 있었다. 수업이 끝난 후 교사는 학생들의 질문에 대한 답변이 다소 실망스러웠다고 말했다. 학생들은 최근 세계 여성 지도자들에 대해 소개받았지만, 이 주제에 대한 회의에서는 아무도 언급되지 않았다. 약 6주 후, 일주일에 평균 두 번 이상 각각 25분씩 학급 회의를 진행한 결과 토의의 질이 크게 향상되었고, 조용하고 학업에 소홀했던 학생들의 반응이 눈에 띄게 증가하는 것을 관찰할 수 있었다.

저자는 보통 두 번 이상은 선생님들과 함께 진행하고 그 외에는 단순히 참관만 한다. 보통은 몇 차례 시범을 보이고 도와주는 것만으로도 교사들이 활동을 진행할 수 있도록 돕는 데 충분하다. 경청하고 공감적으로 반응하는 것, 평가를 보류하는 것, 참여하려는 진심 어린 노력에 대해 격려하기를 배우는 것이 집단 활동의 성공을 위한 핵심 요소이다. 교사는 다른 누군가가 토의를 이끌어 갈 때 교육-진단 회의가 가장 유익하다는 것을 알게 될 것이다. 팀 티칭에서와 같이 이러한 목적을 위해 시간을 공유하는 것은 교사들이 서로를 도울 수 있는 의미 있는 방법이 될 수 있다. 그렇지 않으면, 교사들은 이러한 토의를 이끌어 갈 때 학생들이 수업에서 배운 내용을 개방형 토의에서 인식하는 것과 연결하지 못하면 그 점을 지적하고 싶을 것이다. 상기시키는 것이나 질책하는 것은 향후 참여 의욕을 좌절시킬 수도 있다.

사회적 문제 해결 회의 이 회의는 학급과 학교 내에서 발생하는 개인 및 집단의 교육 문제를 논의하고 잠재적으로 해결하기 위해 열린다. 사회적 문제 해결 회의는 교사보다 외부인이 주도하기가 더 어렵다. 한 번의 회의로 문제를 해결할 수 없는 경우가 많고, 학생들이 외부인을 집단의 일원으로 받아들이더라도 외부인 참여로 후속 조치를 하는 것이 어렵기 때문이다. 몇 가지 경험적 원칙을 통해 사회적 문제 해결 회의의 특징을 파악할 수 있다.

1. 집단으로서 전체 학급 및 학급 내 개인과 관련된 모든 문제는 토의 대상이 될 수 있다.
2. 토의 자체는 문제 해결을 위한 것이어야 한다. 잘못을 찾거나 벌을 주는 것이 해결책 논의의 일부가 되어서는 안 된다.
3. 교사는 비판단적인 태도를 유지하지만, 학급은 판단을 내리고(즉, 누군가가 방해하는 경우), 긍정적인 해결책을 찾기 위해 노력할 수 있다. 교사는 잘못된 행동을 하는 개인을 포함해 모든 사람이 집단에서 가치와 자리를 가지고 있다는 이해를 견지하도록 돕는다. 그러나 학급 구성원들은 교실에 구성원의 협력 부족에 대해 어떻게 대응할지 결정할 권리가 있다(예를 들어, 결과).
4. 회의는 모든 사람이 서로를 볼 수 있는 밀착된 원 모양으로 진행해야 한다. (이 방식은 다른 유형의 회의에서도 중요하다.)
5. 회의는 어린 학생의 경우 비교적 짧게(10~30분), 고학년 학생의 경우 더 길게(30~45분) 진행되어야 한다. 그러나 회의 시간에 대한 지나친 염려보다는 정기적으로 회의하는 것이 더 중요하다.
6. 교장은 학급에 가능한 대안을 제시하는 데 중요한 파트너가 될 수 있다. 교장은 학급 또는 개인의 문제 상황을 논의하는 데 관여할 수 있다. 교장의 역할에는 학생들이 문제에 기여한 자신의 행동과 문제를 해결하기 위해 할 수 있는 일들을 검토하도록 돕고, 문제를 해결하기 위한 계획을 끝까지 실천하겠다는 약속을 이끌어 내는 것이 포함된다. 처벌이 전혀 고려되지 않을 때, 학생과 교장 간의 솔직한 논의가 충분히 가능해진다.
7. 하나의 문제나 개인이 여러 회차에 걸쳐 회의를 지배하도록 허용해서는 안 된다. 일단 상황의 부정적인 측면이 확인되면 앞으로의 진행 상황과 취할 수 있는 긍정적인 조치에 관심을 기울여야 한다. 행동 문제 그 자체가 논의의 유일한 근거가 되어서는 안 된다. 우정, 외로움, 직업 선택, 스포츠맨십, 데이트 및 기타 여러 가지 주제에 대해 꽤 유익하게 논의할 수 있다.

저자는 가정 수업에서 고등학교 3학년 학생들을 가르치는 교사의 초대를 받아 사회에서의 남성과 여성의 역할에 관한 학생들의 태도를 논의하는 시간을 가졌다. 이 교사는 여성의 평등, 의견, 정보 등에 대한 그녀의 설명 때문에 일부 남학생들이 자신에게 과잉 반응을 보이는 문제가 있었다고 보고했다. 그녀는 일반적으로 여성에게, 특히 자신에게 무례한 남학생들의 발언에 화가 났다.

그 반 학생들은 이전에 토의한 적이 있었지만 원 모양 배열로 만난 적은 없었고, 저자와 만난 적도 없었다. 학생들이 교실에 들어서자 눈에 띄는 긴장감이 감돌았고, 교사는 방문자가 함께할 수 있는지 물어보았지만 몇몇 남학생들이 그다지 반기지 않음을 표현하는 말소리가 들렸다. 일부 남학생들은 처음에 밀착된 원 모양 배열에 합류하는 것을 거부했지만 회의가 진행되면서 본격적인 구성원이 되었다.

문제에 대한 교사의 인식에 관한 첫 발언이 끝난 후, 저자는 학생들이 자신의 감정과 태도를 새롭게 살펴볼 수 있는 토의를 이끌도록 도와달라는 요청을 받았다. 숨겨진 의제가 있을 수 있다고 일부 학생들이 의심하는 것을 감지한 저자는 학생들이 자신의 솔직한 태도와 감정을 논의하도록 하는 것 외에는 다른 어떤 의제도 존재하지 않음을 확신시켜 주었다. 이 과정을 원활하게 진행하기 위해 저자는 학생들에게 다음 사항에 대한 의견과 아이디어를 공유하도록 하였다.

인간이 된다는 것은 무엇을 의미하는가? 첫 번째 발언은 좀 더 학업에 관심이 있는 몇 명의 학생들에게서 나왔다. 몇몇 남학생은 여전히 참여를 꺼리는 모습을 보였지만 주의를 기울였다. 학생들의 발언에 대한 주된 반응은 평가적이지 않고 성찰적이며 명확한 의견들이었다. 학생들은 인간을 동물이나 다른 생물들과 구별하려고 노력했다. 학생들은 인간이 되는 데 중요한 측면이라고 생각하는 특징과 능력을 파악하였다. 학생들은 인간의 자질 중 협동적이고 책임감 있는 삶을 언급했다.

사람이 된다는 것은 무엇을 의미하는가? 토의는 훨씬 더 편안하게 진행되었고, 의견에 대한 반박 질문도 이어졌다. 사람이 된다는 것은 사람마다 다른 것들을 의미하지만, 모두가 사람이 되는 것이 중요하다는 데 동의했다. 사람은 인간이며 서로 많은 공통점을 가지고 있다.

남성이라는 것은 무엇을 의미하는가? 그리고 여성이라는 것은 무엇을 의미하는가? 논의의 이 지점에서 주저하던 참가자들은 적극적으로 자신의 견해를 공유했다. 다른 사람의 의견을 적대시하거나 무시하는 기색은 전혀 없었다. 오히려 남성과 여성이 한 인격체이자 인간으로서 평등하다는 점에는 많은 공감이 있었다. 그러나 세 명의 남학생은 토의의 논리에 동의하면서도 여전히 여성을 평등하게 생각하고 싶지 않다고 말했다.

학생들의 관심이 편견에 대해 생각해 보는 방향으로 기울면서 그 시간이 끝나가고 있었다. 자신의 편견을 인식하는 것이 편견을 검토하는 데 중요한 단계가 될 수 있다는 관점이 제시되었다. 참가자들은 자신의 관점을 바꾸라고 요구받지 않았고, 단지 자신의 관점을 솔직하게 수용하도록 요구받았다. 모든 사람이 검증되지 않은 가치관, 태도, 편견을 갖는다는 가정하에 더 많은 토의를 하는 것이 학급의 모든 학생에게 도움이 될 수 있다.

교사는 추가 토의가 있었고, 진로에 대한 단원에서 학생들이 이 문제를 다른 관점에서 더 깊이 생각할 수 있었다고 보고했다. 교사에게 중요한 것은 남학생들의 행동이 눈에 띄게 개선되었고 수업에 더욱 협력적임을 발견한 사실이었다.

아동들은 특히 집단 참여에 대한 구체적인 훈련이 필요하다. 집단 내 자연스러운 리더십은 보통 몇 주 안에 나타나므로 교사는 집단 구성원에게 리더십을 넘겨 줄 수 있다. 집단 구성원들이 집단 토의의 기본을 숙지하면 교사는 자문가 역할을 한다. 처음에는 다음과 같은 방법으로 안내한다.

1. **기본 규칙을 정하도록 도움 주기:** 다시 말해, 우호적인 토의의 의미와 몇 가지 간단한 규칙이 어떻게 학생들이 협력적이고 친절한 방식으로 함께 일하고 놀 수 있도록 도와주는지를 이야기하는 것이다. 질서는 민주적 환경에서 중요한 것인데, 상황의 논리 그리고 자신과 타인에 대한 존중에서 비롯된다.
2. **전체 집단의 참여를 보장하기:** 모든 학생이 안전하게 의견을 표현할 수 있는 주제, 질문 또는 문제들이 있다. 교사는 어떤 학생이 참여하지 않는지 관찰하여 질문하고, 조용한 학생에게 자신의 의견을 공유하도록 초대할 수 있다. 참여하는 학생들의 진정성 있는 노력은 교사의 반응을 통해 인정받을 수 있다. 일반적으로 이러한 학생들은 느리게, 그러나 기꺼이 학급 토의에 참여할 것이다.
3. **초기 리더십을 통해 모델이 되어 주기:** 교사의 리더십은 이끌어야 할 책임을 내려놓는 방향으로 나아간다. 교사는 아이들이 자신의 경험을 통해 어떻게 생각할 수 있는지, 결론에 도달하거나 문제를 해결하기 위해 들었던 내용을 어떻게 질문하고 평가할 수 있는지 모델을 보여 준다.
4. **민감한 문제 다루기:** 학생들이 다른 학생의 잘못된 행동에 대해 토의할 때는 건설적인 사고에 초점을 맞추고 무의미하거나 경멸적인 발언을 하지 않도록 하는 것이 특히 중요하다. 싸움, 거짓말, 훔치기 또는 부정행위는 활발한 논의를 불러일으키는 주제가 될 수 있다. 학생들이 이러한 문제를 다루는 데 경험이 쌓이면 특정 학생이 중재자가 되어 불필요하거나 불친절한 발언이 있을 때 개입할 수 있다. 그때까지 교사는 친절하지만 분명한 목적을 가지고 학생들의 발언을 다른 방향으로 이끌거나 대안을 제시할 수 있다.
5. **아이디어를 자극하기:** 학생들이 관찰하고 평가하고 결론을 내려야 하는 문제, 질문 또는 아이디어를 소개하는 것은 교사의 중요한 역할이다. 1년 동안의 활동에서 학생들은 토의하고 싶은 아이디어나 주제를 갖게 될 것이다. 다른 경우에는, 특히 학생들이 토의에 참여하는 방법을 아직 배우고 있을 때 교사는 학생들에게 동기를 부여하고, 앞으로 직면하게 될 상황을 다루는 데 필요한 자신감을 기르는 데 도움이 되는 주제를 예상해 볼 수 있다.
6. **집단 결정을 격려하고 성급한 개입을 피하기:** 집단 결정을 내리고 그 결과를 받아들이는 법을 배우는 것은 민주적 생활의 필수 요소이다. 일부 집단은 신중하지 못한 결정을 내리고, 교사는 그 선택의 결과로부터 학급을 구하기 위해 조기에 개입한다. 만약 학급에서 제안을 무시하거나 중요한 고려 사항을 간과하는 선택을 했다면, 학생들이 스스로 그 결과를 발견하는 것이 더 낫다. 마찬가지로 중요한 것은 올바른 결정이 개인이나 학급 전체에 도움이 될 때 교사가

얻는 만족도를 높일 수 있다는 점이다.

집단 결정이 타당하게 이루어졌는지와 관계없이, 그것이 학생들에게 얼마나 귀중한 학습 자료가 될 수 있는지 보여 주는 예는 다음 상황에 제시되어 있다.

어느 6학년 학급은 학급 회의에 대한 충분한 경험이 쌓여서 어느 정도 자신들의 능력이 넓어졌다고 느꼈다. 그들은 그 주의 금요일 정오까지 한 주간의 모든 일을 끝낼 수 있다면, 근처 공원에서 학급 소풍을 위한 '자유로운' 오후 시간을 보내기로 결정했다.

교사는 부모님의 동의서와 교장 선생님의 소풍 승인이 필요하다는 점을 덧붙였다. 또한, 어떤 문제가 발생하지 않도록 가능한 한 빨리 교장 선생님에게 확인받을 것을 제안했다. 교사는 학생들이 그녀의 조언 없이도 잘 해낼 수 있을 거라고 자신하는 것 같았다.

다음 주 계획들은 열정적으로 진행되었고, 학생들은 모든 학습에 열심히 임했다. 선생님께 부모님의 서명이 필요한 출석 동의서를 요청하고, 이를 수합하기 시작했다.

목요일 오후, 학생들은 대표단을 교장 선생님에게 보내 승인을 요청했다. 그러나 잠시 뒤 돌아온 대표단의 얼굴에는 난처함이 드러나 있었다. 교장 선생님은 기꺼이 허락을 해 주셨고, 아이들이 금요일 오후에 예정된 깜짝 서커스 관람을 다른 아이들만큼 즐기길 바란다고 말했다.

말할 필요도 없이 그들은 자신들이 대안을 다시 검토했고 서커스를 보기로 결정했으며, 소풍을 가기 위해서는 다음 주에 한 주 더 열심히 일하기로 했다. 이번에는 사전에 승인을 받고 일정이 겹치지 않는지도 확인하기로 했다. 학생들은 교사에게 더 효과적으로 계획하는 방법에 대한 제안이나 생각이 있는지 질문했다. 훌륭하게도, 교사는 "내가 말했잖아"라고 말하거나 이전에 했던 훈계를 언급하지 않았다.

7. **진행 상황을 요약하고 평가하기:** 집단은 주기적으로 자신들의 수행을 평가하고 향후 계획도 고려해야 한다. "우리는 무엇을 해 왔는가?", "어떤 면에서 가치가 있었는가?", "도움이 되거나 필요한 다른 일은 무엇이 있을까?" 등을 질문할 수 있다.

동료 중재 및 갈등 해결 제11장에서는 갈등 해결을 위한 단계를 개괄적으로 설명하고 예시를 들었다. 문제 해결 회의와 마찬가지로, 학교 내 갈등 해결을 돕기 위해 또래 집단을 활용하는 것은 어른들의 개입을 최소화하면서 매우 강력한 효과를 발휘할 수 있다. 많은 학교에서는 학생 간 일부 문제를 완화하기 위한 수단으로 학생들에 대한 중재 훈련을 활용하고 있다. 이러한 훈련과 개입에 대한 아들러 상담의 접근 방식은 집단작업을 통해 자연스럽게 발전한다. 훈련은 기본적인 경청 및 반응 기술과 더불어 중재 과정에서 감독하에 연습하는 것을 포함한다. 효과적인 개입을 위한 조건은 훈련된 중재자와 학교 당국의 지원이다. 성공적인 중재를 위한 기본 원칙은 다음과 같다.

1. 시간을 투자하기: 기본적으로 모든 당사자는 중재 훈련, 감독 및 진행을 위한 시간을 할애해야 한다. 갈등을 겪고 있는 학생을 포함한 모든 학생은 의견 차이를 해결하기 위한 회의에 동의해야 한다.
2. 중재자 수용하기: 갈등을 겪고 있는 학생은 중재자 및 중재 과정을 수용하는 데 동의해야 한다.
3. 방해하지 않기: 학생들은 방해하지 않고 서로의 말을 경청하는 데 동의해야 한다.
4. 낙인찍지 않기: 학생들은 욕하거나 낙인찍기 등의 행위를 하지 않는 데 동의해야 한다.
5. 침착함 유지하기: 학생들은 침착함을 유지하고 자신의 행동을 조절하는 데 동의해야 한다.
6. 서로 승리하는 목표: 누구도 패자가 되지 않는다. 그러므로 모두가 상호 수용 가능한 해결책에 동의할 때까지 과정은 계속 진행된다.
7. 해결책에 대해 자유롭게 의견 나누기: 해결책은 모든 당사자의 개방성, 창의성, 그리고 적극적인 참여를 필요로 한다.
8. 해결책에 전념하기: 자신의 말은 명예로 맺어진 약속이다.

교직원들은 종종 가장 유능한 중재자 중 몇몇이 이전에는 가장 심각한 문제아였다는 사실을 알게 되는 것에 놀라곤 한다. 학생들에게 교실과 학교에서 책임감 있는 역할을 부여함으로써 소속감에 대한 학생들의 욕구를 긍정적인 역할과 책임감으로 전환할 수 있다. 저자의 경험상, 청소년들에게 기본적인 인간관계의 원칙을 가르치는 것은 어렵지 않다. 학생들은 지침과 그에 따른 방법의 실질적인 의미를 빠르게 이해한다.

일단 학생들이 중재 훈련을 받고 나면, 관리자는 물론 다른 학생들도 학생들 간의 차이점을 조정하기 위해 중재자에게 도움을 요청할 수 있다. 이를 통해 문제가 확대되지 않게 하여, 많은 문제가 관리자의 사무실까지 가지 않도록 할 수 있다. 마찬가지로 중요한 것은, 학습의 전이가 학교 전체 환경에 파급될 수 있다는 것이다. 학교 전체의 이익을 위해 학생들의 역량을 강화하는 것은 이 과정의 중요한 부산물이다.

중재가 어떻게 도움이 되었는지를 보여 주는 한 가지 예는 8학년 히스패닉 남학생의 문제가 점점 더 악화되고 있었던 한 학교에 관한 것이다. 이 학생의 가족은 스페인어를 사용하고, 그 지역으로 이사 온 후 학교와의 접촉이 제한적이었다. 학교 당국자의 우려 중 하나는 그가 집에서 가져온 의문의 스페인 잡지를 학교 도서관에서 읽고 있다는 보고였다. 그는 검토 후 허용 가능한 것으로 판단되면 돌려준다는 말을 들었다. 또한, 지역 경찰은 그가 복장과 태도로 보아 문제아 같은 다른 히스패닉계 아이들로 구성된 '갱단'과 함께 "어슬렁거린다"고 말했다. 학교와 지역사회에 대한 무례한 태도에 대해 지적받았을 때 후안은 반항적인 태도를 보이며 계속해서 '가족'을 언급했다. 그는 자신이 인종차별의 피해자라고 주장하며 교직원, 교사, 경찰의 괴롭힘에 분개했다.

다행히 스페인어를 하는 다른 이중 언어가 가능한 학생이 학생 중재 팀의 일원이었다. 중재 과정을 설명한 후, 이 학생은 후안에게 자신의 입장을 더 설명하기 위해 만날 의향이 있는지 물었다. 이 만남이 끝난 후에 중재자는 다음과 같은 통찰을 가지고 학교 상담자를 찾아왔다. 첫째, 경찰이 묘사한 '갱단'은 후안의 사촌들이었다. 그들은 모두 할아버지와 삼촌들이 전통적으로 입는 것과 같은 종류의 저렴한 캐주얼 바지인 '디키즈(dickies)'[4]를 입은 것이다. 둘째, 그에게서 압수된 잡지는 그에게 문화적 흥미를 불러일으킬 만한 것으로, 자동차, 음식 등 그의 나이에 맞는 주제의 기사가 포함되어 있었다. 실제로 최근 이러한 보고 이전에는 누구도 후안과 어떤 문제도 없었다. 한마디로, 후안은 피해를 겪었고, 그 결과 학교와 지역사회에 대한 불신과 분노가 커진 것이다.

이러한 상황에서 상담자는 교직원과 학교 관리자들의 문화 인식 감수성을 개발하고 구현하는 것이 시급하다는 것을 깨달았다. 이러한 목적을 위한 프로그램 계획에 다른 사람들과 함께 후안도 초대되었다. 이 사례에서 학교 관리자는 분쟁의 또 다른 당사자였지만 현명하게도 공동 프로젝트를 통해 차이점을 해결하는 것에 동의했다. 후안과 그의 사촌들과의 갈등은 진정되었으며, 후안은 결국 훈련된 중재자가 되었다. 많은 분쟁이 학생들 사이에 있고 학생들이 중재를 통해 해결해야 하지만, 앞의 예시를 통해 성인도 충분히 고려하고 활용할 가치가 있는 과정이라는 것을 알 수 있다.

청소년 간의 상호 의존과 협업을 통해 학업 성취와 자기존중감을 향상시키는 데 효과적인 것으로 보고된 다문화 집단 방식에 관심 있는 사람이라면 조각 맞추기(jigsaw) 집단 기법이 도움이 될 수 있다. 조각 맞추기 집단 기법은 교실 내 학습 집단 경험에 협력, 소통, 존중의 요소를 통합한다. 학생들은 수업의 핵심 내용을 나눈 일부를 받아(퍼즐의 조각처럼) 집단과 공유한다. 집단 경험을 통해 모두가 해당 주제에 대해 중요한 내용을 배우게 되지만, 이는 타인과의 공동 경험과 도움을 통해 이루어진다. 아론슨(Aronson, 1997, 2004)은 30년 이상 협력 및 조각 맞추기 집단에 대해 보고하였고, 독자들에게 이러한 집단 기법의 방법과 그 결과에 대한 사례를 제공해 왔다.

아동을 위한 또 다른 흥미로운 다문화 접근 방법으로 아메리카 원주민의 영성을 들 수 있다(Hunter & Sawyer, 2006). 헌터와 소이어(Hunter & Sawyer)는 아메리카 원주민의 전통 지혜와 관습을 바탕으로 어린이에게 온전함, 소속감, 숙달의 경험을 길러 주기 위해 고안된 다양한 활동을 제안한

4) 역자 주: 1922년 미국에서 시작된 워크웨어(workwear) 브랜드로, 저렴하고 튼튼한 작업복과 바지로 유명함. 20세기 중반 이후에는 청소년과 스트리트 패션에서 대중적으로 착용됨.

다. 그들의 전략 중 일부는 자연 및 동물에 대한 공감 능력과 역량 개발을 통해 목표 달성에 도움이 되는 반려동물 치료의 변형이다. 이러한 사례는 아들러와 드라이커스가 남긴 유산의 목표와 실천을 발전시키기 위해 상담자가 자신의 창의성을 어떻게 활용할 수 있는지에 대한 유용한 예시라고 생각된다.

협력적 교실을 위한 지침 다음은 민주적인 교실을 운영하는 교사를 위한 지침이다.

1. 집단은 질서와 기본 규칙 없이 민주적으로 운영될 수 없다.
2. 한계는 필수적이다. 안전과 최적의 자유는 행동에 대한 책임 있는 한계를 아는 데에 있다.
3. 아이들은 질서 있는 집단 활동을 위해 필요한 규칙을 정하고 유지하는 데 참여해야 한다.
4. 집단은 리더십이 필요하고, 교사는 민주적 리더십을 모델링하고 육성하는 방법을 알아야 한다.
5. 학급이 민주적으로 운영되기 위해서는 서로에 대한 신뢰와 믿음이 필수적이다.
6. 교사는 창의적인 해결책, 의사 결정, 결과, 격려를 통해 학생들의 협력을 이끄는 방법을 배워야 한다.
7. 협력 정신이 교실에서 경쟁심을 대체해야 한다.
8. 교사는 공동의 목적을 위해 학급을 통합하는 집단 역동적 기술이 필요하고, 각 학생은 학급에서 소속감과 목적의식을 가져야 한다.

드라이커스는 더 효과적인 교육에 관한 사안은 아이들뿐만 아니라 어른들에게도 민주적인 삶의 방식을 교육하는 데 있다고 믿었다. 아이들은 독재적 환경에서 민주적 환경으로 옮겨 갈 기회가 있을 때마다 책임감 있는 방식으로 행동하는 방법을 알지는 못한다. 마찬가지로 중요한 것은 어른들 또한 아이들에게 민주적 생활 방식을 어떻게 지도해야 하는지 모른다는 점이다.

독재적(autocratic) 리더십의 대안으로 자유방임적(laissez-faire) 리더십을 사용하는 것은 어리석은 생각이다. 그럼에도 불구하고, 많은 교사와 부모가 더 인간적이고 아동 중심의 방법을 찾는 과정에서 이러한 방법을 잘못 받아들이고, 심지어 아동의 삶에 더 큰 혼란을 초래하기도 한다. 독재적인 방식을 배제하고 나면, 어른과 아이 모두에게 지침과 일정 기간의 훈련이 필요하다. 또한, 드라이커스는 자기 발견과 학습 과정에서 호기심과 본질적 만족을 격려하지 않는 교사의 방식에 대해 매우 비판적이었다. 그 결과, 그는 수업법에 관한 글을 쓰고, 시연과 강의를 통해 교사들에게 자신의 방법을 가르치는 데 많은 노력을 기울였다(1968, 1971).

학습 집단 교사는 민주적으로 학급 회의를 이끄는 다른 사람들을 연구하고 관찰할 기회가 필요하다. 마찬가지로 부모들도 약간의 지도와 격려 없이는 가족 모임을 성공적으로 이끌기 어렵다. 이러한 이유로 아들러 심리학자들은 학부모 토의 집단 참가자들로부터 가장 열렬한 지지를 받아 왔다. 부모의 참여는 자녀의 학업 성취도 향상, 정서 조절 향상, 알코올 및 약물 사용 감소, 자립심 향상 등 사회적으로 바람직한 성격 특성 발달과 상관관계가 있다(Sorkhabi & Mandara, 2013; Suldo & Huebner, 2004).

드라이커스와 솔츠(Dreikurs & Soltz, 1964)의 고전 도서(100만 부 이상 판매되고 여러 언어로 번역됨)인 『민주적인 부모가 된다는 것』을 사용한 부모 학습 집단과 드라이커스의 교실 행동 도서를 사용하는 교사들은 다음과 같은 조건에서 연결된다.

1. 참가자들은 보통 상담자 또는 자신과 비슷한 관심사를 가진 사람(해당 자료에 대해 잘 알고 있거나 모르는 사람)의 리더십이 있는 집단으로 모인다.
2. 참가자들은 이 책에 나오는 철학, 원칙, 가치, 방법에 대해 서로 논의한다.
3. 젊은 사람들을 지도할 때는 이 접근법에 대한 자신의 견해와 이해를 공유한다.
4. 민주적인 가정생활에 대한 새로운 기본 원칙과 그 적용을 배운다.

학습 집단의 리더는 간단히 논의를 촉진하고, 주제에서 벗어나는 위험을 피하도록 돕고, 독서를 통해 제시된 내용을 받아들이거나 거부하는 책임을 구성원에게 맡기는 역할을 한다.

저자의 경험상 집단은 보통 1시간 30분씩 10회기를 만난다. 집단 규모는 8명에서 12명까지 다양하다. 부모 집단에서는 주간 회기에도 부모들이 활발하게 참석해 왔지만, 저녁 회기는 밖에서 일하는 부모들이 참석할 수 있도록 해 준다. 공동 리더들이 성별 지향성(gender-orientation)에 민감하게 반응할 때, 집단이 따뜻하게 맞이한다면 첫 회기에 참여한 사람들이 계속 참여할 가능성이 높아지는 것으로 보인다. 부모가 둘 다 참여하면 매우 도움이 되지만 어느 한쪽만 회기에서 혜택을 얻고자 해도 두 사람의 참여가 필수적인 것은 아니다. 부모와 교사들이 함께 집단을 이루는 것은 양쪽 모두에게 매우 도움이 될 수 있지만, 자기 자녀가 속한 반의 교사와 부모 사이에는 이중 관계를 피해야 한다.

개별 회기의 리더는 희망하는 사람 중에 돌아가면서 맡을 수 있다. 『민주적인 부모가 된다는 것』의 초기 리더 지침서는 기본적으로 각 장의 원칙과 실천을 강조하기 위해 각 장에서 발췌한 열린 질문으로 구성된 기본 입문서였다. 참가자들은 판단이나 동의에 대한 부담 없이 자신의 의견을 나누도록 요청받는다. 이 절차는 참가자들의 자신감을 높이고 토의에 대한 관심을 키우는 데 기여하는 것 같다. 종종 먼저 집단에 참여한 사람들은 이러한 기회를 원하는 다른 사람들을 위해 집단을 이끌거나 공동 리더 역할을 하도록 격려받을 수 있다. 모든 집단은 어느 정도 특별하기에 새로운 아이디어가 발견되고 기존에 배운 것들이 강화된다. 따라서 개인은 원칙과 사례를 여러 번 다시 읽고 토의하며, 집단 토의를 통해 계속 학습할 수 있다. 종종 후속 회기에서 일부 참가자들이 지난주에 자녀와 함께 독서와 집단 토의를 통해 배운 내용을 실행에 옮긴 사례를 공유하기도 한다.

가족 회의

가족 회의 혹은 가족협의회(counsil)는 민주적 절차를 가정으로 확장한 논리적 연장선이다. 이 경우 가족은 서로 사랑하고 배려하고 신뢰하는 관계 속에서 함께 살아가는 성인과 자녀로 구성된 단위로 정의된다. 제11장에서 언급했듯이, 강한 가족은 가족의 응집력에 기여하는 특성을 가지고 있다. 이러한 특성은 다음과 같다: ① 구성원들이 서로의 안녕을 위해 헌신하고, ② 지속적이고 정기적으로 함께 시간을 보내고, ③ 의사소통 능력이 뛰어나 이를 통해 다양한 주제에 대해 서로 대화하고, ④ 삶의 요구를 충족하는 데 있어 가족을 결속시키는 강력한 정신적 가치가 있으며, ⑤ 위기 상황에서 가족을 지탱하는 대처 전략을 길러낸다.

지금은 그 어느 때보다 사회생활을 위한 준비 과정으로 가족 회의의 필요성이 분명해지고 있다. 학급 회의와 마찬가지로 모든 구성원이 안전하고 존중받는 분위기에서 각자의 관점, 우려 사항, 질문을 표현하는 방법을 배우는 시간이다. 또한, 서로 도움을 구하고, 축하하며, 함께 가족행사를 계획하는 시간이기도 하다.

가족 회의를 위한 지침 각 가족은 회의에 대한 자신들만의 규칙을 정한다. 때로는 이러한 규칙이 정교하기도 하고, 최소한의 규칙만 있는 경우도 있다. 권장하는 고려 사항은 다음과 같다.

1. 서로 동의하는 모임 시간과 장소를 정한다.
2. 회의록 작성과 회의를 주재하는 것에 대한 절차를 정한다. 의장은 교대로 하는 것이 효과적인 경우가 많다.
3. 누구도 참석을 강요하거나 의무화하지 않는다.
4. 누구나 언제든지 회의에 참석하거나 퇴장할 수 있다.
5. 불참한 구성원에게 영향을 미치는 결정을 내릴 수 있다.
6. 결정된 사항은 다른 회의에서 변경될 수 있다.

7. 결정은 합의를 통해 이루어진다. 어떤 사안에 대해 합의에 도달할 수 없는 경우 투표를 통해 결정해야 하고, 모두가 다수결에 따르기로 동의한다. 그렇지 않으면, 그 사안은 다음 기회로 미루어진다.

이러한 방법을 처음 접하는 부모와 교사 모두 아이들이 회의에서 무책임하고 비협조적이지 않을까 걱정할 때가 있다. 인내심을 갖고 함께 배우려는 의지가 있다면 이러한 우려는 사라질 것이다. 그러나 어른들이 이 과정에서 아이들을 도와주려면 원칙에 대한 근거가 중요하다.

가족회의 발췌문 다음은 가족회의에서 발췌한 내용으로, 첫 번째 회의에서 큰딸(9세)이 중요한 원칙을 소개한다. 그녀는 아버지를 위한 규칙을 정하지만, 가족들이 알게 되듯이 규칙은 모두를 위한 것이었다.

아버지: 오늘 더 논의할 게 있을까?

어머니: 없어요.

아들: 아니요.

큰딸: 있어요, 아빠가 우리에게 늦게 오는 날을 알려 줘야 저녁 식사 등 정해진 것들을 준비할 수 있어요.

아버지: 음, 내가 뭘 해야 한다고 생각하니? 네가 무엇을 말하는지 분명하지가 않구나. 네 말은 내가 언제 집에 오는지 알려 줘야 한다는 거니?

큰딸: 네, 그래야 우리가 알 수 있으니까요. 가끔 아빠가 집에 오실 줄 모르고 있다가 엄마가 음식을 준비하시는데 아빠가 오세요. 그럼 엄마는 저녁을 다 끝내고 나서 음식을 더 준비해야 하잖아요.

아버지: 그렇구나. 좋은 지적이다. 그럼 그게 모두에게 적용되는 규칙이니? 다시 말해, 엄마가 외출했다가 집에 늦게 오실 때도 우리한테 알려야 한다는 말이니? 그리고 네가 나갔을 때도 언제 집에 오는지 알려 줘야 한다는 거니? 네 말은 그 말인 거지?

큰딸: 꼭 그런 건 아니에요.

아버지: 그러니까 나한테만 적용되는 규칙이야, 아니면 모두를 위한 규칙이야?

큰딸: 아빠한테만 적용되는 규칙이라고 할 수 있죠.

둘째 딸: 모두가 다른 사람이 언제 집에 올지 모르니까 그건 모든 사람을 위한 규칙이 되어야 할 것 같아요.

어머니: 그렇지. 너희들도 어두어진 후에 집에 오기도 하잖아. 전화 여러 번 했었지, 그치?

둘째 딸: 네.

아버지: 어때? 모두에게 유효한 규칙일까? [모두 고개 끄덕임: 네.] 더 진행하기 전에 이 점에 대해 더 얘기하

고 싶은 사람이 있을까? [아니요.] 이것을 회의록에 적어 두는 게 좋겠다. 내가 제시간에 집에 못 오게 되면 전화한다고 약속하마. 다들 시도해 볼까? [끄덕임: 네.]

이 사례에서 부모와 자녀 둘 다 중요한 교훈은 얻었다. 첫째, 자녀는 이제 개선이 필요하다고 생각되는 부모님의 행동에 대해 안전하게 문제를 제기할 수 있다는 것을 알게 되었다. 둘째, 규칙은 모두를 위한 것이고 차별적인 방식으로 적용되어서는 안 된다는 점을 알게 배웠다. 셋째, 부모는 자녀가 부모가 개선해야 할 행동을 관찰하고 설명할 수 있을 뿐만 아니라 문제를 성공적으로 해결하는 방법에 대해서도 매우 합리적이라는 것을 배웠다. 이러한 상황에서는 평등이 잘 드러나고, 이를 통해 더 열린 대화를 기대할 수 있다. 〈부록 B〉에는 앞서 발췌한 가족회의의 전체 기록이 포함되어 있다. 이러한 예는 다른 곳에서는 찾을 수 없기에 부모 학습 집단 리더는 가족 회의를 시작하려는 부모에게 유용한 참고 자료가 될 수 있음을 알 수 있다.

가족회의가 실패하는 이유 학급 회의에서 그랬던 것처럼, 자녀의 연령과 논의되는 안건에 따라 회의 시간이 결정된다. 구성원들이 반복적으로 일찍 퇴장하거나 회의에 대해 불평하기 시작하면 회의가 너무 길어질 수 있다. 실패한 가족회의의 다른 일반적인 원인은 다음과 같다.

1. 정시에 시작하지 않는 것
2. 회의를 정기적으로 개최하지 않는 것
3. 식사 시간이나 텔레비전이 켜져 있는 동안 회의하는 경우
4. 좋은 경청 및 응답 기술의 모범이 되는 대신 부모가 지배하는 경우
5. 합의가 잘 이루어지지 않는다고 포기하는 경우
6. 합의한 사항을 따르지 않는 경우

교사와 마찬가지로 부모도 아이들과 함께 민주적 회의에 참여하는 법을 배우려면 경험과 인내심을 가지려는 의지가 필요함을 깨달아야 한다. 회의 중에는 뛰어난 진전을 보이는 훌륭한 회의도 있을 것이고, 예전 방식으로 회귀하는 다소 부족한 회의도 있을 것이다. 그러나 회의의 정신이 가족들이 관계를 맺는 방식의 본질적인 부분이 될 때 회의는 삶의 질을 크게 향상시킬 수 있다.

부부/커플 토의 집단

개인심리학의 원리는 모든 대인관계에 적용되기 때문에 부모 학습 집단에 참여하는 사람들은 종종 부부/커플 관계에도 그 의미를 적용할 수 있다는 점을 알게 된다. 그 결과, 자녀 양육 집단과 상당 부분 동일한 방식으로 조직되고 진행되는 부부/커플 토의 집단은 더 깊이 공부하고자 하는 사람들의 관심을 충족하기 위해 구성된다. 예를 들어, 이 책에서 논의된 원칙과 방법을 활용하여 각 회기에서 참가자의 삶에 적용된 원칙 중 하나 이상을 다룰 수 있다. 이것은 드라이커스의 결혼에 관한 책(1946)을 사용할 때의 기본 접근 방식이었다. 제10장에 언급된 아들러의 제안은 또 다른 가능한 주제가 될 수 있다. 물론 집중적인 토의에 활용할 수 있는 다른 서적도 많이 있다.

이러한 토의 집단은 상담이나 치료 집단은 아니지만 몇몇 개인들은 집단 밖에서 상담을 받고 있을 수 있다. 모임에서 질문이 나오더라도 이를 집단 구성원의 문제나 고민과 연관시키려는 시도는 하지 않는다. 다만 토의의 흐름에 맞을 때 특정 원칙을 설명하는 행동의 예시를 구성원들이 자발적으로 제시할 수 있다.

부모 집단에서 그랬던 것처럼, 참가자들은 토의를 통해 답변을 얻고자 하는 질문이나 고민을 기록하도록 요청받을 수 있다. 10번의 회기가 끝날 때까지 질문에 대한 답을 얻지 못했다면, 그것을 토의 주제로 제시할 수 있다. 때때로 집단의 한 구성원이 자원하여 이 원칙을 적용함으로써 관계에서 문제가 되었던 특정 상황이 어떻게 개선되었는지 이야기할 수 있다. 그러한 개선의 예시는 다음과 같다.

> 한 남편은 오후 늦게 아내(집단 구성원)에게 전화를 걸어 저녁 식사를 위해 출장 온 사업 동료를 집에 데려온다고 알리는 습관이 있었다. 음식이 손님에게 대접하기에 적절하지 않거나, 다른 할 일이 있을 수도 있기에 아내는 이 습관 때문에 늘 괴로웠다. 그러나 의무를 다하는 하인처럼 그녀에게 기대된다고 생각한 일을 해냈고, 이후 남편의 무신경함에 분노를 느꼈다.
>
> 부모 토의 집단에 참여한 후, 그녀는 자신의 생각을 남편과 논의하고 대안을 제시하기로 결정했다. 그녀는 앞으로는 자신이 요리를 하는 것이 불편할 때는 남편이 식사를 책임져야 한다고 제안했다. 놀랍게도 남편은 매우 흔쾌히 동의했고, 실제로 그는 집에 데려온 손님들을 위해 요리하는 것을 즐겼다. 그 후 그녀는 손님들을 맞이하고 저녁 식사 전 대화를 즐기며, 남편이 직업으로 선택한 일에 대해 새롭게 감사하는 마음을 갖게 되었다.

또 다른 사례는 저녁 식사 때 자주 집에 늦게 오는 배우자에 관한 것이다. 요리를 준비하는 사람은 "저녁 식사를 망쳤다"며 화를 내곤 했고, 결국 많은 저녁 시간이 그런 식으로 망쳐졌다. 그는 저녁 식사를 약속된 시간 이후까지 음식을 따뜻하게 유지하려고 애쓰는 것은 불필요하다고 결정했다. 그는 이 사실을 배우자와 논의하며, 만약 배우자가 늦으면 음식을 먼저 냉장고에 넣어 두었다가 배우자가 집에 왔을 때 데워서 먹도록 하겠다고 간단히 말했다. 처음 두 번 정도 이러한 일이 또 있었지만 불평이나 의견 교환 없이 지나간 후, 배우자는 훨씬 더 규칙적으로 집에 들어왔다. 똑같이 중요한 점은 함께 보내는 저녁 시간이 더 친근하고 즐거워졌다는 것이다.

자문 집단

부모와 교사를 위한 자문 집단은 아들러 이론의 원리와 방법을 활용하면서 집단이 각자의 일상 상황에서 이를 적용할 수 있도록 돕기 위해 고안되었다. 이 집단의 목적은 세 가지이다.

1. 성인이 아동과의 관계에서 개인심리학의 실질적인 적용을 이해하도록 돕는 것
2. 성인과 아동의 갈등에서 성인이 자신의 감정과 행동을 이해하도록 돕는 것
3. 성인이 그들이 이해한 것을 아동과 더 효과적으로 교류하는 데 도움이 되는 생각과 가치에 통합하도록 돕는 것

집단 규모는 교사의 경우는 4~6명, 부모의 경우는 그보다 약간 더 많은 인원으로 다양하다. 참여자들은 아들러 상담 방식에 대한 이전 배경과 경험에 따라 매주 약 1시간씩 6회 또는 그 이상의 모임을 한다. 집단 경험을 통해 참여자들은 의사소통을 개선하기 위한 네 가지 절차를 배운다. 특히, 지적 메시지뿐만 아니라 정서적 메시지도 소통한다는 사실에 주목한다. 절차는 다음과 같다.

1. 배려하는 반응을 전달하는 법을 배우기
2. 자녀의 행동이 자신에게 미치는 영향에 대해 존중하는 방식으로 감정을 표현하기
3. 상호 합의에 도달하기 위한 갈등 해결 방법을 배우기
4. 자녀가 갈등 해결에 도움을 주지 않기로 선택할 때 논리적 결과를 활용하기

리더는 아들러 상담 방식뿐만 아니라 집단 과정에 능숙한 사람이어야 한다. 적절한 리더십이 없으면 집단의 상호작용은 정체되거나 중요하지 않은 것으로 남을 수 있다. 이러한 이유로 집단의 목

표는 시작 전에 명확히 설정하고 합의되어야 한다. 집단의 효과적 발전에 대한 관심은 필수적이다.

일반적으로 집단은 구조화된 활동을 통해 서로를 알아가는 시간을 가진 후, 아동의 문제 행동에 대한 대안적 접근 방식을 정립하는 법을 배우는 것으로 시작한다. 이 과정에는 제9장에 설명된 방법과 절차를 포함한다. 예를 들어, 집단은 특정 교사–아동 또는 부모–자녀 갈등 사례를 활용하여 잘못된 행동의 목표와 성인을 위한 대안적 교정 및 예방 조치를 파악한다.

이러한 집단을 운영할 때 중요한 고려 사항은 다음과 같다. 리더는 공동 목표에 관한 구성원들 간의 협력을 촉진한다. 효과적 경청과 반응 기술의 모범이 되어 주고 격려한다. 리더는 비밀 유지에 대한 이해를 통해 신뢰를 구축하고, 필요할 경우 '의견 차이를 인정하는' 방식으로 존중을 보여주어야 한다. 이와 함께 개방적이고 긍정적이지만 지적으로 도전적인 분위기를 유지하고, 각 회기가 끝난 후에 구체적인 권고 사항을 이행하겠다는 약속을 받아야 한다.

부모와 교사 집단에 대한 연구는 일반적으로 초등학교 아동의 교실 행동에서의 긍정적인 변화에 효과가 있음을 뒷받침한다. 또한, 고등학교에서는 교사 집단과 함께하는 개입이 학생들만을 대상으로 하는 것보다 훨씬 더 효과적인 것으로 입증되었다. 학습 집단과 자문 집단의 차이점은 집단에서 도출된 권고 사항을 실행하는 것과 실행 전후에 자문을 구하는 것에 초점을 두는 점이다. 자문 집단과 학습 집단 방식의 효과성에 차이가 있는지는 아직 검증되어야 한다. 상담자에게 더 중요한 것은 두 방법 모두 아동의 행동에 긍정적인 변화를 가져오는 데 효과적인 것으로 보인다는 점이다.

상담 집단

아들러의 접근 방식을 소개하기 위해 상담과 자문을 구분했지만, 자문과 토의 집단에서 제시된 내용의 많은 부분이 여기에도 적용된다. 다음 영역에서 방법적 측면에 대해 저자가 소개할 한 가지 구별점은 그 방법이 자신, 타인, 인생 전반과 관련하여 개인의 사적 논리를 강조한다는 점이다. 초점은 타인이 아닌 나는(I), 나를(me), 자기(self)에 맞춰져 있다. 이는 본질적으로 개인 내적이면서 대인관계적 성격을 모두 지닌다. 이러한 초점은 깊이 있게 삶을 변화시키는 결과를 가져올 수 있다. 앞서 행동 수정과 동기 수정의 차이에 대해 언급했듯이, 인생 목적의 변화는 성격의 모든 차원에 영향을 미친다. 반면에, 생활양식 탐색은 의미 있는 작업이 되기 위해 반드시 심리치료를 수반할 필요는 없다.

손스테가드와 비터(Sonstegard & Bitter, 2004)는 다년간 상담 및 치료 집단을 운영한 경험을 바탕으로 학생들과 임상가들에게 단계별 지침서를 제공한다. 이 지침서는 아들러 학파의 관점에서 집단을 이끄는 사람들 사이에서는 이미 고전으로 자리 잡았다.

생활양식 집단

저자의 경험에 따르면, 생활양식을 자기 탐색과 잠재적 변화의 수단으로 활용하는 집단은 주로 개인의 인생 계획을 발견하는 데 중점을 두는 정도에서 다른 집단과 다를 수 있다. 생활양식 집단의 목적은 다음과 같은 목표를 포함한다.

1. 각 구성원이 자신의 발달에 개인심리학을 적용하는 방법을 이해하도록 돕는 것
2. 각 구성원이 자신의 기본적인 생애 과제에 접근하고 인식하는 특징적 방식을 발견하도록 돕는 것
3. 각 구성원이 자신, 타인, 인생에 대한 자신의 인식을 집단 내 다른 구성원의 인식과 비교해 보도록 돕는 동시에, 생활양식 기법의 타당성을 확인하는 것
4. 각 구성원이 도움을 받고자 하는 특정한 갈등을 해결하도록 돕는 것

생활양식 집단 시작하기

일반적으로 집단의 첫 회기에서는 신뢰와 응집력을 형성하기 위한 기본 규칙과 자기 개방을 통해 개인의 성장을 도모하는 모든 집단에서 필요한 구조적 세부 사항들을 다룬다. 초기 회기들에서는 이론과 기법을 배우는 교육적 기능을 통해 구조와 과제에 대한 안내를 제공한다.

집단 리더는 초기 회기에서 집단 구성원 중 한 명을 면담하고 생활양식 분석을 제시한다. 집단 구성원들은 이 과정에서 공동 참여자로서 정보를 기록하고, 협업하거나 추가 설명을 질문하도록 요청받는다. 이러한 방식으로 그들은 실제로 어떻게 정보를 수집하고 활용하는지 학습하는 데 참여하게 된다. 또한, 이는 집에서 작성할 수 있는 양식을 통해 자신의 생활양식 정보를 수집하는 것을 용이하게 한다. 양식의 예는 이 책과 **생활양식 검사**(Shulman & Mosak, 1988)에 있다. 개인심리학에 익숙하지 않은 집단 구성원을 위해 권장 도서와 기본 원리에 대한 교육 회기가 진행된다. 슐만과 모삭(Shulman & Mosak, 1988)은 이 과정을 자세히 설명하는 『생활양식 사정 지침서』를 제공했다. 초기 기억에 관한 클라크(Clark, 2002, 2013)의 연구는 사람들의 사적 논리에 관한 풍부한 보고들을 이해하기 위한 개념과 기법의 원천이 될 수 있다.

생활양식 회기

제1장, 제5장, 제6장에서 논의한 과정과 이론에 익숙해지면, 집단 참여자들은 집단 구성원 한 명이나 그 이상의 생활양식 정보를 미리 살펴보고, 2명씩 팀을 이루어 면담하며, 이를 바탕으로 다음을 포함하는 생활양식 요약을 작성하도록 요청받는다.

1. 자신의 위치를 만드는 개인 특유의 방식
2. 일, 사회적 관계, 연애 관계에 접근하는 개인 특유의 방식
3. 자신, 타인, 인생에 대한 특징적인 태도
4. 자기 파괴적인 허구적 신념과 삶의 환경에 성공적으로 대처하는 데 기여하는 신념(모든 구성원은 집단 초기에 자신의 삶에서 겪은 대인관계적 문제에 관한 일기를 쓰도록 요청받는다. 예외 없이 생활양식 평가를 통해 해당 문제와 관련된 사적 논리의 신념이 드러나게 된다).

집단 구성원들은 상호작용을 위해 개인의 생활양식을 발표하는 회기 일주일 전에 특정 구성원의 생활양식 정보에 접근할 수 있다. 이러한 모든 정보는 비공개로 취급되고 안전한 장소에 보관된다.

한 구성원을 면담한 개인들은 보통 먼저 자신의 관찰 내용을 발표하지만, 다른 집단 구성원들의 질문과 관찰은 항상 허용된다. 관찰 내용은 사실에 대한 단정적인 판단이 아니라 "……인 것 같습니다." 또는 "……일 수도 있습니다."와 같은 진술로 잠정적으로 제시한다. 일반적으로 문장은 개인의 자기 대화에서 말하는 것처럼 구성하는 것이 가장 좋다(예: "나에게 있어 삶은 종종 나를 혼란스럽게 만드는 놀라움으로 가득하다" 또는 "나는 우리를 둘러싼 자연, 예술, 아름다움에 관한 나의 관심을 알아주는 여성과 함께 있을 때 가장 편안하다"). 대개 해석은 생활양식 정보뿐만 아니라 집단 내 개인의 행동을 통해서도 타당화될 수 있다.

집단은 생활양식 발표자가 자신이 가지고 있는 속성을 다른 구성원에게 투사하는 것을 주의 깊게 지켜본다. 인식 반사는 관찰의 정확성을 나타내는 중요한 지표로 입증되었다. 이러한 집단에서는 진심 어린 배려와 공감이 형성되어 방어적인 책략이 더 이상 필요하지 않기 때문에, 미소나 웃음이 자연스럽게 나온다.

> **진심 어린 배려와 공감이 형성되면 방어적인 태도는 더 이상 필요하지 않다.**

배려심 있는 직면은 발전하는 관계에 자연스러운 부수 요소이다. 두세 번의 생활양식 요약을 완

료하고 나면, 솔직하게 관찰한 내용을 제시하거나 거절하는 것이 집단의 따뜻하고 지지적인 특성에 위협이 되지 않을 정도로 개방과 신뢰의 수준이 충분히 자리 잡는다.

집단을 시작할 때 집단 구성원들은 집단을 통해 해결하고 싶은 고민이나 관계 문제를 가능한 한 구체적으로 작성하도록 요청받는다. 모든 생활양식 사정이 완료된 후, 집단 구성원들은 작성한 고민 중 집단 활동을 통해 해결된 것이 있는지 질문받는다. 해결되지 않은 문제가 있는 경우, 집단 구성원들은 이를 집단에 알릴 수 있다. 상황에 따라 집단은 개인이 잘못된 신념으로 인해 어떻게 어려움을 겪고 있는지 알아보기 위해 개인의 생활양식 요약을 재검토할 수 있다. 이 과정에서 행동과제 목표, 역할극 및 이와 유사한 기법을 제안하거나 사용할 수 있다.

보통 6~8명이 한 집단을 구성한다. 집단은 최소 일주일에 한 번 2시간 정도 모임을 한다. 모든 사람은 다른 사람의 생활양식 사정 회기를 이끄는 것은 자발적으로 선택하되, 각 회기에 참석하고 집단의 모든 활동에 적극적으로 참여해야 한다. 상담 전문직의 수련생들과 함께 할 때, 교육생들은 온전한 참여를 통해 이론과 기법의 가치를 더 잘 판단할 수 있다. 특히, 개인적 통찰과 발전에 관심이 있는 사람들에게 이 과정이 매우 가치 있게 여겨지고, 기본적 생애 과제에 더 효과적으로 대처하는 데 유용한 것으로 평가된다는 보고가 있다.

생활양식 회기는 언제 중단되는가? 그 집단이 개인이나 집단에 더 진행할 일이 없다고 인식되면 집단은 모임을 중단할 것이다.

요약

아들러 상담 방식의 성장에 집단작업의 중요성은 명백하다. 문헌에 나오는 원칙과 방법에 대한 대부분의 예시는 토의, 자문, 상담 집단에서 자신의 경험을 공유한 다른 사람들의 보고에서 가져온 것이다. 생활양식 기법 자체가 다소 모호하게 남아 있던 이유 중 하나는 집단작업에 적용하지 않았기 때문일 수 있다. 이 장에서 설명한 것과 같은 공개 시연, 커플 상담 및 집단에서 이러한 기법을 사용하는 것이 더 보편화 되어 앞으로는 이러한 문제가 줄어들 수 있기를 바란다.

마지막으로, 이 장은 영성과 관련된 집단에서 사용하기에 적합한 연습으로 마무리한다. 조력 활동 관련 전문직에서 영성을 주제로 다루는 것은 비교적 최근의 현상이다. 영성은 사람들의 안녕에 필수적인 요소로, 더 많은 조력 전문가들과의 상담 대화에서 다루어질 만한 중요한 주제이다. 저자는 실존적 문제는 없어도, 삶의 목적과 의미를 탐색하는 데 근원적으로 큰 흥미를 느끼는 사람들에게 많은 도움을 줄 수 있는 연습 활동을 만들었다. 모든 상담 및 돌봄 실천가들은 이 중요한 생애 과제를 다루는 데 있어서 자신의 편안함 수준을 탐색하는 것이 바람직하다. 아마도 이 연습이 자신과 내담자의 발전을 위한 더 깊은 탐색의 관문이 될 수도 있다.

학습 문제

지시 사항: 다음 질문에 답하시오.

1. 대상이 아동이든 성인이든, 초점이 치료이든 토의든 간에 모든 아들러 집단의 세 가지 혹은 그 이상의 특징에 대해 구분해 보시오.
2. 개방형 회의, 교육-진단 회의, 그리고 사회적 문제 해결을 위한 학급 회의의 상대적 강점과 약점은 무엇인가?
3. ① 가족 회의가 성공하려면 어떤 경험적 법칙을 따라야 하는가? ② 몇 가지 주의 사항은 무엇인가?
4. 학습 집단과 자문 집단 혹은 상담 집단 간의 약간의 차이점은 무엇인가?

활동

지시 사항: 다음 연습은 우리가 영성 또는 영적 자기라고 부르는 것의 일부인 생각, 감정, 행동에 대한 성찰을 이끌기 위해 고안되었다. 이 분야의 연구에 따르면, 장수와 삶의 질은 인생의 의미와 목적을 포함한 영적 신념과 실천에 영향을 받는 것으로 나타났다. 이 활동은 자신이 믿는 것, 그러한 믿음과 관련된 감정, 그리고 '자기'라는 차원을 이해하고 발전시키며, 자연 세계에 대처하는 데 도움이 되는 정도에 관한 토의나 탐색을 촉진하는 데 활용될 수 있다.

정답이나 오답은 없다. 탐색의 과정은 계속 이어지는 것이다. 그러므로 사람들은 이 연습 또는 이와 유사한 연습에 여러 차례 유익하게 참여할 수 있다. 이는 매우 개인적이고 잠재적으로 강력한 과정이며, 긴 생애와 평생에 걸친 함의를 지니고 있다('생'을 두 번 강조한 의도적 강조). 또한, 이 연습은 영적으로 지지적이고 격려하며 개방적인 분위기에서 공유한다면 대부분의 사람에게 상당히 즐거울 수 있다. 소집단 토의에서 나누지 않기로 선택한다면 여러분의 답변은 여러분에게 남을 것이다. 참가자들은 종종 자기 성찰을 위해 자신의 생각과 감정을 말로 표현하는 것이 더욱 선명한 초점과 의미를 부여하고, 궁극적으로 자기 발전을 위한 그들의 탐구에서 가치를 발견하게 된다는 점을 알게 된다.

영적 통찰 활동

1. 영성/영적 자아에 대한 질문이나 해결되지 않은 문제 중 답변이나 해결을 원하는 것이 있나요? 만약 편안하게 나눌 수 있다면 아래 공간을 이용해 주세요.
2. 아래 공간이나 별도의 종이에 여러분에게 특별한 영적 의미가 있는 상징, 사물 또는 도형을 하나 이상 그려 주세요. 그 의미와 중요성을 간략히 적어 보세요.
3. 아래 공간이나 별도의 종이에 여러분이 선택한 구성으로 '영적 발달선'을 그리되, 지금까지 여러분의 영성에 영향을 준 중요한 사건, 통찰, 가르침, 예시, 인물 또는 경험에 이름표를 붙이세요. 이러한 선이나 그림을 미래로 확장할 수 있다고 가정하고, 자신의 열망, 감정, 경험 등을 나타내는 이름표를 채워 넣으세요.
4. 8세 이하의 어린 시절, 정신적 모델이나 남성/여성 영웅(실제 또는 허구의 인물, 살아 있거나 혹은 죽은 인물)이 있었나요? 그들의 어떤 점이 존경스러웠고, 그 이유는 무엇인가요? 인생에서 나중에 알게 된 다른 그런 인물이 있나요? 그들의 어떤 점이 존경스러웠고, 그 이유는 무엇인가요?

   모델:

   존경하는 점과 이유:

   모델:

   존경하는 점과 이유:

   모델:

   존경하는 점과 이유:
5. 8세 이하의 어린 시절, 당신에게 특별한 영적 또는 신비로운 의미를 주어 좋아했던 이야기, 동화, 책, TV 프로그램 등이 있었나요?

   이야기:

   나에게 주는 의미:

   이야기:

   나에게 주는 의미
6. 어렸을 때 배운 말, 슬로건, 좌우명 중 여러분에게 특별한 영적 의미를 주는 것이 있다면 무엇인가요(예: "남에게 대접받고자 하는 대로 남을 대접하라" 또는 "뒤처진 자는 악마가 잡아간다")? 각

각은 여러분에게 어떤 의미가 있나요?

좌우명:

의미:

좌우명:

의미:

7. 당신에게 특별한 영적 의미가 있는 특정한 도서 자료(성서, 다른 서적, 잡지 등)는 무엇인가요? 각각에서 가장 중요한 점은 무엇인가요?

도서:

의미:

도서:

의미

8. 죽음에 관한 첫 경험을 묘사해 주세요. 상황은 어땠고, 누구와 함께 있었으며, 무엇을 했는지, 다른 사람들은 무엇을 했는지, 기분이 어땠는지, 어떤 생각이 들었는지 설명해 주세요.
9. 종교 활동에 참여하고 있다면, 그 종교와 종교적 실천 중에 어떤 점이 당신에게 가장 중요한지와 그 이유에 대해 설명해 주세요.
10. 당신은 종교적 실천과 영성을 구분하고 있나요? 만약 그렇다면, 각각에 대한 당신의 해석을 설명해 주세요.
11. 임사 체험(죽음에 가까운 경험)을 한 적이 있나요? 만약 있다면, 그것이 당신의 영적 감각에 어떤 영향을 미쳤나요? 조금이라도 영향을 미쳤다면, 그것은 어떤 것이었나요?
12. 대부분의 사람과 나누기 어려우나 영성에 큰 영향을 준 영적 체험을 한 적이 있나요? 만약 그런 체험이 있고, 그 경험을 공유해 줄 수 있다면 여기에 간략하게 설명해 주세요.
13. 인생, 옳음, 그름, 용서, 죽음, 죽음 이후의 삶, 알라, 야훼, 하나님, 영혼 등의 용어는 또는 그와 유사한 몇 가지 중요한 단어는 영적인 감각에서 당신에게 어떤 의미인가요?
14. 당신에게 중요하지만 앞서 언급하지 않은 다른 용어, 경험 또는 개념이 있나요? 그렇다면 그것이 무엇이고 왜 중요한지 알려 주세요.
15. 문제 4번부터 7번까지의 당신의 답변을 간략히 복습하세요.

항목 4: 미스테리를 풀거나 최소한 대처하는 방법을 알고 있는 것 같은 사람

항목 5: 영적 삶에 대한 핵심적인 주제, 신비로움 또는 신념을 나타내는 이야기

항목 6: 기본 가치, 안내가 되는 주제

항목 7: 신비로움에 대한 해답의 원천

16. 오늘날 당신의 영성에 속하는 모든 생각, 감정, 행동 중에서 여러분에게 가장 중요한 것은 무엇입니까?
17. 당신이 아는 것 내에서, 이러한 믿음의 기원(예: 교회 가르침, 교회 교리, 가족, 구체적인 인생 경험, 묵상/명상, 기도)은 무엇인가요? 그것들이 당신의 영성을 더 온전히 파악하는 데 도움이 되나요? 어떤 면에서 도움이 되었나요?
18. 그렇지 않다면, 그 이유는 무엇인가요? 이것이 문제가 되지 않았다면 당신의 영성은 어떻게 달라졌을까요?
19. 당신의 영성에 대한 더 깊은 감수성을 이끄는 이 연습을 통해 당신이 배운(혹은 재발견한) 것은 무엇인가요?

참고문헌

Abrams, N. E. (2015). *A God that could be real: Spirituality, science, and the future of our planet*. Boston, MA: Beacon Press.

Adler, A. (1938). *Social interest*. London: Faber & Faber.

Adler, A. (1958). *What life should mean to you*. New York: Capricorn Books.

Aleksandrov, D. S. , Bowen, A. R., & Colker, J. (2016) Parent training and cultural considerations. *Journal of Individual Psychology*, *72*(2), 77-89.

Aronson, E. (1997). *Cooperation in the classroom: The jigsaw method*. New York: Longman.

Aronson, E. (2004). How the Columbine High School tragedy could have been prevented. *Individual Psychology*, *60*(04), 253-260.

Clark, A. J. (2002). *Early recollections*. New York: Brunner-Routledge.

Clark, A. J. (2013). *Dawn of memories: The meaning of early memories in life*. Lanham, MD: Rowman & Littlefield.

Dreikurs, R. (1946). *The challenge of marriage*. New York: Hawthorn Books.

Galen, L. W., & Kloet, J. D. (2011). Mental well-being in the religious and the non-religious: Evidence for a curvilinear relationship. *Journal of Mental Health, Religion & Culture*, *14*(7), 673-689.

Glasser, W. (1969). *Schools without failure*. New York: Harper & Row.

Hunter, D., & Sawyer, C. (2006). Blending Native American spirituality with Individual Psychology in work with children. *Individual Psychology*, *62*(3), 234-250.

Kende, H. (2017). *Psychodrama with children: Healing children through their own creativity*. New York: Routledge.

Lindquist, T. G., & Watkins, K. L. (2014). Modern approaches to modern challenges: A review of widely used parenting programs. *Journal of Individual Psychology*, *70*(2), 148–165.

Mosak, H. H., & Dreikurs, R. (1967). Life task III: The fifth life task. *Individual Psychologist*, *5*, 16–22.

Mosak, H., & Dreikurs, R. (1967/2000). Spirituality: The fifth life task. *Journal of Individual Psychology*, *56*, 257–265.

Pomeroy, H., & Clark, A. J. (2015). Self-efficacy and early recollections in the context of Adlerian and wellness theory. *Journal of Individual Psychology*, *71*(1), 24–33.

Shulman, B. H., & Mosak, H. (1988). *LSI—Lifestyle inventory*. Muncie, IN: Accelerated Development.

Sonstegard, M. A., & Bitter, J. R. (2004). *Adlerian counseling and therapy: Step by step*. New York: Brunner-Routledge.

Sorkhabi, N., & Mandara, J. (2013). Are the effects of Baumrind's parenting styles culturally specific or culturally equivalent? In R. E. Larzelere, A. S. Morris, & A. W. Harrist (Eds.), *Authoritativeparenting :Synthesizingnurturanceanddisciplineforopt malchild development* (pp. 113–135). Washington, DC: American Psychological Association.

Suldo, S. M., & Huebner, E. S. (2004). The role life satisfaction in the relationship between authoritative parenting dimensions and adolescent problem behavior. In A. Dannrbeck, F. Casas, M. Sadurni, & G. Coenders (Eds.), *Quality-of-life research on children and adolescents* (pp. 165–195). Boston, MA: Kluwer Academic Publishers.

Witmer, J. M. (2017). *Search for community: My family history, memoirs, and musings*. Maitland, FL: Xulon Press.

제13장

아들러 상담자가 된다는 것의 의미
유산을 이어 가기

아들러 상담자가 된다는 것은 어떤 의미인가? 한 학생이 이 질문에 대해 저자가 한 문장으로 답해 줄 수 있는지 물어본 적이 있다. 답은 "안 될 것 같아!"였다. 가장 간단히 말하자면, 저자가 아는 한 아들러 심리학은 단순히 행동 혹은 방식과 기법의 심리학만은 아니다. 그 이상이다.

아들러심리학은 각 개인의 고유성과 자기결정권을 인정하는 동시에 평생 동안 '사회적 관심'을 장려하는 것이 개인과 사회 모두에 가져다주는 본질적인 이점임을 강조한다. 그 방법에는 사람들이 일, 우정, 사랑, 자기, 영성 등 기본적인 삶의 과제에 효과적으로 대처하는 방법을 배우도록 돕는 데 효과적인 것으로 입증된 방법들이 포함된다. 저자는 아들러심리학의 궁극적인 목표는 다른 사람들이 자신의 결점이나 장애에 대한 과도한 걱정 없이 최적의 건강을 실현하고 삶을 온전히 살아갈 수 있도록 돕는 것이라고 믿는다.

그러나 아마도 아들러 심리학의 가장 큰 공헌은 존중, 이성, 상호 책임이 공동체의 가치와 행동에 내재되어 있을 때 역경을 이겨낼 수 있다는 인간 정신에 대한 믿음일 것이다. 아메리카 원주민, 태평양 섬 주민 등 수 세기 동안 이어져 온 여러 공동체의 신념에 따라, 모든 피조물에 대한 존중과 서로 간의 조화로운 삶은 행복한 삶을 위한 필수 요소로 여겨진다. 문화적 차이와 기타 차이에도 불구하고, 이러한 가치관에는 개인과 공동체의 화합, 행복, 만족에 대한 희망이 담겨 있다. 한 사회가 지닌 가치는 사람들을 해방시킬 수도 또는 억압할 수도 있다.

아들러와 드라이커스는 특히 사회가 개인과 공동체로서 구성원들의 안녕을 포용하고, 실천하고, 옹호하도록 가르쳐야 한다고 믿었다. 따라서 개인심리학에 내재된 철학은 단순히 행동만 바꾸는 데 초점을 두는 다른 심리학 이론이나 접근 방식과 구별되는 특징이 된다. 더 나아가 아들러식 안녕 모델은 인간의 삶과 그 안에 존재하는 모든 것의 신체적 · 심리적 · 영적 차원, 즉 모든 형태의 자연에 대한 존중을 포용한다. 따라서 이러한 관점은 아들러 상담이 다른 접근 방식과도 구별되는 특징이기도 하다. 그렇다면 아들러 상담자가 되려면 어떻게 해야 하는가?

저자가 개인심리학을 처음 접하게 된 것은 나중에 내 박사과정 학생이 된 전직 학교상담자의 권유 덕분이었다. 그는 시카고 알프레트 아들러 연구소에서 루돌프 드라이커스의 지도 아래 여름 학기 수업을 들었다. 그 무렵 저자는 박사과정 학생들을 대상으로 고급 상담이론을 가르치고 있었는데, 상담자들이 주로 사용하는 주요 이론에 대해 잘 알고 있다고 자부하고 있었다. 저자는 당시 행동주의, 현실치료, 의미치료, 합리적 정서적 치료, 체계이론, 현실 및 내담자 중심 상담, 그리고 이들 이론으로부터 파생된 여러 이론들을 옹호하는 당대의 '거물'들이 진행하는 워크숍과 학회 프로그램에 참석할 수 있었던 것은 행운이었다. 따라서 저자는 정신분석적 유형의 허튼 소리에 물든 '낡은' 이론에 쉽게 감명받지는 못했다.

그럼에도 불구하고 이 박사과정 학생(현재 아들러 심리학 강사이자 상담자인 Frank Walton 박사)은 아들러와 드라이커스의 장점을 고집했다. 사실 그는 아들러 상담에 관심이 있는 학생들만 슈퍼비전 하겠다고 고집할 정도로 자신의 신념이 확고했다. 저자는 어느 날 그와 점심을 함께 하며 그의 입장이 비현실적이라는 점을 설명하고 그의 열정을 누그러뜨리고 싶다는 충동을 느꼈다. 그 대신 그는 저자가 소장으로 있는 한 연구소의 강의를 자기가 도와주면 아들러 연구소(Adler Institute)에서 드라이커스 및 그의 동료들로부터 여름학교 수업을 듣는 것이 어떠냐며 제안을 했다. 잠시 고민한 후, 저자는 드라이커스의 마술 신화를 깨뜨릴 수 있다는 확신을 갖고 제안을 수락했다.

사실 저자는 수업에 처음 참석했을 때 마음을 열지 않았다. 수강생들은 항공사 기장, 사회복지사, 학교심리학자, 학교상담자, 교사, 학부모, 지역사회 활동가 등 약 25명이었다. 이건 저자가 예상했던 것과는 전혀 달랐다. 다행히도, 저자가 다른 상담 이론들과 개인심리학을 비교하며 질문했을 때, 명쾌하고 흥미로운 강사 중 한 명이었던 밥 파워스(Bob Powers)는 정중하지만 단호하게 다른 주제로 돌렸다(Powers & Griffith, 1987). 몇 차례 질문을 더 하자, 밥은 저자가 비교심리학 강의를 듣고 싶다면 시카고 대학교를 추천해 줄 수 있다고 유머러스하게 말했다.

그는 내게 큰 호의를 베푼 셈이었다. 저자는 일종의 경쟁적인 이론 논쟁 게임을 하고 있었지만 그는 이에 전혀 관심이 없었다. 마음이 열리고 입이 닫히자, 수업이 끝난 후 다른 참가자 및 강사의 말을 경청하고 대화할 수 있게 되었다. 아들러와 드라이커스의 저서를 가능한 한 많이 읽기 시작했다. 드라이커스 박사는 우리와 함께 점심을 먹었고 강의실 밖에서도 수업을 이어 갈 수 있는 그 기회를 즐거워했다. 저자는 시연을 지켜보고 질문을 던지며, 처음에는 다소 단순해 보였던 이 접근이 인간 발달, 인간관계, 그리고 '삶'이라는 여정을 이해하는 데 있어 깊은 가치를 지니고 있음을 점차 깨닫게 되었다.

교육

아들러심리학을 처음 접한 것은 전통적인 강의실 환경과 문헌에 대한 개인적인 연구를 통해서였다. 교육, 시연, 연구를 통한 학습은 당연한 접근처럼 보일 수 있지만, 저자는 이미 수년 전에 심리치료 및 상담 수업에서 아들러의 사상을 배운 적이 있었다. 사실, 저자는 그 당시 대학원 수업을 담당한 교수들이 학생들에게 공유할 만한 가치가 있다고 생각한 내용이 무엇인지 궁금해져 수업 노트를 다시 살펴보았다. 저자가 배운 내용 중 잘못된 것은 없었지만, 아들러 학파가 이 접근법에 불어넣은 활력이나 실용성은 부족했다. 아들러는 세상을 떠났고, 다른 사람들도 그의 역동적인 아이디어와 방법을 묻어 버린 것이었다.

오늘날의 원격교육 시대에는 인터넷으로 모든 종류의 정보 소스와 전통적인 도구를 이용하여 어떤 주제에 대해서도 배울 수 있다는 점은 놀랍기만 하다. 아들러 심리학자에게도 마찬가지이다. 그러나 저자가 모든 접근법의 저자 또는 '대가들'(예: 아들러, 엘리스, 글래서, 미누친, 모삭, 로저스, 손스테가드)의 경험에 대해 읽고, 듣고, 관찰하면서 배운 것은 그들이 자신의 접근법을 단순히 '상담에만 적용'하지 않았다는 것이다. 그들은 자신이 믿는 대로 살았고 그들의 방법은 그러한 신념의 산물이었다. 그들은 타인을 이해하고 관계를 맺는 자신들만의 독특한 방식을 바탕으로 사람들을 돕는 방법을 만들었다.

드라이커스는 직설적이고 말도 안 되는 태도로 일부 관찰자들을 말 그대로 짜증나게 했다. 어떤 사람들은 (당시 내가 그랬던 것처럼) 그가 부모나 교사와의 상호작용에서 충분히 공감하지 못한다고 말했다. 하지만 저자는 그의 내담자들이 그런 비난을 하는 것을 듣지 못했다. 물론 '공감'이라는 개념은 내담자의 감정을 반영하는 것이었다. 한 내담자가 드라이커스에게 "나한테 심리학 이론 적용하지 마세요!"라고 말한 적이 있다. 그러자 드라이커스는 "그럼 저한테 돈은 왜 주시는 거죠?"라고 대답했다.

전반적으로 드라이커스는 매우 예리했다. 대부분의 내담자는 자신이 이해받지 못하거나 실질적인 도움을 받지 못한다는 부담감을 그가 덜어주었기 때문에 그의 직설적인 태도를 환영했다. 그의 통찰력, 추천, 격려에는 좋은 감정을 넘어선 일종의 공감이 담겨 있었다. 그를 단 한 번 만난 아이들도 그를 많이 사랑했다. 공감에 대한 저자의 모든 노력에도 불구하고 저자도 그렇다고 주장할 수는 없을 것 같다. 이 예시들의 요점은 아들러 심리학을 잘 배우려면 그 교훈을 실천하며 살아가는 사람에게서 가르침을 받는 것이 좋다는 것이다. 저자가 참석했던 그 여름학교 수업의 모든 강사는 무엇보다도 '아들러주의자'였다. 그들은 의심할 여지없이 '완벽'하지는 않았지만 자신들의 불완전함에 대해 웃을 수 있었다. 그리고 저자가 들었던 그 어떤 대학원 수업에서보다 더 많이 웃었다. 저자는 인생은 재미있어야 한다는 생각이 들었고, 그래서 저자도 한번 도전해 보자고 생각했다.

웃음 포인트 중 하나는 "우리는 틀릴 수도 있어. 하지만 결코 확신이 없는 적은 없어!"라는 것이었다. 이는 내담자의 사적 논리와 개인적인 목표에 대해 '추측이나 직감'에 기대어 시도하는 것들을 두고 한 말이었다. 우리는 "이럴 수도 있을까요……"라고 말하며 틀릴 가능성을 감수한다. 드라이커스는 우리의 추측이 틀릴 수도 있지만 나쁠 것은 없다고 말한다. 잘못된 추측이 검증되지 않는 것보다 틀린 추측이라도 해서 내담자에 의해 수정되는 것이 낫다. 만약 그러한 추측이 맞았다면, 우리는 더 많은 탐색을 장려하고 일반적인 방식이 아닌 더 온전하게 이해하려는 노력으로 내담자의 마음을 얻을 수 있다. 결과적으로 내담자와 상담자 간의 이러한 보다 적극적이고 심지어는 직접적인 대화는 낯선 사람들 간 혹은 환자/치료자 간 대화보다는 신뢰할 수 있는 친구의 대화와 더 비슷하다.

유산을 이어 가는 첫 번째 단계는 이론에 기반한 올바른 교육을 통해 이루어진다. 아들러, 안스바커, 비터, 클라크, 컬렛, 드라이커스, 컨, 모삭, 파워스, 슐만, 손스테가드, 슈타인, 와츠 등이 가르친 실제 말과 생각을 읽고 스스로 공부하는 것은 아들러를 이해하고 궁극적으로 아들러주의자로서 상담을 하는 길에 반드시 필요한 과정이다. 제1장에서 언급했듯이 아들러와 드라이커스가 더 오래 살 수 있었다면, 또는 오늘날에도 살고 있다면, 두 사람 모두 한때 너무 억압받아서 우리의 시야에 보이지 않거나 '신경증'으로 분류되었던 사람들의 삶의 방식을 더 풍부하게 묘사하여 그들의 작업을 더욱 풍성하게 만들었을 것이다. 개인과 집단 간의 차이에 대한 적절한 민감성을 갖춘 오늘날의 아들러주의자들은 개인, 부부, 집단과의 상담에서 이 이론의 적용 가능성을 입증할 수 있는 기회를 갖게 되었다.

저자는 몇 년 전에 어떤 이론을 숙달했다는 것은 그 규칙을 따르지 않을 때를 아는 것을 의미하지만, 먼저 숙달에 이르는 길에 대한 규칙을 알고 따라야 한다는 것을 배웠다. 이론이나 실천을 혁신하기 전에 그들의 원대한 생각과 경험에 기반을 두는 것이 필수적이라고 생각한다. 저자는 여전히 그들의 저작을 즐겨 읽고 있으며, 수년 전에는 아들러의 강의와 저작을 누구나 쉽게 읽을 수 있게 해 준 안스바커 부부에 감사를 표하기도 했다(1967). 짐 비터, 아서 클라크, 존 칼슨, 리처드 와츠는 대학교육, 워크숍, 학문적 연구, 북미 아들러심리학회를 통한 리더십으로 아들러 이론과 연구, 실천을 발전시키는 데 그 누구보다 많은 기여를 했다.

아들러심리학 실제에 대한 기초적인 증거를 찾는 사람들에게는 매년 열리는 사우스캐롤라이나 아들러심리학 학회를 언급하지 않을 수 없다. 프랭크와 캐시 월튼은 수십 년 동안 모든 분야와 각계 각층의 일반인과 전문가들에게 영감과 모범, 탄탄한 가르침을 제공해 왔다. 물론 제1장에서 언급한 아들러 학회들에서는 전통적 방법과 새롭게 등장하고 있는 방법 모두를 이론적 지식으로서가 아닌 사용의 심리학으로서 시연하고 논의하는 학회 모임들을 통해 새로운 사람들을 환영한다.

모델링과 멘토링

"보는 것이 믿는 것이다"라는 표현은 앞에서 언급했듯이, 저자의 경험에 비추어 볼 때 "믿는 것이 보는 것이다!"라는 말이 우선이다. 일단 단점을 찾거나 다른 접근법과의 비교를 멈추고 나니 아들러 학자들의 작업 모습을 볼 수 있는 충분한 기회를 가지게 되었다. 아들러주의자들은 '폐쇄적인' 실천가가 아니다. 우리는 우리의 방식을 모든 사람에게 보여 주려고 노력한다. 저자는 아동, 가족, 커플, 집단, 개인을 대상으로 하는 아들러 치료에 관심이 있는 사람이라면 누구나 이러한 대상들에 전문성을 지닌 아들러 치료자를 찾아볼 것을 권한다. 모든 아들러 임상가가, 예를 들어 생활양식 평가나 초기 회상의 적절한 전문가인 것은 아니다. 원하는 개인 또는 교육 프로그램을 찾았다면, 그들은 자신의 기술을 시연하고, 방법을 논의하며, 질문에 기꺼이 답할 의향이 있는 사람일 것이다. 모든 사람이 멘토가 될 시간이나 또는 책임을 감당할 수 있는 것은 아니지만, 저자의 경험상 아들러 심리학자들 사이에서 그런 사람을 찾을 가능성이 높다. 학회, 워크숍, 그리고 수업은 여전히 시연을 보는 주요한 방법이다. 비록 이용 가능한 미디어 자료도 점점 많아지고 있지만 말이다(Sweeney & Myers, 2004; Savickas, 2006; 2009). 또한 아들러 부모 및 가족 교육 센터들은 제11장에서 설명된 대로 집단 참여를 통해 교육을 진행하는 데 익숙하다. 부모교육 및 아동 지도 관련 상담자들은 특히 자신의 경험과 지식을 다른 사람들과 공유하는 데 열정적이다.

공동 상담 및 슈퍼비전

상담 실제를 위한 그다음 단계는 공동 상담(co-counseling)이다. 아들러와 드라이커스가 시작하였는데, 이들의 방식을 배우는 가장 핵심은 그들의 지도를 받는 것이다. 손스테가드와 비터(Sonstegard & Bitter, 2004)는 아들러 상담과 치료 집단을 진행하면서 자신들의 통찰과 경험을 전수하는 이 전통을 이어 가고 있다. 전제는 기본적으로 단순하다. 경험 많은 상담자가 집단, 가족, 커플, 혹은 개인과 진행하는 면담 혹은 상담 회기를 관찰하는 것인데, 회기들이 진행되는 동안에도 상담자가 이러한 전반적인 과정들을 설명해 준다.

가족이나 부부가 마치 결핍되거나 무능한 사람처럼 '치료'되는 것이 아니라, 상담 과정에서 동등한 파트너로서 육아 등 자신에게 효과가 있었던 것을 공유하도록 초대받는다. 결과적으로 우리는 아동, 부모, 기타 성인 등 도움을 요청하는 사람들로부터 많은 것을 배운다. 드라이커스와 솔츠(Dreikurs & Soltz)의 고전이자 베스트셀러인 『민주적인 부모가 된다는 것』(1964)은 드라이커스가 자신의 방법을 통해 많은 부모의 경험에서 얻은 지혜를 공유함으로써 우리가 돕는 사람들로부터 어떻게 배우는지를 보여 주는 훌륭한 예이다.

당연히 주 상담자는 앞 장에서 설명한 것과 같은 절차를 따른다. 상담이나 자문을 구하는 사람들과의 관계가 최우선이다. 결과에 대한 기대치를 설정하는 것은 공동의 노력이다. 일반적으로 상담 수련생이 소개되고 적절하게 참여할 수 있지만, 수련생이 이 회기 또는 다른 내담자들과의 회기를 이끌 수 있는 충분한 경험과 자신감을 가질 때까지 경험이 많은 슈퍼바이저가 과정을 주도적으로 이끌게 된다. 이렇게 하면 수련생이 예상보다 빨리 실습을 시작할 수 있는 경우가 많지만 슈퍼바이저는 실습 내내 항상 함께한다. 또한 슈퍼바이저는 수련 상담자뿐만 아니라 내담자를 돕기 위해 대안을 제시하거나 명확성을 요구하는 슈퍼바이저 코멘트로 개입할 수 있지만, 수련 상담자의 의욕을 꺾거나 내담자에 대한 수련생의 입지를 약화시키지 않도록 주의한다. 수련생에게 중요한 혜택 중 하나는 진행 상황에 대한 관찰을 비교하고 대조할 수 있는 기회, 제안의 명확성 및 효과에 대한 피드백, 후속 회기를 위한 대안을 논의할 수 있는 기회를 얻는다는 것이다.

두 명의 경험 많은 상담자가 거의 동일한 방식으로 공동 상담을 진행하되, 한 상담자가 한 회기를 주도하거나 성별 차이(예: 여성 상담자가 회기를 시작했음에도 불구하고 아버지 또는 남성 파트너가 회기에 오면 남성 상담자가 더 많이 참여할 수 있음)를 활용하기 위해 회기 중간에 서로 바꿔서 상담할 수 있다. 상담자들은 회기가 끝난 후 시간을 내어 동료의 관찰, 직감, 지지를 통해 서로에게 도움이 될 수 있도록 돕는다.

동료 슈퍼비전

공동 상담 모델의 변형으로 동료 슈퍼비전 집단이 있는데, 이는 대학원 프로그램이나 기관에서 주기적인 회기의 형태로 상담 녹화물을 검토하는 데 사용할 수 있다. 이러한 경험은 모든 관계자가 준비된 상태에서 접근하면 매우 유용할 수 있다. 보통은 4~6명의 소규모 집단으로 구성된다. 사례 발표 형식을 사용하면 모든 사람이 녹화된 회기를 검토하고, 사례 노트를 읽고, 한 번에 한 명씩 집단 구성원의 발표를 들을 수 있다. 라이브 시연만큼 역동적이지는 않지만 상담자와의 라포나 시간 제약(특히, 어린 자녀가 있는 경우)에 부담 없이 대안을 논의할 수 있다는 장점이 있다. 이 장의 마지막에 나오는 생활양식 연습은 실제 내담자가 주는 압박감 없이도 동료들로부터 유용한 피드백을 받을 수 있는 실제와 같은(in vivo) 경험을 제공하기 위해 이러한 집단에서 사용되어 왔다.

자문

제11장에서 언급한 것처럼, 자문은 아들러 방식에 관한 교육적 과정을 지속하기 위한 또 다른 방식이다. 다음과 같은 예시들에서 내담자는 자문을 받는 상담자/학생이다.

저자는 정기적으로 저자의 수업과 워크숍에 참여하는 학생들과 참가자들에게 생활양식 평가, 초기 회상 해석, 아동 지도 등에 대해 자문을 받을 수 있는 기회를 제공했다. 저자만 이렇게 한 것은 아니다. 드라이커스는 지나칠 정도로 관대하다고 알려져 있다. 그는 비용을 지불할 능력이 없다고 생각되는 개인에게는 비용을 청구하지 않았다. 실제로 그는 개인상담을 하는 다른 아들러 심리학자들에게 내담자를 소개하고 그들이 무료 상담을 해 주기를 기대하는 것으로도 유명했다. 그렇게 하면 임대료를 지불하기가 어려울 수 있다.

수업이 끝나면 드라이커스를 만나 이야기할 기회를 가졌고, 해럴드 모삭과 그의 아내의 집에 손님으로 머물며 시카고 개인진료실에서 그를 관찰하고, 저자를 위한 생활양식 평가를 할 수 있는 기회를 가졌다. 또한 맨퍼드 손스테가드, 돈 딩크마이어 시니어, 오스카 크리스틴슨(Manford Sonstegard, Don Dinkmeyer, Sr., & Oscar Christensen)의 도움으로 국제적으로 배포되어 수상 경력이 있는 '아이들을 다루기(Coping with Kids)' 온라인 강좌를 제작할 수 있었던 것은 행운이었다. 드라이커스의 전통에 따라 모두 자신의 시간과 전문 지식을 기꺼이 나누어 주었다.

안녕 상담

저자에게 아들러주의자가 된다는 것은 다른 사람들의 안녕을 최적화하도록 돕는 것도 포함된다. 안녕(wellness)은 이제 피부 제품부터 다양한 기업의 사업 목표에 이르기까지 모든 것을 설명하는 일반적인 용어이자 개념이 되었다. 제2장에서 정의하고 설명한 바와 같이 안녕을 실제에 도입한 아들러 학자들은 증상 완화를 넘어, 안녕을 최적화하기 위해 노력하고, 과학에 기반한 새로운 기술을 활용하여 전통적인 방법을 보완하는 총체적인 접근 방식을 수용하고 있다. 경험적으로 도출된 **통합적 자기 안녕 모델**(ISWEL)을 사용하든, 이론에 기반한 **안녕의 바퀴** 모델을 사용하든, 상담자는 17개의 개별 요인과 전반적인 안녕 점수가 포함된 내담자 중심 도구를 통해 이 특성(예: 유머 감각)이나 삶의 과제인 우정이 현재보다 더 삶을 풍요롭게 만든다면 어떻게 될 것인지 탐색할 수 있다.

제2장에서는 '만약'이라는 질문에 답할 때 고려할 수 있는 다양한 참고 자료와 도구를 제시했다. 새로운 참고 자료, 방법 및 도구가 계속 개발되고 있으며 앞으로 더 많은 자원이 제공될 예정이다. 이는 직원과 시민의 행복을 장려하는 것이 경제적으로 유리하다는 것을 기업과 정부가 인식하고 있기 때문이기도 하다. 아들러 학자들은 보다 정의롭고 평등한 사회에서 모두의 이익을 위해 학교, 기업, 지역사회에서 안녕을 증진하는 방법에 대한 발달적이고 전 생애에 초점을 맞춘 전체론적인 관점을 옹호하는 사람들이 될 기회를 갖게 되었다.

요약

아들러의 방식을 배우는 것은 다른 어떤 상담 및 심리치료 접근법을 배우는 것보다 더 어렵지 않을 것이다. 학습자는 아들러 방식을 실천하는 사람들의 전문성을 찾고자 하는 동기가 있어야 한다. 대학원 과정에서 개괄적인 소개 이상의 내용을 제공하는 경우는 거의 없으며, 실제 적용 사례가 거의 또는 전혀 없는 표준적인 교과서 이론만을 가르치는 경우가 너무 많다. 관심 있는 사람들을 위한 학회와 워크숍이 있다. 내 경험상 가장 좋은 단일 정보 출처는 북미 아들러심리학회이다.

학습의 주된 방법은 관심 있는 전문 분야(예: 아동 지도, 부부 및 가족 상담, 생활양식 평가 및 초기 회상)에서 아들러 심리학자들의 가르침을 받는 것이다. 인터넷 도구가 발달한 오늘날에는 자신의 관심사와 필요에 가장 잘 맞는 일을 하는 사람들을 '검색하고, 찾고, 연락'하는 것이다. 진정한 아들러주의자라면 누구든지 여러분의 문의를 환영할 것이다.

학습 문제

1. 아들러 상담과 심리치료의 실제를 배우기 위해 어떤 방법이 당신이 선호하는 학습 스타일에 가장 잘 맞는가? 만약 당신이 스터디 그룹과 함께 공부하고 있다면, 각 방법의 장단점에 대해 서로 토론해 보

시오. 이론을 넘어 실제로 더 가까이 나아가기 위해 어떻게 행동할 수 있는가?

2. 이러한 접근 방식에 대한 심화 교육에 방해가 되는 장애물은 무엇인가? 이를 극복하는 데 도움을 줄 수 있는 한 사람을 떠올릴 수 있는가? 그 사람에게 어떻게 다가가서 자신을 소개하고 자문 받고 싶다는 의사를 밝힐 수 있는가? 그 사람에게 구체적으로 무엇을 요청할 수 있는가? 자, 이런 계획을 세운 다음 단계는 실행하는 것이다.

활동

면담자의 생활양식 스크립트 소개

시작할 준비가 되었는가? 다음 스크립트는 생활양식 평가를 가르치는 도구로 사용되어 왔다. 면담자가 중요한 부분을 놓칠 염려 없이 피면담자의 데이터를 수집하는 데 사용할 수 있다. 면담 후 메모의 정확성 등을 보강하기 위해 면담 중 녹음기를 사용할 수도 있다. 면담자는 피면담자가 선택한 단어와 문구를 정확하게 기록하는 것이 중요하다. 마찬가지로 중요한 것은 면담자가 피면담자의 진술에 대해 개인적인 해석이나 의미를 덧붙이지 않아야 한다는 것이다. 저자도 그렇게 배웠지만, 피면담자에게 방해가 되지 않도록 하라! 피면담자가 자신의 이야기를, 자신의 언어로, 자신의 방식으로 말하게 하라.

제1장에서 언급했듯이 성별 또는 성적 지향에 대한 문제는 이전에 알지 못했더라도 어느 시점에서 드러날 수 있다. 피면담자의 배경(게이, 동성애자, 양성애자, 트랜스젠더, 퀴어 등)에 대해 확신이 서지 않는 경우 선호하는 배경이 무엇인지 물어본다. 주의할 점은, 어떠한 회기에서라도 면담자가 조금이라도 불편하다고 느껴지는 경우, 이 활동에 참여하기 전에 교육자나 슈퍼바이저와 상의해야 한다.

이어지는 내용에는 생활양식 면담을 어떻게 시작할 수 있는지, 데이터를 수집할 때 참고할 수 있는 범주들은 무엇인지, 그리고 데이터를 어떻게 요약할 수 있는지에 관해 도움 될 만한 제안들이 제시된다. 구체적인 형식이 갖추어진 메모장을 사용해 그대로 받아 적을 수도 있다. 활동의 마지막 부분에서는 생활양식 요약 사례가 제시된다.

잠시 시간을 내어 앞으로 나올 내용을 훑어보며 데이터를 어떻게 수집할지 집중하라. 그리고 그 데이터를 사용하여 '내담자'(예: 동료 수강생 혹은 친구)를 위한 내러티브에 어떻게 통합시킬 수 있을지에 대한 예시를 확인하라. 그런 다음 생활양식 스크립트 부분으로 돌아온다.

생활양식 사정 면담 스크립트

이 면담은 당신의 어린 시절 경험을 다양한 측면에서 탐구할 수 있도록 구성될 것입니다. 여기에 맞고 틀린 답은 없으며, 제가 어떤 판단을 내리거나 심리적으로 어떤 명칭을 부여해서 분석하지도 않을 겁니다. 이 과정은 어린 시절에 삶과 자신, 타인에 대해 배운 것들을 바탕으로 현재의 자신을 더 잘 이해할 수 있도록 돕기 위해 설계되었습니다. 대부분의 사람은 이 과정을 즐기고, 현재 겪고 있는 일들과 관련된 흥미로운 통찰을 얻는 경우가 많습니다. 저는 단지 당신이 말한 내용을 기억하기 위해 메모를 할 예정이니, 제가 쓰는 속도보다 말이 빠르신 경우, 괜찮으시다면 다시 한번 반복해 달라고 요청할 수도 있습니다.

제가 바라는 건, 편안하게 계시면서 어린 시절(6~8세 또는 그 이전)에 대해 제가 질문을 드릴 때 떠오르는 것들을 자유롭게 떠올려 주시는 거예요. 질문은 형제자매에 관한 것도 있고, 부모님이나 함께 살았던 중요한 어른들에 대한 것도 있고, 어릴 때의 구체적인 첫 기억들에 대한 것도 포함될 것입니다. 혹시 지금 우리가 하게 될 일에 대해 궁금한 점 있으신가요?

I. 가족 구도

먼저, 형제자매의 이름을 절차대로 적어 주시고, 본인과의 나이 차이를 맏이부터 시작하여 알려주세요(예: 존, +3살, 메리 −2살). 부모님, 조부모님, 유명인의 이름을 따서 지었다거나 하는 등 이름에 특별한 점이 있나요?

사망한 자녀나 유산한 형제자매가 있나요? (이름/나이/성별) 형제자매 중 장애가 있거나, 심각한 만성 질환을 앓고 있었던 사람이 있었나요?

		이름	나이(+ 또는 −)	비고
형제자매	1	(맏이)		
	2			
	3			
	4			
	5			
	6			

[**면담자 참고 사항**: 이 질문들은 대부분 1967년 드라이커스의 저서에서 나온 것이며, 출판된 문헌과 미출판 문헌에서 다양한 형식으로 찾아볼 수 있다. 경험이 쌓이고 이러한 질문들이 지닐 수 있는 의미를 이해하게 되면, 면담자는 이러한 주제 영역에 대해 어느 정도 변형하여 질문할 수 있게 된다.]

A. 형제자매에 대해 묘사하기

자, 3세에서 8세 사이의 어린이였을 때 어떻게 대답했을지를 생각하며 모든 질문에 계속 답변해 보겠습니다. 이 과정은 매우 중요합니다. 어렸을 때 살았던 곳, 누구와 함께 놀았는지 등을 편안하게 떠올려 보는 것이 필요할 수 있습니다. 만약 도움이 된다면 그 부분부터 시작해 볼까요? 더 생생하게, 더 쉽게 기억을 떠올리기 위해 가끔씩 눈을 감는 것도 도움이 될 수 있습니다.

1. 당신과 가장 반대되게 다른 사람은 누구인가요? ____________________
   어떤 면에서 그런가요? ____________________
   ____
   ____
2. 당신과 가장 비슷한 사람은 누구인가요? ____________________
   어떤 면에서 그런가요? ____________________
   ____
   ____
3. 당신은 어떤 아이였나요? ____________________
4. 다른 형제자매들을 각각 묘사해 보세요.
   형제자매
   ____
   ____

B. 특성에 대해 평가하기

다음 질문들에 대해 생각해 보세요. 형제자매 중(또는 외동인 경우 또래 아이들 중) 특정한 성격이나 특성을 가장 많이 또는 가장 적게 가진 사람이 누구인지 떠올려 보세요. 어린 시절에 대답했을 법한 대답을 해 주시면 됩니다. 자신이 가장 많거나 가장 적었다고 해도 부끄러워하지 말고 솔직하게 대답해 주세요. 만약 당신이 어떤 특성에 있어 가장 많거나 가장 적지 않다면, 가장 비슷한 사람을 말해 주시면 됩니다. 각 질문에 대해 당신이 말하고자 하는 의미를 자유롭게 말씀해 주셔도 좋습니다. 예를 들어, 질문이 '높은 기준을 가진 사람'이라면, '높은 기준'을 갖는다는 것이 자신에게 어떤 의미인지 설명할 수도 있습니다. 경우에 따라, 그것이 어떤 의미인지 설명해 달라고 제가 요청드릴 수도 있습니다. 정답은 없으니 당신이 생각하는 대로 대답해 주세요. 대답하기 싫은 질문이 있으면 그냥 넘어가도 괜찮습니다.

면담자 지침: 만약 해당 인물이 어떤 특정 속성에서 '가장 많지도', '가장 적지도' 않다면, 중간 열에 화살표(◀ 혹은 ▶)를 그려서 이 사람과 가장 비슷한 형제자매를 표시하라. (만약 형제자매가 없다면, 그 나이 또래의 가장 친한 친구나 다른 아이들과 비교해 가장 비슷한 사람을 기준으로 해도 된다.).

	가장 많은 형제자매	자기 ◀ 혹은 ▶	가장 적은 형제자매
1. 지적 능력이 뛰어남			
2. 가장 열심히 노력함			
3. 가장 학업 성적이 좋음(어떤 과목?)			
4. 집안일을 잘 도와줌			
5. 남의 말을 잘 따름			
6. 반항적임(어떤 식으로?)			
7. 남의 비위를 잘 맞춤			
8. 타인에 대해 비판적임(어떤 것에 대해?)			
9. 사려 깊음			
10. 이기적인			
11. 자신만의 방식이 있음(예를 들면?)			
12. 예민함-쉽게 상처받음			
13. 성질이 사나움			
14. 유머감각이 있음			
15. 이상주의적임			
16. 물질주의적임			
17. 다음에 대해 높은 기준이 있음 a. 성취 b. 행동(예를 들면?) c. 도덕률(어떤 의미?)			
18. 가장 운동을 잘함			

19. 가장 강인함			
20. 가장 키가 큼			
21. 가장 예쁨			
22. 가장 남자다움			
23. 가장 여자다움			
24. 가장 버릇없음(누가, 무엇 때문에 버릇없는 사람으로 만들었나?)			
25. 가장 벌을 많이 받음(누가, 무엇 때문에 벌을 많이 주었나?)			
26. 친구(수, 리더, 외향적?)			

[**면담자 참고 사항**: 여성의 경우 초경, 남성의 경우 사정(예: 몽정)이 언제 시작되었는지, 이러한 경험들에 대해 누구에게 질문했는지, 이 경험들에 대해 어떻게 준비하고 있었는지, 감정은 어땠는지 등이 관계 문제, 성 정체성, 종교성 등을 다룰 때 유용할 수 있다. 이러한 질문을 교육을 위한 연습에 사용하는 것은 권장하지 않지만 실제 상담에서는 적절하고 도움이 될 수 있다. 자신의 성에 대한 수용, 성 정체성, 남성에 대한 태도, 여성에 대한 태도 등은 이런 사건들과 관련해서 이해할 수 있다.]

C. 형제자매 간 관계 파악하기

1. 누가 누구를 돌보았나요?
2. 누가 누구와 놀았나요?
3. 누가 누구와 가장 잘 지냈나요?
4. 누구끼리 가장 많이 싸우고 다투었나요?
5. 아버지가 가장 좋아했던 사람은 누구였나요?
6. 어머니가 가장 좋아했던 사람은 누구였나요?

D. 부모에 대해 묘사하기

1. 당신이 태어났을 때 아버지의 나이는 몇 살이었나요? 어머니는 몇 살이었나요?
2. 아버지(생물학적 아버지 혹은 기타?)는 어떤 분이셨나요? 어떤 직업을 갖고 계셨나요?
3. 어머니(생물학적 어머니 혹은 기타?)는 어떤 분이셨나요? 어떤 직업을 갖고 계셨나요?
4. 자녀 중 아버지를 가장 닮은 사람은 누구인가요? 어떤 면에서 그런가요?

5. 자녀 중 어머니를 가장 닮은 사람은 누구인가요? 어떤 면에서 그런가요?
6. 아버지와 어머니 사이에는 어떤 관계였나요?
   a. 누가 주도적이었고, 결정을 내리는 사람이었나요?
   b. 자녀 양육 방법에 대해 서로 의견이 일치했나요? 아니면 의견이 달랐나요?
   c. 대놓고 서로 다투었나요? 무엇 때문에 싸웠나요?
   d. 이러한 싸움에 대해 당신은 어떻게 느꼈나요? 당신은 누구 편을 들었나요?
7. 누가 자녀들에게 더 야망이 있었나요? 어떤 면에서 그랬나요?
8. 가족과 함께 살았던 다른 사람(조부모, 삼촌, 숙모, 하숙생 등)이 있었나요? 어린 시절에 중요한 인물이 다른 누가 있었나요? 그 사람들이 누구였는지 그리고 그들과의 관계를 설명해 주세요.

II. 초기 회상

[**면담자 참고 사항**: 기억과 관련된 감정을 구체적으로 끌어내기 위해 정확한 기록이 필수적이다. 어떤 사람은 어린 시절의 집, 좋아하는 장난감, 게임, 반려동물 등에 관한 기억 속으로 자신을 '이동'시킬 수 있도록 어린 시절의 기억을 떠올리는 단서들을 통해 도움을 주어야 할 수도 있다. 연습 시에는 긍정적인 기억을 이끌어내는 것이 더 좋지만, 숙련된 면담자는 '부정적인' 기억에서도 긍정적인 특성을 찾아낼 수 있다. 부모나 다른 사람이 들려준 이야기가 아닌 실제 기억만을 기록해야 한다. 어린 시절의 특정 꿈은 초기 기억이기도 하다. 반복되는 꿈은 초기 기억으로 간주하지 않는다. 나이에 따라 정확하게 별도의 종이에 기록하라.]

이제 6세 또는 8세 이하의 어린 시절에 대한 가장 첫 번째 기억을 설명해 주세요. 그때의 상황을 떠올리며 가장 먼저 생각나는 장면을 최대한 자세히 설명해 주시면 됩니다. 보고, 듣고, 느낀 것을 마치 지금 일어나고 있는 것처럼 말해 주세요. 지금 떠오르는 가장 어린 시절의 기억은 무엇인가요?

생활양식 사정을 위한 면담 마무리하기

제가 작성한 메모를 검토할 기회가 필요하겠지만, 원하신다면 이 어린 시절 경험 회고를 통해 어떤 것을 배우시는 데 제가 도움이 될 수 있기를 기대합니다. 지금 추가로 말씀하시거나 더 깊이 생각해 보고 싶은 내용이 있나요? 이 과정에서 이미 도움이 된 것이 있나요? 혹시 이 과정을 하면서 불편한 점이 있었나요? 궁금한 점이 있으신가요?

생활양식 요약하기

[**면담자 참고 사항**: 내담자의 특성, 생애 과제에 대한 접근 방식, 삶을 이끄는 주제(guiding themes), 내담자의 편안함(및 불편함)을 유도하는 요소들을 정리하려면 시간이 필요하다. 이 과정을 진행할 때 다음 개요가 유용할 수 있다.] 이 방법에 익숙한 숙련된 상담자라면 특정한 형식 없이도 관찰 내용을 통합할 수 있으며 중요한 주제, 패턴 및 신념을 직감적으로 파악할 수 있을 것이다. 그러나 학습을 위해서나, 내담자의 사적 논리를 충분히 탐색하기 위한 철저함을 위해서 다음 단계로 넘어가기 전에 시간을 들여 내용을 요약하고, 비유적으로 '내담자의 신발을 신고 걸어 보는' 과정을 갖는 것이 권장된다. 학습 단계에서는 다음의 간단한 방법을 활용해 본다.

이 책의 제6장 요약 부분에 있는 개요를 활용한 사례 예시이다.

예를 들어, 마이나(Myna) 사례를 사용해 보자.

마이나는 세 명의 남동생(18개월 어린 카를로스, 세 살 어린 후안, 네 살 어린 페트로)과 막내 여동생(여섯 살 어린 '공주' 이사벨)을 포함한 다섯 자녀 중 맏이였다. 결혼 후 이혼할 때까지 그녀는 집안의 또 다른 어머니나 다름없었고 형제들의 존경을 한 몸에 받았다. 특히, 이혼하기 전까지는 여동생에게 더욱 그랬다. 그녀는 교사로 일하던 학교에서 우울증 증상으로 병가를 받았고 상담을 권유받았다. 이후 그녀는 주치의와 정신과 의사의 도움을 받았다.

그녀의 상태는 가정과 직장에서의 책임감, 가족 및 사회적 관계에서의 어려움과 관련이 있는 것 같았다. "우울증이 없다면 삶이 어떻게 달라질까요?"라는 질문에 대한 그녀의 답변에는 다음과 같은 내용이 포함되었다.

"가족과의 화목, 자녀 양육 능력에 대한 만족감, 가르치는 일에 대한 새로운 즐거움, 데이트를 포함한 남성과의 적절한 관계를 시작하고 유지할 수 있는 능력, 나의 영적인 자기에 대한 더 큰 평화를 느낄 수 있을 것 같아요."

그녀는 외부의 사람들과 사건들이 자신의 문제를 일으키고 있으며, 그것들이 자신이 통제할 수 없는 것으로 인식하고 있었다. 또한 그녀는 탈출구가 보이지 않는 꿈을 반복적으로 꾸고 있다. 설상가상으로 그 꿈에서는 '어두운 그림자 같은 존재들'이 그녀를 추격하며 점점 가까이 다가오고 있다.

I. 개인적 특성과 속성

A. '가장 많은' 혹은 '가장 비슷한'으로 선택된 속성들의 목록 만들기

마이나는 자신을 가장 지적이고, 가장 열심히 일하고, 가장 책임감이 강하고, 가장 남의 말을 잘 따르며(비록 때때로 손윗사람들을 은근히 무시하는 경향이 있어도), 다른 사람의 비위를 가장 열심히 맞추고, 가장 사려 깊고, 행동과 도덕률 그리고 학업 성적 면에서도 가장 높은 기준을 갖고 있으며, 가장 강하며, 가장 이상적인 사람으로 생각했다.

B. '가장 적은' 혹은 '가장 덜 비슷한'으로 선택된 속성들의 목록 만들기

마이나는 자신을 타인에 대해 가장 덜 비판적이며, 가장 덜 이기적이고 가장 덜 버릇없고, 유머감각이 가장 없으며("책임감이 있으면서 동시에 즐거움을 느끼는 것은 어려워요") 가장 덜 물질주의적이라고 보고했다.

C. 가족 구도, 부모와의 관계, 관련 자료를 검토하여 위의 언급들에 추가, 수정하여 확증할 수 있다. 이러한 내용은 내러티브 요약에 포함될 수 있다.

II. 어른 및 성 역할 모델

마이나의 어머니와 아버지는 사업을 돌보느라 자주 자리를 비웠다. 두 사람의 관계는 다정하기도 했지만, 갈등이 잦은 편이기도 했다. 아버지는 지배적인 성향이 강했고, 화를 잘 내는 편이었지만 어머니는 화해의 중재자였다. 대부분의 다툼은 사업과 관련된 것이었다. 어머니는 아이들과 더 많은 시간을 보내고 싶었지만, 아버지의 도움 요청을 묵인했다. 어머니는 아버지가 화를 내며 어머니를 밀친 적이 있었지만, 나중에 화해했고 그 외에는 그런 일이 기억나지 않는다고 한다. 그 외에는 서로와 아이들을 사랑했고, 아이들이 교육을 받고 교회에 다니며 '착한' 아이가 될 수 있도록 희생을 감수했다.

III. 가족/문화 가치

마이나는 어렸을 때의 어머니를 몇 마디로 표현해 달라는 질문에 "배려심이 많고, 영적이며, 많이 피곤해하고, 조용하고, 현명하신 분"이라고 대답했다. 아버지는 강인하고 단호하며 열정적이고 열심히 일하는 사람이었다. 두 사람은 함께 "집을 많이 비웠다"고 한다.

멕시코계 미국인으로서의 자부심은 가족 전체에 흐르고 있다. 멕시코의 가난을 피해 북쪽에 있는 약속의 땅으로 떠나는 오늘날의 많은 멕시코 가족과 달리, 마이나의 아버지는 멕시코에서 가업을 잇는 대신 자신의 사업을 일으키기 위해 북쪽을 선택했다. 미국 기준으로는 부유하지는 않았지만, 그녀의 친할아버지는 성공한 사업가였고 막내아들인 아버지는 자신도 혼자서 성공할 수 있다는 것을 증명해 보이기로 결심했다. 그는 또한 자녀들이 좋은 교육을 받고 스스로 세상에서 성공할 수 있도록 격려하고자 했다. 사실 마이나가 집에서 200마일이나 떨어진 대학에 장학금을 받고 입학하는 것을 아버지가 반대한 것은 마이나에게 뜻밖의 일이었다. 하지만 어머니와 달리 그녀는 아버지의 요구에 순순히 따르지 않았다.

어머니와 아버지는 미국의 합법적인 시민임을 자랑스러워하면서도 멕시코 사람들의 역사와 투쟁에 대해 항상 높이 평가했다. 멕시코는 항상 가난하거나 부패한 정치인들에 의해 몰락한 나라가 아니라 고귀한 사람들이 많은 나라이다. 그들은 나쁜 정부에도 불구하고 살아남아 더 나은 날을 꿈꾸는 사람들이다. 그들의 언어, 음악, 예술, 풍부한 유산은 국민들의 따뜻함, 에너지, 열정에 뒤지지 않는다. 실제로 멕시코계 미국인이라고 말하는 것은 두 세계의 장점을 모두 가진 것이라 할 수 있다.

지나치게 종교적이지는 않지만, 아버지와 특히 어머니는 독실한 로마 가톨릭 신자였다. 교회는 마이나의 성장기 내내 사회적 · 교육적 중심지였다. 가톨릭 학교에서 배운 옳고 그름에 대한 태도와 신념은 가정에서 확고하게 강화되었다. 여기에는 적절한 성관계, 결혼, 이혼, 자녀 출산, 타인에 대한 책임에 대한 기대가 포함되었다. 성모 마리아에 대한 헌신은 대학 시절에 접어 두었고, 이제는 그 관계를 이어 갈 자격이 없다고 느끼고 있다.

Ⅳ. 초기 회상과 삶의 신념

A. 초기 회상을 내용, 맥락, 움직임, 정서적 유사점 또는 차이점에 따라 검토하기 시작한다. 이를 메모하고, 다음과 관련하여 내담자가 무엇을 말하고 있는지 스스로에게 질문해 본다.

- 인생은 이런 식으로 살거나 살아야 한다.
- 다른 사람들은 이런 식으로 살거나 살아야 한다.
- 나는 이런 식으로 살거나 살아야 한다.
- 내게 가져다주는 것, 즉 목표, 기대되는 성과, 결과는 이것이다.

각각의 경우, 자신이 추측하는 말을 제시할 때는 “혹시 ……일 수 있을까요?” 또는 이와 유사한 잠정적인 문구로 시작하는 것이 가장 좋다. 실수하는 것을 두려워하지 마라. 내담자가 단어를 선택하여 초기 회상이 자신에게 어떤 의미인지 설명하는 것은 자기 발견 과정의 일부이기 때문이다.

초기 회상 1, 4세: 방금 동생이 걷는 법을 배우도록 도와줬고 부모님은 박수를 쳤어요! 모든 사람이 웃고 흥분했죠, 저도 그랬어요! 동생이 첫걸음을 내딛는 것을 도왔다는 사실에 제가 사랑받고 특별한 사람이라고 느꼈어요. 행복한 시간이었죠.

신념:
다른 사람을 가르치는 것은 내게 큰 기쁨을 준다.
다른 사람을 가르치면서 행복한 시간을 갖는다.
가르치는 일은 관련된 모든 사람에게 큰 기쁨의 원천이 될 수 있다.
사랑하는 사람들과 좋은 시간을 나누는 것은 멋진 일이다.

초기 회상 2, 4세: 엄마가 새 드레스를 사주셨어요. 정말 아름다웠어요! 밝은 색상과 사랑스러운 패턴의 긴 치마가 달린 드레스였어요. 엄마는 제게 그 드레스를 입히고 몸을 돌려 보라고 하셨고 제가 몸을 돌릴 때마다 치마가 위아래로 올라가는 거예요. 정말 제가 자랑스럽고, 여성스럽고, 깃털처럼 날아갈 것 같은 느낌이었어요.

신념:
여성스러워진다는 것은 사랑스럽고, 가볍고, 완전히 살아 있다는 느낌이다!
여성은 내가 큰 기쁨을 느끼도록 도와주는 존재이다.
나는 주변의 모든 것에 담겨 있는 예쁜 색을 좋아한다.

초기 회상 3, 5 혹은 6세: 엄마가 설거지하는 동안 두 오빠들이 놀고 있었어요. 바깥에서 다른 아이들이 노는 소리가 들려 호기심에 밖으로 나갔어요. 바깥으로 나가면 안 되었지만 어찌 됐든 그냥 나가게 되었어요. 엄마가 알아채기 전에 집에 돌아왔기 때문에 엄마는 전혀 몰랐죠. 내가 원하는 걸 할 수 있다는 생각에 말썽꾸러기 같은 생각도 들었지만 설레는 기분이 들었어요.

신념:
모든 사람이 내가 하는 일을 알 필요는 없으며, 특히 내가 해서는 안 되는 일이라면 더욱 그렇다.
내가 원하는 것을 할 수 있어야 하지만, 그 결과가 나쁘지 않기를 바란다.

초기 회상 4, 7세: 하얀 영성체복을 입고 있었어요. 모두가 지켜보는 가운데 교회 가운데 복도를 따라 행진하고 있었죠. 첫 영성체를 받기 위해 교회 앞에 서니 정말 거룩하고 특별한 기분이 들었어요. 모든 것이 너무 아름다웠죠.

신념:
하느님, 가족, 공동체와 함께 있다는 특별한 느낌을 좋아한다.
내 내면에 거룩함을 느끼면, 가족, 공동체, 하느님 앞에서 기분이 좋아진다.

초기 회상 5, 7세: 5월이었고 첫 영성체를 할 즈음이었다. 저희는 항상 예수님의 어머니이신 성모 마리아를 신봉했어요. 고해성사를 마치고 성당에 갔을 때 몸과 마음이 매우 깨끗해져서(어머니가 가기 전에 목욕을 시켰어요!) 성모님께 도움을 청했던 기억이 납니다. 저는 특별한 임재감을 느꼈어요……. 정말 제 기도가 들리는 것 같았고 수녀님들이 가르쳐 주신 대로 착하게 살며 계속 기도하겠다고 다짐했어요. 오랫동안 그렇게 했어요. 정말 기분이 좋았어요.

신념:
나는 거룩한 방식으로 특별하다고 느끼는 것을 좋아한다.
나는 약속을 지켰다고 생각할 때 사랑받고 특별하다고 느낀다.

생활양식 데이터를 사용하여 직장/학교, 우정, 애정 관계(가족, 배우자, 중요한 타인), 자기, 영성 등 각 생애 과제(실제의 경우 제시된 문제와 관련이 없다면 모든 생애 과제를 다루지 않아도 된다)에 대해 개인이 스스로에게 말하는 내용을 짧게 작성한다. 이러한 주제는 개인의 사적 논리에서와 같이 '나는 ~'의 진술로 표현해야 한다. 예를 들어, "나는 어떤 일이든 내 몫을 해낼 수 있다", "나는 일에서 얼렁뚱땅 끝내는 것을 싫어한다", "나는 열심히 일하면서도 열심히 놀 줄 아는 친구를 선호한다", "나는 근면하고 책임감이 있으며(무능하다고 판단하지 않는 한) 다른 사람을 기쁘게 하려고 노력한다", "나는 다른 사람을 배려하고 모든 일에 높은 기준을 가지고 있다" 등이다. 내담자가 스스로 보고한 내용에서 시작하면 상담자와의 라포를 형성하고 이후 생활양식에서 전체적인 의미를 탐색하는 데 있어 공동의 기반을 마련하는 데 도움이 될 것이다.

V. 생애 과제에 대한 접근: 일, 우정, 사랑, 자기, 영성

A 일: 마이나는 동료이자 파트너로서 많은 긍정적인 속성을 가지고 있다. 업무와 관련해서는, "전 책임감 있고, 협력적이며, 근면하고, 성과에 대한 높은 기준을 가지고 있으며, 특히 제 자신에 대

해서는 더욱 그렇습니다. 다른 사람의 성공을 돕고 그들의 성공을 축하할 때 제 자신에 대해 가장 기분이 좋아요."

B 우정과 사랑: 마이나는 인간관계에서 자신을 이끄는 근본적인 가치에 깊은 애착을 가지고 있다. 그녀는 "저는 신뢰할 수 있고, 정직하고, 충성스럽고, 남을 기쁘게 하려고 노력하고, 남에게 받는 것보다 더 많이 베풀고, 남을 배려하고, 의무를 다하기 위해 최선을 다하고 있어요. 하지만 저는 다른 사람들로부터 우정, 존중, 배려를 받고 싶어요."

C 자기: 마이나가 느끼는 낙담의 대부분은 자신의 높은 기준에 부응하지 못하고 있다는 신념에서 비롯되며, 이는 딸, 자매, 어머니, 며느리로서 자신의 결정 및 행동을 다른 사람들이 거부하는 것을 보며 이러한 신념이 더욱 굳어진다. 자기 기대치(그리고 자신의 생애 과제를 긍정적으로 충족시킬 수 있는 능력)와 현재의 성과 사이의 불일치는 그녀로 하여금 깊은 감정의 심연에 빠지게 한다. 그녀의 말을 빌리자면, "저는 살아야 할 이유가 없어요. 아무도 저를 돌봐 주지 않아요. 저는 제 삶과 두 가족의 삶을 망쳤고, 현재 제 아이들에게도 상처를 주고 있어요."라고 말한다. 따라서 그녀는 자신이 '나쁜 사람'이라고 덧붙였고, 이는 다음 과제로 이어진다.

D 영성: 자신, 타인, 하느님과 평화롭게 지내는 것이 최고의 기쁨, 만족, 선함(또는 이와 비슷한 의미의 말)이라고 여기는 것이 마이나의 마음과 영혼에 가장 가까운 믿음이다. 이러한 신념의 중심에는 "내가 사랑과 존경을 받을 자격이 있으려면 내 약속을 지켜야 한다"는 믿음이 있다. 자녀, 학생, 부모, 형제자매, 하느님에 대한 그녀의 책임은 모두 자신이 할 수 있는 최고의 사람이 되겠다는 약속의 외적 표시이며, 성모님과 하느님에 대한 약속이기도 하다.

VI. 안전지대

한 개인의 호소 문제는 생활양식 데이터를 통해 드러나는 사적 논리에 내재되어 있다. 예를 들어, 자기 자신, 삶, 타인에 대한 충족되지 않은 기대와 같은 것들이다.

마이나의 문제는 자존감 상실, 가족과의 소원함, 그로 인한 우울증으로 인한 업무 성과 저하이다.

마이나의 경우, 아들러 심리학 용어로는, 편향된 인식 속에서 편안함을 느끼는 것, 즉 평화롭게 지내는 것은 배려심 있고 유능한 사람으로서, 자신과 타인에게 만족을 주며 모든 책임을 다하는 전문가로서 기능하는 것이다. 그녀는 성공하는 데 필요한 지능, 교육, 기본 가치관을 갖추고 있다. 그러나 그녀의 삶의 신념 속에는 낙담의 근원도 내재되어 있다. 그녀는 맏딸로서, 어린 시절 내내 가정과 학교에서의 '성공'을 통해 강화된 자신에 대한 높은 기대를 가지고 있다. 하지만 지금은 자신을 오늘날의 모습으로 만들어 준 모든 것으로부터 단절되었다고 느낀다. 설상가상으로, 그녀는 내면의 영적 자기로부터 힘을 얻을 수 있는 평화를 전혀 느끼지 못하며, 그것을 추구할 가치조차 없다고 생각하고 있다.

내담자가 미래에 핵심 개념을 유지하는 데 도움이 될 수 있는 은유를 찾아보라. 예를 들어, '모든 면에서 거의 완벽한'(얼마나 부담스러운 것인가!) 메리 포핀스처럼 되고 싶어 하는 사람이 있다고 하자. 잘만 다루면, 웃음과 유머가 넘치며, 발견된 자산들과 앞으로 더 발전할 가능성에 기반한 격려가 가득할 것이다.

마지막으로, 아무리 고귀해 보이는 허구적 목표라도 그것을 추구하는 데는 대가가 따른다(이를테면, 인생에서 '최고' 또는 '최악'이 되려면 시간, 자원, 개인적인 관계, 개인적인 기쁨, 스트레스 등의 희생이 필요하다). 내담자와의 라포, 호소 문제와의 관련성 등에 따라, 원하는 것을 얻거나 추구하는 데 대가가 따르는 것에 대한 딜레마를 제시할 수 있다. 위에서 언급한 은유들이 이 딜레마를 의미 있고 때로는 유머러스한 방식으로 소개하는 데 매우 유용할 수 있다.

마이나는 '모든 면에서 완벽하고 싶은' '원더우먼'의 페르소나를 가지고 있다. "메리 포핀스처럼 모든 면에서 완벽한 사람이 되고 싶다는 뜻인가요?"라는 질문에 마이나는 미소를 지으며 이렇게 답했다. "전에는 그런 생각을 해 본 적이 없었지만, 네, 모든 것을 잘하고 싶어요."라고 대답했다. 상담자는 "그리고 당신에게 소중한 모든 사람의 사랑과 존중, 지지를 받고 싶어 하시는군요."라고 덧붙였다. 마이나는 여전히 미소를 지으며 동의했다. 당연히 높은 기대치에서 오는 스트레스에 대한 대화를 통해 마이나는 이러한 높은 기대치를 만들어 내는 것이 바로 자신이라는 것을 이해하기 시작했다. 마찬가지로 중요한 것은, 마이나가 메리 포핀스식 사고와 행동 방식으로 되돌아갈 때 상담자와 마이나가 간략한 방식으로 소통할 수 있는 새로운 방법을 찾았다는 점이다.

추후 면담: 요약을 제시할 때는, 독백이 아닌 상담자와 내담자 사이의 대화, 탐색, 협력의 방식으로 진행해야 한다. 자신의 직감을 확인하기 위해 인식 반사를 살피고, 내담자가 동의하지 않거나, 보강, 명료화, 예시를 통해 주제의 의미, 방향, 기대를 더 설명할 수 있도록 초대할 준비를 하라. 생활양식에서 자산들을 발견하고, 그 자산들을 활용해 허구적인 신념에 대한 도전 과제들을 새롭게 바라볼 수 있도록 재구성하는 데 사용해야 한다. 긍정적인 속성과 '부정적인' 속성 모두 자산으로 재구성될 수 있다. 예를 들어, 상담자는 가족과 시간을 보내는 대신 일에 지나치게 집중하는 것을 과도하게 성실하고 책임감 있는 부양자가 되고 싶어 하는 사람으로(가난한 배우자나 부모가 아닌) 재구성할 수 있다. 제5장과 제6장에서는 개입 방법 중 하나로 생활양식 평가 데이터를 사용한 후속 조치에 대해 자세히 설명한다. 마찬가지로, 클라크의 초기 회상에 관한 저서(2004)는 데이터 및 내담자에 대한 인상(impressions)의 원천으로 초기 회상을 어떻게 이해하고 상담에서 적절하게 사용할 수 있을지를 다룬 다양한 연습 워크시트, 예시, 철저한 설명 등을 제공하고 있다.

참고문헌

Ansbacher, H. L., & Ansbacher, R. R. (Eds.). (1967). *The individual psychology of Alfred Adler: A systematic presentation in selections from his writings*. New York: Harper & Row.

Dreikurs, R., & Soltz, V. (1964). *Children: The challenge*. New York: Hawthorn Books.

Powers, R. L., & Griffith, J. (1987). *Understanding life-style: The psycho-clarity process*. Chicago: The American Institute of Adlerian Studies.

Savickas, M. L. (2006). *Career counseling. Series II-Specific treatments for specific populations*. APA video/DVD. Washington, DC:American Psychological Association.

Savickas, M. L. (2009). *Career counseling over time* (Psychotherapy in Six Sessions Video Series). Washington, DC: American Psychological Association.

Sweeney, T. J., & Myers, J. E. (2004). *Developmental counseling and therapy assessment and Adlerian early recollections*. Training demonstration and Instructor's Guide. Amherst, MA: Microcounseling Inc.

부록 A

가족 상담

다음 내용은 자녀가 4명인 6인 가족을 저자가 면담한 내용을 발췌한 것이다. 큰 아이는 11세인 테릴(Teryl)이고, 다음으로 8세인 존(John), 세 살 반인 폴(Paul), 두 살 반인 마이클(Michael) 순이다. 마이클은 선천적 결함으로 인해 다리에 보조기를 착용하고 있다. 면담 당시 폴과 마이클은 감기에 걸려 집에 있었다. 면담은 약 40명의 대학원생이 수강하고 있는 대학원 수업 동안 진행되었다. 부모가 상담자와 면담해야만 했던 기회가 이번이 처음이었기 때문에 사전 발언은 학부모와 수강생 모두에게 오리엔테이션을 제공하는 데 도움이 되었다. 부모와의 대화가 끝나면 자녀와 면담한 후 부모와 함께 회기를 마무리하였다.

부모 면담

상담자: 지금 여러분에게 회람되고 있는 것은 F씨 부부의 두 막내 자녀들의 사진입니다. 두 자녀들은 오늘 독감에 걸려 참석하지 못했습니다. F씨 부부에게는 네 명의 자녀가 있습니다. 가장 나이가 많은 두 자녀 중 테릴은 열한 살이고, 존은 여덟 살입니다. 사진에서 볼 수 있는 두 남자아이는 폴과 마이크입니다. 폴은 세 살 반이고 마이클은 두 살 반입니다. 교정기를 끼고 있는 아이가 폴입니다. 자, 이제 여러분이 최대한 편안하게 느끼셨으면 합니다. 이 수업의 수강생은 대부분 교사와 상담자들로 이루어져 있고, 두 명의 학교 관리자도 있습니다. 하지만 더 중요한 것은 학부모들이 많다는 것입니다. 우리가 이 자리에 모인 목적은 가족으로서, 그리고 교실과 다른 사회적 공간에서 집단으로 함께 생활하는 것과 관련된 몇 가지 원칙을 함께 발견하기 위해서입니다. 우리는 경험을 통해 여러분이 가족에서 경험하는 많은 것들이 서로의 가족에게도 똑같이 적용된다는 것을 알고 있습니다. 사실, 진행하면서 가끔 여기에 참석한 분들에게 가족 중에 이런 일이 있는 사람이 몇 명이나 되는지 물어볼 예정인데, 자신과 같은 경험을 하고 있는 사람이 많다는 사실을 깨닫게 되어 놀라게 될 것입니다. 자신의 가족에게 번거롭다고 생각하는 대부분의 일

들은 다른 사람들도 경험하는 것입니다. 아주 특별한 것은 없습니다. 그렇기 때문에 서로에게 많은 것을 배울 수 있습니다. 우리 또한 자신의 가족에 대해 배울 수 있기 때문에 기꺼이 두 분의 가족에게 일어나는 일에 대해 여기 오셔서 이야기해 주신다는 사실에 정말 감사하고 있습니다. 여기 참관한 분들이 궁금해할 만한 것들이 있을 수 있어서 제가 질문하도록 초대할 예정입니다. 다만, 제가 우리가 원하는 방향으로 나아갈 수 없을 것 같다고 말하면서 중간에서 거를 수도 있습니다. 또는 가족분들이 "대답하지 않겠다" 또는 "모르겠다"고 말해도 괜찮습니다. 말하고 싶지 않은 것에 대해 이야기해야만 한다고 전혀 기대하지 않습니다. 원한다면 여기 수강생들에게 질문을 해도 됩니다. "그럼, 당신은 어떻게 하시겠어요?"라고 물어보고 상대방이 어떤 대답을 하는지 볼 수 있습니다. 저는 이미 학생들이 저를 기꺼이 고쳐 준다는 것을 알았습니다! [웃음]

자, 여기 첫째 아이인 딸과 아들 셋이 있습니다. 론(Ron)[아버지], 그리 놀랍지는 않지만 아들 중 한 명에게 어려움을 겪고 있다고 말씀하셨어요. 아마 수강생들에게도 그다지 놀라울 일은 아닐 것 같아요. 여러 다른 가족들도 살펴보았지만 첫째가 딸인 경우 바로 다음 둘째 아이보다는 첫째 딸이 부모와 더 잘 지내는 경향이 있다는 것을 알고 있기 때문이에요. 당신의 가족도 그런 것 같나요?

엄마: 네.

상담자: 좋아요. [미소를 띰] 다시 말하지만, 테릴을 잘 모르긴 하지만, 우리가 틀렸는지 보고, 만약 틀렸다면 바로잡아도 괜찮아요. 테릴은 아마 엄마에게 도움이 될 만한 아이일 거예요. 항상 엄마가 하라는 대로 하지는 않겠지만, 다른 아이들보다 일을 더 쉽게 하면서 끝까지 해낼 것입니다. 사실, 테릴은 어린 동생들을 도우면서 어머니와 아버지의 기대에 따라 맏딸이 어떻게 해야 하는지에 대한 기대에 부응하려고 노력할 것입니다. 아마 학교에서도 꽤 잘 지낼 것입니다. 사실, 학교에서는 모범생일 수도 있습니다. 일을 잘 해내려고 매우 열심히 노력할 수 있으며, 어려움을 겪는다면 아마도 둘째 아이와의 관계일 것입니다. 싸움이 일어날 가능성이 높지만 동생들은 최대한 도와주려고 노력할 거예요. 제 생각에 대해 어떻게 생각하시나요?

엄마: 상당히 맞아요!

상담자: 좋아요. 자녀들 중 한 명이 둘째 아이인 존과 어려움을 겪고 있다는 것을 알게 되었네요. 어쩌면 모든 아이들이 그럴지도 모르죠. 사실, 아이들 모두가 맘을 합쳐 두 분을 꽤 바쁘게 만든다는 것을 알게 될 거예요. 다시 미소를 지으시는군요. 하지만 아마도 존이 가장 반항적이고 독립적일 거예요. 존은 동전의 다른 면을 볼 가능성이 가장 높지요. 가족에게 규칙이 있다면 그는 규칙에 대한 예외를 찾을 것입니다. 규칙이 특정 상황에서만 자기에게 적용된다며 불공평하다고 말할 거예요. 존이 평상시 하는 말과 비슷한가요?

엄마: 완전 같아요!

상담자: 그렇다고 해서 존이 나쁜 아이라고 말하는 것은 아닙니다. 사실, 저희는 나쁜 아이에 대해 생각조차 하지 않습니다. 우리는 약간의 낙담을 경험하는 아이들에 대해 생각하고 있습니다. 낙담이란 인생이 지금 자신의 뜻대로 되지 않는다고 느끼는, 즉 '그래야만 하는' 방식으로 생각한다는 것을 의미합니다. 패배감을 느끼고 매우 낙담할 수 있습니다. 여기 오셔서 저희와 이야기를 나누고 싶어 하셨으니 심각한 낙담은 아닐 거라고 생각합니다. 여러분은 아마도 자녀들이 사랑과 관심, 보살핌을 받고 있는지 확인하고 도와주고 싶을 만큼 충분히 걱정하고 계실 것입니다. 하지만 그럼에도 불구하고 대부분의 가정에는 다른 아이들이 잘하고 도와주면서 자신의 길을 가는 것처럼 보이기 때문에 때때로 문제를 일으키면서 자신의 자리를 만드는 것을 선택하는 존과 같은 어린아이가 한 명씩은 있을 것입니다.

마이크의 경우 몇 가지 면에서 특별합니다. 그는 막내이고 [다리] 보조기를 착용하고 있기 때문에 특별한 관심을 받아야 하는 장애가 있습니다. 어쩌면 태어날 때부터 특별한 도움과 특별한 관심이 필요하다는 것을 사람들은 알고 있었을지도 몰라요. 폴은 태어나자마자 바로 승리자가 되는 거죠. 폴은 귀여움으로 사람들의 관심을 끌 가능성이 매우 높습니다. 그는 웃고, 매력적이며, 거의 모든 사람과 잘 어울리고, 다른 사람들이 그를 돌봐 주기 때문에 자신의 길을 꽤 잘 찾습니다. 맞나요?

엄마: 네, 오랜 시간 제 아이들을 겪어 본 것 같네요!

상담자: 어떻게 보면 그렇죠. 두 분의 가족도 제 가족과 같고, 여기 있는 다른 가족들도 마찬가지니까요. 여기서 깨달아야 할 중요한 것 중 하나는 내 자녀를 돕는 것이 두 분의 자녀에게도 도움이 될 수 있다는 것입니다.

엄마: 여기에 계신 분들은 우리가 아이들에 대해 말하지 않았다는 것도 아시리라 생각해요.

상담자: 저는 자녀들에 대해 사전에 안 것은 없었고, 여기에 오기 전까지 만나 본 적도 없었습니다. 이런 일이 흔한 일은 아니지만 가끔 사람들을 놀라게 하기도 합니다. 어떤 사람들은 제가 단순히 이런 말을 하는 것이 당연하다고 생각해서 동조하는 것이라고 생각할 수도 있습니다. 하지만 여러분의 얼굴에서 미소를 짓는 것을 보면 제가 억지로 말을 끼워 넣고 있는 것이 아님을 알 수 있을 거예요! 이제 다른 가족들과 공통점이 많다는 것을 알았으니, 솔직히 모든 가족은 다른 가족들과 다르기 때문에 구체적으로 이야기해 봅시다. 방금 제가 한 말과 모순적으로 들릴 수도 있지만 사실입니다. 저는 여러분의 자녀 중 어느 누구도 다른 자녀와 같지 않으며, 두 분도 어떤 면에서는 우리와 다르지 않다고 믿습니다. 우리는 각자 독특합니다. 두 분의 자녀에 대해 이야기할 때 아이들이 어떻게 독특한지, 두 분의 가족이 어떻게 독특한지 이해하려고 노력할 것임을 알아주셨으면 합니다. 아시겠죠?

아빠: 좋아요.

상담자: 좋습니다. 오늘 아침에 여기로 오시기로 선택하신 이유가 무엇인지 말씀해 주실까요?

아빠: 글쎄요, 저희는 해 보지 못한 경험이 될 것이라고 생각했어요. 존에게 몇 가지 문제가 있어서 어떻게 해

야 할지, 누군가의 치아를 부러뜨리도록 부추겨야 할지, 말썽꾸러기가 되게 해야 할지, 어떻게 대해야 할지 고민이 생겼어요. 큰 문제는 없었지만 존은 가끔 가출하고 싶다는 생각을 하곤 합니다. 존이 한 살 반이었을 때 그런 생각을 했다니까요!

상담자: 최근에 발생했거나 지속적으로 발생하여 도움을 받고 싶다고 생각되는 특정 행동이 있나요?

엄마: 존이요? 버스에서 문제가 많았어요. 수업 시간에는 잘 통제하는 것 같은데, 버스가 도착할 때쯤이면 지쳐서 그런지 모르겠어요. 잘 모르겠어요. 얼마 전에 생일이 다가온 아이가 있었는데 존은 생일 파티에 꼭 가겠다고 결심했어요. 그런데 초대장이 없었고, 파티가 가까워졌을 때 전화해서 존을 파티에 초대해 주면 어떠냐고 제안했어요. 어찌 됐든 결국 "존, 넌 못 가."라고 말을 했어요. "테릴은 항상 파티에 가잖아요." 존은 그 후 교장 선생님의 도움을 받기 전까지는 학교에서 버스를 타지 않으려고 했어요. 버스에서 내렸을 때 그는 매우 화가 나서 도망치고 싶었나 봐요. 제가 "그럼, 가봐. 밖이 좀 추울 거다." 그러자 그는 여행 가방을 챙겨서 문 밖으로 나갔어요. 저는 그 모습을 지켜보면서 "저 녀석이 얼마나 더 멀리 가버릴지 궁금하다."고 생각했어요. 그는 매우 의지가 강한 아이입니다. 한번 한 일은 절대 물러서지 않아요. 얼마 지나지 않아 그는 돌아와서 문으로 몰래 들어왔어요. 어디로 갔는지 밖을 내다보니 거기 있는 거예요.

상담자: 엄마의 주목을 받기 위해 너무 무리하지 않을 것이라는 것을 확실히 이제 알 수 있네요. 제가 어떤 도움을 드릴 수 있을지 보기 위해 일반적인 하루 일과부터 시작해 볼까요? 아침 식사, 옷 입기 등은 어떻게 진행되나요?

엄마: 지난 크리스마스부터 뉴렉싱턴의 어린이집에서 일하기 시작했어요. 보통 론이 먼저 일어나서 저를 깨우지요. 그런 다음 보통은 마이클과 폴을 깨웁니다. 아이들을 침대에서 일으켜 식탁으로 데려가기만 하면 되지요. 그럼 아침을 먹는 거예요.

상담자: 잠시만요. 아까는 엄마가 마이클과 폴을 깨운다고 하셨어요. 아이들이 높은 침대에서 자나요?

아빠: 마이클은 혼자 일어날 수는 없어요. 허리 아래로는 완전히 마비되어 있으니까요. 보통 5시 30분에서 6시 30분 사이에 "아빠, 나 좀 데리러 와요, 시리얼 먹고 싶어요."라고 외칩니다. 그러면 저는 보통 폴과 마이클을 데리고 나가 식탁에 앉히고 먹을 것을 줍니다. 그러면 아내가 일어나서 옷을 입고 침대를 준비합니다. 제가 차를 끓이면 아내가 나와서 아침을 먹지요. 그리고 6시 45쯤 되면 테릴과 존은 아내가 출근하기 전에 일어납니다. 아이들이 나오면 바로 먹으라고 강요하지는 않지만, 대개 7시 5분쯤, 아내가 출근할 때쯤까지 아침을 먹습니다.

상담자: 테릴과 존이 아침 식사 준비를 하나요? 아니면 아버지가 식사 준비를 하나요?

아빠: 지금은 바꿔서 하고 있어요. 이게 우리가 그동안 저지른 실수라고 생각해요. 저희는 아이들이 시리얼을 그릇에 직접 따라 먹어야 한다고 생각한 적이 없지만 학교에서 마이클과 폴에게 가르치고 있어요. 고기를 잘라서 접시 위에 올려놓기도 하고요. 지난 2주 동안 고기를 접시에 담아 주기 시작했는데, 처음에는

아이들이 어떻게 해야 할지 모르는 것 같았지만 이제는 알아가고 있습니다.

엄마: 말도 안 되는 일이었죠. 우리가 시작할 때쯤이면 다 먹고 있었어요. 이제는 우리 모두 함께 먹을 수 있게 되었어요. 정말 효과가 있었죠.

상담자: 아이들이 스스로를 돌보는 법을 배우게 하는 것이 정말 효과가 있네요.

엄마: 맞아요! [웃음] 어린이집에 온 지 얼마 안 되어서 꽤 많이 배웠어요. 폴에게 식습관 문제가 있었어요. 폴은 아무것도 먹으려 하지 않았죠. 간식은 좋아했지만, 기본적인 건강한 음식은 좋아하지 않았어요. 이제 자기가 직접 음식을 덜어 먹으면서 잘 먹고 있어요. 학교 상담선생님이 폴이 밥을 안 먹어도 전혀 신경 쓰지 말라고 조언해 주셨어요. 대신 폴이 음식을 다 먹었을 때는 엄청 자랑스러워합니다. 우리가 더 이상 그 문제에 대해 이야기하지 않으니 아이가 먹기 시작하더라고요. 그래서 스스로 덜어 먹는 것이 효과가 있었어요.

상담자: 이런 경험을 하기 두 달 전에 오셨을 때 제가 이런 말씀을 드렸다면 아마 제가 정신이 나갔다고 생각하셨을 것 같아요. 그렇죠?

엄마: 그게 제 첫 반응이었어요. "애들은 못할 거야. 너무 어리잖아." 하지만 애들은 할 수 있어요!

상담자: 아이들은 부모님의 생각보다 훨씬 더 많은 일을 할 수 있죠. 폴이 다른 음식을 원했을 때, 그는 관심과 특별한 서비스를 받고 있었습니다. 막내 두 아이들은 일반적으로 다른 사람들을 압박하여 서비스를 받도록 하는 방법을 알고 있습니다. 존은 절망적이라고 느끼면서 원하는 것을 얻을 수 없다고 느끼지만, 폴은 모든 것을 얻을 수 있다고 확신합니다. 그가 원하기만 하면 모든 것이 해결될 거라고요. [어머니가 미소를 지으며 동의하듯이 고개를 끄덕인다.] 반면에, 아이들은 이제 스스로를 돌볼 수 있다는 만족감을 배울 수 있습니다. 하지만 이를 위해서는 반드시 일찍부터 아이들과 함께 노력해야 합니다. 이제 제가 제안하고 싶은 것은, 아이들이 스스로를 돌보고, 자립심, 독립심, 책임감 등을 키우는데 뭔가 더 나아지는 것이 있다면, 아이들이 어떻게 하고 있는지에 대해 생각하기보다는 그들이 무엇을 하고 있는지에 대해 생각하라는 것입니다. 상대방이 어떻게 하고 있는지가 아니라 무엇을 하고 있는지를 구분할 수 있다면, 예를 들어, 방금 식사를 마친 폴에게 "우와, 접시에 있는 음식을 다 먹었구나."라고 하기보다는 "세상에, 정말 맛있게 먹었나 보구나."라고 말할 수 있을 것입니다. 먹는 과정 자체가 큰 즐거움과 만족감을 줄 수 있기 때문에 차이가 있지요. 맛있는 음식을 먹었을 때 먹는 것을 좋아하고 어떤 만족감을 느끼게 됩니다.

그 이유는 아이들이 자신을 비교할 기회를 피할 수 있기 때문입니다. 테릴은 밥을 다 먹지 못했고, 존도 다 먹지 못했고, 나는 다 먹었으니 내가 더 잘했다는 식으로 말이지요. 아이들 간의 경쟁을 부추기고 싶지 않을 것입니다. 따라서 "너 정말 밥을 맛있게 먹은 것 같구나."라고 단순히 말하거나 성적표를 집으로 가져올 때 "넌 수학보다 독서를 더 좋아하는 것 같구나."라며 강점이 있는 분야를 강조하거나, "이것 또는 저것에 대한 도움이 필요할 것 같구나."라고 말해 주면 됩니다. 그리고 "선생님이 다른 과목들에 대해 뭐라고 말하시든?" 또는 "그 점에 대해 네가 걱정되는 게 있니?"라고 물어보세요. 성적에 크게 연연하지 않고 적절한 격려를 해 준다면 아이는 더 잘한다는 것을, 더 잘할 수 있다는 것을 알게 될 것입니다.

엄마: 테릴은 올A 학생이에요. 노력하지 않고도 꽤 잘한답니다. 징그럽다니까요! [웃음] 자신의 능력을 완전히 발휘하지 못하는데도 여전히 A를 받고 있어요. 테릴은…… 테릴은…….

상담자: 도전해 본 적이 없다고요?

엄마: 맞아요. 노력하지 않고도 할 수 있는 일인데, 그 때문에 자신이 정말 할 수 있는 만큼 열심히 하지 않을까 봐 걱정이에요. 존은 수업을 힘들어하기 때문에 이게 또 다른 갈등인 것 같아요. 존은 좋은 성적을 받기 위해 노력하는데, 테릴은 아무것도 하지 않고도 좋은 성적을 받을 수 있다는 걸 존은 알거든요.

상담자: 인생은 불공평하다는 것을 다시 한번 확인하네요. [엄마가 중얼거리며 동의한다.] "내가 얼마나 열심히 노력해야 하는지 봐요." 저는 그렇게 걱정하지 않는다고 말씀드리고 싶지만, 테릴이 더 열심히 노력해야 한다는 어머니께는 영향을 미칠 수도 있을 것 같네요.

다시 아침 식사로 돌아가 보겠습니다. 식습관에 문제가 있었던 폴은 이제 본인 스스로 알아서 잘하고 있고, 전반적으로 가족 전체의 식습관이 바뀌고 나아지기 시작했네요.

아빠: 맞아요. 아침 식사 후 아내는 출근하고, 테릴과 존은 보통 7시 30분까지 옷을 입고 아침 식사를 끝내지요. 그런 다음 테릴은 보통 잠자리를 정돈하고, 존도 침대를 정리하기 시작합니다. 그런 다음 존은 폴과 마이클의 침대로 가서 정리해 주지요.

엄마: 테릴은 보통 아침에 학교 가기 전에 피아노 연습을 합니다.

아빠: 맞아요. 제가 없는 8시 30분에서 9시 사이에 피아노 연습을 하곤 해요. 제가 보지는 못했지만 그런 것 같아요.

상담자: 한 가지만 더요. 아빠가 집에 아이들과 함께 있잖아요. 엄마는 출근했고요. 마이클과 폴은 아직 거기 있나요?

엄마: 아니요. 저랑 같이 나가요.

상담자: 테릴과 존이 옷을 입는 것과 관련해서요. 두 아이에게 옷 입어야 한다고 상기시켜 주어야 하나요?

아빠: 아니에요. 그 점은 별로 문제가 안 돼요.

엄마: 아이들이 꽤 오랫동안 스스로 옷을 잘 입어요. 보통은 존에게 머리를 빗으라고 상기시켜야 해요.

아빠: 머리를 빗기는 하지만 충분하지는 않아요. 어떤 때는 날씨가 영하인데 반팔 셔츠를 입고 나오기도 하죠.

상담자: 흥미롭지 않나요? 존은 항상 아주 작은 무언가, 단 한 가지라도 남겨 두어서, 반드시 그에게 그것을 상기시켜 주어야 하도록 만드는군요.

엄마: 목요일에 현장 학습을 갔는데 정말 놀랐어요. 아이가 나왔는데 머리 모양이 제대로인 거예요. 아이가 할 수 있는 거였죠.

상담자: 그러네요. 어떻게 하는지 아는 거죠.

아빠: 보통 8시쯤 출근해서 테릴과 존을 한 시간 동안 집에 혼자 남겨 둡니다. 아이들 스스로 정말 잘하고 있죠. 아무 문제도 없었어요. 테릴은 보통 아침에 점심을 싸고, 존은 나머지 두 개의 침대를 정리합니다. 테릴 혼자 스스로 하는 거죠.

상담자: 존은요?

아빠: 테릴이 존의 침대도 손을 봐 줍니다. 존이 쓰레기를 버리고요. 보통 마이클이 쓴 기저귀 몇 개를 저 대신 쓰레기통에 버려 줍니다.

상담자: 시키지 않는데도 존이 그렇게 하나요?

아빠: 아뇨! [웃음]

상담자: 그렇다고 하셨으면 놀랐을 거예요.

학생: 스위니 박사님, 질문이 있어요. [엄마에게] 일하러 가기로 결정하셨을 때 두 손위 자녀와 이 문제에 대해 이야기하면서 엄마가 일하러 가기 위해서 앞으로는 무엇을 다르게 해야 할 것인지를 결정하셨나요? 아니면 남편과 둘만의 결정이었나요? 아이들도 결정에 참여했을까요?

엄마: 어느 정도는 그렇다고 할 수 있을 것 같아요. 아이들에게 엄마가 일할 기회가 생겼고 너희들도 책임지고 해야 할 일들이 생길 거라고 말했어요. 차분히 앉혀 놓고 "엄마가 일하러 가는 것에 대해 의논할 거야"라고는 하지 않았어요.

아빠: 아내와 저 사이에 많은 논의가 있었는지는 모르겠어요. 처음에는 동의할 수 있을지 확신이 많지는 않았지만 아이들을 혼자 두는 것도 나쁘지 않았어요.

엄마: 남편은 확실히 제가 일하러 가는 것을 원하지 않았어요.

아빠: 아내가 일하는 것을 반대하지는 않았지만 가족 관계에 어떤 영향을 미칠 것인지는 확신할 수 없었어요. 마이클에게는 손이 많이 가야 하거든요. 아이들이 아프면 어떻게 하나? 그래도 잘 지내고 있어요. 어린이집에서는 아이들과 일하는 곳이기 때문에 잘 이해해 주는 것 같아요. 존과 테릴은 아침에 텔레비전에서 하는 '래시(Lassie)'를 봐요. 저는 TV를 극도로 싫어하지만 아침에 래시를 보게 하긴 해요. 래시가 끝나면 아이들은 TV를 끄고 위층으로 올라가야 해요. TV는 존이 가장 사랑하는 물건이라고 말할 수 있어요. TV보는 걸 좋아하기 때문에 큰 처벌을 하려면 TV를 못 보게 하는 거예요. 우리가 할 수 있는 것 중 그 어떤 것보다 상처를 주는 거라고 생각해요. 아이들은 8시 30분이면 TV를 끄는데, 버스는 9시 10분 정도에 와요.

상담자: 좋아요. 그 시간 즈음이면 아이들은 학교로 갔을 테고 엄마 아빠는 출근하셨겠네요. 누가 먼저 집에 오고 그다음에는 어떤 일들이 일어나지요?

엄마: 제가 먼저 집에 와요. 테릴과 존이 집에 도착하기 전인 4시 이전에 집에 도착합니다. 아이들은 4시 10분

즈음에 집에 돌아와서 간식을 먹고 오후에는 TV를 봅니다. 그리고 보통 6시쯤 저녁을 먹어요.

상담자: 귀가 시간과 저녁 식사 시간 사이에 다툼은 없나요?

엄마: 보통은 없어요. 대개는 꽤 조용한 편이에요. 아이들이 보고 싶어 하는 TV 프로그램이 있으면 1층에 가서 보곤 해요. 폴이 어떤 프로그램을 보기 시작하죠. 한동안 존이 소리를 지르는지 보려고 내려가서 TV 앞에 있기도 해요. 하지만 존도 따라서 프로그램을 같이 보기 시작하죠. 저희 집 지하실이 넓은데, 타고 노는 장난감들이 많이 있어요. 보통 저녁 식사 시간까지 장난감을 갖고 놀아요. 테릴은 TV를 많이 보지 않고 독서를 많이 좋아해요. 테릴은 또 일주일에 하루는 스카우트 활동을 합니다. 보통 6시쯤 우리는 저녁을 먹어요.

상담자: 저녁 식사 시간에는 꽤 조용하죠?

아빠: 아이들은 이야기하고 싶어 하죠.

엄마: 그러기보다는…….

아빠: 식사 중에는 완전히 폭주하다시피 해요. 아이들은 모든 것을 이야기하고 싶어 해요. 존은 TV에서 본 모든 것을 말하고 싶어 해요.

엄마: "그 프로그램이 뭔지 보고 싶었다면 너랑 함께 앉아 봤을 거야. 듣고 싶지 않다"고 말해야 할 정도예요. 어찌 됐든 다 들을 수밖에 없어요.

상담자: 잠시만요. 재미있지 않나요? 아빠는 TV를 싫어하는데 존은 뭐에 대해 이야기하고 싶을까요? [웃음] 그래서 저녁 식사 시간에는 TV 관련 이야기가 성가시네요. 보통은 이럴 때 어떻게 대처하시나요?

아빠: 항상 TV 이야기만 있는 건 아니에요. 존은 모든 것에 대해 이야기하니까요.

엄마: 하루 동안 있었던 모든 일들이요. 마치 경쟁하는 것 같아요. 폴이 이야기하고 있을 때 존이 이야기할 정말 중요한 게 있다며 끼어들죠. 그러면 폴이 자기가 하고 싶은 말을 할 수 있도록 더 큰 소리로 말하면서 가로막아요.

아빠: 테릴도 이때 힘들게 해요.

엄마: 중요한 이야기도 없으면서 서로 자기 말만 들으려고 옹알이같이 알아듣지는 못하면서 서로 왔다 갔다 해요.

상담자: 이 정도면 바꾸고 싶을 만큼의 문제가 되나요?

아빠: 모르겠어요. 아이들이 말하려고 하는 걸 조금이라도 들어주려고는 하지만 여덟 살 아이에게 뭐가 중요한지 알기가 어려워요. 일부만 듣고 저녁 먹을 시간을 가질 수 있도록 말리려고 노력하죠.

엄마: 이게 대부분의 문제를 일으키는 거예요. 너무 할 말이 많아서 먹지 않는 거예요.

상담자: 그래서 어떻게 하시나요?

엄마: 그냥 "저녁이나 먹는 게 어때" 그리고 "나중에 얘기하자"라고 말해요.

상담자: 이 모든 일이 일어나는 동안 두 분은 뭘 하시나요?

엄마: 남편이 집에 오면 대개 저녁을 먹어요. 그때 우리가 하고 싶어 하는 것은 이야기죠. 아이들도 알고 있는 것 같아요. 그래서 아이들이 이야기하는 이유인 것 같기도 하고요.

상담자: 모두가 동시에 대화를 원하고, 아이들은 부모가 이야기하고 싶어 한다는 것을 알고 있네요. 그 점에 대해 어떻게 하면 좋을지 알고 싶으신가요?

엄마: 맞아요.

상담자: 알겠습니다. 그다음에 어떤 일이 일어나고 하루를 어떻게 마감하는지 이야기한 후 식탁에서 이야기하는 문제로 다시 되돌아올게요. 너무 많은 것들을 두 분께 쏟아붓고 싶진 않아요. 사실 한두 가지만 다시 언급하고 싶어요. 도움을 받고 싶다고 말씀하신 몇 가지 상황이 있습니다. 하나는 싸움을 처리하는 방법입니다. 모든 아이들이 싸움을 벌인다고 하셨잖아요. 폴의 취침 시간, 식탁에서의 대화, 이 외에도 특별히 개선하고 싶은 부분이 있다면 어떤 것이 있을까요?

엄마: 테릴이 최근 들어 취침 시간을 미루면서 책을 읽고 있어요. 이 문제를 해결할 수 있는 방법이 있을까요, 아니면 그냥 "지금 자야 하는 시간이야. 뭘 하든지 멈춰야 해"라고 말해야 할까요? 아니면, 시간을 더 주어야 할까요? 아이가 잠을 많이 잘 필요가 없을 것 같기도 하고요.

상담자: 제가 드릴 수 있는 답변이 마음에 들지 않으실 것 같지만, 이렇게 제안드릴 수 있을 것 같습니다. 몇 시에 잠자리에 들어야 한다고 아이들이 생각하는지 알아보는 것이 좋을 것 같습니다. 다시 말하자면, 몇 시에 잠자리에 들어야 하는지 아이들에게 물어보세요. 제 말씀은, "밤에 몇 시에 잠자리에 들어야 한다고 생각하니? 그 시간이 적당한 시간이니?"라고 묻는 거죠. 일단 아이들이 특정 시간을 인지하게 되면 더 이상 그 시간에 대해 이야기할 필요가 없습니다. 어린아이들은 시간 개념이 없어 말하지 못하겠지만 몇 시에 잠자리에 들어야 하는지는 정해진 일과를 통해 알게 될 것입니다. 테릴에게 몇 시에 잠자리에 들어야 한다고 생각하는지 물어보고 그 시간을 지키도록 해야겠지요. 우리가 종종 저지르는 실수 중 하나는 취침 시간이 일부 가족에게 큰 투쟁이 된다는 것입니다. 가끔 발생하는 문제라면 저는 크게 신경 쓰지 않을 것 같아요. 테릴이 자기 방에서 책을 읽을 수 있나요?

엄마: 네.

상담자: 자기 방에 가서 책을 읽으면 다음 날 피곤할 것 같아요. 저는 그렇게 크게 신경 쓰지 않을 것 같아요. 각자 알람 시계가 따로 있나요?

엄마: 아니에요. 고정형 시계에요. 늦잠은 문제가 없어요.

상담자: 시계가 있으면 아이들이 시간을 알 수 있을 줄 알았어요.

엄마: 테릴 방에는 라디오 시계가 있지만 그런 용도로 사용하지는 않아요.

상담자: 아이들이 스스로 일어나서 정말 운이 좋네요. 많은 가정에서는 알람 시계로 시작하는 경우가 많아요.

그럼 지금은 싸움과 식탁 대화에 집중해 보겠습니다. 이 두 가지가 큰 문제인 것 같으니까요. 싸움과 관련해서는 우선 싸움이 두 분을 위한 것이라는 점을 인식하셔야 합니다. 오로지 두 분의 이익을 위한 것이니만큼 그 상황에서 두 분이 벗어나야 합니다. 예를 들어, 권장되는 방법 중 하나는 화장실에 가는 것입니다. 집에 혼자 있는데 아이들이 싸우고 있다면 화장실에 가서 잡지를 보거나 라디오를 들으며 밖에서 무슨 일이 일어나고 있는지 잊어버리세요. 일어나고 있는 일에 아무 말도 할 수 없겠죠.

매우 어려운 일처럼 들릴 수 있어요. 아이들이 두 분의 이익을 위해 싸우고 있다는 것을 이해하기 전까지는 그럴 수도 있습니다. 이제 아이들에게 이 이야기를 해 볼게요. 어떻게 아이들이 함께 음모를 꾸미고 있는지, 테릴은 자신이 잘나 보일 수 있도록 어떤 일들은 그냥 모른 척하는지, 폴은 존이 곤경에 처한 것을 알고 어떻게 만족감을 느끼는지, 마이클은 어떻게 모든 것을 거저 즐기고 있는지 우리는 이야기할 것입니다. 그래서 이런 상황에서 두 분은 벗어나고 싶습니다. 자, 이제 만약 이런 일이, 예를 들어, 좋아하는 TV 프로그램을 시청하고 있을 때 발생한다면, 그럼 모두 각자의 방으로 가서 마음껏 싸우고 싶은 만큼 싸울 수 있습니다. 개별적으로 혹은 함께 다시 되돌아올 준비가 될 때까지 말이지요. 두 분이 TV를 그다지 좋아하지 않는다는 사실을 고려하면, 아이들이 모두 나간 후에는 TV를 끄고 이야기를 하거나 책을 읽거나 원하는 어떤 일을 할 수 있을 것 같습니다. 만약 두 분이 보고 싶은 프로그램이 있거나, 있어야 하는 곳에 있어야 한다면, 그건 아이들이 스스로 방에서 나가야 한다는 의미예요. 아이들이 자신의 행동을 책임져야 한다는 것이지요. 자, 제가 말씀드리는 것은 뭐가 두 분을 성가시게 하는 것인지 아이들은 안다는 것입니다. 이에 대해 두 분은 함께 이야기해 볼 필요가 있습니다.

지금까지 들은 바로는, 엄마 혼자 있을 때는 싸움이 일어나지 않을 것 같으니, 화장실 기법을 사용할 필요는 없을 것 같습니다. 하지만 모두 저녁 식사를 하고 두 분이 앉아서 TV를 보거나 신문을 읽든지 어떤 일을 하고 있을 때 일어날 수 있습니다. 아이들이 소란을 피우며 싸우기 시작할 수도 있지만 우리는 새로운 규칙을 정했지요. "너희가 싸울 때는 우리 방이 아닌 너희 방에서 싸워라. TV방은 우리 방이고 우리는 싸움에 관여하지 않으므로 방에서 나가야 한다. 돌아올 준비가 되면 그때 돌아와도 된다." 아무도 관심을 주지 않는다면 누가 싸우고 싶겠어요?

엄마: 저는 회사에서 장부를 정리하는 일을 하는데, 지하실에서 이 일을 해 왔어요. 테이블은 TV 방과 분리되어 있지만 제가 지하실로 내려가면 보통 아이들도 바로 따라 내려와요. 제가 없을 때 아이들이 거기서 놀 수 있을 것 같아서 마음이 편치 않아요. 어제는 내려가서 일을 끝마쳤죠. 아이들은 놀고 있었고 저를 화나게는 하지 않았지만, 뭔가를 하려고 위층으로 올라가려는데 마이클을 포함해서 아이들 전부가 몰려들었어요. "이런, 미행당하고 있구나"라는 생각이 들었죠. 그 상황에 어떻게 대처할 수 있겠어요?

상담자: 어느 부분 말씀이시죠? 따라다니는 부분이요?

엄마: 전부 다요.

아빠: 또 무시해야 할까요?

상담자: 일을 하기 위해 아이들이 주로 노는 공간에 들어가 보셨나요? 그런 말씀이신가요?

아빠: 네, 거기가 보통 아이들의 놀이방이에요. 하지만 엄마가 내려가지 않으면 아이들도 내려가지 않아요.

상담자: 알겠어요. 엄마가 거기 있을 때까지 기다렸다가 귀찮게 하는 거군요. 이 규칙이 모든 사람에게 적용된다면, 아이들이 있는 곳이 아닌 다른 곳을 엄마가 찾아야 할 수도 있을 것 같네요. 주방이 일을 하기에 더 좋은 장소일 수도 있을 것 같아요. 그럴까요?

엄마: 아니에요. 아이들이 부엌에도 있을 것 같아요.

상담자: 글쎄요. 아이들은 두 가지를 다 가질 수는 없어요. 제가 아이들에게 물어볼게요. "엄마가 일할 때는 어디에 있어야 할까?"라고요. 그런 다음 아이들이 어디에 있어야 할지 스스로 결정하게 하는 거지요.

엄마: 네, 무슨 말씀인지 알겠어요.

상담자: 두 가지를 다 가질 수는 없으니, 제가 할 수 있는 일은 아이들이 귀찮게 하지 않는 장소를 어머니가 찾을 수 있도록 도움 드리는 것입니다.

엄마: 좋아요.

아빠: 이 다투는 상황에 대해서 말씀드리자면, 폴이 존을 놀리고 그럼 존이 폴의 등을 때리거나 약간 세게 두드리게 돼요. 존이 폴을 다치게 한 적은 없는 것 같아요. 선생님은 무시하라고 하지만, 폴은 무시할 수가 없어요. 폴은 자신이 울고 있다는 것을 제게 알리기 위해 제 위로 올라오거나 제 위에 서거나, 제게 부딪히기도 해요.

상담자: 폴이 아버지에게로 오나요?

아빠: 맞아요.

상담자: 그러면 화장실이나 침실로 가세요. 아이들도 화장실은 프라이버시가 보장되는 장소라는 걸 알아요. 범접하지 못하는 곳이죠.

아빠: 우리 집에서는 아니에요.

상담자: 문이 닫히고 잠겨져 있을 때는 그렇죠. 침실도 마찬가지입니다. 두 분이 가고 싶으면 침실에 가서 문을 잠그고, 음악을 틀고, 일을 보거나 책을 읽거나 뭐든 할 수 있습니다. 이제 많은 부모들이 몇 시간 동안 방에 갇혀 있는 모습을 상상하고 있을텐데요. 그런 일은 일어나지 않습니다. 자신감이 필요합니다. 이렇게 하고 싶지 않다면 괜찮습니다. 처음부터 그렇게 하고 싶지 않다고 말씀해 주신다면 그 작업은 하지 않겠습니다.

아빠: 음.

엄마: 시도해 볼 수는 있을 것 같아요.

상담자: 대부분의 부모는 한두 번이면 충분하다고 생각하기 때문에 일관성을 유지하는 것이 중요합니다. "화

장실에 가지 마세요."라고 말하는 아이들도 있었어요. [웃음] 정말 그런 일이 일어납니다.

엄마: 저녁 식탁에서도 아이들이 다투고 있으면, 선생님 말씀으로는…….

상담자: 아니에요, 저녁 식사 시간에는 다르게 제안드릴 수 있어요.

아빠: 내 방에 항상 갇혀 있는 것이 저는 그렇게 걱정되지는 않지만, 아이들에게는 언제든지 다가갈 수 있어야 한다고 생각해요. 아이들이 제게 다가올 수 없다는 것이 제게 상처가 될 것 같아요.

상담자: '좋은 아버지'가 여기 계시네요. "언제든 아이들이 나를 필요로 할 수 있다."

아빠: 우리가 있을 때 결코 아이들을 내치지 않았어요. 우리가 어디에 있든지 아이들은 우리에게 올 수 있다는 걸 알고 있어요.

상담자: 두 분은 아이들이 원하지 않는 한 스스로를 아이들로부터 차단하는 것이 아닙니다. 그게 바로 메시지입니다. 아이들이 결정하는 것입니다. 우리가 하려는 것은 아이들의 협력을 얻는 것뿐입니다. 아이들은 두 분의 관심을 끌기 위해 소란을 피우기로 결정했고, 두 분은 "내 관심을 끌 수 있는 다른 방법이 있어. 이런 방식으로는 안 돼."라고 말하는 거죠. 그리고 그냥 물러서는 거예요. 아이들이 소음을 멈추고 울음을 그치면 다시 다가서면 됩니다. 아이들이 놀이터에서 있었던 일에 대해 울고 불평하며 집까지 몇 블록을 걸어가는 장면을 만화에서 보셨을 겁니다. 아이들은 그만큼 오래 기다릴 수 있습니다. 아이들은 울음과 짜증을 켜고 끌 수 있습니다. 우리는 이것을 '눈물의 힘'이라고 부르죠. 이건 다른 사람들을 조종하는 방식이지요. 자, 이제 이 상황에 대해 어떻게 느끼시나요? 맘이 불편하시더라도 괜찮습니다.

아빠: 지금은 불편하지만 한번 해 보겠습니다.

상담자: 좋아요, 잠시 쉬었다가 아이들과 이야기해 보겠습니다.

자녀 면담

상담자: 자, 오늘 여기 왜 왔는지 아니?

테릴: [중얼거리며] 아니요.

상담자: 짐작 가는 게 아무 것도 없을까?

테릴: 없어요.

상담자: 짐작해 볼래? [침묵] 존, 너는 어떠니? 네가 한번 짐작해 볼래? 너희 모두 짐작해 보고 싶지는 않구나. 글쎄, 부모님이 집에서 어떻게 해야 할지 모르는 일들이 있다고 하시는구나. 부모님 말씀으로는, 예를 들면 너희들이 싸우는 것과 같은 상황을 어떻게 해야 할지 모르시나 봐. 그래서 너희들을 어떻게 해야 할지 모르시는 것 같아. 어떻게 생각하니?

[침묵]

엄마와 아빠가 어떻게 하면 될지 너희는 알고 있니? [어느 정도의 비언어적 반응을 보임] 아, 그건 내가 더 잘 알 것 같다는 거구나, 존. 좋아요. 집에서 귀찮다고 생각하는 것은 어떤 것들이 있니? 생각나는 어떤 문제가 있을까?

존: 귀찮고 싶지 않은데 동생들이 귀찮게 구는 거요.

상담자: 그렇구나. 동생들이 귀찮게 굴고. 동생들 전부? 아니면 한 명이 더 귀찮게 구는 걸까?

존: 대개 세 번째가 그래요.

상담자: 대개 세 번째가 그렇구나.

존: 네, 폴 말이에요.

상담자: 세 번째가 폴이니? 알겠어. 폴이 네 관심을 엄청 많이 끄는구나, 그치?

존: 물건을 뺏어 가요.

상담자: 그렇구나, 네가 놀고 싶은 장난감을 폴이 뺏어 가면서 널 귀찮게 하는구나. 다른 일들은 없니?

존: 폴이 절 물어요.

상담자: 폴이 물기도 해? 으흠. 아프게 무니?

테릴: 네.

상담자: 폴이 너도 물어? 그럴 것 같지는 않은데. 내 생각에는 폴이 존을 더 물 것 같아. 맞니? 그렇구나. 얘들아, 집에서 너희끼리 싸우니? 엄마와 아빠 말이 맞아? 하루에 몇 번이나 싸우니?

테릴: 매일 적어도 한 번은요.

상담자: 매일 적어도 한 번이구나. 존은 그렇게 생각하지 않는 것 같아. 그러니, 존? 하루에 한 번인 것 같아?

존: 아마도요.

상담자: 응, 아마도 그렇구나. 몇 번이나 물린 적이 있는지 생각해 보려고 하는 것 같은데. 항상 물리는 건 아니지만 그럴 때도 있기는 하고. 아마 하루에 한 번쯤. 싸울 때는 어떤 일이 일어나지? 최근에 있었던 싸움에 대해 말해 줄 수 있을까?

테릴: 한 명이 어떤 TV 프로그램을 보고 싶어 했는데, 다른 한 명은 다른 걸 보고 싶어 했어요.

상담자: 좋아. 그래서 무슨 일이 생겼지?

존: 말다툼을 하다가 결국 한 사람이 나가고, 다른 사람이 그냥 프로그램을 보게 해요. 그런 다음 다른 사람은 다른 사람이 보고 싶어 하는 채널로 돌리는 거예요.

상담자: 아하, 한 사람이 나가 버렸고 다른 사람이 싸움에 뛰어들었구나. 그 사람이 와서 채널을 바꾸고.

테릴: 아니요, 같이 싸우던 그 사람이 선생님이 보고 싶었던 채널로 돌린다고요.

상담자: 아, 알겠어. 너희 스스로 직접 해결해야 하는구나, 맞니? 좋아. 너희가 스스로 해결하지 못한 싸움이 있

었을까? [고개를 끄덕임] 그렇구나. 무슨 일이 있었니? 어떤 싸움이었지? 최근에 있었던 일일까?

테릴: 방으로 쫓겨날 수 있어요.

상담자: 그렇구나. 방으로 쫓겨날 수 있구나. 누가 방으로 쫓아내니?

테릴과 존: 대개는 엄마예요.

상담자: 그렇구나. 보통은 엄마가 와서 싸움을 말리니?

테릴: 흠, 항상은…… 아니에요.

상담자: 항상 그런 건 아니구나.

존: 보통은 아니에요.

상담자: 보통은 아니구나.

존: 폴이 가장 많이 싸워요.

테릴: 네, 폴이 와서는 싸우려고 작정해요.

존: 들어와서는 나를 바닥에 쓰러뜨리고 레슬링을 시작했어요.

상담자: 폴이 들어오고. 이제 알겠다. 폴은 세 살 반이지?

테릴과 존: 흠, 흠.

상담자: 폴이 들어와서는 쓰러뜨리고…… 존은 여덟 살 정도 되지?

존: 흠 흠.

상담자: 폴이 너를 쓰러뜨리고 때리는구나.

테릴: 사실은 존이 폴에게 져주는 거예요.

상담자: 오, 알겠다. 정말이니, 존?

존: 아니에요.

테릴: 제 생각에 존은 폴과 싸우는 걸 좋아해요.

상담자: 어, 그렇구나. 존 네 생각은 어떠니? [웃음] 존이 다시 웃는구나. 존은 싸우는 게 좋나 보다. 때로는 그렇지?

존: 별로요.

상담자: 좋아. 알겠어. 그래서 가끔 싸울 때 엄마나 아빠가 백마를 타고 나타나서 고독한 레인저처럼 널 구해주는 거지? 그럴 때 부모님은 어떠셔?

테릴: 화를 내세요.

상담자: 화를 내셔?

테릴: 때로는요.

상담자: 흠. 너희들이 싸우면 엄마와 아빠는 정말 짜증이 나시는구나. 흠, 너희는 왜 싸우는 것 같니?

테릴: 네? ["잘 모르겠어요"라고 중얼거림]

상담자: 왜 그러는지 모르니? 싸우면 뭐가 좋지?

존: 누나가 보고 싶은 것 말고 다른 만화를 제가 보고 싶어 하면, 한 채널을 결정할 때까지 누나는 채널을 계속 넘겨요.

상담자: 아하. 하지만 네가 채널을 이리저리 넘기지 않고 하나를 고르면 어떻게 되니?

테릴: 우리는 싸워요.

상담자: 음, 내 생각을 알고 싶니? 글쎄, 너는 그렇다고 했고, 존은 아니라고 했지. 그럼 내가 선택하면 되겠다. 내가 선택할 수 있을까? 존, 내가 생각하기에 너는 싸우는 걸 좋아하는 것 같아. 싸우게 되면 엄마와 아빠의 관심을 끌기 때문이지. 엄마와 아빠가 네게 계속 신경 쓰도록 만드는 것 같아. 그런다고 생각해?

[침묵]

테릴은 "아마도 맞아"라고 생각해. 너는 어떻게 생각하니, 존?

존: 나도 누나 생각과 같아요.

상담자: 누나 말에는 동의하지만 내 말에는 동의하지 않는다는 거구나, 그러니? 그래서 싸움은 엄마와 아빠가 네게 계속 신경을 쓰게 만드는 거구나. 엄마와 아빠에게 선생님이 뭘 제안했는지 아니? 너희 싸움에 끼어들지 말라고 제안했어. 그거에 대해 어떻게 생각해?

존: 그게 더 낫다고 생각해요.

상담자: 그게 더 낫다고 생각하는구나. 존, 내 생각에 네가 그걸 좋아할 것 같지는 않아. 만약 엄마 아빠가 싸움에 끼어들지 않으면 너를 괴롭힐 사람이 없어지잖아. 테릴이 그럴까? 테릴, 네가 백마 타고 와서 구해 줄 거니? [고개를 저음: 아니요!] 테릴은 안 할 거라고 하는구나, 존. 어떻게 생각해?

존: 글쎄요, 누나는…… 내가 누나를 때리는 순간 포기할 것 같지 않아요.

상담자: 오, 누나를 때린다고? 그런 거니? 음, 테릴…….

존: 우린 항상 서로 때려요.

상담자: 엄마와 아빠에게 내가 제안한 것을 말해 주고 싶은데, 아마 테릴도 그렇게 할 수 있을 것 같아. 엄마 아빠가 아래층에 있을 때 너희들이 서로 싸우게 된다면 어딘가에 몸을 숨기거나 싸움 소리가 들리지 않는 곳에 가서 다른 사람의 방해 없이 하고 싶은 일을 하시라고 제안 드렸단다. 엄마 아빠는 아마 너희들이 싸우고 있다는 사실조차 모를거야. 심지어는 신경도 안 쓰이실 거야.

존: 싸움 소리를 못 들으시겠죠. 어떻게 하실지 저도 알 것 같아요. 청소기를 돌리실거예요. 너무 시끄러워요.

상담자: 그래? 엄마 아빠는 청소기를 돌리고 무슨 일이 일어나든 신경 안 쓰실 거야. 너희들 싸움에 끼어들 이유가 없으시니까. 존은 별로 마음에 들지 않을 것 같은데. 어떠니?

[침묵]

잘 모르겠나 보구나. 잘 보렴, 존. 지금까지는 엄마 아빠를 끌어들이기 위해 많은 일이 벌어졌지만 이제부터는 그렇지 않을거야. 부모님은 너희들이 알아서 처리하도록 놔 두실 거거든.

좋아. 엄마 아빠가 우리와 이야기한 또 한 가지는 저녁 식사 시간이 때때로 번거롭다는 거였어. 모두가 동시에 이야기하고 싶어 한다는 거지. 사실이니?

테릴: 흠.

상담자: 그래서 저녁 식사 시간에 새로운 규칙을 만들자고 내가 제안드렸단다. 새로운 규칙은 모든 사람이 한 번에 한 명씩 이야기할 기회를 갖는 거지. 그리고 누군가가 말하고 싶어서 시끄러워져서 다른 사람들이 저녁 식사를 즐기면서 먹기가 힘들어지면, 엄마 아빠는 가족 모두가 다시 식사를 맛있게 먹게 될 수 있을 때까지 다른 곳에 가 계실 거야.

존: 엄마 아빠는 이미 알고 계세요.

상담자: 이미 알고 계신다고? 식탁에서 일어나라고 부모님이 하셨구나.

존: 어, 음.

상담자: 알겠어. 네가 다시 자리에 앉고 싶으면 다시 돌아와도 되었니?

존: 네?

상담자: 그런 셈이라고. 알겠다. 식탁에서 일어나 다른 곳으로 가더라도 다시 돌아올 수 있다는 것을 네가 안다는 걸 명확히 해두려고 하는 거란다. 이건 마이클과 폴에게도 해당되는 거야. 한 가지 더 네가 도움 줄 수 있는 것이 있단다. 이제 이야기할 것들 중 어떤 것도 사실 네가 도움 줄 수 있을 거야. 혹시 조금 더 다르게 처리되었으면 하는 게 있다면 너희가 제안해 주면 좋겠다. 엄마가 말씀하시길, 집에서 일하실 때 TV가 있는 방에서 지금까지는 일하셨는데 거기서 너희들이 자주 놀이방처럼 쓴다는구나. 엄마는 너희들이 놀고 있으면 일하고 싶어도 일하기가 힘들다고 말씀하셨어.

존: 엄마가 일하시는 동안 들어가서 TV를 보고, 시끄러운 장난감은 안 가지고 놀면 좋을 것 같아요.

상담자: 좋아. 엄마가 일하시는 곳에 TV가 있지?

테릴: 아니에요.

상담자: 아, 다른 방에 있구나. 알겠다. 장난감은 그 방에 있는 거지?

테릴: 아니요.

존: 장난감은 TV가 있는 방에 있어요.

테릴: 그래도 놀고 난 다음에는 다른 방에다 두잖아.

상담자: 아, 알겠다. 장난감들을 엄마가 일하시는 곳으로 가져오는구나. 그게 문제가 되는구나. 몰랐단다. 이제 내가 제대로 이해했는지 확인해 볼게, 존. 엄마가 일하셔야 하면 너희들은 TV를 조용히 보면서 소리를 시끄럽게 내는 장난감을 갖고 놀지는 않는다는 거지? 그렇게 하는 게 가능할 것 같니?

테릴: 조금 어려울 것 같아요.

상담자: 어떻게 어렵다는 걸까, 테릴?

테릴: 폴과 마이클 때문에요.

상담자: 폴과 마이클이 이 규칙을 따르지 않을 것 같다고 생각하니?

존: 네, 하지만 TV 때문에 또 다른 문제가 있어요. 엄마가 키보드를 치면 TV 소리에 방해가 돼서 소리가 엉망으로 들려요.

상담자: 오, 알겠다. 엄마가 키보드를 사용하면 TV 소리가 잘 들리지 않는구나. 혹시 너희들이 밖에 나가거나 침실로 올라가거나, 또는 엄마가 일하는 곳 외에 다른 곳에서 놀 수 있을까? 말이 되는 해결책 같니?

존: 네, 하지만 폴과 마이클에게는 아닐 것 같아요.

상담자: 폴과 마이클은 그러지 않을 거라고 생각하는 거지?

존: 네.

테릴: 할 수도 있어요.

상담자: 그럴 수도 있을 것 같아. 가족들이 앉아서 폴과 마이클에게 이야기해 보는 건 어떨까? 어떻게 생각하는지 들어 보면 좋을 것 같아. 내 생각에 너희 둘이 폴과 마이클에게 어떻게 하는지 보여 줄 수도 있을 것 같은데. 그러면 폴과 마이클이 형과 누나에게 배울 수 있을 것 같아. 너희도 그렇게 생각하니? [고개를 끄덕임] 그럼 이렇게 하자, 존. 엄마에게 네가 제안한 것을 말씀드려 볼게. 테릴도 동의하는 것 같구나. 어쩌면 집에 돌아간 후 마이클과 폴이랑 가족끼리 얘기해 보고 둘이 어떻게 생각하는지 들어 보면 좋을 것 같아.

혹시 너희가 도움을 줄 수 있는 다른 일들이 있을까? 집에서 일어나는 일이나, 엄마 아빠가 하지 않았으면 좋겠다는 일이거나. [침묵] 아무것도 없니? 존, 넌 어때?…… 알겠다. 내 느낌엔 너희 가족은 좋은 가족인 것 같아. 엄마와 아빠도 너희를 정말 많이 아끼시는 것 같고. 엄마 아빠가 몇 가지를 언급하셨는데, 그 이야기를 듣고 난 너무 기뻤단다. 예를 들어, 테릴이 아침에 존의 도시락 싸는 것을 도와준다는 것과, 존이 쓰레기를 버려 준다고 하셨거든. 우리는 가족이니 서로를 위해 이런 종류의 일을 해야 한단다. 엄마 아빠에게 내가 제안드린 것 중 하나는 일주일에 한두 번은 가족 모두가 즐거운 시간을 보낼 수 있도록 어떤 일을 할 수 있을지 함께 계획을 세우는 거란다. 어디 놀러갈 장소를 정한다거나, 어떤 게임을 할 것인지를 정한다거나, 함께 즐거운 시간을 보낼 방법을 선택할 수도 있겠지. 그렇게 할 수 있을까? 너희 생각으론 마이클과 폴도 그럴 것 같니? [둘이 고개를 끄덕임] 마이클과 폴도 포함시키자꾸나.

너희에겐 너희를 정말 많이 아끼는 부모님이 있단다. 부모님은 너희가 삶을 돌보고 자신 스스로를 돌볼 수 있는 사람으로 성장하길 바라시지. 나는 너희가 삶의 여러 상황에 대처하고 즐거운 시간을 가질 수 있는 방법을 찾도록 부모님은 최선을 다할 거라고 생각한단다. 부모님은 너희에게 도움을 줄 수 있는 몇 가지 아이디어를 찾고 계시고, 너희가 부모님에게 그런 아이디어들에 대해 이야기하는 것이 중요할 것 같구나. 자, 너희가 서로 싸우는 것과 식탁에서 대화하는 것. 우리가 함께 살려면 서로 번거롭지 않게 할 수 있는 방법을 찾는 단순한 문제란다. 상대방이 나를 귀찮게 하지 않고, 나도 상대방을 귀찮게 하지 않고. 어때, 이번 회의가 도움이 되었니? [미소와 고개 끄덕임]

부모 재면담

상담자: 싸움에 관한 건데요. 테릴과 존은 부모님이 싸움에 끼어들지 않을 거라는 아이디어를 별로 좋아하지 않았어요. 놀랍게도 존은 부모님이 듣기 싫을 때 청소기를 돌린다는 걸 알고 있더라고요.

엄마: 세상에!

상담자: 그러니까요, 존도 알고 있었어요. "청소기를 돌리면 우리가 싸우는지 모르시죠"라고 말했어요. 그러니 존도 이미 알고 있었던 거죠. 전에도 말씀드렸다시피, 부모님이 자신을 몇 번 불러야 하는지 등에 대해 아이들은 때로 잘 알고 있습니다. 또한 부모가 어떻게 반응할지도 알고 있지요.

학생: 바빠서 청소기를 돌리셨는데 우연히 소음을 정말 없애기 위해 청소기를 돌리신 건가요?

엄마: 오, 전 그런 적이 없었던 것 같아요!

상담자: 글쎄요, 존에게는 그런 생각이 들었나 봐요. 존의 머릿속에는 엄마가 들어와서 자기를 구해 주길 바랐는데, 그 청소기만 돌리는 데 바쁘셨던 거죠. 백마를 타고 와서 자신을 구해 주지 않을 거라는 사실을 별로 좋아하지 않았을 거예요. 존이 말한 것은, 테릴이 대신 그 일을 했다고 했어요. 물론, 테릴은 우리가 하는 얘기를 다 듣고 있을 겁니다. 좋은 대리 엄마 역할을 하는 테릴은 아마 무슨 뜻인지 파악했을 거예요. 만약 그렇지 못한다고 한다면 다음번에 이 사실을 알려 주면 될 것 같습니다.

식탁에서의 대화와 관련해서는, 아이들이 이전에 부모님이 해 본 적이 있다고 말했는데, 한 가지 차이점이 있다면 식탁을 떠나면 다시 돌아올 수도 있지만 항상 그렇지는 않다는 것이었어요. 이제 누군가가 식탁을 떠났다가 돌아 오지 않으면 음식을 치워야 합니다. 그 결과 중 하나는 누군가가 저녁 식사를 놓쳤기 때문에 다시 돌아와서 어울리고 싶은 동기가 생긴다는 것입니다. 나중에 더 먹을 수 있도록 음식을 남기지 않음으로써 그 동기를 살리는 것입니다. 이해되셨을까요? 달리 말하면, 아이들이 식탁에서 법석을 피우면, "얘들아, 계속 그렇게 할 거면 규칙 알지?"라고만 말하는 것입니다. 가끔씩, 어린아이들이 권력에 관심이 많은 경우라면 실제로 자리에서 쫓아내야 할 수도 있습니다. 이는 매우 드문 일이어서 두 분의 자녀들에게 실행할 필요는 없을 것 같습니다. 그러니 먼저 그렇게 하지는 마세요. 첫 번째는 간단하게. "얘들아, 규칙 알지. 자리에서 일어서렴. 돌아올 준비가 되면 다시 오세요."라고 말하는 것입니다. 아이들이 식탁에서 일어나서 꾸물대고, 음식을 그대로 두면, 아이들이 완전한 결과를 겪지 않도록 쉽게 만들어 준 셈이죠. 이것은 벌이 아닙니다. 그냥 저녁 식사가 끝나면 일어나는 일이지요. 우리는 치우거든요. 아직 치우는 것에 대해서는 아무 말도 안 했습니다. 만약 부모님이 저녁 식사 후 뒷정리를 재미있는 일로 만들어 주면 아이들도 곧잘 따라 할 것 같아요. 그들은 서로를 정말 아끼고 부모님을 좋아합니다. 부모님을 너무 귀찮게 하고 싶지 않다는 것은 분명합니다. 따라서 부모님이 귀찮아하시는 정도는 정말 낮습니다. 이건 정말 좋은 신호이지요. 이러한 문제를 처리하는 것은 매우 수월하실 겁니다.

이제, 엄마가 일하는 것에 대한 질문이 남았습니다. 엄마가 일하는 동안 어디에 있어야 하고, 아이들은 어디에 있어야 할 것인가? 아이들은 엄마가 일하는 동안 아래층에 있을 수 없다는 결론을 내렸던 것 같아요. 왜냐하면 타자기 소리 때문에 TV가 방해를 받고 그럼 밑에 동생들이 따라가지 않을 거니까요. 그 부분에 서로 공감을 가장 많이 했습니다. 부모님이 아이들과 조금 더 그에 대해 이야기를 나누면 다른 대안을 찾을 수 있겠지만, 엄마가 일하는 동안 아이들이 어디에 있으면 좋을지 스스로 결정할 수 있도록 도와주세요. 요점은, 엄마가 일할 수 있는 시간이 있어야 저녁을 요리할 수 있고, 결국 아이들과 놀아줄 수 있으며, 함께할 수 있는 시간이 있다는 것입니다. 그리고 일주일에 한두 번은 함께 놀 수 있는 시간을 계획하는 것도 좋다고 부모님께 제안드렸다는 점도 아이들에게 말했어요. 모든 사람들이 집에 있고 업무를 봐야 하지 않아도 되는 일요일 교회 예배 이후나, 금요일 밤이 될 수 있습니다. 모두에게 좋은 시간이면 언제든 좋습니다. 아이들은 맘에 들어 했어요. 아이들이 좋아했다는 것은 매우 희망적인 일입니다.

[부모는 추천 사항에 대해 편안함을 느꼈고 자신들이 배운 것에 즐거워했다.]

참고: 이후 면담에는 밑의 어린 자녀들이 참여했다. 막내의 특별 대우를 요구하는 것이 빠르게 파악되었고, 이를 수정하기 위한 권장 사항들이 시행되었다. 부모와 아이들 모두 '싸움'이 줄어들었고, 엄마가 일을 끝내도록 더 많이 협력하였다고 보고하였다. 부모는 아이들과 함께 노는 시간이 이전보다 더 적은 스트레스를 느끼는 좋은 시간 투자라고 느꼈다.

부록 B

가족 회의

다음은 저자 가족의 첫 번째 가족 회의 실제 녹취록에서 발췌한 내용이다. 부모 포함 3명의 자녀로 구성된 가족이다. 가장 큰딸(엘리자베스 로즈)은 아홉 살이고, 둘째 딸(앤)은 일곱 살, 막내(톰)은 세 살이다. 이 회기는 가정에서 비디오로 녹화되었다.

큰딸이 일주일 동안의 첫 걸스카우트 캠프 모험을 떠나려고 한다. 회의 도중 어느 시점에서 큰딸은 캠프 가는 것이 불편하다는 신호를 내비치긴 하지만 직접 말로 하기보다는 비언어적으로 표현하고 있다. 독자들은 막내(아들)가 가끔씩 회의를 들락날락하고 카메라를 향해 표정을 짓다가 마침내 둘째 아이(둘째 딸)가 거기에 반응을 보이는 것을 알게 될 것이다. 둘째 아이는 자신만의 전형적인 방식으로 반응한다. 녹취록에서도 막내가 얼마나 능숙하게 주의를 끄는지 알 수 있다.

이 회의는 처음 개최된 것이어서 결코 모범적인 가족 회의는 아니었다. 아들러 접근법을 비교적 처음 접한 엄마는 드라이커스의『민주적인 부모가 된다는 것』에서 가족 회의에 관한 부분을 읽고 있었고, 아빠는 아이들에게 회의의 목적에 대해 소개하는 중이었다. 큰딸은 평등주의 개념을 금방 이해하고 아빠를 위한 '새로운 규칙'을 만들기 시작한다. 둘째 딸은 열정적이지는 않지만 기꺼이 참여하고 있다.

일주일 동안 일상적으로 사건과 문제에 대해 이야기하는 가족에게는 이와 같은 회의가 거의 필요하지 않을 수 있다. 반면에 가족 구성원이 한자리에 모이는 일이 거의 없는 가족에게는 가족 회의가 유용할 수 있다. 정기적으로 시간을 지키는 것을 권장하지만, 일단 모든 사람이 회의에 참여하는 방법을 배우면 이러한 기술은 계속 이어져 비정기적인 회의 시간(즉, 가끔 모이는 경우)에도 활용할 수 있다.

아빠: 전에 가족 회의에 대해 이야기했던 거 기억나니?

아이들: 네.

아빠: 음, 지금 이걸 하려고 했던 이유는 엘리자베스 로즈, 네가 떠나기 전에 우리가 이 문제에 대해 이야기하

고 필요한 것들을 해결할 수 있기를 바랐기 때문이야. 그럼 다음에 네가 집에 돌아왔을 때 다시 모일 수 있겠지. 네 엄마는 지금도 책을 읽으며 뭔가를 알아내려고 애쓰고 있어. 왜 웃고 있어?

엄마: 그냥 웃겨서. 지금 여기 읽고 있는데……. 마치 '비행기를 조종하면서' 설명서를 읽는 것 같아! [웃음]

아빠: 당신이 해야 할 일이 뭔지 찾아봐야지. [웃음]

엄마: 알겠어.

아빠: 엄마와 나는 토론 모임에 참석해서 자녀 양육 방법과 더 나은 가족을 만드는 방법에 대해 이야기해 왔거든. 우리가 해 왔고 지금도 하고 있는 많은 일들이 너희들에게 혹은 우리에게 좋지 않다고 생각해. 그래서 더 나은 방법을 찾기 위해 노력하고 있고, 가장 좋은 방법은 너희가 우리를 도와주는 것이라고 생각해. 이제 정말 중요한 것 중 하나는 너희를 동등한 존재로 대하는 방법과, 가족으로서 함께 협력적으로 일하는 방법을 배우는 것이야. 너희가 협력해야 한다고 여러 번 말한 거 알거야. 우리는 항상 우리가 좋은 가족이고, 항상 행복하다고 느꼈지만 때때로 엄마 아빠도 문제가 있고 너희도 엄마 아빠 때문에 문제가 있을 수 있어. [아이들이 고개를 끄덕임] 그래서 우리가 매주 정해진 시간에 모이기로 합의하면, 온 가족이 함께 이야기하고 싶은 것이 있는 사람은 누구나 그 시간에 말할 수 있다는 것을 알 거야.

우리가 해야 할 일 중 하나는 서로의 말을 경청하는 법을 배우고 엄마 아빠만 많이 말하지 않는 것이란다. 우리는 들어야 해. 오늘 내가 이렇게 말을 많이 하는 이유는 회의에 대해 설명해야 회의 시작에 도움이 될 것 같아서란다.

모두가 동등한 투표권을 가지고 있다는 것이 중요한 것 중 하나야. 나는 우리가 모두 평등하다는 것을 보여 줄 수 있는 방법 중 하나로 이 다섯 장의 종이를 갖고 왔는데, 모두 같은 크기이지. 일단 재미 삼아 종이에 각자 자기 이름을 써넣고 시작하자꾸나. 엘리자베스, 여기. 톰, 이름을 적거라. 앤의 이름은 여기에, 엄마도 여기에 이름을 쓰고, 아빠도 한 장. 자, 이제 투표해야 하거나 투표하는 것이 도움이 될 만한 용건이 있으면 우리 모두는 똑같은 표를 갖는 거야. 다시 말하면, 큰딸의 투표, 둘째 딸의 투표, 아들의 투표, 엄마의 투표, 아빠의 투표가 각각 한 표씩으로 모두 동등한 거야.

이런 가족 회의를 해 본 사람들의 이야기를 들어 보면, 이 시간을 불평하는 시간으로만 사용하지 않는 것이 중요해. 너희들이 뭘 잘못했는지 엄마와 아빠가 말하는 것이 아니야. 그저 서로가 어떻게 지내고 있는지, 무슨 생각을 하고 있는지 이야기할 수 있는 좋은 시간을 갖는 거지.

큰딸: 그리고 어떤 일이 일어나고 있는지도 이야기하고요.

아빠: 맞아. 만약 어떤 사람이 가족에 협력하지 않는다면 우리가 이야기할 수 있지. 우리가 할 수 있는 일 중 하나는 그거에 대해 이야기를 나누고 우리 모두가 생각하는 대로 어떤 방법이 가장 좋은 해결책일지 결정하는 거야. 엄마나 아빠가 생각하는 대로가 아니라.

둘째 딸: 난 투표가 이해가 안 돼요.

아빠: 투표가 이해가 안 된다고?

둘째 딸: 네.

아빠: 우리가 뭐에 대해 투표할 건데? 그 말이니?

참고: 드라이커스는 나중에 그의 연구에서 투표가 원하는 협력 정신에 도움이 되지 않는다는 결론을 내렸다. 투표에는 항상 승자와 패자가 있기 마련이다. 저자는 가능한 한 합의를 위한 노력을 기울일 것을 권장하는 바이다.

둘째 딸: 아니, 어떻게 하는 건지 모르겠어.

아빠: 자, 잠깐 우리 모두 설거지를 해야 한다거나 다 같이 모이는 시간을 가져야 한다고 가정해 보자. 지금 실제로 한번 해 보자. 아빠가 일 때문에 정말 불규칙한 일정을 갖고 있다는 걸 알고 있어. 아빠가 언제나 집에 있을 거라고 장담도 못하지. 아빠도 집에 있고 싶긴 한데, 일요일 아침은 어때?

큰딸: 항상 일요일 아침은 같이 있지 않나요?

아빠: 글쎄, 아빠 말은 우리가 가족 회의를 위해 모이는 시간이라는 거지. 보통은 아빠가 집에 있는 시간이니까. 아침이든 저녁이든 가족과 함께 교회를 가긴 하지만, 일요일, 아마 일요일 아침 식사 후에 만나기로 합의하는 거야.

엄마: 그냥 집에 있는 것이 아니라 함께 모여 앉아 이야기를 나누는 것이 중요하고 이를 가족 회의라고 부를 거야. 엘리자베스 말도 맞지만 우리는 일요일 아침 항상 여기에 모일 거고 가족 회의 시간이라고 부를 거야.

둘째 딸: 항상은 아니고 거의요.

엄마: 글쎄, 보통은 우리 모두 여기에 있지. 하지만 우리 모두 서로 다른 일을 하잖아. 넌 TV를 보고, 아빠는 신문을 보고, 톰은 놀고, 그래서 우리는…….

아들: 다음번에도 카메라로 찍을 거예요?

아빠: 아마도, 아마 그럴 거야. 자, 카메라로 찍는 게 마음에 들지 않으면 언제든지 중단해도 된단다. 카메라로 반드시 찍을 필요는 없어.

아이들: 아니, 괜찮아요…….

아빠: 그럼, 딸들은 일요일 괜찮은 거지?

두 딸: 네.

엄마: 확실히 하기 위해 그럼 투표를 해야 할 것 같아.

아빠: 좋아. 자, 일요일에 모이는 것이 좋다는 사람은 손 들자. 모두 동의?

엄마: 네 명 손 들었고, 한 명은 기권. [아들은 자리를 떠서 없음] 돌아왔구나. 아들에게도 물어봐야 할 것 같아.

아빠: 좋아, 아들. 오늘 우리가 이렇게 만난 것처럼 매주 일요일마다 만나는 것이 좋아? 일요일이 괜찮아?

엄마: 그래, 그게 투표한 거구나. 탁자 위에 내려놔도 된다.

아빠: 네 투표도 다른 사람 투표만큼이나 유효하단다. 이제 이해가 되니? 때로는 그냥 투표하고 싶지 않을 때도 있고, 그냥 동의한다고 말할 수도 있는데, 그게 투표가 될 수도 있지. 중요한 순간은 서로가 동의하지 않을 때일 것 같은데, 그때는 투표를 해야겠지. 투표할 때, 만약 세 사람이 어떤 한 방식에 동의하고, 다른 두 사람이 다른 방식에 동의한다고 하면, 세 사람이 어떻게 해야 하는지를 결정하게 되는 거야. 그리고 우리가 실수를 해도 괜찮아. 다시 말하자면, 어떤 일을 하기로 결정했다가 중간에 그다지 좋은 생각이 아니라는 것을 알게 되면, 다음 가족 회의, 즉 다음 일요일에 그 일에 대해 이야기하고 결정을 바꿀 수 있단다.

엄마: 그냥 계속 한 결정만 밀고 나갈 필요는 없어.

아빠: 그렇지. 하지만 우리가 그 주에 뭔가를 하기로 결정했다면, 우리가 할 수 있는 한 최선을 다할 거야. 그리고…….

둘째 딸: 근데 얼마나 오래 만나요? 시간이 없을 수도 있잖아요.

아빠: 네 생각으로는 아침보다 더 좋은 시간이 있을 수 있다는 거니?

둘째 딸: 모든 사람이 일어나는 시간은 언제예요?

큰딸: 좋은 질문이야.

둘째 딸: 어떤 사람은 7시에 일어나고, 어떤 사람은 8시에 일어나고, 어떤 사람은 10시나 9시에 일어나기 때문에요.

큰딸: 11시에 일어날 수도 있지.

아빠: 어떻게 하면 좋을까?

엄마: 어떤 사람은 12시에 일어날 수도 있지. 그렇게 말하고 싶은 사람도 있잖아. [여기저기 웃음]

아빠: 때로는, 그치?

딸들: 네. [미소]

아빠: 때때로 그런 사람이 있지. 우리는 알지? [웃음]

딸들: 네.

아빠: 가장 늦게 침대에서 나오는 사람이 있지.

큰딸: 누구나 자고 일어나는 습관이 있으니까요.

엄마: 10시에 일어나는 습관을 들이면 어떨까?

아빠: 10시까지 일어나라는 거지?

엄마: 10시까지 일어나면 12시 미사에 참석할 수는 있을 거야.

큰딸: 그러고 나서 누가 아침 식사를 만들지 투표하면 돼요.

둘째 딸: 그래요!

아빠: 그게 좋겠지?

엄마: 벌써 좋은 아이디어인 것 같아!

큰딸: 우선은 제게 투표해야겠어요.

둘째 딸: 일요일 정한 것으로 시작했다면, 먼저 누가 그 일요일에 아침을 준비할 건지 투표하고, 그다음 주는 누가 할 건지 투표하고 그렇게 해요.

큰딸: 물론 알파벳 순서대로 하진 않을 거죠!

엄마: 그럴 건 아니지? [웃음]

둘째 딸: 아뇨.

엄마: 내가 알파벳순으로 하자고 제안할까 봐!

둘째 딸: 안 돼요, 안 돼!

엄마: 알파벳순으로 하자고 제안합니다!

큰딸: 좋아요.

엄마: 네가 먼저 꺼내지 않았더라면 엄마는 생각도 못했을 거야!

둘째 딸: 좋아. 첫째 딸 먼저 해!

아빠: 그럼 일요일 아침 10시에 만나기로 한 거지?

딸들: 음 흠.

아빠: 아들, 괜찮겠니?

아들: 10시부터 10시 30분까지. 그렇게 오래 걸릴 필요는 없으니까.

아빠: 달리 말하면, 정확한 시간일 필요는 없는 거지.

아들: 네.

아빠: 그럼 다음 주 일요일에 만나는 걸로 하자.

큰딸: 누가 아침을 준비할지 다음 주에 투표해요!

아빠: 모임에 참석하는 사람들을 위해서.

둘째 딸: 난 안 돼요!

아빠: 다음 주에는 내가 집에 없다는 게 방금 기억났어. 그러니 로지[첫째]와 나 없이 회의를 진행하는 게 좋겠구나. 가족 회의에 대해 질문 있는 사람이 있니?

큰딸: 회의에 관한 것은 아니지만, 어차피 두 사람이 없으면 말이 안 되는 것 같아요.

아빠: 질문하면 되지. 예를 들어, 이 경우 톰은 우리의 관심을 끌기 위해 소란을 피우지만 지금까지 우리는 톰을 무시할 수 있었어. 이제는 톰이 네가 생각하는 것 혹은 말하는 것을 방해하면, 톰에게 부탁하면 돼. [아무도 불편해하지 않음] 그럼, 우리가 이야기해야 할 다른 것이 있을까?

큰딸: 강아지들이에요.

아빠: 강아지들이 왜?

큰딸: 아빠가 밥을 주기 시작한 이후로 밤에 차가 오는 소리가 들리고, 문에서 딸깍 소리가 나고, 그다음에 발자국 소리가 들리고, 차가 들어오는 소리가 들리면 쓰레기통을 열어서 개 사료를 가져오는 것처럼 뭔가 쿵 하는 소리가 나야 할 것 같아요.

아빠: 그 소리를 들어야 하는데 그 소리가 안 났다는 거니?

큰딸: 네.

아빠: 아빠가 강아지 사료를 안 준다고 생각하는구나.

큰딸: 맞아요. 이전에 아빠가 그랬던…….

아빠: 다시 말하면, 강아지 사료를 주지 않는다고 너를 쫓아다녔는데, 이제는 내가 강아지 사료를 주지 않는다고 생각하는구나.

큰딸: 네!

아빠: 그래, 나도 모르겠다. 엄마와 내가 이 얘기를 나눴는데 확실하게 정리하지 못한 부분이 있어. 사실은, 오늘보다 더 빨리 만났어야 한다고 생각했지만, 언젠가 네게 말한 거 기억나니? 강아지를 데려온 것은 우리지, 네가 아니야. 사실, 그 때는 네가 너무 어려서 강아지들을 위해 뭔가를 할 거라고 기대하지는 않았단다. 그 과정에서 우리는 강아지들이 네 강아지들이고, 적어도 한 마리는 네 거라고 말했었지. 그리고 네가 돌봐야 한다는 말도 했어. 하지만 부모로서 공정하게 처리하는 방법에 대해 배우기 시작하면서 우리가 정말 공정하지 않은 일인데도 그 일을 네게 떠맡겼다는 걸 깨달았단다. 그렇게 해서 네게 죄책감을 느끼게 했다는 것도. 우리가 강아지를 데려왔는데 다른 사람이 강아지를 돌봐주길 바라는 것은 공정하지 않다고 생각했어. 그래서 엄마와 내가 이전에 했던 것은, 너를 불편하게 하려고 강아지들을 다른 데로 보낸다고 협박한 적이 있다는 거야.

큰딸: 나한테 강아지 먹이를 주게 하다니…….

아빠: 맞아. 그래서 우리는 그게 옳지 않다고 말했지. 우리가 강아지를 데려왔으니 우리가 돌봐야 해. 만약 우리가 개를 잘 돌볼 수 없다면, 어떻게 해야 할지 결정해야 해. 다시 말해서, 강아지들을 다른 데 보내야 한다면 그렇게 할 거고, 하지만 우리가 강아지들을 다른 데 보내는 것 때문에 네게 죄책감을 주면 안 되지…….

엄마: 맞아, "네가 강아지들을 돌보지 않으니 다른 데 보내버리겠다"고 말해서는 안 되지. 그건 정말 불공평해.

우리가 강아지들을 다른 데 보내는 건 우리가 돌보지 않기 때문이야.

아빠: 맞아. 그리고 우리는 강아지들을 다른 데 보내고 싶지 않단다. 우리도 강아지들을 데리고 있고 싶어. 우린 정말 그 아이들을 사랑한단다. 아빠 생각에 너도 충분히 내게 이렇게 말할 권리가 있어. "엄마 아빠도 강아지들을 돌보고 있지 않잖아요!"라고.

둘째 딸: 부츠(Boots)를 키울 때 나는 두 마리를 키우는데, 다른 사람들은 한 마리만 키우고, 톰은 한 마리도 없어서 맥(Mac)을 톰에게 줬어요.

아빠: 그래, 이제 톰은 강아지를 키우고, 넌 고양이를 키우니 톰의 기분은 좀 나아졌겠지. 하지만 여전히 강아지들을 돌보는 건 엄마와 아빠 책임이란다. 이제 네 도움을 받으니 정말 기쁘단다. 다른 사람들과 마찬가지로 나도 가끔 잊어버릴 때도 있고 미룰 때도 있지만, 밤에 개들에게 밥을 주지 않으면 아침에라도 출근하기 전에 꼭 먹이려고 한단다. 그래서 아침에 네가 자고 있어서 내가 밥을 주는 소리를 못 들었을 수도 있어.

큰딸: 오늘 아침은 아니에요.

아빠: 그렇지, 어젯밤에 사료를 주었거든.

큰딸: 알아요. 어제 봤거든요!

아빠: 그래. 오늘 밤 다시 사료를 줄 거란다. 하지만 네 말이 맞아. 아빠가 몇 번 놓친 적이 있고 엄마도 알고 있어. 엄마가 아빠에게 말한 적이 있거든. 엄마가 몇 번 아빠 대신 강아지들 사료를 주었는데, 아빠가 강아지들 우리를 꽤 깨끗하게 유지하고 있다고 생각해. 아빠가 노력하고 있고 가끔은 그에 대한 인정을 받지 못할 때 더 힘든 것 같아.

큰딸: 네.

아빠: 문제가 뭔지 알게 되니 좋지 않니, 그치? 네가 어디까지 이해했는지 확인하는 것도.

큰딸: 네. [곧 스카우트 캠프로 떠나는 것에 눈시울을 붉히며]

아빠: 우린 정말 널 사랑하고 있단다, 그렇지? 가끔은 내가 그렇게 행동하지 않지, 그치?

큰딸: 한 가지 말씀드릴게요. 아빠.

아빠: 우리도 네가 보고 싶을 거야. [딸의 표정과 눈물을 보며 말하기]

엄마: 어떻게 지내는지 편지 쓸 거지?

큰딸: 네.

엄마: 엽서 쓸거야?

큰딸: 응, 그리고 편지도.

엄마: 할아버지, 할머니가 20일에는 떠나시니까 꼭 카드 써야 한다.

큰딸: 알겠어요.

아빠: 가기 전에 우표 좀 줘야겠다.

큰딸: 캠프에서 받으면 돼요.

엄마: 우체국에서 구해도 돼요. 6달러를 줬고, 1달러 30센트는, 내 생각에…….

아들: 내 이름 좀 봐요!

엄마: 75센트는…….

아들: 내 이름 좀 봐요!

엄마: 그럼 4달러 정도 남네…….

아들: 내 이름 좀 보라니까요, 아빠!

둘째 딸: 불만 사항이 있어요. 톰이 계속 사람들 말할 때 끼어들어요. 마음에 안 들어요.

엄마: 어떻게 하면 좋을까?

아빠: 내 생각에 톰이 소외감을 느끼는 것 같아. 너만 빼고 이야기하는 것 같니, 톰? 너만 빼고 사람들이 이야기하면 기분이 좋지 않지, 그치? 우리가 어떻게 하려는 거냐면, 네가 시끄럽게 하면 사람들은 하던 일을 계속하려고 할 거야. 하지만 뭔가 생각나는 것이 있어 우리에게 말하고 싶으면 우리가 하던 일을 멈추고 네게 귀를 기울일 거야. 우린 기꺼이 네 이야기를 들을 거란다.

엄마: 기꺼이 그럴 거야. 우리가 네게 관심을 기울이지 않는 딱 한 가지 이유는 네가 시끄러울 때 네가 잘하고 있다고 격려하고 싶지 않거든.

둘째 딸: 그게 관심을 끄는 방법이에요!

엄마: 맞아. 하고 싶은 말이 있으면 우리가 들어줄게.

아빠: 톰이 이제 기분이 상할 것 같은데.

엄마: 톰, 그럴 필요 없어. 우린 그냥 네게 알려 주는 거야.

아빠: 톰, 하고 싶은 이야기가 있으면 애니(Annie)가 하는 것처럼 하면 돼. 손을 들어 우리에게 보여 주는 거야.

엄마: 이렇게 들고 있는 거야. 그럼 우리가 들어줄게.

아빠: 네 종이 크기랑 우리 종이 크기랑 같잖아. 눈치챘어? 여기 봐봐. 그래, 그게 네가 하고 싶었던 말이니?

둘째 딸: 네.

엄마: 자, 이제 어떻게 끝낼까?

아빠: 모두가 하고 싶은 말을 다 했다고 느낄 때. 더 하고 싶은 말이 있어?

엄마: 아니.

큰딸: 아빠는요?

아빠: 생각 중이야. 뭔가 있을 것 같은데, 잘 모르겠어.

엄마: 톰은 할 말 다 했니? 좋아.

아빠: 여기로 다시 오고 싶으면, 톰, 다시 오렴.

큰딸: 언제 집에 올 건지 알려 줘야 우리가 기다릴 수 있고, 집도 깨끗하게 치우고 맛있는 식사도 준비할 수 있어요. 밤 12시나 10시, 1시에 오는 거 말고요.

아빠: 음, 아빠가 어떻게 하면 좋을까? 무슨 말인지 잘 모르겠어. 내가 언제 집에 오는지 미리 말해 달라는 거니?

큰딸: 네, 그래야 우리가 알 수 있잖아요. 그리고 가끔은 엄마가 아빠가 집에 올 줄 모르고 음식을 준비하는데, 아빠가 집에 오실 때도 있어요. 그러면 엄마는 저녁을 다시 준비해야 하거든요.

아빠: 그렇구나. 그럼 그게 모두의 규칙인가? 다시 말하면, 엄마가 외출했다가 집에 돌아오면 우리에게 알려야 하고, 네가 집에 돌아오면 우리에게 알려야 한다는 거지. 네 말은 그 말인 거지?

큰딸: 꼭 그런 건 아니에요.

아빠: 아빠 말은, 나한테만 적용되는 규칙이야, 아니면 모두에게 적용되는 규칙이야?

큰딸: 아빠한테만 적용되는 규칙이라고 할 수 있죠.

둘째 딸: 모두가 다른 사람이 언제 집에 올지 모르니까 그건 모든 사람을 위한 규칙이 되어야 할 것 같아요.

큰딸: 그래, 아빠가 퇴근해서 집에 와도 아무도 모르잖아.

엄마: 그렇지. 너희들도 어두워진 후에 집에 오기도 하잖아. 전화 여러 번 했었지. 그치?

둘째 딸: 아빠가 집에 왔는데 문이 잠겨 있지 않아서 루시[가사 도우미]와 엄마를 놀라게 한 적이 있었잖아요.

엄마: 맞아.

아빠: 모든 문이 잠겨서 네가 집에 들어가야 하는데 못 들어갔던 때 말이지?

둘째 딸: 아니, 아빠 말이에요.

엄마: 그래, 당신이 집에 왔는데, 우리는 당신이 집에 올 줄 모르고 있었죠. 나는 여기 앉아 있었고, 루시는 어기 있었고. 근데 복도에서 그림자가 내려오는 걸 보고 우리 둘 다 너무 무서웠잖아. 루시도. 정말 얼마나 놀랐는지! 집에 누가 있는지 몰랐지. 집에 다른 사람이 있을 거라고 생각을 못했어.

아빠: 그건 기억이 안 나네. 어느 날 밤 아이들 이름을 불렀는데 집에 아무도 없었고, 그래서 모두 어디 간 줄 알고 모든 문을 잠갔던 기억은 나. 아무도 대답이 없었고 모든 문을 잠근 후 TV를 켜고 있었지.

둘째 딸: 아빠는 뒷방에 있었잖아요.

아빠: 맞아. 그랬지.

둘째 딸: 창문을 두드리며, "아빠, 들어가게 해 줘요!"라고 했어요.

아빠: 글쎄, 내 생각은 이래. 내가 언제 집에 도착할지 가족들에게 알려달라고 하면 그렇게 할게. 또 일정을 바꿔야 하는 경우가 있으면 전화해서 가족들에게 말할게. 모든 사람이 모두 동의한다면 나도 그렇게 할 거야. 다시 말하면, 외출할 때 6시 반이나 7시라고 말하고, "엄마, 어두워지기 전에 집에 갈게요"라고 집을

나가기 전에 엄마에게 알려 준다면, 우리 모두가 그렇게 한다면 아주 좋을 것 같아. 아주 좋은 제안이라고 생각해.

큰딸: 한번은 모든 사람이 어디 간 적이 있었어요. 그래서 불을 켜고 들어와서 문을 모두 잠그고 TV를 켰는데 아무도 없었어요. 누군가 문을 두드려서 누구냐고 물었는데, 발자국 소리만 들려서 어떻게 해야 할지 몰라서 옆집에 전화를 걸었어요.

아빠: 네 말은 우리가 언제 집에 올지 미리 알았더라면 무서워하지 않아도 된다는 거구나.

큰딸: 네.

아빠: 애니는 그 점에 대해 조금 다른 이야기를 했던 것 같아. 앤은 내가 언제 집에 도착할지 시간을 정해야 한다고 했지. 네 말도 그 말이니?

큰딸: 네.

아빠: 그건 좀 어려울 것 같아, 앤. 예를 들어, 가을에는 아빠 일정이 확실한데, 그때는 언제 집에 있을지 말할 수 있지. 그렇지 않으면 전화해서 못 간다고 할 수 있을 것 같아. 하지만 과거에는 이 부분에 있어서 아빠가 굉장히 대충하긴 했지. 엄마에게 언제 집에 올지 전혀 말도 안 하고 일찍 오기도 하고 늦게 오기도 했어. 네 말이 맞아. 엄마도 몰랐지. 너도 몰랐고.

큰딸: 엄마는 아빠가 올지 모르고 우릴 위해 저녁을 준비하셨는데 집에 들어오시면서 "내 식사는 어딨지?" 하셨어요.

아빠: 그래.

큰딸: 우리는 이미 밥을 먹고 있었고요.

아빠: 맞아, 그랬지. 자, 이제 우리 모두 집에 언제 올지 모두에게 알려 주어야 한다는 것에 동의하지?

엄마: 이건 어때……. 난 문같이 눈에 띄는 곳에 메모를 붙이는 게 싫어. 메모를 남기고 싶다면, 이런 종이를 붙여 두면 편리할 텐데, 스카치테이프가 어디 있는지 다들 알지 않아? 그치?

딸들: 몰라요.

엄마: 마스킹테이프가 어디 있는지는 알잖아.

딸들: 네.

엄마: 스카치테이프든 뭐든 무슨 차이가 있니?

딸들: 있지.

엄마: 알았어. 서랍장이 있는 첫 번째 문 안쪽에 메모를 남기는 건 어때?

둘째 딸: 네, 하지만 문이 잠겨 있으면 어떻게 해요?

엄마: 어떤 문?

둘째 딸: 아무 문이나. 집 전체가 잠겨 있다면요.

엄마: 아니, 몇 시에 집에 돌아올지 알려 주는 쪽지 말이야.

큰딸: 아! 문밖에요.

아빠: 집에 돌아와서 어디 있는지 모르면 문 뒤를 살펴볼 거야.

엄마: 바로 그거야.

엄마: 좋아. 그리고.

엄마: 문 안쪽에.

아빠: 좋아. 다른 한 가지는 우리가 메모를 남겼는데 어떤 이유로 집에 가지 못하면 전화할 수 있다는 거야.

엄마: 그렇지, 전화하는 거야.

아빠: 맞아. 더 제안할 게 있니?

큰딸: 회의 기록을 남길 수도 있어요. 저와 앤은 적을 것들을 갖고 있으니까요.

둘째 딸: 엄마가 이미 몇 개를 사용했어요. 엄마가 타이핑해서 사용하고 있어요.

큰딸: 작은 폴더가 있어서 우리가 투표한 내용과 날짜, 회의에 불참한 때 등을 기록할 수 있어요. 그러면 주간에 보충할 수도 있죠.

아빠: 누가 그걸 보자고 할까…….

둘째 딸: 그리고 참석하지 못한 사람들이 있을 때 이전에 무슨 일을 논의했는지 보기도 하고, 어떤 일이 있었는지 생각해 보고, 회의 동안…….

엄마: 맞아. 일요일에 네가 집에 없을 때 지난 일요일에 뭘 결정했는지 말해 줄 수 있겠지.

큰딸: 그리고…….

아빠: 그게 중요하겠다, 그치? 좋은 지적이야.

둘째 딸: 제게 공책이 있어요.

큰딸: 그동안 없었던 사람은 무슨 일이 있었는지 알 수 있겠지.

아빠: 좋아. 오늘 결정한 것들을 잊어버리지 않도록 적어 두는 게 좋겠어.

둘째 딸: 제게 공책이 있어요. 그 안에 종이가 있으니까. 제가 가서 가져올게요.

아빠: 연필도 있지?

둘째 딸: 그럴걸요.

엄마: 짧게 적어두자. 그리곤 모아 두면 되겠네. 어차피 난 기억도 못할 테니.

아빠: 아이들이 분명 기억할 거야!

엄마: 나도 그렇게 생각해!

큰딸: 만약 우리가 기억 못하면, 엄마 종이 뒷면에다가 적을 거야. [아들은 다른 곳에 가 있음]

아빠: 톰, 오늘 우리가 결정한 것들을 적을 거야. 같이 적고 싶으면, 우리는 너랑 너무 같이 적고 싶은데.

엄마: 여기 우리 옆에 앉을래?

아들: 아빠, TV에서 하자. 물건을 저기로 가져가자.

아빠: 너 엄청 재미있어 하는구나.

아들: 카메라로 찍으니 내가 TV에 나올 거야.

큰딸: 나 펜 있어요.

둘째 딸: 좋아.

아빠: 다들 심각하게 굴고 싶지 않을 때가 더 재밌다, 그치?

엄마: 공책은 챙겼니?

아빠: 색깔로 해야 하지 않을까?

아들: 그래 줘!

엄마: 좋아, 이제 우리가 결정한 게 뭐였지?

아빠: 그건 지금 열면 안 돼, 아들. 아직 안 끝났단다.

엄마: 우선, 내 기억으로, 우리는 회의를 언제 가질지 결정했고요.

큰딸: 맞아요, 일요일. 둘째로는.

엄마: 일어나기로 한 시간은 10시 30분.

큰딸: 좋아, 세 번째로는. 톰이 얘기였나, 맞아?

둘째 딸: 음, 전화하는 거랑, 기록하는 거랑요.

엄마: 그래, 메모를 어디에 놓아야 할지. 외출할 때 그리고 집에 아무도 없을 때 누군가가 메모를 남기는 거.

큰딸: 어디에 둔다고요?

엄마: 첫 번째 수납장 문 안쪽에. 그렇게 부르는 문이지?

아빠: 좋아, 앤이 내게 집에 언제 돌아올지 알려 줘야 한다고 요청했고, 우리 모두는 전화하기로 동의했던 것 같아.

큰딸: 저였어요.

아빠: 맞아, 너였지.

큰딸: 예, 제가 말했어요, 아빠.

엄마: 좋아, 그럼 적어 놓으렴. 아빠가 전화해서 우리에게 알려 주겠다고 동의했다고.

아빠: 그건 모든 사람에게 해당되는 거야.

엄마: 그렇지.

아빠: 내게만 해당되는 게 아니라고. 언제 집에 올지 우리 모두 서로에게 알려 주는 데 동의했어. 그것도 적어 둘 필요가 있는 것 같아.

엄마:모두 적어 두자.

큰딸: 알았어요. 거기까지.

엄마: 다섯 번째는 있었나?

엄마: 좋아. 다섯 번째가 뭐였지?

아빠: 음, 다섯 번째가 있었나?

둘째 딸: 있었던 것 같아.

엄마: 난 모르겠네.

둘째 딸: 응, 톰이랑 관련된 거. 방해하는 거 기억나?

큰딸: 아, 그건 아니야.

둘째 딸: 톰이 시작하면…….

엄마: 그건 다른 주제야. 나중에 이야기해도 괜찮아.

아빠: 오늘은 이걸로 됐다는 거지?

둘째 딸: 제한할 필요는 없어요. 왜냐하면 만약 우리가 제한을 둔다면, "자, 지금 그만하자!"라고 말해야 하니까요!

엄마: 누군가를 중단시킬 수도 있어.

아빠: 그래도 시간 제한을 두는 게 좋을 것 같아. 45분 또는 1시간을 넘지 않기로 합의할 수도 있어. 조금 더 이야기를 이어 갈까요, 아니면 되도록 빨리 끝내고 싶나요? [이건 끝의 시작이었음!]

딸들: 끝내요.

찾아보기

인명

내용

저자 소개

토머스 J. 스위니(Thomas J. Sweeney, PhD) 박사는 오하이오 대학교의 상담자 교육 전공 명예교수이자 자문가, 저자, 국제 아들러 상담 학술 및 전문 명예 소사이어티(Chi Sigma Iota Counseling Academic and Professional Honor Society Internation: CSI)의 명예 전무이사이다. 스위니 박사는 부모로서, 그리고 전문적으로는 상담자 및 자문가로서 아들러의 개념과 방법에 관심을 갖게 되었다. 두 자녀를 둔 집안의 둘째 아들이었던 그는 아들러의 관찰과 가르침이 자신의 발달 과정과 부합하여 타당하다는 것을 깨달았다. 둘째로서 '더 열심히 노력'한 그 자신의 역사는 그의 수많은 성취에서 쉽게 찾아볼 수 있다.

스위니 박사는 상담 및 상담자 교육 분야에서 주, 지역, 국가 및 국제 단체의 회장을 역임했다. 그는 주 및 국가 상담자 자격증을 모두 보유하고 있다. 중학교와 고등학교 상담사 및 교사였던 그는 고등교육 분야에서 18년 이상, 그리고 40년 이상 교수로 재직했다.

다수의 논문, 책의 장, 보고서, 서적, 논평 등을 집필한 저자 및 공동 저자로서 그는 미국상담학회(ACA) 상담사 자격증 및 인증에 관한 입장을 작성한 저자이기도 하다. 그는 이 각각의 활동을 초기 단계에서 주도하여 상담 분야를 발전시키는 데 기여하였다.

미국과 해외에서 많은 상을 수상하고 자문가/강사로 활동 중인 그는 아들러와 드라이커스의 가르침을 바탕으로 한 텔레비전 강좌/영화 시리즈 〈아이와 함께 대처하기(Coping With Kids)〉로 주 및 전국 단위의 상을 수상한 것에 가장 큰 만족을 느낀다고 말한다. 이후 그는 노인 상담에 관한 전국적인 비디오 시리즈와 이 책에 소개된 아들러의 초기 회상 방법을 통합한 기법을 보여 주는 시연 비디오를 제작하는 데 도움을 주었다.

그와 그의 고인이 된 아내 제인 E. 마이어스(Jane E. Myers) 박사와 함께 아들러 방법과 기법을 비롯한 다양한 주제에 관한 책과 기타 학술 논문을 공동 집필했다. 이 책에서 언급된 바와 같이, 두 사람은 25년 이상 안녕 사정 및 실제에 관한 연구, 저술 및 발표를 함께했다. 말년에는 신경 피드백 및 관련 신경과학 기법의 실제와 관련된 연구를 공동으로 진행했다.

스위니 박사는 현재 은퇴했지만 여전히 CSI 본부와 임원을 위한 자문 역할을 자원봉사로 수행하고 있다. 안녕에 관한 상담과 연구에 대한 그의 관심은 CSI 웹 사이트에서 구체화되어 매년 학자, 연구자, 상담자들이 교류할 수 있는 자원과 수단을 제공하고 있으며 점차 확대되고 있다.

공헌해 주신 분들

토드 F. 루이스(Todd F. Lewis) 박사는 노스다코타 주립대학교의 상담자 교육학과 교수이다. 그는 켄트 주립대학교에서 박사학위를 받았는데, 그곳에서 아들러 사상을 깊이 있게 접하게 되었다. 그는 노스다코타와 노스캐롤라이나주의 공인 전문상담사이다.

루이스 박사는 약물 사용과 중독에 대한 이론적 설명을 바탕으로 활발한 연구 활동을 하고 있다. 그의 박사 논문에서는 아들러 이론 관점을 통해 대학생의 음주 행동을 탐구하였고, 이후 관련 논문을 여러 편 발표했다. 또한 루이스 박사는 성인기로 진입하는 청년들의 약물 관련 문제와 아들러의 사정 및 개입이 청년들로 하여금 새로운 삶의 과제에 더 잘 대처하는 데 어떻게 도움이 될 수 있는지에 관심이 있다. 루이스 박사는 다수의 전국 학회에서 아들러 기법에 대해 발표했으며, 상담 이론 강좌에서 아들러 이론을 주제로 자주 초청 강연을 해 왔다.

그가 가르치는 과목으로는 진단 및 치료 계획, 임상 평가, 약물 남용 상담, 상담 인턴십 등이며, 아들러 이론을 바탕으로 다른 사람들을 돕고 있다. 루이스 박사는 아동, 청소년, 성인과 함께 일하는 지역사회 및 정신건강 상담사로서 수많은 경험을 가지고 있다. 현재 소규모 개인상담소를 운영하며 아들러 이론의 평가 및 개입 전략을 상담의 주요 이론적 모델 중 하나로 활용하고 있다.

마크 L. 사비카스(Mark L. Savickas) 박사는 켄트 주립대학교에서 상담자 교육학과의 겸임교수로 재직 중이다. 그는 노스이스트 오하이오 의과대학의 가족 및 지역사회 의학과 명예교수이자 행동과학 학과 명예 학과장이다. 미국상담학회, 미국심리학회, 미국 경력개발학회의 회원이다. 그는 포르투칼 리스본 대학교와 남아프리카공화국 프리토리아 대학교에서 명예박사 학위를 받았으며, 유럽 직업 설계 및 진로상담학회, 미국 경력개발학회, 상담심리학협회, 직업심리학협회로부터 평생 공로상을 수여받았다.

역자 소개

강영신(Kang, Young-Shin)
Northeastern University 상담심리학 철학박사
현 전남대학교 심리학과 교수

강만철(Kang, Man-Chull)
고려대학교 교육학박사
현 목포대학교 교육학과 명예교수

김광운(Kim, Kwangwoon)
전남대학교 교육학과 교육학박사
현 한국격려코칭상담연구소 소장

박주영(Park, Ju-Young)
전남대학교 심리학과 심리학박사
현 광주대학교 심리학과 교수

선영운(Seon, Youngwoon)
University of Florida 상담 및 상담자교육 철학박사
현 대구교육대학교 교육학과 교수

오익수(Oh, Ik-Soo)
전남대학교 교육학박사
현 광주교육대학교 교육학과 명예교수

유리향(Yu, Li-Hyang)
전남대학교 교육학과 교육학박사
현 서울신서초등학교 교사

이혜지(Lee, Hyeji)
전남대학교 심리학과 심리학박사
현 전남대학교 심리학과 강사

아들러 상담 및 심리치료
통합적 안녕에 대한 접근

Adlerian Counseling and Psychotherapy
A Practitioner's Wellness Approach (6th ed.)

2025년 10월 20일 1판 1쇄 인쇄
2025년 10월 30일 1판 1쇄 발행

지은이 • Thomas J. Sweeney
옮긴이 • 강영신 · 강만철 · 김광운 · 박주영 · 선영운 · 오익수
유리향 · 이혜지
펴낸이 • 김진환
펴낸곳 • ㈜학지사
04031 서울특별시 마포구 양화로 15길 20 마인드월드빌딩
대표전화 • 02-330-5114 팩스 • 02-324-2345
등록번호 • 제313-2006-000265호

홈페이지 • http://www.hakjisa.co.kr
인스타그램 • https://www.instagram.com/hakjisabook

ISBN 978-89-997-3543-1 93180

정가 26,000원

역자와의 협약으로 인지는 생략합니다.
파본은 구입처에서 교환해 드립니다.